孟西安◎著

敲开奇迹的大门

陕西文物考古发掘及保护第一时间纪实

文物出版社

书名题字：启　功
责任编辑：孙　霞
封面设计：张　波
责任印制：张道奇

图书在版编目（CIP）数据

敲开奇迹的大门 / 孟西安著. -- 北京 : 文物出版社，2015.4
ISBN 978-7-5010-3970-8

Ⅰ. ①敲… Ⅱ. ①孟… Ⅲ. ①文物—考古—陕西省—文集②文物保护—陕西省—文集 Ⅳ. ①K872.41-53

中国版本图书馆CIP数据核字（2014）第031367号

敲开奇迹的大门

孟西安　编著

文 物 出 版 社 出 版 发 行
北京市东直门内北小街2号楼
http://www.wenwu.com
E-mail: web@wenwu.com
西安新华印务有限公司制版
西安新华印务有限公司印刷
新华书店经销
787×1092　1/16　印张：31.5
2015年4月第1版　2015年4月第1次印刷
ISBN 978-7-5010-3970-8　　定价：128.00元

谨以此书纪念我最亲爱的爸爸

——女儿孟华

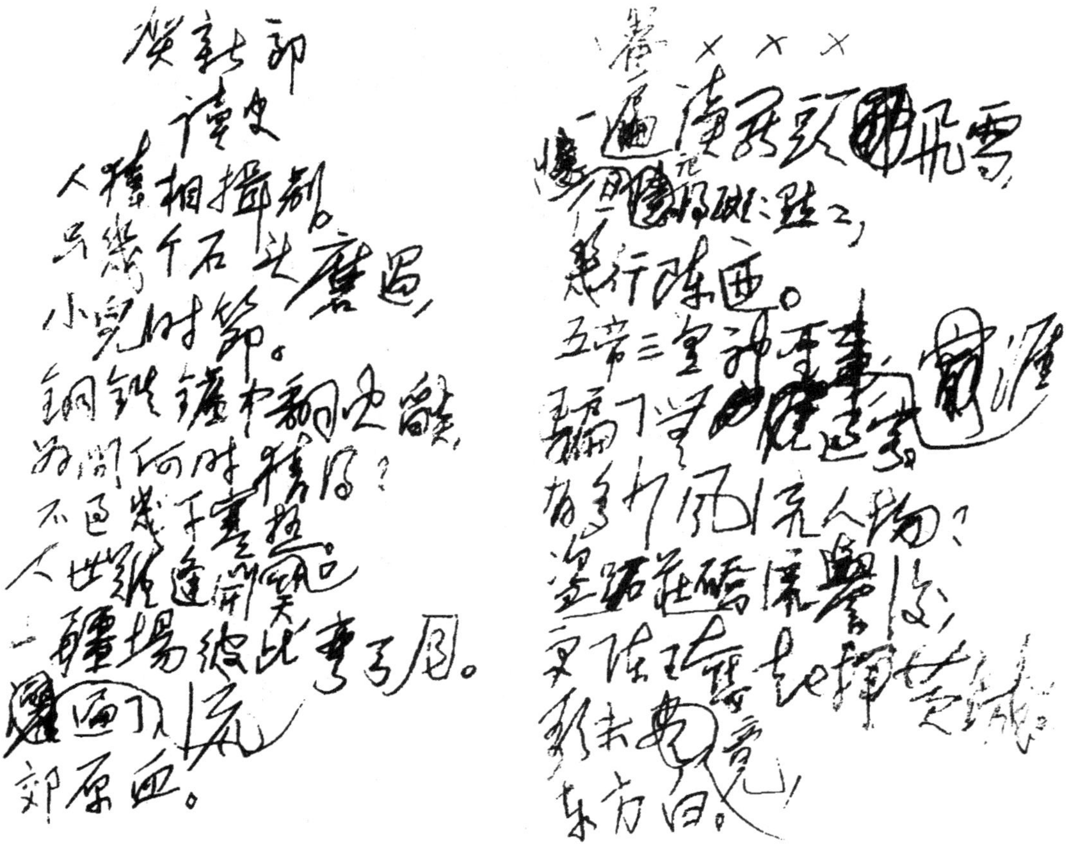

毛泽东《贺新郎·读史》（手迹）

释文：

人猿相揖别。只几个石头磨过，小儿时节。铜铁炉中翻火焰，为问何时猜得？不过几千寒热。人世难逢开口笑，上疆场彼此弯弓月。流遍了，郊原血。

一篇读罢头飞雪，但记得斑斑点点，几行陈迹。五帝三皇神圣事，骗了无涯过客。有多少风流人物？盗跖庄蹻流誉后，更陈王奋起挥黄钺。歌未竟，东方白。

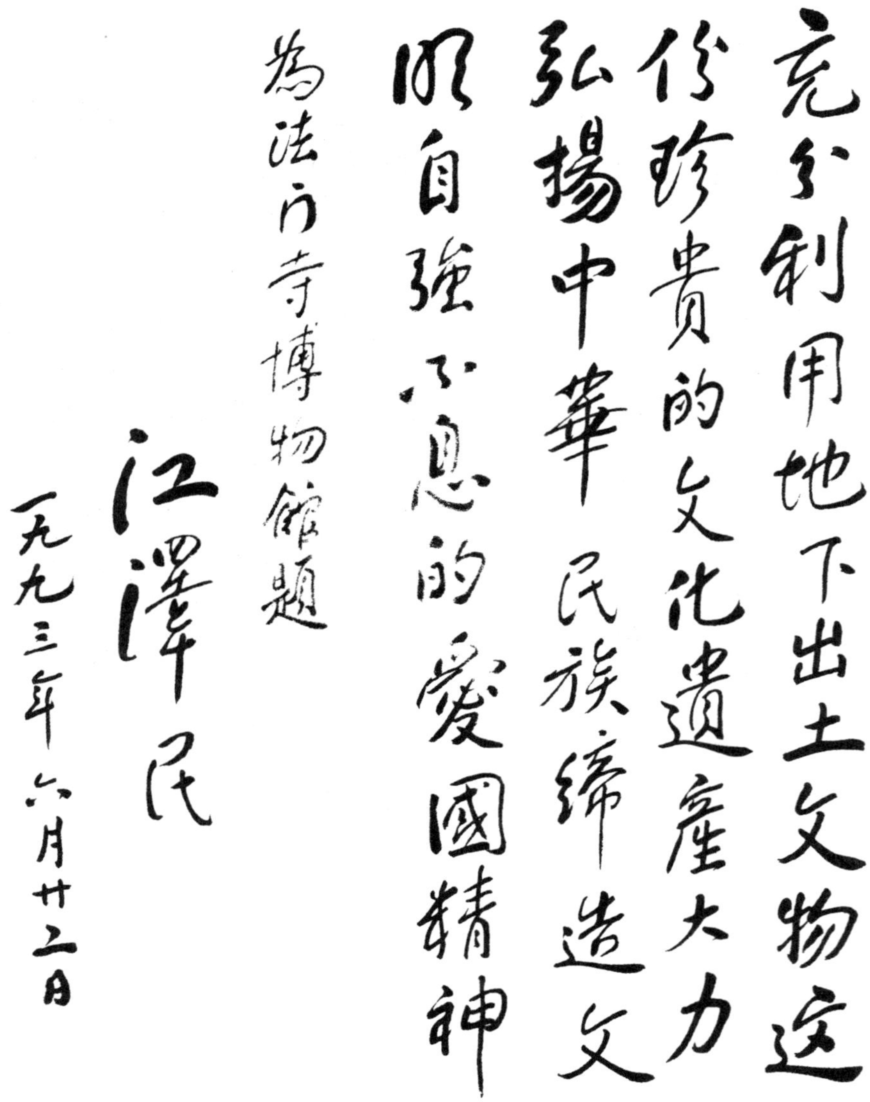

江泽民同志为法门寺博物馆题词

释文：

充分利用地下出土文物这份珍贵的文化遗产，大力弘扬中华民族缔造文明自强不息的爱国精神。

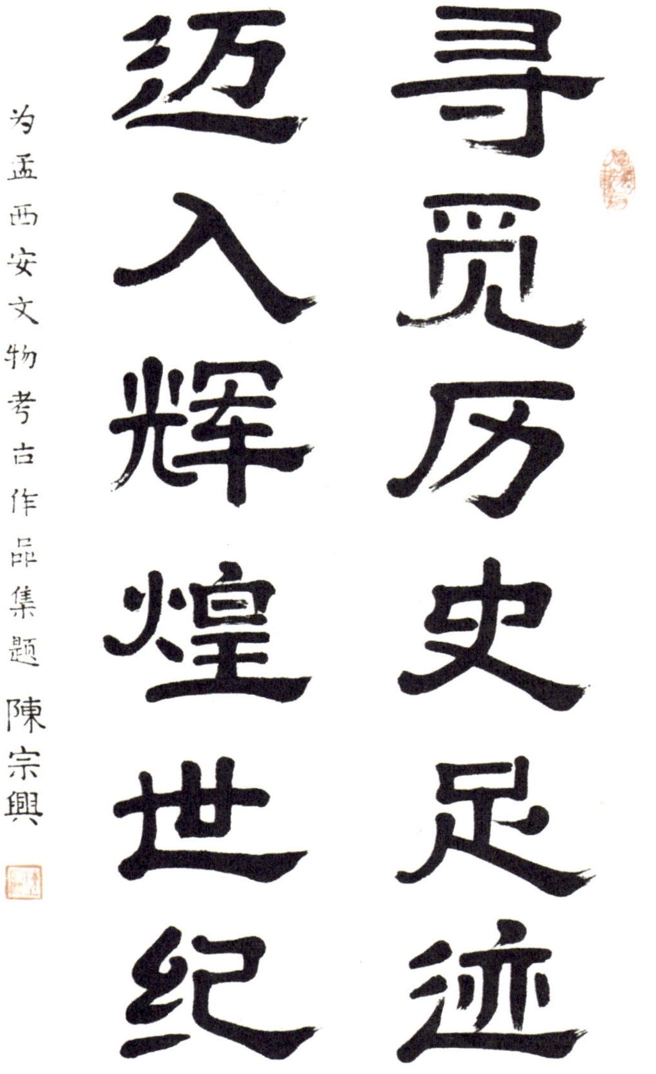

全国政协原副主席、西北大学原校长陈宗兴为本书题联

释文：

寻觅历史足迹，迈入辉煌世纪。

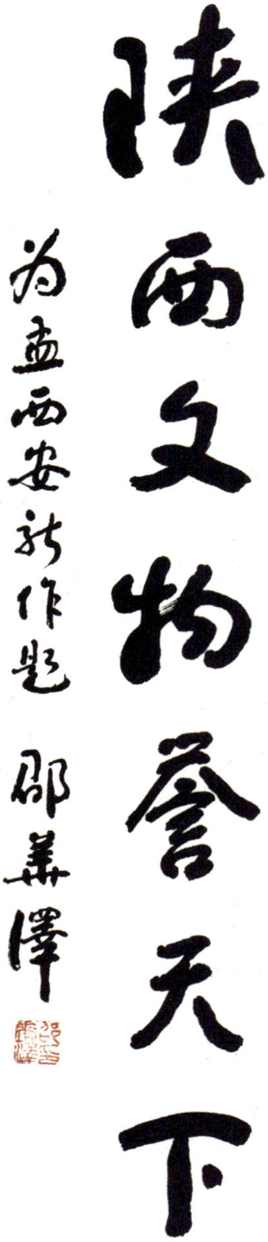

著名书法家、中华新闻工作者协会名誉主席、人民日报原社长邵华泽题词

释文：

陕西文物誉天下

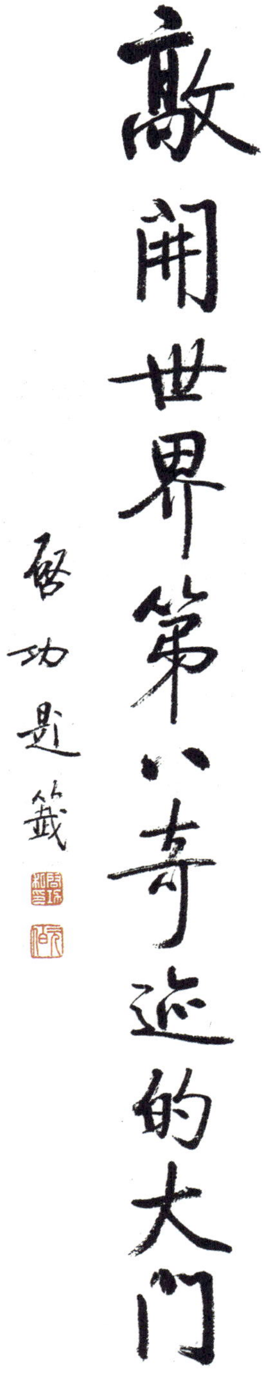

中国书法家协会原主席启功为本书题写书名

释文：

敲开世界第八奇迹的大门

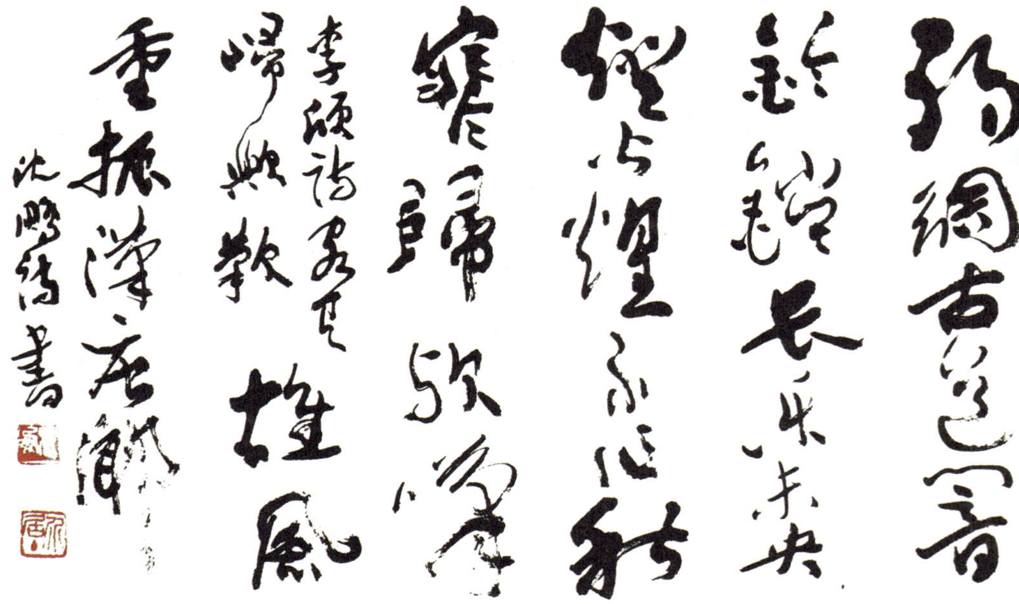

中国书法家协会名誉主席沈鹏为本书题诗

释文：

丝绸古道响铃铛，长乐未央灯火煌；不作秋寒归欤叹（李颀诗：客有归欤叹），雄风重振汉唐乡。

攷古知史
知史愛國

張豈之敬題
2013年八月于西大

著名中国思想史学家、西北大学名誉校长张岂之为本书题词

释文：

考古知史，知史爱国。

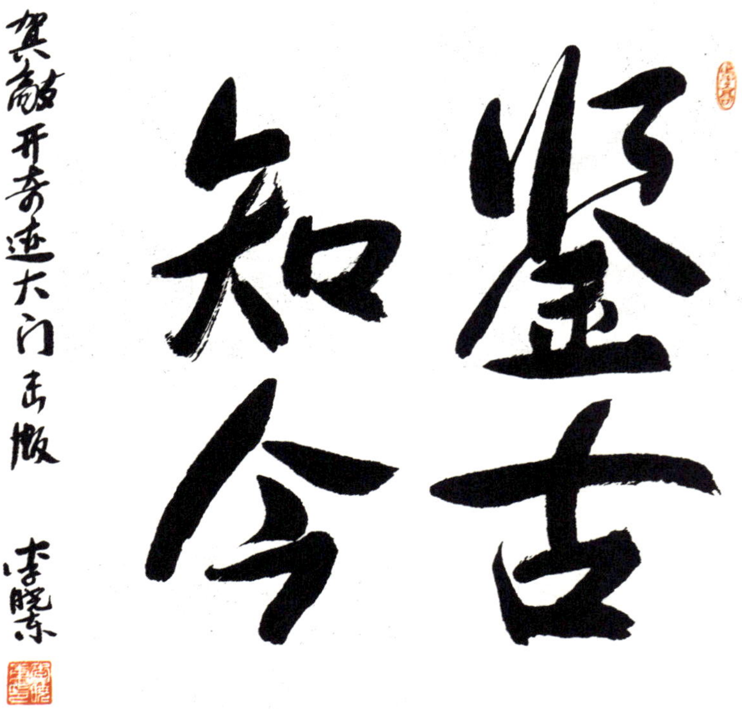

陕西省政协副主席李晓东为本书题词

释文：

鉴古知今

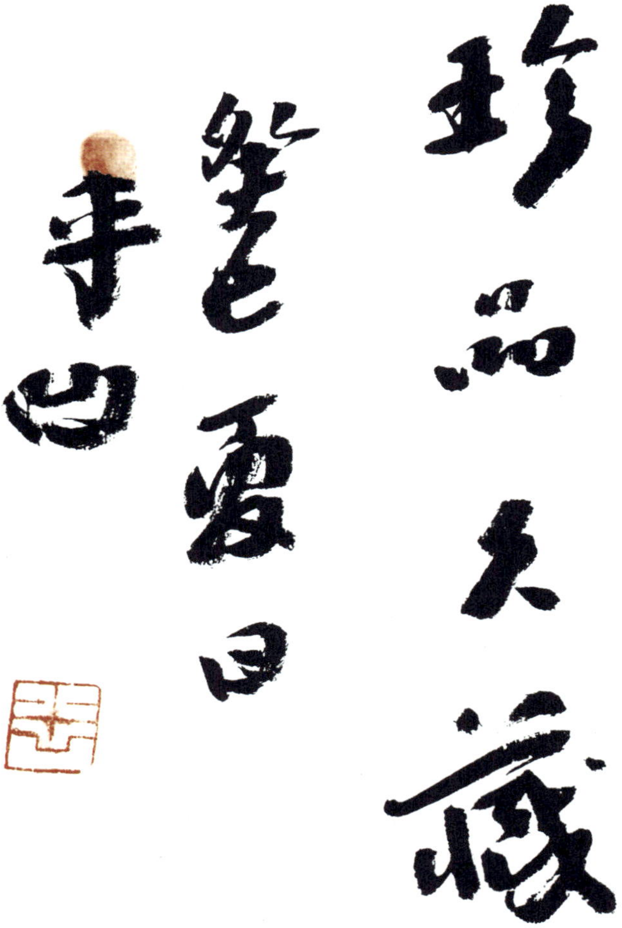

著名作家、陕西省作家协会主席贾平凹为本书题词

释文：

珍品久藏

习近平论历史文物的保护

中共中央总书记、国家主席、中央军委主席习近平高度重视文物保护，并身体力行推动保护和抢救文物工作，尤其是党的十八大以来，习近平多次就文物保护工作作出重要指示和批示。

早在 20 世纪 80 年代，习近平担任河北正定县委书记时，针对一些文物保护措施不力，习近平就严肃批评有关负责同志："我们保管不好，就是罪人，就会愧对后人。"

2000 年 1 月 1 日，时任福建省代省长的习近平对万寿岩遗址保护作出重要批示："保护历史文物是国家法律赋予每个人的责任，也是实施可持续发展战略的重要内容。万寿岩旧石器时代洞穴遗址作为不可再生的珍贵文物资源，不仅属于我们，也属于子孙后代，任何个人和单位都不能为了谋取眼前或局部利益而破坏全社会和后代的利益。"

2002 年 4 月，时任福建省省长的习近平在《福州古厝》一书写的序中说："保护好古建筑、保护好文物就是保存历史，保存城市的文脉，保存历史文化名城无形的优良传统。"

2002 年 11 月至 2007 年 3 月，习近平在担任浙江省省委书记期间，曾对一些地方将经济发展和文物保护对立起来的行为提出警示："如果说以前无知情况下的不重视还可以原谅，那么现在有认识情况下的不重视，那就是意识问题、政绩观问题。"

2013 年 8 月，在一份关于河北正定古城情况的报告上，习近平作出重要批示："充分肯定近年来正定古城保护工作。要继续做好这项工作，秉持正确的古城保护理念，即切实保护好其历史文化价值。"

2014 年 2 月，习近平在参观北京历史文化展览时强调："搞历史博物展览，为的是见证历史、以史鉴今、启迪后人。要在展览的同时高度重视修史修志，让文物说话、把历史智慧告诉人们，激发我们的民族自豪感和自信心，坚定全体人民振兴中华、实现中国梦的信心和决心。"

2014 年 2 月，习近平在北京市考察工作时指出："历史文化是城市的灵魂，要像爱惜自己的生命一样保护好城市历史文化遗产。北京是世界著名古都，丰富的历史文化遗产是一张金名片，传承保护好这份宝贵的历史文化遗产是首都的职责，要本着对历史负责、对人民负责的精神，传承历史文脉，处理好城市改造开发和历史文化遗产保护利用的关系，切实做到在保护中发展、在发展中保护。"

位于黑龙江省哈尔滨市的日本侵华 731 遗址群部分旧址破损严重，甚至被挪为他用。2014 年 4 月，习近平在一份反映该遗址群破损情况的报告上作出重要批示，明确要求"应加强修护工作"。

2014 年 9 月，在一份关于中国建筑文化缺失的相关材料上，习近平批示："要处理好传统与现代、继承与发展的关系，让我们的城市建筑更好地体现地域特征、民族特色和时代风貌。"

（摘自 2015 年 1 月 10 日《人民日报》刊发的新华社通讯《习近平总书记关于历史文物保护工作纪实》）

文物工作要把抢救保护放在首位[①]

李瑞环

⊙ 1990 年，中共中央政治局常委李瑞环（前排左二）、全国政协副主席马文瑞（前排左一）以及省市领导张勃兴、安启元等出席陕西历史博物馆落成开幕仪式。本书作者（前排左三）。

当前文物盗窃、盗掘、走私等犯罪活动十分猖獗，对文物保护工作构成了严重威胁，各级领导对此必须引起高度重视，采取坚决措施，依法予以严厉打击。文物工作要以保护为主，把抢救放在首位。

在漫长的历史岁月中，我们的祖先用自己辛勤的劳动和卓越的智慧，创造了举世瞩目的中华民族文化，留下了极其丰富的文物宝藏，有些珍贵文物已成为中华民族的象征。无论是生长在中国本土还是身居异国他乡的中华儿女，只要提到伟大祖国的文物瑰宝，都会感到无比骄傲和自豪。我国现在的文物，是祖辈们一代又一代，付出了巨大代价和牺牲才保留下来的，是非常不容易的。现在这些历经磨难的珍贵遗产传到了我们这一代手里，我们应该怎么办呢？是尽最大努力保护好，继续传给我们的后代子孙，还是不负责任，在我们手里任其毁掉呢？这确是一个值得每个当代中国人严肃思考的重大问题。如果把祖先留下的这份遗产在我们手里糟蹋了、损坏了，那就不是一般的工作失职，而是上无以对祖先、下无以对子孙，我们就会成为千古罪人。

---

①本文是中共中央政治局常委、全国政协主席李瑞环于 1992 年 5 月 8 日在全国文物工作会议上的讲话要点，选自本书作者与李泓冰为《人民日报》（1992 年 5 月 9 日）合写的头版新闻报道。

⊙ 1990 年，李瑞环同志在陕西视察。本书作者（右二）陪同采访，并向李瑞环同志赠送自己写的《黄土地的文明》一书。

我国文物的显著特点一是年头久，二是数量多。由于年代久，许多文物经历了几百年、上千年，称得上饱经风霜，已经是千疮百孔、风烛残年，抵御自然侵蚀的能力很低，有些抢救一下就保存下来了，不抢救就没有了；早抢救几年甚至几个月就保存下来了，晚几年甚至几个月就没有了。文物是无法再生的，一时的延误就有可能造成千古遗恨。由于数量多，加上我们过去的欠帐又比较多，即使投入的力量有较大增长，比实际需要仍然会有相当大的距离，这就需要按轻重缓急进行比较排队，本着“先救命后治病”的原则，抓住重点，急事先办，把有限的力量首先用于抢救那些快“断气”的孤品、珍品上去。执行保护为主，把抢救放在首位的方针，要处理好文物保护与合理利用的关系。从一定意义上讲，保护文物的目的最终还是利用。实践证明，合理、适度、科学的利用，不仅不会妨碍保护，而且有利于保护。在改革开放的形势下，把文物事业搞得更活一些，是大有文章可做的，需要下力量研究。但是所有文物的利用，都要服从国家有关法规，在保护文物安全的前提下进行，都应当有助于保护。

文物工作是搞好两个文明建设的重要组成部分，是各级党政领导进行四化建设和改革开放不可忽视的一项工作。各级党政领导和文物部门要认清形势，努力工作，务必做到一年办成几件实事，使文物抢救工作年年有新进展。要把工作抓实，在深入调查摸底、弄清情况的基础上，区别轻重缓急，把需要保护、抢救的文物排出一个单子，对如何使用今年国家增拨的文物抢救专款和地方资金，做出具体部署，做好前期准备，抓紧设计施工，力争迅速拿出成果，把全面抢救文物的“头一炮”打响。要严格依法办事，把《文物保护法》等有关法令、法规宣传好，贯彻好，依法管理文物工作，制止文物破坏，打击文物犯罪。他要求公安司法机关、海关缉私部门和重要文物单位要紧密配合，协同作战，对各种文物犯罪分子依法严加惩处，特别是对那些破坏严重、危害极大的盗墓帮伙和走私集团，要坚决摧毁，严厉打击，以刹住各种破坏、盗窃、走私文物的歪风。

当前，我国形势很好，邓小平同志在视察南方时的重要讲话，对建设具有中国特色的社会主义具有重要而深远的指导意义。我们要认认真真地学习，全面准确地领会，真心实意地贯彻执行。希望文物战线的同志们进一步解放思想，开拓进取，以改革开放的精神，使自己的工作尽快跨上一个新台阶。

（原载 1992 年 5 月 9 日《人民日报》）

为祖国和人类守护好历史文化遗产

赵正永[①]

⊙中共陕西省委书记赵正永

陕西是华夏文明的重要发祥地之一，辉煌的历史给这片古老的土地留下了璀璨的文物遗存。从百万年前的蓝田猿人头盖骨到中国第一个母系社会村落半坡遗址，从中华始祖轩辕黄帝陵墓到世界第八大奇迹秦始皇兵马俑，从周原“青铜之乡”到汉唐长安都城，陕西历史悠久，文物遗存的完整性、丰富性、至高性无与伦比，堪称典范。在5000多年中华文明发展历程中，周、秦、汉、唐等13个王朝曾在此建都，这里曾经是古“丝绸之路”的起点，千年前曾是世界上唯一拥有百万人口的国际大都市，历代帝王在陕西的陵寝已被确认的达80多座，王侯将相的陵墓更是星罗棋布，各类地上宫殿和地下陵墓不胜枚举。目前全省和西安有各类文物点4.9万处，馆藏各类文物90万件(组)，陕西享有“天然历史博物馆”之美誉。

陕西文物甲天下，作为文物大省，文物的发掘、保护和宣传尤显重要。我们的许多宝贵文物都是在不经意中被发现的，这其中也包含着新闻工作者的重大贡献。正是新闻工作者在考古现场第一时间的报道，增添了人们对文物发掘的好奇与认知，从而促进了文物的保护与利用。孟西安同志是诸多辛苦奔波于考古一线新闻工作者中的一员。多年来，他参与了众多陕西重大考古的新闻报道，亲临现场采访，见证了一些陕西历史文物的发掘和保护过程，将文物第一时间呈现在世人面前，揭开了许多考古的神秘面纱，拉近了文物与普通老百姓的距离，为文物宣传、保护和利用做出了突出贡献。近期，新作《敲开奇迹的大门》成稿，这是他多年考古新闻报道的集合。这些新闻报道，不仅具有新闻性、可读性，更具知识性、史料性，读者可以从绘声绘色、旁征博引的新闻报道中，深刻感受到华夏文明、中国历史的悠远久长和灿烂辉煌。在此，我对他长期工作在考古宣传第一线、为陕西文物宣传和保护事业做了大量工作表示敬意！

保护、宣传、利用好文物，需要政府和社会共同努力。近年来，陕西各级政府、社会各界自觉贯彻执行文物保护法律法规，有力地推动了陕西文物事业持续快速健康发展，特别是群众保护文物的先进典型事例不断涌现，在全国引起了巨大反响。比如，临潼杨家村农民在打井时发现的兵马俑，成为震惊世界的“文化奇迹”。再比如，素有“青铜器之乡”的宝鸡，眉县马家镇杨家村五位农民2003年1月19日下午在村砖场取土时，发现了一处青铜器窖藏，他们妥善保护现

①中共十八届中央委员、中共陕西省委书记。

场并及时向政府文物管理部门报告，挖掘出土有铭文的西周青铜器 27 件，被誉为“21 世纪重大考古发现之一”。群众的自觉“护宝”行为使文物得到妥善保护，彰显了当代陕西人爱国守法、明礼诚信的精神风范，崇德尚文、重义轻利的道德情操，是陕西人淳朴精神的真实写照，一时传为美谈。据统计，仅“十一五”期间，全省涌现出保护文物、爱护文物的先进人物和先进事迹 100 余人次，上交出土文物和捐赠文物 400 余件。

历史是根脉，文物资源是人类文明的共同财富，蕴藏着人文之根、民族之魂，寄托着人类独特而悠久的精神世界和文化家园。透过文物，我们可以了解那个时代人们的生产状况、生活习俗、艺术审美、工艺水平，从而对更好地认知中华文明的发展走向提供科学借鉴。同时，我们要清醒地认识到，在保护文物过程中，也面临着盗窃、盗掘、走私等犯罪活动的严峻挑战。对此，我们必须采取坚决果断措施，依法予以严厉打击。陕西人民有责任为祖国、替人类守护好历史文化遗产。我以此文为序，衷心希望全社会关爱文物的人士都能积极参与这项伟大的事业，形成全社会自觉“护宝”的良好氛围，继承和弘扬中华民族优秀文化，为加快建设“三个陕西”、实现中国梦提供有力支撑。

2014 年 8 月 20 日

⊙ 2013 年年初，作者向陕西省委书记赵正永汇报本书编著出版情况，受到书记的赞扬和鼓励，同时建议书名《敲开奇迹的大门——陕西重大考古发掘纪实》中副题增加“第一时间”。图为会见后作者向赵正永书记赠送书法作品。

文明的赞歌

张岂之[①]

⊙张岂之先生（右）与本书作者（左）合影

孟西安同志找我，要我为他的新闻报道集写些文字。本月初，他与朋友来到我的寓所，郑重叮嘱为《敲开奇迹的大门》写篇序言。翻阅该书样稿，扑面而来的是一股清新的气息，引人入胜，设计精美，图文并茂，报道文稿与相关辅助资料相映成趣，别具特色。

孟西安同志 1968 年从西北大学中文系毕业后，先后到《西安日报》（后改为《西安晚报》）、《人民日报》工作，特别是 1985 年由《西安晚报》选调《人民日报》，长期作为该报驻陕西记者和站长，与陕西学术界、文化界、文艺界结下了深厚的情谊。

《敲开奇迹的大门》选收了西安同志几十年来所写的有关文物报道稿件，重点介绍陕西文物的保护及发掘工作，上涉史前文明，中贯周秦汉唐，下及现当代考古。书名《敲开奇迹的大门》，则突出了秦始皇陵兵马俑发现在世界文明的重要文化意义。难能可贵的是，他能够将原本并没有预先设计、甚至分散的报道，汇编成系统的著作，一方面让我们感受到陕西历史文化源远流长，历史积淀深厚，文化传承与创新连绵不断，为西安同志的历史文物报道和写作提供了广阔的天地；另一方面也让我们感受到西安同志的现场调查走访与勤奋写作，把当代大多陕西重大的考古发现，历经西安同志的耳闻目检，形诸文字，成为一首首文明的赞歌。现在有机会结集成册，公开出版，返观起来，不仅是一种历史文化的可喜巡礼，而且在历史文化知识和史料的传承方面也有着重要的借鉴作用。

文明是西安同志作品贯穿的重要主题。他作为陕西历史文物发掘和保护的见证者之一，被考古和历史学界朋友誉为同行和知音。陕西是中华民族文明的重要发祥地之一，也是中华五千多年悠久文明的缩影。文明本身就是西安同志报道的重要对象。同时，他本人也在报道、传播文明中对“文明”有进一步的体会和感受，字里行间洋溢着对中华优秀文明的热爱，对陕西厚重历史文化的赞叹。他说：“我出生于古城西安，是吃着陕西的粮、喝着秦岭的水长大的，我对陕西和西安的一草一木和历史遗存的一砖一瓦都有着深厚的感情。”他的报道文字，在传播迅捷、真

①著名中国思想史学家，西北大学名誉校长，清华大学双聘教授，陕西省轩辕黄帝研究会会长。

实的消息和历史知识的时候，也在表达着对家乡和中华文化的热爱，这增强了他文字的可读性和感染力，深深地打动了读者的心。

我也爱读孟西安文物考古的报道。我的第二故乡是陕西，我深知陕西历史文化的博大精深，周秦风韵，汉唐气象，历久弥新；砖瓦碑铭，楼台陵阜，亘古常青。三秦大地，文化遗存，斑斓多彩，细分而有历史文化、革命文化、民俗文化，璀璨缤纷，其中有些具有独特性、唯一性、至上性和世界性。孟西安同志用生动的笔墨写出陕西文化的历史内涵和文化含义，引起读者的共鸣，这是很自然的。毋庸置疑，《敲开奇迹的大门》一书也可以作为打开陕西悠久历史文化大门的一把钥匙，引导读者流连环顾，渐入堂奥，受到文明的熏陶。

“文明”一词，起源甚早。《周易·贲卦·彖辞》有“观乎天文，以察时变。观乎人文，以化成天下”。其中，“天文”指天象季节变化，目的是为了使人们能适时地进行农耕活动；“人文”则指“文明”，主要指社会制度。中国古代哲学关于“天道”与“人道”相互关系的探讨和论述，就是对于“天文”和“人文”认识的深化与发展。《周易·乾卦·文言》有“见龙在田，天下文明”。文明，即有文章而光明，或者说光明而有文采，多偏重于社会制度和文明风尚的形成和确定。《周易·大有·彖辞》说：“其德刚健而文明，应乎天而时行，是以‘元亨’。”说明有文明美德的人能适时行事，其事业伟大而美好，天下文绣而光明。如果缺乏文明的美德，就无法摆脱蒙昧野蛮的状态。战国末期儒学思想家荀子在《荀子·礼论》中说“不敬文，谓之野”，不尊重文明就会趋向粗野；又说“不敬文，谓之瘠”，不尊重文明便流于浅薄。他的结论是：“君子贱野而羞瘠。”君子蔑视粗野而耻于浅薄，讲道德，讲文明，重人禽、文野、文质之辨，引导人们从自身做起，塑造高尚的品格，追求至善，这是中华人文精神的基石。

在这种意义上，《敲开奇迹的大门》，可以说是敲开文明的大门，也是敲开陕西悠久历史文化的大门。

在这部报道集中，处处洋溢着文明的闪光和足迹，有历史的，有现实的；有集体的，有个人的；有物质的，有非物质的。这启示我们，研究历史，要通过历史看文明的价值，通过文明看历史的演进。一言以蔽之，社会历史的发展就是物质文明、精神文明、政治文明、制度文明的演进史。

在陕西古代文物中，人们首先想到的可能就是中华人文初祖黄帝的陵寝黄帝陵。关于黄帝文化和黄帝陵的报道，显示了人文的曙光。从历史学观点看，炎帝族和黄帝族是史前两个关系密切的大氏族部落，他们对后来中华民族的生衍发展有很大影响。黄帝文化也蕴含着文化认同和民族认同的本质，是中华文明发展的起点。孟西安在这方面的报道，给我们描绘了中华文化五千年血脉的历史渊源和炎黄子孙敬祖祭祖的生动图像。

关于商周及青铜器考古的报道，展示了博大的西周礼乐文明。探讨文明起源，一般以铜器、文字、城市为主要标志。中华文明源远流长，中国考古发现、特别是新石器时代考古的一系列发现，如大汶口遗址、红山文化、龙山文化、良渚文化等，已经对这些固有的文明标志说提出了挑战。但是，通过青铜器及其文字展示的礼乐文明及其凝聚的思想观念，在天人关系中的新进展，却无疑将中华文化的人文进程提升到一个新的境界。孟西安报道中的这个亮点，促使人们去思考为什么中华文化历经五千多年传承而没有中断。

关于秦兵马俑和秦陵的报道，似真似幻，使人震撼。秦兵马俑以其雄伟的气势，整齐的仪仗，高大的形象，丰富多彩的风格，展示了秦人的气概和秦国（朝）的强大。通过西安同志对秦俑、秦陵的多角度报道，将秦文化的多样性和战国至秦汉间秦始皇“扫六合、统天下”及秦人的生活场景展示现来，读来饶有趣味，多少拨扫了蒙翳在强秦上的“刻薄寡恩”、“虎狼之国”的历史尘埃。这些报道也引导读者去思考：公元前221年秦始皇统一六国，对中国后来的历史发展产生了多么重大的影响！

关于汉俑与汉文明的报道，反映了西汉文明博大精深的特色。汉俑虽形制娇小，但依然折射出文化的魅力和浓郁的人文色彩。报道集中提到的汉阳陵就是典型的例子。所涉西汉灞桥纸和西汉美酒，都改写了文明的传述历程，让后人叹为观止。从水滴可以推知河流。孟西安所写关于汉俑报道的意义已超出汉俑本身，促使人去思索为什么在西汉时期、特别是汉武帝刘彻在位54年，中国以汉族为主体的统一多民族国家得到巩固，并以文明和富强的政治实体而闻名于世。

关于唐代金银器皿与丝绸文明的报道，展示了大唐物质文化的富庶繁华、工艺精美，也带给人们对千古帝陵乾陵发掘的畅想和争论。中外文明的交流，途径是多样的，陵墓陪葬物也能够透露出唐代外来文明的影子。佛教文化在唐代获得较大发展，法门寺地宫珍宝，特别是佛指舍利（一为灵骨，三为影骨），见证了唐代文明的辉煌灿烂。西安同志的跟踪报道，让人可以更真切地了解到法门寺考古发掘的情景，也有助于把握唐代中外文明交流以及儒释道的关系，特别是佛道有了显著发展，并与儒学进行义理融通，三教会通融合为以后新的思想学术形态（理学）的产生奠定了基础。

孟西安所写的关于文物保护和综合利用的报道，包含鲜为人知的历史掌故，具有重要的史料性，比如老一辈革命家习仲勋为保护西安古城墙所立下的不朽功绩、李瑞环等领导同志对文物保护和利用的论述、西安四大古遗址保护等。西安同志对文物保护重要性和紧迫性的关注，也启发人们在保护好祖国文物的前提下如何珍惜和创造性地利用文物资源，促进文化产业和旅游业发展的深思。

从整体上看，《敲开奇迹的大门》一书，内容丰富，文笔生动，言而有据，资料翔实，具有知识性和可读性。虽然是关于陕西文物及其发现过程的报道稿件的汇编，但却既有文物考古的纪实性，也有开阔的历史视野，还洋溢着对中华文明的挚爱之情。正是这三个方面的内在交融，使西安同志的这部作品集魅力独具，相信也会得到广大读者朋友的喜爱。

孟西安同志是学中文出身，是我夫人孟昭燕的学生，也是我的学生和知心朋友。我为他在新闻工作和弘扬中华文明中取得的成绩而感到由衷的高兴。在他的记者生涯中，除了报道经济、政治之外，他把主要精力放在报道陕西的文物和文化上。考古学家、历史学家们曾经赞誉：“西安同志写的报道，专业性强，是行家。而他的文字生动活泼，所以读者们爱读，影响大。”之所以有这样的赞誉，源于孟西安同志在记者生涯中虚心向群众和专家们学习。他说，写好文物考古报道其中重要的秘诀就是“拜专家为师”，成为历史文化界专家的知心朋友。或许，这种虚心学习的精神，正是文明精神的具体体现。

是为序。

2012年12月

知史爱国　梦想成真

郑欣淼[①]

⊙郑欣淼（右）与本书作者亲切交谈

孟西安同志是人民日报高级记者。上世纪80年代中期他从西安晚报调到人民日报，当时我在陕西省委政策研究室工作，交往甚密。他是一位勤奋的记者，在《人民日报》不时看到他写的报道。自我调到北京工作之后，因关心陕西老家的发展，我是从西安同志在《人民日报》上发表的各类报道，才了解陕西家乡变化的许多信息的。由于工作多涉及文化、文物的关系吧，我被西安同志采写的大量文物考古及保护的报道和文章所吸引。前年到西安开会，西安同志对我说他想把这些报道编撰成册，经过两年的努力，《敲开奇迹的大门》一书终于即将出版发行了。手捧这本沉甸甸的、散着墨香的样稿，可谓可读可亲、可喜可贺啊！祝他这桩心愿梦想成真！

我的老家在陕西，我在关中平原上度过了我的童年、少年和青年。我知道陕西厚重的黄土地不仅养活了我们祖祖辈辈的关中娃，而且这里厚重的历史文化也多珍藏在这里的皇天后土之中，正如人们所戏言的："南方的才子北方的将，陕西的黄土埋皇上。"仅关中平原及周围就有72座帝王陵，埋葬着炎黄、秦帝、汉武、唐宗等73个皇帝（乾陵合葬着唐高宗李治和女皇武则天），同时还陪葬、埋葬着5000多个贤臣良相。陕西文物甲天下，陕西是中华历史的缩影，你想知道被

---

①文化部原副部长、故宫博物院原院长

誉为“世界第八奇迹”的秦始皇兵马俑是如何发现和保护的吗？你想了解中国和亚洲最早的直立人蓝田猿人头盖骨是如何发现的吗？你想知道中国第一个母系社会村落——西安半坡村的奥秘吗？你想知道中华始祖轩辕黄帝陵是如何保护和整修的吗？你想知道周公庙遗址出土的甲骨文及周原出土的墙盘、逨盘等青铜重器为什么价值连城吗？你想知道迄今我国发掘最大的古墓——秦公一号大墓都发现了什么吗？你想知道咸阳杨家村 3000 尊西汉兵马俑、汉阳陵数万裸体俑及西汉美酒是如何从地下走向人间的？你想知道西安何家村出土的唐代遗宝和众多金银器怎样辉映了大唐盛世吗？世界上第一座合葬夫妻两位皇帝的乾陵何时才能发掘？法门寺佛指舍利及奇珍异宝是如何发现并惊动海内外的？你想知道习仲勋如何保护了西安城墙吗？西安西周丰镐、秦阿房宫、汉长安城、唐长安城及大明宫等古迹是如何保护的？……孟西安通过亲临现场的实际采访，大都在第一时间里向世人披露了这些秘密和答案。读者可以在他实实在在、绘声绘色的新闻报道中，体会到中华文明的博大与恢宏，在含英咀华中了解到中国历史的悠久和辉煌。收录在这本书中的报道和文章，最大特色就是及时真实、雅俗共赏，使文物考古的信息和专业知识及时得到广泛传播“飞入寻常百姓家”。陕西厚重的文化和考古新发现，吸引了每年数千万乃至上亿的海内外朋友到此观光，据说每年到秦始皇兵马俑博物院参观的海内外人数仅次于北京故宫！

中国是世界闻名古国之一，而且是世界文明古国中一脉相承的多民族国家。这在世界文明发展史上是一个特例。孟西安在《敲开奇迹的大门》一书中，报道了从原始社会、奴隶社会、封建社会以及新民主主义革命各个时期在陕西的重大考古发现及遗存，不仅给广大读者提供了了解和认识昨天中国的许多信息和知识，而且为历史学家和考古工作者提供了许多珍贵的资料，这对形成文献史料与遗物并重、历史学与考古学结合去研究中国历史，特别是研究中国史前史和先秦史，都有着重要的借鉴和裨益。

不知、不敬自己祖辈及父母的人，谈不上忠孝爱家；不知、不敬自己国家历史的人，也谈不上真正爱国。文物是历史的足迹，也是文化的载体，从祖国宝贵的文物，可以知晓祖国辉煌的历史和文化。习近平总书记代表党中央发出了实现“中国梦”的号召，他在今年 5 月 4 日的讲话中又强调指出：“知史爱国，知史爱党。”细细品读孟西安同志《敲开奇迹的大门》一书，无疑给广大读者提供了“知史爱国，知史爱党”的一本好读物，使人们更加体会到“中国梦”形成的历史根源，使人们坚信“不走封闭僵化的道路，也不走改旗易帜的邪路，坚定不移地走中国特色的社会主义道路”，才是实现中华民族复兴的“中国梦”的最佳途径。

是为序。

2013 年 11 月 7 日

开风气之先　揭首义之举[①]

石兴邦[②]

⊙本书作者在石兴邦先生（左）书房里进行采访

孟西安同志长期生活工作于富有历史文物宝藏和革命传统的三秦大地，整日席不暇暖，奔忙于各条战线，写了许多脍炙人口的报道和论文。现在他将有关文物考古方面的文章取名《敲开奇迹的大门》选粹成册，公之于世，这是他多年来辛勤耕耘的丰硕成果，也是他馈赠给读者的一件优厚礼品。在即将付印之时，我写几句话，以表文物考古工作者的感慨和心意。我感到新闻工作者出版文物考古报道专集，是开风气之先，揭首义之举，是值得我们庆喜和赞许的一件大好事。我在感奋之余，欣然遵嘱为之命笔。

我深知孟西安同志，酷爱历史文物，关心文博事业的发展动态，所以，他特别重视考古发现和研究成果的采访和报道。他发表有关这方面的文章，我都读过，良有所获，觉得他的文章，有鲜明的个性和特点，使人读后有亲切的时代感和浓烈的历史感染力。书中所收篇章，大都系成功之作，特别是秦始皇陵兵马俑、蓝田猿人、半坡遗址、青铜史书墙盘、韩城西周大墓、秦公一号大墓、法门寺地宫、何家村金银器、汉阳陵等重大考古发现和发掘以及宝鸡五位农民献宝、发掘乾陵的争议等篇，他均以准确的文字和优美的文笔，吸引了读者。这里仅就个人感受最深而系

①1991年，石兴邦为本书作者第一本文物考古专辑《黄土地的文明》一书所作的序。在收入本书时，石先生做了补充修改。
②著名考古专家，陕西省考古研究院原院长。

精神之要者，摘述如下。

首先使我深有感触的是他弘扬祖国优秀历史文化传统的那种敢为天下先，也能为天下先的使命感和责任心。我们要实现四个现代化，建设具有中国特色的社会主义，其重要支柱之一是要振奋民族精神，树立民族主体意识。这种意识的重要一部分，要从我们民族魂的根子里去汲取，这就是历史文化传统中那些精华部分。我们这个民族，在长达数千年的文明历史中，创造了许多光辉灿烂的文化珍品。保存在黄土地上地下极为丰富的文物古迹，是民族历史发展无可替代的历史见证。我们现在进行考古研究，大力发掘和弘扬中华民族优秀文化遗产，是唤起民族主体意识、激励民心、振奋民气、重铸民族魂的重要组成部分之一。继承和发扬这些优秀文化传统，是团结海内外炎黄子孙，增强热爱伟大祖国的凝聚力，促进两个文明建设有重大的历史意义。西安同志是在这种情怀和思想指导下，在三秦这块考古沃土上从事他的报道和写作的。我们在谈论中，他那强烈的民族历史文化意识和时代感使我深受感动。从这一点上说，他和我们考古工作者有同样的情愫，是我们的同行、知音。因为他的有关报道，引起社会对文物考古事业以极大关注和兴趣。从发生的社会效益而言，他则是把文化遗产的“福音”传递给广大读者的信使。他自己谦虚地说，他是文物工作的“二传手”，实际他是将原始材料去粗取精，加工而成更富营养、更合口味的精神食粮而提供给群众享用的巧匠里手。这是我们工作中当前最需要而薄弱的一环。西安同志，率先着鞭，走到前面去了。这是事业之幸，读者之福。

其次，值得重视的是，他贯穿在文稿中的科学性和求实精神。这种精神，贯穿于从采访到行文的全过程。考古学是马克思主义历史科学的有机构成部分。它的战斗性就表现在科学性上。新闻报道要求的信、达、用，也是这三者科学性的统一。要求报道真实可靠，正确反映客观实际，才能揭示历史真谛，才有吸引力和感召力，才能起到教育作用。西安同志的报道，贯彻了这个原则和精神。他十分重视报道对象的客观真实性，可说是“有实事求是之心，而无哗众取宠之意”。他尊重科学工作者在实践中所得出的结论，严肃认真地把真情实据告诉读者，读者可以从报道中，获得早已消逝而又重现于世的确切的远古文化信息和知识。他的文采具有艺术魔力，有力地吸引读者进入历史文化境域，观察和体味他所见到和意识到的事事物物、从中得到启迪和教育。所以，他的文章一经发表，立刻引起社会的反响。之所以能收到如此良好的教育效果，是与他的躬亲实践、深入实际的作风分不开的。据我的记忆，陕西地区，每有重大考古发现，他必亲到现场察看，奔忙于田野工作现场、标本室和专家学者之间，不辞疲劳地采撷发现于黄土地上的奇花异果，获得丰富的感性认识。他能虚心征求专家意见，互相研讨，寻奥探秘，必得究明而后止，表现出他对祖国文化遗产炽热的情、深厚的爱。这种发乎心、动乎情而行之于文的篇章，跃然洋溢着爱国主义的激情，对读者就自然会产生强烈的感染力和亲切感了。

再次，本书的墨香中洋溢着他对陕西文物的特殊厚爱和深情，令人感动。人们知道，陕西是华夏文明的重要发祥地，历史文化遗产丰厚。以“蓝田猿人”、“人文初祖轩辕黄帝”和周、秦、汉、唐为代表的远古及历史文化，以延安精神为代表的革命文化，造就了众多的历史遗存、珍贵古迹和地下珍宝。全省和西安有各类文物点 3.58 万处，馆藏各类文物 90 万件(组)，数量之多、品类之全，等级之高，价值之珍贵，时间之久远，均居全国首位，堪称“天然历史博物馆”，特别是以秦始皇陵兵马俑为代表的世界第八大奇迹的发现和发掘，震惊中外，享誉世界。这为西安同志搞好文物报道，提供了得天独厚的条件和广阔的舞台。本书由启功先生生前题写的“敲开世界第八奇迹的大门”删减后做为书名，不仅赞颂了以秦始皇陵兵马俑为代表的陕西文物古迹及考古发掘工作，而且也可以说是对本书丰富内涵和引人入胜文字的赞许和肯定。

我国古代有一个好的传统，就是寓教于文，寓教于史，提倡文需有益于当世；“凡文之不关于六经之旨，当时之务者，一切不为”，“文章合为时而著，歌诗合为事而作”。这就是我们所说的写文章要有明确的指导思想，要为当前政治服务，学以致用。对我们考古工作者来说，就是古为今用，利用自己的所学所事，有针对性地对群众进行历史唯物主义的教育。平心而论要把古旧的历史陈迹，甚至是残碑断碣，恢复当年的勃勃生气，给人以真切之感，以发挥寓教于史的作用，确实不易。这要求既要有科学性，还要有普遍可读性，这非有妙手回春之笔，不克有济。因为这既要洞察历史陈迹之内涵大义，也要通达今日人民之思想认识，还要有犀利的文笔。而西安同志三者具备。他紧紧抓住了这个要旨，采撷最有价值，对今日最有裨益的东西加以报道，用他那枝生华之笔，以群众所喜闻乐见的形式和语言，深入浅出地把远古祖先创造的文化成果的讯息，传达给广大读者。他描绘的种种历史画面不论是宏廓优美的建筑遗迹，或是巧夺天工的工艺制品，琳琅满目的金玉珠宝，抑或典章制度和礼仪习俗，以及社会生活和意识形态等方面的种种形迹，他都从它的社会功能和历史涵义上加以描述，每每给读者以丰富有趣的文史知识、高尚的艺术享受和从事历史创造活动中的乐趣。

我从西安同志文章中，获益良多。由于他深厚的文学功底和史学造诣，加之他那新闻工作者特具的观察问题的锐敏目光，他在文章中不时反映出学术上的灼见卓识：他提出的一些见解和看法，往往是专家争论和问题的症结所在。这无疑给我们专业研究者以莫大的启迪，是我们更多地考虑问题的深层涵义和广缘范围，是难得的迪助之师。

在驻笔之时，我要说的是这篇感论比原来要写的篇幅几乎多出一倍，理由是：一、我想利用这宝贵的篇幅附骥尾而扬义旗。随着本书的广为流传，将弘扬祖国优秀文化遗产和革命传统的微言大义，带给广大读者，为中华崛起而和衷共济；二、希望更多的记者同志，加入这一报道行列，共抒鉴古之豪情，同扬华夏之天声；三、希望西安同志，继续耕耘这块肥美的园地，不断地前进创新，把最美好香甜的文化果实，献给祖国和人民。谨为之序云尔。

揽宝写珍谱　鉴古知今录[①]

雷抒雁[②]

⊙本书作者与同学、著名诗人雷抒雁（右）在周公庙遗址

西安同志的这本书并非新作，只是他多年来所撰写的文物考古、发掘及保护通讯报道的汇编。开始，我担心新闻的淡逝，这本书还会不会引起读者的兴趣。待一篇篇读下来，才知道文化古迹所辉映的光彩，已使这些文字具备了某种稳定性。这些作品的风格，就像作者的名字一样，富有明朗浓郁的地方特色，作品中关于文物珍宝的描述和记录，已经具备某种文献的价值。它将传递给一代又一代读者不可多得的知识与情趣，而且，为一些学术研究者提供了宝贵的资料和信息。

书中所收的作品，大都发表在 1986 年以来的《人民日报》和《人民日报·海外版》上，其中不少被海内外报刊转载，广为流传。这些文章已受到世人，尤其是炎黄子孙们的青睐。作为三秦子弟，我读这些文章，感到格外亲切。我深知八百里秦川的富庶与美丽。在那里我度过了自己的青少年时代，那里的山水草木，人文景观，始终萦绕着我的梦境。我知道三秦的泥土里埋藏着古老的文明，历史将它很大的一部分秘密收藏在泥土里。但尽管如此，读这些文章，仍使我惊

①本文是雷抒雁为本书作者《黄土地文明》一书所写的跋。
②中国著名诗人，中国诗歌学会原会长。本书作者同学。

异，使我陌生，这真是生我养我的故土吗？古老文明辉煌的光彩，耀得人目眩神迷。在这里，不仅可以体味世界第八奇迹的自豪，而且可以目睹东方“太阳神”的奇观；不仅可以探掘秦公大墓的奥秘，而且可以观瞻法门寺地宫的稀世珍宝；不仅可以拜谒皇帝陵，祭祖寻根，而且可以寻访汉阙唐陵，体会“汉唐雄风”……西安同志虽祖籍中州河南，但出生于古城西安，一直生活、学习、工作在三秦大地上，可以说是土生土长的陕西人。从文章里流露出的激情、惊讶和自豪，看得出他在行文时，也正陶醉在历史炫目的光彩中。这种陶醉，使他的文字挣脱了一般新闻的古板和过于客观而显示出的冷淡。

当然，这得助于他深厚的文学功底。

西安同志和我是大学同学。他聪颖好学，多才多艺，在西北大学中文系上学时，他写诗，画画，我们一起谈文论艺，一起办校刊（他曾任学校刊物《百家争鸣》主编）；他热情洋溢，富于幻想，十足的诗人气质、作家坯子，但一出校门，却踏进新闻之门，一去就是四十余载，如今也成了“老报人”。每每相逢，我总感到惋惜，觉得他总沉浸在各种“热闹”之中，写些烟云文字，有负造化。但他却热情不改。自一九八五年秋从《西安晚报》选调《人民日报》之后，更是高屋建瓴，眼界开阔，常奔走于陕西的峰头浪尖。做为《人民日报》驻陕西的记者站站长及西北联合党支部书记，他不能不把主要精力放在全省经济、政治等方面的客观报道上，二十多年中，他写的数千篇各类题材的新闻作品已见诸报端。但他在新闻园地辛勤耕耘的时候，并没有忘记扬长避短，努力发挥地方“天然历史博物馆”的优势，终于形成自己报道的特色。我身在异乡，多是从他的文稿里听到故乡人前进的足音，而近些年，他的笔锋更多地关注三秦文物（包括革命文物）的报道，则使我好像听到了粗犷壮美的“秦腔”一样，感到是那么的亲切动人。

办报纸，需要新闻性。而读书，则需要更富特色的个性。读西安的同志的文物考古通讯，有采掘时的亲临其境，有鉴别时的去伪存真，有观赏时的含英咀华，有推导时的见仁见智。尤其难能的是深入浅出，古为今用，引读者于观赏而赞叹，于赞叹而自豪。自豪于中华民族的古老，中华文明的恢宏，所谓爱国主义精神，自然浸淫于整个身心。这样，这部书稿的个性特色，就是很浓烈的了。

我是新闻的门外汉。作为读者，我只能对我所读的书谈谈感受。我对西安同志的文章稍加点改，以“揽宝写珍谱，鉴古知今录”，作为对该书的评定与评价，当不谬。

古道

雷抒雁

急急一闪，谁的身影
熟悉而又陌生
噢，先是威威武武的秦
后是打打闹闹的汉
华华丽丽的唐、宋
明之后，又是清
过去了。山说，
谁都是脚步匆匆

注：此书即将付梓时，听到学兄、诗人雷抒雁去世的噩耗，不胜悲痛，特录他于一九八九年写的这首短诗，以表哀悼和纪念。

锻造一把打开奇迹大门的钥匙

（自 序）

⊙ 1999 年 8 月，朱镕基总理（左三）与本书作者（右一）等在秦兵马俑一号坑合影。①

中华民族，历史悠久；华夏文明，博大精深。

陕西，地处中国版图的中心，她是中华民族和华夏文明的重要发祥地。要认识了解中国和她的历史，不能不首先认识和了解陕西。

你看，中国的版图既像一只报晓东方的雄鸡，又像一把椭圆形的铁锁。而这只鸡的鸡心和这把铁锁的锁芯就是陕西。

你再看，陕西的版图，又酷似世界第八大奇迹的秦始皇陵兵马俑中的一尊跪射俑。因此，海内外流传这样一句话：要了解中国，三十年要看深圳，百年要看上海，千年要看北京，五千年要看陕西和西安；因此，不到陕西和西安，不看秦始皇陵兵马俑，就不算真正到中国。难怪美国总统克林顿访华，第一站就选在陕西西安，就登上西安城墙，就走进陕西历史博物馆，就下到秦始皇陵兵马俑俑坑，分享世界奇迹的喜悦……

陕西从地貌气候上讲，堪称中国的一个缩影：她地跨南北 8 个纬度，既有凉亚热带的陕南，有暖温带和温带的关中，还有临近寒带的陕北；可谓南有巴山锦绣和湖光山色，中有秦岭雄踞和关中坦荡，北有黄土沟壑和莽莽沙海，囊括了中国主要的地形地貌，堪称华夏天府、生物宝库和能源之都。

中华文明是世界上唯一从未中断的文明。陕西从历史上讲，也反映了中华从未中断的文明，堪称华夏文明的缩影：百万年前的蓝田和大荔猿人，堪称亚洲和中国人最早的祖先；半坡和姜寨

①本照片系时任陕西省委书记李建国摄。

⊙国家文物局局长励小捷（中）与本书作者（右三）及陕西新闻界的朋友于 2002 年在延安机场合影

遗址，是中华远古的见证；华夏民族的始祖炎、黄二帝就繁衍生息在这块土地；原始社会、奴隶社会、封建社会、半殖民地半封建社会乃至中国共产党在陕北和延安领导的伟大抗日战争和新民主主义革命，都在这里留下了不可磨灭的遗存和胜迹，特别是历史上中国最辉煌的周、秦、汉、唐四个朝代以及此间 10 多个王朝在陕西和长安建都，使陕西和西安长期以来成为中国政治、经济和文化的中心和世界上少有的“天然历史博物馆”。

我出生于古城西安，是吃着陕西的粮，喝着秦岭的水长大的。我对陕西和西安的一草一木和历史遗存的一砖一瓦都有着深厚的感情。我于 1968 年毕业于西北大学中文系，1970 年正式从事新闻工作，亲眼目睹了陕西和西安的发展变化，也亲眼看到并有幸采访了陕西和西安的许多考古发现，特别是 1974 年在陕西临潼发现的秦始皇陵兵马俑，震惊了中国和世界，被誉为“世界第八奇迹”。陕西和西安，因秦兵马俑而名扬海内外，每年来陕西和临潼观览秦兵马俑的海内外宾客少说也有上千万。人气旺必然带来经济兴，难怪临潼农民诙谐地说：“翻身靠的共产党，致富靠的秦始皇”！

1985 年，我有幸被选调党中央机关报人民日报社。靠着人民日报的权威性和影响，我也有幸参与了陕西许多重要文物古迹发现的采访与报道。我曾把秦始皇陵兵马俑的宣传做为自己关注和采访的重点，先后采写了数十篇新闻稿件，经人民日报和海内外报刊宣传报道后，使兵马俑进一步走向全世界；法门寺地宫文物发现后，我又连续给人民日报和人民日报海外版发稿 20 多篇，使法门寺地宫佛指舍利和奇珍异宝光耀全国并远播世界；我曾亲临秦公一号大墓、周原、韩城西周大墓以及汉阳陵、唐乾陵、昭陵等考古工地以及宝鸡五位农民发现国宝的现场实地采访，及时向海内外报道考古发现的最新信息；我还有幸参加了两次全国文物工作会议，报道了李瑞环同志、国家文物局及陕西省有关领导及专家学者对文物保护和科学利用的真知灼见。20 年前，我曾把我采写的文物考古报道汇编成一本小册子，取名为《黄土地的文明》出版，受到社会有识之士的肯定，并被作为优秀图书摆在首都新华书店的书架上。有些文章及报道还被《新华文摘》及海内外报刊转载。现又经过近 20 年的积累，我采写的文物考古报道已有数百篇，近 50 万字。现我已退休，朋友们又劝我把这些报道整理出版。现在，我不揣冒昧地将这些文字收集整理成册，取名为《敲开奇迹的大门》，奉献给热爱祖国历史和文物的广大读者。

著名历史学家、考古学家李学勤先生说，考古学是科学，在社会迫切要求普及科学知识的今天，考古学自然也要普及。可是考古的简报、报告和论著尽管繁多，但面对大量的器物、数字、图表和繁琐的考证及古涩的文字，却使正常人难以明白，同大众的距离越来越远，简直成了一门望而生畏的学科。他的这番话，说明了用浅显易懂并力求用形象、生动的文字进行文物考古宣传对普及文物知识的重要性。如何打开历史尘封的记忆而让死沉沉的文物古迹鲜活起来，使之成为祖国5000多年历史和灿烂文化的见证？这是摆在文史工作者和新闻工作者面前的一个课题。我在西北大学学的是中文，不是考古专业，对文物考古是外行，好在文史不分家，我就扬长避短，拜专家为师，尽可能用浅显易懂、雅俗共赏的文字来写文物考古的报道，努力使其既有科学性、新闻性，又有可读性、稳定性。力求避免新闻报道大都是易碎品的通病。

20年前，我曾把文物报道的文章汇集成册取名《黄土地的文明》出版。本书出版之前我的同学、著名诗人雷抒雁建议书要精编，不要简单成为新闻报道的堆砌。为此，我下了点功夫，按时代顺序和内容的不同分为11辑，每辑前为纪实性的报告文学、通讯和重点报道，后面附《来自考古工地的报告》，以增加考古的信息，每辑之前配发了我写的考古诗作，文中还增加了图片。需要说明的是，考虑到黄帝是中华民族的始祖，保护整修黄帝陵对激励海内外华人的爱国热情，增强民族凝聚力有着重大作用，我把黄帝陵的保护整修和祭陵的有关报道选编成辑；此外，由于秦始皇陵兵马俑和法门寺珍宝属于秦代和唐代的重大发现，全国影响大，报道多，为了与书名相吻合，故将秦始皇陵兵马俑的发现列在全书之前单独汇编成辑，把法门寺珍宝的发现列在唐代文物考古专辑之后也单独成辑。

本书在编纂过程中，得到了全国政协原主席李瑞环、副主席陈宗兴、陕西省委书记赵正永、省委常委、宣传部长景俊海等领导的关心和支持，赵正永书记在百忙中亲自为本书作序并建议在书名"陕西文物考古发掘及保护纪实"中增加"第一时间"，使本书更具新闻性；中国著名历史学家、思想史家、西北大学老校长张岂之，文化部原副部长、故宫博物院原院长郑欣淼，陕西文物局局长赵荣，著名考古专家石兴邦，学兄、著名诗人雷抒雁等为本书写了序；国家文物局局长励小捷、副局长宋海潮也提出了修改意见，陕西省文物局副局长郭宪曾、刘云辉等以及文物出版社、文化艺术界、新闻界和许多企业家朋友也给予了热情支持，在此一并表示感谢。

文物是历史的足迹，书籍是人类的记忆。作为文物考古纪实性的书，则应成为采撷历史足迹的影集和珍藏历史记忆的日历。我期望我这本书能锻造成为开启陕西文化考古奇迹大门的一把钥匙。但我知道本人学识浅薄，很难承担这一重任，本书也会有一些错讹和不足，欢迎大家批评教正。

在这里，我还要感谢全国政协原副主席陈宗兴，人民日报原社长、著名书法家邵华泽，中国书法家协会名誉主席启功，中国书法家协会原主席沈鹏、中国著名历史学家、思想史家张岂之，陕西省政协副主席李晓东，著名作家、陕西省作家协会主席贾平凹等为本书题字作诗。

本书即将付梓时，看到2015年1月10日《人民日报》刊发的新华社通讯《习近平总书记关于历史文物保护工作纪实》，深受感动，习近平的讲话为保护历史文物指明了方向。特从这篇通讯中摘出习近平历年来关于保护历史文物的讲话和批示，放在本书正文之首，以飨读者。

2015年1月15日

目录

来自考古工地的报告：

来自黄帝陵的报告：

来自考古工地的报告:

来自考古工地的报告：

来自考古工地的报告：

第七辑 辉煌炫目看大唐（唐代考古及唐代金银器）/237

来自考古工地的报告：

兵馬俑你站起来

第一辑

秦始皇陵兵马俑发掘及展示

国宝：秦跪射俑

兵马俑，你站起来[①]

迎着东方的红日，
兵马俑你醒过来、动起来！
抖掉你身上那厚重的积淀，
睁开你二千年沉睡的双眼：
看一看，你难舍难分的热土是否变幻？
望一望，大地与天空有没有繁荣、丰收和飞船？

承受历史的雷电，
兵马俑你站起来、立起来！
抖掉你身上厚重的积淀，
挺起你二千年不屈的腰杆：
察一察，你征战统一的江山是否稳固？
瞅一瞅，中国版图上有没有香港、澳门和台湾？

吐纳时代的风云，
兵马俑你奔起来、跑起来！
抖掉你身上那厚重的积淀，
迈开你二千年停滞的脚板：
雄赳赳，你前进的步伐是否豪迈依然？
气昂昂，让华夏儿女为祖国自豪、感奋和赞叹！

①此诗刊载于2004年9月2日《人民日报》，后经翟志荣谱曲，在维也纳金色大厅演出。

敲开世界第八奇迹的大门[①]

——秦始皇陵兵马俑发现发掘纪实

秦始皇陵兵马俑的八千虎贲之士组成的庞大浩荡的地下军阵，冲破两千多年历史的积尘再现于世的时候，使整个世界为之震惊、兴奋！当20世纪的人们，跨越时间和空间的栅栏，去检阅一支公元前2世纪整装待发的秦军阵容时，怎能不神飞魂驰、叹为观止！

“要学知识就到中国去！”这是穆罕默德在伊斯兰教《古兰经》中的一句名言；“到中国不看秦兵马俑，就不算真到中国！”这是当今来中国旅游的大多数国际友人发出的肺腑之言。然而，当他们来到西安临潼秦始皇陵兵马俑博物馆“研读”这部秦代历史“教科书”的时候，几乎都提出这个问题：兵马俑在中国卷帙浩繁的历史典籍中，难道就没有记载吗？如果没有文字记载，它是怎样被发现的？

“无缘对面不相逢”

秦始皇，这个中国历史上的第一个皇帝，以他“续六世之余烈，振长策而御宇内”的赫赫功业，成了闻名遐迩的“千古一帝”。史书上对他毁誉不一的评说，对营造秦始皇陵的记述，对秦陵

⊙气势恢宏的秦始皇陵兵马俑一号坑全景

①此文发表后，发现兵马俑的农民杨志发、杨文海等人被聘为秦始皇陵兵马俑博物馆名誉馆员，他们应邀进馆参加签名售书活动。

⊙美国总统克林顿（左）与发现兵马俑的打井人杨志发（右）亲切交谈，中为省长程安东。

被掘被焚的种种传说，曾使多少诗人墨客为之嗟叹！然而，阅遍秦始皇陵的正史、野史和断简残篇，也没发现一星半点关于兵马俑的记述。

可见，秦始皇陵外围工程，是在极端秘密的情况下施工的。尽管如此，这些被漫漫历史尘土沙石封埋的艺术珍品——秦兵马俑的光芒，就像阳光穿过浓密森林的枝叶一样，在漫长的岁月中，不时地发出道道微光，将地下的讯息传到地面。

我们来到秦始皇陵兵马俑博物馆北边的西杨村，碰见一位杨天德的老人。他今年 75 岁，虽然看上去很精神，但满口牙齿已经脱落。他告诉我们："解放前，俺们在村前打井修渠时，曾打出过瓦人片片和瓦马尻子（屁股）。当时乡党们不识货，以为把地下的瓦庙、瓦神给糟踏得罪了呢。"

还有一位叫万和春的老人，曾向考古工作者讲过，当他还是孩子的时候，他跟父亲一起打井，父子俩挖呀挖呀，就是挖不出水来。他们再挖，突然挖出个"瓦人"。父亲恼火了："怪道打不出水来，原来是你在地下作祟！"父亲看到这位地下沉睡之客的满脸肃杀之气，觉得是不祥之兆，就大胆地将这尊"瓦人"悬吊在村南的大柳树上，请来一帮五大三粗的小伙子，先用桃条抽打，然后又你一镢头，我一棍，将好端端的"瓦人"打碎，以此来消灾祛邪.

这也可能是第一个从地下挺身而出向地面报告讯息的秦陵武士俑。然而，在愚昧无知的人们面前，他却被"恩将仇报"，平白无故地被"粉身碎骨"了。

其实，并非仅仅在解放前，起码在明、清时代，地下的讯息已多次传到了地面。考古工作者在发掘秦俑坑的过程中，曾发现了数十座（大都是清代以后）的墓葬。在一座明代嘉靖年间的墓葬里，发现有兵马俑的碎片，最早的一座墓葬，则属于西汉时期。可见，兵马俑在秦代以后曾多次被发现过，只是未见学者的著述公之于世而已。

兵马俑之所以能安睡在地下两千余年，与它所处的荒凉的环境有关，免除了帝王将相、达官贵人的大兴土木之扰；同时又受到了淳朴无知农民的无意识的保护，正如有人形容的：不会说话的遇到不爱说话的，千年奥秘，守口如瓶。

"杨家将"偶遇"秦俑兵"

秦始皇陵兵马俑恢宏的军阵，被誉为世界最大的地下军事博物馆。这个最大的博物馆的大门是谁敲开的？是二十世纪的"杨家将"——一批姓杨的农民在打井时偶然发现的。

我们决意找到当年的打井人，问问究竟。

初夏的一天中午，我们沿着秦俑馆门前向北去的一条土路，曲曲折折地来到当年生产队队长杨培彦家中。这是一个新修的农家小院。房顶平台上，女儿、女婿和老伴正忙着晒麦，室内装饰一新，吊扇，电视机，收录机，沙发应有尽有。墙上悬挂着松鹤画轴……看来，改革开放给他们带来了“农家乐”。据说，他们家是秦俑馆开放以来受益最大的农户之一。他的女婿瞅准秦俑二号坑尚未建成开放之机，在村头办起了“秦俑二号坑模拟展室”，吸引了大批国内外游客，每年收入好几万呢！

“想不到当年把秦俑当灾星，谁知秦俑却给咱带来福气呢！”65 岁的杨培彦眉开眼笑。

“请您给我们介绍一下当年秦俑是怎么发现的？”

“第一个发现秦俑的不是我，是杨志发！”杨培彦毫不居功，推辞道，“杨志发他们打井时挖出来的，我只不过是用白灰划了个井址。”

他帮我们又找来了杨志发。

精明能干、善于言谈的杨培彦和纯厚朴实、寡言口讷的杨志发，向我们讲叙起那难忘的日子——

那是 1974 年春天，春风吹绿了关中平原，也吹醒了骊山山麓。小麦返青，庄稼春灌，但春旱缺水。村党支部开会决定：再打几口大井！

矮个儿的生产队长杨培彦和高个儿的副队长杨文学，来到村子西南边柿园一角的西崖畔上。他们环顾了一下地形，在这块只长柿树不长庄稼的“南大荒”上，划了一个大圆圈。培彦望了望骊山，胸有成竹地说：“这井口正对着王家崄这个峪口，是地下水必经之地，将来的水一定会旺的！”“对，将来这里一定会林茂粮丰！”杨文学会意地笑了。谁能料到，这个圆圈对准的不是水源，却是“世界第八奇迹”的浩大军阵！

翌日，是一个阳光灿烂的日子。以杨全义为组长的六个青壮年劳力，就在西崖畔上画圆圈的地方开挖了。复员军人杨志发、杨彦信、杨文海和小青年杨高健，除过一个王普智，全是清一色的“杨家将”。

“杨家将”们摆开了打井战场：杨志发和杨彦信在井下挖土，杨全义和杨文海在上面推车，王普智和杨高健开铧子。打井抗旱，在关中平原是有着传统的。当年的农民诗人王老九就在这里编过一首富有浪漫色彩的打井民歌：“铁镢头，二斤半，一挖挖到水晶殿，龙王见了直打颤，就作揖，就许愿，缴水、缴水，我照办！”

现在，他们又抡起这二斤半的镢头，向“龙王”宣战！但是，当他们挖到快一米的时候，突然发现了红土，很硬。面对“攻坚战”，杨志发和杨彦信手震麻了，他们说：“土怎么这样瓷实？”“是不是挖到了烧砖的窑上了？”

挖，继续往下挖！可井打到二米深的时候，怎么也没见到一个砖头蛋蛋和一块瓦渣片片啊！杨志发继续往下挖，到三米多深的时候，突然听到“嗵”的一声。

“哟，下面有东西！”他们的心陡然一惊。

⊙秦兵马俑一号坑（局部）

他们小心翼翼地挖着，用手刨着，突然发现一个灰瓦“瓮”，上面被镢头挖出了个“洞”。

“这是个瓦瓮，慢慢挖出来，盛鸡蛋用。”

他们刨掉四周红色的虚土(可能是当年项羽焚烧留下的印记)，发现了一个带着铠甲的“瓦人”的胸腔。“哟，这不是个瓦人的身子么？……看有没有胳膊和腿！”

他们二人继续往下挖。终于他们发现了“瓦人”的头、胳膊，腿虽然也露出来了，但已经碎了。在黄土层里，他们还发现了一堆绿色的铜箭头。再往下刨，发现了铺地砖。这时，井已挖到四米多深，先后发现三四个“瓦人”头和身子。

“原来这里是古庙，是神像！”打井的人们说。

“你们这些娃们不知道，把‘瓦爷’从地下掏出来，对村里不好呀！”老人们看到井边堆的“瓦爷”头和碎瓦，摇摇头说。

有位胆大的年轻小伙，竟然把“瓦爷”头放在红苕窖上，戴上个草帽：“用它来吓老鸹还不错。”

“那可是地下的十八罗汉呀！快别作孽了！”

上了年纪的乡党们，把这些“瓦爷”小心翼翼地用黄土掩埋起来。

夜幕降临，田野一片漆黑。突然在掩埋“瓦爷”的黄土堆上，点点红光一闪一闪，缕缕青烟袅袅升腾——几位年过七旬的老太太在这里点燃起香火，作揖磕头，口中念念有词：

“地下的神爷呀，原谅这些不懂事的娃们吧！”

“地下的神爷呀，千万不要跟娃们较量呀！”……

第二天，“杨家将”们又来到了打井工地。究竟挖出来的是什么东西？还往下挖不挖？大家搔耳挠腮，不知所措。“西杨村打井挖出了神像”，好似插了翅膀似的，这消息一下子传遍了全村。人们纷纷前来围观，有的人打趣地说：“这可真应了一九五八年的那首民歌，挖到龙王爷的水晶殿上了，可就是没见缴水！”

多亏了“考古的眼睛”

愚昧，可以将双眼蒙掩；知识，可以使双目如炬。

正当西杨村被“瓦神爷”搅得沸沸扬扬的时候，公社有个叫房树民的水保员前来检查打井工作。

“你村井打了这么多日子，咋还不见出水？”

“别提了，把地下的神爷得罪了，咋还能见水？”

当水保员看到井旁一个灰色的俑头后，不禁吃了一惊：“啊，这是啥？”

这位中学文化程度的水保员仔细地观察了打井的现场，深思了片刻说：“这井不能再打了。”大家反问：“为啥？”他指指井下的铺地砖说．“你们看看，这些方砖不是和秦始皇陵附近出土的秦砖一模一样么？”原来，这位略具考古知识的水保员，独具慧眼地把眼前的方砖、俑头和五里之外的秦始皇陵联系在一起了。

乡亲们拍拍脑袋：“可不是，你这一说，怕真是和秦始皇陵有关呢！”恍然大悟的农民们，催促房树民快给县上打电话。

接到水保员的电话，临潼县文化馆三位同志骑上自行车，飞速向西杨村赶来。

这时，村民们已将比较完好的武士俑碎片对接起来。当三位文化馆的干部看见面前和真人一样大的陶俑的时候，个个傻了眼。一位四十多岁的文物管理干部赵康民心里嘀咕：这是秦俑吧，可是距秦陵又这么远；不是秦俑吧，怎么这些俑的发式和服装又与秦代相似？

"赵师，你看这些'瓦神爷'究竟是哪个朝代的？"一位乡亲急切地问。

"什么'瓦神爷'？很可能是国宝呢！"赵康民果断地说，"可能是秦代的！如果是秦代的，那可是千金难买呢！"

赵康民取出带来的一叠麻纸，细心地将比较完好的俑头、俑身和俑腿全部包扎起来，放在自行车上带回。临行前，他嘱咐杨志发用箩筛将井口旁那堆混有陶俑碎片的红土全部筛一遍，然后将每块碎片都收集起来，连同箭簇一并送交县文化馆。

第二天，忠厚朴实的杨志发和六位妇女一起，拉了整整三架子车碎俑片，又说又笑地送到了县文化馆。

"给你们多少工钱？"赵康民问。

"什么？还给钱？"杨志发惊讶，为难，不好意思地说，"那就给三十块钱吧。"

杨志发接过钱，兴冲冲地回到队上，把钱如数交给了队长。

"当时队上给俺们每人记了五分工呢！"谈到这段往事，年过半百的杨志发憨厚地笑了，"那时干一天，强劳才记十分工，我们送了趟烂瓦片片，就记了五分工，不少，不少！"

这就是中国农民的贡献！就是在商品经济发展的今天，他们亲眼看到他们所作贡献的价值的时候，他们并不为当年微薄的索取而感到丝毫的遗憾。

随后，第一批秦俑的修复工作，就在赵康民的主持下，在骊山华清池旁文化馆的陈列室一角开始了。恰巧一位从北京来的中国新闻社记者得知这一情况，回京后就在《人民日报》内参上发了一条消息，立即引起国家文物局的重视。随后，毛泽东主席、周恩来总理以及中央有关领导也都很快地知道了这个消息。国务院副总理李先念批示："建议请文物局与陕西省委一商，迅速采取措施，妥善保护这一重点文物。"

7 月初，国家文物局、社会科学院考古研究所和陕西的文物考古专家考察了掘井现场，并决定由陕西文物考古部门组织考古队进行勘察和发掘。7 月 15 日，由袁仲一队长率领的秦俑考古队屈鸿钧、赵康民等考古工作者开赴现场。随后，刘士莪先生率领的西北大学考古专业的师生也前来支援，先在 960 平方米的试掘探方内清理出与真人真马一样大小的陶俑五百余件，陶马 24 匹，木质战车 6 乘和一部分青铜兵器。接着，他们又扩大勘察试掘，没想到一号俑坑竟然是一个东西长 230 米，南北宽 62 米，面积达 14260 平方米的土木结构的地下室建筑，埋藏着陶俑陶马

⊙ 1976 年，秦始皇陵兵马俑一号坑发掘现场。

6000余件，战车数十乘，各种青铜兵器数十万件！

1975年8月，国务院决定修建“秦始皇陵兵马俑博物馆”。基建工程于1976年破土动工，1978年4月完成主体工程。已开挖的五个探方，面积达2000平方米，出土陶俑1000余件，陶马32匹，战车8乘，兵器数万件。1979年10月1日，秦俑一号坑正式对外开放展览。

1976年5月：考古队的同志在一号坑北端东侧又钻探出一个二号大型兵马俑坑！同年6月，又在二号俑坑之西120米处又钻探出三号兵马俑坑！

经局部试掘得知，二号俑坑东西长96米，南北宽84米，深约5米，构筑方式与一号俑坑相同，它是以弩兵、轻车兵、车兵、骑兵四个不同兵种组成的大型军阵。坑内藏木质战车89乘，陶俑陶马2000余件，青铜兵器数万件。而三号俑坑则是一座约300多平方米的地下室建筑，坑内有驷马战车1乘，铠甲俑66件，铜殳30余件，是兵马俑军阵的指挥部（军幕）。如今，一座白墙黑瓦，造型古朴典雅的三号俑坑展厅，已于1989年9月世界旅游日对外正式开放，二号俑坑展厅正在加紧施工，可望于1992年正式接待国内外游客。由一个指挥部和两个大型军阵构成的秦陵东侧这组大型军事场面，将是何等的气势恢宏，摄人心魄！

不要“言必称希腊”

秦始皇兵马俑破土而出，以她雄奇的风姿震撼了全球。在秦兵马俑博物馆，每日车水马龙，宾客云集，每年有数百万中外游客前来参观。

1978年9月，对历史有着深入研究和造诣的法国前总理、巴黎市长希拉克先生，面对刚刚出土的秦代兵马俑军阵，兴奋地说：“原来世界公认有七大奇迹，今天看了秦俑，可以说是世界第八奇迹！”他稍一停顿，又打着手势，言犹未尽地补充说：“不看金字塔，不算真正到埃及；不看秦俑，不算真正到中国！”

“世界七大奇迹”是由公元前2世纪腓尼基一个名叫昂蒂帕特的人封定的，即指金字塔、宙斯像、摩索拉斯基陵墓、巴比伦的“空中花园”、阿泰密斯女神庙、罗德岛太阳神巨像以及亚历山大的灯塔。经过漫长的历史潮水的冲刷，已有六个奇迹荡然无存，迄今只有尼罗河畔“形影相吊”的金字塔和已毁掉鼻子的狮身人面像可供人们观赏。

美国前总统卡特看了秦兵马俑之后，兴奋地说：“西安之行是我在世界上最有意义的旅行之一。”而美国参议员杰克逊参观后则说：“太好了，一周前我看了埃及金字塔，今天又看了中国秦俑。虽然两者都有悠久的历史，然而狮身人面像只有一件，秦兵马俑却千姿百态，成千上万，真是威武壮观，耐人寻味啊！”美国前总统里根下到秦俑坑里，兴奋地要与秦俑比个头高低，他手抚秦马俑的屁股让人拍照，第二天一则外电却诙谐地说，美国总统在拍中国人的马屁呢！

的确，秦始皇陵兵马俑是中国古代劳动人民的杰出创造，是整个中华民族的自豪和骄傲。当一批“友好使者”——秦俑在国外展出时，排队看展出的人群如潮水一般，有人形容展厅前又筑起“人的长城”。正如新加坡前总理李光耀早就说过的，这是“世界的奇迹，民族的骄傲”。

过去有一种说法，认为中国古代没有完美的雕塑艺术，中国的雕塑是从东汉佛教传入后从雕佛像才开始的。秦俑的出土，打破了这种妄说，再一次告戒炎黄子孙们：我们不能数典忘祖！谈雕塑、说历史、论哲学，再不必“言必称希腊”了！具有五千年光辉历史的中华民族，将永远屹立于世界的东方而令世人注目敬佩！

数十个国家元首纷至沓来，为亲自目睹“世界第八奇迹”的风采引以为幸；带着画板的美术家来了，他们庆幸秦俑的发现填补了秦代美术史的空白；年老的元帅和将军们来了，他们笑看秦弩吴钩，说秦俑是研究中国古代兵法、兵器和军阵的最好课堂和教科书；冶金学家来了，他们手按锋利放寒光的秦剑，惊呼中国古代冶金术的高超；一向崇拜古希腊雕塑艺术的学者来了，他们一改往日的偏见，激动地说秦俑雕塑艺术堪称世界雕塑史上时间最早、成就最辉煌的一章……

⊙本书作者在秦兵马俑一号坑采访

然而，当我们看到秦俑热风靡全球的时候，当我们看到五大洲的宾客蜂涌而来的时候，我们却也了解到，当年最早发现秦俑的农民，仍在默默地在田间耕耘，他们中间有的已经告辞人世，还健在的人大都很少进入秦兵马俑那宏伟的大厅去参观。据杨培彦说，他曾被拒之门外，说非让买门票才准入内；这位发现兵马俑的当事人只好苦笑，扭头就走；而那位老实巴交的杨志发，仍守在那冷清的农家小院里，为并不富足的日子发愁……

和记者一起采访的中国社会科学院考古研究所西安研究室副研究员、丰镐考古队队长卢连成目睹此景，动情地说：我们这些考古研究人员，就是踩着这些基石上去的，不能忘记这些农民做出的贡献！世界考古学史应当为他们书写一笔！秦俑考古队副队长张占民也深有感触地说：今年的秦俑国际学术会议，应该吸收他们参加。他们应当被聘为名誉会员。

是啊，奇迹是劳动人民创造的，也是被劳动人民发现的。我们不应忘记为发现“世界第八奇迹”做出巨大贡献的考古工作者，更不要忘记那些默默无闻，做出巨大贡献的农民——是他们最早用镢头敲开了世界最大的地下军事博物馆的大门！

（原载 1990 香港《紫荆》杂志和《黄土地的文明》一书）

为世界第八奇迹添新彩

——袁仲一谈二号坑的考古发掘及秦陵保护

⊙袁仲一（左一）与年轻考古工作者在俑坑内进行考古研究（范德元　摄）

记者：作为秦俑博物馆馆长、秦俑考古队队长，您对秦俑考古发掘最有发言权。请您介绍一下秦俑二号坑与秦俑一、三号坑的联系、区别及其内涵如何？

袁仲一：秦俑二号坑是秦俑地下军阵的重要组成部分。秦俑一号坑是1974年春，由当地农民在打井时偶然发现的。1976年通过考古勘探又先后发现了秦俑二号坑和三号坑。3个秦兵马俑坑共有陶俑陶马约8000余件，一号俑坑已局部发掘，三号俑坑已全部发掘，已出土陶俑、陶马2000余件和各种青铜兵器4万余件。一号俑坑和三号俑坑遗址保护陈列厅已分别于1979年和1989年建成开放，并震动了世界，被誉为“世界第八奇迹”。15年来，共接待国内外观众2600余万人，其中外宾260余万人。联合国教科文组织已将包括秦始皇俑坑在内的秦始皇陵列入世界文化遗产清单，成为目前我国唯一列入世界文化遗产项目的帝王陵墓。秦俑二号坑的破土发掘，将使秦陵的3个从葬俑坑全部揭秘面世，因此是举世瞩目的一次考古发掘。

秦俑二号坑位于一号坑的东北侧和三号坑的东侧，与一号俑坑和三号俑坑相比，无论从内涵的丰富、组阵的复杂、兵种的齐全还是保存的情况看，都以二号坑为最。据试掘表明，二号俑坑平面呈曲尺形，面积约6000平方米，为土木结构的地下坑道式建筑。据初步推算，其中共有陶俑、陶马1300余件，战车80多辆和为数众多的秦青铜兵器，其中鞍马骑兵俑、跪姿射俑为二号坑所独有；又据地下建筑结构和陶俑、陶马的排列，大致可以分为 4 个相对独立的单元：一是由跪式和立式弩兵俑组成的方阵；二是由驷马战车组成的方阵；三是由车、步、骑兵俑混合编列的长方阵；四是由众多骑兵俑组成的长方阵。兵书上称为大阵套小阵，大营包小营，阵中有阵，营中有营，可分可合，是一幅古代军阵的生动图谱。这种军阵编列是中国考古史上唯一发现，它为认识当时的军事编列提供了不可多得的直观资料。因此，可以说二号坑是整个秦俑坑的精华所在，它的发掘必定会对研究古代军事史、艺术史带来新的推动和重要影响。

记者：今年 3 月 1 日，秦俑二号坑开始正式发掘，您代表秦俑考古队开挖了第一镢。请问，秦俑二号坑陶兵俑及陶车马几时露土？整个发掘工程何时才能完成？

袁仲一：秦俑二号坑发掘工程既是世界瞩目的一次考古发掘，又是一项任务艰巨的科学工程。发掘工作计划分 3 个阶段进行：一是全面发掘清理到俑坑地下建筑顶部的棚木遗迹层；二是清理第一和第二单元的弩兵俑和骑兵俑；三是清理第二和第三单元的战车及车、步、骑混合编列部分，并着手准备编写发掘报告。秦俑二号坑共有 24 个探方（一号坑为 27 个），现开始发掘的是俑坑东部的 21 号探方，并由东往西逐步发掘，估计最早到 7 月或 8 月份才能清理到地下建筑棚木遗迹层；21 号探方里中间埋藏着 4 组 8 排跪射陶俑，四周为立陶俑，约有 300 个左右，要剥离完土层，使陶俑露头，恐怕要到 10 月份了。整个工程完工很难说具体时间，估计要 5 至 7 年时间，或者更长的时间。

记者：人们渴望尽早能看到地下新军阵的壮伟奇观。用这么长时间才能完成发掘，是不是长了点？能不能加快速度发掘？

袁仲一：世人先睹为快的心情可以理解。但是要知道，我们进行的不是一般的考古发掘，而是“世界第八奇迹”的考古发掘，加之秦俑二号坑比一号和三号坑的内容更丰富多彩，是兵马俑坑中的精华，因此发掘工作更要慎之又慎，确保文物万无一失，万无一损。考古发掘是有其严

⊙秦始皇兵马俑二号坑

格规程的，为了使地下国宝完整无缺地再现于世，我们一定把发掘的质量和文物保护管理放在首位，既要积极，更要科学、严谨、细致地做好发掘工作。现在的发掘，是每 10 厘米一层一层地向下发掘和清理，同时要边发掘，边研究，还要对文物进行吻接粘合，对陶俑的色彩采取科学的保护措施，因此，仅仅图快是不行的。像一号坑中埋藏的 6000 多兵马俑，20 年中才发掘清理出 1000 多个，大部分至今还掩埋在黄土内。

为了解决谨慎发掘和急于目睹的矛盾，我们打破了以往考古发掘完成之后才能公开展出的惯例，对秦俑二号坑采取了“边发掘，边开放”的办法，即 10 月份陶俑一露土，即对外开放，届时，国内外的游客不仅可以看到二号坑的秦俑，而且可以亲自目睹发掘时的情景，这对世人来说，恐怕更具有引人的魅力。

记者：据说参加考古发掘的大都是年轻人，有的还是从农村聘来的民工，他们能胜任这项工作吗？

袁仲一：参加二号坑考古发掘的共 22 名同志。除了我和几位老同志外，大都是年轻的同志，几名运土工是临时从农村聘用的，其他年轻同志都是大学毕业生或研究生，他们素质较高，不少人也有考古发掘的实践经验，是能够胜任的。为了保证发掘质量，考古队制定了严格的发掘方案、安全方案、资料管理细则以及文物保护技术措施，同时对参与发掘工作的全部人员（包括运土工）都进行了培训或教育。另外，我要告诉大家，国家文物局还成立了秦俑二号坑考古发掘专家组，专门对考古发掘进行指导。专家组成员都是国内著名的考古专家：原国家文物局副局长黄景略、原中国社会科学院考古研究所所长徐苹芳、现社科院考古研究所所长任式楠、陕西省考古研究所名誉所长石兴邦、中国文物研究所研究员胡继高等。我相信，在专家们的指导下和考古发掘人员的共同努力下，大家一定会不辱使命，将这一艰巨而又光荣的考古发掘工作圆满完成，为地下兵阵添新军，让第八奇迹更瑰伟。

⊙本书作者（右一）在兵马俑二号坑现场采访

记者：秦俑二号坑既然是秦俑坑中的精华，那么对它的保护则十分重要。您能不能介绍一下二号坑保护陈列大厅的建设情况，同时谈谈今后对秦俑坑研究和保护的打算？

袁仲一：可以。秦俑二号坑保护陈列大厅已基本竣工。它是目前我国规模最大、功能最齐全的现代化遗址陈列厅。陈列厅建筑总面积 1.7 万多平方米，比一号坑大（一号坑建筑面积为 1.6 万平方米），它采用网架式框架结构，大小网架共用钢管、钢球达 659.3 吨，是目前我国跨度最大、重量最重的网架；室内外墙面、柱面和地面，共用天然花岗岩和天然大理石达 15697 平方米，大厅外东西立面分别镶嵌 28 个神态各异的浮雕秦俑头像，东西门厅分别设有两个剁斧花岗岩的宫阙和石灯，烘托出门厅的庄重典雅和浓郁的秦代风格，据了解，在中央和地方各级政府以及国家文物局、旅游局的关心支持下，计划投资 1.1 亿元进行秦俑博物馆二期扩建工程。经过 3 年至 5 年的建设，秦俑馆将建成为一座集考古发掘、文物保护、科学研究和参观游览为一体的现代化大型遗址博物馆。

记者：作为秦始皇陵的从葬俑坑——秦俑一、二、三号俑坑考古发掘全部完成以后，是不是考虑对秦始皇陵本身进行考古发掘呢？

袁仲一：1987 年 12 月，联合国教科文组织已将秦始皇陵（包括秦俑坑）列入世界文化遗产清单；秦兵马俑坑被誉为“二十世纪考古史上的伟大发现之一”。这是中华民族的骄傲。我们知道，秦俑坑是秦始皇的从葬坑，对从葬坑的发掘和秦始皇陵本身的发掘是两回事。经过考古勘探和试掘表明，在秦陵周围，除了三个秦俑坑和一个废弃的空坑（这可能是兵马俑军阵中的中军，因农民起义爆发，此坑中的兵马俑未及烧制和置放）外，还发现了铜车马坑、马厩、珍禽异兽坑和各种各样的陪葬坑、陪葬墓、修陵人员墓等 400 余座。可以说，秦始皇陵园是一座丰富的地下宝库。对它的从葬坑、陪葬墓等，我们已经并着手进行有计划地考古发掘，但对秦始皇陵本身，至今我们还没有考虑进行考古发掘。原因是，它不像隋唐以后的帝王陵墓，有墓门墓道（如唐乾陵等），找到墓门就可以开启进入地宫或墓室，而是先挖出规模恢宏且很深的墓穴，然后用一层层黄土填夯起来，不仅没有墓道墓门，而且土层中可能还有文物，如要发掘，就要将山丘般的陵冢层层剥挖，不仅工程十分浩大，而且也会破坏秦始皇陵本身。秦始皇陵经过 2200 多年的风雨剥蚀，虽已从 115 米高降到现在的 50 多米高，但是它仍然雄伟壮丽，是一个很好的景观。如果毁掉秦始皇陵本身，不仅是十分可惜的，而且也与保护世界文化遗产的宗旨相悖。的确，经过考古钻探和科学探测，发现秦陵封土下含汞量比普通土含汞量高 60 多倍，证明史书中关于秦陵地宫“以水银为百川江河”、“奇器珍怪徙藏满之”的记载不是没有根据的。有没有不损坏秦陵而直接进入地宫进行发掘探秘的办法呢？恐怕在很长一段时期是没有办法的，只有寄希望于今后科学技术的高度发展和子孙后代的聪明才智了。

（原载 1994 年 4 月 18 日《人民日报·海外版》）

让历史苏醒

——秦俑二号坑开掘一瞥

⊙秦俑二号坑发掘仪式。秦俑博物馆馆长袁仲一（中），摄影者（右一）为本书作者。（夏居宪、郭燕 摄）

春天，踏着绿的脚步，来到骊山脚下。

3 月 1 日，就在我眼前，考古工作者步入秦始皇兵马俑二号从葬坑开始考古发掘。

历史的积尘将被拂去，2200 多年前委身地下的 1300 多尊兵马俑和 80 多辆战车，将从长眠中苏醒，步入由 8000 多虎贲之士组成的秦始皇地下军阵。

秦俑博物馆馆长兼秦俑考古队队长袁仲一告诉我，秦俑二号坑是秦兵马俑中的精华，除了大量立俑立马外，鞍马骑兵俑、跪射俑为其独有。20 多名年轻的考古工作者，均是训练有素的大学毕业生和硕士研究生，将在专家指导下，小心翼翼地向地下发掘。估计 3 个月后可掘进到地下建筑遗迹层。10 月初，地下的兵马俑有可能露头面世。

我面前，袁仲一欣喜而郑重地举起扎着红绸的考古小镢头。这位把大半生献给文物考古事业的老专家，多少次掂量过自己手中执掌的地下军阵大门“钥匙”的分量。

秦俑博物馆副馆长吴永祺和年轻的考古工作者，相继拿起锨镢，轻轻地开掘着。他们将是最先与地下兵阵会师的人。

在这里，人们似乎听到地层下的喧嚣：战车辚辚，征马萧萧；似乎窥见地层下悍勇武士进军的铠甲，闪光的战矛……千年地层里，有着不息的生命。

（原载 1994 年 3 月 18 日《人民日报》）

地下军阵再添新兵马

——秦陵兵马俑二号坑边发掘边展出

⊙秦兵马俑二号坑开掘仪式，时任国家文物局局长张德勤（左三）在讲话，本书作者（左一）在现场采访。（夏居宪、郭燕 摄）

今年是被誉为“世界第八奇迹”的秦始皇陵兵马俑发现20周年，又是秦俑博物馆开馆15周年。金秋10月，双喜之际又添一喜——秦俑2号坑发掘现场又对外开放。这是1994中国文物古迹旅游年推出的“压轴戏”，因而备受中外人士的注目。

70多件兵马率先出头露面

10月14日上午，在新近建成的秦俑2号坑保护陈列大厅东门外广场，一个将被载入中国文化史册的盛大仪式、世所瞩目的秦俑2号坑发掘现场对外开放典礼举行了。中共中央政治局委员、国务委员李铁映从北京专程前来剪彩。

秦俑博物馆馆长兼秦俑考古队队长袁仲一说，秦俑2号坑自今年3月1日正式发掘以来，进展顺利，俑坑的形制现已清晰显示，一些重要遗迹、遗物陆续出土，从西向东的8、13、18、20、21号探方已清理到俑坑顶部的棚木遗迹层，面积达1000多平方米。这些棚木均为松柏，只有少部分在秦末被焚，呈黑色炭迹，大部分保存较好，一排排，一行行，整齐有序，气势恢宏。

在原试掘方内已揭露出一批陶俑、陶马，现已清理出70多件，有骑兵的鞍马21件（其中四件仅露出前半身）、拉车的马7件（其中三件刚露出头部）、骑士俑14件、立射俑19件、跪射俑16

件(其中四件刚露出头部)。由于俑坑顶部塌陷,这些陶俑、陶马均被压碎,但仍在原位,未曾被盗掘扰动。

东西两边的斜坡门道也已清理出5个,门道底部车轮辗压的车辙、秦人踩踏的路面等遗迹,清晰可见。在西边一个门道的内口和长廊部分,还发现大量的砖坯及青砖等遗物。袁仲一说:“这些为研究秦俑坑的建筑结构提供了较完整的资料,在建筑史上具有重要的科学价值。”

为了保护好这批稀世国宝,文物保护与发掘同步进行。据介绍,一些从事文物保护的科技人员参与了发掘工作的全过程,坚持每天下坑测试2号坑内的温湿度,观察并记录遗迹遗物现象。对出土的棚木、立柱等遗物及时采取防霉处理等科学保护措施。

2号坑是秦俑精华所在

⊙秦俑二号坑的彩绘跪射俑

秦兵马俑因农民打井最初发现于1974年3月,秦俑1号坑和3号坑早在1979年和1989年分别经过发掘对外开放,唯有2号坑长期没有揭开神秘的面纱。

其实,早在1976年春2号坑发现后不久,秦俑考古队就对它进行密集钻探,并对四分之一的面积作了试掘,其地下内涵已基本掌握。1号坑庞大的步兵军阵使人感受到它那雄浑磅礴的气势,3号坑则是地位重要的指挥部。内藏约有1300多件陶制兵马和80多辆木质战车的2号坑,是一支由车马、骑兵、弩兵、步兵多兵种合成的“机械化集团军”,其内涵丰富多样,曲尺形的军阵组合变化复杂,是整个秦兵马的精华部分。

2号坑中骑兵俑群是中国迄今已知的时代最早、数量最多、形体最大的一批骑兵文物。活灵活现的跪射俑,神态肃穆、双手拄剑的武将俑,手牵鞍马的骑兵俑,双手前伸、紧握辔绳的御手俑,双足站成丁字形的立射俑等,都是1、3号坑内没有的形象。在兵器方面,坑内有一件长41公分,重100克、其中镞头重50克的特大铜镞,这是我国迄今发现的最大铜镞。另外,坑中还藏有秦俑3个坑中唯一的一件礼兵器青铜钺,这是统御者的仪仗、王权和军威的象征。

建成现代化水平最高的展厅

和别的地方露天考古发掘不同,秦俑3个坑都是先盖遗址保护陈列大厅后发掘。这个总投资达400万元的2号坑大厅,是目前全国以至全世界建筑面积最大、现代化水平最高、功能最为完善的遗址保护陈列大厅。

2号坑总建筑面积达17016平方米,相当于两个足球场的面积。其外观呈长方形的城堡,东西两边的墙上雕有数十个大理石质不同神态的秦俑头像浮雕,整个建筑给人以凝重典雅、宏伟壮观之感。由于采用先进的节点网架式结构，使偌大的遗址区没有一根立柱，观众可一览无余。大厅在采光、通风、安全配电、音响、监控、防潮、防水等方面均按高标准设计，厅内恒温恒湿，照明采用全封闭人工采光。不仅有利于文物的保护，而且能充分满足文物研究和观赏展出的要求。

新的展出方式将再掀“秦俑热”

1 号坑和 3 号坑都是在全部发掘清理修复完毕后才对外展出的。2 号坑则是在发掘仅 7 个半月，刚清理到秦代文化层时就对外开放了。这种边发掘边展出的形式在国外并不鲜见。意大利发掘庞培古城遗址就是这种形式，而在国内还很少见。这样做不仅可以让人们看到俑坑当年塌陷后的原貌和各种遗迹遗物，又可以了解从发掘、清理到整修复原的完整过程。由于这种动态的展出形式将随着发掘修复工作的完成而结束，有一定的时间性，因而就更显得珍贵。

⊙考古工作者在发掘现场清理兵马俑

同时在大厅北廊布置辅助陈列，把 1976 年试掘 2 号坑时提取并经修复的 8 件陶俑、陶马及部分兵器，配有文字说明及 2 号坑军阵布局平面图展出。对 2 号坑开放实行单独售票，并专门印制了一万张纪念形式的设计精美的门票。编号发售，售完为止，颇具观赏和收藏价值。

秦俑 2 号坑整个发掘修复工作按计划需要五至七年或更多的时间，旅游界对它寄予厚望。陕西省旅游局局长孔庆森说，不久前我向法国旅游界介绍了 2 号坑，反响十分热烈。我感到外国旅游者对中国最感兴趣的还是古老的文物古迹。陕西中国旅行社姚总经理认为，秦俑 2 号坑向海外推出，有助于延长旅游者的停留时间，提高社会、经济效益。为此，我们已对导游陪同人员进行有关 2 号坑知识的培训，以迎接新的“秦俑热”的到来。

（原载 1994 年 10 月 24 日《西北信息报》）

秦兵马俑三军指挥部揭秘

举世瞩目的秦始皇兵马俑博物馆又添新的景观：在宏伟的一号兵马俑坑遗址保护大厅西端北侧，一座洁白端庄、古朴典雅的建筑突兀展现在人们面前，这就是已经竣工落成的秦陵兵马俑三军指挥部所在地——三号秦俑坑遗址保护厅。该厅将在国庆40周年前夕正式对外开放。

三号兵马俑坑是继一、二号俑坑之后发现的。它东西长28.8米，南北宽24.57米，与一、二号坑分别相距25米和120米。在长期探查、试掘和研究的基础上，从去年12月正式开始全面发掘清理工作。它与一、二号坑不同，未经火焚，系自然塌陷，但塌陷前人为破坏严重，从坑中共出土木制战车1辆、陶马4匹、铠甲武士俑68件，为研究秦代军制提供里珍贵的实物资料。陕西省考古研究所副所长、秦始皇陵兵马俑考古队队长袁仲一、副队长张占民告诉记者，三号坑虽然面积较小，但形制特殊，地位十分重要，是统帅兵马俑三军的指挥部（军幕）。

“指挥部”说何以见得？袁仲一把三号坑与一、二号坑做了如下对比：一、二号坑内的武士俑基本上都是面向东方，呈战斗队形编组，而三号坑内的武士俑是环绕周壁内相向排列，呈警卫队行列；一、二号坑出土的武器有弓弩、矛、戈、钺、剑等，而三号坑出土的主要是仪卫武器“殳”；一、二号坑出土的木制战车形制一般，无彩绘、华盖，而三号坑出土的驷马战车用髹漆彩绘，车上建华盖，乘车人戴单捲尾长冠，人车级别较高；三号坑的建筑布局与一、二号坑也不同，它分南、北厢房和车马房，北厢房西部为正厅，正厅内发现鹿角及动物朽骨，似为军幕内宴饮或祭祀祷战之所；坑内几处门楣发现多枚铜铁环，昭示门前悬挂幕帘，古语“运筹于帷幄之中”的“帷幄”在此得到了印证。

奇怪的是，三号俑坑中竟没有发现统帅三军的高级将领陶俑。专家们依据实地考察和文史资料，做出了以下几种推断：一、三号坑北部有一大墓，人称“将军墓”，可能“将军”在那里掩埋；二、项羽入关，在毁陵时，把军幕和统帅当成主攻目标，掠劫毁坏惨重，将军俑无法寻觅；三、秦始皇应是最高统帅，无需他人指挥；四、秦汉之际，时兴皇帝临时命将出征，指挥将领正待秦始皇任命，故暂短缺。

（原载1989年8月8日《人民日报·海外版》）

秦俑三军阵，为何缺中军？

随着秦始皇兵马俑三军指挥部——三号俑坑的发掘揭秘，人们不禁要问：秦俑三军今在何处？如果说一、二号俑坑是秦俑阵中的右、左二军的话．那么为何缺少中军？

年过半百，精神矍铄的袁仲一，现任陕西省考古研究所副所长，秦俑考古队队长，他说，秦始皇陵兵马俑是完整统一的陵园卫戍部队，它应有左、中、右（或称下、中、上）三军和军事指挥部（军幕）组成。从考古发掘和所处位置看，秦俑一、二号坑，似应为秦俑三军中的右、左二军。一号坑总面积约 16600 平方米，坑内有兵马俑 6000 多件及大批战车和兵器。这一军阵有锋有后，有主体有侧翼，步兵与车马相间；士兵披坚执锐，挟弓挎箭，骏马嘶鸣，奋蹄欲行，显示了“秦王扫六合，虎视何雄哉”的磅礴气势。二号坑总建筑面积达 17000 平方米，内涵骑兵俑、步兵俑、陶车、陶马、鞍马等 1500 多件和 2000 件以上的金属兵器及文物。它与一号坑相比，虽在营造方法、陶俑、陶马大小、服饰和坑深上基本相同，但在建筑形制、兵种、阵容及武士俑的神态、姿势等方面，都比一号坑复杂得多。这种混合编组的大型军阵，反映了古代“易则多其车、险则多其骑、厄则多其弩”的作战方法和“兵无常势，水无定形”的军阵变化。在一、二号坑后面的三号坑面积较小，仅有 520 平方米左右，内有战车，陶俑、陶马 73 件，从这些遗物来看，是与一、二号坑内的文物同

⊙秦俑三号坑鸟瞰

⊙三号坑中色彩艳丽的秦俑

时制作，是有机联系的一组，但从武士俑的排列、兵器特征、战车装饰和建筑布局来看，它都比一、二号坑形制特殊，地位重要，应是秦俑三军中的指挥部。袁仲一说，一号坑（右军）遗址保护大厅已于建国 30 周年国庆正式开放，二号坑（左军）正在发掘清理，1992 年保护大厅可望建成开放；三号坑（军幕）发掘清理和保护厅建设已经结束，建国 40 周年国庆前夕对外开放。遗憾的是，唯缺“中军”没有面世。是没有“中军”？还是另有它故？

“秦俑三军阵，并非无‘中军’。”袁仲一这样认为。现已探明，在二号坑与三号坑之间，确有一个未建成的废弃坑，面积约 4600 平方米，仅有土圹，未发现木构建筑遗迹和砖铺地，亦未见陶俑、陶马等文物，这很可能是没有建成的秦俑“中军”俑坑。他和同事们一起研究了发掘资料和历史文献后认为，此坑是陈胜、吴广农民起义爆发致使“中军”坑未建成的佐证。史书上记载，秦始皇刚即位时，曾挖掘整修骊山，统一天下后，又派 70 万人为他营造陵墓和阿房宫。加之戍边、筑长城、修驰道，虽在历史上建树奇功，但由于他滥用民力、苛法严刑，加之灾害交替，百姓不堪其苦。始皇死后，赵高矫诏，秦二世胡亥继位，重用奸佞，剥削加剧，农民终于揭竿而起。《史记·秦始皇本纪》上记载：“二年冬，陈涉所遣周章（起义军将领）等将至戏（今新丰镇），兵数十万。”秦二世大惊，遂与群臣商议对策。少府（内务大臣）章邯献策说：“盗贼已接近了．人众力强，现在调动邻近几县的军队已来不及了。骊山修陵的徒役很多，请你免去他们的罪，发给兵器，让我带他们去杀敌吧（盗已至，众强，今发近县不及矣。骊山徒多，请赦之，授兵以击之）！”于是，秦二世就大赦这批服徭役之人，派章邯为将领，率他们进击周章。据此可知，秦陵“中军”俑坑尚未及修成，筑陵的人就被充军作战去了。想不到秦俑阵中的这个废弃的土坑，竟掩藏着两千多年前农民起义军所向披靡、秦王朝岌岌可危的历史陈迹。

（原载 1990 年 5 月 20 日《人民日报·海外版》）

秦陵铜车马是怎样发现的？

两千多年前的两乘铜车马安置在大型展台上，是那么的惟妙惟肖，光彩夺目，只见八匹马拉着两乘车，双耳直立炯目如铃，马口微启，鼻孔大张；两位御官头戴双卷尾鹖冠，身着长襦，腰间佩剑，分别站立在高车之上或跽坐在安车之前，他们严肃中透出一丝轻松，恭谨里带着几分微笑；只待一声令下，人们就会听到驭官的叱咤声和驭马上路的嘚嘚声，“车辚辚，马萧萧”，秦皇巡行上征程……

这就是“青铜之冠”——秦陵铜车马在秦始皇陵博物馆中与游人见面时呈现出的摄人心魄的力量！

1939 年在河南安阳武官村出土的 875 公斤重的商代司母戊方鼎，曾轰动了东半球；1972 年意大利里亚切市海湾发现的两尊希腊青铜武士像曾轰动了整个欧洲，而中国秦始皇陵出土的这组铜车马可以说是 20 世纪世界考古中发现的最大青铜器之一。它的优美的艺术造型、高超的铸造技术，决非同时代任何青铜器物能够企及媲美的。

江泽民总书记一次在接待外国元首时曾诙谐地介绍秦陵铜车马说：“这是两千年前中国的‘奔驰’600！”

这组铜车马是怎样被发现的呢？

⊙李铁映（右二）、省委书记李建国（右一），省委副书记范肖梅（右三）、馆长吴永奇（右四）及本书作者（左一）等参观铜车马立车构件　（祁鸿斌 摄）

⊙技术人员和考古人员正在修复一号铜车马伞盖

许多重大考古发现往往都是偶然碰到的：晋代盗墓贼盗掘魏安厘王墓发现了著名史籍《竹书纪年》；茂陵农民平整土地时发现了稀世珍宝汉代鎏金马。临潼农民打井发现了秦陵兵马俑……而世之瑰宝秦陵铜车马，则是考古工作者有计划、有意识地钻探找到的。

秦始皇兵马俑发现之后，国内关注，世人瞩目，为了探明秦陵陵园布局和地下埋藏情况陕西省考古研究所秦俑考古队进行了一次全面的有计划的钻探普查。

秋天是丰收的季节。1978 年 9 月的一天，秦俑考古队的专家带领着考古训练班的同学去骊山山麓秦始皇陵钻探普查。只见黛绿的骊山像一匹青马横卧在秋阳下的关中平原，秦陵上茂密的石榴树上挂满了累累硕果，芳草野花散发出淡淡的清香。他们在陵墓封土两侧 20 米处钻探时，突然一把洛阳铲从地下七八米深处提出一个金光灿灿的泡状物，在阳光下耀眼夺目。

“这是什么东西？”学员们惊讶地问。

“哦，这是一个金质马饰！”富有 30 多年考古经验的老专家一看就按捺不住心头的喜悦，根据形状及花纹作如判断，“这是马络头上的一个金泡，极为罕见。再往下探，看还有什么珍宝！”

同学们一听，顿时精神一振，他们在专家们的指导下，“嗵，嗵，嗵”地将洛阳铲向地下捣着，挖着……经过连续作战，很快就探明了下面是一个大型陪葬坑，是秦始皇陵的一个马房，里面贮藏着六辆金银装饰的铜车马！

“洛阳铲这玩意儿还真行！”同学们问起洛阳铲的来历。老专家激动地对这伙年轻人说：洛阳铲原来是旧社会洛阳一带盗墓贼盗墓的工具，主要用来探查盗掘古墓中的金银珠宝陪葬品。后来，考古工作者“昔为今用”，利用它来探查地下文物。想不到这把原始落后的工具今天竟探出如此重大的考古发现！

⊙秦始皇陵二号铜车马

⊙秦始皇陵一号铜车马

经过勘探，这座大型陪葬马房呈“巾”字形，长、宽各55米，总面积3000多平方米。经过国家和陕西省批准，1980年11月5日开始对这个陪葬坑探方试掘，经过28天的紧张工作，他们打开这座大型陪葬坑中的一个局部小坑，坑深7.8米，东西长7米，南北宽2.3米。坑内有一个由木板叠砌而成的类似木箱的木椁，椁内空间很大，高约2米，东西长6.8米，南北宽2.1米，铜车马就安放在这个木椁内。由于历经两千多年，木椁朽烂，填土下沉，铜车、铜马及驾车的御官铜俑全部向北倾倒，被压碎为千余块，其碎片交压重叠，非常零乱。但值得庆幸的是，这个陪葬坑没有被人盗扰，原始位置未发生大的变化，车马物件齐全，复原条件基本具备。铜车马分为前后两乘，背东面西，合为一组。

第一乘车，装有一柄立式高伞，车前驾有四马，车上有立姿御官俑一件；第二乘车，车体上方为卷棚式车盖，车前亦驾四马，车分前、后室，前室内有跽坐式御官俑一件。两乘车通体均为青铜铸造，车马、御官亦然。其中，又以大量的金银作为车马装饰，再加上精美的彩绘花纹，显得富丽堂皇。车、马、人按实物二比一缩小，总重量达2.5吨！

举世瞩目的秦陵铜车马沉睡了二千二百多年之后，终于重见天日！这天是1980年12月3日。

从1981年起，历经8个寒暑，考古队的专家和陕西省的科技工作者一起，克服各种困难，终于将破碎的铜车马恢复到原状，在秦始皇兵马俑博物馆内组合展出。经过专家研究考证，第一乘车定名为“高车”，第二乘车定名为“安车”，高车在前，安车在后，排成一组，是秦代皇室车舆制度的缩影。看到它，我们仿佛看到了当年秦始皇车队“大驾卤薄”八十一乘车浩浩荡荡的威风情景。

（原载《黄土地的文明》一书）

秦始皇一号铜车马修复与二号铜车马珠联璧合

继举世闻名的秦始皇2号铜车马修复公展后，最近1号铜车马又修复完毕，今天与广大观众见面。同出土于一个陪葬坑之内的这两辆铜车马珠联璧合，再现于世，使人犹闻2000多年前“车辚辚，马萧萧”的壮阔场景，昭展了秦始皇万里出巡、威加海内的勃勃雄姿。

这两辆铜车马，是陕西省考古工作者于1980年在秦始皇陵西侧的一个车马坑中发现的，出土了一前一后两辆铜车、八匹铜马、两尊御官。1号铜车马为前车，2号为后车。由于木椁坍塌，车舆破碎，铜马腿断身残，各种零件、碎片约3000多件。2号铜车马于1983年6月修复完工，同年10月1日展出。

1号铜车马经过一年多准备，于1987年6月开始修复工作。负责修复工作的专家说，修复后的铜车马长约2.3米，高1.65米，宽1.25米，制造中采用了金银错、子母活扣等先进工艺，通车有五颜六色的彩绘，上面平刻浮雕出方、棱、流云以及夔龙、夔凤等纹饰，十分精美；伞面为素面铸造，上涂彩绘以减少铸造工艺、保护铜质以防氧化，以达到表达制作意图、天衣无缝的效果。看到这辆新修复的铜车马，人们再次惊叹我国2000多年前秦代高超的铸造和制作工艺。

（原载1988年5月2日《人民日报》）

⊙秦始皇陵铜车马纪念邮票（小型张）

秦兵马俑：世界第八奇迹

——各国首脑齐赞秦始皇陵兵马俑

沉睡在地下两千多年的秦始皇陵兵马俑，在 1974 年春寒料峭的 3 月，被临潼县西杨村几位普通农民在打井时发现。秦兵马俑苏醒了。随着地下浩荡军阵的 8000 多虎贲之士相继与世人见面，世界被震惊了，其中最形象、最贴切而又最令人振奋的评论是："秦兵马俑，可以说是世界第八奇迹！"最早称秦兵马俑"世界第八大奇迹"的人，是一位外国元首，即时任巴黎市市长、后任法国总统的希拉克先生。

⊙新加坡总统李光耀参观正在修复的兵马俑

"世界第八大奇迹"的大门打开了，秦始皇陵兵马俑博物馆也于 1979 年 10 月 1 日正式对外开放。秦俑博物馆充分利用遗址现场，边发掘、边展出、边建设、边开放，使博物馆在开放展出中不断发展壮大。从此，秦兵马俑这一世界上最大的古代军阵场面，以它"大、多、精、美"征服了现代人，吸引了无数中外宾客纷至沓来，竞相一睹为快。

秦兵马俑的破土而出，在海内外引起了极大轰动。秦兵马俑军阵以其威武雄壮的气势、绚丽多彩的风姿和深邃的历史文化内涵震撼了全球，折服了无数国内外观众，形成了经久不衰的"秦俑热"。馆内馆外，车水马龙，海内外宾客云集。在千人千面、栩栩如生的秦俑军阵前，有的啧啧赞叹，有的凝视沉思……

秦俑馆馆长吴永琪告诉记者，自秦兵马俑发掘 30 年来和秦俑馆建馆 25 年来，先后有 8000 多万人次的海内外观众参观了兵马俑。使人感到惊喜的是，我国党和国家领导人邓小平、胡耀邦、江泽民、胡锦涛等都先后来到秦俑博物馆参观考察，叶剑英元帅还题写了馆名；同样令人惊喜的是已有 187 批 150 多位外国元首前往西安参观秦兵马俑，并用不同的言语对秦兵马俑发出惊叹和赞美。

法国总统希拉克感叹："兵马俑可以说是世界第八大奇迹！"

1976 年 5 月，时任新加坡总理的李光耀有幸成为目睹秦兵马俑奇迹的第一位外国政府首脑。当时，秦俑馆的建馆工程正处于紧张时期，为了满足他的愿望，考古人员将已回填的一号坑前端试掘方内的陶俑重新清理出来。下午 3 时 30 分，李光耀总理在小小的试掘方坑中仔细观看了 40 多分钟，他几乎是拥抱着一尊站着的秦俑，然后双手轻轻地摸着俑的脸、上身，从头上慢慢地

⊙法国总统希拉克参观兵马俑博物馆后留言

看到脚下，又从脚下细细的看到头部，他激动万分地对身旁的夫人和女儿说："秦兵马俑的发现是世界的奇迹，民族的骄傲"，"我的祖上也是中国人，也有我的一份"。1985年9月，他第二次到秦俑博物馆，看到秦兵马俑博物馆的巨大变化，很有感触地说："中国这一伟大的历史文物，昭示着中国伟大的未来。"

法国前总理、时任巴黎市长、现任总统的希拉克于1978年9月第一次到正在建设的秦俑博物馆参观，面对秦俑一号坑雄伟壮观的秦俑军阵，希拉克被深深地打动了，不禁脱口而出："不得了啊！不得了！"他从内心发出由衷的赞叹："世界上曾有七大奇迹，秦俑的发现，可以说是世界第八大奇迹了，不看金字塔不算真正到过埃及，不看秦俑不算真正到过中国。"这一重要评价被随行的法新社记者乔治·北昂尼和世界报记者安德烈·帕斯隆奇抓住，率先在巴黎报道，从此"世界第八大奇迹"成为秦兵马俑的代名词。1991年11月，希拉克先生第二次到秦俑博物馆，他在留言簿上写道："这次参观兵马俑再次证实了她不愧世界文化遗产第八大奇迹，古城西安通过悠久的历史文化及实力完全可以与雅典、罗马、开罗相媲美，西安不愧是世界四大古都之一。"

1979年9月，丹麦女王玛格丽特二世到西安访问，在抵达西安两个半小时后，就驱车前往正在建设中的秦兵马俑博物馆，在一号坑参观时，她突然提出要下坑观赏，通过协商，接待部门破例满足了她的愿望。她兴奋地穿梭于已修复的兵马俑之间，激动地说："我搞了几十年考古，也到过欧洲许多国家的考古工地，从来没有见过这样振奋人心的场面，这里的一切给我留下了永恒纪念。"

1982年9月，朝鲜国家主席金日成到秦俑馆参观。在一号坑参观台上，他认真看了一号坑全貌，并兴致勃勃地参观了一年前刚出土的大型彩绘铜车马以及展出的秦代兵器。参观结束时，金日成主席在留言簿上写道："这是一个伟大的古迹，中国考古工作者付出了辛勤的劳动，讲解员把马讲'活'了，很感动人。"

英国女王伊丽莎白二世惊叹："铜车马比我们宫廷的马车还要好！"

1983年5月，法国总统弗朗索瓦·密特朗抵达西安后，便立即驱车前往秦俑博物馆。一号俑坑里那些威武雄壮、排列成大型战阵的兵马俑，使密特朗总统赞叹不已。在参观彩绘铜车马时，他俯身对着车轮仔细地端详了好一会，说道："两千多年前，青铜铸造技术达到这样的水平，真不简单，这是个奇迹！"他在欢迎宴会上说："西安是一个有着历史价值的古都，我们今天参观了出土文物秦兵马俑，它表明中国是世界上最先进的国家之一。"

1984年4月，美国总统罗纳德·里根率领着一行300多人的庞大队伍由北京飞到西安，专程参观兵马俑，并特许下坑参观。里根站在跃跃欲驰的秦俑和陶马前，说："我可以摸摸马吗？"

征得同意后，他小心翼翼地把手放在马背上，一边由前向后地摸着，一边上下打量着马，突然他把手从马屁股上收回来风趣地说："它不会踢我吧？"在场人都被逗笑了。第二天，一位外国记者撰文诙谐地说，美国总统在拍"中国的马屁"呢！当时他还发现有一武士俑无头，便问："它为什么没有头？"并开玩笑地说："可以把我的头给它安上。"走出俑坑时，里根总统又回过身把着栏杆，幽默地对兵马俑军阵说："解散！"

⊙里根夫妇参观兵马俑一号坑

1986年10月，英国女王伊丽莎白二世一行来到秦俑博物馆。在一号坑中，她仔细地欣赏着面目表情各不相同的武士俑，看看这个的发式，看看那个的胡须，反复地对比着，说道："过去我听说过兵马俑，也看到照片，这次亲眼一看，真是惊人。"女王对陶马也十分感兴趣，说："这马虽然不高大，但是很精神，是匹骏马。"在铜车马展厅，女王看到了两千多年前的宫廷马车，她为铜车马精湛的冶金工艺、高超的造型艺术、雍容华贵的装饰配件感到震惊，说："铜车马比我们宫廷的马车还要好！"时隔13年后，1999年10月，一批秦兵马俑作为陕西文物精华展的组成部分在英国大英博物馆展出，伊丽莎白女王和江泽民总书记一起出席了开幕式，兵马俑享受了两国元首共同为一个展览剪彩的殊荣。

⊙英国女王伊丽莎白二世参观兵马俑

1986年12月，墨西哥总统米格尔·德拉马德里·乌尔塔多夫妇一行参观了秦俑博物馆，总统参观后在留言簿上写道："向中国考古学家这一奇迹般的发掘和修复表示祝贺。"他指出："墨中文化历史悠久、古老，有许多相似之处，中国的古老文化同美洲大陆的古文化有很多联系，也有不少未解之谜，我希望我们两国的考古工作能为此作进一步交流。"2000年9月，经过双方努力，以秦兵马俑为主体的陕西文物展和墨西哥玛雅文化展分别在墨西哥城和秦俑博物馆开展。

美国总统克林顿发感慨："真希望到这里来当馆长。"

1998年6月，美国总统克林顿夫妇一行参观秦俑博物馆，在一号俑坑贵宾通道上，吴永琪馆长请总统"检阅我们两千年前的秦国军队"：克林顿愉快地说："好，我作为总统有资格检阅这支部队。"在一号坑里，总统用手轻轻触摸着秦俑，不停地赞叹道："非常精彩"、"不可思议"，并对秦俑的彩绘表现出浓厚的兴趣，详细询问了秦俑面部颜色的情况。在一号坑修复区，克林顿总统

⊙ 1998 年克林顿访华在秦兵马俑一号坑

在馆长邀请下，亲手将一个俑头复原到秦俑的身体上，仔细认真地作着调整，使俑头安放得合适稳固。通过这次简单的“修复”，总统觉得考古工作者能够把如此残破的陶俑修复得完整如初，非常了不起，他说：“仿佛看到了真正的修复工作。”参观过程中，馆长向总统赠送了陶文拓片，当他得知这些拓片的文字就是留在陶俑身上的工匠的名字时，他感到非常惊奇，爱不释手。克林顿总统告诉吴永琪馆长：“我等了 20 多年，今天终于如愿以偿了。”在前往铜车马展厅参观的路上，克林顿又感慨地说：“真希望到这里来当馆长。”离开秦俑馆前，他特意在文物商店与店主砍价，买了尊复制的秦俑头。

曾为发展中美关系作出重要贡献的美国前国务卿基辛格博士，于 1979 年至 1987 年期间先后 3 次参观秦俑馆，留下了“能创造这个灿烂历史的民族，一定能创造出光辉的未来”的赞叹。卢森堡大公让参观后说：“这些艺术品达到非凡的水平，表现了中国人民非凡的天才，全世界人民都将在此受到鼓舞。”约旦国王侯赛因赞扬道：“这是劳动人民的智慧，这是人类的财富。古代制造它是伟大的劳动，今天修复它也同样是伟大的劳动。”美国参议员杰克逊说：“一周前我看了埃及的金字塔，今天又看到了中国的秦俑，两者都辉映着悠久的历史。狮身人面像只有一件，而秦兵马俑千姿百态，成千上万，真威武壮观呀。”

瑞典国王卡尔十六世古斯塔夫及王后西尔维亚一走进秦俑接待室就说：“这里是我向往已久的地方，我现在怀着急切的心情听你们讲解，一定壮观极了。”卢森堡首相皮埃尔・维尔纳这样留言：“谢谢你们给我看了世界上最好的精品。”德国前总理科尔说：“今天看到了中华民族古老文化和伟大的历史。”美国前总统尼克松参观后写道：“我怀着令人激动的心情，来参观中国的过去，也有机会看到中国的现在，而且意识到未来中国的潜在力量。中国是一个神秘的地方，来一百次也不能对她全面了解。”

由于秦始皇陵及秦兵马俑的深刻历史文化内涵和重要价值在全世界所引起的广泛而巨大的反响，联合国教科文组织于 1987 年 12 月把秦始皇陵及兵马俑坑列入《世界遗产名录》。这充分表明，秦始皇陵和秦兵马俑不仅是中国人民珍贵的文化遗产，也是世界人民共同的文化财富。

（原载 2004 年 10 月 28 日《人民日报・海外版》）

中国的历史与现实

——美国总统克林顿访问西安及秦始皇兵马俑博物馆

美国总统克林顿25日傍晚抵达中国历史名城西安，开始了对中国的国事访问。

在1993年11月的西雅图亚太经合组织领导人非正式会议上，克林顿总统曾向江泽民主席表示："访问中国是我从孩提时代便萌生的愿望。"今天，克林顿总统实现了他的童年宿愿，踏上了历史悠久而又生机勃发的中国大地。

江泽民主席去年访美在哈佛大学讲演时曾谈到，从历史文化了解中国是一个重要的视角。克林顿总统这次在西安期间则多次表示，美国人民非常尊重中国的历史和文化。克林顿总统选择华夏文明的重要发祥地西安作为访华首站，或许正是出于这样一种认识。

⊙美国总统克林顿参观兵马俑并访问临潼下河村，本书作者（左三）陪同采访　（祁鸿斌　摄）

在抵达西安的当晚，克林顿总统一行就领略到了中国传统文化的风采，对盛大而色彩纷呈的仿古入城仪式表演，美国客人兴致盎然；西安古城墙上的各种中国传统艺术和工艺的现场表演更让克林顿总统一行驻足流连，频频赞许，比原计划时间延长了一个小时。

6月26日上午10时，克林顿总统一行乘车来到秦俑博物馆旁的下和村访问。克林顿总统和夫人下车后直奔一农户家访问。克林顿总统夫妇在农舍院前的大树下，坐在农家椅子上，同几位村民和西安市民进行了座谈。

克林顿总统首先说，美国很有兴趣了解中国各方面的变化，特别希望了解中国这几年的变化。他笑着问：谁先谈谈？

一位从小在下和村长大、现已头发花白的村民杨东义说，下和村村民的生活水平在新中国成立后、1982年和1992年分别有3次大的变化：新中国成立后比新中国成立前生活好了许多，1982 年前人均年收入 100 多元，1992 年达到 1000 多元，现在人均收入上升到 3000 元。如今他家搞个体经营，去年收入 3 万多元。杨东义表示，他的家庭和村子虽有很大变化，但与我国沿海比与美国比，还有很大差距，我们要努力赶上。

克林顿总统说，他对中国在如此短的时间内取得如此巨大的成就印象非常深刻，他问："你看最重要的变化是什么？"杨东义答道："最重要的变化有 3 点：一是有了好政策，让人们各尽所能，发挥所长；二是科技进步提高了生产力；三是善于学习，包括向外国学习。"

西安交大电子与信息学院二年级学生方芳向克林顿夫妇介绍了中国学校教育的情况和自己的体会。克林顿夫人希拉里向他询问了所学专业的情况以及毕业后的打算。希拉里又问到中国男女两性是否平等。方芳回答，在中国，男女是平等的，男女在特长上有所不同，但机会上是平等的。

克林顿在听取村卫生院医生杨宜泉介绍农村卫生保健工作时问：中国在卫生保健方面面临的最大的挑战是什么？杨宜泉回答：一是环境问题；二是对疾病问题要以预防为主。克林顿说，环境问题对美国和中国都是很重要的，都是挑战。

临潼秦俑工艺厂女厂长姚丽华介绍了自己致富后创办敬老完的情况。克林顿总统夫妇询问了敬老院的经费来源，入院老人的平均年龄等情况。

当过兵、从过政，1992 年又率先在西安市街面上办起了粤菜馆的谢利明，也向克林顿介绍了自己的事业，并邀请克林顿总统一家去自己的餐馆吃饭。克林顿表示离任后将考虑接受邀请。在场的人们都笑了。

克林顿总统随后来到下和村小学。800 多名小学生以鼓乐、歌声和鲜花欢迎克林顿总统一行。下和村村长杨云龙在致词时说，今天，在发现世界第八奇迹的下和村欢迎克林顿总统，我们

⊙克林顿和夫人希拉里与下河村村民及西安市市民代表座谈后合影

感到十分的高兴。他介绍村子改革开放以来的巨大变化时说，我们一定能创造出新的奇迹。克林顿总统高兴地说，他此行的目的是为了加强和巩固美中两国之间日益发展的关系，下和村15年发展如此之快，收入增长了10倍，令人佩服，你们的成绩实际上是中国的一个缩影。

⊙下河村少年儿童向克林顿夫妇鲜花

12时30分，克林顿总统一行来到秦始皇兵马俑博物馆，到一号坑大厅参观。他和夫人、岳母及女儿先来到一号坑的二号台，从南到北巡视眼前的兵马俑，兴奋地说："20多年前我就从书本上知道秦俑，今天终于亲眼看到了。"他们全家高兴地在俑坑前合影留念。

接着，克林顿和夫人一行应邀下到一号坑底与迎候在坑底的兵马俑见面。翻译张琳说："现在请总统先生检阅我们中国2000多年前的秦朝军阵！"克林顿高兴地说："对，这是一个总统应该做的！"在俑坑坑底，他和夫人、女儿仔细地观看，问兵马俑的手为什么握着的，发髻为什么这么盘？兵马俑坑什么时候修的，什么时候烧毁的。他抬头望了望博物馆大厅，称赞一号坑大厅建设宏伟。

在馆长吴永琪的陪同下，克林顿一行缓步来到一号坑大厅西边的修复现场。"请总统先生参加一次修复工作，"吴永琪说着搬起一个秦俑头递给总统，总统小心翼翼地将俑头安置在一尊缺头的俑身头颈上，然后用手扶正，大家鼓起掌来，克林顿总统微笑地说："谢谢！"

参观秦俑二号坑之后，克林顿总统又来到秦陵铜车马展馆。看到这套堪称世界青铜器之最的铜车马，他感慨地说："在2000多年前，中国能造出这样精美高水平的铜车马，真不可思议，非常了不起！"由于兴致所至，原定在兵马俑物馆参观的时间延长了20多分钟。

参观了兵马俑物馆，克林顿总统一行来到陕西历史博物馆，特意观看了珍藏的唐墓壁画库。原定参观5幅，由于他和夫人对这些壁画特别感兴趣，又增加了5幅。参观后，克林顿和夫人签名留念："非常感谢，让我分享你们的宝藏！"

历史和现实都是了解一个民族的重要视角，互相学习则是不同国家互相理解的重要途径。江泽民主席去年的访美和克林顿总统的西安之行都体现了中美两个伟大民族的这种努力。

（原载1998年6月26日《人民日报》，与黄晴、李景卫合写）

韩国总统朴槿惠参观兵马俑

2013 年 6 月 30 日，韩国总统朴槿惠来到秦始皇帝陵博物院，参观秦兵马俑。朴槿惠在贵宾平台拍照留念，并配合记者从各个角度拍摄，始终面带微笑，仪态和蔼。

在兵马俑修复区，朴槿惠仔细倾听陪同人员讲解，不时提出有关陶俑修复方面的问题。当她得知所有的陶俑、陶马出土时均呈支离破碎状态，需要考古工作者一一拼接修复时，她敏锐地反问，怎么才能确认每个陶俑碎片的归属？用什么技术予以修复保护？秦始皇帝陵博物院院长曹玮耐心地告诉她，每个陶片的出土地点、出土现状、出土坐标等参数均需详细记录，并参照古代史料，运用现代技术方能修复成功，朴槿惠直呼不可思议。

“秦始皇兵马俑很有名，我早就想来参观，这次终于圆梦了。”朴槿惠对一直陪同的省长娄勤俭说。

朴槿惠还说：“今天很惊喜地看见了 2000 多年前精致的兵马俑文物，也感受到了人类发展史上一个伟大的精品。”参观结束时，朴槿惠欣然提笔，在留言簿上用韩文题写：“我在兵马俑，亲身感觉到了悠久中国文化的真髓。”

与兵马俑一起过年

正月初三，天空飘着细雨，然而在西安秦始皇兵马俑博物馆门前，却车水马龙，熙熙攘攘，海内外的宾客纷纷前来向2000年前的8000名地下虎贲之士拜年，共度春节。

春节后的第一场春雨，把秦俑馆洗濯一新。正在值班的秦俑博物馆副馆长强新民高兴地对记者说，今天虽下着小雨，但却浇不冷人们旅游的热情。按照风俗，初一大都在家团圆，初二走亲戚、回娘家，初三才开始出门观光。去年的今天秦俑馆共接待旅游宾客3000多人，而昨天就接待4000多人，今天中午12时已接待宾客5000人。他还说，春节前后是旅游淡季，然而今年却淡季不淡，省上第一次把春节当成“旅游黄金周”进行安排。为了搞好服务，秦俑馆一线工作人员全部坚守岗位。

在秦俑一号坑旁，只见30多位来自马来西亚的华侨同胞在西安中信国际旅行社亚太部副经理常浩的带领下，正兴致勃勃地参观。同胞们被眼前庞大雄伟的地下军阵所震撼，不时发出“啧啧”的赞叹。观光团领队邱汉卿先生对记者说，兵马俑名扬全世界，我们慕名已久，这次回国能与祖国亲人和2000年前的祖先一同过春节，感到终生难忘。

在秦始皇帝陵文物陈列厅前，记者见一对外国夫妇带领3个儿子款款走来。一打听，他们来自阿根廷，男主人名叫赫勒克·拉林，是CITA油厂的总经理。他告诉记者，现在到中国旅游最安全，他们全家到北京后发现街上人很少，一打听才知中国人民正在过在春节。他说，他们全家都很想了解中国，昨天我们在北京游览了长城，今天又来西安看了兵马俑，没想到兵马俑博物馆有这么多游客！中国真是个历史悠久、很具魅力的国家。

在人头攒动的秦俑馆大门口，只见一拨又一拨的游客进进出出，络绎不绝。一位男子背着小女儿，领着母亲和妻子高兴地从馆里走出来。男主人名叫刘胜，是新大洲本田公司驻郑州办事处主任，他是昨晚开车从郑州赶到西安，今天一大早又开车领全家参观兵马俑的。他说，全家商量今年春节咋过才有意义，经过讨论，说现在郑州到西安高速路已全程通车，5个小时就能开车到西安，咱走出门看兵马俑去！他扭头问肩上的女儿：“好看不好看？”4岁的女儿回答：“好看，我看见坑下的人，还看见坑下的马！”“马年看马，吉祥！”妻子在一旁笑吟吟地说， “就像电影在眼前晃过一样，真精彩。我更感到祖先真伟大，祖国真伟大！”

下午5时，我们离馆时，馆内传来好消息：游客已达6780多人，超过去年同天一倍多。秦俑馆馆长吴永琪对记者说，我们不仅要让更多的兵马俑“站”起来，还让更多的兵马俑“跑”起来。现在，兵马俑已跑遍了世界40多个国家和地区巡展，今年春节前从成都开始又在国内开始巡展，让兵马俑真正成为中外文化的友好使者。据了解，初一、初二两天成都已有7000多人参观了兵马俑巡展。

（原载2002年2月18日《人民日报·海外版》）

敬礼：中国兵马俑

——美国“飞虎队”老兵访问秦始皇陵兵马俑

⊙当年的“飞虎队”队员马克·麦克唐纳（左二）和保罗·克罗福（左一）向秦兵马俑武士俑举手敬礼

2005年3月23日，秦始皇兵马俑博物馆迎来了两位特殊客人：年过8旬、60年前曾协助中国军民抗击日寇侵略的美国援华“飞虎队”队员马克·麦克唐纳和保罗·克罗福在秦俑馆一号坑修复区，面对刚刚修复挺立的秦兵马俑武士俑，举手敬了个军礼，表达他们对2000年前统一中国的武士们的敬意。

保罗今年81岁，马克今年83岁，在中美两国友好人士的努力下，应陕西省国际文化交流中心的邀请，他们及亲属一行，最近重返阔别60年的第二故乡中国。这两位当年“飞虎队”老兵故地重游，感慨万千。

保罗告诉记者，他于1944年10月随美军第529飞行中队来到中国，在西安战斗生活了1年半时间，驾机出动30余次，主要任务是驾驶P-51型战斗机保护基地并为轰炸机护航，间或执行对地攻击任务。在1945年7月14日的战斗中，他的战机被击落，他被迫跳伞逃生，落在日军占领区内。危急时刻，是当地抗日游击队营救了他，并护送他回到了基地。这次来华前，保罗特意将当年部队配发的求生布条缝制在夹克里，来纪念这段难忘的战斗经历。

记者看到，这种求生布条上面写有“来华作战洋人，军民一体救护”字样。据了解，当时的美军“飞虎队 ”成员都配发了这种救生布条，一旦被迫跳伞落到地面，飞行员便可用它来与当地百姓沟通，请求中国军民的救助。这小小的布条，如今已经成为那段抗战历史和中美两国人民友好的见证。

83岁的马克则是1944年11月来到西安的，驻扎地在城西老机场附近。“我还在延安见到毛泽东主席呢！”提起见到毛主席的经历，他显得格外激动。马克回忆说，1945年2月，为了审问日本战俘获取情报，他和战友一起到了延安。在延安附近的一个小村庄里，他见到了毛主席，并且交谈了10分钟，向毛主席通报了西安战况，受到毛主席的欢迎和重视。

马克说，当时的西安城墙外是一片荒地，而时隔60年，西安发生了巨大的变化，令人十分惊奇和赞叹。秦始皇兵马俑英姿威武，让人感受到了中华文化的博大精深。马克告诉记者，当他100岁的时候，要再次来西安，相信那时的西安会更加美丽。

（原载2005年3月27日人民网）

“兵马俑”赴台引起轰动

为了增加台湾民众对祖国传统文化的认同和对祖国的向心力，陕西省近年来加强了与台湾的文物交流。特别是在台湾举办的“兵马俑——秦文化特展”，在台湾引起空前轰动，短短5个多月的展出，共有165万观众参观，创造了台湾单项展览史上的奇迹。

据了解，陕西省近年来利用本省文物优势，加强了与台湾有关文博单位对口交流。台北故宫博物院、台北历史博物馆、台中自然科学博物馆、台湾中华文物学会、台湾太平洋基金会等单位，先后与陕西历史博物馆、秦始皇兵马俑博物馆、西安半坡博物馆、陕西省考古研究所等单位进行过交流合作和人员互访。早在1992年，秦兵马俑就随“大陆古物珍宝展”赴台展出，引起了两岸文化交流的空前轰动。经过多方努力，陕西省文物局组织的“兵马俑——秦文化特展”于2000年12月至2001年5月先后在台湾台北市和台中市展出。

台北“兵马俑——秦文化特展”开展以来，每天都有8000多人前去参观，随着展览的进行，参观人数持续上升，无论是晴空万里，还是阴雨连绵，人们的参观热情丝毫不减，因此也创造了台湾展览史上的多项奇迹：特展开幕当天，虽然只有半天时间，但却有6000多人争相参观；圣诞节及元旦期间，有时日均参观达2万人次以上；有时前往博物馆的人数太多，以至于博物馆周围路段不得不实行交通管制；即使遇到大雨滂沱的天气，人们撑着伞秩序井然地排着长队在雨中等候。这项跨世纪的“兵马俑——秦文化特展”虽然在2000年末只展出了短短的15天，却产生

⊙“兵马俑特展”日前在台中市的台湾自然科学博物馆开幕后，吸引了许多台湾中小学生前来参观

⊙兵马俑在台湾吸引了同胞们的眼球

了强大的轰动效应，被台湾媒体评为2000年度十大最佳展览之一。

“兵马俑——秦文化特展”在台中展出的近50天内，更是盛况空前，报纸杂志上连篇累牍地介绍兵马俑的资料，街头上到处张贴着展览宣传画，兵马俑成了人们的谈话主题，参观兵马俑成了人们的文化生活要素。我们赴台专家举办有关兵马俑的学术讲座，听众场场爆满，气氛热烈。兵马俑展在台岛刮起的阵阵旋风，对台湾民众来说是一次归宗认祖、重新认识中国文化的过程，由此引发了溯本求源的热潮。台中有关人士感慨地说：“兵马俑展览给台湾岛特别是台中市带来了文化的繁荣，经济的复苏和旅游业的兴旺，这些都基于台湾民众对中国传统文化的热爱和认同。”展览期间，大家一致盛赞中国文化的博大精深，对两千多年前我们中国就有如此光辉灿烂的文化，精美绝伦的雕塑艺术，高超发达的科学技术而骄傲。不少观众激动地说：“通过兵马俑展能够振奋我们民族自强不息的精神，让我们共同携起手来，将中国建设得更加繁荣富强。”

“兵马俑——秦文化特展”在台开展以来，台湾《联合报》、《民生报》、《联合晚报》、TVBS等媒体全方位、多角度、图文并茂地用整个版面报道特展的消息，各报社派出强大的记者阵容，跟踪采访有关人员，记者们不惜笔墨详细介绍展场内外的盛况，这些都是空前的。

据悉，陕西省与台湾有关方面就2002年在台北故宫举办“唐代文物展”进行了磋商，与台北县13家博物馆就举办西安半坡文物展一事达成了初步的意向。

（原载2001年9月21日人民网）

国画长卷再现秦俑制作场景

再现秦兵马俑制作宏伟场景的国画长卷《秦俑长歌》，今日在秦始皇兵马俑博物馆展出。

国画长卷《秦俑长歌》，是画家张亚贤用了近两年时间，查阅了大量的秦文化历史研究文献，观摩秦俑雕塑，走访秦陵人家，考察写生一百多副创作资料后，历尽辛苦绘制完成的巨作。该长卷由17幅画面组成，全长34米，高1.5米，画面从秦代工匠制作陶泥捏制陶俑、陶马到装窑烧制、彩绘完成，生动地再现了2000多年前秦代工匠制作兵马俑制作过程的宏大场面。

《秦俑长歌》在秦始皇兵马俑博物馆的展出，给人们全面认识秦兵马俑又打开了一个新的窗口。

画家张亚贤毕业于西安美院，现为陕西省艺术师范学校高级讲师、全国艺术师范“中国画”教材编委，兼任临潼中国画院副院长、临潼书法家协会副会长，多幅作品获国内外大奖并被毛主席纪念堂、香港、澳大利亚等收藏。

（原载2003年8月27日人民网）

⊙国画《秦俑长歌》

秦兵马俑发掘保护 35 年

——秦兵马俑博物馆馆长吴永琪细说“中华文化名片”

⊙ 2008 年本书作者与时任秦兵马俑博物馆馆长吴永琪（左）、党委书记雷玉平（右）合影

1974 年 3 月，陕西省临潼西杨村几位农民在抗旱打井时，不断挖出陶质碎片和陶质的人的肢体及马匹躯体。后经考古工作者的发掘，揭开了埋藏于地下 2200 多年的秦俑宝藏。秦始皇陵兵马俑被誉为“二十世纪考古史上最伟大的发现之一”，1987 年被联合国教科文组织列入世界遗产清单，被冠以“世界第八大奇迹”的美誉，成为全人类共享的宝贵财富。2009 年 10 月，适值秦兵马俑发现 35 周年和秦始皇兵马俑博物馆开馆 30 周年纪念日。在秦俑博物馆，记者就世界瞩目的秦兵马俑和秦陵考古发掘和保护，走访了秦俑博物馆馆长吴永琪。

秦始皇陵兵马俑坑按其发现顺序，依次定名为 1 号坑、2 号坑和 3 号坑。从三个俑坑中已发掘出类似真人、真马的陶俑、陶马共 8000 余件，木质战车百余乘，青铜兵器数万件。气势磅礴的军阵，在地下排列有序，车步骑混合编组，形象地再现了秦始皇威震宇内、统一六国的雄伟军容。他们是以写实手法表现人物的庞大艺术群体，造型生动，刻画逼真，填补了中国古代雕塑史中秦代雕塑史的空白，为研究秦代的历史、军事制度及文化艺术，提供了十分难得的实物资料。

“秦兵马俑的发现为人们翻开了一部波澜壮阔的历史画卷。气势恢宏、阵容庞大的秦兵马俑军阵，是两千多年前中华民族先祖的伟大创作，蕴含着丰富的历史文化气息，昭示着中华文明灿烂的华彩篇章，已成为世界了解中国的一个窗口和中华文化的一张名片。”吴永琪馆长提起秦兵马俑就精神亢奋、话语中释放出一种强烈感人的荣耀与自豪。

展示中华历史文化

秦兵马俑的发掘与保护、秦俑博物馆的建设与发展，凝聚着吴永琪和他的同事们的血汗，已成为吴永琪事业和生命的一部分。他在 1978 年来到秦俑考古工地，在秦俑馆工作已 31 年。1987 年他担任秦俑馆副馆长，主持秦俑馆的日常工作，1998 年接著名考古专家、老馆长袁仲一的班，挑起了秦俑馆馆长的重担。由于他勇于开拓，使秦兵马俑的考古发掘和保护取得了引人注目的成就，由他主持的两项研究课题获得了国家科技进步二等奖和多项省部级奖励，秦俑馆也发生了日新月异的变化，先后接待了外国元首、政要、国家领导人及政要近千人及 8000 多万海内外观众。吴永琪也被评为国家有突出贡献的专家，享受国务院特殊津贴，被推选为党的十七大代表和陕西省十届政协常委。他陪伴秦兵马俑一年又一年，他目睹了秦兵马俑博物馆发展前进的每一步，谈起秦兵马俑和秦俑博物馆，他了如指掌，如数家珍。

“秦兵马俑的发现、发掘、保护、研究与展示所取得的成就，为新中国考古事业书写了灿烂的一章，向世人展示了气势磅礴的大秦之风和辉煌夺目的华夏文明，35 年来，秦兵马俑以文化使者的身份，先后造访了 40 多个国家和地区的 70 多个城市，产生了巨大的轰动效应和视觉冲击力，为传承中华文明、展示中国悠久文化历史立下了不朽的功勋。”吴永琪告诉记者，35 年来，秦兵马俑以鲜活的考古资料，为研究秦代的政治、军事、文化等方面提供了重要的实物例证，有力的填补了秦代历史的许多空白，丰富和充实了大秦帝国的历史内涵。在秦俑研究的影响下，文学家发表了许多诗词、散文和报告文学，书画、雕塑、戏曲、电影、舞蹈、音乐等领域，都有以秦俑为题材的佳作。中外媒体的报道更是连篇累计。由一个考古发现导致了一种文化现象的爆发，在世界范围内掀起了如此巨大的秦俑冲击波，产生如此巨大的震撼力和持久的影响力，这在文化史上是罕见的。

秦俑军阵气势恢宏

秦始皇陵园占地 56 平方公里，有从葬及陪葬坑 700 余座，地下蕴藏着巨大的文物宝库，仅在三个从葬坑内就有真人真马般大小的秦兵马俑约 8000 件，现已发掘出的仅有 1000 多件（第二次发掘在一号坑发现的 1000 多件，为了保护，又原地掩埋），约占总数的六分之一。

“农民挖井发现了秦兵马俑，但兵马俑的考古发掘绝不是农民挖井、刨红薯那样简单，而是一件严肃、细致、科学性极强的工作，”吴永琪说，“考古工作者为了发掘、保护好这批国家和人类的珍贵遗产，通过一丝不苟的科学发掘，唤醒沉睡在地下 2000 多年的兵马俑，使他们一个个终见天日，加入已站立起来的地下军阵。共和国六十盛典的阅兵式，展示了中国日益强大的国防实力与中国军人的威武与风采，我相信，随着时间的推移和考古工作的有序进行，世界最大的地下军阵，将会更加完整地走向人间，使今天的人们检阅领略到 2000 年前中国秦代虎贲之士的强悍与威武。”

（原载 2009 年 11 月 29 日香港《大公报》）

近年秦始皇帝陵考古收获——对文献的印证与衔接

——访秦始皇帝陵博物院院长曹玮

⊙本书作者与曹玮院长在兵马俑一号坑合影

自秦始皇入葬骊山后，秦始皇帝陵就成为古代中国最诱人的地下宝库。汉代伟大的史学家、文学家司马迁的《史记》对秦始皇帝陵寥寥数语的记载，激起了人们对这座地下宝库的无限遐想。它以宏大的规模、丰富的内涵、伟岸的气势彰显了秦王朝的不凡气象，堪称历史长河中中华文明的典范，成为举世瞩目、人类共同的世界文化遗产。特别是从20世纪60年代初至今的50多年中，秦始皇帝陵的考古钻探及发掘，不仅印证了历史文献的记载，而且丰富和补充了文献记载的不足与缺憾。为此，我们走访了秦始皇帝陵博物院院长、著名考古专家曹玮先生。

曹玮，1955年4月出生，著名的考古专家，不仅具有丰富的考古阅历，而且还兼具深厚古文字学及史学研究功底。他原任陕西省考古研究所副所长、秦始皇帝陵博物院副院长，2012年出任院长。日前，他在秦始皇帝陵博物院会见了记者。他说，多年来秦陵考古发掘，廓清了许多的历史迷雾，有些发现具有颠覆性的成果。比如，以往根据秦始皇陵博物馆兵马俑的朝向，认为陵园及墓葬坐西向东，但现在发现的许多墓葬是依山坐南向北。特别是经过科学探测与考古发掘的成果，不仅印证了历史文献的记载，而且弥补了文献的不足，让我们对秦始皇陵及陵园布局的认识更加全面和准确。他更认为，作为世界上考古学最重要的储备之一，秦始皇陵考古的意义不在于发现了多少新东西，更重要的意义在于学术研究与认识上取得了重大的收获，在于从考古学以及更深层次对秦始皇陵研究有了新的突破，引领学术研究的进步。从文献角度，他重点谈了秦始皇陵考古得到的一些认识。

曹玮院长说，中国古代文献虽然汗牛充栋，但是对于秦始皇陵的记载却相对有限，即使有限的记载，在今天学术界仍有较大的争议。汉代以来，关于秦始皇陵的记载虽屡屡出现于各种文献，但记载的内容陈陈相因，多有沿袭附会之处，这是导致后代秦始皇陵文献存在争议的原因之一。王国维先生在研究殷墟甲骨卜辞时，首创了“纸上材料”与“地下新材料”相互研究的方法，即二重证据法，重建古史。我们高兴地看到，秦始皇陵考古研究在与传统文献及现代科技的结合上取得了许多重要成果，离重构秦始皇陵——这一巨大的考古遗存更近了一步！曹玮相信，随着考古工作的深入开展，历史留下的足迹会印证、补充乃至纠正文献的记载，千古一帝秦始皇将更明晰地站在今人面前，秦始皇陵的神秘面纱将逐步揭开。

曹玮认为，历史时期考古研究中最重要的一个问题是对古代遗存、遗物的定名问题，秦始皇陵是身处现代的我们对这处遗迹的定义，秦人是不是也这样称呼呢？这关乎秦始皇陵的名实问题。《史记·秦始皇本纪》三十七年条曾记载“九月葬始皇骊山”，这是目前最早的始皇之葬的文献记载。以后的文献，如《史记· 黥布列传》《汉书·高帝纪》《汉书·陈胜项籍传》等等还有葬于“丽山”、“郦山”、“骊山”的不同记载。秦始皇陵园考古发现有一些陶器、青铜器等，器物上有“丽山”字样的文字，因此可以说在秦代始皇陵自名“丽山”。这一发现解决了秦始皇陵遗存整体的名实问题，这在始皇陵考古上具有非常重要的意义，对系统认识秦始皇陵的遗存提供了基础依据。

秦始皇陵如何在骊山北麓地区规划施工的呢？秦始皇陵考古与文献的结合可为这一问题作出深入的回答。《汉旧仪》载：“使丞相李斯将天下刑人徒隶七十二万人作陵，凿以章程，三十七岁，锢水泉绝之。”文献中提到的“章程”，应该相当于始皇陵的施工图。上世纪 80 年代中山王陵考古中就发现了这样的“兆域图”，提供了陵墓设计的第一手材料。目前我们在秦始皇陵虽然还没有发现这样一张“兆域图”，但是通过考古我们基本上已经了解了“章程”的大致内容。

首先是对陵墓地宫位置与轴线的确定，也就是两点两线的确定。《类编长安志》卷八曾转引《两京道里记》中记载“俗呼当陵南岭尖峰作望峰，言筑陵望此为准”。近年我们利用空间分析的手段确定了在骊山北麓有一处山头，应该就是文献中的望峰。秦代从这一点向磁北方向引一条直线，作为南北轴线；然后在这条直线上确定一个与骊山两端距离大致相等的点作为墓室的位置，并以此点垂直于南北轴线确定了东西轴线。近年的考古工作证明了“两点两线”是陵墓规划的重要步骤。

规划的第二步是在骊山北麓大致确定下来始皇陵的规模，也就是其范围。通过考古工作，我们现在基本确定秦始皇陵的范围有三层。最内层为外城垣界定的区域，有 2.13 平方公里，这也是就《汉旧仪》所说的“茔域”，这是秦始皇陵丧葬的核心区域；中间层是“茔域”的缓冲地带，这在文献上被称为“堧地”，就先秦两汉设置于陵墓、宫室、祠庙、禁苑等设施之外的空地，秦始皇陵这一区域也具有丧葬礼仪属性；最外层区域是陵墓规划中的参照区，也是秦始皇陵所处的大环境，这一区域处于骊山北麓南至山底，北到渭河，东西长 12 公里，南北宽 5 至 7 公里范围内。第三步也是陵墓设施的具体设置与安排。目前最内层的“茔域”内设置了墓室、墓上建筑、陪葬坑、从葬墓园、陵寝建筑以及墙垣、门观、道路等；“堧地”区域内设置了从葬墓以及三处陪葬坑群，分别是兵马俑坑、上焦村马厩坑、鱼池陪葬坑；外层区域则有大量的陵墓建设工程设施等。

秦始皇陵在文献记载中以宏大而著称，它的建造屡被后世的帝王引以为戒，到底如何建成这一工程一直是个引人入胜的话题。谈到修陵的时段与进程，曹玮认为，考古发掘不仅印证了史书上的记载，而且增加了史书无法记载的细节问题，这就是考古学的价值与魅力所在。《史记·秦始皇本纪》三十七年条中说：“始皇初即位，穿治骊山，及并天下，天下徒送诣七十余万人。”这一粗疏的记载并不能为我们提供如此多的人员在这里施工的具体信息。秦始皇陵老一代的考古工作者曾设想过始皇陵修建可能分为不同的几个阶段，近年来通过细致的勘探与发掘，对陵墓施工的细节我们有了更深的认识。这个认识是考虑了其作为工程的一面，更结合了始皇陵作为一座墓葬，是丧葬礼仪进程的产物。综合两方面的因素，陵墓的修建大致可分为四个时段，考古发现的大量遗迹基本上可以在这四个时段的框架下得到合理的解释。第一个时段是工程准备与施工阶段，如场地的平整、水系的调整、阻排水工程以及墓室、陪葬坑、陵寝建筑的施工等；第二个时段是结合葬仪的工程施工，包括下葬、入藏、封闭羡道、从葬后宫等；第三个时段是调用大量的人力进行封土，二世还残杀了诸公子公主，从葬于陵墓；第四个阶段则是门观、墙垣的施工以形成礼仪的陵墓体系，还有可能进行外围的设施建设。这一施工时段的认识得益于我们在勘探、发掘中发现了大量的踩踏迹象，覆盖于陵园内发现的主要陪葬坑，踩踏主要因于封土的施工而形成，这说明了陪葬坑应该早于封土完成。另外我们还发现门观、墙垣的施工还会切开这些踩踏遗存，又说明这些是晚于封土施工时段的工程。这些认识也表明秦始皇陵具有完整的礼仪意义，比如说最后完工的墙垣、门观标志了陵墓的存在，因此陵墓才是一座丧葬礼仪建筑。

曹玮院长还谈到秦始皇陵的考古发现，为解决历史上的一些重大问题提供了直接证据，为学术之争画上了句号，开启了更深层次的研究领域。东汉的蔡邕在《独断》中写道："古不墓祭，至秦始皇出寝起之于墓侧，汉因而不改，故今陵上称寝殿，有起居、衣冠、像生之备，皆古寝之意。"上世纪中山王墓墓上建筑的发现引起了对从庙祭到墓祭这一古代祭祀体系转变问题的大讨论。当时一些著名的学者如杨宽、杨鸿勋、巫鸿等连续发表文章进行商榷，成为学术史上争鸣的佳话。2011 年，我们在前人发现的基础上系统勘探发现了陵园内城有约 17 万平方米的宫室建筑群，这一建筑群紧邻封土北侧，由台基式与院落式建筑复合构成。对照文献，这就是蔡邕所说的陵侧之寝。这一建筑群的发现，为研究陵寝提供了直接的考古材料基础，由此我们可以深入讨论秦代作为国家祭祀的陵寝祭祀的场所、祭品、仪式以及观念等更深层次的问题。可以说，秦始皇陵陵寝建筑的考古发现将中国古代从庙祭到墓祭的研究引入到了更深的层次，甚至开启了陵寝研究的新领域。

面对秦始皇陵考古取得的巨大成果，曹玮院长认为还有一些方面需要做更深入的工作；在这些工作中，文献记载是线索，而现代的科技则是手段，是我们工作取得新突破的动力，是今后秦始皇陵考古工作的创新点。比如，大家都熟知的秦始皇陵地宫的内容，目前《史记》的记载最为详尽，但也不过以下寥寥数语："宫观百官奇器珍怪徙臧满之。令匠作机弩矢，有所穿近者，辄射之。以水银为百川江河大海，机相灌输，上具天文，下具地理。以人鱼膏为烛，度不灭者久之。"现代科学分析得知，墓室（地宫）部位汞含量大约是其他部位的 60 多倍！可见《史记》中的记载并非空穴来风，痴人说梦。2003 年开展的国家 863 项目已经科学地回答了秦始皇陵地宫的存在，证明了巨大的地下墓室的存在。我们相信随着今后大量科技手段引入到考古工作中来，考古工作掌握的细节会越来越多，我们离验证司马迁《史记》的记载会越来越近。在秦始皇陵考古工作中，文献与考古将会得到完美的衔接！

2013 年 11 月 18 日

秦俑博物馆跻身世界一流遗址博物馆

⊙秦始皇兵马俑博物馆大门

记者今天从秦兵马俑发掘30周年暨秦俑博物馆开馆25周年纪念大会上获悉，秦始皇兵马俑发掘面世30年来，已接待海内外观众达8000多万人次，经过25年的艰苦创业，秦俑博物馆已跻身于世界一流的遗址博物馆和重点文物科研基地和爱国主义教育基地。

1974年3月，沉睡于地下2000多年的秦兵马俑被临潼西杨村一群掘井的农民发现而面世，被誉为“世界第八奇迹”震撼了世界，联合国教科文组织把秦兵马俑与秦始皇陵一起列入世界文化遗产名单。30年来，秦兵马俑地下大军共接待外国国家元首、政府首脑187批，副总统、副总理和议长506批、部长级客人1852批。秦兵马俑还步出俑坑走向海外，应邀到30多个国家和地区的65个城市巡回展出，观众超过2000万人次；1983年至今，秦兵马俑先后在国内14个省市和13个城市巡回展出，加之开馆前参观人数，海内外共有8000多万人次参观了秦兵马俑，堪称中国在世界上被参观最多的出土文物。

秦兵马俑博物馆自1979年10月1日开馆以来，已先后建成并开放了秦俑一、三、二号坑和文物陈列厅。目前秦俑博物馆面积已扩大到46.1公顷，拥有藏品5万余（套）件。秦俑博物馆还组建了秦俑考古队，发掘秦俑一、二、三号坑，将先进科技手段运用到考古工作中，使发掘与保护、发掘与研究相结合。经过10年多的艰苦努力，文物保护工作者和发掘人员合作，成功地发掘清理和保护彩绘陶俑。二号坑考古发掘工作获得国家文物局田野考古发掘一等奖。在发掘秦俑坑的同时，秦俑考古队与陕西省考古研究所联合对秦始皇陵进行普探和试掘，相继发现了

⊙秦俑二号坑大门

⊙秦俑三号坑大门

石甲坑、百戏俑抗、文官俑坑、水禽坑等秦陵主要遗址，对全面了解秦陵文物的内涵起了重要作用。

据了解，秦俑博物馆用了 8 年时间，修复了秦陵彩绘铜车马。“秦陵一号铜车马修复技术”项目，荣获国家科技进步二等奖。该馆还与国外的文物保护机构合作，建成了“彩绘文物保护与修复”、“微生物研究”两个实验室，被列为国家文物局首批重点科研基地。同时还成功召开了“秦俑彩绘研究国际学术讨论会”及 6 届“秦俑学国际学术研讨会”，出版学术专著 40 余部，论文数百篇，秦俑馆已成为秦代历史和秦文化研究的重要阵地之一。

秦俑博物馆充分发挥文物资源的优势，认真做好爱国主义教育基地建设，免费接待学生百余万人，被中宣部命名为全国首批百个爱国主义教育示范基地。今年，又被评为全国爱国主义教育示范基地先进单位。

秦俑博物馆先后被评为全国文化系统先进集体，全国文博系统先进集体，全国精神文明建设先进单位，并荣获了“全国五一劳动奖状”，树立了现代化博物馆的新形象。

秦俑博物馆面临着空前的发展机遇。1998 年 12 月，陕西省委、省政府决定筹建秦陵博物院，2002 年 7 月，国家发改委正式批准建设秦始皇陵遗址公园。遗址公园面积近 3 平方公里，预计总投资近 7 亿元。秦始皇陵遗址公园建成后将成为我国最大、最重要的文化遗址公园。

（原载 2004 年 10 月 9 日人民网，与王乐文合写）

附：

秦兵马俑文化景区建设项目正式启动

2014 年 12 月 11 日，以秦兵马俑博物馆大门建设和广场环境改造项目实施为标志，在省政府发布的《关于实施项目带动战略促进文化产业发展的意见》中的秦兵马俑文化景区建设项目正式启动。在经过省级重大文化项目评审会审议通过的《秦始皇陵文化景区建设总体规划》中明确，秦兵马俑文化景区包括兵马俑馆区、陵园区两大部分，其中兵马俑馆区包含秦俑馆大门建设和广场环境改造项目、一二三号坑展厅维修改造工程、博物馆动力中心建设工程共 3 项内容。项目将在现有设施条件基础上，按照“统一规划，分步实施”原则，将长期以来被分割成为两个景区的陵区（秦始皇帝陵景区）和俑区（兵马俑景区）连接起来，同时通过科学规划的新景区旅游路线，将建设铜车马博物馆、水禽馆、铠甲馆、精品文物博物馆、科技考古中心、数字博物馆、4D 影院等景点连接起来，着力打造世界一流博物院和文博旅游目的地。

附：

秦始皇陵考古大事年表

1960 年	发现“骊山园”铜钟
1961 年 3 月 4 日	秦始皇陵被国务院列为全国第一批重点文物保护单位
1961 年 3 月起	陕西省文管会对秦始皇陵进行全面调查
1973 年冬	发现郑庄秦陵石料加工厂遗址
1974 年 3 月 29 日	发现秦俑一号坑
1974 年 7 月	考古工作者进驻工地并开始了考古发掘
1975 年 6 月	发现鱼池遗址
1976 年 2 月 6 日	发现秦陵乐府钟
1976 年 4 月	秦陵北毛家村发现博縈
1976 年 4 月 23 日	发现秦俑二号坑
1976 年 5 月 11 日	发现秦俑三号坑
1976 年 10 月	发现上焦村陪葬墓和马厩坑
1976 年冬	发现秦陵北一号建筑遗址
1977 年 3 月	发现秦陵北二、三、四号建筑遗址
1977 年 7 月～ 1978 年 3 月	发现秦陵西侧珍禽异兽坑 31 座
1978 年 5 月	秦俑一号坑开始发掘
1979 年 12 月	发现赵背户村修陵人墓地
1980 年冬	发现陈家沟秦陵陶窑遗址
1980 年 12 月	出土两乘秦陵铜车马
1981 年冬	发现秦陵内城西官遗址
1981 年～ 1982 年	测出秦陵封土中有强烈汞异常反应
1985 年 12 月 31 日	秦陵外城东发现一马厩坑
1986 年 5 月	吴中村发现“骊山茜府”陶盘
1987 年 12 月	联合国教科文组织将秦陵（含兵马俑坑）列入“世界遗产名录”
1988 年 12 月 9 日	秦俑三号坑开始发掘
1994 年 3 月 1 日	秦俑二号坑开始发掘
1995 年 8 月	临马公路秦陵北侧发现五处建筑遗址
1996 年 4 月	秦陵外城北发现府藏坑
1998 年 8 月～ 12 月	石铠甲坑确认发现并试掘
1999 年 3 月	百戏俑坑确认发现并试掘
1999 年 5 月	秦陵出土秦代青铜鼎
2000 年春	K0006 陪葬坑发现
2000 年 7 月	铜禽坑发现并勘探
2001 年 7 月	发现并清理新丰秦井址
2003 年 2 月～ 3 月	发掘清理山任陶窑遗址和乱葬坑
2009 年 6 月 13 日	秦俑一号坑开始第三次发掘（局部）
2010 年 10 月 1 日	秦始皇陵遗址公园开园

来自考古工地的报告

秦兵马俑坑焚烧当在秦末

秦始皇陵兵马俑坑曾遭焚烧，留下大量炭灰和红烧土。火灾发生在何时？史书上有两种说法。一说是项羽入关时焚秦陵时所为，另一说是唐末牧羊童寻羊入内失火所致。而西安地区的科技工作者运用现代科学技术研究证实：秦俑坑焚毁的时代在秦末，从而佐证了《史记》关于项羽入关焚秦陵及其建筑的记载是真实可信的。

这项研究成果是西安地质学院物探系中年教师孟昭秦运用考古地磁学研究方法得出的。这项成果日前在西安通过了专家鉴定。

（原载 1992 年 1 月 3 日《人民日报》）

秦俑馆环幕故事片“世界第八奇迹”与观众见面

首创以人物故事为主题的环幕新影片《世界第八奇迹》，于秦俑二号坑发掘现场开放典礼的当天，在秦俑博物馆内公演。

影片《世界第八奇迹》，以历史记载与考古发现作为主要表述内容，讲述了一个关于秦始皇、秦始皇陵和秦始皇陵兵马俑的概括而又丰富真实的故事。影片中可以看到秦始皇登基主政、剪除异己的惊心场景；秦军横扫六合、统一中国的壮阔场面；数十万工匠和囚徒烧制秦俑、筑坑布阵的过程以及项羽率部焚烧秦宫、捣毁兵马俑坑的千古憾事。影片还再现了一九七四年农民打井发现秦兵马俑的往事。环幕电影，是一部由九台机器作水平三百六十度同步拍摄、九台机器同步放映的全周电影，九块相连的银幕成环状，把观众围在中间，配十一个频道的主体声响，给观众以身临其境、形象逼真的辽阔感和真实感。

环幕电影在世界上只有美、日、法等少数国家拥有，拍摄的少数影片，多是风光片，尚未有故事片。修建秦陵博物馆环幕影院及拍摄仅二十分钟的《世界第八奇迹》影片，共投资一千五百八十万港币和二百八十万人民币，上千人参加了该片的拍摄和演出。

（原载 1994 年 1 月 16 日《人民日报》）

秦俑二号坑兵马俑初露真容

举世瞩目的秦始皇陵兵马俑一号坑，经过半年多的考古发掘，大量地下棚木建筑已经显露，

50 多尊弩兵俑和骑兵俑已露真容，二号坑秦俑考古发掘现场有望下月中旬对外开放，这在国内尚属首次。

宽阔的坑下发掘工地，灯火辉煌，-- 片繁忙。由西向东俯视坑内，首先映入眼帘的是 5 米宽的二号坑门道，东边是一堆完整的封门秦砖。在 20 号和 21 号等探方内，一大片排列整齐的地下棚木建筑中，部分棚木已被焚烧呈黑色炭迹，但大部分与防渗水的青膏泥黏合在一起，未被火焚，保存完整。

秦始皇陵兵马俑博物馆馆长、秦俑考古队队长袁仲一告诉记者，第一阶段发掘面积已达 1000 多平方米，文物出土情况比预料要好。他说，一号和三号坑中地下建筑棚木已焚毁殆尽，而二号坑中的棚木大部分完整清晰，尤为珍贵；棚木圆木直径一般为 30 多厘米，最粗达 60 多厘米，发掘出的秦俑大都是步兵中的跪射俑和立射俑，也有部分骑兵俑，南边探方中埋藏多为战车，尚待开挖。

（原载 1994 年 9 月 28 日《人民日报》）

修秦陵制秦俑工匠墓被发现

秦始皇陵和气势恢弘的兵马俑出自谁手？陕西省考古工作者在临潼发现的修陵和制作秦俑工匠墓葬以及出土的墓志文昭示：劳动人民是这伟大工程的创造者，是他们的累累白骨筑起了世界第八奇迹。

考古工作者在秦陵和秦俑考古工作中，相继发现秦始皇陵修陵人员（包括兵马俑制作工匠）三个墓葬区：一是在临潼赵家背户村北，发现 103 座秦代墓葬，每个墓穴中埋葬 2 至 3 人，最多埋 14 人；从墓葬的简陋程度以及对尸骨的初步研究可以确认，这是修陵人之墓葬，被埋葬者大都是青壮年累死或病死的，也有年迈老死的。另外还有一些尸骨上面有刀砍痕迹，证明是被杀致死。二是在该村西部，发现一座 100 多米长、12 米宽的大型乱坟坑，里面堆满了一层层尸骨，其状惨不忍睹，证明修陵人员众多，死后埋葬草率。三是在临潼旧砂轮厂旁，初步发现 28 座修陵人墓葬，经初步勘探，这里可能有上百座这样的墓葬。

秦陵博物馆馆长袁仲一告诉记者，在发现的这批修陵人墓葬中，尤为珍贵的是在赵家背户村墓葬中发现了 18 件刻在秦代残瓦上的文字，记录了 19 个修陵人的姓名和身份，这是我国最早的墓志文。比如残瓦上镌刻“赣榆得”，说明一位名叫“得”的工匠来自江苏省赣榆县。从 18 件简短的墓志文获知，秦统一六国后所使用的修陵人和制俑工匠，已经超越秦地而远至山东、江苏、山西、河南、河北等地，再次佐证了《史记》中《秦始皇本纪》关于“始皇初即位，穿治骊山”，“及并天下”后，用“天下徒送诣 70 余万人”修陵的记载是确有其事的。

（原载 1994 年 10 月 16 日《人民日报》，与马鹤青合写）

秦俑二号坑出土色彩艳丽跪射俑

秦始皇陵兵马俑考古发掘又有新收获：在秦俑二号坑中发掘一尊迄今色彩保存最为艳丽的

⊙跪射俑

跪射俑，考古工作者正采取科学保护措施，努力使其色彩永驻，永葆两千年前秦俑风采。

这尊彩色跪射俑是在秦俑二号坑东北处 19 号试掘方（即 18 号过洞）西侧发现的。日前，记者来到二号坑考古发掘现场，只见 5 名考古工作者正手持小铲、小铁签、手术刀、毛刷等工具，小心翼翼地清理剥落积存在俑身上的黄土，使俑身上明丽的色彩一点点坦露，接着又用引进德国的先进保护技术——PEG200 防皱剂以及聚氨酯乳液或丙烯酸酯乳液进行加固。这次发掘的跪射俑共有 4 尊，其中 1 尊保存比较完整，跪射俑除头部鼻子和额头的色彩局部略有脱落外，通身色彩保存完好艳丽：俑面粉红，接近肤色；甲带呈朱红色，甲片呈赭石色，战袍呈粉绿色。秦陵考古队副队长刘占成告诉记者，这是考古工作者迄今发掘的上千尊兵马俑中色彩保存最好的一尊。据悉，秦俑二号坑考古发掘区域面积有 500 多平方米，仅占二号坑的 1/10，在今后的考古发掘中会有新的发现。

（原载 1999 年 6 月 18 日《人民日报》）

秦始皇陵出土最大秦鼎

秦始皇陵考古又有重大发现：迄今发现的最大的秦代巨型青铜鼎最近在秦陵陪葬坑中出土。

陕西省考古研究所始皇陵考古队和秦始皇陵兵马俑博物馆和考古工作人员，在试掘清理陵园东南部内外城垣内的一座面积近 800 平方米的陪葬坑时，在第 2 过洞惊喜地发现一件青铜巨鼎。该鼎出土于棚土层之上，保存完整无损，出土时鼎面布满绿色铜锈，该鼎高 59.5 公分，宽 94 公分，重 212 公斤，鼎体为双耳三足直肩环底形，耳部、肩部、腹部有繁缛精美的“S”形纹、绞索纹、谷芽纹、蟠虬纹及三角形蝉纹等精美纹饰。三只鼎腿为粗壮的兽足形，腿根部为变形鹰面纹，酷似猫头鹰，双目圆睁，口中衔“块物”。专家从鼎本身气势、风格和工艺分析，应是秦王朝的宗庙重器，可能是陪葬坑建成后，此鼎作为祭祀或是在秦末纷乱中从北部寝殿等重地搬匿于此。

⊙出土的秦鼎

（原载 2000 年 1 月 14 日《人民日报》）

秦始皇陵出土秦百戏陶俑

秦始皇陵园不仅有着气势恢弘的地下兵马俑军阵，而且有着丰富多彩的地下娱乐杂技演出团队。考古工作者从秦始皇陵园的陪葬坑内出土的10多尊百戏陶俑，形象地展示了秦代斑烂多彩的杂技世界和活泼清新的宫廷娱乐文化，为研究秦代宫廷生活提供了弥足珍贵的实物资料。

⊙出土于秦始皇陵的百戏俑

去年春季，陕西省考古研究所和秦始皇陵兵马俑博物馆的考古工作者，在秦始皇陵园东南部内外城垣间发现一座面积近800平方米的陪葬坑。该坑为地下坑道式木结构建筑，坑内已被焚烧坍塌。在坑内除了出土一件重212公斤的秦代青铜大鼎和4只青铜马蹄等珍贵文物外，发现并出土了12尊内涵丰富新颖的彩绘陶俑。这批彩绘陶俑已倒塌碎裂，但每件陶俑个体仍大形可辨。秦始皇陵博物馆馆长吴永琪告诉记者，这12尊彩绘陶俑已从坑中取出6尊，现已修复3尊，正在修复一尊。他指着正在修复的4号陶俑，自己模仿着做了个右脚后抬，右手高举的姿势说："你们看这像不像舞蹈的一个动作？"正在修复的陶俑有大半个头，这是正在修复的陶俑中唯一存在的俑头，使人惊奇的是，在该俑俑身的陶片上，发现了用现代科技才能人工合成的汉紫色染料，经化验为硅酸铜钡。另外修复的3 尊陶俑姿态各异，栩栩如生，雕塑精细，有直立状、双手卷衣状，一手叉腰一手高举、双腿前躬呈箭步状，以及半跪状等。修复好的1号俑形体相对瘦削，双腿正立，左手握住右腕，双臂交叉腹前，在其左臂上部外侧发现竖向排列的文字"咸阳亲"，应是作俑工匠故里名或人名；3号俑形体高大健壮，胸部和双臂肌肉暴突，腹大而微鼓，肚脐外露，右臂向上高举左臂贴身，左手拇指插入腰带内侧，左腿前躬，右腿斜蹬，展现出一副强悍壮士扛鼎的风采，在右脚踝外侧刻有一"高"字，可能为制俑者姓氏；5号俑形体最高大魁伟，双脚正立，双手置于腹前，手中握着裙前的方形前搭，卷成半筒形，特别是左臂与左肋处有一圆柱形物的痕迹，可能是长木柱一类的遗迹，此圆柱形物一直通到脚下，上至肩部以上，似秦代大力士撑竿，竿上有小儿作惊险动作表演。秦陵考古队段清波介绍说，这批陶俑，形态健硕瘦削不等，姿态各异，风格特点与秦兵马俑截然不同，从现已修复好的陶俑分析，这些陶俑应是象征着秦代宫廷娱乐活动中的百戏。

据专家介绍，春秋战国时，竞技类的杂技项目已逐渐形成，种类也日益增多，如打击、跑狗、爬竿、扛鼎等。秦始皇统一六国后，也集六国的伎乐俳优等艺人于咸阳，统称"角抵俳优之戏"。秦时杂技百戏名目繁多，演技也相当成熟。秦陵百戏俑的面世，不仅丰富了秦陵园陪葬坑的种类和形制以及陶俑的品类，而且为研究秦王朝丰富的宫廷生活和我国先秦角抵俳优的发展有重要价值，同时还有极强的观赏价值。

（原载2000年2月16日《人民日报·海外版》）

秦始皇陵文官陪葬坑发现

经过考古工作者一年多的考古发掘，秦始皇陵文官陪葬坑终现天日，从而再次佐证了在秦始皇陵园的土层里不仅埋藏着宏伟壮观的地下军事博物馆，而且藏纳着机构齐全、文武兼备和庞大有序的地下王国。

⊙文官俑头

秦始皇陵文官陪葬坑，即陵园6号陪葬坑，是陕西省考古工作者于去年5月在秦始皇陵园西南角的封土内发现的。该陪葬坑平面呈“中”字形，总面积144平方米，系地下坑道式土木结构，坑体的前后室东西错位，前室陪葬品以彩绘陶俑为主，后室以活马葬为主。陪葬坑内出土了木车、陶俑、铜钺、陶罐、盖弓帽、马骨及马具饰件等。车和马骨均已腐朽凌乱。出土的12尊彩绘陶俑，最大的共同点是均头戴长冠，其中袖手俑8尊，御手俑4尊。袖手俑通高189厘米左右，均头戴长版冠，系冠缨，带尾系成蝴蝶结，上身着双层交领右衽长襦，腰束革带，面呈恭谨祥和、低眉颔首喜悦之貌；而御手俑通高190厘米左右，头挽髻，带双版长冠，长襦缠身，腰带紧束，双臂前伸，双手握拳作揽辔状，目视前方，一幅神心专注、谨慎驾驭的神态，衣下摆微后飘，给人以动感。值得注意的是，除御手俑外，所有的袖手俑均佩挂有陶削（书刀，刮削竹简之用）和砥石（磨刀石），在其左臂与胸肋之间有一用以插持成册简牍的椭圆形斜孔。 8尊袖手文官立俑刻画的是一幅官署中整装在岗、静待官署长到来前的文官群体形象，他们袖手经立、臂夹简册，腰挂书刀、砥石，只要长官一声吩咐，便记录在册分头去办理各种事务。在6号坑中发现的这12尊彩陶俑没有一尊是精兵武将，秦俑身上悬挂陶削及砥石等文具，尚属首次发现。

秦始皇陵考古队专家段清波认为，冠在古代是上层社会、贵族身份的外化标志，“冠者礼之始也”，根据秦代尊位制度，这12尊头戴长冠的陶俑爵位应在8级左右。

在文官陪葬坑内，还出土了4把铜钺，有2尊袖手俑袖手部发现垂直的长方形孔，孔大小与夹绑钺的木柄尺寸相近，专家推测有柄的青铜钺是插在长方形孔中。这2尊持钺者，代表了他们从事工作的性质，即与刑狱有关。由此可知，该陪葬坑反映的是秦帝国的一个官府机构，这个机构的主要工作人员由文官组成，是构成秦帝国中央政府三公九卿的官府之一，很可能是九卿中主管监狱与司法的廷尉或皇帝垂询的高级参谋。

据了解，迄今为止，在秦始皇陵区共发现了179座内涵各异、形状不同的陪葬坑，对研究秦始皇陵寝制度、陪葬坑的建筑结构及其性质具有重要意义。使人惊奇的是，众多陪葬坑普遍被火焚烧，而发现的这座文官陪葬坑是目前发现唯一没有被火焚的一座陪葬坑，从而否定了陪葬坑毁于沼气自燃和葬仪的要求之说法，进一步印证了史书上关于“项羽烧秦宫室，掘始皇冢、私收其财物”、“燔其宫室营宇，往者咸见发掘”等记载。

（原载2001年9月28日《人民日报·海外版》）

秦始皇陵出土13件青铜禽

秦始皇陵园考古又获重大发现，13件青铜禽珍贵文物“浮”出地面，重见天日。

这批文物出土于秦始皇陵园7号陪葬坑。该坑位于陵园外城东北角约900米处，平面呈“F”型，总面积约925平方米，出土了双层棚木、厢板、立柱以及大量的木结构榫卯等。其中双层棚木、木结构榫卯等为近年发掘的秦始皇陵陪葬坑所仅见，特别引人注目的是，在该坑已清理到底的

24平方米内，出土了13件青铜水禽，其个体大小不同，动作姿态多种多样，其中有4件为青铜鹤，其余似为鸭、鹅等水禽。最大的一件青铜鹤通长0.665米，颈长0.4米，躯干径0.2米。依铜禽大小及其脚所立的长方形青铜踏板大小的不同，踏板两侧各有一镂空云纹对角分布，这些文物原放置在过洞两侧夯土的垫木上。

⊙出土于秦始皇陵的青铜凫雁

陕西省考古研究所有关专家指出，秦始皇陵园7号陪葬坑位于古鱼池旁，现发掘面积不到该坑的1/3。随着考古工作的推进，估计还会有珍贵文物面世，这批文物的出土，不仅丰富了秦始皇陵陪葬坑内文物的种类，而且对研究探索秦始皇陵陵寝制度具有重要意义。

（原载2002年1月15日《人民日报》）

秦始皇陵发现烧陶遗址和修陵人乱葬坑

秦始皇陵园考古又有新收获：秦代陶窑遗址及修陵人乱葬坑最近被发现，这对研究秦陵建设和秦代政治、文化有重要意义。

为配合秦始皇兵马俑博物馆馆前环境改造工程C区工地建设，去年年底陕西省考古研究所始皇陵考古队对这一区域进行了详细的考古勘探，发现一处陶窑遗址和5座墓葬。在搞清了陶窑形制与范围的基础上，于今年2月17日至3月27日对这一窑址进行了发掘清理，揭露出了2座秦代窑址及窑场，出土了大量的陶片、瓦片及多具人骨。

陶窑窑址位于秦俑馆前，西距秦俑馆东大门约500米，窑址上层有厚达5.46至5.9米的砂石、淤土堆积。两座陶窑一南一北相对排列，西部为窑场。

其中1号窑坐北面南，为地下拱顶结构，顶部已坍塌，整座窑址由窑门、火膛、窑床、烟道及前室等部分组成。2号窑位于1号窑东南部，其结构与1号窑基本相同，保存完整。两个窑内的物品基本相同，多数为外饰绳纹、内饰绳纹、麻点纹、素面板瓦、筒瓦以及罐、碗、盆等陶器碎片。

在1号窑与2号窑的西侧为窑场范围，平面呈一不规则的“甲”字形，东西最长处长12.5米、南北宽3.08至7.6米，总面积达45.9平方米。在此区域内共清理出层层叠压、摆放凌乱的人骨架121具，经鉴定，年龄在15至45岁之间，其中绝大多数为20至25岁左右的成年人，男性占绝大多数，骨骼粗壮发达，据推测其身份为秦陵建设服徭役者或刑徒。伴之出土的有大量的绳纹板瓦、筒瓦碎片、陶片及铁锛、铁锸、铁铲等生产工具和铁环等刑具，还发现2枚“半两”铜钱等。所出瓦片、陶片与陶窑内同类物一致。

这次所发现的陶窑遗址位于秦代时自南向北流动的河流西侧，与先前所发现5处窑址所处地理环境具有相当的一致性。但新发现的陶窑保存状况远好于先前所发现陶窑，尤其2号窑是陵区内首次发现的保存最完整的秦代陶窑。

从出土的绳纹板瓦、筒瓦来看，其与秦始皇陵园内出土的同类物具有高度的一致性；此外，个别瓦及陶器上有“骊”、“郑亭”、“大水”、“工”等陶文。据此推断，这2处陶窑应为秦始皇陵园内烧制建筑用瓦或生活用具的窑址，在陶窑废弃以后，借用窑场的低洼地势，掩埋了因修建始皇陵工程而死去的劳动者。从出土的铁质刑具及凌乱的人骨推断，这批人骨当为始皇陵园建设身份较低的自由人或刑徒。这处陶窑遗址及修陵人墓地是秦始皇陵园考古的又一重要收获，为探索修陵人的身份及陵园内建筑用材的烧制等问题提供了重要线索。

（原载 2003 年 5 月 28 日《人民日报》）

80 余件秦代金银器在秦俑馆展出

为纪念秦兵马俑发掘 30 周年、秦俑博物馆开馆 25 周年，由陕西省文物局主办、秦俑博物馆承办的《溢彩流光——陕西出土秦金银器》展览于 10 月 7 日隆重开幕，共展出陕西省 11 家文博单位的秦代金银器 82 件组。

这批秦代金银器包括了宝鸡益门村春秋秦墓、凤翔秦雍城遗址、咸阳秦都城遗址及秦始皇陵园出土的珍品文物，既有花纹繁复、造型独特的装饰品，比如龙首蟠龙、盘蛇、鸳鸯金带钩、金兽面、金方泡、玉环金铺首等；也有做工精细、美轮美奂的实用器，如错金虎符、错金银铜鼎、鎏金蒜头壶、金洗、金环首铜刀等。

春秋战国时期，高度发达的青铜制作工艺，在很大程度上影响着金银器制作技艺的发展，用金银器来装饰青铜器这一独特工艺的应用，使金银器的制作工艺突破了以往的模式，并呈现出丰富多彩的崭新面貌。

秦国的黄金制造业在春秋战国时期的诸侯国中表现得很为突出，不论是从黄金制品的数量还是从造型、工艺上来看，都达到了较高的水平。秦统一后，由于六国工匠的参与，秦金银器制造业有了进一步的发展。从秦金银器的发展历程来看，每个时期都有精湛的造型工艺和独特的艺术风格，可谓种类丰富、仪态万千。这既是那个时代工艺水平和审美意识的反映，也是那个时代精神风貌的展示。

（原载 2004 年 10 月 9 日人民网）

秦始皇祖母陵寝之谜待解

近日，陕西省考古工作者在西安市长安区发现了一处规模宏大的战国秦陵园遗址，并进行了初步发掘，专家推断这可能是秦始皇祖母夏太后的陵寝。

陕西省考古研究所所长焦南峰介绍说，经国家文物局批准，目前已对陵寝的一座陪葬坑和一座“亚”字形大墓进行发掘，虽然该墓已被盗，但仍会有大量珍宝及文物面世。

该陵园位于长安区神禾塬西北部的塬头上。陵园整体呈长方形，南北长 550 米、东西宽 310 米，占地约 17 万多平方米。考古工作者在对分布于墓葬四周的 12 座陪葬坑进行勘探的基础上，对其中一座进行了试掘，清理出安车 1 辆和挽马骨架 6 具，应属所谓“天子驾六”的规格。

专家认为，这座陵园位于秦都咸阳与秦岭北麓之间的最高黄土台塬神禾塬上，从出土文物的品位与规格推断，其主人应系王公级别的人物。《史记・吕不韦列传》有秦始皇七年（前 240 年）“夏太后独别葬杜东”的记载。因此，遗址可能是秦始皇祖母的陵寝，相信随着考古发掘的推进，该墓之谜终会被揭开。该陵园对于商周以来至西汉之间的陵园建设布局、中国古代陵寝制度史、秦文化的研究等方面均具有重要的学术价值。

（原载 2006 年 3 月 21 日《人民日报》）

秦兵马俑一号坑第 3 次发掘解多个谜团

2012 年 6 月 9 日，秦兵马俑一号坑第三次发掘成果公布：大量陶俑“身着”彩绘、兵马俑坑首次发现战车上有“盾”、战车不同部位的不同木质……众多谜团被一一揭开，世人看到 2000 多年前秦人真实的一面。

秦兵马俑“千人千面，千人千色”

一号坑第三次发掘历时近 3 年，200 平方米发掘面积出土文物 310 余件（组），在出土数量过百的陶俑中，有 8 件是军吏俑，其中一件最高级别将军俑。另有陶马 3 组 12 匹，战车 2 乘、弓弩箭箙等。

将军俑穿着鱼鳞甲，铠甲边缘处有彩绘图案，腰部以下保存完整，俑上残存有彩绘。秦始皇陵博物院研究员许卫红说：“出土的每件陶俑都是彩绘”。因为秦时工艺局限，导致埋藏久远后陶俑原本颜色分层脱落，所以出土时大多是“灰秃秃”的，但仔细看，可在瞳孔、指甲缝等细微处发现彩绘痕迹。可以说兵马俑‘千人千面、千人千色’的猜测进一步得到印证。

首次发现盾牌和箭箙

秦始皇陵第一次发现“盾”是在陪葬坑中出土的一号铜马车上发现的，那个“铜盾”为实物二分之一，这次发掘首次在军阵中发现了盾牌。

“它在第二辆战车的右侧，应是车右配置使用的。”著名考古专家袁仲一告诉记者，巧合的是这个盾牌高 70 厘米，宽 50 厘米，这个尺寸恰好是铜车马上铜盾的一倍。这刚好印证了之前对秦军使用盾牌大小的推测。这是一件皮质漆制彩绘盾，叫“孑盾”，是战车上的士兵用于防护的兵器，纹饰勾勒得非常细致。这件盾牌的出现，说明秦人打仗不但非常勇敢，也是很注重保护的。

这次发掘还发现了 3 个没见过的东西，在两辆战车的前后，竹子为框架，四面包皮，像个小箱子。袁仲一根据《后汉书》上的记载，最终推断这是弓弩箭箙，也就是放兵器的箱子，属于车上配器。本次发掘的两辆战车上不同部位用了不同的木质，如榆木及亚种、桑木、栎木等。

证实兵阵两侧翼卫存在

在发掘现场，大部分陶俑都是头向东，但最边上一列却是头冲北。袁仲一告诉记者，这次发掘印证了对秦兵马俑兵阵排列的推断：“以前推测兵马俑是大型军阵，军队的两边有翼卫，防止敌人从两边的袭击。现在通过发掘可以看得非常清楚，其中有一列是面朝北，这就证实原来的推测是正确的，大型军队两侧有翼卫的存在。”

可是现场却留下了一个难解之谜，那就是军队排列是以4为单位，4件俑一排。但是各种史料显示，秦时军队是以5人为一个单位，延伸至10、100，都是5的倍数。而且通过对兵马俑一、二、三号坑发掘来看，排列都是以4为单位的，为何会这样？这个谜底还等待揭开。

焚毁兵马俑的人应是项羽

考古人员在百戏俑坑中发现了大量的黑色炭迹，还有很多被烧成砖红色的夯土，这些都表明这里曾被一场大火烧过。对发现的水淹痕迹，目前推测是修建时适逢多雨时节，所以产生了很多淤泥。

袁仲一告诉记者，发现的陪葬坑已有180多座，有12座被烧了，大部分没有被烧。如果说是葬仪制度的话，应该全部烧掉。现场发现了大量的木条、麻绳等物件焚烧过后留下的炭迹，这证明焚烧时间距离秦俑坑建成并不是太久，因为如果时间长，麻绳、木条等都会化为灰烬，难以成炭。根据诸多线索，袁仲一大胆推断，焚毁兵马俑的人应是项羽。

（据《西安晚报》）

百戏俑坑新发现巨人俑腿

⊙百戏俑坑出土的彩俑

2011年6月百戏俑坑开始第二次考古发掘。共发掘30余件陶俑，体型大的较少，体型小的居多。其中一个“巨人俑”尤其难得。另一件平躺的无头陶俑表面已经呈现烧过的黑色痕迹，非常高大。专家测量后，发现它在无头状况下就有2.2米高，它散落一边的脚掌也不小，长32厘米，换算到现在的概念大概有54码。

与之相邻的两件陶俑也各有特色，一件趴着体型较小，但手势确是右手扶着左手肘部。秦陵考古一队研究员张卫星说，这种姿态在出土的陶俑中从没见过。推断这可能是表演的一种姿势。还有一个俑是双腿呈90度下蹲。这也是此次发现陶俑新的半蹲姿势。还未清理出躯干的这个俑，脚部到膝长70厘米，膝盖以上到大腿根长50厘米。

这次发现的30多件百戏俑只有2件上身穿着衣服，衣服镶嵌着直径3.5厘米的圆泡。陶俑带有的彩绘集中在肤色和衣服上。衣服上有红、紫、黑红相间的纹饰，肤色则以粉色为主。专家初步判断，这些陶俑仍属于百戏俑，与宫廷杂耍、表演有关。

（据《西安晚报》）

新技术让兵马俑站起来

秦始皇陵地下8000多尊破碎的兵马俑，经过考古工作者近30年的修复，有1000多尊重新修复站立起来。能不能加快兵马俑等各种破碎文物的修复？西北大学“计算机辅助文物修复系统”的问世，使人们的这种夙愿有望变为现实。

由西北大学计算机科学系可视化研究所周明全教授主持的国家“863”项目计算机辅助文物复原技术研究，最近获得重要成果。他们研制的“计算机辅助文物修复系统”日前通过国家“863”机器人专家组的验收。

传统的文物修复，依靠文物专家的实践经验，面对成堆的陶器、陶俑、青铜器、玉器等文物碎片，通过反复观察、挑选，以找出拼合的规律和相互联系，这一过程不但复杂、枯燥，而且易产生错误并易损坏文物。“计算机辅助文物修复系统”实现了对破碎文物的自动匹配、三维复原，加快了文物复原速度，避免了修复过程对文物的损害，填补了计算机辅助三维实体文物复原技术的空白。

（原载 2002 年 2 月 4 日《人民日报》）

发现兵马俑战车兵器箱及内衬丝织品

最近，秦俑博物馆考古队对兵马俑一号坑笼箙（战车上的无盖兵器箱）两样木炭样品进行了鉴定，确认质地是梓树，这种干燥稳定的木材被称为“木王”。最难得的是发现了内衬于箱内壁上的、距今已 2000 多年的丝织品遗存，虽然已经炭化，但保存至今已非常难得。

考古队在一号俑坑北部东段区域内标号为 G9 的过洞内发现 3 处“笼箙”遗存，并采集了已经炭化的两份样品。

“笼箙”是车内的容器，放在战车的辐车里，用来放箭头等兵器的纳杂箱。其中一个长约 90 厘米，宽 50 厘米，残高 25 厘米。两份木炭鉴定是梓树的木材炭化而成。专家告诉记者，梓树是一种落叶乔木，是我国历代用材最广的优良木材之一，也是制作器具之良材。后魏贾思勰所著《齐民要术》中描写梓木用途，说它做车板、盘合、乐器都可以胜任，甚至可做棺材，品质胜于松柏。因此，所以商周出土的一些箱盒，也多是用梓木制作。宋代著名大经学家陆佃著《埤雅》记载：“今呼牡丹谓之花王，梓为木王，盖木莫良于梓。”

这次再用显微镜观察时，还意外在箱壁的朽迹中发现丝织品的遗存。这处遗存附着在箱子的漆层上，是一层规则的纵横交叉织痕。通过显微镜确认为纺织物。纺织物由清晰交织的丝线织成，呈平纹组织，每平方厘米约有 30 根经线和 30 根纬线。丝线由几十根茧丝合成一股，平均直径约 0. 38 毫米。专家推断，丝织品可能是箱子的内衬。

丝织物炭化都很严重，专家通过进一步观察，发现丝织物的经纬线都经过捻，外观呈细鳞状，织物表面呈皱褶纹状，可能是绉纱或縠。縠是质地轻薄纤细透亮、表面起皱的平纹丝织物。

丝织物是有机质，很容易燃烧殆尽，罕有保留，保留下来的也都已炭化。秦都咸阳第 1 号宫殿建筑遗址曾出土一包已经炭化的丝绸衣物。本次发现的丝织物能够炭化保留下来，可能是因为丝织物里面是木材，外面是漆膜和漆灰，所以具有很好的封闭功能。同时，丝织物还上了髹漆，这是古人使丝织物硬度增大，易于定形的方法。如此一来，提高了丝织物的坚牢度和耐磨性，也增加使用的耐久性。

据悉，这次发现极大地扩展了考古发掘的研究领域，达到了全面揭示古代遗存文化内涵的发掘目的。

（原载 2014 年 3 月 14 日《西安晚报》）

纪录片《最新探密兵马俑》获“英国最佳公众考古展示奖”

8月5日，记者从陕西省文物局获悉，以秦始皇帝陵博物院与英国伦敦大学合作研究成果为素材、由英国狮子电视台和香港凤凰卫视联合拍摄的电视纪录片《最新探密兵马俑》，7月14日在大英博物馆举行的颁奖活动中获得英国考古协会颁发的“英国最佳公众考古展示奖”。

据了解，2013年12月8日，《最新探密兵马俑》首先在英国BBC4频道首播，创这一时段收视率近3百万人的全国最高纪录，受到英国观众的青睐。纪录片记录了中英双方合作研究的重大成果，如青铜兵器表面的加工痕迹、小作坊群组式的劳动力组织以及陶俑耳朵的建模和制作等，同时，也通过模拟的形式再现了秦时期兵器铸造加工技术、兵器的使用和兵马俑制作过程。

（据2014年8月7日《陕西日报》）

“真彩秦俑”重现2200年前历史色彩

今年是秦始皇兵马俑发掘40周年、秦始皇兵马俑博物馆建成开放35周年。2014年9月28日，秦始皇帝陵博物院集合秦兵马俑发现40年来的彩绘研究成果，举办的“真彩秦俑”展览开展。展出的37件（组）文物，包括彩绘陶俑、俑头、陶片、遗迹等，其中绝大部分是首度向公众展示，引起了广大观众的兴趣，也为国庆六十五周年增添了色彩绚丽的喜庆气氛。

“真彩秦俑”重现2200年前历史色彩

本次展览内容分为四个单元：色彩的奥秘、装饰的灵感、丧葬的艺术、智慧的延续，从不同层面上分别探寻秦俑色彩的物质构成及其文化上的象征意义，为观众还原真实的秦帝国色彩世界。

中国古代先民对色彩运用的发展历程，从原始社会的岩画、彩陶到夏商时期的“涂朱甲骨”再到春秋战国乃至秦汉的壁画、帛画、画像砖石等，为观众勾勒了一副古人使用色彩的美丽画卷。秦俑身上使用的各种颜料多为天然矿物质材料，其中，中国紫和铅白、铅丹均被认为是人工制造的。

⊙游客可以通过触摸屏直观感受三维秦俑色彩变化的过程

1974年，秦兵马俑坑的发掘首次揭示了秦陵遗址区的丰富内涵与巨大文化价值。直到1998年，秦兵马俑二号坑出土了8件较为完整的大面积彩绘跪射俑，这些彩绘陶俑经过修复保护之后，一经展出，就聚焦了观众的目光，其粉红的脸、朱红的甲带、褐色的铠甲让世人啧啧称赞，惊叹不已。

1999年发现于秦兵马俑二号坑东北部的跪射俑军阵中。这尊陶俑彩绘保存完整，尤其是面部，白色眼白，黑色瞳孔，双目炯炯有神。不同于其他陶俑的淡粉色面孔，淡绿色面孔尤其引人注目。绿面俑的出现让神秘壮观的秦兵马俑更增添了一份神奇的色彩，专家们也对其说法不一。

秦俑色彩与秦人礼仪制度

色彩是文化的外在显现，古人运用色彩的特点与规律一直是文化史和艺术史研究的重要内容。

秦俑服饰上的纹饰在构图上十分注意均齐对称，在大的花纹之内往往再套绘各种纹样，每组花纹之间的空间亦用适当的纹样填补，使整个画面结构显得紧凑、和谐。施色方法多用对比色，如在黑色的底色上绘红色或绿色、黄色的花纹时，都用白色线条勾画边界。在白色的底色上绘红色或黄色花纹时，多用黑色线条勾画边界；如为绿色花纹，则用朱红色线条勾画边界。这种设色方法，使花纹显得格外鲜明突出。花纹的颜色以红、绿、黄、白、黑等居多，色彩绚丽、色调明快。秦俑的用色浓艳大胆，一方面是当时现实世界的反映，另一方面，与秦代社会的礼仪制度应该也是密切相关的。

秦俑彩绘由生漆底层和颜料层构成

秦俑原本都施有彩绘，但时隔 2200 多年，在经受了火焚和埋于地下的自然侵蚀后，秦俑再次出现在世人面前时，其躯体已经支离破碎，彩绘也大多脱落，仅存斑驳残迹，只有极个别的陶俑相对完整，身上残存颜色较多。出土后残留在兵马俑上的彩绘，离开了地下湿度充分的保存环境，失水现象非常严重。当饱水的漆层开始干涸并出现裂缝时，变形就会随之出现。漆层在干燥的过程中，底层剧烈收缩并严重起翘卷曲，从而导致了整个彩绘层与陶俑本体的脱离，这便是造成秦俑彩绘脱落的主要原因。

对生漆层的保护与修复，是兵马俑彩绘保护中的一个重大难题。经过多年的艰苦攻关，课题组首先发现秦兵马俑彩绘是由生漆底层和颜料层构成的，并证实其有机层是用中国生漆制作的。彩绘保护的关键便是稳定生漆层，课题组成功地找到了运用聚乙二醇(PEG)与聚氨酯乳液(PU)联合处理和单体渗透——电子束辐射聚合这两套保护方法对秦俑彩绘进行加固，成功有效地保护了一批出土的珍贵彩绘陶俑。

彩绘兵马俑采用涂刷法施色

秦兵马俑的彩绘是采用涂刷法施色的，一些涂刷痕迹至今仍清晰可见，其彩绘工艺过程主要分四步。第一步，用腻子将陶质基础表面抹光，进行填补缝隙的处理。但不是所有的兵马俑都经过这一步骤的处理。所有兵马俑在制作泥胎时，表面都经过抹光、压光处理，出窑后绝大多数兵马俑表面细腻光滑，彩绘就可直接在陶的表面进行，只有对表面凹凸不平的陶俑，才会采用这一处理步骤。第二步，在陶体或腻子表面通体涂刷生漆层。第三步，用颜料调配成与要求色调相符的颜色，平涂于部分生漆层之上。第四步，对局部细节进行描画或晕染，如眉毛、胡须等。

较易涂刷的部分会用 10 厘米以上的大刷子，但是细节如头发和装饰品等，则会用比较小的绘笔施彩。通过彩绘上的痕迹，还可以看出，在这一过程中会使用到尺子。这种复杂精确又成体系的彩绘技术体现出了当时高超的工艺水平。

彩俑上的“中国紫”是国内首次发现

通过大量的数据分析，目前可以确定的彩绘颜料有磷灰石、铅白、铅丹、朱砂、土红、石青、中国紫（或称汉紫）。由于可采集到的样品量极少，黄色层的物质成分目前还难以确定。“中国紫”是国内首次发现的颜料，它是一种当时只在中国制备的颜料，是人工制造的硅酸铜钡（Barium copper silicate 206）。这种颜料一直应用至汉末（公元 220 年）。关于中国紫的合成方法也是目前研究的重点之一。中国紫这种颜料目前在自然界中还未发现，而秦俑是现在已知的、有确切出土地点和年代的最早使用它的实物。

从颜色层所用颜料的分析结果来看，秦兵马俑彩绘既有由单一颜料构成的颜色层，如红色层是纯朱砂，蓝色层是石青，绿色层是石绿；也有由两种以上颜料调配而成的颜色层，如紫色大多数是由朱砂和中国紫两种颜料调配成的，一些紫色另外还掺加有少量的铅白颜料，粉红色层绝大多数是由磷灰石和朱砂调配的，少数则另外掺入了少量的铅白颜料。

在秦代，天然的无机材料和合成的有机材料均被用作颜料来使用，而且大量的珍贵材料如生漆、朱砂、石绿和石青等，都是纯度很高的颜料。这或可再一次说明秦俑彩绘的制作因服务于秦始皇而有着至高的追求。

（据 2014 年 9 月 29 日《三秦都市报》）

秦陵铜车马入选“中国古代重要科技发明创造”

记者昨日从秦兵马俑博物馆获悉，秦陵铜车马入选中国古代重要科技发明创造。

据悉，中国古代重要科技发明创造评选于 2013 年 8 月启动，是由中国科学院自然科学史研究所“重要发明创造”研究组组织相关专家进行推选的，专家组在集体调研的基础上，经过各学科推选、专家评审等环节，分为科学发现与创造、技术发明、工程成就三类。珍藏于秦始皇帝陵院（秦始皇兵马俑博物馆）的秦陵彩绘铜车马被列入“中国古代重要科技发明创造”工程成就类名单。

秦陵彩绘铜车马一组两乘，1980 年出土于秦陵封土西侧 20 米处车马坑中，这两乘车原是安放在一个木椁内的，由于年代久远，木椁腐朽，填土下陷，两乘车出土时破碎成 3000 多片，经过专家近 8 年的精心修复，到 1989 年才开始陈列展出。两乘铜车马一为“立车”，一为“安车”，均是古代单辕双轮车并按照秦代真人车马 1/2 的比例制作。铜车马整体用青铜铸造，大量使用的金银饰件重量超过 14 千克，零部件达 3500 余个，采用了铸造、镶嵌、焊接、子母扣连接、活铰连接等多种工艺组装而成，是我国考古史上截至目前出土的体型最大、结构最复杂、系驾关系最完整古代车马，被誉为“青铜之冠”。

（据 2015 年 2 月 1 日《华商报》）

人之初及文明的曙光

第二辑

蓝田猿人的发现及史前考古

国宝：蓝田猿人头盖骨（复原像）

赞“人之初”

——蓝田猿人面世感怀

地球在宇宙中宛如米粒，
时空的隧道幽深无底。
蓝田猿人——中国人的远祖，
百万年前已在这块热土上生息。
远古的祖先啊，
今天你究竟在哪里？
脚下的地球啊，
你究竟有多大年纪？
时光淹没了天荒地久的记忆，
时光也拉近了人和猿的距离！
这是百万年后的重逢，
这是对“人之初”的解密：
那偏平坚硬的头盖骨，
曾伴随着由猿变人的站起，
第一次在地球上顶天立地！
那新生代地层中的人牙和石器，
如金钢般的坚硬锋利，
为生存曾猎食过多少虎豹虫鱼！
那眉脊下深凹的眼眶，
犹如风烛残年老母亲的双眸，
深邃中蕴藏着多少爱的等待和焦虑。
面对“人之初”我们感悟：
什么是望眼欲穿，
什么是死不瞑目，
什么是洞察寻觅？……

探秘"人之初"
——蓝田猿人面世记

1929年，中国北京猿人的发现，曾震动了世界。35年后的1964年，比北京猿人更早的中国蓝田猿人的发现，又一次震动了世界。蓝田直立猿人化石是亚洲北部迄今发现的最古老的直立人化石，经古地磁测定距今已有110～115万年之遥。它被国际考古界誉为20世纪60年代考古的重要发现，1982年国务院公布该遗址为第二批全国重点文物保护单位，20世纪末被评为中国20世纪百项重大发现之一和陕西省十大重大发现之一。最近国家文物局将其申报世界文化遗产。8月22日，在第三届国际地质公园发展研讨会上，联合国教科文组织宣布包括蓝田猿人遗址在内的秦岭终南山地质公园被命名为世界地质公园。蓝田猿人的发现不仅丰富了人类学知识的宝库，填补了人类进化史上的一个缺环，而且向世人昭示：陕西是中华民族史前文化和"人之初"的摇篮之一。

时光如梭，光阴荏苒，北京猿人发现至今已80年过去了，蓝田猿人发现至今也45年又过去了。蓝田猿人是如何发现面世的？遗址现状如何？记者来到蓝田猿人文化遗址，探寻"人之初"的奥秘。

蓝田县位于西安市东南，北临渭河，南傍秦岭，是我国古代文化发源地之一，曾为10多个朝代的京畿之地及古代中国南北交通要道。在距今100万年以前，这里气候温和，雨量充沛，森林茂密，犹如当今长江以南地区，孕育了中华文明最古老的辉煌文化。蓝田猿人文化遗址，就位于蓝田县九间房乡公王岭的山腰上。

⊙作者在蓝田猿人头骨出土处纪念亭留影

初秋的一场中雨，把公王岭洗浴的一片青翠。2009年8月24日，我们沿着新修的高速公路和环山路，来到公王岭山下。我们怀着对先祖的崇敬之情，拾阶而上，来到绿树环抱的蓝田猿人遗址纪念馆展厅，参观了蓝田猿人头盖骨模型、复原像、猿人下颌骨及猿人使用过的旧石器等文物；走出展厅，我们沿着蜿蜒而上的小路和100多个石台阶，登临离地面100多米的平台，中央有一座飞檐高翘、精致玲珑、具有鲜明民族风格的六角碑亭，只见亭内竖立着蓝田猿人化石纪念碑，碑上雕刻着蓝田猿人的复原铜胸像，碑身正面镌刻贾兰坡先生题写的"蓝田人头盖骨出土

⊙蓝田猿人下颚骨复原图

处”。碑厅南边，是为保护头盖骨出土地层而新修的“新生代地层剖面保护厅”。在这里，我们探寻近半个世纪之前蓝田猿人头盖骨面世的蹉跎岁月，追忆着科学工作者勤奋工作带来的伟大发现。

上个世纪20年代，国内外考古界把目光聚集在北京周口店龙骨山。在著名的旧石器时代考古学和古人类学专家裴文中先生的主持下，于1929年12月4日下午4时发现了第一个“北京猿人头盖骨”，在世界上引起了很大的轰动。1931年春，23岁的贾兰坡，以优异成绩被中国地质调查所录取并分配到该所领导下的新生代研究室，后被派往周口店协助裴文中先生从事“北京人”的发掘。年轻有为的贾兰坡暗下决心，要像裴先生一样，做出一番事业。果然不负众望，他于1936年11月在11天之内竟然连续发现了3个“北京人”头盖骨。新生代研究室名誉主任、德国古人类学家魏敦瑞得知这一消息后，高兴得连裤子都穿反了。他兴奋地在记者招待会上说：“对于这次伟大收获，我们不能不归功于贾兰坡群体。”

迄今为止，在周口店洞穴中共发现北京猿人头盖骨6个，其处于距今40至50万年的地层中。有没有比“北京人”更早的中国猿人？裴文中、贾兰坡等考古学家意识到，要弄清“北京人”的来龙去脉、生存状况等诸多问题，就必须走出北京，走出龙骨山。1929年春天，在周口店进行过发掘工作的考古学家杨钟健等赶赴陕西、山西、内蒙古一带的黄土层展开大规模的调查，揭开了蓝田考古的序幕。

新中国成立后，国家对古人类研究工作十分重视。1963年夏，中国科学院古脊椎动物与古人类研究所考察队到陕西蓝田寻找化石，考察队由张玉萍、黄万波带队，经过大量深入调查，7月19日在蓝田泄湖镇陈家窝村厚30米左右的红土层底部，发现一个老年女性的下颌骨化石——这是继周口店“北京猿人”化石之后，在中国土地上发现的又一处重要的早期人类化石。一起出土的还有翁氏野兔等一批温带草原的啮齿类动物及豺、虎、葛氏斑鹿等动物化石。消息传出，立即轰动了学术界。

“陈家窝蓝田猿人下颌骨”的发现，导致了“公王岭蓝田猿人头盖骨”的发现。

当年亲自参与“ 陈家窝蓝田猿人”和“公王岭蓝田猿人”考古发掘的黄万坡先生回忆说——

自发现“陈家窝蓝田猿人下颌骨”之后，我和张宏等同仁们乘车前往后子镇考察，因天空下起瓢泼大雨，只好留宿玉山村。第二天，雨停云开，灞河两岸被新冲刷的黄土剖面清晰可辨。凭经验，我们感到这是寻找动物化石的最好时机和场所。

我走出村口，绕过农田，和几位村民攀谈，他们娓娓动听地讲述了玉山村盛产美玉的故事。看来，他们对我的来访是欢迎的，随即我便把话题转到了“龙骨”（即哺乳动物化石）上。我的话音刚落，一位中年男子边说边指点着灞河南岸的黄土坡下，叙说他当年在那里挖过

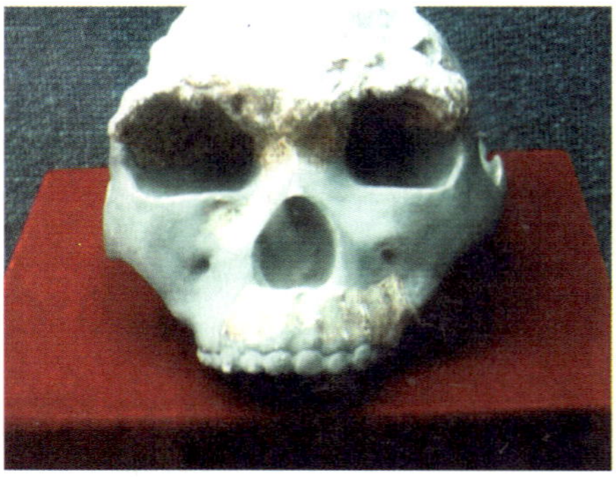

⊙蓝田猿人头盖骨

⊙贾兰坡在猿人遗址从事考古发掘工作

"龙骨"的情景。他还说，挖龙骨不能心急，必须耐心地挖才能获得像蓝田美玉般的"五花龙骨"(古象的门齿化石)。

乡民的话语，把我从泄湖镇"陈家窝蓝田猿人"地点，引向灞河之滨。

我和考察队员张宏结伴，过灞河，涉小溪，爬上了公王岭。站在岭上，一眼看数十里，气势雄伟极了。再往上，孵石临前，只好折回，踌躇良久，无计可施。忽然，发现在我们的右侧有一条狭长的中沟。走近一看，被雨水冲出来的"龙骨"碎片遍地皆是。面对这一情景，我们又惊又喜，不顾一切，跃入沟底，把这些珍贵的哺乳动物遗骸拾了起来。其中居多的是马和鹿的牙齿，有几块东西由于被泥土覆盖，难于辨认其属性。当我们把附着在表面的泥土清出后，显露出了"庐山"真面目：有貘牙、鹿牙和鼠牙，有三块扁平状骨片，还可以拼在一起，从其形态判断，它是大角鹿的眉枝。消息传到了玉山村，张玉萍、汤英俊等也来到了现场，共享发现的喜悦。

经过四天非正式的发掘，我们在公王岭采集哺乳动物化石两箱。哪知道，就是这两箱化石，居然引起出"金凤凰"——"公王岭蓝田猿人头骨"的发现。

由于"陈家窝蓝田猿人下颌骨"的发现和在公王岭采集的大量动物化石，推动了蓝田地区科学考察和研究工作。1963年冬，全国地层委员会扩大会议决定：1964年在陕西省西安市召开"蓝田新生界现场会议"。会上还接受了黄万坡等人的提案：陈家窝和公王岭作为下一步考察发掘和研究的重点。

1964年春，受全国地层委员会委托，中国科学院古脊椎动物与古人类研究所负责组织一次"蓝田大会战"——由全国12个科研、生产系统和高等院校研究机构的几十名科研人员组成的多支野外考察队奔赴蓝田，由著名的考古学家贾兰坡统一率领，对盆地内和周边地区的新生代地层开展了大规模的综合考察工作，希望能在这里获得新的发现。

5月的一天，考察队的一个小分队准备到蓝田北岭的三官庙地区去考察，因为当地老乡曾传说该地出现过"龙骨"。但天公不作美，考察队走到半路就被大雨阻拦住了，队员们只好去公王岭附近的一个小村子里避雨。当地的老乡们听说有考察队要来挖"龙骨"，立刻主动找到了考察队，并告诉他们一个重要的消息：在东山（公王岭）上也有"龙骨"。

⊙蓝田猿人复原像

对于“龙骨”考察队员们并不陌生。在中国，许多古人类化石的发现是由“龙骨”引起的，甲骨文的发现也是如此。所谓的“龙骨”就是脊椎动物化石，特别是以哺乳动物骨骼为最多，其中有象、犀、马、牛、羊、猪、鹿等，“龙齿”就是这些动物的牙齿。“龙骨”在我国早年的收购站和中药店非常走俏，实际上他们所收购和卖出的“龙骨”都是远古动物化石。

“龙骨”对于考古队员具有重要的意义，于是他们当即决定改变原来的路线，首先去公王岭考察。第二天，考察队的几个人便来到了公王岭上，公王岭在蓝田县城东南17公里，是一个小土岗，前临灞河，后依秦岭，其前沿高出当地河床大约100米。

在公王岭确实有许多“龙骨”，经过进一步的考察，队员们发现，在上年黄万坡、张宏等人进行考古发掘的公王岭的地层相当完整，在俯视河谷的断面上，可以看见三个互相叠压的地层，在黄土层中有厚约30米的砾石层，上面覆盖着厚约30米的“红色土”，红色土的下部夹有两层埋藏土，这些土层年代久远，地层一层叠一层，几乎每层都有能够鉴定地质年代的各种各样的古动物化石，这就为队员们提供了难得的考察场所。

但考古发掘工作进行得并不顺利，许多化石都被包裹在坚硬的钙质结核里。这种化石很软，但是围岩却十分坚硬。由于经验不足，很多化石都没有完好取出。古人类学家贾兰坡是一位没有大学文凭而攀登上科学殿堂顶端的传奇式人物，他从自身的体验中感到眼下实际经验比单纯的书本知识更为重要，他当即决定把发掘技术十分娴熟的技工武英调到公王岭。武英也不负重托，就是他首先发现了蓝田猿人的遗骨。

5月22日，武英从一块坚硬的钙质结核中发现一颗牙齿，它当时只露出一半，后来在发掘时又裂开了，另一半还包裹在结核里，一时无法确定它是人类的还是普通灵长类动物的牙齿。那几天武英牙病发作，但当晚他强忍着疼痛，在灯下一点点地剔除那半颗牙齿牙面上的胶结物。当两个清理好的半颗牙齿合到一起时，一颗完整的人牙出现在人们面前。发掘工作的这一重大突破让队员们兴奋异常，一个月来的疲劳、辛苦顿时消失得无影无踪。

第二天，武英冒雨赶赴县城向大队部汇报，见到贾兰坡后，武英从怀里掏出一个纸包。这个纸包不大，但包装纸竟用了十多层，贾兰坡是一位和化石打了几十年交道的老科学家，武英递上的这个特殊的纸包令他意识到里面的内容绝非寻常，随着包装纸被一层又一层地打开，他的两只手禁不住颤抖了起来。最后一层终于打开了，贾兰坡一看，激动得一下子大声叫了起来：“人牙！”大队部其他同志立即围拢过来，共同庆祝这一重大发现。当夜，贾老拿出他珍藏多年的关中佳酿西凤酒犒赏大家。

有了这个发现，考察队员们的工作热情一下子高涨起来：为了精心寻找，队员们准备把在公王岭发掘出的40多个大大小小的化石堆积物套箱运回北京。发现人牙下方的那块重约800多公斤的套箱受到特别关注：由青年技工李功卓在柴凤岐师傅指导下运回。回京后陆续剥离出来的化石有剑齿虎、熊、三门马、貘、大角鹿和丽牛等，就是不见人们渴望的人类化石。10 月 9 日，从剩下洗脸盆大小的堆积物里又修出一颗人牙，这是一个好兆头，李功卓再接再厉，沉着细致地继续剥离。

北京的初秋，风和日丽。李功卓随着时间的推移，余下的钙土越来越少，可是有关人类化石的信息却仍未透露。

10 月 12 日，奇迹终于出现了：李功卓在修理一块骨片的旁边，出现了一块厚的骨头，他意识到这块骨头与众不同，于是小心翼翼地拨掉泥土看个究竟。此时，暴露出来的骨面也随之扩大……

“这是什么？”李功卓自问道。

李功卓边看边修理，他有种预感，会不会是人的眉脊骨？但人的眉骨没有这么隆起、厚实。此时看热闹人越来越多，各说各的理。贾兰坡认为这可能就是猿人头盖骨。其中有人提议，请裴老吧，他十分关注此事。

不久，裴文中先生抵达现场，经他仔细地观察和对猿人化石属性的辨别力，他认出了这个东西就是猿人的头骨！这样，“公王岭蓝田猿人”横空出世了！

此刻李功卓立下了卓越功绩。

1964 年 11 月 3 日，中国科学院宣布：中国科学院古脊椎动物与古人类研究所的科技人员在陕西省蓝田县发现一个猿人头盖骨化石，死者为女性，年龄约 30 岁。头盖骨枕部宽阔而圆钝，轮廓是楔形，头骨壁板厚，前额低而宽平，眉脊粗壮，眼眶略呈方形，鼻子短而扁，颌部前伸，牙齿粗大，齿冠粗短，吻部向前突出，表现出较为原始的形态。颅内耳高 71 毫米，脑量仅有 789 毫升，低于北京猿人的平均脑量（1000 毫升），更低于现代人的脑容量（1400 毫升），是比北京猿人还古老 60 万年以上的猿人化石，相当或早于印尼爪哇猿人。

爪哇猿人是荷兰人类学家于 1891 年在印度尼西亚中部州特里尼尔地方发现的，被公认为是世界上最早发现的猿人化石。地质年代属更新世中期。所发现的化石有头盖骨一具、臼齿二枚、左侧股骨一根。形态特征是：颅骨低平，最宽处接近颅底；额骨倾斜，眉脊呈屋檐状，脑容量约 900 毫升。我国的蓝田猿人脑容量低于印尼爪哇人，属比印尼爪哇人更早的人类。蓝田猿人是我国发现的第二个猿人头盖骨，也是世界上仅有的几个之一。目前，世界上发现猿人头盖骨的仅有中国、印度尼西亚、阿尔及利亚和坦桑尼亚等少数几个国家，而中国发现的头盖骨化石就有蓝田人、北京人、大荔人（注一）等几处。

⊙ 1963 年考古人员在蓝田公王岭进行考古发掘

我国第一个猿人头盖骨是 1929 年在北京周口店发现的。当时，这些化石出土后一直保存在北京协和医院底层的保险柜内。1941 年，由于日美关系紧张，在北京的美国侨民纷纷回国，为了“北京人”化石的安全，有关方面决定化石装在两个木箱内，运往美国。12 月 5 日用专列从北京运往秦皇岛，打算送上预定于 12 月 8 日抵达秦皇岛的美国定期航轮哈里逊总统号。但专用列车在秦皇岛被日军截获，从此，包括头盖骨在内的“北京人”化石渺失音讯。战后，曾有许多人为寻找“北京人”化石四处奔波，但至今仍是个谜(注二)。由于“北京猿人头盖骨”在第二次世界大战中下落不明，因此，1964 年发现的蓝田猿人头盖骨弥足珍贵。猿人化石由于发现于蓝田县，属于亚洲人种，按照国际科学记名惯例，定为直立人蓝田亚种，通常称为蓝田猿人或蓝田人。迄今为止，公王岭蓝田直立人仍保持着亚洲北部年代最早的人类化石的纪录。

除蓝田遗址猿人头盖骨化石外，遗址主要出土的还有动物化石和猿人用过的粗石器。

蓝田遗址出土的动物化石总量多达 1200 多件，专家经过研究认为，与蓝田人伴生的动物群有 41 种，有三门马、大熊猫、鼢鼠、李氏野猪、葛氏斑鹿、中国鬣狗、东方剑齿象、剑齿虎、爪兽、硕猕猴和兔等，有明显的南方动物群色彩，于是，他们被科研工作者命名为“蓝田公王岭动物群”。根据出土的动物化石与古土壤分析，表明蓝田猿人的生活环境是一个气候比较温暖、湿润的森林草原地，根据动物群及其所在的地层判断，年代应属中更新世早期。

蓝田人遗址出土文物主要为旧石器，共发现 200 多件，石器种类有大尖状器、大型多边砍斫器、中小型多边砍斫器和单边砍斫器，还有刮削器和石球等。

大尖状器断面呈三角形，也称三棱尖状器。这种石器用于挖掘和撕裂，在以后的黄河流域旧石器文化晚期遗址中屡有出土，而在这些旧石器中，最引人注目的要算蓝田猿人的手斧了，因为在蓝田手斧出土以前，考古学家把这种石器视为欧洲旧石器早期文化的特色，手斧在亚洲东部的出现使得学术界感到困惑：它们究竟是远古文化交流的结果呢，还是蓝田猿人的独立发明？至今仍是个不解之谜。

出土的石器中比较有特色的是用脉石英打制的盘状器，这种盘状器很可能用于割裂和刮削，它中心凸起，周围成刃，直径约 10 厘米，有明显长期使用的痕迹。这种盘状器在黄河流域旧石器晚期遗址中也有发现。

遗址中出土的石球则是狩猎工具。贾兰坡先生认为石球在人类发展史上占有重要的一页，将其定为“飞石索”。中国文学最早的原始歌谣《弹歌》中曾有“断竹、续竹、飞土、逐肉”的记载，描写人类最早的狩猎活动，其中“飞土”被认为是用土块(或石块)掷向猎物。

蓝田猿人制造石器采用的材料，多为脉石英、石英岩、砾石，器形多不规整，制造石器的技术较差，他们只会用锤击方式制造工具，石器类型不多，往往一物多用，这些表明当时的石器制作技术具有显著的原始性。

2001 年 3 月，蓝田猿人遗址文管所在建造第四纪地层蓝田猿人头骨化石出土剖面保护厅时，发现了 4 件旧石器。这 4 件石器又把古人类生活的年代提早了 10 多万年。

这批旧石器距蓝田猿人化石发现地约 11 米，其中 3 件系用乳白色石英岩砾石打制而成。乳白色石英岩质地坚硬，但石质硬脆，器形并不十分标准，与元谋人使用的石英岩石器非常近似。在打制方法上，较蓝田猿人打制和使用的旧石器更为粗糙。经过专家研究鉴定，这批旧石器的出土地层，在第四纪早更新世的顶部，所以这些石器的地质年代应该在 132.7 万年以上，同时也不排除其地质年代更老一些的可能性。由此专家推断：如果这批旧石器是蓝田人使用过的，说明蓝田人的生存年代距今已有 132.7 万年以上历史；反之则表明在蓝田人生活之前，这里已

有过古人类活动。贾兰坡先生通过多年的研究，于 1990 年在《大自然探索》杂志上发表了《人类的历史越来越长》一文，提出了"必将在上新世纪距今 400 多万年前地层中找到最早人类遗骸和最早的工具"的新论断。

蓝田猿人的发现，增加了对古人类地理分布范围的认识，丰富了人类发展物质文化的记录，填补了人类进化过程中的重要缺环。从某种意义上讲，也为这里远古流传的女娲炼石补天抟土造人神话增添了一段科学补注。

蓝田猿人头盖骨的发现，使生活、繁衍在中国南北分界线秦岭北麓的中国人远祖得以面世。人们面对蓝田猿人的复原像，不能不油然而生敬意，不能不更加热爱珍惜脚下这片厚重、肥沃的黄土地。蓝田猿人文化遗址已成为我国著名的三大猿人遗址之一，蓝田县已成为国内外考古专家和海内外游客向往的宝地。蓝田猿人遗址文管所负责人侯平介绍说，早在上世纪八十年代初，蓝田县政府在公王岭建成了第一座蓝田猿人遗址出土文物展厅，并被国务院定为全国重点文物保护单位。但是，由于经费不足，加之遗址地处秦岭北麓的地潜地带和雨水的冲刷，展览大厅内外部分墙体、房柱曾出现裂缝，经新闻媒体呼吁，遗址初步得到保护和维修。7 名文管所工作人员工资也由自筹自支变为财政拨款。但是，要扩建，要发展，困难仍很多。记者感到，遗址就像一个风烛残年的孤苦老人独居在公王岭上，需要政府和社会各界给予更多的关注和呵护。"蓝田猿人的名声很亮、影响很大，但遗址设施却陈旧，规模小，环境差，与她在国际上的地位很不相称！"这是许多前来参观后的专家和游客的共同感觉。据了解，每年来此参观的游客不到 2 万人，每天到此参观的人数不足百人，与秦始皇兵马俑博物馆和半坡遗址博物馆每年参观人数达数百万人和数十万人数相比，悬殊太大！随着经济快速发展、国力日益增强，文化日趋繁荣，人们期待并相信，蓝田猿人文化遗址一定会得到更好地保护和扩建，成为对人民群众和青少年进行爱国主义和唯物史观教育的好课堂。

（原载 2011 年第 6 期《中华视点》杂志）

注一：1978 年，陕西考古研究所考古人员在陕西大荔县发现我国古人类化石中保存最完好的头骨化石之一的大荔人，其特征与北京猿人接近，基本上介于直立人和早期智人之间，属早期智人的古老类型，经科学测定，距今 18 ～ 23 万年间，应属中后新世晚期。1986 年至 1987 年，考古人员又在大荔人化石所在地获取了大批以小型石片器为主的实物资料，它的发现填补了我国及东亚古人类研究的空白，对研究小石器文化有重要意义。

注二：2012 年第 3 期《南非科学杂志》发表研究报告称，他们发现了北京人头盖骨"下落"的新线索：根据二战时期美国海军陆战队士兵理查德·鲍恩的回忆，得出了北京人头盖骨可能埋藏在中国秦皇岛某地的一个停车场下的猜测。

发现最古老的原始脊索动物①

动物的演化史向前推进了 5000 多万年

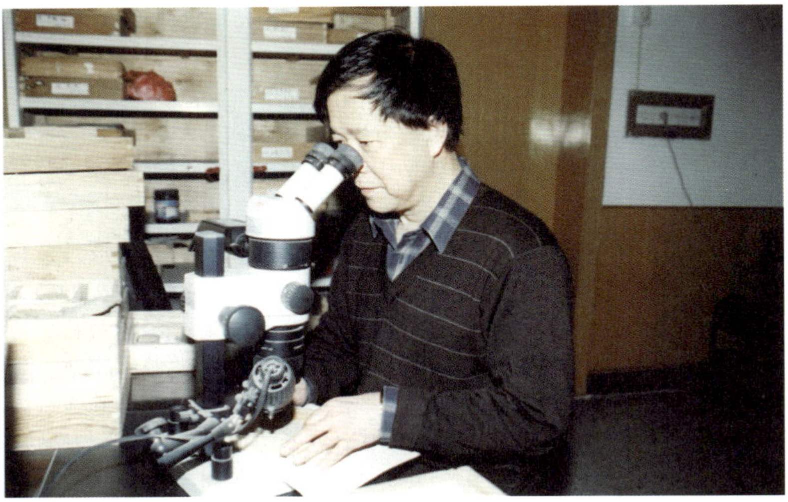

⊙ “天下第一鱼”发现者舒德干

我国古生物学家、西北大学早期生命研究所所长舒德干教授，与国内外同行合作对一个距今 5.3 亿年前动物化石“华夏鳗”潜心研究，发现华夏鳗是地球上已知的最古老的原始脊索动物，是脊椎动物的早期祖先。这一研究成果将脊索动物的演化历史向前推了 5000 多万年。

研究结果表明，“华夏鳗”具有许多脊索动物的特征：其躯体长 22 厘米，具有鳃裂、肌节和脊索，沿其腹部的一系列 V 字形分节与现生原始脊索动物文昌鱼的肌肉节极为相似；沿其背部有一条很深的褶痕，这是该动物脊索留下的痕迹。脊椎动物的脊椎骨就是由原始脊索动物的这种棒状肉质脊索构造演化而来的。因此，“华夏鳗”是地球上已知的最古老的原始脊索动物，是包括人类在内的脊椎动物的早期祖先。就其出现的年代而言，它堪称“天下第一鱼”。有关专家认为，对“华夏鳗”研究所取得的这些研究成果，使 100 多年来生命科学领域里关于脊椎动物是由原始脊索动物演化而来的论断得到了证实。

（原载 1997 年 12 月 18 日《人民日报・海外版》，与韩宏合写）

①舒德干教授的这一科研成果，荣获连续六年空缺的国家自然科学一等奖，之后他被评为中科院院士。

我国早期生命科学研究取得重要突破

发现五亿年前的绝灭类群"古虫动物门"

⊙陕西省委书记李建国（左二）、省长陈德铭（右一）为国家自然科学一等奖获得者西北大学教授舒德干（左一）和西北工业大学张立桐教授（右二）颁奖。

今天从西北大学获悉，西北大学舒德干教授等人在国际权威学术刊物《自然》杂志刊登的一篇论文中公布，他们发现"寒武纪生命大爆发"早已绝灭的动物门类——"古虫动物门"。这标志着我国早期生命科学研究取得重要突破。

自1859年达尔文创立生物进化论以来，人们便开始认识到发生在5.4亿至5.3亿年前的早寒武世生命突然爆发的奇特现象，这一生命演化史上极不寻常的景观在动物界表现尤为突出，经专家们长期的研究探索，把动物分成原口动物和后口动物两大类。但在1995年之前他们的研究全部局限于原口动物。

1996年以后，西北大学早期生命科学研究所所长舒德干教授等人在《自然》杂志上连续发表了5篇论文，首次全面勾勒出原口动物和后口动物两大支系的完整动物演化"大树"的基本轮廓。现代生物学和分子生物学最新研究表明，现存的后口动物中只有半索动物门、棘皮动物门和脊索动物门3个门类。而今年11月22日出版的《自然》杂志，将发表舒德干教授等人与英国剑桥大学康威·莫望斯教授合作完成的论文《中国澄江化石库发现新的后口动物门》，表明还应有现今已不复存在的第四个门——古虫动物门，该门至少应包括4个属——西大动物、古虫、园口虫以及新近创立的地大动物，它们广泛地分布于我国云南省的澄江、宜良、马龙、昆明、安宁、海口等地的澄江化石库中。这一系列成果是自20世纪初北美著名布尔吉斯页岩化石库发现以来关于寒武大爆发全貌认识上的一次重大突破。

（原载2001年11月22日《人民日报》）

“逮住天下第一鱼”

——访舒德干教授

他研究和探索的不是现在，也不是未来，而是距今5.3亿年前的远古寒武纪时代。

他研究和探索的不是当今人们关注的现实热点课题，而是涉及人类乃至现存各种动物类群起源的“冷门”难题。

他研究的对象不是普通的物质，而是一堆堆特殊的石头和一片片化石……

记者来到西北大学科学楼10层，只见大厅里张贴着巨幅寒武纪早期动物演化树图，走进东边的一间办公室，只见一位年近六旬的教授正在伏案工作，定睛一望，只见他正在显微镜下聚精会神地观察一片片化石。在他的身后，是一摞摞打开或未打开的装满化石样本的木箱子。

他，就是国家自然科学一等奖、“长江学者成就奖”一等奖的获得者、西北大学著名古生物学家舒德干教授。“猛一看，我干的是些枯燥无味的工作，其实，我们干的工作是很有乐趣、很有意义的。”舒德干从书架中拿出一枚精美的软躯体构造化石，说，“发现和创新就是最大的快乐！”

为了寻觅生命演化的真谛，舒德干和助手们一起在云南澄江化石库这一全世界迄今所发现的保存最完好、离寒武纪大爆发最近的一个科学窗口上仔细地探索观察着。他们每天如饥似渴地在云南1万平方公里的范围内，在一块块石头上寻觅着，每次外出他们都要采上万块石头，经过遴选，能用的仅有百十块，带回来又要逐一在实验室的显微镜下观察研究。滴水能穿石，恒心可攻玉。舒德干从保险柜中取出那块为他，也为全国科技界带来无上荣耀的“昆明鱼”化石。这是一块两寸见方的石块，上面有一个长不足两厘米、宽半厘米、模糊得几乎无法辨认的鱼状印迹，然而，就是这块“昆明鱼”化石，却是包括我们人类在内的所有脊椎动物的“老祖宗”。

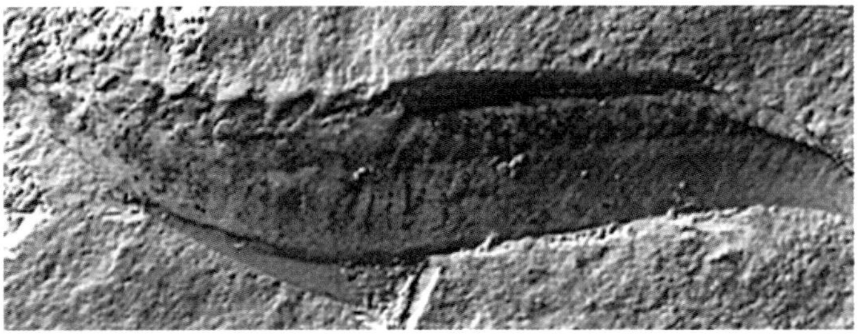

⊙ “天下第一鱼”鱼形化石

这块化石与“海口鱼”化石一起将脊椎动物的起源向前整整推进了5000万年。《自然》杂志还专门为此发表了“逮住天下第一鱼”的评论；英国《科学进步年度述评》也强调指出，“世界上最古老的鱼，其意义最为重大”。

（原载2005年04月19日《人民日报》）

商洛发现距今50万年的猿人牙齿化石

同时发掘出旧石器时代人类居住遗址和大量动物化石及石器

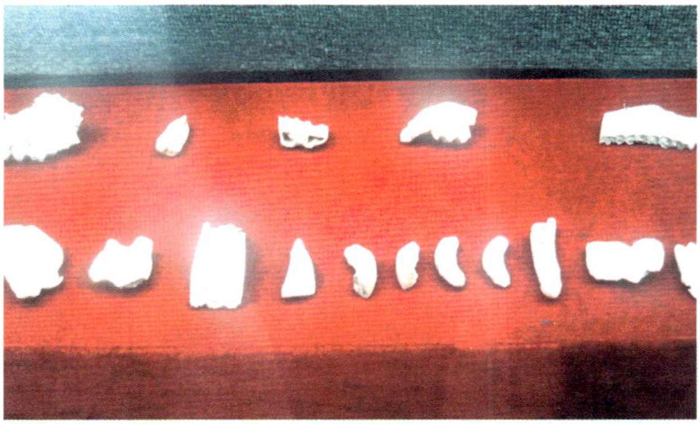

⊙出土的猿人牙齿及石器

我国考古工作者最近在陕西商洛山区发现距今50万年左右的猿人牙齿化石和26处旧石器时代人类居住遗址及洞穴，出土大量动物化石和各类石器达2万余件，这是我国古人类和旧石器时期考古的又一重大发现。

记者日前从陕西省考古研究所获悉，这一重大发现是去年6月至12月，该所考古工作人员对商洛山区的洛南、商州等地进行古人类和旧石器时代考古和试掘中获得的。共发现旷野型旧石器时代人类活动地点25处、洞穴遗址一处，分布于南洛河上游的洛南县和丹江流域上游的商州腰市盆地以及花石浪山上。根据地层的对比、分析，推测其时代在距今30至56万年左右。

出土的石制品类型有各式砍砸器、石片、砾石手斧及石片制成的手斧、石球、大尖状器等。总体看来，其文化面貌类似本世纪八十年代以后在我国南方发现的阶地型石器地点文化面貌，但也有北方大石片砸器文化的因素。

在这次大面积的考古调查和试掘中，尤引人注目的是花石浪龙牙洞穴的试掘。该洞穴位于洛南县尖角乡东河村后的花石浪山上，属裂缝型洞穴，洞宽2米左右、进深约8米，面积近20平方米。考古工作者在此发掘清理扰动层1.5米，原生堆积0.95米。地层堆积中包括两层盖板，3层人类生活居住面，出土物十分丰富。尤使人惊喜的是发现了直立人（猿人）牙齿化石一枚。据科学考察确认，为猿人的上中左侧第一门齿。除发现与人类文化有关的遗迹有3层原始人类居住的踩踏面外，还有灰烬层、烧石、烧骨以及2万余件石制品和打制的骨片等。与此同时，还发现了大熊猫、犀牛、剑齿虎、熊、鹿、马、牛等20多种动物化石。

专家认为，洛南及商州旷野型旧石器地点及洞穴遗址、猿人牙齿的发现，不仅填补了秦岭山区旧石器时代研究的空白，扩大了猿人的分布范围，更重要的是龙牙洞穴完整的早期人类居住面的发现，为研究早期人类的生产、生活提供了十分难得的资料。有的专家还说，龙牙洞穴石制品出土的石制品大都属我国北方刮削器——雕刻器文化范畴，与20多处阶地类型地点群出土的我国南方石器形成鲜明的对比，为研究旧石器时代早期我国南北文化交流、演化等具有十分重要的意义。

（原载1996年1月13日《人民日报》）

三学生汤峪河道发现千万年前古生物化石群

——是迄今关中地区发现年代最久远的古生物化石群

2012 年 8 月 18 日，古生物专家在蓝田县焦岱镇汤峪河道，发掘距今约 1000 万年前的犀牛、羚羊、鹿、三趾马等史前食草类动物骨骼化石。专家推测，蓝田 1000 万年前水草丰美、森林茂密，还有可能恢复三趾马这一史前动物原型，让我们领略史前动物的容貌和关中地区的生态风貌。而这一重要发现的线索，是由于三名中学生提供的。

三学生河道游玩发现“奇特石头”

⊙发现化石的梁诚、雷佳、商黎明(左起)

昨日上午 9 时许雨越下越大，在古生物化石群发掘现场，一件件史前哺乳动物骨骼化石被从泥沙中清理出来。在围观人群中有三名中小学生，“这三名学生是这次古生物化石群发掘的功臣，”陕西自然博物馆馆长李占岐说，“正是他们最先发现了这个古生物化石群。”三名学生中，梁诚和商黎明上初中，雷佳上小学六年级。最先发现古生物化石的梁诚说，8 月 4 日下午 2 时许，他和同村的商黎明、雷佳到汤峪河道玩耍过程中，他发现河水边上的石头与周围的石头不太一样，“这些石头就像是什么动物的牙齿，一排八九颗很有规律地排列着，长约 4 厘米，直径约 2 厘米。”梁诚说，由于以前并没有见过这么大的动物牙齿，他和两个同伴仔细鉴别，结合平日通过书本学习及电视科普节目对生物化石的介绍，认为这个奇特的石头很有可能是动物化石。

“看到每颗牙齿化石都非常大，我们三个都觉得这是恐龙化石。”商黎明说，他们三人当时特别兴奋，可是这个消息该给那个部门反馈呢，“还是梁诚比较机灵，他通过 114 查号台，找到了陕西自然博物馆的电话。”

面积约 200 平方米保存比较完整

接到线索次日，陕西自然博物馆工作人员赶到蓝田县焦岱镇汤峪河道，成功采集了少量的古生物化石标本。通过西北大学古生物专家对化石标本的鉴定，初步断定这些古生物化石是距今约 1000 万年前的哺乳动物骨骼化石。

昨日的发掘中，古生物专家先后发现了犀牛、羚羊、鹿、三趾马等史前食草类动物骨骼化石，这个史前哺乳动物骨骼化石群保存相对比较完整，陕西自然博物馆馆长李占岐介绍，陕西的古生物化石分布为三大块，分别是关中、秦岭和陕北黄土高原区域。而通过现场发掘，可以判定这个面积约为200平方米的史前哺乳动物骨骼化石群，是迄今为止关中地区发现的年代最久远的古生物化石群。

"以年代划分，此次发现的古生物化石群，在国内也比较罕见。"李占岐说。

古生物专家可能恢复三趾马原型

在现场进行发掘的西北大学古生物专家李永项教授介绍，初步判断，该化石群极有可能恢复三趾马这一史前动物原型。该化石群将对研究哺乳动物的进化和地球气候的演变过程具有较高价值。

专家介绍，2亿至3亿年前陕西地区是一片汪洋。这次发掘出来的犀牛、羚羊、鹿、三趾马化石再次证明蓝田这一带在一千万年前由于地壳运动，是非常适合食草动物生长的区域。当时这里应该是水草丰美、森林茂密，自然环境和气候和现在的非洲更为接近。

⊙挖掘出的古生物化石

李占岐说，此次化石群发掘的古生物化石将被收藏于陕西自然博物馆中。

昨日，陕西自然博物馆对梁诚、商黎明、雷佳三名学生每人奖励1000元，并为其颁发了终生免费参观陕西自然博物馆的证书。

附：

化石是如何形成的

化石是埋藏在地层里的古代生物遗物。动物死后，尸体内脏、肌肉等组织腐烂，牙齿和骨骼能保存较长时间。如果尸体恰好被泥沙掩埋，与空气隔绝，泥沙空隙中有缓慢流动的地下水。水流一方面溶解岩石和泥沙内的矿物质，另一方面将水中过剩的矿物质沉淀下来成为晶体，随着水流逐渐填补牙齿和骨骼有机质腐烂后留下的空间。如果条件合适，由外界渗进骨内的矿物质在牙齿和骨骼腐烂解体之前，能有效地替代骨骼原有的有机质，牙齿和骨骼便完好地保存成为化石。大自然还可能通过其他各种方式来形成化石。例如，大量史前昆虫形成了琥珀化石，昆虫被树木分泌出来的树液包入其中，就会发生这种化石形成过程。

（据《华商报》）

中华文明的曙光

——石兴邦先生谈半坡遗址的发现和发掘

⊙著名考古专家石兴邦先生

20世纪50年代初期发掘的西安半坡遗址，是我国考古学史上首次发掘的、距今六、七千年的氏族公社遗址，曾轰动了海内外，是秦始皇兵马俑发现之前，人们到西安必参观的文化景点。半个多世纪过去了，随着时光的流逝，当年半坡遗址的发现和发掘的情景，已笼罩了岁月的烟云迷雾，日渐模糊起来。日前，记者走访了当年半坡遗址发掘工作的主持人、年已84岁高龄的著名考古专家、原陕西省考古研究所所长石兴邦先生，请他谈谈当年半坡遗址的发现和发掘情况。

"西安半坡遗址，在我国考古学史上和遗址博物馆事业的建设上，都占有重要的位置。它不仅向今人揭示了我国原始氏族部落文化社会的一幅活生生的生活图景，而且彰显了我国黄河流域以半坡为代表的仰韶文化是中华炎黄文化的起源和主体，开启了我国原始氏族社会部落文化研究的先河，是20世纪我国史前考古和研究的重大事件，它折射的历史文化之光将永远辉耀人间。"提起半坡遗址，石兴邦先生神情兴奋，侃侃而谈，眼中流溢出一种异常的光彩——这光彩就是半坡遗址所辉映的中华文明的曙光。

下面就是石兴邦先生的谈话记录——

建国初期的考古调查研究工作

西安同志，你来采访半坡遗址，我很高兴。我要告诉你：建国初期头三年，是经济恢复时期（1950～1952年），一切为大规模的经济建设作准备，文物考古要先走一步，特别是西安和洛阳这两个历史文化区，又是基建集中地，更要先进行考古调查与发掘工作。半坡遗址的发掘也是在这种形势下进行的。

建国初期，基于当时国内外形势的发展需要和中国历史文化的背景，西安和洛阳成为当时考古研究的重点地区，其原因一方面因当时国际形势，建设的重心转移到内地；另一方面西安是周秦汉唐等十三个朝代的建都之处，历史文物冠天下；洛阳居长安之后，也是九朝古都所在，文物蕴藏亦十分丰富。建国初期的国家156项建设工程，多在这两个地区。当时重点工程都有苏联专家做顾问，而且这些专家特别重视文物保护研究。工程未动，文物的调查勘察先行一步。有鉴于此，国家社会文化事业管理局（即国家文物局前身）和中国科学院考古研究所调集主力，将西安、洛阳作为重点地区进行考古调查工作。半坡遗址的发掘就是在这种形势下进行的。

我当时不满30岁，在中国科学院考古研究所工作。那时考古研究所在郑振铎和梁思永、夏鼐先生主持下，根据形势需要，定了几条开展文物及考古普查工作的条例：

(1) 培训骨干队伍：结合工作培养一支骨干力量，以适应工作开展需要；

(2) 先在基建重点地区（西安和洛阳，也是历史文化区）开展文物调查研究摸底工作；

(3) 积累资料，解决重大历史问题（那时提出解决奴隶社会研究问题）；

(4) 配合经济建设的考古发掘工作．妥善地做好考古调查发掘和文物的保护工作。

在这几条原则指导下，考古所组织力量，相继进行了几次较严格的田野考古基本知识技能的培训性的调查发掘工作。

经过这几次集中性的培训，考古所培养起一支骨干力量，在辅导地方考古干部培训方面起了很大作用。

与此同时，从1952年起，由国家文物局、考古所和北京大学历史系合办了相继四期的考古工作人员训练班，以适应广泛开展全国性文物考古的保护和清理发掘任务，考古所的同志就成了训练班的教师和辅导力量。

半坡遗址的发掘就是在第三届（1954年）考古工作人员训练班做田野工作实习时开始的。

半坡遗址的发现和第一次发掘

西安地区的考古工作，开始于1951年。前面说过，1951年春季，中国科学院考古研究所派出以苏秉琦先生为团长的“陕西省考古调查发掘团”，团员有王伯洪、我和白万玉、钟少林、魏聚元等同志。由于苏秉琦先生30年代在宝鸡进行过这类工作，对陕情了解较多，便以周都丰镐一带的沣河流域为重点，进行了将近3个月的深入细致的调查研究，搞清了西安地区西半部和西安城附近的文物史迹的基本情况。

1952年白沙水库工程地区文物抢救告急，所里派我领队和王仲殊、陈公柔同志进行河南禹

⊙半坡遗址一瞥

县白沙水库范围内的宋墓的发掘抢救工作。下半年我们又全力投入第一期考古训练班的讲课实习工作，没有来陕西工作。

1953 年春，所里派我和吴汝祚同志，仍以“陕西省考古调查发掘团”的名义到西安对关中地区文物做进一步的调查研究，这次我们除复查沣河流域周秦汉唐史迹外，还重视对史前遗址的调查了解，在浐河流域发现了半坡仰韶遗址和北边的孝子岭（即灞桥电厂所在地）以及对岸的米家崖仰韶、龙山遗址，在宝鸡地区记录了北首岭遗址（第四中学所在地）和金陵河对岸的仰韶、龙山遗址。

经过这三年的多的调查了解，西安附近的历史文物分布和分类的情况我们基本搞清楚了。

1954 年，开办第三届考古人员训练班，夏鼐先生仍叫我负责田野考古与编写报告等课程的讲授辅导工作。我将这些课程的讲授方式做了改动：田野课不在北京讲，移到田野实习现场讲。当室内课业结束，决定田野实习地点时，我提出到西安浐河之滨的白鹿塬实习，因为当时国棉三、四厂在这里建设，发现了大量的战国汉唐墓葬，半坡遗址又在白鹿塬下，对遗址、墓葬的实习都能兼顾，而且厂里食宿都方便。幸好训练班接受了我们的意见，当时考古所在西安的工作由研究室秘书王伯洪同志负责，地方同志也给予多方支援，使这次实习在西安如期顺利地开展。

这一次实习，我思想上很重视，差不多查遍了考古所图书室西文书刊上欧洲、美洲、西亚和印度等著名遗址的发掘报告，我自己也翻译了苏联学者对的黎波里遗址的揭露和发掘方法。经过考虑，拟定了一个初步方案，请教夏鼐先生，他说可以试行。其办法是采取大面积、分层积的方法，用板块状的开掘方式，揭露文化层，并做好资料的摄取。

这样做的好处是：全面揭开后，使人对迹象看得清楚，理解明确，关系明晰，历史真实。发掘后，显示出完整的居室和布局，很有启示性。大家都认为是可取有用而应予推广的好方法。我们这次是要在中国考古学史上第一次做出完整的史迹，与过去打探沟，以沟局限史迹，将遗迹分成条块割裂开来大有不同。发掘后，我们将一座完整的圆形房子倒塌后的遗址原封不动地保留下来。到开结业典礼时，北京文物考古界的领导裴文中、夏鼐先生看了后十分高兴，他们从来没有见过保存这样完整的居室建筑和分布场面。裴文中先生特别兴奋地说：“这个方法挖掘遗址好。现在看来，过去打探沟把整体房子都‘切蛋糕切掉了’。”他说，石老邦这次做得不错。这位

⊙复原的半坡氏族村一瞥

前辈很有意思，他总叫我"石老邦"。可能因为我当时与我们同辈比起来显得苍老些缘故。

发掘确实使人惊喜，大家认为这是一个重要的发现。揭露出原始人类一个完整的聚落遗址，在文化史上是十分宝贵的。特别是当时我们正学习社会发展史，作为原始无阶级社会的印证，这更为珍贵。半坡遗址发现传出后，为学术界所瞩目。

半坡遗址发掘的第一战役获得了成功并取得了成果。经夏鼐和裴文中先生决定，这个工地归考古所，继续由我负责完成已开掘部分的发掘任务。经各方商议，参加训练班的考古所同志和本届陕西的受训学员 20 余人留下承担这一任务，仍是一个大的考古队，还用了二三十个工人和技工。

因为要在年底以前结束这一工地的发掘任务，所以作了几点规定和要求：

(1) 没有发掘到底的继续下掘，前一段虽然发现了不少遗迹，但只是揭去了后期的覆盖层，才显出原始的具体遗存，需要继续下挖以探究竟；

(2) 已经显露出来的迹象（如房屋、窖穴或瓮棺），照相、绘图和文字记录及素描完成后，即可解剖、拆除；

(3) 对具体遗存的拆除处理都有一套工作程序和要求，一定要按照发掘方法大纲有步骤地进行工作；

(4) 下掘要按层次按区域，纵横堆积和联系要相并进行。

一般大家都能按规定执行。绘图记录每个同志都做，照相多是由我负责。工作从 10 月至 12 月，只留考古所的同志在工地坚持到来年的元月。那时天气很冷，红烧土块结成冻块。有一次天下大雪，我们把雪扫开，刨出红烧土块解剖观察。

解剖大房子费的力气最大，这个房的墙修得又宽又坚实，墙壁厚达二十多厘米，里面夹的树枝、草和泥土，团成一块，坚如砖石。一块块打下来，再打成碎块，在里面搜求包含物。如果是现在就不费那么多的事，解剖典型的几个部分就行了。但那时有一种"打破砂锅璺（问）到底"的彻底精神，就怕遗漏了什么。

对居住面也是一层层地揭取：居住面的建筑房子不完全一致，我们将它一层层地剥开，厚度、颜色、成分都记下来。在解剖三号圆房子时，发现在最下层铺一层手指粗的树枝，纵横排列叠压起来，上面再加黏土草泥。因为它的下面还有早期房子和相当厚的一层灰烬堆积，先民们这样做，屋基较坚实。从这里我们将不同类型的房子都解剖了，我们对建筑结构和内涵弄清楚了。

在后期发掘工作期间，工地发生了两件不愉快的事情：一件是"张云鹏怒回考古所"，另一件是"石兴邦沣东挖周墓"。说起这两件事的发生都与我考虑不周、主次处理不当有关。张云鹏怒回考古所是一件很简单的事引起的。他负责的坑里有个迹象，他要将它打掉下挖，我说保留一下，等旁边清楚后再挖。他不听硬要挖，我挡一下，他火了，说，不挖，我就走呀！我说你走，他真的走了。我以为他回工作站去了，回来后，得知他真的回北京了。

第二件事是在 10 月前后，沣东普渡村发现一座西周墓，出土好几件铜器。当时，省上在这里工作的是茹士安和何汉南同志，叫我去协助清理工作。因为 1954 年我在这里清理过一座西周早期墓，很想知道和那个墓的关系，以及是否还可能再有其他墓可以发掘，我就去沣东，大约一周左右时间。回来后大家意见很大，怪我离开工地，工地的事没人管，特别是金学山有意见，他认为那是周墓，他是搞殷周考古的，应该是他去。

1954 年底，进行年终总结，先由我作了业务汇报，详细地将发现的迹象及了解的具体情况作了说明，并就出现的问题我作了检讨。主持会的是夏鼐所长。新任所长尹达出席，他是搞考古的，对半坡遗址很有兴趣，听得很认真！我记得与会还有徐旭生、陈孟家等先生。在这个会上．明显地分为两种倾向：一种针对张云鹏的，主要批评他的无组织无纪律，随便离开工地的自由主义。另一种批评我的业务工作。夏鼐先生也对我们两人作了批评，接着就请尹达同志讲话。这是尹达当所长后第一次和大家见面，我也是第一次见到他。他首先说："我听了汇报后，觉得田野发掘工作没有问题，讲得详细，工作成果是可以肯定的。"然后又诚恳地对我作了批评。

最后，由我表态。我情不自禁地哭了，感情很复杂，有些抱愧也有些委屈，表示要吸取教训，修正错误，继续把工作搞好。

尹达在会上的讲话，我很感动，可以说他保护了我，也批评教育了我。会后，我专门找他去详细地汇报考古收获。从此以后，我常去他那里请教些学习理论和从事研究工作之道的问题，总是有所获而归。

半坡遗址的第二次发掘

1955 年春，我们正在西安工作站整理发掘的资料，没想到半坡遗址北部的墓葬区已被修路工人挖去了一大部分。一天下午，堡子村的一个群众拿了几个尖底瓶和陶钵来西安给我们报信说，修路取土出了许多人骨文物。我们一看，立即跑到堡子村现场，大吃一惊，遗址被毁坏大部分，情况紧急，当即与领工商量，立即停工，静待考古清理。

后来了解，浐河东岸的白鹿塬阶地修建纺织城，要修一条从西安到厂区的公路。因浐河东岸这一段地势低，需用垫土的办法填铺平坦，而紧靠路边的高地就是遗址的北部和墓葬区。他们便在那里取土，那时人们的文物意识和政策法令的概念还不强，宣传工作也没有做好，造成了这一不良的后果。

这条公路从梁村中间穿过，从浐河桥东头到半坡村东，大约有二三华里路程，向东倾斜向上，最高的地方需要垫土 5 米高，估计共用了一万多方土。领工头是一个有文化的转业军人，他懂政策，经我们解说，他对已发现的那些文物的重要性有所认识。他即刻叫人停止在这个地方取土，转移到另一个地方，让我们清理发掘。

当时考古研究所西安研究室由夏鼐所长兼主任，我向夏所长建议半坡工作继续发掘，他很快回信，同意我的建议：一方面配合基建工程，一方面进行学术研究。并在信中附了一封给王伯

⊙彩陶人面鱼纹盆

⊙红陶小口尖底瓶

洪同志的信："半坡遗址墓葬区遭到破坏很可惜，要赶快派人进行配合发掘。"并说，可以叫石兴邦同志去继续半坡的工作。 王伯洪接信后，即刻通知我负责这一工作。当时参加整理工作的有金学山、杨建芳、王振江、余万民、牛永禄、王之华，后来屈如忠和朱毓敏等都到了工地，正式开始发掘工作，很快将残留的一百多座墓葬清理出来，并全部保留。

这件事情我们痛定思痛地反省了一番。那时我们的政策观念和文物保护意识还不够强，多方疏漏而造成这个损失，成一大教训。

在清理发掘墓葬区的同时，还发掘了在墓葬区的一批窖穴。这些窖穴是零星地分布在各处，晚于墓葬的年代，有些坑里还发现有庙底沟类型的陶片和更晚的遗物。半坡晚期一些标本，相当一部分是从这些坑里发现的。这里的窖穴多为袋状坑，而且很规整，有些坑里还有小坑。这一部分发掘大体费了将近一个月的时间。

墓葬区的发掘完成后，我们将所有人的骨骼标本全部收回，并将 2 人合葬、4 人合葬的墓连同随葬品原封不动，用纸将包裹完整地收藏起来，用大木箱完整地取下来，以作人类学研究的资料，至今还陈列在博物馆的展厅里。

北大学生来半坡遗址作实习发掘

1955 年秋季，北京大学历史系考古专业应届毕业班 32 名学生，来半坡遗址作考古实习。他们的到来，开创了半坡遗址发掘研究的重要阶段。学生由李仰松先生带队。

在实习开始前，拟了田野实习包括发掘程序和记录制度纲要，要求严格执行。每人要写日记和观察记录，由辅导员具体督促执行。我和李仰松同志来回巡查。工作进行得紧张而有秩序，每两个同学开一个 5×5 米的发掘方，一轮就开十五六大方，规模相当大，幸好这个地方表土层（即农耕土）揭开便显现出原始文化遗存。同学们的兴致很高，在发掘后第一个半月内，揭露出一些重要的迹象：房屋、窖穴、瓮棺和大批的石制工具及陶器。

由于媒体的宣传，加之工地在大路旁边，这里又是西安东郊建设的热点区，来往的人很多，基于好奇和求知欲，陆续来工地参观的人也很多。他们问长问短，有时我们还要专门安排一位同志出来解答问题。

在发掘的后期，基本完成了实习任务，并积累起一大批珍贵的文物标本，揭露出许多房址瓮棺等史迹。同学们提出在工地开一个现场展览会，由他们轮流当说明员。考古队和学校实习组商议，同意办展览会。展览会于 10 月底开始。展览场地分两部分：一部分是发掘现场，参观的人相当多，一边发掘，一边开放；另一部分是文物展览，在遗址北边原墓葬区断崖下面长三十余米的空地上，打扫干净，从群众家里和小学校借用了十几张桌子，再铺上白纸，将出土的陶器、骨器、石器等珍贵文物陈列出来，特别是那些人头花纹鱼盆和带小眼的纤细的骨针等很吸引人。在桌子后面，拉了一条绳子挂了些插图和照片，作辅助说明。魏树勋等同学说得嗓子都哑了，还要继续解说。这个消息不胫而走，参观的人络绎不绝，十分踊跃。省市一些领导同志以及在西安工作的东欧及苏联的专家学者也来参观，附近学校配合学习社会发展史也组织学生来集体参观学习。展览会延续了一个多月时间，参观的各界人士和学生、工人、农民累计在数十万人次。

在整个发掘过程中，新的迹象和重要文物不断发现，特别是那稀世珍宝或重要迹象一出现，我们就欣喜若狂，视野一下打开，豁然开朗地进入一个新的境界。

⊙汲水的半坡姑娘（雕塑）

最早出现的是三号圆房子，整个是木骨黏土结构，完完整整倒下来，六千多年保存原状至今，十分难得。

一群一群的瓮棺出现，也是大家关注的焦点。瓮棺是盛小孩尸骨的，上面还盖一个钵或卷唇盆，盆钵的底下打一小眼，而且盆内壁是彩绘人面鱼纹或鱼纹和鹿等。这些瓮棺最引人注目，因为遗址其他地方发现的是碎片，凡是现在发现的是完整的。这类器物都是从瓮棺葬上发现的。我和单庆麟先生认为：小孩埋在房子旁边，尸骨可由他们的母亲照看；而灵魂却在另一世界，则由他的图腾神照看。

最使我感念不已的是那个盛粟米的小罐的发现。我们在中层堆积的一个小坑中，发现了一个红砂陶罐，上面盖着敞口浅腹皿形器，将罐口盖得严严密密。没想到里面竟盛有半罐子白粒粟米，好像玉珠米，和新的一样，只是颜色不是黄的而是白的，已腐朽成灰。这是出乎意料的发现，使我激动不已，久久不能平静。后来在一个袋状窖穴的小壁龛中发现两个同样的小罐，其中一个里面装的是白菜和芥子类的种子，已炭化，但颗粒很清楚。这些小罐可能是播种节或收获节举行祭礼时遗留的，那是祈求庄稼丰收而举行的祭仪遗存。其罐形作袋状，也是表示满仓丰获之意，是原始农业的重要史证，很有价值。

第一号大型房子清理出来后，也引起大家的重视和一番讨论。从保留的两个大柱围看，它是原始公社的议事厅，使人立刻联想起现存的原始部落中的大厅房，想到部落实行氏族民主、共同议事的场面。可惜它的中心和西部为一个唐墓所打破，有些迹象消失了。就在这座大房南墙底下，发掘出一个人头骨，是有意埋的，可能基于原始宗教意念而祭埋的。

最后当我们探出遗址外围的大沟道并解剖了里面的堆积后，这个宏大的原始工程就作为历史的见证展现在我们的面前。至今发现的原始氏族社会有这样巨大土方工程的不多。因此，这就使人自然地联想到与当时的部落制度和彼此的关系相应的社会经济问题。这样大的防卫设施，不是防卫自然灾害的，而是区分族群之间关系的产物。

半坡博物馆的筹建和开放

1955 年秋，国家文物局局长郑振铎和王冶秋同志来西安视察工作，正好陈毅元帅率领中央代表团去西藏祝贺西藏自治区筹委会成立，路过西安。陕西省领导请陈毅元帅参观半坡遗址，陪同参观的除省委书记张德生等领导外，郑振铎、王冶秋也一同陪同，由我跟随大家介绍情况。

现场看完后，我们陪陈毅元帅来到研究室大楼看出土文物。文物大多已修复完整，满满占了三个屋子。先看了陶器、彩陶和墓葬材料，再看小件石器、骨器等精细的器物。陈毅同志看到那些完整的器物、总会拿起来说："这是真的，了不起。"张茜同志特别对那些骨针、珠玉的饰器有兴趣，还提出如何制作等问题。随后，由我将这座遗址的历史意义和重要性作了介绍。在座谈时，王冶秋同志提出建立博物馆的事，他说："这个遗址很重要，保存很好，出土文物很丰富，有很大的历史价值，又在西安附近，应该建立一个博物馆将它保存起来，供广大人民群众参观学习。"话音一落，陈毅元帅就说："好啊！就建一个博物馆吧，把它保存起来，向人民群众宣传教育嘛！是好事嘛！"接着，郑振铎局长就半坡遗址的价值和成立博物馆与保护文物、进行爱国主义宣传教育等问题作了阐发，他的讲话富有文学浪漫气息，引起大家的极大兴趣，使陈毅元帅对成立博物馆一事兴致更浓。

当天晚饭后，郑振铎局长特别到陈毅元帅下榻的楼层去拜见他，再将成立博物馆的事向他提出，陈毅元帅当即同意，打电话给国务院，一次拨建馆费 30 万元。陕西省也拨了 5 万元，并组织筹建会，开展建馆工作。

经陕西省政府批准成立半坡博物馆筹备处，第一期筹建工作由王勋同志负责，考古队协助有关事宜。

1956 年底，文博考古系统做出一个重大决策，这是尹达和王冶秋同志协商定下来的，根据当时科学发展形势提出了将全国考古工作移中国科学院考古所负责，首先将陕西的考古移交考古所。办理移交的人：考古所是靳尚谦、王伯洪，后来他们也叫我参加，文物局是陈滋德处长。谈到半坡博物馆问题，陈滋德同志主张半坡博物馆由考古所领导，叫我当馆长，就像古脊椎所和周口店北京猿人遗址的关系一样。考古所同志不完全同意，我没有表态。

按我们考古发掘规程，遗址挖完后，将资料取全后，即用土掩埋，以保持原样，并能长久保存下来。但半坡遗址做不到这一点，因为常有人来看，所以不能埋掉了之。我们就用芦席盖上，以避日晒和风吹雨淋，但时间一长也有损伤。这些遗迹，全为黏土建筑，经火烧过，较为坚硬，但时间一长，在自然的风化条件下也不断剥落，所以在决定成立博物馆后，筹建组第一件事就是先搭了保护棚，顶上盖的油毛毡，四面通风又透亮，这样可以随时接待来访的国内外来宾，同时在内部继续做未成的发掘工作，既安全又方便。

为了便于工作，在遗址棚东边为考古队建了一座(8 间) 麦草棚，周边的墙用竹竿夹草泥(与原始时代的建筑一样)，屋顶覆盖一尺厚的麦草，夏天凉爽，冬天暖和，既经济又很实用。考古队便从村民家搬来居住，一直到博物馆成立后离开工地。

在半坡博物馆筹建后期，茹士安、张浩如等同志调来参加工作，同时计划陈列等事宜。1958 年 4 月 1 日我国第一座遗址博物馆——半坡博物馆建成开放，茹士安担任第一任馆长。

半坡遗址对今人的昭示

半坡遗址博物馆坐落在西安市城东 6 公里的浐河东岸，它宽敞明亮的遗址保护大厅、4 个展室和 1 座临时陈列厅吸引了众多的海内外学者和游客。全馆共收藏一级珍品数达百件之多，此外还收藏人骨标本百余具、古生物化石、古动物骨骼和古人类化石标本约千余件。1954 年至 1957 年，中国科学院考古研究所先后进行 3 至 5 次科学发掘，发掘面积共一万平方米左右，获得

了极其丰富的实物资料。这些资料和遗存，生动再现了我国历史上第一个社会形态——大约在距今六、七千年以前黄河流域母系氏族公社的原始共产的社会生活，成为向人们进行历史唯物主义和爱国主义教育的生动教材。

我们知道，原始社会是人类社会发展的低级阶段。原始社会包括原始人群和氏族公社两个历史阶段，氏族公社又分为母系氏族公社和父系氏族公社两个历史时期。在母系氏族公社时期，由于生产力极其低下，人们只有依靠集体的力量，才能从事生产，才能获得生存和发展。半坡母系氏族公社的人们，按照男女性别的自然分工，在妇女的组织领导下从事原始农业为主兼有渔猎、采集、动物驯养和原始的工业生产等活动。半坡遗址出土的农业生产工具、石斧很多，砍伐器也有一定的数量，石铲很少，这表明当时农业生产还处于刀耕火种阶段。经常的农业生产主要是由妇女承担，他们组织领导氏族成员集体用石斧等工具把地上的草木砍倒，晒干后用火烧，然后用尖木棒、石锄等工具掘洞点种，在开辟耕地、收获庄稼时，需较多较强的劳动力，这种生产情况下，氏族男女成员共同劳动就是很自然的现象。

在半坡遗址，发现几处储藏粮食的地方。特别是在第 115 号地窖储存的已腐朽的谷子达数斗之多。如果没有一定面积的种植和一定数量的收获，是不会有这样多的储藏的。在半坡遗址内的一个小陶罐内，装已炭化了的白菜或芥菜之类的菜子，说明当时刀耕火种的农业已较为发达，证明我国是世界农业发达最早的国家之一。

半坡遗址出土的大量渔猎工具，如用石、骨、角等原料制成的鱼钩、鱼叉、箭头、石矛等，可见渔猎是仅次于原始农业的生产活动。另外遗址中彩陶器上的图案纹饰多为鱼纹和鹿纹，也反映了渔猎生产在经济生活中的重要地位；再从半坡遗址发现的圈栏遗迹和动物骨骼看，狗和猪已经为饲养家畜，但多为幼小的个体。其他如牛、羊、马、鸡等可能处于驯养阶段。从半坡遗址的房屋和地窖中还发现的许多榛子、松子、栗子以及螺蛳、蚌壳等，说明妇女、老人和儿童已从事采集业；从斧、铲、凿刀和刀、钩、针、笄的制作来看，已采用了刀、削、磨、钻的技术。有倒刺的鱼叉、鱼钩和穿孔骨针的出现，标志着原始手工业的制骨技术达到了一定的水平。特别是半坡遗址出土的钵、盆、罐、瓶、壶和各种彩陶器，说明制陶业也成为母系氏族公社一项具有特色的手工业。造型优美，纹彩绚丽的彩陶，不仅实用，而且为精美的工艺品，至今让人赏心悦目、遐想无限。

半坡氏族村落规模宏大，现残存面积约 5 万平方米，包括居住区、制陶区和墓葬区三部分。已发掘的 3000 平方米居住区，发现房屋 46 座，地窖 200 多个。特别是地窖、密集地分布在房屋之外，有的十多个集中地分布在一个地方形成地窖群，说明当时的劳动成果还没有被私人所占有，而是集体储存、平均分配。另外，从墓葬看，随葬品多为生活用具、陶器或装饰品。71 座有随葬品的墓中，多者 10 件，少者 1 件，平均为 4.3 件，数量不多，差别不大，说明当时生活资料平均分配、还没有私有财产，印证了恩格斯所言："在先前的一切社会发展阶段上，生产在本质上是共同生产，同样，消费也归结为产品在较大或较小的共产制公社内部的直接分配。"

在母系氏族社会里，妇女在生产斗争、社会生活以及在家庭内部都居于支配地位、受人尊敬。在半坡遗址中，没有发现男女合葬墓，墓葬都是男女分葬，这是母系血缘关系对偶婚在墓葬上的反映——人们生前是两个氏族的人，死后分别埋在母系氏族的墓地之内。特别是半坡遗址中一个三、四岁女孩的墓葬，随葬品竟达 10 件，连同骨珠共 79 件（粒）。从墓葬的随葬品看，女性普遍比男性多，这是女性享有崇高地位的又一例证。在发现的房屋中，有一座方形的大房子，面积 160 平方米，它的周围有许多小房子，形成一个不规则的圆形，所有房屋门都朝着村落中心

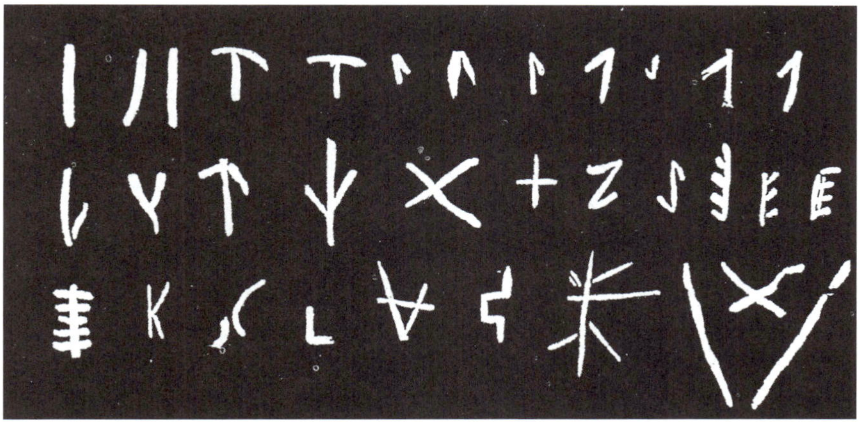

⊙半坡刻画符号 -- 中国最早文字的雏形

排列，说明大房子为氏族的最高权力机关，是氏族(家族)公共活动场所，也是氏族酋长居住的地方，正如恩格斯所说的："这种十分单纯质朴的氏族制度是一种多么美妙的制度啊！没有军队、宪兵和警察，没有贵族、国王、总督、地方官和法官，没有监狱、没有诉讼，而一切都是有条有理的。"半坡遗址生动地反应了原始的共产生活。

使人更为感奋的是，半坡遗址出土的陶器上发现了大批的刻画符号。许多专家对此进行了研究，有的认为是"具有文字性质的符号"，有的认为是"记号"，也有的认为已属于"文字"。前任半坡博物馆馆长王志俊将半坡遗址陶器中的113件、27种刻符与临潼姜寨遗址、零口遗址、垣头遗址以及长安五楼遗址、合阳莘野遗址、铜川李家沟遗址的刻符进行了对比研究，发现这种刻符已有基本固定的形状及其相同或相似的特征，认为它已属于简单的原始文字，从仰韶文化到周代近4000年间，作为一种遗产一直被继承下来，后世保留了仰韶文化时的基本写法，说明仰韶时的刻符和商周甲骨文、金文是一脉相承的，甲骨文、金文已有仰韶文字的深深烙印，半坡刻符无疑是我国古文字的鼻祖。文字是文明的重要标志，从这些最初的刻符文字中，我们不正窥见了中华文明的曙光吗？

周恩来、朱德、邓小平等中央领导对半坡遗址的关心

半坡遗址发掘过程中和半坡博物馆建立前后，接待来宾参观十分频繁。在50、60及70年代前期，秦俑面世以前，半坡是西安最热门的旅游参观点，凡中央领导、世界名人来西安时必看，它在宣传党的文物保护政策和弘扬中华文化起了很大的作用并产生极为重要的影响。

来半坡参观的中央领导同志，除朱德、邓小平、陈毅、贺龙、董必武、郭沫若等老前辈外，其他来过的人就更多了。有的题词，有的作诗，赞颂半坡文化价值之珍贵，这对动员群众、教育群众爱护和保护文物，起到了很大作用。特别是周恩来总理专门派人前来指导，尤令人感动。

中央领导同志来，都是由中国社科院西北分院直接通知我们，一般由省委张德生书记陪同，由我作导游解说。贺龙元帅参观时，张书记叫我取一份文物分布图。贺龙元帅人很爽直，一见面就说："今天打扰你了，你们做的这项工作很有意义，请你给我们讲讲。"我就引他到各个保存较好的房子看看，一个一个地说明形制、特点和功能，以及当时人的生活习惯等，那时已入冬天，我们在工地搭起一个绿色的锥形帐篷，在里面放了两个桌子，晚上工人和保卫人员住，白天可以展示文物。贺龙元帅来时，我们拿了些精美的文物请他参观，他看文物比看遗址有兴趣，对小孩

的瓮棺尤感兴趣，提出为什么要用陶罐埋小孩，放在房子旁边呢？我们都一一作了说明。他看了一下帐篷，并摇了一下帐篷杆，不知怎么他想起长征时候在草地和雪山搭帐篷的事。他说那时他们在长征路上，也有帐篷噢，死的人多得很呀！在工地待了约一个小时的时间，临走时他说：感谢你们，在野外辛苦呀！要把工作做好哟！

1955 年冬，教育部长钱俊瑞代表周恩来总理特来半坡考察了解，令人难忘。

初冬在半坡考古工地现场开办展览期间，当时在教育部工作的一位苏联顾问因公来西安，闻讯也赶来参观，但他没给我们说他的身份，我们当一般人士对待，他回去后，向周总理反映了这件事。他说："半坡遗址是世界上少有的古文化遗址，很宝贵，要重视保护和发掘研究。"周总理向教育部长钱俊瑞说了这个问题，叫他到西安去查看一次。钱部长来时，事先通知了我们，我们作了些准备，我陪到遗址的各个部分详细地解说一遍，并说明了它的历史地位和学术价值，这引起了他的重视。他说苏联专家的反映总理很重视，要我们好好保护、研究。他参观后，跟我们要了些照片，我们给他准备了三十多张好的房屋和器物照片，他说他回去后要交总理看，向总理汇报。当时在中国各部门工作的苏联专家对文物工作很重视，解放初期，我国的文物保护政策法令制定和建设工地对文物重视以及文物清理发掘，相当程度上得益于苏联专家的重视和建议。

我不在工地时，由金学山同志负责，下面是他回忆当时陪同邓小平同志参观的情况：

1957 年 4 月上旬，邓小平总书记来西北考察经济建设情况，到西安考察后，给陕西县团级以上干部作了两次报告。在第二次报告完了后（大约是 4 月 7 日）的第二天早上，他来半坡考古工地参观。他对文物很有兴趣，先参观了西安西北郊发现保存完好的汉代（或秦代）宫室建筑遗址（内有完好的火墙设备），然后到半坡来参观仰韶文化原始社会的各种房子。他来前没有事先通知我们，也没带警卫员，只有一个摄影师跟随他。18 日上午 10 时左右，工人告诉我说：有一位中央领导自己爬上坡来参观半坡居住区的房子，我知道后，赶快去给他讲解。他见我后的第一句话就问："是哪个大学毕业的？"我回答说："北大历史系，并在第一届考古工作人员训练班学习近代田野考古调查发掘。"他听后，点了点头。我就根据小平同志的要求，将保存下来的半穴式房子、平地建筑起来的红烧土房子作了详细的介绍。小平同志问我这些房距现在有多少年，我说六七千年，又给他介绍了那座最大的方形房子。介绍完毕后，我问小平同志，是否还要参观出土的石、骨、角、陶制作的生产工具和生活用具，他说："今天西安还有事，我就要回去了，来不及参观了，下次再来吧！"他在工地参观了一个多小时，临走时给我们留下了两条意见：

(1) 尽量和有关方面联系，保护好留下来的这些房子和居住区；

(2) 要遵照马列主义、毛泽东思想，研究这个原始时代的遗址，使参观的群众受到一次辩证唯物主义、历史唯物主义及爱国主义的教育。

1957 年 7 月上旬，朱德副主席来半坡视察参观。这次朱德副主席是从广州回北京路过西安来参观的。事先陕西省委通知我们，叫我们做好准备。我接到通知后，和半坡博物馆筹备处负责人王勋同志分了工，考古队负责布置出土文物并对遗址情况作介绍，博物馆筹备处安排接待事宜。下午 2 时左右，朱副主席在陕西省委书记张德生同志的陪同下，乘两辆车来博物馆。朱副主席和张书记向我们招手示意。因朱副主席年事已高，不便爬坡去现场，便征得张书记同意，就在下边博物馆范围内看了附近的山川河流原景观与史前遗址有关的情景，然后回到接待室，先由我和王勋介绍情况，再座谈讨论。我就按我拟定的发言提纲，将半坡遗址的发现作了全面系统的介绍：先介绍了遗址发掘的经过和主要遗存，然后又介绍了墓葬区的情况：共出土了几百座墓葬，其中有一座四个女孩合葬墓，还有两个男人合葬，说明这种葬制在原始社会氏族制度下，男女各在自己的氏族，表现对偶婚制的情况。半坡遗址还保留母系社会的特征，其他许多一人独葬墓，可能体现母系向父系的过渡。另外一个未成年小女孩的墓，却有丰富的随葬品，尖底瓶、彩陶盆、玉耳饰和几十颗珠子，还有棺木留下的木痕，说明母系社会时代对女孩的重视，妇女在社会中占有优越的地位。同时许多埋小孩的瓮棺葬，都在房子的周围，棺盆盖上还凿一个小洞，让灵魂出入，在母亲身边，表现母爱的温存和亲密的血缘关系。然后我再介绍了一个小陶罐中盛有一罐小米种子，一个窖穴堆积一层腐朽的小米皮壳，还有一个小扑罐中还盛有炭化了菜籽（白菜或油菜），说明当时人也种小米和白菜。还发现大量收割谷子的石质和陶制刀子。除原始农业外，还捕鱼打猎，发现骨制的鱼钩、鱼叉很多，彩陶花纹上有鱼和鹿等的一动形象。我又介绍了制陶工艺和陶器的种类以及彩陶上花纹是原始精美的艺术品。我边介绍过讨论，他听得津津有味。王勋同志介绍了修建博物馆的情况。参观、讨论完后，朱副主席给我们做了以下指示：

(1) 协助博物馆，将遗址内各种遗迹保护好；

(2) 写本关于遗址的小册子，说明遗址出土的各种文物，并选一些有代表性的照片附上说明加以发表；

(3) 要用马列主义、毛泽东思想研究这些文物，加以宣传。朱德副主席一行参观完后，已是下午 5 时左右，参观了差不多三个小时，我们送他们离开。

郭沫若、邓拓对半坡遗址的关心和指导

使我印象深刻的是邓拓同志的来访。1955 年秋，他从苏联访问回国，特地路过西安来看半坡遗址。在学部成立大会上，我们曾在一起讨论学术问题，特别是我在汇报半坡发掘成果时，他听得很专心。这次他一来半坡，一见面就说，石兴邦同志，你们这个工作很有意义。当时将发掘的遗存都用草席盖着，我一个个地揭起来叫他看，并给他们解释各个部分的功能和意义。邓拓同志看得很仔细，提出来许多问题，我都一一作了解释。最后他问这里在古代是什么地方，我说了历史沿革。他问古籍上这样的事迹有多少记载，我说尹达同志的原始社会史上列举了很多性质相似的传说，但具体到这里还没有。他说查查《山海经》有没有相似的记载。在我接触的参观学者中，就他提到这一问题，最切合历史实际。我们从后来的研究求索中，发现了《山海经》中的记载，不全是子虚乌有，而有历史属地。他的提问，引起了我们更多的重视和深思。他在工地流连忘返，不舍得离去。在学者中他是给我们留下最难忘印象的启迪者之一。他走了后，我给他写了一封信，请他对我们的工作提出指导性的意见和需要加强改进的地方。不久，他回了信，提出将重要发掘成果用通俗笔调写一篇报道（包括发现的经过和意义）发表在报刊，向群众宣传和教育。

我接到信后十分激动，这是中央同志对我们工作的最大关怀和支持，也是对新中国考古成果的重视，也是我们扩大影响、争取社会关注的一个难得的机会。我便和队上同志商量了一下，不到一个星期的时间就写完成题目为《我们祖先在原始社会时期的生活情景》一文，用写实文学笔调生动活泼地将重要发现作了综合报道，约 5000 字。寄走不久，即在 1955 年 11 月 6 日《人民日报》学术版全文刊载。文章发表后收到很好的社会效应，引起大家的注意和重视。没有多

久我就接到解放军一个服役战士的信，他说他读了后，觉得很有意义，才知道数千年前我们祖先的社会生活情景，并商议能否编成剧本制成电影向广大群众宣传，以起到对群众进行历史唯物主义教育的作用。《新华日报》作了全文转载。我也将这些意见向文化部门的领导作了反映。这篇文章的发表，在文博考古界也引起了波澜和好评，受到领导和同志的关注和重视。1956年春我们在侯马开会时，谢元璐同志（时任社会文化事业管理局的秘书．王冶秋同志的学生）对我说：“老石，你那篇文章冶秋同志很赞赏，他说这是文博考古界近年来最好的文章，既通俗易懂，又富知识性，不能说没有科学性。”从这个话题，我们谈起文物考古工作如何将取得的成果转化为社会精神财富并为广大人民所采用等问题，觉得半坡这种宣传模式是可取的有效途径之一。

1959年，郭沫若院长来半坡访问，那时尹达曾想叫我陪郭老来，后因我出差到武汉去，未能陪他看半坡。当时半坡博物馆馆长是茹士安，由他接待郭老，现在我将他当时记的情况抄录如下：

郭老第一次来馆是在1959年的夏天。我记得他参观兴致很高，看得十分仔细，对陈列不太清楚的地方，不断发问，但是，更多的时候，他却处在沉思之中。

我们在陈列中，把半坡刻画符号称为最早的文字。半坡符号的发现，揭示了中国文字最原始的形式。这些观点曾引起过争议，有人说这只能是符号，不是文字。他们把中国文字和半坡符号分割开来，变成不相关的两种东西。而郭老给半坡的题词却是这样说的：“殷墟文字已合乎六书规律，则文字之起源必尚可逆溯三二千年。仰韶龙山似已进入有文字的时期。今来半坡观先民遗址，其建筑结构、器制花纹、生活礼制均已脱出来原始畛域。陶器破片上见有刻纹，其为文字殆无可疑。将来发掘更多时必能进一步解决此问题。

1961年春，郭老第二次莅临半坡馆前我并不知道，是他的秘书到我屋里通知说：“郭老请您。”我立即放下手头的工作，来到他面前。他高兴地与我握手，亲切地问我身体怎样。他不仅没有架子，而且完全把自己和对方摆在同等地位，言谈举止那么自然、随便。

我们把半坡遗址南边的南殿村仰韶文化庙底沟类型重点标本请郭老去看时，他十分高兴，他不顾陪同人员及早回城的催促，径自快步走向招待室，看了那些标本。郭老还问及遗址的现状，要求做好保护工作，继续进行发掘，并嘱咐把已发现的灰窑中的白灰标本进行化验。他希望能在未来的工作中，解决仰韶文化两种类型（半坡与庙底沟类型）之间的纵横关系。

郭沫若访半坡遗址诗共赋四首，现抄录如下：

（一）

半坡小儿冢，瓮棺盛尸骸。
瓮盖有圆孔，气可通内外。
墓集居址旁，仿佛犹在怀。
大人则无棺，纵横陈荒隈。
可知爱子心，万劫永不灰。

（二）

一女三岁余，殉葬见其初。
手有骨环镯，耳有碧玉珠。
尚有二彩陶，一瓶兼一盂。
棺乃木所制，与瓮亦复殊。

是缘母爱厚？贫富或不如？
（三）
二男同一坑，四女其一穴。
男皆壮男子，女年约二十。
当是同时死，其由不可必。
是否以情殉，抑死战或疫？
悠悠五千载，此问谁能答？
（四）
彩陶形制美，画纹亦多殊？
或则呈人面，或则呈双鱼。
农耕既普及，人群已聚居。
护壕深二丈，其广亦相如。
奈何遗址中，独不见文书。

1958 年，郭沫若同志还专门为"半坡遗址博物馆"题写了馆名。

史前考古任重道远

1956 年，考古所调我回所任所务秘书（后改为学术秘书）。我走后，工地由金学山、杨建芳两同志主持。考古所自尹达当所长后，特别重视理论研究和社会历史问题的探索，他对半坡遗址很重视也很支持，他要求以半坡遗址的发掘为契机，进一步探索浐灞流域氏族部落文化的点址分布规律，以便更深入地揭示和研究社会组织结构，即部落群体的社会文化模式。1957 年在同志们的努力下，花一个多月时间，又发现了 20 多处仰韶文化遗址。自半坡博物馆建成开放之后，陕西史前考古发掘和调查一直没有中断，相继在临潼白家和渭南北刘遗址中发掘出一批早于仰韶文化的文物，填补了关中地区旧石器时代过渡到新石器时代文化遗存的空白。特别是七十年代在临潼姜寨遗址的大规模发掘中获得了仰韶文化的完整村落布局资料，对研究仰韶文化的民族组织、家庭和婚姻形态、经济结构、生产力及社会性质等提供了重要资料，使得一些有争议的学术问题得到解决；在华县南沙遗址的龙山文化层中发现了两副完整的马骨架，这在全国同期考古中尚属首次，为研究马的驯化史和龙山文化的埋葬习俗提供了珍贵资料……

在半坡遗址的发现发掘的带动下，我国史前考古已取得了丰硕的成果。但这仍然是车到"半坡"，路途遥远，松劲不得。虽然我现在已年迈，但我仍愿以自己的有生之年，继续在史前考古工作中"爬坡"，让中华文明之光更加绚丽璀璨！

（原载 2007 年 7 月《中华视点》杂志）

华夏第一村

——西安半坡母系氏族村漫游

历史总是属于昨天，然而在这里，一切近在眼前。

距今6700年、被称为“华夏第一村”的西安半坡母系氏族村，沐浴着二十世纪九十年代的阳光，终于苏醒复活了。

40年前，西安半坡遗址被考古工作者揭开神秘的面纱，重现了天日。然而，在遗址大厅里，展示陈列着的大量先民们的房屋遗迹、圈栏、窑穴、陶器及墓葬，却静静地沉睡了一年又一年。今天，在“半坡遗址”大厅的右侧，一个活生生的母系氏族村，却呈现在人们面前，使世人回归远古村落的奢望得以实现。

这个氏族村是由香港新勇（中国）投资有限公司与西安半坡博物馆合作投资复原修建的，占地约33000平方米。

⊙本书作者（左二）在华夏第一村

让我们到“半坡母系氏族村”中漫游一次吧。当人们进入半坡博物馆仿古大门，拾阶而上来到遗址大厅右侧的时候，一尊土黄色的巨大母体雕塑跃入眼帘。博物馆负责人王志俊介绍说，母体代表母系氏族社会，黄色代表黄河流域文化，昭示着半坡氏族村及黄河流域典型的母系氏族社会的一个聚落。步入母腹上的村门，人们穿过“时光通道”，来到一片浓郁静谧的树林，突然听到不远处阵阵喧嚣声。举目望去，只见身披兽衣、光脚、手持石制器的半坡村民，站在“浐河”吊桥一边，吆喝着、欢呼着，喜迎游客的到来。这时，人工峡谷、瀑布飞泻，清澈碧绿的“浐河”岸边，半坡先民们有的在垂钓钓鱼，有的在投叉叉鱼……“浐河渔趣”使人领略到母系氏族村平静原始的渔猎生活。

“浐河”左岸为半坡复原村，有17间按照史前房屋遗迹复原建造的草房，分别作为石器、骨器、渔猎工具、彩

⊙半坡村复原景（局部）

绘、陶器及装饰品等不同的作坊。徜徉于村社之间，只见半坡先民们正在房前制作着生产工具和各种彩绘陶器等生活用品。

接着，大家又来到村东北角的"狩猎白鹿塬"。这里地势起伏，灌木丛生，远处的丛林中，可闻野生动物的窜动声，只见几位半坡猎手拉弓搭箭，瞄准了猎物，不少游人高兴地加入狩猎行列，也拉起了弓箭。导游小姐介绍，在半坡母系氏族村，妇女在生产斗争和社会生活中，在社会上和家庭内都居于支配地位。农业生产处于原始的刀耕火种阶段，经常的农业生产主要由妇女承担，而渔猎生产主要由男子来承担。半坡彩陶已有了早期文字符号，孕育了汉字的萌芽，使我们民族走出了结绳记事的荒蛮时代。

越过"狩猎白鹿塬"，大家步入半坡"中心大房子"——这是以考古发掘资料为依据，采用"源于历史、高于历史"的手法修建而成的，总面积260多平方米。我们围坐在房内四周木竹制成的椅凳上或就地围坐在草垫上，一边聆听远古时的音乐，一边观看远古时的舞蹈。

告别半坡中心大房子，向北眺望，一尊巨大的半坡束腰尖底瓶和由各种彩陶堆砌而成的"陶山"赫然入目。山脚下。10多名半坡男女正用陶埙吹奏着优美动人的乐曲。"润耳清音土中来，千年古笛悠扬曲"，在这华夏第一村里，吹响了中国民乐的第一乐章。

（原载1994年7月8日《人民日报·海外版》和1994年9月16日《人民日报》）

拽“车”到“半坡”

——访石兴邦先生

乍一见，给人的印象，分明是淳厚朴实的老农或车夫。

他是陕西耀县人。新中国成立前夕毕业于南京大学，后为浙江大学人类学研究所研究生，长期在夏鼐先生指导下学习和工作。现任陕西社会科学院副院长、省考古研究所所长。在举世闻名的西安半坡、秦始皇兵马俑、扶风法门寺以及陕西的许多考古发掘现场，都留下了他的汗水和足迹。今天，他仍在进行着半坡遗址的发掘和研究工作。

半坡遗址位于西安市东郊浐河右岸的第二阶地，是20世纪50年代中国考古学的重大发现。1953年秋，中科院考古研究所派石兴邦等人对半坡遗址进行调查。次年，他率众开始了中国考古学史上第一次大面积探访考古发掘。

“考古学是一门科学，科学要求老老实实，来不得半点虚假，”石兴邦回忆起35年前的半坡发掘时说，“诚实是考古工作的本钱。考古工作者最重要的品质就是诚实。考古发掘的目的就是把古人遗留下的遗迹和遗物原原本本地揭露出来。”

在考古发掘现场，他亲自核对各种记录，亲自动手清理，从不放过一个遗迹现象，从不漏掉一件细小文物，对于灰烬也一一加以筛选。清理墓葬是十分细致的工作，他带头并要求大家必须用竹筏剔剥、毛刷清扫，严格使用铁制工具。考古发掘的记录（文字、绘图、照相）是文物发掘最基本、最原始的资料，石兴邦对此要求十分严格。发掘负责人必须亲自去做，随时去记，绝不允他人代替，也不许隔日追记，仅在半坡发掘过程中，他自己就写了十万多字的笔记。当时，半坡遗址的发掘采用大面积探方揭露法，这在我国考古界是第一次。在石兴邦的主持下，考古工作者栉风沐雨，风餐露宿，经过4年5次大规模的发掘和清理，先后开探方127个，发掘面积达1万多平方米，发现完整房子46座，墓葬250座，窑穴200多个，获得生产工具和生活用具万件之多。这种大面积探方揭露法的尝试，开辟了考古发掘的新途径，被普遍采用。

石兴邦认为，文物考古是古老而苍翠的事业，考古工作者不仅要腿勤，眼勤，嘴勤，而且还要手勤。由他主笔、10多位同志通力合作写成的《西安半坡》一书，重视利用考古实物资料来复原氏族社会的结构，这对中国考古学研究的理论和方法都有所突破。他除了从事繁忙的领导工作和社会活动之外，日夜兼程，先后编写出版了《西安半坡——原始氏族公社聚落遗址》、《半坡氏族公社》等著作及《黄河流域原始社会考古研究上的若干问题》等数十篇论文。不久前在西安举行的国际性考古学术讨论会上，来自国内外的专家们齐声称赞他对考古事业作出的贡献。但他认为，半坡仰韶文化的研究才进行了一半，就是说，“车”才到了“半坡”。下一步，得以此为基础，向秦、汉、唐拓展，并希望在农业起源和家庭、私有制、国家的起源研究上有所突破！

（原载《人民日报》及《黄土地的文明》一书）

陕北神木惊现史前最大石城遗址

距今四千年面积超4平方公里

⊙石峁城址外城东门鸟瞰

记者从陕西省文物局和陕西省考古研究院获悉，地处黄土高原北部边缘且距离黄河20多公里的陕北神木石峁遗址，是一处距今四千年、面积超过4平方公里的史前石城遗址，比已知的山西陶寺、浙江良渚的城址都要大，是我国迄今发现面积最大的古城址，这对于进一步探索中华文明起源等具有重要意义。

中国考古学会、国家文物局、陕西省文物局、中国社科院考古研究所、国家博物馆等40余位考古专家，最近对神木县石峁遗址发掘现场联合考察认为，神木石峁遗址是目前中国史前时期规模最大城址，在陕北黄土高原绵延的山梁上，这一遗址规模宏大的石砌城墙与以往发现的数量庞大的石峁玉器，显示出石峁遗址在北方文化圈中的核心地位。这一规模巨大的史前城址，堪称北方石筑城址考古的重大突破，初步发掘成果令人惊叹和震撼，为中国文明起源的探索提供了全新资料和视野。专家们就遗址的保护和下一步考古发掘、研究，纷纷各抒己见。

距今4000年左右的石峁遗址，位于神木县高家堡镇石峁村的秃尾河北侧山梁上，北距长城10公里，于1976年首次被发现，2006年被公布为全国重点文物保护单位。2010年以来，陕西省考古研究院和榆林地区文物部门联合组队，进行了系统调查和发掘，全面了解其分布范围和保存现状，确认石峁遗址是目前国内最大的史前遗址。考古队在此发现了保存相当完整、基本可以闭合的石砌城墙及城门、角楼和疑似"马面"等附属设施。调查发现，石峁石城分为外城和内

⊙出土的玉器残片

城，内城墙体残长 2000 米，面积约 235 万平方米；外城墙体残长 2840 米，面积约 425 万平方米。考古队初步判断，这些石墙与石峁遗址龙山晚期至夏代早期遗存年代一致，其规模远大于年代相近的良渚遗址（300 多万平方米）、陶寺遗址（270 万平方米）等已知城址，是目前所知国内规模最大的新石器晚期城址。

今年以来，考古队发掘了外城的东门址，其体量巨大、结构复杂、技术先进，发现了壁画、玉器和大量龙山晚期至二里头早期的陶器残片等重要遗物。初步认定石峁城址应当始建于龙山中期，延续至龙山晚期至二里头早期阶段，石峁遗址属于龙山晚期至夏代早期之间的一个超大型中心聚落。

日前，陕西省文物局局长赵荣一行在陕西省考古研究院书记陈显琪、院长王炜林等陪同下，冒雪视察了正在发掘的神木县石峁遗址。赵荣表示，石峁遗址的考古发现是近年来中国新石器时代晚期最为重要的考古发现之一，应尽快制定遗址长期的考古规划，并落实遗址的文物保护规划，将石峁遗址的发掘纳入到当地文化建设的体系中，通过对该遗址的发掘、保护、展示，尝试以文化遗产保护工作促进当地文化、经济的协调发展。

（2012 年 11 月）

⊙玉铲出土（照壁墙北端）

世界年度十大田野考古发现揭晓

神木石峁遗址高票入选

8月23日，首届"世界考古·上海论坛"发布了"2011年至2012年世界年度十大重要田野考古发现"以及九项"世界重大考古研究成果"，陕西神木石峁遗址高票入选世界年度十大重要田野考古发现。

2011年至2012年，陕西考古工作者对神木石峁遗址展开区域系统考古调查，发现了保存完整的由皇城台、内城和外城三部分构成的石砌城垣。城内密集分布着大量宫殿建筑、房址、墓葬、祭坛、手工业作坊等龙山文化晚期至夏代早期遗迹，城内面积逾400万平方米。2012年重点发掘了外城东门址及马面、角楼等附属设施，出土了玉器、壁画、石雕人像、陶器、石质生产工具等重要遗物。

石峁城址以皇城台为中心、内外城半包围环绕的环套结构，开启了中国古代都城建筑格局的先河；内瓮城墙体上彩绘的几何纹壁画，颜色鲜艳，图案精美，系中国古代美术考古及艺术史的重大发现；瓮城、马面、角台等城防设施的出现成为东亚地区土石结构城防设施的最早实物资料。

考古工作表明，石峁遗址系公元前两千纪前后中国所见规模最大的城址，它的发现为探讨中国文明起源形成的多元性和发展过程提供了全新的研究资料，对进一步理解东亚及东北亚地区早期国家的起源与发展具有重要意义。

（据2013年8月24日《陕西日报》）

来自考古工地的报告

陕南发掘新石器遗址发现迄今最早石棺墓

陕西省考古工作者最近在紫阳县马家营村发现了新石器时代遗址和迄今发现时代最早的石棺墓。

去年6月，陕西省安康水电站库区考古队为配合水库工程，在淹没区进行随工清理时发现了新石器时代遗址和龙山文化时期的4座石棺墓。

遗址发掘面积2000多平方米，发现了龙山—仰韶—李家村三个文化时期的三叠地层，清理房屋2座、墓葬8座、灰坑30多个；出土各类陶器79件、石器232件、骨器4件。距今4000—5000年的4座龙山时期的石棺墓，均为长方形，墓穴长90—210厘米，宽50—70厘米，深60厘米。墓棺由石板构成，棺内葬4—13人不等，初步鉴定均为男性，年龄多在30—40岁之间。随葬器物有壶、罐、钵等陶器、凿、镞等石器及骨剑、骨管等。出土的陶器与当地龙山文化时期的陶器相似。这种罕见的石棺墓的发现，对于探讨陕南与我国西南地区石棺墓的族属和分布，以及这一地区的文化渊源和民族、葬俗等有重要价值。

（原载1988年2月13日《人民日报》）

延安发现大型龙山文化遗址

最近，陕西延安市文物普查队在延安发现两处新石器时代的龙山文化遗址，出土了一批陶、玉器物和珍贵的“导流壶”，从而填补了黄土高原新石器时代考古调查的缺环与空白。

一处大型龙山文化遗址是在延安市碾庄乡芦山峁村发现的。该遗址占地达80万平方米，遗址内发现有灰层、灰坑、居住面、墓葬等，采取的标本十分丰富，主要为夹砂灰陶和夹砂红陶。纹饰为蓝纹，附加条带纹和交错绳纹，可辨器型为罐壶等，同时还发现了石镰等器物。在此之前，文物工作者曾在该村征集到龙山文化遗址的一批玉器，特别是7孔玉刀，长54.6厘米，宽10厘米，刃部两面磨制，有使用痕迹，实属国内罕见。

另一处龙山文化遗址是在延安市蟠龙镇纸坊沟村。遗址中出土的两件完整器物，十分珍贵。一件为夹砂红陶盆，另一件为夹砂红陶“导流壶”，外饰绳纹，内素面。壶高24厘米，底小肩大，腹径18厘米；顶部及近肩处开一口，口径为8.5厘米；另一侧近肩处辟有小孔，并附加泥条带作流，流长1.6厘米。根据实际操作试验，大孔为灌水之用，兼作錾或系之用；小孔为流，为倒水之用。类似的器物目前尚未发现，这是陕北黄土高原新石器时代考古的重大收获。

（原载1988年9月18日《人民日报》）

陕西发现两处新石器时代遗址

陕西省考古工作者，最近在千阳县和陇县相继发现两处规模恢宏的新石器时代遗址，这是近年来我国史前考古的又一重大收获。

这两处新石器时代遗址是考古工作者在宝鸡中卫铁路工地随工清理中发现的。千阳县冉家村距今七千多年前的老官台文化和距今五千至六千年的仰韶文化遗址，面积共计四十万平方米，从今年八月至今，已从一千多平方米的发掘面积中，发现数万件陶片以及大量石器、石片、灰坑、陶窑和房屋遗迹等，现已修复陶制盆、罐、盘、绘、钵、鬲等数十件。特别是首次发现了经火烧加工的骨器装饰品大骨片。这个遗址的面世，对在千水流域寻找早期仰韶文化遗存提供了丰富的珍贵资料。

尤为令人注目的是，在陇县原子头村发现的文化内涵丰富的新石器时代遗址。这个遗址占地约二十万平方米。日前，记者来到考古工地，只见排排坑穴已发掘坦露，原始聚落基址保存完整，布局清晰，已从一千平方米的遗址中发现仰韶时期半地穴、圆角方型房屋遗迹十五座，灰坑、窑穴五十多个，陶窑二座，各类陶器、石器一百多件以及数万枚陶片，其中仰韶文化的史家类型和略晚于史家类型的遗迹文物占一半以上。从出土文物和依次叠压的各文化地层来看，这里新石器时代老官台、半坡、史家、庙底沟、福嶺堡等不同时期类型的文化遗存都有发现。专家们认为，跨时代时间如此之长，遗存如此丰富的新石器遗址，在国内尚属罕见。

（原载 1991 年 12 月 10 日《人民日报·海外版》）

西安发现仰韶晚期超大型聚落

渭河流域中下游地区目前最大的仰韶晚期超大型聚落日前在西安高陵发现。

这一仰韶晚期大型聚落遗址，是今年 6 月初陕西省考古研究所杨官寨考古队，在泾河开发区配合长庆油田建设的考古工地中发现的。

该遗址为国内首次发现。遗址保存状况很好，文化层堆积厚达 3 米。遗址位于西安市城北高陵县姬家乡杨官寨村东侧，核心区面积约 50 至 60 万平方米，在方圆几公里（约数百万平方米）内呈不连续分布。陕西省考古研究所杨官寨考古队目前已发掘位于遗址区西南边缘的遗址 700 多平方米。

考古工作者发掘了一些灰坑和先古房屋遗址，出土了陶器、玉器、石器、骨器和兽骨，复原了 10 多件陶器，器型有盆、罐、钵、灶、杯、陶拍、陶装饰品等。此外还发现了石刀、石斧、石凿、骨坠饰、骨簪、骨锥和一些小型动物、鸟类的骨骼标本。考古队员在遗址进行调查时还发现了一件玉器的残片，初步判断为玉簪，这是陕西省继半坡遗址发现早期玉器后的又一次惊喜发现。

根据目前考古发掘，考古队专家初步判断该遗址的年代在距今 5000 年左右，它的性质相当于泉护二期文化。泉护二期文化是由著名考古学家、前故宫博物院院长张忠培先生在 50 年代提出的。随着考古发掘的深入进行和研究，有望解决泉护二期文化的相关问题，对进一步了解仰韶时期向龙山时期过渡的历史转变有着重要意义。

（原载 1991 年 12 月 10 日《人民日报》）

4000 多年前陕北人住“一室一厅简装”窑洞

在 4000 多年前的古代，陕北人是如何居住生活的？陕西省考古研究院公布的一项考古成果，为我们揭开了 4000 多年前，陕北古人的居住之谜，其中仍有一些谜团等待研究人员进一步破解。

房屋形式——“一室一厅”略带“装修”

为配合神佳米高速公路建设，陕西省考古研究院在去年下半年对寨峁梁遗址进行了发掘，该遗址位于榆林市榆阳区安崖镇房崖村，在神木的石峁遗址正南方向约 20 公里处。发掘中，考古人员首次较为系统完整地揭露了陕北地区 4000 多年前的村落遗址。

当时的村落啥模样？省考古研究院专家孙周勇介绍说，清理房址时，十分难得的是，有些房址保存比较完整，从而可以了解到当时人类的居住情况。这些房址多为前后连接的“套间”，主（后）室为圆角方形的全窑洞式房址，前室一般为方形半窑洞式结构，与今天的一室一厅差不多，主室相当于卧室，前室则相当于客厅。在卧室的地面，铺设有白灰地面，涂抹有白灰墙裙。

结构奇特——两房之间门道只有约 0.7 米高

发掘中，考古专家还原了当时的居住环境。孙周勇说，他们发现这些房屋在布局上都是成组成排的，十分规整，可见当初应该也是有规划的。而且还发现，房屋外都有院子，有的是三个家庭共用一院。可能这 3 家有亲属关系。

古人的“一室一厅”有多大面积呢？据介绍，此次发掘的室和厅，每间房大都在六七个平方米。厅与室相连的门道，用草拌泥涂筑的窄小门洞，宽约 0.5 米、高约 0.7 米。

从客厅进入卧室的门洞只有 0.7 米高，当时的人是如何出入卧室的呢？考古专家推测可能是躬身进入或匍匐进入，颇为奇怪。为何如此？有专家推测可能是为了保暖或为了让房屋更坚固，但具体是何原因，还有待进一步研究。

遗址属性——疑为“大都市”周围的村落

据介绍，该遗址大约 2 万平方米，目前考古人员只发掘了一部分，还将继续进行考古发掘，有望找到墓地等，来更好地揭示古人的生活面貌。

而该遗址与临近的石峁遗址有何关系？石峁遗址有 400 多万平方米，为史前发现的最大城址，考古人员发现，该村落遗址与石峁遗址年代差不多，或者略早一点，房屋结构、出土器物等方面都较为相似，考古专家推测，寨峁梁遗址应系石峁遗址下属的一般聚落，或为村落级别，如果石峁遗址是“大都市”，寨峁梁遗址则是“大都市”周围的村落。

（据 2014 年 1 月 23 日《华商报》）

四海歸黃祭黃陵

第三辑

「人文初祖」轩辕黄帝陵保护及谒陵纪实

国宝：轩辕黄帝像（汉代砖刻）

龙的故乡在黄陵

（一）

世界东方有一条龙，
龙的故乡在黄陵。
万里长城是那龙的身影，
黄河长江是那龙的魂灵。
五千年古柏，五千个年轮，
五千年沧桑，五千年文明。
五洲龙的传人，
四海归黄寻根；
点亮香火明烛，
升起心中崇敬，
愿香火万代，万代昌盛！

（二）

世界东方有一条龙，
龙的故乡在黄陵。
万里长城是那龙的身影，
黄河长江是那龙的魂灵。
八面的高坡，八万棵松柏，
八面的雄风，八方的赤诚。
五洲龙的传人，
四海归黄寻根；
点亮香火明烛，
升起心中崇敬，
愿巨龙腾飞，中华振兴！

（作于2003年，谱曲后曾在人民大会堂和黄帝陵祭祀时播放）

李瑞环：整修保护黄帝陵　增强民族凝聚力

⊙李瑞环（中）出席黄帝陵基金会成立十周年座谈会

中共中央政治局常委、全国政协主席、黄帝陵基金会名誉会长李瑞环，日前在陕西西安听取陕西省委、省政府和黄帝陵基金会负责人关于整修黄帝陵工作汇报时强调，整修和保护好黄帝陵，对弘扬中华文化，激励爱国热情，增强民族凝聚力，促进现代化建设具有重要意义。要广泛联系海内外同胞，群策群力，坚持不懈，把这件事办好。

李瑞环指出，在祖国现代化建设进程中，如何最大限度地把海内外同胞团结起来，把我们民族的巨大潜力挖掘出来，把人们的聪明才智发挥出来，始终是一篇必须下工夫研究的大文章。黄帝是中华民族历史上最有代表意义的旗帜，而通过整修黄帝陵工程，可以使所有的中华儿女在共同的祖先面前，搁置一切歧见，找到共同的语言，达到最广泛的团结，从而振奋民族精神，实现中华民族的伟大复兴。

李瑞环说，近年来整修黄帝陵工程，已有较大的进展，取得了显著成绩，在海内外引起广泛的反响。目前的难点仍然是资金不足。他说，解决整修工程资金问题，政府要大力支持，更重要的是应通过社会募集的方式，争取得到更广泛的支持，使更多的人有机会为中华民族始祖的陵墓添一把土，尽一份心。

李瑞环强调，整修黄帝陵既要抓紧当前的工作，又要有长远的考虑。规划、整修、植树以及宣传都要扎扎实实，精益求精。整修和保护黄帝陵是一项长期的工作，要年复一年地搞下去。要逐步形成一套建制、一班人马，保证各项工作不停顿地顺利实施。

出席会议的有陕西省委书记张勃兴、省长白清才、省政协主席周雅光、全国政协副秘书长周干峙、国家文物局长张德勤等。

4 月 3 日至 6 日，李瑞环在陕西进行了考察。考察期间，李瑞环还视察了秦兵马俑二号坑工地，会见了参加公祭黄帝陵并出席海峡两岸建筑学黄帝陵整修研讨会的专家、学者。

（原载 1994 年 4 月 7 日《人民日报 • 海外版》）

重修黄帝陵的指导思想基本确定

陕西省文物局已提出 5 种设计方案、效果图和模型

中央不久前作出决定，对中华民族始祖黄帝的陵园进行重新规划、整修，并决定从明年清明节起公祭仪式由国家领导人主持。经过实地考察、现场勘测和反复讨论，重修黄帝陵的指导思想已基本确定，有关部门已提出 5 种较有深度的设计方案、效果图和模型。

黄帝陵园包括黄帝陵冢和轩辕庙两部分。相传黄帝陵冢创建于秦代，轩辕庙始建于汉代，宋代将它从桥山西麓移建于东麓今址。历代在陵区栽植的 8 万余株古柏，至今仍枝繁叶茂，郁郁葱葱，成为黄土高原上的独特景观。

黄帝陵重新规划整修工作，由建设部和国家文物局协助陕西省进行。5 月上旬，陕西省文物局组织省内有关规划、设计单位和大专院校的专家、学者赴黄帝陵进行实地考察和现场勘测，经过一个月夜以继日的努力，分别提出了 5 个较有深度的设计方案、效果图和模型。

经过反复讨论，基本确定重修黄帝陵的指导思想：一、要创造出“雄伟、庄严、肃穆、古朴”的气氛，使来此祭祀、瞻拜者有“圣地”感；二、规划设计要从大的空间环境着眼，使黄帝陵与周围的山川、农田和县城形成一个协调的整体；三、要体现中华民族历史文化源远流长和博大精深，以激发人们的民族自豪感与凝聚力。根据以上指导思想和提高祭祀规格的要求，陵冢和轩辕庙应予扩大；桥山上的古柏，是活的文物，一定要保护好；陵园重修时，建筑应采取秦汉时的风格，突出古朴典雅的格调，要选择适宜位置，用牌楼、华表、阙门、石碑、雕塑等形式，展现黄帝的功德和上下五千年对中华民族发展具有特别重大的影响的历史人物和事件，借以弘扬中华民族悠久的文化传统和民族的繁荣昌盛，增强艺术感染力。

⊙有关领导和专家观看黄帝陵整修规划模型

⊙本书作者（中）与香港凤凰卫视主持人吴小莉在黄帝陵合影

建设部和国家文物局提出，要继续扩展和深化现有的几个规划设计方案，在形成三四个构思各有特点而且较为成熟的方案后，通过中央有关报刊发表或出版专集，向海内外专家和各界人士广泛征求意见，以吸引亿万炎黄子孙关心和参与这项具有历史意义的工作。

据史籍记载，为了缅怀黄帝的丰功伟绩，表达对先祖的崇敬心情，从秦汉以来，历朝皇帝和执政者，都亲自或以朝廷、政府名义派大员前来祭奠。1912 年，孙中山派“中华民国”的 15 名官员组成代表团，赴黄陵拜谒。此后，政府均派中央代表驰抵黄陵致祭。特别是 1937 年和 1938 年，国共两党共同祭陵，毛泽东亲笔写了祭文，成为两党关系史上的佳话。1942 年，蒋介石也亲笔为黄帝陵题字。新中国成立后，一般由陕西省副省长或省人大常委会副主任担任主祭。

根据当前形势和陕西省、台港澳同胞、海外华侨、华人的建议，中央决定从明年起，把公祭升格为国家级，一般由全国人大常委会副委员长或国务院副总理主祭，全国政协及各民主党派，各省、市、自治区派代表参加，并欢迎台港澳同胞和海外华侨、华人光临。黄陵县还在每年重阳节传说黄帝升天之日举行盛大的秋祭，平时举行各种形式和规模的团体、个人祭祀、瞻仰活动，陕西省和黄陵县将为前来拜谒的海内外炎黄子孙提供必要的设施和服务。

（原载 1990 年 8 月 13 日《人民日报·情况汇编》）

重修黄帝陵园，提高祭陵规格

⊙中央及陕西省党政领导共祭奠黄帝陵

中央领导同志提出，对中华民族始祖黄帝的陵园进行重新规划整修，并决定提高祭陵规格，公祭仪式由国家领导人主持。

位于陕西省中部黄土高原上的黄帝陵是海内外炎黄子孙谒拜祭祖的圣地，被列为全国重点文物保护单位中的古墓葬第一号。中央关于重修黄帝陵和提高祭陵规格的决策，对于弘扬中华民族悠久的历史文化，振奋民族精神，增强民族凝聚力和民族大团结，具有重大的意义。

黄帝是我国远古时代传说中的伟大人物，姓公孙，名轩辕，生于山东寿丘，葬于西安北一百九十多公里的黄陵县桥山。他率领先民作衣冠，造舟车，务蚕桑，创医学，是中华民族古代文明的缔造者，他的后代繁衍遍及中华大地，“黄帝”是后人对他的尊称。

黄帝陵园包括黄帝陵冢和轩辕庙两部分。相传黄帝陵冢创建于秦代，轩辕庙始建于汉代，宋代从桥山西麓移建于东麓今址。怀着对黄帝的崇敬之情，历代黄帝子孙在陵区栽植的八万余株古柏，至今仍枝繁叶茂，郁郁葱葱，成为黄土高原上罕见的独特景观，但陵、庙的规模与号称“天下第一陵”的地位很不相称。

黄帝陵重新规划整修工作，由建设部和国家文物局协助陕西省进行。根据中央领导来陕西考察文物工作时提出重修黄帝陵的意见，陕西省委、省政府于 1990 年 5 月初作了认真研究部署，五月上旬，省文物局组织省内有关规划、设计单位和大专院校的专家、学者赴黄帝陵进行实地考察和现场勘测，经过一个多月夜以继日的努力，就分别拿出了五个设计方案、效果图和模型，于六月初在省委书记张勃兴、副省长孙达人的率领下赴京向中央领导同志和有关部门、专家汇报。

中央领导同志指出，黄帝陵重修是个大问题，这件事炎黄子孙都有发言权。方案要广泛听取意见，使之更加完善，在适当的时候，把方案拿到更大的范围、更高的层次去讨论。国家领导人指出，黄帝陵整修，一定要注意保持历史原貌。全国人大常委会副委员长习仲勋说，讨论黄帝陵重修方案时，还要请一些台湾和海外华人、华侨中的知名人士前来参加，吸收他们好的意见和建议。

根据中央领导同志的指示，陕西省相继邀请文物、建筑界以及有关高校的知名专家前往黄陵考察，并听取了陕西省几个初步规划设计方案的介绍，在此基础上，提出了一些重要的指导性意见。

经过反复讨论，基本确定重修黄帝陵的指导思想是：一、要创造出“雄伟，庄严、肃穆、古朴”的气氛，使来此祭祀、瞻拜者有“圣地”感；二、规划设计要从大的空间环境着眼，使黄帝陵与周围的山川，农田和县城形成一个协调的整体；三、要体现中华民族历史文化源远流长和博大精深，以激发人们的民族自豪感与凝聚力。根据以上指导思想和祭祀规格提高的要求，陵冢和轩辕庙应予扩大；桥山上的古柏，是活的文物，一定要保护好；陵园重修时，建筑应采取秦汉时的风格，突出古朴典雅的格调，要选择适宜位置，用牌楼、华表，阙门，石碑、雕塑等形式，展现黄帝的功德和上下五千年对中华民族发展具有特别重大影响的历史人物和事件，借以弘扬中华民族悠久的文化传统和民族的繁衍昌盛，增强艺术感染力。

⊙本书作者与全国政协副主席刘延东在黄帝陵合影

建设部和国家文物局提出，要继续扩展和深化现有的几个规划设计方案，形成三四个构思各有特点而且较为成熟的方案后，通过中央有关报刊发表或出版专集，向海内外专家和各界人士广泛征求意见，以吸引亿万炎黄子孙都来关心和参与这项具有历史意义的工作。

为了缅怀黄帝的丰功伟绩，表达对先祖的崇敬心情，据史籍记载，从秦汉以来，历朝皇帝和执政者，都亲自或以朝廷、政府名义派大员前来祭奠。一九一二年，孙中山派“中华民国”的十五名官员组成代表团，赴黄陵拜谒，以后政府均派中央代表驰抵黄陵致祭。特别是一九三七年和一九三八年，国共两党共同祭陵，毛泽东亲笔写了祭文，成为两党关系史上的佳话。一九四二年，蒋介石也亲笔为黄帝陵题字。新中国成立后，一般由陕西省副省长或省人大常委会副主任担任主祭。

根据当前形势和陕西省、台港澳同胞、海外华侨、华人的建议、中央拟定从一九九一年起，把公祭升格为国家级，一般由全国人大常委会副委员长或国务院副总理主祭，全国政协及各民主党派，各省、市自治区派代表参加，并欢迎台港澳同胞和海外华侨、华人光临。黄陵县还在每年重阳节传说黄帝升天之日举行盛大的秋祭，平时举行各种形式和规模的团体、个人祭祀瞻仰活动，陕西省和黄陵县将为前来拜谒的海内外炎黄子孙提供必要的设施和服务。

（原载 1991 年《黄土地的文明》一书）

黄帝陵基金会在京成立

李鹏题词、李瑞环写信祝贺

⊙公祭黄帝陵典礼之前本书作者（右二）与黄帝陵基金会会长孙天义（左二）等在轩辕庙前广场合影　（祁鸿斌　摄）

为了弘扬民族文化，整修保护和管理好堪称“天下第一陵”的中华民族人文始祖陵寝，黄帝陵基金会今日在京成立。

国务院总理李鹏为基金会成立题词：“发扬中华文化，振奋民族精神”。中共中央政治局常委李瑞环写信祝贺：“黄帝是我们民族的人文始祖，黄帝陵是中华儿女共同敬仰的圣地。做好黄帝陵的整修和保护工作，对弘扬中华文化、激励爱国热情，增强民族凝聚力，促进四化建设，具有重要意义。希望基金会广泛联系海内外同胞，群策群力，为又快又好地完成这项任务做出贡献。”

黄帝陵基金会成立大会由中华炎黄文化研究会和陕西省整修黄帝陵工作领导小组主持。黄帝陵基金会名誉会长薄一波在成立大会上讲了话。

中华炎黄文化研究会执行会长萧克还热情地宣读了他为基金会书写的一副楹联：“黄陵雄立示大统，神州胄衍皆同根。”陕西省副省长郑斯林，基金会会长、著名历史学家张岂之介绍了整修黄帝陵工程和黄帝陵基金会有关情况。基金会设在西安市。

（原载 1992 年 10 月 30 日《人民日报》）

谒祖寻根

——记西安交大香港和海外校友谒拜黄帝陵

1986年6月5日清晨，三辆大客车疾驶在西安通往黄陵县的公路上。车内乘坐的是33位参加西安交大建校90周年暨迁校30周年活动的香港和海外的校友以及他们的夫人、子女。

黄陵，轩辕黄帝的寝陵。凡我中华子孙，谁不以能来谒拜自己的祖先为幸！

“此是电磁始祖心”

车内，一位85岁高龄的老教授，扶着老花镜，凝望着窗外的景色：金色的麦浪、青翠的树林、透迤的山峦。这位20年代的交大毕业生是专程远涉重洋从美国赶到西安参加校庆的。当他知道黄帝陵离西安城只有200多公里时，不顾年老体迈，加入了祭扫黄帝陵的队伍。他说这次机会太难得了，身为炎黄子孙，哪有不谒拜自己的始祖之理？

传说轩辕黄帝造出了指南车，而指南车的原理就是用上了磁。当老先生看到沿途连绵山峦上高耸蓝天的高架电线塔时，即兴赋诗一首：“轩辕黄帝创指南，此是电磁始祖心；铁塔而今输万千，农工溥利感戴深”。他感激地说，轩辕黄帝不仅是中华民族的始祖，也是科学文化的始祖，海外我们这些交大的校友要为发展科学、振兴中华共耘同耕。

黄帝子孙 同气连根

经过近五小时的行驶，汽车停在黄陵县桥山半山腰上。沿着石阶，交大校友们拾阶而上。沿途翠柏遮天，据说有六万多株，历代人们只植不伐，以示对始祖的崇敬和虔诚。

登完了225个石阶，路经“文武官员至此下马”石碑，校友们见到了渴望已久的华夏始祖的黄陵墓。寝陵位于桥山之巅，沮水环绕山麓，一派清肃穆气。

下午一点半，祭扫黄帝陵典礼开始了。主祭人是八旬高龄的交大校务委员会副主任苏庄，他首先代表前来祭祖的校友们，向人文初祖黄帝三鞠躬，并向黄帝陵敬献了由鲜花翠柏编成的花篮。随后他宣念祭文：滔滔黄河，九曲东流。立国迄今，五千春冬。

⊙西安交大和台湾大学师生共祭奠黄帝陵

人文始祖，功若日悬，今我华夏，再次飞腾；展四化之宏图，熠熠煌煌……凡我华裔，黄帝子孙；或居河淮南北，俱是一脉赓续；或处台港五洲，皆乃同气连根。……听着祭文的香港、海外校友，有的眼睛湿润了，有的禁不住迈步祭台，向黄帝陵深深鞠躬。许多人作了感人肺腑的即兴发言。美国宾州大学教授顾毓琇、美国威斯康星——梅迪森大学教授吴贤铭相继登台，说明轩辕黄帝还是土木、交通和机械的始祖。因为“轩辕”二字是“车”旁，车是离不开齿轮的。美国马里兰大学教授凌宏璋说：“黄帝是中华民族最早的发明家，他做衣冠、造舟车、务蚕桑、创医学，开创了中华文明。是中华民族的骄傲！”美洲交大校友会会长杨天一，祖籍江苏海门．父母亲坟葬于杭州。他认为黄帝，是中华民族生命之源，自己的根在中国。他曾四次回大陆探亲访友。这次，他特意又领着女儿杨萍回国，前来祭扫黄帝陵。他说：“我们能有机会回国拜祖寻根，十分荣幸。这次我带女儿来，就是要让她牢记自己是炎黄子孙，任何时候都不要忘记祖国！”

踏着祖先脚印前进

谒拜了黄陵，步入轩辕庙。庙内十余庞然古柏，郁郁苍苍，巍然挺拔，它们舒展着遒劲的枝丫，好像在召唤远方游子的归来。

入门左侧二株古柏，高 58 尺，下围 31 尺，谚云：“七搂八拃半，圪里疙瘩不上算。”可知其径围之大。相传此柏已 5000 多岁，系黄帝当年手植，堪称群柏之冠。

巨柏浓荫下，只见一对年过半百夫妇，仰望虬枝粗杆在凝神徘徊。他们是来自美国明尼苏达大学的华人教授肖之隽和袁昭颖博士。他俩生长于北京，40 年代赴美攻读，取得优异成绩。1979 年以来，他们为了中美两国人民和两国高校之间的友谊与合作，不辞辛劳，多次奔波大洋两岸，为架起友谊之桥，做出了贡献，先后促使了美国明尼苏达州和中国陕西省建立了姊妹州省关系，促成了明尼苏达大学与西安交大、上海交大、清华、北大等十余所大学达成校际间友好来往关系。这次夫妇俩回国朝拜先祖，站在巨柏之前，尤感华夏历史之悠悠，人生年华之匆匆。肖之隽说，时间，对我们中华民族来说太宝贵了！我们每个中国人只有争分夺秒，努力工作，才能无愧于先宗列祖！袁昭颖说，这些年，我们能为中美人民之间的合作与友谊尽一份力量，感到很有意义，算没白活！她告诉记者，在海外的华人学生，学习都很刻苦，一般学习成绩也比外国学生好，没有给咱们民族丢脸。特别使他感到欣慰的是，来自中国内地和台湾的学生相处得十分融洽，看来祖国统一，中华振兴，已是大势所趋。

往庙内走去，留在石板上的黄帝脚印，引起了他们夫妇的兴趣。只见这双宽阔的脚印镌刻在一米见方的青石上．相传黄帝出外巡察时光着双脚，有人根据他留在河滩胶泥上的脚印，做了一双靴子。后来黄帝乘龙升天时，臣民们紧紧拽住他的衣襟和靴子不放，把衣襟和靴子拽了下来，埋在桥山之上。后人为了纪念黄帝，每逢清明，都要照黄帝的脚印大小做一双高筒靴子，拿到陵前火化，担心黄帝在天宫没有靴子穿。为了避免黄帝脚印失传，不知哪朝哪代，有人把黄帝的脚印刻在青石之上。听了这美妙的传说，肖之隽夫妇相继站在石脚印上比试了一番。肖教授高兴地说：“哟，祖先的脚印比我的脚长一倍！”袁博士望着丈夫，会意地说：“我们祖先伟大，迈的是巨人步伐。我们这些炎黄子孙，可要沿着祖先的脚印前进哟！”

（原载 1986 年 6 月 8 日《人民日报·海外版》）

四海归黄

——1987年清明祭扫黄帝陵纪实

天下第一陵——轩辕黄帝陵，从古至今，为世世代代炎黄子孙尊崇拜谒之地。于右任先生说："自古以来，每岁之春，扫祭黄陵，唯我民族独有之礼。"年年祭扫，岁岁封茔．在我国已代代相沿成习。

一九八七年清明节，海内外炎黄子孙怀着崇高的民族意识和民族感情，从五湖四海，从大洋彼岸，从世界各地来到陕西黄陵县古柏参天的桥山之巅，寻根问祖，祭扫拜谒……

霁雨初晴，大地湿润清新。上午九时，祭陵仪式在肃穆典雅的古乐声中开始。这古乐是陕西省古典乐团专门为祭陵谱曲演奏的。悠扬的乐声回荡在苍柏丛中，激荡在人们的心头。伫立在黄帝陵前的五千名海内外同胞代表深深地向黄帝陵一鞠躬、二鞠躬、三鞠躬……陕西省和黄陵县、延安市等有关部门敬献了花篮花圈。这之后，民间参拜仪式开始。一位当地白髯拂胸的老人和一位银发健朗的老大娘，领着一对男女儿童，手捧供馍美酒等，敬献于陵前。在灼灼的烛光和阵阵乐声中．老人满斟一杯美酒，轻轻浇洒在陵前，以示对先祖的崇敬和祝愿。供桌上摆着用白面蒸做的插花大馍和两对狮子老虎馍，造型古朴精美，使摄影记者们大感兴趣连连按下快门。这天也是黄陵县人民的盛大节日。家家夜以继日地编制花篮花圈，蒸做插花面食供品。当地妇女都有一手做供馍的绝艺。揭开蒙在供篮上的白毛巾，只见各种花馍绚丽多彩：金龙、玉凤、牡丹、飞燕……令人目不暇接。从美国俄亥俄州立大学回国的荆允毅教授，亲眼目睹国内同胞对祖先的崇敬之情，双眼湿润了。他感慨地说："孝敬祖先，孝敬老人，是我中华民族炎黄子孙

⊙海内外同胞共祭黄帝陵

特有的传统美德。我久居海外，深知人情之薄。英语里就没有这个‘孝’字啊！”祭陵开始后，当荆允毅教授将一块镌刻着“四海归黄”的金字横匾敬献于陵前时，在场的人们个个心潮翻滚：这四个字，多么真切地表达了炎黄子孙敬祖爱国的拳拳之心啊！侨居新加坡的翁惠华女士心情格外激动。她说：“今天，我像女儿回到了娘家一样高兴。我们这些海外儿女，要为母亲做点贡献才对。现在，我的儿子正在西安利用外资合营兴建一座‘丝绸之路宾馆’，我要鼓励他把这件事办好！”

年过六旬的比利时华侨联合会主席黄潮普，全家七口前来谒陵。他仰望着满目青翠的桥山和遮天蔽日的黄帝亲植柏，说：“我姓黄，是黄帝的子孙，这次回国拜祖，我们的心与祖国贴得更紧了。”轩辕庙里一块石板上的黄帝的“脚印”引起了他的兴趣。黄潮普先生站在“脚印”上一比，“脚印”竟是他脚长的二倍！望着宽大、趾齐的石脚印，他回头对哥哥说：“人生在世，每个人都会留下自己的脚印。我们祖先迈的是巨人的步伐，留下的是巨人的脚印。我们炎黄子孙，要沿着黄帝的脚印前进！”这时，来自印尼的著名音乐家黄武殿先生，轻轻哼起了他谱曲的《我漫步在黄帝陵前》：“……我弯腰抓把黄陵前的黄土，珍藏在自己赤诚的胸怀。啊，你甘甜的乳汁，你亲切的呼唤，饱含着多少慈母的期待！”

今年清明节，也是国共两党合作后首次同祭黄帝陵五十周年纪念日。在此之前，民国初创，孙中山曾派员致祭黄帝陵，亲笔写了题词：“中华开国五千年，神州轩辕自古传。创造指南车，平定蚩尤乱，世界文明，唯有我先。”一九三七年四月五日清明节，适逢第二次国共合作，两党均派要人驰抵黄陵共祭民族始祖。毛泽东亲笔写了祭文。文中对“赫赫始祖，吾华肇造”、“建此伟业，雄立东方”进行了热情讴歌；对日寇侵华，“以地事故，敌欲岂足”，“人执苔绳，我为奴辱”予以无情地揭露，同时发出了“频年奋斗，备历险夷，匈奴未灭。何以家为”的誓言和“民族阵线，救国良方”的呼吁。这篇光耀千古的祭文，至今掷地有声，振聋发聩！一九四四年，蒋介石亲笔写的“黄帝陵”三字碑，今尚在轩辕庙内妥存。前来恭祭的民革陕西省委副主委、西安黄埔军校的同学会副会长高凌云，追忆往事，缅怀先贤，激动地说：“既然五十年前，在山河破碎、国难当头之际，国共两党能捐弃前嫌，团结抗日，共同来此祭祖；如今时逢盛世，国运昌隆，更应携手合作，共兴华夏，以告慰于先祖之灵。”

八十一岁高龄的澳门归侨总会主席梁披云，满面春风地专程赶来参加祭陵活动。他拄着拐杖，健步登陵，高兴地对记者说：“香港、澳门将先后回归祖国，数百年的殖民统治将宣告结束，作为黄帝子孙怎能不高兴？如我祖黄帝在天有灵，也会眉开眼笑的。”他深情地远眺了一眼苍莽无垠的大地说：“现在港澳和海外一些朋友担心国内政策会变，我参加全国政协会以后，明了了国内的政策是不会改变的。如果说变，只能越变越好，越有利于祖国统一，越有利于华夏振兴。我相信，在中共‘一国两制’的构想下，台湾迟早也要走上回归统一之路。到那时，我们的国家将会更强大，我们黄帝子孙将会给人类做出更大的贡献。”台湾同胞、香港观佳贸易有限公司董事长黄茂雄，当即找到黄陵县县长徐胜利，表示要捐赠十万元人民币绿化修葺黄陵。他说：“这点钱，就算我代表台湾人民，为黄帝陵封茔添把土吧！”

（原载 1987 年 6 月 20 日《团结报》）

归去来兮

——1988年海外同胞拜谒祭扫黄帝陵纪实

归来了，归来了，他们不远万里，风尘仆仆地归来了！

戊辰清明，四海归黄。四十多位海外侨胞、港台澳同胞，终于来到中华始祖——轩辕黄帝陵前。步入莽莽的古柏林海，犹如扑进母亲的怀抱，登上满目青翠的桥山，如同来到了历史的源头。他们寻根问祖、祭陵谒拜，心潮漾起默默的祝愿，目光里流溢着美好的企盼……

他们祝愿民族团结、中华振兴。

他们企盼祖国统一，同拜黄陵。

⊙本书作者与蒋孝严先生（右二）、人民日报记者何小燕（右一）祭黄陵时合影　（祁鸿斌　摄）

天麻麻亮，一辆白色的面包汽车，划破灰蒙蒙的雾霭，驶进黄陵县城。从车上下来的是香港联合交易所有限公司副主席湛兆霖一家六口，同车赶来的还有香港世界国际发展集团董事总经理程万琦和美国纽约市华裔共和党领袖谭启明。当湛兆霖和程万琦先生看到自己捐款恭修的轩辕黄帝巨幅石雕像已经安置于轩辕庙正堂的时候，不禁心潮滚滚，思绪万千。他们对记者说：从古到今，凡是中国人，不论流落异国他乡或者浪迹天涯海角，都不会忘记自己是黄帝的子孙。孝敬祖先，祭扫黄陵，是我民族独有之礼。我们期待着有朝一日圆月高悬照九州，海峡两岸亲人共祭祖！

在新修的碑廊上，记者们把来自香港的台胞黄茂熊先生围了起来。黄先生上次来黄陵祭陵时，主动找到黄陵县长，表示捐赠十万元人民币修葺黄陵。他说："这点钱，就算我代表台湾人民为黄帝陵封茔添把土吧！"这三十间碑廊，就是用他的捐款修建的。他说：大陆的大门已经敞开，我每年都要回来看看；可是台湾的大门才开了个缝，我还是回不去啊！在台湾，我还有弟弟，妹妹等亲人，我日夜思念他们；大陆还有近三万台胞在盼望着回台湾探亲啊！炎黄子孙情同手足，愿台湾当局早日拆除藩篱，让亲人思念之泪莫再流，举杯同饮合欢酒！

"咦，他怎么那么面熟？他不是去年清明来黄陵祭祖的香港建秦有限公司董事总经理董健先生吗？"一点不错，正是他。就是他，去年把在台湾的父亲、"国大代表"罗甸服亲笔画的奔马图敬献于黄帝陵前；今年，他又受父亲的嘱托，将父亲书写的"黄帝始祖、人类根源"的条幅敬献于黄陵。他望着桥山，深情地说："我年迈的父亲，每年清明都隔海遥望黄陵叩拜。他说，思母报恩，思祖报国，是中国人的美德。我期望着和父亲一起高香明烛，同拜黄陵这一天。"

在拜谒黄帝衣冠冢时，只见一位浓眉阔面、身体敦厚的老人，和一位身着红装的年轻女士在向黄陵朝拜。他们就是冯玉祥将军之子、美国泰山工业公司总裁冯宏志和外甥女谷维贞。冯先生望着潮水般的谒陵乡亲，心潮一阵涌动，双眼不禁湿润了。为了祖国早日统一，老人曾两次给蒋经国写信，劝他当机立断，在生前实现祖国统一，以告慰先祖在天之灵。一九八七年夏天，冯先生回国参加“七・七”事变五十周年纪念活动，特意到浙江溪口蒋经国生母坟上捧回三把土带回。八月份，他将坟土，照片附上他的信寄给蒋经国，希望蒋经国见物思人、见土思乡、早除介蒂，实现祖国统一，以实现他为母亲扫墓，将父亲棺木运回紫霞湖安葬（蒋介石生前看中的坟地）的夙愿，否则，上对不起祖宗，下对不起子孙。九月十六日，蒋经国采取了松动政策，宣布由一个五人工作小组就开放大陆探亲方案进行审议，十一月二日做出部分在台人员可以回大陆探亲的决定。最近，冯先生看到台湾当局政策又有所放宽，在百忙之中专程来黄陵祭祖。他兴奋地说：“祖宗留下的土地一寸也不能丢，海峡两岸黄帝子孙再不能分疆而治，形同敌国了！祖国统一大势所趋，翘首可望！”谈到这里，冯先生突然眉头一皱，说：现在台湾的一些老兵，生活拮据，回国有困难，我想大陆政府可以派轮船到台湾接送他们免费回国探亲。我想，台湾当局没有理由加以拒绝。他还建议，不仅大陆的动物（如熊猫）可以送到台湾交换，而且祖宗留下的文物，如秦始皇兵马俑、法门寺地宫珍宝，也可以选出点送到台湾展出啊！为什么国宝兵马俑可以到外国去展出，而不能到自己的国土台湾去展出呢！

祭陵后，海外游子们挥锹浇水，栽下了株株护陵幼柏。他们乘车下山，在途中侃侃而谈。一排小汽车在蜿蜒的山路上飞驶着。突然冯宏志先生说：“看，尽是外国车。”他认为，为什么不省下钱支援像黄陵县这样的穷困地区呢？要关心、支持民族汽车工业的发展，不要乱花钱。

“我们在海外的中国人，无不希望祖国强大！”来自大洋彼岸的联合国人口活动基金会一级专员潘君密接上了话茬：“我在国外看到中国原子弹、氢弹发射成功的消息后，激动得流下了眼泪呢！”这次回国谒祭黄陵，恰逢北京召开盛会，代表和委员们的一言一行，国内政策的一举一动，都牵连着他的心。在汽车上，他也禁不住发表自己意见：为了促使祖国早日统一，希望政府在做好台湾上层工作的同时，把着眼点放在台湾人民身上，对于“台独”，也要区别对待，除了个别顽固分子之外，对于一般“台独”分子，也要做好分化、团结和争取工作；他建议，在福建沿海，比如厦门附近，可以设立台湾经济特区，让归国的台胞去管理，并借此加强与台湾或来往台湾船只、渔民的联系和交往……

他的这番话，引起了大家的关注。

“你的建议有新意，看来，旁观者清啊！”大伙说。

“哪里！我可不是旁观者！我下一步就要回国定居，有生之年为祖国尽点绵薄之力！”

潘君密先生的话，道出了海外游子的共同心愿。

再见了，朝思暮想的黄陵！再见了，祖辈生息繁衍的土地！海外游子们手捧一把桥山黄土，采撷一片黄陵翠柏，登上挥别的汽车。他们带走了一怀眷恋深情，留下了串串爱的足迹，走远了，走远了……

（原载1988年4月13日《人民日报・海外版》）

共为始祖尽孝心①

——海内外同胞踊跃捐款整修黄帝陵

甲戌清明，四海归黄。前来桥山谒陵祭祖的炎黄子孙，怀着对先祖的至诚肃敬之心，纷纷为整修轩辕黄帝陵解囊捐款，为中华始祖尽份孝心。

4月4日晚，在陕西省黄陵县轩辕宾馆大厅举行的整修黄帝陵捐款仪式上，黄帝陵基金会会长、著名历史学家张岂之首先向海内外来宾宣布：中共中央政治局常委、全国政协主席李瑞环，在听取陕西省就整修黄帝陵和黄帝陵基金会工作的汇报后，带头将自己补发的2000元工资全部捐出，为老祖宗尽点心，尽点孝。在他的带动下。在场的陕西省委、省政府和国家文物局的领导同志也纷纷慷慨解囊，以表为黄陵封茔添土之情。

像春风吹皱了一池清水，大厅里顿时骚动起来。“对，有钱出钱，有力出力，作为炎黄子孙都应为整修中华始祖陵寝出把力！”中共中央统战部副部长、全国人大华侨委员会副主任万绍芬站起来说，会场上悬挂的两幅标语，反映了炎黄子孙的共同心情：“轩辕黄帝吾始祖，中华民族皆同根”，“弘扬轩辕黄帝功德，重振中华民族雄风”。接着她当众宣读了香港金利来集团董事长曾宪梓先生托她捎来的一封信。并告诉大家。曾先生为表示对先祖的至诚之心，决定捐款20万元人民币整修黄帝陵。万绍芬言犹未尽，随即捐款1000元。她说：“我捐的太少了，就算为黄帝陵添把土吧！”

⊙黄帝陵二期整修工程竣工后的鸟瞰图

①获陕西省第三届宣传中国共产党领导的多党合作和政治协商好新闻一等奖。

新疆维吾尔自治区政府为整修黄帝陵捐款 20 万元，区政府办公厅主任苏天虎也在会上表示："轩辕黄帝是中华各民族的共同始祖，黄帝陵是天下第一陵。为整修黄帝陵作点贡献，是每个炎黄子孙义不容辞的责任！"

古柏万丛迎赤子，高香明烛祭先祖。台湾中华全球建筑学人交流协会理事长林长勋走上台，深情地说："每逢清明，台湾的许多黄帝子孙们都翘首大陆，遥祭黄陵。今天，我们 20 位同仁能亲自来黄陵祭祖感到十分荣幸。这里我抛砖引玉，为黄陵捐款 1000 元美金，以略表对始祖的敬仰。"

"台湾中华伦理教育学会王丽侠女士表示捐款 200 万元人民币，请她讲几句话！"在热烈的掌声中，王丽侠女士款款地从会场后面走上前台。她情深意切，话如泉涌："同胞们，兄弟姐妹们，轩辕黄帝已成为我们心目中的圣祖。在台湾我们已捐款修建了 8 座轩辕庙，我们还先后组织了 1000 多人来大陆祭祖扫陵。这里我告诉大家一个十分兴奋的消息：今天，我在轩辕庙前上香时，终于找到了轩辕的后代，一位姓轩辕的先生！"原来，王丽侠女士的父亲生前敬仰轩辕，把轩辕奉若神明，并告诉她现在大陆同胞姓轩辕的已不多了，但她多次来大陆都没有找到，没想到今天在黄帝陵前见面了。她兴奋地问："大家愿意不愿意见一见这位姓轩辕的先生呀？"

在一片热烈赞同声中，一位身穿西服的年轻人走上台。他叫轩辕耀，是江苏溅泗县工商支行金鹰实业发展公司的业务经理。今年年初，他在报上看到各地捐款修建轩辕黄帝陵的消息，就向基金会寄了 200 元。他当场表示再捐 1000 元，以尽对先祖的一份孝心。

黄帝陵在陕西，陕西各界到 1993 年底共为整修黄帝陵捐款 564 万元。今天，又有 20 家企事业单位和市县，再捐款 680 万元。捐款数额较高的省交通厅、林业厅、西北电力集团公司、杨森制药有限公司、西安汉斯啤酒厂等单位的负责人和代表，在会上格外激动。省林业厅副厅长何发理代表捐款单位发言，抒发他们对中华始祖的尊崇和亲情。

同胞同根，同根同心。国内部分省、市也成立了宣传捐资的办事机构，并联合发出了整修黄帝陵捐资倡议书。在今天的捐款仪式上，山西省、上海市、天津市、江苏省、广州市、南京市等也都纷纷表示为黄帝陵捐款。天津市政府代表激动地说："瑞环同志已带头为黄帝陵捐款，为我们做了表率，为了老祖宗，我们天津市捐 40 万元！"香港必丽洋行集团董事长叶嘉里已连续 4 年因组团到大陆和黄陵来祭祖谒陵，清明节没能去马来西亚看望爸爸妈妈。他这次捐款 2 万元，并表示明年清明还要组团第 5 次来祭扫黄陵。

捐款仪式上，基金会秘书长赵葆华宣布：第二次为整修黄帝陵捐款数已超过 1300 万元，连同第一次捐款，已约 2000 万元。夜已深了，但大家捐款的劲头不减。许多海内外同胞在私下商议着、盘算着，最后徐山林副省长向海内外的同胞们宣布：集资工作仍在继续，有新的捐资明天再报，我们的原则是"真诚自愿，多少不限，贵在参与，褒扬贡献"。他代表陕西省政府向捐款的海内外同胞表示最衷心的谢意。

（原载 1994 年 4 月 7 日《人民日报·海外版》）

本是同根生

——海内外同胞共祭黄帝陵散记

归来了，浪迹天涯的游子！海内外前来黄帝陵寻根祭祖的炎黄子孙们，一下汽车，风尘未洗，就一头扑向母亲的怀抱——他们急匆匆地跨过新修的轩辕石桥，登上新砌的青石台阶，来到朝思暮想的轩辕庙和苍莽的古柏林海……

⊙中国国民党荣誉主席吴伯雄及夫人在黄帝陵植树

仰望被誉为“柏树之父”的“轩辕手植柏”，台港澳同胞和海外侨胞与黄陵县守陵儿女一起，围绕着有着数千年轮的巨柏，手拉着手在欢跳高歌：“我们有着共同的根，我们都是黄帝的子孙……”

九州明月祖陵在，万方裔子觅同宗

4 月 5 日，天刚麻麻亮，来自黄陵县及陕西省各地的群众，就开始向陵上汇涌。他们带着各种供品，更带着对祖先的一片孝心，来此祭扫拜谒黄陵。

晨雾笼罩着轩辕庙。透过薄薄的雾霭，只见在历代祭祖的碑廊里，有一位 50 开外的农村干部领着女儿在抄写着什么。走近一问，他们父女来自洛川。女儿正在抄写《重修轩辕黄帝庙记》的碑文呢。曾担任过核工业部长和河南省委书记的刘杰则唱起了他青年时常唱的一首充满民族自豪感的歌。深沉有力、如泣如诉的歌声，回荡在碑林树海之中。

据统计，几年来到黄陵祭祖的海内外同胞约 300 万人次。

为祖陵封茔添土，让黄陵更加雄伟肃穆

公祭仪式上，来自海内外的单位代表和个人，排起了长长的捐款队伍，当场向黄帝陵整修工程捐款 438.8 万元。

中华民族历史上规模最大的一次陵墓整修工程——黄帝陵整修工程，已于 1992 年清明奠基。据了解，第一期整修工程(庙前区)已于今年清明前基本竣工。现已投入资金 3800 万元，其中海内外同胞捐款达 2400 万元，而整个工程需要资金将达 1.5 亿元至 2 亿元。

在捐款队伍里，一位港商双手捧着两个大红色信封，拜谒在黄帝陵寝前，只见上面分别写着

"捐款10万元"。他叫贾小俊，是香港大益置业建筑有限公司董事长、总经理贾绍轩的儿子，现任该公司的董事经理和深圳分公司的总经理。他说："这点钱虽然不多，可代表了我们贾家三代人对先祖的一点孝心呀！"

香港黄陵基金会联络处主任周安达源先生说，国运昌盛才有修祖陵的壮举。1997年祖国将要在香港恢复行使主权，我要在香港进一步开展工作，让更多的香港同胞团聚在黄帝的周围。

同气连根共一祖，海峡难隔两岸情

在前来祭祖的台湾同胞中，有一支7人组成的赴黄陵祭祖观光团。他们在观看黄陵县举办的《龙腾九州》的文艺表演时，个个激动不已。那激越奔放的安塞腰鼓和宜川胸鼓，那撼天动地的韩城黄河锣鼓和黄龙县斗兽锣鼓，那欢快诙谐的延安大秧歌和榆林"跑驴"，使他们沉湎于雄浑的黄土文化氛围之中。尤其是那腾空的金龙、青龙，使大家再次领略到"古老的中国有条龙，龙的故乡在黄陵"！台湾省观光协会理事长、"双冬花园"董事长苏瑞东看完表演，就急切地找到表演的祖国大陆同胞，要求订制两条这样的巨型飞龙带回台湾，同时邀请榆林表演"跑驴"的"婆姨"和"后生"到台湾去演出。他告诉记者，他已投资3亿多元在台湾南投县修建了"双冬花园"，花园中还修了座20米高的轩辕黄帝塑像呢！"我们都是炎黄子孙，都是龙的传人，怎能不思祖念家呢？今日能到黄帝陵点燃明烛高香祭祖先，真是三生有幸啊！"

是啊，本是同根生，亲当如手足。正如全国政协主席李瑞环前来黄陵祭祖时所说的："黄帝是中华民族历史上最有代表意义的旗帜。通过整修黄帝陵工程，可以使所有的中华儿女在共同的祖先面前，搁置一切歧见，找到共同的语言，达到最广泛的团结，从而振奋民族精神，实现中华民族的伟大复兴。"

（原载1995年4月22日《人民日报·海外版》）

⊙本书作者（右二）与陕西省省长袁春清（右三）、中国现代文学馆常务副馆长周明（左二）、香港企业家董健（右一）、中国艺术研究院朱佩君（左一）在黄帝陵合影　（祁鸿斌 摄）

回归勿忘告始祖

——黄帝陵“香港回归纪念碑”落成追记

4 月 5 日，香港回归祖国后的第一个清明节。明媚的阳光，透过丛丛千年古柏的枝丫针叶，倾洒在轩辕庙前红色丝绸蒙盖的一通石碑上。

这是由香港百余位知名爱国人士发起制作敬立在始祖黄帝陵前的“香港回归纪念碑”。这碑古朴典雅，庄重美观，通高 3.5 米，宽 1 米，由碑头、碑身、碑座、台座四部分组成。“香港回归纪念碑”碑名，由香港特别行政区政府行政长官董建华先生题写，碑文由香港著名书画家方召麐女士书写。

这天，来自海内外的炎黄子孙们，在这里举行公祭中华始祖黄帝陵盛典。与往年不同的是，在公祭活动之前，首先隆重举行“香港回归纪念碑”揭碑仪式。

在雄壮的国歌声中，全国人大常委会副委员长蒋正华，全国政协副主席、中华海外联谊会会长王兆国，全国人大常委、新华社香港分社社长姜恩柱以及陕西省党政领导李建国、程安东、安启元等为回归碑剪彩；接着王兆国和全国政协常委、香港各界人士代表团团长、香港南洋商业银行名誉董事长庄世平为回归碑揭幕。

这是难忘的时刻。香港各界人士代表团副团长、香港刚毅（集团）有限公司董事长王敏刚说，早在宋代，爱国诗人陆游不忍看到国破山河碎，曾挥毫写下“王师北定中原日，家祭勿忘告乃翁”的诗句，今天，我们祖国日益强大，香港胜利回归祖国，在这公祭祖陵的时候，我们作为炎黄

⊙ 1998 年清明全国人大常委会副委员长蒋正华（左五）、全国政协副主席王兆国（左四）、时任省委书记李建国（右五）等参加祭陵并为“香港回归纪念碑”揭碑

子孙，怎能不把这喜讯告知我们先祖的在天之灵呢！

“香港回归祖国，一洗百年的耻辱，这是中华民族史的一件大事；香港回归祖国后，由香港知名人士发起捐立的‘香港回归纪念碑’在清明耸立在中华始祖的陵前，这不仅是历史的见证，也充分表达了香港人民敬祖爱国的心情，意义重大啊！”王兆国在接受记者采访时说。

作为纪念碑的发起人之一的庄世平先生，今天心情格外激动。他今年已进入 88 岁“米寿”之年，揭碑之后他高兴地对记者说，我们立碑的心愿就是要告诉老祖宗一句话：回来了！您在海外百年的游子回来了！望着桥山由历代黄帝子孙栽植的 8 万棵松柏汇成林海，望着成千上万来自八方的祭祖人流，庄先生心潮澎湃，两眼湿润了。他说，去年 7 月 1 日香港回归后，我与几位挚友在一起吃饭，大家不约而同地提出应在始祖轩辕黄帝陵前立块碑，以表达香港人民的心情。他们的提议，得到香港各界特别是霍英东、李嘉诚、李兆基、邵逸夫、曾宪梓、范徐丽泰、郭炳湘、叶嘉兴等百余位香港知名人士以及陈方安生、梁爱诗等特别行政区政府高级官员的响应和支持。经大家提议，碑名应由特区政府行政长官董建华题写。庄先生找到董建华，董建华高兴地说：“香港回归，告慰老祖宗，是我们的共同心愿，我一定写！”他指着碑名说：这字写得多么凝重深厚！他又说，石碑色彩好，花纹雕刻得好，碑文书法也写得好。方召麟女士是著名爱国将领方振武的女儿，今年已 83 岁了，也是香港著名的书法家。

“海外华人华侨清明公祭黄帝陵谒祖团”团长叶嘉兴先生，今年已是连续 10 年组团到黄陵祭祖了。为了表达他对先祖的赤诚，清明晨 5 时他就起床，6 时登到陵前，代表全团、家人和自己，向始祖点了三炷香。在回归纪念碑前，他与夫人接受记者的采访。他说，黄帝是海内外炎黄子孙的共同始祖，黄帝陵是中华民族的圣地，我们自愿发起并捐款在黄陵立碑，就是要表达我们的根在这里！

⊙矗立在轩辕庙的香港和澳门回归纪念碑

“清明祭祖惟望天涯共此时，佳节思亲但愿万里同婵娟”……黄帝陵上陵前的一幅幅楹联，也道出了守陵儿女和全国各省、市、区人民的共同心声。为了给始祖陵寝添土封茔尽孝心，西安飞天集团积极为立回归碑捐款，精心参与揭碑仪式会场布置，受到海内外同胞的赞扬。飞天集团总裁邱忠保说，作为一个企业家，孝亲敬祖，爱党爱国，应是一种美德，也是一种责任。据悉，去年“七一”前后，飞天集团曾协助人民日报在全国范围举办了“我看香港回归”征文活动，今年3月又到京为获奖者颁奖，在社会上引起积极反响。

在回归碑揭幕仪式上，记者还看到一群群起早摸黑赶来谒陵祭祖的父老乡亲和大中学生。有两件事特别感人：一是延安吴旗县社会福利总厂的残疾人用了近百个日日夜夜，精心设计并织成一幅“中华民族圣地——黄帝陵园”挂毯，敬赠给香港特别行政区。这挂毯长9.7米，宽7.1米，表示1997年7月1日香港回归祖国，共织100万针，寓意中华民族洗刷了香港百年耻辱历史。二是微雕艺术家张文江历时两个月，在清明前夕雕刻完成世界上最小的纪念碑———微雕“香港回归纪念碑”。该碑完全按照原碑微缩雕刻。在揭碑仪式上，张文江手捧这件艺术品，郑重捐给陕西省海外联谊会，再由联谊会适时转赠给香港特区政府。记者看到，作品仅0.9厘米X 0.38厘米，在放大镜下可看到气韵生动的碑名碑文，可谓铁笔银钩直逼原作。

“香港回归，澳门踵至，台岛盼归山河统一”。轩辕庙前广场这幅悬空标语，道出了前来祭祖的澳门、台湾代表的心声。77岁的澳门基本法协进会监事、暨南大学董事会董事饶不辱先生看着刚刚揭幕的“香港回归纪念碑”，感慨万端：我们年年遥望黄陵盼回归，1999年澳门将回到祖国怀抱，我们澳门同胞也在酝酿在黄陵立回归纪念碑呢！ 17岁当兵到台湾，现已白发苍苍的韩国粹老先生是陕西蓝田人，参加祭陵和揭碑仪式，他心情难以平静。他的儿女在台湾和美国，但他执意要回到祖国。他说，我是陕西人，无时不想着终南山和灞水，无时不惦念着家乡的亲人。他把自己平时积攒的10万多美元带回家乡，来实现他变灞河滩为江南乐园的梦。他说香港已归，澳门将回，两岸同胞同气连根共一祖，海峡难隔兄弟情，只要诚心坐下来谈，我想什么心结不能化解，什么心篱不能拆除呢？

揭碑仪式后，海内外同胞前去祭陵谒祖。面对始祖三鞠躬、心香一瓣祭黄陵。国运昌，修祖陵。海内外同胞为整修黄帝陵已捐款3880多万元。在公祭典礼上，香港及澳台同胞当场宣布，为整修黄帝陵再捐款150万元。全国政协常委、中华海外联谊会副会长、香港东泰财务投资(集团)公司主席李东海先生说，捐款修祖陵，祭祖又立碑，既尽了一份孝心，又了却了我们的一桩心事。更多的海内外同胞心中却默默地说：始祖黄帝，我们在您陵前立了碑，同时也立下誓言——我们同胞同根，同根同心，决心同心同力，共兴中华，以告慰您在天之灵。

（原载1998年4月22日《人民日报》）

黄帝陵前话统一

——黄帝陵“澳门回归纪念碑”揭碑纪实

香港澳门接踵归 心香一烛祭黄陵

4月4日，庚辰清明。在和煦的春风和温暖的春日下，海内外同胞和国家领导人一起，在陕西省黄陵县隆重举行公祭轩辕黄帝盛典。公祭大典结束后，人们怀着崇敬和兴奋的心情，来到轩辕庙内，只见在“香港回归纪念碑”左侧，一通新立的石碑与之比肩而立，新石碑蒙盖着鲜红的绸缎——“澳门回归纪念碑”揭碑仪式就在这里举行。当全国政协副主席、中华海外联谊会长王兆国，全国政协副主席、澳门中华总商会会长马万祺把红绸缎徐徐揭起的时候，由澳门特别行政区首任行政长官何厚铧亲笔题写碑名的“澳门回归纪念碑”，在阳光下显得格外庄重敦厚、熠熠生辉。掌声和欢呼声激起的心潮湿润了人们的双眼：黄帝吾始祖，您失落的又一颗南海明珠“完璧归赵”了，澳门儿女回到祖国怀抱的夙愿终于实现了。

回归首要事 祭告老祖宗

香港才回家，又迎赤子归。在揭碑仪式上，马万祺副主席显得格外激动。他在仪式上做了题为“历史的丰碑，永久的纪念”的讲话。他说，为纪念澳门回归祖国这一民族盛事，澳门各界人士依照中华民族的传统，发起在黄帝陵立碑庆祝澳门回归活动，在象征中华文明源头的黄帝陵前立一块新的碑石——“澳门回归纪念碑”，以告慰先祖，昭示后人，意义重大。他说，强大的祖国是澳门回归的坚强后盾，也是澳门保持长期稳定发展的根本保障。他在接受记者采访时说，今天能在老祖宗面前报告澳门回归的喜讯，真是太兴奋了，何厚铧先生题写“澳门回归纪念碑”后也对我说，能为黄帝陵题写这一碑名，实在太荣幸，要告诉澳门民众和年轻一代：澳门永远与祖国不可分割，我们都是炎黄子孙。

⊙全国政协副主席马万祺
在“澳门回归纪念碑”揭碑仪式上讲话

“家祭无忘告乃翁。回归首要事，就是向老祖宗报告，”澳门基金会委员吴志良先生仰望黄帝陵上空腾飞的两条巨龙，凝视着新立的石碑，心潮澎湃：“香港回归后，香港同胞在黄帝陵前立碑纪念，澳门回归刚过百天，我们又在黄帝陵前立碑述怀，就是要表达我们炎黄子孙祝祖国早日统一、更加强大的心愿。”

在今年清明祭黄陵队伍中，澳门组织的队伍最为庞大：庆祝澳门回归委员会祭祖团、澳门经济文化龙年祭祖团和澳门中华总商会祭祖团等数百人前来黄陵祭祖。在澳门升起第一面五星红旗的濠江中学荣誉校长杜岚和澳门中华文化艺术协会常务副会长、澳门华夏文化教育发展基金会会长裀伟旗代表澳门各界向黄帝陵敬献了“功盖华夏，恩泽濠江”的匾牌。在纪念碑揭碑仪式上，裀伟旗对记者说：你看，香港、澳门回归两块纪念碑左侧，留着一块空地，那是为台湾留的！等待两岸统一后，台湾同胞一定会立碑纪念的。他左手捧着黄陵县群众精心制作的祭奠龙馍，右手拿着一张胖娃娃照片喜滋滋地说：去年我来黄陵祭祖，回澳门后太太生了个胖儿子，今天我要把黄陵的龙馍带回去，让儿子永远记住：你是黄帝子孙、龙的传人！

⊙本书作者与 1949 年 10 月 1 日在澳门升起第一面五星红旗的濠江中学校长杜岚（中）合影，左为香港大公报记者张燕丽。（祁鸿斌 摄）

两岸咫尺难相聚 黄帝陵前化心结

在祭陵队伍中，有一位年过花甲的老人，身装的黄色马甲上印有二行红字格外引人注目：“2000 年台湾区各界祭祖文化访问团”。这位老先生名叫巴信诚，是台湾中华伦理教育学会会长，出生在山东烟台。他已经连续 6 年来黄帝陵祭祖。他说：祭祖尽孝，是中国人的传统美德。我们中国人黄皮肤，黑眼睛，都有一个共同的祖宗，这就是轩辕黄帝。始祖黄帝教给我们勤劳和智慧，我们炎黄子孙已遍及全世界。不管炎黄子孙走南闯北、浪迹天涯，都不能忘祖背典，都要回家看看，祭祭祖先，如果背叛祖先，那就是不孝子孙，不仅不得人心，而且有悖伦理，天地不容。这时，日本隆泰贸易株式会社社长吕世祥接上话茬：“我的祖籍也在山东，我也是龙的传人。我们‘身在曹营心在汉’，时刻关注着中国的统一和强大。”他说，香港、澳门相继从外国列强的殖民统治下回归祖国，而台湾则不同，台湾自古至今都是中国不可分割的一部分，世界上只有一个中国。台湾当局不管谁上台执政，都改变不了这一事实。台湾当局应当接受江泽民主席提出的两岸和平统一的八项原则。海外侨胞希望两岸能和平统一，台湾人民也盼望和平统一，我们希望台湾当局三思而行，我们奉劝搞“台独”的人悬崖勒马。

黄帝是中华民族的共同始祖，黄帝陵是炎黄子孙感情的纽带。新闻、文化界的老领导、现任中华炎黄文化研究会顾问的朱穆之，也一大早赶来祭祖。他仰望着整修一新的轩辕庙前广场，遥望着黄帝手植的参天古柏，心里默默地祝愿伟大祖早日统一，更加强大。来自香港的旅港吴氏宗亲总会主席吴天赐清明前夕从香港赶到无锡，先拜祭了最早开发江南的吴太伯，又赶到河南新郑拜谒了黄帝故里，今天一大早又赶到了黄帝陵。他说，全世界共有海外炎黄子孙 5000 多万人，大家都盼望祖国早日统一。他认为，海峡两岸只要都承认有一个共同的老祖宗，承认只有一个中国，在黄帝面前有什么问题不能谈呢？有什么藩篱不能拆除，有什么心结不能化解呢？

两岸的对峙背后是太平洋两岸的对立。美国政府有人担心中国强大，不希望海峡两岸统一，台湾当局应当警惕。台湾民众是希望两岸早日结束对抗，实现统一的。和平统一的希望在台湾人民。

走向祖国西部 携手振兴中华

“喊一声大西北，你就是我的根我的源；喊一声大西北，我的父亲母亲，我的厚土高天……”著名歌唱家郁钧剑在当日晚“东西部手拉手”文艺晚会上，首次献唱的《祝福大西北》，以雄浑高亢的歌声撩动了全场8000多海内外同胞的心弦。

今年清明祭祖和“澳门回归纪念碑”揭碑仪式，正值2000年中国东西部合作与投资贸易洽谈会开幕之日。海内外5000多家企业和30000多名客商云集西安，为祭祖和揭碑仪式增添了浓厚的“西部开发，振兴中华”的氛围。郁钧剑和著名女高音歌唱家董文华也随祭陵队伍来到了揭碑仪式现场。郁钧剑对记者说，今日能来到黄陵祭祖，目睹“澳门回归纪念碑”落成，更增添了立志振兴中华的豪情。当前振兴中华，就是要投身到西部大开发的伟大事业中。为此，我准备了一首新歌《祝福大西北》。董文华也说，郁钧剑讲的话，代表了我的心声，我也带了一首为大西北祝福的新歌《春歌》，这首歌也是献给老祖宗的。参加合作与投资贸易洽谈会的上海、天津、广东、福建等19个省的领导同志也赶来祭陵，他们纷纷表示，要响应党中央关于西部大开发的号召，同西部各省市携手合作，再造山川秀美，共谋共同发展。天津市副市长杨新成说，近4年来，天津已与西部8省市自治区签订了1800多个经济合作项目，合作金额达140亿元，这次又携带300多个项目到会洽谈。广东省省长卢瑞华代表各省市向黄帝陵敬献了花篮，他说，广东省这次有500多家企业、由1200人组成代表团参加洽谈会，预计可成交项目360多项，金额约140多亿元。“我们要在西部大开发中与西部的同志们手拉手，显身手，真正为华夏祖业尽把力，为黄帝陵莹添把土！”

在前来祭陵和参加纪念碑揭碑仪式的海外和港、澳、台同胞中，许多企业家、实业家、金融家目光投向了陕西、投向了西部。澳门大丰银行副总经理王杰群说，闻一多先生当年盼望澳门回归祖国的夙愿今天终于实现了，这说明国家强盛才能保国家统一。今天，开发西部就是强国之举。今后我们要常到祖国西部走一走看一看，为西部发展多投资、做贡献。

“中华国脉承民脉，黄帝英魂壮民魂。”来自美国的美中经贸科技促进会主席、中华海外联谊会(中国)海外理事杨功德拜谒黄帝陵后对记者说，我人在外国，心系中国。祖国贫弱我受侮，祖国强大我胆豪。他表示要为西部发展尽份力。去年下半年以来，全国各地和海外侨胞共为整修黄帝陵工程捐款700多万元，捐款总额已超过5000万元。全国政协常委、香港中华总商会副会长张永珍女士参加祭陵和揭碑仪式后，亲自登陵上香叩拜，并当即表示为整修黄帝陵捐款100万元港币，她说：“就权当我为祖国强盛尽份薄力，为中华始祖尽份孝心。”正是：

赤子聚龙乡万里寻根圆旧梦，神州迈虎步亿民戴德开新元。

（原载2000年4月11日《人民日报》）

日月潭连着黄帝陵

——台湾知名人士许文彬先生祭黄陵侧记

壬午清明，雨过天晴，陕西省黄陵县桥山脚下，沮水之滨的轩辕庙前，1000多位来自海内外的公祭人员代表和数万名当地群众一起参加壬午年清明公祭轩辕黄帝典礼。

9时50分，祭乐奏起，代表34个省、市、自治区、特别行政区崇敬先祖的34响礼炮响彻云霄。伴随着飘飘祭旗，阵阵鼓乐，来自台湾的知名人士、台湾中华两岸文经观光协会理事长许文彬和台湾陕西同乡会理事长张佐鹏代表台湾同胞向中华“人文初祖”黄帝塑像敬献花篮，表达台湾同胞缅怀始祖的共同心愿。

开对话门扉 迎海峡暖意

春到黄陵，万木复苏；一场春雨过后，八万棵松柏翠绿。许文彬先生眼望黄陵，发出这样的喟叹：“登黄陵，暖风吹满山；穿海峡，但愿两岸春！”

许文彬先生，台湾著名大律师，对刑事与医药法规有深入研究，专长岛内选举和两岸事务，特别是他精研两岸关系，以见解独到闻名，被聘为“国策顾问”、“行政院大陆委员会咨询委员”。许文彬认为，在国际大环境及一个中国的原则下，台湾岛内应尽快凝聚“命运共同体”的意识。

⊙台湾中华两岸文经观光协会理事长许文彬（右四）率团祭拜黄帝陵

他主张扬弃僵化的“三不”政策，开放两岸官方与民间的人员与经贸交流。

1992年以来，许文彬先后23次到大陆参观访问，为两岸的经贸、文化交流，做了大量卓有成效的工作，曾受到党和国家领导人的多次接见。他还参与轰动一时的海南岛台商林智贤一家三口被害案以及“千岛湖事件”等案件的处理工作。面对棘手的重大案件，他以刑事专家的身份，维护公理，打击犯罪，降低歧见，化解纷争，给两岸有关人士留下了深刻的印象。

2001年7月20日，许文彬、柏杨等14位“总统府国策顾问”联名向台湾新领导人提出一份“国是建言书”，呼吁承认一个中国的原则，开启两岸接触对话，并就双方经济互惠交流等议题展开平等协商。建言书表示，两岸长期的僵局影响台湾经济发展，台湾新领导人应抛卸党派或意识形态包袱，宣示认同一个中国原则，以化解两岸凝滞气氛，开启接触对话，平等协商的契机。作为建言书起草人的许文彬表示：这份建言书不能说是代表所有人的心声，但至少是这群“国策顾问”长期观察接触民众后有感而发。

2002年1月24日，国务院副总理钱其琛在江总书记解决台湾问题的八项主张发表七周年纪念会上，发表了重要讲话。1月25日，在台湾出版的《中国时报》在显著位置发表了许文彬的署名文章“两岸互启对话大门，迎接春暖”，呼吁台湾当局为双方人民福祉着想，求同存异，毅然开启接触对话的深锁门扉，迎接冬去春来的海峡暖意。许文彬的文章在引用杜甫“肯与邻翁相对饮，隔篱呼取尽余杯”的诗句之后说，台湾何妨也将今番北京的新意，解读为诗中邻人客气相待的互动气氛而考虑以良性回应？

三祭黄陵 三献花篮

2000年以来，应陕西省台办邀请，许文彬三次组团参加公祭黄帝陵活动，并三次代表台胞敬献花篮。去年底，他在台湾注册成立了两岸文化经贸观光协会，并荣任董事长。今年他组织了21位台湾上层人士及在大陆投资的台商代表前来参加公祭黄帝陵典礼，他动情地说：“清明公祭黄帝陵，是海内外华夏儿女共同的祭祖活动。我祖籍福建泉州府同安县，1662年先祖随郑成功到台湾至我辈为18代。几年来，我带领家人、同学和朋友，三次来陕西，祭奠黄帝，寻根问祖，表达两岸同胞血浓于水的感情。”

为了呼应钱其琛副总理欢迎“广大民进党员”以适当名义到大陆参访的善意，许文彬在组团时，还特意邀请了民进党“立法委员”李文忠先生偕夫人陈德愉女士前来参加公祭黄帝陵典礼。有关部门在公祭典礼排次名单上，还专门对李文忠先生作了安排。

从乡下小孩到著名律师

1948年，许文彬出生于台湾台南县佳里镇一个清寒的公务员家庭。他排行老五，上有四位姐姐，下有一弟一妹，父母对他期望甚深。从台南乡下的国小到台湾大学，他一直是学校的模范生和考试的常胜军。22岁时他以第一名成绩通过司法官特种考试。两年后，出任高雄“地方法院检察署检察官”。任满三年后，因父母年迈，需要奉养，他辞去公职到台北开始了执业律师的生涯，至今近30年。执业期间，许文彬选择刑事案辩护为其工作重心，深入研究案情，致力为基层民众洗刷冤屈，为司法公平竭尽心力，一时声誉鹊起。

许文彬，一个乡下孩童，毫无背景，却能在社会上闯出一片天地，这是基于他不断地学习充实，建立自己的事业实力。在许文彬的求学过程中，他非常喜爱唐诗宋词，信口拈来，朗朗上口，也因此培养出中国文人的风骨——追求理想、淡泊名利。因此他获得了台湾“律师楷模”的荣耀。

律师业务虽未为他带来大富大贵，但他借此得以积极拓展自己的理想，投入到社会公益活动中。近年来，两岸交流日渐频繁，纷争也层出不穷，许文彬出任全台“律师公会”大陆事务委员会主任委员，以民间身份主动推进两岸律师交流，增进彼此的了解，降低歧见，使纷争能逐渐化解。有趣的是，许文彬多年来的文学素养在两岸律师的交流中发挥了画龙点睛之效，一句句适时适景的诗句，引发双方感情交融，拉近彼此的距离。这项专长在“千岛湖事件”的交涉中发挥了不少的润滑功效。正因为许文彬多年来积极参与社会公益事务，立场超然、形象纯正，因而从1996年起被聘为“国策顾问”。目前他的时间分配是三分之一在他的律师事务所，三分之一从事公益活动，三分之一为媒体写评论和与家人相处。

长安，是他向往的梦里山河

4月6日中午，西安市新闻工作协会主席、《西安日报》社社长王长安先生设宴为许文彬一行饯行。席间大家谈笑风生，频频举杯，共祝海峡两岸早日统一。借由王长安的名字，许文彬情不自禁地吟诵了唐朝大诗人李白、杜甫、李商隐咏长安的诗句：“长安一片月，万户捣衣声”、“三月三日天气新，长安水边多丽人”、“今夜鄜州月，闺中只独看，遥怜小儿女，未解忆长安”。他说：“西安是历史重地，在这块土地上曾创造过汉唐盛世的辉煌。过去，我只是在书本上无数次地看到长安。长安，成为我无限向往的梦里山河。2000年以来我三次到长安，深感亲切。唐朝诗人孟郊的诗句‘春风得意马蹄疾，一日看尽长安花’，正是我此刻心情的写照。”许文彬表示，明年他还要组团祭陵，届时在陕西要多住几天，要专程去华山、壶口等地观光。

4月6日下午，许文彬一行离开西安，去上海、杭州继续参观访问。在咸阳机场，他对专程前来送行的国务院台办交流局局长张启胜和陕西省台办主任岳松华畅谈了在京及参加祭陵活动的体会，他说：“北京、西安之行和祭奠黄帝陵，给我留下了深刻的印象。回台湾后，我们将通过各种渠道，传达大陆对台湾同胞的这种亲情。日月潭连着黄帝陵，两岸同胞都是炎黄子孙，系出同源，情同手足，正如江泽民总书记所说，中华传统文化是联结两岸的精神纽带。两岸人民应常来常往，通过文化、经贸的交流，以增进了解，减少误解，推动两岸关系的良性互动。”

临别之际，许文彬书写了《再游西安》留作纪念：“咸阳道上菜花开，细雨梧桐旧情怀；又是一年春草绿，千里贡陵今再来。”

（原载2001年4月25日《人民日报》，与张翼安、石炎岭合写）

来自黄帝陵的报告

黄帝陵"颂祖碑林"筹建

一个以轩辕黄帝生平功德及历代颂祖诗词、歌赋、祭文、楹联等为主要内容，以书法碑刻为主要载体和表现形式的"黄帝陵颂祖碑林"筹建工作，近日在陕西省黄陵县启动。

黄帝是中华民族的共同始祖，黄帝陵是海内外炎黄子孙寻根拜祖的民族圣地，在这里兴建的"黄帝陵颂祖碑林"，占地 25 亩，建筑面积第一期约 6000 平方米，将分别由前厅、大厅、碑廊、碑塔、碑亭、摩崖石刻、文物陨石及印玺陈列馆、展览馆和研究室等组成，形成一个集游人游览、书法欣赏研习以及学术交流、书画展览等于一体的多功能的文化活动场所和重要的旅游景区。"黄帝陵颂祖碑林"选址在黄帝陵桥山对面传说为轩辕黄帝存放玉玺大印之地的印台山，与轩辕庙隔河相望。

"黄帝陵颂祖碑林"由海内外书法界知名人士发起筹建，兰州企业家周海先生投资，建筑设计由承担黄帝陵整修工程设计的西安建筑科技大学负责。

（原载 1989 年 12 月 22 日《人民日报》）

黄帝陵基金会实施修陵护陵新举措

为了继续为整修黄帝陵二期工程筹集资金，满足海内外中华儿女"爱我中华、修我祖陵、尽我孝心"意愿，黄帝陵基金会今天决定，在黄帝陵首次树立《整修黄帝陵捐献资金功德碑》，同时实施古柏养护、植护陵树、捐建单体工程等集资办法。

根据黄帝陵基金会筹集资金褒扬办法规定，黄帝陵基金会第二届理事会第三次会议决定，于 2000 年清明节在黄帝陵首次树立《整修黄帝陵捐献资金功德碑》，对 1992 年 1 月至 1999 年 12 月 31 日为整修黄帝陵工程捐款到账人民币 5 万元以上的海内外团体和 1 千元以上的个人，均在《功德碑》上刻名留念，对 2000 年元月 1 日以后捐献资金的团体和个人，按规定将在下次树立的"功德碑"上刻名留念。

古柏养护、植护陵树的集资办法是：黄帝陵区现存古柏 180000 余棵，树龄在千年以上的就有 30000 多棵，拟分期分地将庙院、陵园、陵道和神道两旁的古柏，由海内外华人、友好团体或个人出资实施养护。其中庙院共有 21 株数千年树龄的古柏，除黄帝手植柏和汉武帝挂甲柏外，其余 19 株每株养护费为 20 万元。陵园、陵道、神道两旁古柏共有 500 余株，每株养护费分别为 10 元或 5 元。时限 5 年，每株树可个人包养，也可多人包养。如愿养护者，可自愿选择养护对象或委托别人选择，养护费 40% 用于古柏防火、防虫、抗灾等，60% 用于整修黄帝陵工程，凡养护者将在养护树旁署名，并授予荣誉证书，养护期满，将统一刻碑留名。为了增加祭祖的神圣感和庄严感，将对庙院后山荒塬绿化。植养一棵常青树费用为3000元，此款使用及褒奖办法与古柏养护相同。

捐建的单体工程主要有供谒陵人登高眺望的龙驭阁（造价约350万元）、缅怀黄帝功德和业绩的功德坛（造价约1000万元）、东、北、西三面环抱功德坛，体现中华民族团结奋进豪迈气概的中华同心碑林（造价约700万元）以及入口西侧的标志性建筑（造价150万元）。以上建筑，除中华同心碑林由各省、市、自治区和香港、澳门2个特别行政区政府捐建外，其他由海内外华人、友好团体或个人出资捐建，捐建者将在建筑物上留名碑上刻名，分别授予特级、等级荣誉证书，并注明捐建数额给予登报鸣谢等奖励。

为了加强与海内外华人和友好团体、企事业单位和个人的联系，为了整修黄帝陵筹集资金，黄帝陵基金会还决定在北京、天津、上海、广州、福州、武汉、沈阳、海口、新疆、深圳等10个地区设立联络处。

（原载1999年《人民日报》）

发现毛泽东《祭黄陵文》手迹新佐证

在昨天参加公祭黄帝陵活动中，记者见到铜川日报记者、黄帝陵研究专家李延军，他说他找到了毛泽东《祭黄陵文》手迹的新佐证。

李延军说黄帝陵轩辕庙的碑亭内，竖立着一通毛泽东手书《祭黄陵文》的碑刻，凡是来到这里祭祖的人，都会为其中“赫赫始祖，吾华肇造，胄衍祀绵，岳峨河浩”的磅礴气势所感动，为其中“还我河山，卫我国权”的凌云壮志而激动。在这篇祭文中，毛泽东首次提出了“民族阵地，救国良方，四万万众，坚决抵抗”的正确主张。由于此次祭祖，是国共两党共同举行，共产党方面派出林伯渠作为毛泽东和朱德的代表，国民党方面中央执行委员会派出张继、顾祝同，国民政府特派陕西省政府主席孙蔚如共同参加祭祖仪式，毛泽东的《祭黄陵文》有着特殊重大的意义。

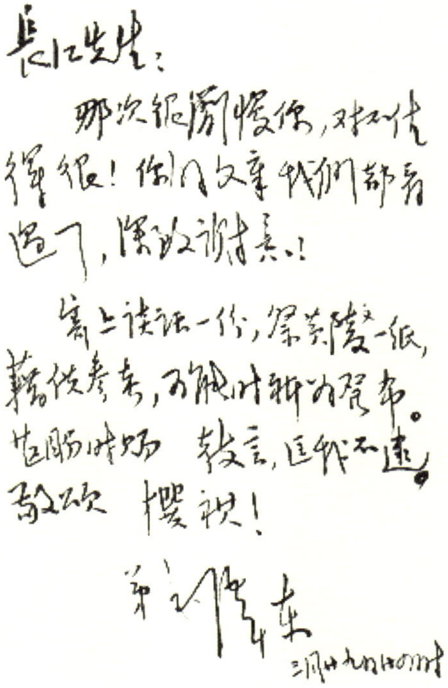
长江先生：

那次很简慢你，对不住得很！你们文章我们都看过了，深致谢意！

寄上谈话一份，祭黄陵文一纸，藉供参考，可能时祈为发布。并盼时赐教言，匡我不逮。敬颂撰祺！

弟毛泽东
三月廿九日

⊙毛泽东《祭黄陵文》手迹

毛泽东的《祭黄陵文》手迹证据确凿，铁证如山，但是总有那么一些不懂历史，对毛泽东书法的发展历程了解甚少的人，以毛泽东晚年手法为据，对其发出疑问，甚至认为这篇毛泽东《祭黄陵文》手迹是“伪作”，或者是集毛泽东字所为。毛泽东《祭黄陵文》原手迹是发表在当时的《新华日报》上的，请君翻一翻一九三七年四月的《新华日报》，一切都会真相大白。

近日，李延军在整理毛体书法作品时，在民族魂系列站《毛泽东纪念馆》网站发布的一封毛泽东致《新华日报》范长江同志的信中，意外地发现了毛泽东《祭黄陵文》真迹存在的直接证据。毛泽东在这封短信中，首先自谦曾“很简慢”范长江同志，并说：“你的文章我们都看过了，深致谢意！”蕴含了他对范长江文章的高度评价。接着另起一段，言明主旨：“寄上谈话一份，祭黄陵文一纸，藉供参考，可能时祈为发布。”余下，又是一些谦词和祝词：“甚盼时赐教言，匡我不逮。敬颂撰祺！”之类。末了，署名“弟毛泽东”，时间是：“（一九三七年）三月二十九日二十四时。”

这封信运笔流畅开朗，可以看出，它是毛泽东书完《祭黄陵文》后，在情绪昂奋的情况下，一挥而就的。但是，就是在这种情况下，作为共产党领袖的毛泽东，出于对黄帝的敬意，为了发表这篇手迹，也是颇费脑筋和心机的，这一点从信中的自谦就可以见出一二。

（原载 2005 年 4 月 6 日人民网）

甲骨青铜文明

第四辑

商周及青铜器考古

国宝：西周青铜墙盘

赞青铜史书

甲骨、石碑、青铜，
是一页页、一通通厚重的史书，
记述了中华五千年的文明；
笔砚、电脑、视频
是一只只杠杆，一扇扇窗口，
又把文明推向一个个高峰。
然而，在千年积淀的黄土地层，
在浩瀚如海的史书中，
我们更注目这出土的墙盘铜鼎！
它们身上镌刻着的行行篆书文字，
讲叙着古代的兴衰，
述说着时代的阴晴，
充实了中华“断代工程”……
面对着一件件国宝青铜，
我们明白了——
什么是“一字千金”，
什么是“一言九鼎”！

最早的中国青铜史书

——西周墙盘出土记

⊙本书作者与西周墙盘

据今2000多年前，由西汉伟大史学家司马迁所著的《史记》，是辉耀古今的伟大史书，被鲁迅誉为“史家之绝唱，无韵之离骚”。但《史记》不是写在纸上，而是刻在竹简上。但是中国最古老的史书，却是铸刻在青铜器上。新中国成立后，首先发现铸刻在青铜器上文字最多、堪称青铜史书的，就是周原出土的墙盘。

墙盘出土于1976年12月陕西扶风周原遗址。盘内铸铭文284字，歌颂了周文王至穆王6代周王及当世天子的丰功伟绩，简述了微氏家族自高祖至墙6代的功德。书体遒劲挺秀，文字精练扼要，层次井然有序，韵文散文互见，学术及史料价值极高，为我国5000年文明古国的断代史提供了难得的文字史料，堪称古典文学与金文书法之珍品。1996年，经国家文物局组织专家鉴定，被确认为国宝。

墙盘出土已35年之久了。虽然时光流逝，但墙盘所焕发出的光辉却与日俱增。为此，我们造访了在周原从事文物考古发掘近50年做出突出贡献的老专家、曾亲自参与墙盘发掘工作的罗西章先生。

罗西章出生于陕西周原的凤翔。在孩提之时，年迈的老奶奶不止一次地对他说：“你是周公爷的娃娃，是他老人家把你送来咱家的，所以你的乳名就叫‘周来’。”因而，在他幼小的脑海里就留下了“周”的烙印。也可能应了老奶奶给他起“周来”的乳名之灵验，他的一生与周原考古结下了不解之缘，他在“周”原迎“来”了一个个惊人的发现。其中，墙盘就是他考古生涯中一次最重要的发现。现在，罗西章虽已进入古稀之年，但长年的田野考古炼就的身板依然是那样墩厚硬朗，他那炯炯有神的目光依然是那么明亮。

“周原是生我养我的故乡，也是闻名中外的青铜之乡，”老罗一见我们，就打开了话匣子，“周原距今已有3000多年的历史，它北有岐山作天然屏障，南有渭河可以泛舟，东西绵延70公里，自古以来就是人类繁衍、生息的好地方，现在说狭义的周原地处扶风、岐山两县交界处东西宽7公里、南北长5公里的‘岐’邑所在地，神话小说《封神演义》中称之为‘西岐城’。”罗西章介绍说，周原是周文王、周武王出生、成长之地。周人在这里经过的近百年的休养生息、日益强大，为征东克商建立西周王朝奠定了强大的基础。为了成就伟业，周文王晚年向东迁都于沣，武王又迁都于镐。西周灭亡迁都后的“岐”邑，也就是周原。虽然周原已失去了都城的地位，但由于它是周人的发祥之地，所以宫室、宗庙、祖茔始终未废，一直是周人顶礼膜拜、祀天地、祭祖宗的圣地，“周为畿内地，王臣多居之”，周原便成了西周大小贵族家藏珍宝、宗庙重器最集中的地方。周幽王三十一年（前771年）犬戎入侵，世世代代居住在此的大小贵族仓皇出逃，便将来不及带走的金玉和宗庙宝器挖坑掩埋，妄图以后挖出再继续享用，谁知东迁再也没有机会开窖取宝，因此，周原地下就成为藏宝之地。远的不说，从清代后期至今，有据可查的发现青铜器窖藏就有100多起，出土的青铜器多有铭文，著名的有大盂鼎、毛公鼎、簋钟等，其中铭文最多的就是墙盘。

提起墙盘，罗西章目光中流溢着欣喜与自豪。“1976年，对周原考古来说，是收获最丰、最具里程碑意义的一年”。罗西章深情地回忆了当年发现墙盘的经过。

1976年，在国家文物局和陕西文化厅的直接领导下，组成了“陕西周原文物保护与发掘领导小组”。参加小组的有北京大学、西北大学、陕西省考古研究所、宝鸡文化局等单位。周原考古由著名专家、中国历史博物馆馆长俞伟超先生主持。为了更好地搞好周原考古，专门从文物重点县抽调了60多名农村青年，称之为亦工亦农考古训练班学员。当时罗西章以扶风县文物馆文物干部的身份参加了周原考古短训班，主要负责文物入库的管理工作。12月15日上午，他的住房门被推开，扶风庄白大队负责人陈长年跑着进来，兴奋地喊道：“老罗，快，庄白把宝挖出来了！”罗西章连忙跟随陈长年就往离驻地1.5公里的庄白村跑。

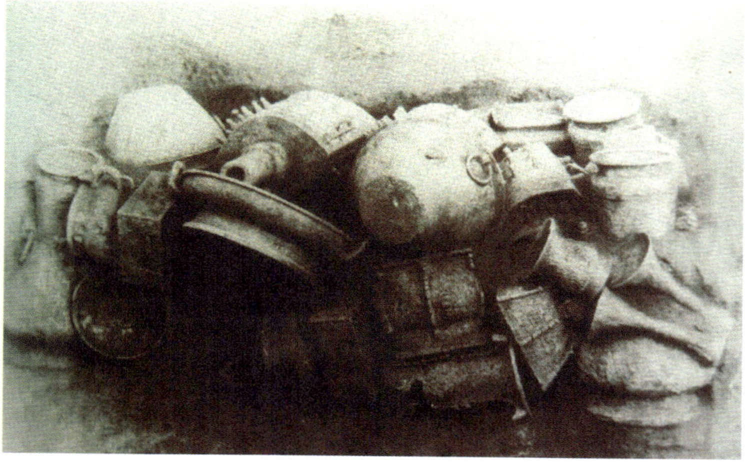

⊙墙盘及青铜文物出土原貌

挖宝的地方位于庄白村南、距冯家山干渠约100米处。这是一片高低不平的休闲地，是生产队的菜地。为了灌溉方便，生产队这年对这块土地进行平整。文物就发现于平整土地时所挖的土崖底部。工地负责人、20多岁的小伙子白新恩把他们俩领到挖宝的地方，用手轻轻把一堆湿土刨开，便露出了一件圈足被挖残的铜尊及残片。“我当即把此事报告给考古队长白乃明，白指示不要在这里挖土了，千万不要声张，把现场保护好。”

罗西章对白新恩等人的做法进行了表扬。说完，罗西章从工具袋里取出手铲、在铜尊的北边挖了挖，立即露出了一个中间有两排长方形镂空的较大面积翠绿色的文物。他十分兴奋，以为是十分难得的文物“铜禁”，但挖出来的却是件铜簋的方座；接着他又向南边挖，又露出了2件觚和一件方彝盖，再向北边上部一挖，露出了铜盘（即后来知道的墙盘）的一边。我意识到这是一个大型青铜窖藏，不是一两下就可挖完的，我就对白乃明说：“从现在起，你白天给我派3～4个人，晚上派6～7个人严加看守，除考古队外，不准任何人乱挖！”同时让生产队派人栽桩用绳子把出宝地围了起来。

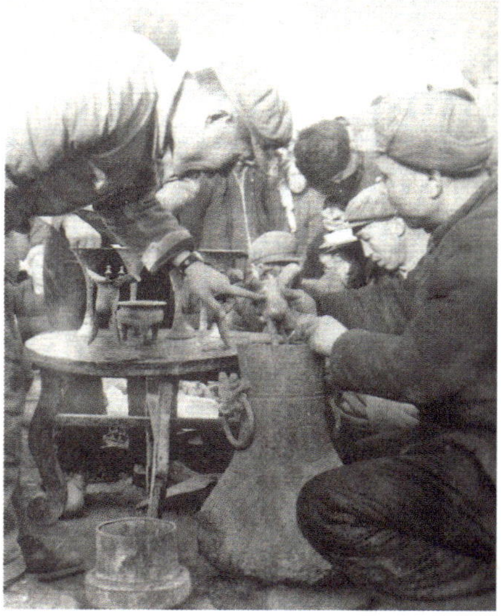

⊙罗西章（右）一口气从铜壶中捞出了12件铜爵

16日早晨，罗西章带领王均显、吴宗汉、陈周海等5、6个学员前往庄白工地开始发掘。当窖藏四边清楚地露出来时，已近中午12点。他对学员说：“考古发掘科学性要强，绝对不能像盗宝那样乱挖，只能用手铲挖，或刮，绝不能再用镢头”。

12月17日，清理文物正式开始，不到中午12时，窖藏上层的器物已全部清理出来。据现场勘测，窖呈长方形，南北长1.95米，东西宽1.1米，深1.12米；器物放置的情况是：在窖穴的四角放着4件大铜壶，中间放着3件大编钟，内套一件小编钟。在壶与编钟之间的空隙中，东边放置一件大铜盂，盂口朝西，北侧放着一件大铜盘，盘北倒放着一件方座簋，北边扣着一件大铜盂。西边中部并排倒放着2件方座簋，簋的南北两侧各放一件须，西北角大壶的南侧放着一件带盖单；南边2壶中间放着一件方彝，内装一件铜觚，东南大壶的半腰放着两件觚；壶的北侧倒放着一件铜尊。下午他们又集中力量把窖藏东侧面全部清理出来，他们看到：南北两头各放一大壶；南头大壶半腰放着2件蕉叶纹大觚；壶的北侧，第一行从上到下依次放置着编钟、圆尊、方尊；第二行为一侧放大盂，盂口朝西，下为方彝和倒放铜尊；第三行为大编钟、大铜盘，侧放着方座簋及小编钟；第四行为倒放的方座簋及铜簋。从整个放置情况看，厚重的编钟都放在中间，轻薄易碎的铜器都夹放在厚重器物之间，以防压破。后来，罗西章等人把一件大铜壶盖子打开，见里面装满了清水，可以看到里面装有不少小件铜器。罗西章不顾水寒刺骨，伸手一口气从大铜壶中捞出了12件铜爵。“可见古人在窖藏器物放置上用心良苦啊！”

庄白一号窖藏共出土青铜器103件，其中有铭文的74件，铭文涉及的作器人有商、折、陵、丰、墙、孟、伯先父等8人，能排出微氏家族的7代先祖。这些铭文都是后来逐件清理出来的，其中“三年壶”，通体饰环带纹，开创西周晚期革新花纹的先河；盖上铸铭文14行60字。在清理墙盘铭文时，罗西章先让学员把盘底中间的锈清除了4厘米左右的一条宽带，但没见到一个字；他又让学员向左右两边清除，发现了不少铭文，大家都欢呼了起来。盘底浮锈被清理完后，发现18行的铭文竟长达284字，这是新中国成立以来发现西周铜器中铭文最长的一件！

墙盘通高 16.2 厘米，口径 47.3 厘米，盘深 8.6 厘米，重 12.5 公斤；圈足，双附耳，腹饰垂冠长尾凤鸟，圈足饰窃曲纹，均用线条很细的云雷纹衬底，通体上下内外均见黑漆固紧裹，乌黑发亮，保存极好。“盘是盛水器，是西周贵族用来舆洗的工具，有的用于祭礼。”罗西章说。

据专家考证，西周恭王时期，有一个原本是商朝旧族的微氏家族，投诚于西周王朝，经过五代相传，在政治上已经有了很高的地位。作为官居高位的“墙”，并没有忘记自己家族兴盛的原因，因而他更加感激周天子对家族不计前嫌而重用的恩德。为此，他用青铜铸造了一件盘，并将自己的全部感情凝聚成文字，写成一篇诗文，铸在了青铜盘上，被人们称为青铜史书。其内容分前后两大段，叙述了西周文、武、咸、康、昭、穆、恭七位天子的事迹及史墙自己列祖列宗的功业。其文章结构严谨，一气呵成，文辞典雅高古，大多押韵，堪称我国古代优秀文学作品。虽然专家对铭文细节看法不尽相同，但大意相差不多，墙盘第一段译为白话文如下：“古时候的文王，能够叫百姓安定和谐，上帝赐给了他美好的德行和有力的辅佐，使他抚有上下天地和四方万国。威德刚武、迅猛强悍的武王，率领精兵，征伐四方，挞伐殷国，远征戎狄之国，抚顺夷童。至圣至仁的成王，左右大臣受任刚谨，尽心竟力，开拓确定周室疆界。聪明大智的康王，分封诸侯，亿疆宾服。宏大善美的昭王，远能亲善荆楚，守道南行。尊敬显德的穆王，能遵循先王的伟大谋略，使继位的恭王得到安宁。如今的天子，继承了文武王伟大的事业，天子长寿无害，敬乐惠爱，上天无厌，上帝和柔，保佑恭王使先王的伟大谋略发扬光大，授予他长命、厚福和好的年份，四方蛮夷无不来朝。”

从第一段铭文来看，史墙歌颂了刚柔并济的文王德治和他广有臣民、拥有万邦方国的功绩。从历史上看，武王不但率军灭殷，而且在面临北方边患未消、东夷还为商的盟军、势力极其强大的情况下，不屈不挠，终于灭商建周，故有开国元勋的辉煌业绩。而这段颂词，不但真实地赞颂了周武王威德刚武的性格，而且颂扬了他征戎伐商遗民的战功，描绘了“挥伐夷童”和“永不恐狄”的政治格局。所以这段颂词堪为补证周代史实的珍贵资料。到了周成王时期，天下初定，但周人还有殷人复辟之患，更有淮夷之祸，再加之政权初定，君臣上下需要齐心协力，定国安邦。因而，颂词赞成王开朗明智，使左右大臣授计耿直，这对周初巩固政权起到了很大的作用。康王继位以后，天下已定，周有“亿疆”，领土是相当大的，所以，康王为了继承广大文武的事业，作“康诰”，提倡“节俭毋多欲，以笃信临之”。因而，“天下安宁，刑错四十余年不用。”可见康王在治理国家中是非常成功的。

⊙出土的墙盘和鼎

墙盘铭文在颂扬康王时也只是讲分封诸侯、巩固周疆，这是符合历史事实的。昭王之时，南方边患又起，昭王只得率师征伐，但据大量文献记载，昭王在南征时丧六师于汉，自己也死于江上。墙盘铭文虽然讲到了“广伐荆楚”，并且用“惟奂南行”，形容了昭王伐荆楚时士卒众多、规模盛大的状况，但却不言战果，而且讳言“丧六师于汉”和“没于水中而崩”的悲惨结局。《史记·周本纪》中曾记昭王“卒不讣告，讳之也”，墙盘所记也正与此吻合。“祗显穆王，型帅宇海，重宁天子”，恰如其分地概括了穆王的一生。因为穆王继位，年龄已有五十之高，但他却“欲肆其心，周行天下，使天下不得安宁”，所以，他有过失。但穆王又“予其惩而后返”，能够及时醒悟，惩前毖后，所以，《史记》上称为“复宁穆王”，墙盘记为“重宁天子”，其意义是一样的。在这里，墙盘铭颂中对昭王和穆王的功过，许多是采取用了隐恶扬善的手法，讳过而扬功，可见微家史官在修史时是非常谨慎的。

⊙考古工作者在考古现场绘图

恭王是当朝天子，盘铭中极尽溢美之词．既说天子能继承文王武王长久的功业，提倡臣民互敬互爱康乐祥和的社会风尚，便得天下光明如日中天，上帝下界皆授予天子美好的命运，厚福丰年，四方异族君长也没有不来朝见的，一派升平景象。

铭文的第二段，史墙记载了微氏家族祖辈五代在周王朝内的事业功绩。根据铭文来看，他的高祖原来居住在今天山西省潞城县东北的微国，周武王灭殷后，担任微国史官的列祖来见武王，武王命令周公在岐周给予商居住的地方，历经乙祖、亚租到文考乙公诸人，家族得以繁衍，且又世仕周族，任为史官。这不仅是一部微氏家族的发展史，而且由于这些史料不曾见于文献，因此又填补了微国史的一段空白。

下面我们看看墙盘铭文是怎么样记述的：“在微国安静隐居的高祖，名字叫商，武王灭殷后，就去朝见武王。武王命令周公在周原划给了采邑，让商住在歧周。通达而惠爱的乙祖，勤勉不怠，耳目聪明，深谋远虑，尽心辅佐，被纳为心腹大臣。善良英明的亚祖祖辛，甄陶后代，繁育子孙绵多的福和许多喜庆，齐齐整整，焕发光彩，应该受到礼祭。竭忠尽力的文考乙公极其明智，德行纯粹，没有人讥讽，耕种收获，经营管理，孝父母，友兄弟。史墙从早到晚不敢懈怠，勤奋做事，不敢败坏。为了弘扬天子显赫的好命令，特意制作宝贝彝器。希望祖考把好福气传给墙，列祖文考的财富，给了墙那么多的福禄。所以，你要恭敬地朋事君长，一万年永久宝用。”

从这段铭文可以看出．微氏家族的列祖名商，是第一个到周原来的人，是商王武丁之子祖己的后裔，是商末重臣微于启的史官。周武王灭掉殷商之后，微氏列祖商入周见武王，并得到采邑，从此，他就作为西周王朝的礼仪史官在周原居住。到了商的儿子，也就是墙的乙祖，已经成为周王室的心腹大臣。到了商的孙子，即墙的亚祖折，身居要职，开始担任作册史官，代表周王赏赐。从此，这个家族作为史宫，一直在西周王朝供职。其家族则居住在周原，并且与西周王朝相始终。从微氏家族的发展可以看出，微氏家族由一个商的臣属而成为周的重臣，这对研究西周王朝善于接纳“异族”的用人策略提供了极有价值的史料。

“庄白出宝了！”这消息像长了翅膀，一下子在方圆十里八里传开了。前来参观的群众，一天比一天多。农民、学生、驻队干部，只要能走得动的都来了，有的时候，围观的群众把放置文物的广场围了个里三层外三层。为什么前来参观的人这么多呢？原来当羊形觥被提取后，不知谁跑

⊙著名音乐家吕骥考察出土编钟并用它演奏了一曲《东方红》

到村里大喊道:“快去看啊,窖里挖出了个金色宝羊,一见人就咩咩叫呢!”所以看热闹的人就越来越多。一看群众对文物这么有兴趣,罗西章乘机就对前来参观的群众讲解文物保护的知识和政策。1977 年正月初六,法门公社召开一年一度的“生产跃进誓师大会”,在这次大会上,将庄白出土的文物取了大部分安装了一辆亮宝车到公社(乡)上亮宝,亮宝车所到之处,人山人海,围得水泄不通。罗西章和文物部门的同志不失时机地向群众宣传文物知识和政府有关政策法令。省文物厅和县上,特意奖给庄白生产大队一辆手扶拖拉机。当年手扶拖拉机在农村还是很少看见的,从而激发了群众保护文物的积极性。从这以后,当地农民群众一旦发现文物、大都主动地上交文物部门或向政府报告。

庄白一号宝藏和墙盘的发现,引起了国家和新闻媒体的关注。国家文物局向考古队发来贺电,《人民日报》也专门就此发现进行了报道,不久《文物》、《考古》等杂志也相继刊发了消息和简报。著名的金文专家、考古专家、历史学家纷至沓来。1977 年 4 月 19 日,文化部副部长、音乐家吕骥来周原考察了窖藏出土的编钟,用出土的编钟当场演奏了《东方红》;著名金文专家唐兰先生,在耄耋之年,还亲自来周原考察讲学。郭沫若先生在病床上很兴趣地对墙盘拓片进行了研究。1989 年,时任全国人大常委会副委员长的楚图南先生来周原考察时说:“郭老生前多次对我说,他要到周原去看看墙盘,但郭老始终没来成,他过早地走了,真是一件大憾事。今天我来到周原,看到墙盘,实现了我的愿望,看来,我比郭老要幸运、幸福得多啊!”

(原载 2011 年 6 月《中华视点》)

“天再旦”奇景再现天幕

有助破解西周懿王元年之谜，中国纪年史可前推半个多世纪

⊙天再旦

西北大学博物馆馆长周晓陆教授日前披露，3 月 9 日清晨，他在新疆塔城很幸运地观测到了近三千年前古籍中记载的“天再旦”神奇天象，获得了珍贵的数据和资料，并据此写成《塔城日食观测与近三千年公案》报告，已呈报有关部门。他说，这次是本世纪内在东亚大陆上可以看到的最后一次“天再旦”现象。

正在西安的“夏商周断代工程”专家组组长、中国社科院历史研究所所长李学勤教授获悉后称赞：“报告中描绘的确实是天再旦现象。周晓陆的这次成功观测对整个研究很重要，有利于推算西周懿王元年究竟是哪一年。”该工程“懿王元年天再旦”专题组负责人、中科院陕西天文台刘次沅研究员评价，它为破解懿王元年之谜迈出了扎实的第一步。有关专家认为，中国有确切纪年史可望前推半个多世纪。

《史记》中记载，中国历史明确的年代记录始自公元前 841 年(西周共和元年)。古书《竹书纪年》中有“(西周)懿王元年天再旦于郑”的记载。懿王在共和之前四代，其间尚有孝、夷、厉三王。1944 年，天文学家刘朝阳指出，“天再旦”是日出前发生的一次日全食。日出前，天已发亮，这时日全食发生，天黑下来；几分钟后全食结束，天又一次放明(即天亮了两次)。现代科学家可以推算出何时在郑地发生了造成“再旦”的日食，从而推定懿王元年，最终确定中国确切纪年史究竟始于何时。国家“九五”重大社科项目“夏商周断代工程”将“懿王元年天再旦”作为一个重要研究专题，是工程中最终可以落实到年、月、日等时间单位的不多的几个子课题之一。天文计算确定懿王元年的重要前提是，天文事件究竟给人类造成了什么样的感觉。由于某一地点在日出前后发生日全食的机会很少，迄今没有人能准确地描绘出“天再旦”现象。因此，实地观察、测量“天再旦”对确定懿王元年非常重要。

据刘晓陆介绍，这次他们在新疆阿勒泰至阿克苏一线共布设了 20 多个观测点，因为塔城日食发生在黎明前后，因而将塔城作为中心观测点。3 月 9 日清晨 7 点多钟，他在塔城最高建筑物银翔大厦楼顶看到，全城处于黎明前的黑暗中，满天星斗，海尔一波普彗星明晃晃地横斜于东北天际，蓬蓬茸茸的彗头像个大雪团，彗尾上方为梭状离子尾，离子尾下方如纱似雾般散开；7 点 25 分，东边天际露出淡淡的青玉痕；8 点左右，东边天际开始发亮露出鱼肚白；8 点 10 分，东边地平线云量较大，云层显暗红色，淡淡的铁红色渐渐染上天顶，星星逐渐隐没于晨曦中；到 8 点 20 左右，明亮的海尔一波普彗星看不见了；8 点 30 左右，云层由鲜红色变为亮橘红色的大块鱼鳞、瓦片状，朝霞远不如平时炽亮；8 点 35 分，朝霞转换成夕阳晚照一般，方才亮橘色的云群加重为血红色，方才血红色的云端深染成铁灰色，天顶淡淡的红意也消退了，稍显白色的西边天区也变

暗了；到 8 点 38 分时，已隐没的海尔一波普彗星几乎成喷射状、以匕首般的光刺挑破天空，猛然再现于东北天际，持续了两分钟，到 8 点 40 分时达到极亮，既壮观又诡异；8 点 45 时起，云霞又渐渐由红转黄，天顶由暗变亮，所有星星已彻底隐没。8 点 53 时，太阳带食跃出，地平线上映衬出山峦优美的曲线。太阳的左下方带着明显蚀掩的月影，红亮的太阳恰似一弯金色的新月；到 9 点 35 分左右，太阳复圆。周晓陆说，克拉玛依和伊宁霍尔果斯口岸观测点反馈，也看到了类似奇观。

根据塔城实地观测到的资料和亲身感觉，周晓陆认为，“天再旦”并不是指天空完全黑下来后再变亮，而是东天早晨变晚霞尔后又复明艳，当时是一次日全食或食分很大的日环食出现，食甚之前天际有过很亮的过程，且天边有浓云。此次观测证实了史载的西周懿王元年的那次“天再旦”极可能是一次黎明时的日食。这次实地观测为天文测算远古时间提供了精确依据。他认为，华裔美国人彭瓞钧计算出的公元前 899 年的日食可造成陕西凤翔地区“天再旦”效应的说法有很大可能，此外，公元前 925 年日出时分的日食也应引起注意。

有关专家认为，运用现代天文测算、古文献及青铜器综合研究，再结合周晓陆的这次观测报告，最终是可以确定懿王元年的。目前只有公元前 899 年 4 月 21 日和公元前 925 年 9 月 3 日两个时间真实可信。倘是前 899 年，我国有确切纪年史就应在公元前 841 年基础上前推 58 年；若是前 925 年，就应前推 84 年。无论最终确定两者中的任何一个，中国有确切纪年史都要在共和元年基础上向前推移半个多世纪。

（原载 1997 年 4 月 3 日《人民日报》和上海《文汇报》，与韩宏合写）

附：

“天再旦”现象

天再旦者，卯时日全食之谓也。定义者为刘鸿吉。这是一种奇异的天象，从字面看，意谓“天亮了两次”。在什么情况下才会“天亮两次”呢？只有在太阳出来前，天已放亮，或者太阳刚好在地平线上，忽然发生了日全食！这时，天黑下来；几分钟后，全食结束，天又一次放明。这就是“天亮两次”——“天再旦”。

周懿王是周朝第七位帝王。他在位时，没什么政绩，《史记》只说，他一上台，周朝就开始衰落，还有人写诗讽刺他。就这么点记载。幸运的是，古代曾出土一部书，叫《竹书纪年》，上面有句话：“懿王元年天再旦于郑。”夏商周断代工程要确定懿王元年是公元前的哪一年，全在这十分简约的 9 个字中。现代天文学家分析“天再旦”现象出现的概率是 1000 年一次。1997 年 3 月 9 日，中国新疆北部在天亮之际发生所谓“天再旦”的日全食，由 60 位观测者从 18 个不同地点亲身体验这种现象。

周公庙遗址发现西周高等级墓葬及甲骨文①

最近，考古工作者在陕西省岐山县凤凰山周公庙高等级墓葬群进行大规模发掘，引起了海内外广泛关注。

公元前十一世纪，也就是距今3000年前，商纣王残暴无道，残害忠良，盘剥百姓，周武王姬发秉承父志，起兵伐纣，推翻了不得民心的商纣王，建立了周朝。政权未稳，周武王去世，武王之子姬诵年幼，由武王之四弟姬旦摄政。姬旦采邑在周，即今陕西省岐山县北，故称周公。周公曾辅佐武王伐纣，战功显赫。摄政后，管叔、蔡叔散布流言蜚语，并暗中勾结商纣王之子武夷，联合东夷部族反周。周公亲率大军东征，平定了叛乱并派召公奭营建东都洛邑（今河南洛阳）马兵师，加强对东部地区的管治。后又全面实行封邦建国方针，先后建七十一国，包括同姓五十五国，异性十六国，以作为捍卫周王室的屏藩。推行井田制，土地统一规划，巩固和加强了奴隶制国家基础。

周武王之子周成王长大后，周公及时归政成王，自己从事制作礼仪，建立各种典章制度，使奴隶制政权有了治理基础。周王朝历时八百年，周公的奠基功不可没。他功高不盖主，权重不篡位；勤政爱民，礼贤下士，有时正在吃饭，听说有人来访，将口中的饭吐出，专心听访者反映的问题，周公吐哺，成为勤政的代名词；他主张明征慎罚，德服天下；他推行井田制，使平民安居乐业；他重视建立典章制度，靠制度治理国家等等，由此成为我国奴隶制时期著名的政治家。史学家及后人推崇周公的操守，代代传诵他的业绩，就连普通老百姓，也在自家的门帘、枕套上绣出梦见周公四字，以梦中看见周公为荣幸。

由于周公的采邑在今陕西省岐山县，他死后老百姓在岐山凤凰山建立了周公庙，其宗亲、近臣也都葬在周公庙附近，三千多年来香火不绝，这就有了周公庙遗址墓葬群。2004年10月考

⊙周公庙遗址勘探出西周最高等级墓葬

⊙来自全国各地的专家在周公庙遗址考察

①这一发现被评为2008年全国十大考古发现之一。

⊙出土的甲骨文

古工作者在这里正式发掘。先后钻探出高等级墓葬22座（后又发掘了100多座姬姓平民小型墓葬），另有陪葬墓14座，排名18号的墓葬为四条斜坡墓道大墓，与32号大墓同时发掘。由于这一墓葬群时代久远，规模宏大，等级高，被考古工作者称为“新中国最大的考古发现”。近日发掘取得重大进展。18号大墓出土了我国考古史上迄今发现的西周时期最大的石磬；40号墓首次挖出青铜器——铜簋一件，上有26字铭文；在47号墓中出土具有重大文物价值的玉、璜、玉龙等玉器。目前挖掘工作正缜密、认真地进行。

尤使人兴奋的是，自今年9月1日以来几乎每天都能在这里发现甲骨文字。考古专家、北京大学教授雷兴山高兴地说，目前，全国其他地方出土的甲骨文已识别的不足1100字，而周公庙甲骨文的出土已经超过了1100字。现在每天还在不断出土。出土的这些甲骨文字记载了很多“王”的故事，也记载了和周边地区的交往以及周王本身的活动，对认识西周王朝的形成过程以及西周时期的社会形态有重大意义。

据了解，1977年夏和1979年春，周原考古队在周公庙附近的岐山凤雏西周宫室（宗庙）建筑基址时，在房内发觉了两个窖穴，出土了大批西周时期的甲骨。这些甲骨共计17275片，其中刻字292片。后来在扶风县齐家村又有发现。这样，周原地区总共出土刻字甲骨近300片，总字数1009个，有不同的单字360多个。内容有卜祭、卜告、卜年、卜出人、卜田猎及人名、地名、官名、月象等10类，时间均为西周前期，周原甲骨卜辞的发现具有重大的学术价值，对于确定周原的性质和研究周人的历史提供了珍贵的资料。

（原载2004年12月23日《人民日报·海外版》）

⊙考古发掘现场

西周都城丰镐遗址的发现及遗存

⊙车马坑陈列馆

全国重点文物保护单位丰镐遗址，位于西安市长安区马王镇、斗门镇一带的沣河两岸，为西周都城遗址。丰镐是西周文王所建丰京和武王所建镐京的合称，丰在河西，镐在河东。当年，负责遗址考古发掘的中科院西安考古研究所丰镐考古队长卢连成，向记者讲述了丰镐遗址的发现和发掘经过。

卢连成说，西周都城丰镐遗址，面积超过10平方公里。年代约公元前11世纪～前771年。1933年考古调查发现，1951年起开始发掘，1961年国务院公布为全国重点文物保护单位。

卢连成介绍说，在马王村、洛水村、客省庄等地发现夯土丰镐建筑基址。客省庄附近的10余座基址，其中4号基址的面积超过1800平方米。虽然基址破坏严重，但从宏大的规模，附近出土有排水设施和西周板瓦等来看，当初应是大贵族的住宅，是西周中期最大的高台式夯土墓址。此外，丰镐遗址中还发现陶窑、铸铜用的陶范及制作骨器的遗存，其中有些应是手工业作坊遗址。在张家坡、客省庄及普渡村等地发现了大量墓葬以及陪葬的车马坑、马坑、牛坑等，总数有1000余座。1984年在张家坡发掘3座大、中型墓，其中的157号墓是有两条墓道的“中”字形大墓，墓中所出铜器有井叔铭文，发掘者认为是井叔的墓葬，位于其两侧的是井叔妻室的墓，出土有青铜礼器、兵器、工具、车马器、玉石装饰品和漆器。少数墓中有殉人。遗址内还多次出土铜器窖藏，如，1961年在张家坡村东发现铜器53件，有铭文的32件；1973年在马王村发现铜器25件，有铭文的10件。在新旺村附近，1967、1973、1982年也3次发现铜器窖藏。

卢连成又介绍了考古发现及发掘情况。他说，1933年北平研究院史学研究会、1943年中央研究院历史语言研究所先后两次沿沣河进行过考古调查。1951年，中国科学院考古研究所专门设立丰镐考古工作队，长期开展西周丰、镐两京的考古调查和发掘工作。其考古工作大体分3个阶段：第一阶段，从30年代开始至50年代初期，重点调查了沣河流域水系、地貌及西周遗址分布情况，大体确定了丰镐两京的方位；第二阶段，从50年代中期开始至70年代末期，是较大规模的考古发掘阶段，工作地点主要在沣西的客省庄和张家坡，揭露面积达数万平方米，发现了夯土基址、房子、灰坑、窖藏坑和墓葬、车马坑等遗迹，获取了许多重要的实物资料，为全面认识西周文化的面貌和内涵，确立西周遗址和墓葬的分期奠定了基础；第三阶段，80年代初至今，主要是全面普探、重点发掘阶段，其中最大的收获是发掘了西周重要贵族井叔的家族墓地。

说到丰镐遗址中的丰京，卢连成介绍说，丰京亦称丰邑，周文王伐崇侯虎后自岐迁此，《诗·大雅·文王有声》："既伐于崇，作邑于丰"。丰京遗址面积约8——10平方公里，是一处南北狭长，四面环水，相对密闭的地区。在这个区域内，西周遗址和墓葬比较密集。位于丰京东北部的客省庄、马王村是一片濒临沣河的高地，目前，已发现西周大型夯土基址14处。夯土基址建筑群的西部还发现几处西周贵族的居址，是丰京内重要的建筑地点。丰京南部的新旺村、冯村也是一片较为平坦的高地，先后4次出土西周窖藏青铜器，可能也是丰京内西周重要贵族的居址。位于丰京西北部的张家坡岗地，东西约600米，南北约400米，是丰京区域内最大的一处公共墓地，现已发现西周墓葬3000余座。

谈到镐京遗址，卢连成介绍说，镐京位于沣河东岸，是一处四面环水，相对密闭的地区。因遭汉代上林苑、昆明池的破坏，近年来虽有一些重要遗迹被发现，但范围和总体布局仍不明晰。根据考古调查，汉昆明池以北的西周遗迹很丰富，总面积约5平方公里，可能是镐京的中心区域。花楼子村与洛水村之间，在北临沣河的高阳原较低的阶地上曾发现10处西周夯土建筑。在洛水村西和普渡村北还发现有制陶作坊遗址和大型夯土基址，斗门镇则发现西周窖穴、灰坑和大批窖藏青铜器。另在花园村北至普渡村东高地上，在约5万平方米的范围内探出数百座西周墓葬和车马坑，长由盉、禽鼎、方鼎、簋、伯姜鼎均出土于此。

沣西张家坡西周居址分为早晚两期。出土的陶器有较大差异。早期以黑色和红色磨光陶为主，纹饰多印纹，器类以锥足联裆鬲、盆、折肩罐、簋、尊为主。晚期以灰色和红褐色陶为主，基本不见磨光陶，纹饰多弦纹和篦纹，器类以足鬲、矮足仿铜鬲、深腹盂、圆肩弦纹罐、浅腹盆、圜底瓮为主，很少见簋、尊。早期相当于文王居丰至成康之际，晚期相当于穆王至西周末年。

丰镐遗址发现大量西周墓葬，墓葬大致可分作4期。第一期陶器以高领袋足鬲和磨光圆肩罐或折肩罐为主，时代约当文王作邑于丰之时。第二期陶器有锥足联裆鬲、折肩罐、深腹簋、盆等，一些墓葬还出土了成组青铜礼器，时代为西周早期，约从武王到昭王前后。一、二期墓葬常设腰坑，坑内殉狗，墓葬中殉人，殉牲现象较多，用于陪葬的车马坑也多属这一时期。第三期墓葬陶器有联裆鬲、仿铜陶鬲、深腹簋、折肩罐、粗把假腹豆等，有一些墓中还出土了成组成列青铜礼器和玉器。时代约当西周中期，即穆王至夷王时期。第四期墓葬陶器有足跟疙瘩状袋足鬲、仿铜陶鬲、高柄豆、深腹盂、弦纹罐、圜底瓮等。时代约当西周晚期，即厉王、宣王、幽王时期。

丰镐两京已发现夯土建筑基址近30处，往往数座建筑连成群体。这些建筑均有较深的夯土基槽。夯土台基、屋顶施瓦，墙面涂白灰，有完善的排水设施。客省庄1～5号夯土基址的年代都是从西周中期开始使用，至西周晚期夷、厉之际遭到毁弃。建筑群体的周围发现有西周时期道路、小面积池沼、用陶管铺设的排水设施，周围有大量周瓦残片。花楼子村与洛水村之间一号建筑基址中发现大量瓦、白灰面墙皮、红烧土块和残破的陶器。

此外，陶窑已发现20余座，分为横式窑和竖式窑两类，窑室都呈圆拱形。洛水村的陶窑为竖式窑，火膛位于窑室的下面，窑箅上有数个圆孔形的火道。客省庄的陶窑为横式窑，火膛位于窑室的前方，是一筒状甬道，窑室周壁有环形火道和一条分火道。

卢连成说，从遗址和车马坑、陶窑中发现了丰富的文物。出土遗物有石器、玉器、陶器、铜器、骨、角、蚌制品、原始瓷器、装饰品，以及斧、锛、凿、锤、铲、镰、刀等生产工具，多为石制或蚌制，铜铲仅发现一件；生活用具多为陶制，有鬲、甗、鼎、甑、簋、豆、盂、罐等，出土的瓦长 45 厘米，宽 30 厘米，表面或背面有瓦钉或瓦环；铜礼器出于窖藏和墓葬，有 200 余件，其中有铭文的 50 余件。新旺村出土的铜鼎重 80 余千克，应为王室或大贵族使用的重器。同一地方出土的铜盂，有铭文 49 字，记载周王内宫后妃遴选宫人宫婢之事。马王村出土有许国国君嫁女的媵器。沣东下泉村出土的多友鼎，铭文长达 277 字，记载西周厉、宣之际的战争。这些铜器大都发现于居住的遗址或其附近，同一个窖内出土的铜器有的非一家所作，少数年代较早的大都是西周中晚期的器物，可以推测大概是由于西周末年犬戎之乱时埋入地下的，对于探索丰镐两京的布局和西周历史及中国断代史都提供了极为重要的实物资料。另外，还出土 2 片刻字卜骨，有专家认为所刻的字是易卦中的卦象，也有人认为是已经失传的文字。

谈到丰镐遗址墓葬的特色时，卢连成说，已发掘的墓葬总数达千余座，形制可分为 3 类：第一类为带墓道的大墓，包括带一条墓道的甲字形大墓和两条墓道的中字形大墓。这类大墓的周围多有数座车马坑、马坑陪葬，墓葬的主人应为畿内公卿或侯伯，张家坡墓地中几代井叔的墓葬都属此类。第二类为土坑竖穴墓，数量最多。早期墓坑狭长，有腰坑；晚期墓坑宽短，少见腰坑。第三类为偏洞洞室墓，有土坑竖穴墓道及偏洞墓室。此类墓数量较少，其形制反映出西周文化与甘青地区青铜文化的密切关系。西周多为仰身直肢葬，头向不固定，随葬品一般放在头前 2 层台上。早期大、中型墓中有殉人。

尤使人注目的是陪葬的车马坑、马坑和牛坑约 400 座。其中除少数出自普渡村外，其均在张家坡及客省庄。墓葬多为长方形土坑竖穴，流行单人仰身直肢葬，也有少数为俯身直肢葬，头向不固定。随葬品多放在头前、棺内或棺椁之间，兵器放身旁，祭食放在头前二层台上或容器内。早期墓有殉人，一般 1 人，多则殉 3 人。车马坑有方形、扇形、长方形 3 种。前两种都埋 1 车 2 马，长方形竖穴中埋 2 车 4 马、2 车 6 马或 3 车 8 马。车厢下常有殉人；马坑多长方形竖穴，内埋马 2 匹；牛坑为圆形或长方形，内埋牛 1 头。

张家坡西周墓地发现有几座墓葬聚葬的现象，或墓葬并列，或头头相对，或头足相对，或成方折形排列。这些墓葬规模相近，随葬器物组合相仿，墓主可能是同一家族的成员。车马坑形状有方形、扇形、长方形 3 种，一般是一车二马，有的四车八马，大都有一名殉葬舆夫。

谈到丰镐遗址的保护，卢连成说，新中国成立后，政府对丰镐遗址的保护非常重视。1956 年，将设在张家坡遗址的砖厂拆除搬迁，严格限制在遗址范围内进行大型基本建设和平整土地活动。上世纪 80 年代初，中国社会科学院考古研究所提出遗址保护的范围，国家文物局同意并转陕西省政府请予公布。遗址内乱建现象基本上得到制止。

2012 年 11 月

周原挖出了个“太阳”

——西周“阳燧”发现纪实

有阳光，才有生命；有生命，才有奇迹。这是阳光下的奇迹。

“周原挖出了个太阳！”这惊人的消息，像长了翅膀，在宝鸡、在三秦大地传扬。《宝鸡日报》竟以此为题，报道了这石破天惊的考古发现。

确切地说，这是一个既普通而又非凡的发现——考古工作者在陕西扶风“青铜器之乡”的周原，发现了距今三千年的西周时期的“阳燧”。

燧，古代的取火器：阳燧，又名“夫燧”。“阳隧”，是古人利用太阳取火的用具。此器乍一看好似一面青铜镜，不同之处是镜面为打磨、抛光后的凹镜，凹面为球面体的一部分，把它置于太阳之下，能聚阳光生热取火。

⊙周原出土的西周阳燧（正面）

关于阳燧，古书典籍上多有记载。《周礼·秋官》云：“司烜氏掌以夫遂取明火于日”；《疏》又说：“以其睹太阳之精，取火于日，故名阳燧，取火于木为木燧者也”；《淮南子·天文训》还说：“阳燧见日，则燃而为火”；王充《论衡》也云：“验日阳遂，火从天来”……看来，阳燧的诞生使远古“夸父追日”的神话变成了现实。然而，今天的人们虽然在古书中多次看到阳燧的记述，但却未曾见过实物，阳燧在人们的心目中，始终是个谜。

1995年10月26日，记者随同中国社会科学院考古研究所副研究员、国家级有突出贡献的专家卢连成和从事高科技开发的电子专家宋令淼等一起，驱车前往扶风探查究竟。

这天上午，云浓雾重，天色阴沉，大家心中也有些不安与抱憾：“没有太阳，如何验查阳燧取火？”谁知苍天有灵，车越往西行，天空越明亮。中午时分，云开雾散，秋日高照，大伙的心也为之振奋。下午3时半，我们来到扶风法门寺约10里的周原博物馆。

周原博物馆堪称国内收藏西周青铜器最多、品种最全的青铜专题博物馆。不巧的是，阳燧的发现与研究者、周原博物馆馆长罗西章刚好外出，馆内工作人员得知我们从西安赶来看阳燧，告知说：出土原物已被珍藏，不妨取一件按原物大小翻模复制的阳燧先睹一试。

太阳已西斜，机不可失。这时，一位馆员拿来一个“阳燧”。此物约手掌大小，呈圆镜型，镜背素面，有一旋钮，镜面为凹球状，光洁明亮。只见他蹲在地上，一手持镜对着偏西的太阳，一手捏着一团绒纱。那阳燧将天宇里的一束束阳光捕捉收集，然后折射聚焦成黄豆般大小的光点，落在绒纱团上，约摸20秒钟，绒纱团开始冒烟，接着冒烟处出现红火，在微风中闪烁……

“点着了！点着了！”四周的人们欢呼起来，记者拿来阳燧对着阳光试验，只见阳燧上方浮现出一颗小小的明珠，传递在记者手心之中。“哎呀，怪烫呢！”“秋天的太阳已不毒了。要在夏天对着日头试验，二三秒钟就能把绒纱点着，还能点燃香烟呢！”博物馆业务科长、擅长描绘青铜器的画家杨录奎还饶有兴致地介绍道：1995 年 8 月 14 日中午，瑞士的著名律师马利欧·罗伯迪来馆参观阳燧，当场对着阳光试验，只几秒钟就把宣纸点着，然后取出一支香烟，对着聚光焦点，只有 10 多秒钟就将香烟点着，只见他吸着香烟，手舞足蹈地说："太神奇了！ 3000 年前中国人能造出利用太阳能取火的东西，真了不起！"

掌灯时分，罗西章馆长风风火火地赶回。一见面，他就兴奋地说："阳燧虽貌不惊人，但意义重大。"这位在周原地区从事考古 40 余年的老专家，身材敦实魁梧，面色黝黑透红，说起话来声若洪钟："出土的阳燧尽管已锈蚀斑驳，但聚折的太阳光焦点宛如绿豆，比用现代技术模制的阳燧的聚焦点还小。我们的祖先真不简单！"说起阳燧的发现经过，罗西章神采飞扬，侃侃而谈。

1995 年 4 月 18 日，扶风黄堆乡黄堆村农民在挖水溏时，发现一座被人窃盗的中小型古墓。罗西章闻讯，就带领几名考古工作者前去抢救清理。该墓长约 3 米，宽 2 米，深 7 米，墓室棺椁头部的礼器、陶器已被盗走；墓主葬式为仰身直肢，右下侧发现一只从葬的小狗；所幸的是墓主弯在腹部的右手下，压着 3 件文物：一为双龙纹玉璧，二为玉柄形器，三为貌似青铜镜的东西。从墓的形制和墓中出土文物（含一些碎玉、贝币等）来看，此墓为西周中期偏早时的墓葬（距今三千年左右）。根据《周礼》中关于"司烜氏掌以夫遂取明火于日"的记载，罗西章认为，墓的主人生前很可能是担任管理阳燧的"司煊氏"官员。

罗西章等对这面"铜镜"仔细进行了观察，经粗测，"镜"面呈凹状，直径 8.8 厘米，厚 0.19 厘米，钮高 0.9 厘米，钮长 1.8 厘米，"镜"面光可鉴人处和翠绿色锈斑各约占一半，当时我们查阅古代文献，怀疑这就是阳燧。但由于其凹面生满铜锈，放在阳光下虽能聚光为一点，但因光弱，当时还不能确认它为"阳燧"，罗西章取出出土的阳燧原物让我们看，果真镜面绿锈斑斑，中间仍保留片片光洁如新的镜体，老罗说："考虑到文物的珍贵，不可轻易除锈、打磨和抛光，就在我们的文物复制厂，按原文物翻模复制了一件和它一模一样的铜凹面镜，经过打磨、抛光、置于太阳之下，果然能聚阳光取火，我们才确认它为阳燧。"

知道用火和能管理火，是人与其他动物的根本区别之一。人类开始用火是人类进化史上的一个飞跃。从考古发现可知，我国用火的时间，可以追溯到 170 万年前的元谋猿人和 100 多万年前的蓝田猿人以及距今 70 至 20 万年前的北京猿人。但是，猿人时期使用的火种，都是来自自然火（如火山爆发，熔岩流出，雷电及森林着火等），那时的猿人只知用火和保藏火种，尚不会制造火，后来人类才掌握了钻木取火，击石取火，特别是 3000 年前的祖先能铸造出金属取火用具，用"阳燧"收集阳光，酿造火种，这实在是人类征服大自然的伟大创造。

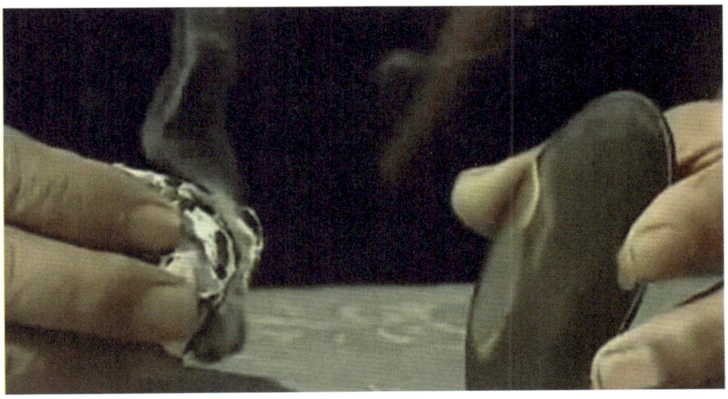
⊙阳燧（右）将棉絮（左）点燃

经西北光学仪器厂粗测，阳燧曲率半径为 19.8 至 20 厘米。专家认为，这个阳燧若经除锈，测量会更精确。当时能造出如此水平的球面体已属奇迹，若经科学除锈精测后，属理想的球面镜，那科学价值就更高了。阳燧实物的发现，证明我们祖先在西周时就对光的本性、光的发射、传播和接收的规律有了一定的认识，并能把光能转化为热能加以利用，这无疑是对光学物理的伟大贡献。

“我们祖先在 3000 年前能造出阳燧，这不愧为世界的奇迹。现代科学制造的雷达，电视接收天线以及医生用的窥测镜等等，都是用同一原理研制出来的呀！”宋令淼欣喜地说，“阳燧可以说中国古代第五大发明！”

“确实应算中国古代最早的伟大发明之一！”卢连成接上话茬，“除了指南针，阳燧的发明比纸、印刷术、火药都早得多。”他言犹未尽，扭头对罗西章说，“老罗呀，你在周原主持发掘了史墙盘、周厉王害夫簋等数百件青铜珍宝，这次又研究发现了阳燧，这又是一大贡献呀！”

“哪里，哪里，说句实话，面对祖先的发明，我只感到内疚呢！”罗西章感慨地说，“过去，我们也发现过阳燧，只是因为没认真研究，错把它当成了铜镜，甚至很长时间内怀疑古书记载的阳燧是否真有其物。”他举例说，崔豹在《古今注·杂注》中说“阳燧，以铜为之，形如镜，照物则影倒，向日则生火，以艾炷之则得火。”这次出土的阳燧，开始考查，其质地，形状，用途均与文献记载相符，唯“照物则影倒”，乍一看与实际不符，“是不是文献有误？”罗西章曾这样想，但他反复实验，发现阳燧的凹面镜在焦点之内照人，面孔放大，“脸上的胡子好似皂角刺呢”，将镜面置于焦点之外，则发现人影倒置了，“看来，对古代文献和祖国文化遗产，要尊重和研究，不可轻易否定呀！”

夜深了，告别了罗西章和博物馆的同志们，抬头望，星河皎皎，看明天，将是阳光灿灿，我们在深思遐想：埋没在地下三千年的阳燧，终于走出了漫漫长夜，迎来又一轮喷薄的日出。

阳光和火种将随阳燧的面世而千古不灭。

（原载 1996 年第一期《经济观察》）

西周古鱼国君人殉之谜
——访考古专家卢连成

⊙卢连成接受央视关于西周古鱼国君人殉的采访

1975 年初春，宝鸡市博物馆的考古队在茹家庄的黄土台塬上展开了考古发掘。从一号墓墓室出土的青铜器铭文表明，墓主为鱼姓，他是西周的诸侯国国君。

考古队员用简陋的工具叩开 3000 年前的古鱼国墓室。新的疑点不断涌现，考古队员清理一号墓墓边时，无意中又发现了茹家庄二号墓。这两座墓究竟是什么关系？二号墓的惊现对一号墓墓主的身份又有何改变？最近，央视在《探索与发现》栏目中追踪报道了这一考古往事。为此，我们走访了著名考古专家、该墓发掘负责人卢连成。

意外发现：3000 年前古鱼国的墓室

2005 年初春，卢连成回到位于陕西省西安市南郊的家中，他像往常那样走进书房。眼前的照片令他回想起 30 年前的一段考古往事。1975 年春，宝鸡市博物馆的考古队在茹家庄的黄土台塬上展开了考古发掘。茹家庄一号墓的墓主究竟是谁？要揭开谜底，需要从这里找到证据。

考古学者小心翼翼地清扫着每一件墓中青铜器物，无暇欣赏纹饰精美。此时，更为牵动他们的，是青铜器上的铭文。这里有七个古怪的文字，起首的字应当是墓主人的姓氏，但它早已不在现代汉字的范畴之内。“当时这个字出来后，我们主要考虑到它的主体是鱼，旁边从弓从鱼，所以发鱼声。铭文里有鱼伯作器，或者鱼伯其他贵族作器，所以我们基本确定了茹家庄一号墓就是鱼伯自己的墓葬。”卢连成解释说。那么铭文上的鱼伯究竟是谁？他在 3000 年前的西周又是怎样一个人物？卢连成忽然想起一个重要细节。在挖掘车马坑时，他发现马骨附近有些奇怪的印痕，很像是苇席的纹理。这说明殉马入葬时被苇席包裹住，属于一种级别较高的入葬方式。况且墓葬带有一条墓道，这在礼制森严的西周时期，墓道可不是轻易能设的。更有力的证据出现在茹家庄那个埋葬女性尸体的椁室里，那里出土了五鼎四簋的青铜礼器组合。这批青铜器器形低矮，带有兽头，口沿上刻着一个奇特文字“儿”，专家称之为“倪”。这个“儿”姓女子显然是青铜礼器的主人。我们当时推测，茹家庄墓主人大概是五鼎四簋一级的诸侯。鱼伯就是西周时期关中西部的一个异姓诸侯国的国君。“儿”姓的美丽女子肯定是鱼伯的正妻。他们生前恩爱，死后也不愿分离，共同埋葬在一个墓室，所以，茹家庄一号墓是鱼国国君夫妇的合葬墓。卢连成做了初步推断。

就在考古队员为取得成果感到欣喜时，接踵而至的清理工作却让他们心头蒙上了一层阴影。考古工作者在清理墓道时发现一些不同寻常的迹象，他们首先挖出了一块块支离破碎的骨头。这些骨头散乱在墓道中，最终拼凑出了一个人的形状，十分离奇。按照一般经验，这可能是盗墓贼的尸骨，他们进入墓室偷盗，最终受到墓主人的诅咒，未能活着离开，倒毙在墓道口。但是紧接着，考古队员又发现了难以解释的现象。他们清理散乱的骨架时，无意中挖到一些碳化物质，这些碳化物质还保留着原初的形状。这是一些被火焚烧后的竹节，这些竹节表明了这里曾举行过某种神秘的宗教仪式。同时，考古队员又在墓道上侧发现有爆竹燃烧的痕迹，那些碳化物质原来就是已经炭化了的爆竹。这些不寻常的现象令考古学者想起早先发掘的一号车马坑。坑内的马骨摆布很不整齐，之前，考古专家曾做了种种推断，都没有找到适当的理由，而此时，他们提出了一种新解释。“一号坑马骨比较凌乱，这说明当时马是活殉的，当时马儿都在挣扎，都向同一个地方奔跑，腿骨、头骨都在不同方向有明显挣扎动态。”考古学家胡智生称。同样，茹家庄一号墓的墓道口也出现了这种凌乱分布的骨骼。经卢连成初步推断：茹家庄鱼国墓地在进行墓口封实前，曾举行过某种殉葬仪式，焚烧竹节，肢解奴隶作为人殉。累累白骨：展现殉奴生前的痛苦。

美丽爱妾为鱼伯殉死

人殉，这是一个大胆的推测。有资料表明，康昭以后，尤其到穆王阶段，在京畿范围内，高级贵族墓葬很少有殉奴的情况。考古学者需要新的证据来支持这个推论。紧接着，他们在茹家庄一号墓的二层台地上发现了一个双手被缚的人体骨骼。这个人体骨骼扭曲着身姿，双手蜷伏于胸前，仿佛在展现生前的痛苦，他可能就是一个殉奴。殉奴越来越多地被发掘出来，一号墓中发现有奴隶骨架七具，两具在墓道口的填土中，五具在二层台上。三千年过去了，这些命运凄惨的殉奴们一直伴随着他们的主人。考古工作者继续寻找着。人殉的出现，使卢连成对一号墓墓主的夫妻身份产生了质疑。卢连成发觉，茹家庄一号墓的主墓室内，甲乙椁室一大一小并排安置，口沿平齐，椁室上层的夯土层次清晰，没有任何搅乱和相互打破的现象。这到底意味着什么？“这个一号墓的椁室是一次构筑的，没有打破的情况，中间横挡的厢板把它分为一大一小两间。很显然，这位‘儿’姓女子和鱼伯是同一次下葬的。”卢连成认为，两人的关系再次成为谜案。谜团解开：墓主爱妾被残忍殉葬。

在同一个时段，同一次下葬，那么必有一人是陪死殉葬。这个“儿”姓墓主究竟是谁？很快，新疑点出现了。考古队员清理一号墓墓边时，无意中又发现了一个墓葬。他们称其为茹家庄二号墓。经测量，人们发现两座墓挨得如此紧密。“二号墓的一角打破了鱼伯墓的一侧，这个打破关系就证明两座墓有时代早晚的关系。二号墓主比一号墓主晚一点去世。”卢连成了解到两座墓之间的关系。茹家庄二号墓是一座较大墓葬。墓中共出土刻有铭文的青铜器 10 件，多数是鱼伯为井姬作器。二号墓中青铜礼器众多，这表明井姬生前的地位十分显耀。井姬，是周公的后裔。西周金文经常见到的是井伯、井叔，还有井姬。尤其是井伯和井叔，从西周中期就是王朝的执政大臣，辅佐天子处理政事。井姬，有可能是井伯家族，或者是井叔家族，他其中的一代女儿嫁给了鱼国国君，作为鱼国国君的正妻。那么，为鱼伯殉死的美丽女子，也就是青铜器铭文所示的“儿”，其身份绝非正妻。而是为墓主鱼伯殉葬的一个爱妾。由此，一幅凄惨的图景被考古学者勾勒出来。这位“儿”姓女子可能是西周时期某个小国的诸侯女儿，她嫁给鱼伯为妾。非姬姓的鱼伯受西周王室册封后，为了在周人之地立足，试图通过婚姻外交，巩固自己的地位。他将目光转向东邻的井国。井国由周公旦的后嫡执政，井侯曾在周王室任卿士，辅佐天子。于是，鱼伯便迎娶井侯之女为正妻，以求附庸姬周的皇亲国戚而生存。今天，我们无从知晓3000年前鱼伯家族内部发生过怎样的争宠夺利。但有一点可以肯定，鱼伯过世后，长眠于茹家庄的墓地，悲惨的命运随即落到“儿”妾的头顶，“儿”被残忍地殉葬了。

人殉——奴隶社会“吃人”的习俗

人殉是为侍奉已死的社会或家族中某些特权者而死的人，其中有陪臣、妻妾、侍卫和亲信，也有用作仆役的奴隶。它是古代奴隶社会中一度盛行“吃人”的习俗。在河南、河北、山东、江苏、湖北等地都发现了商代人殉的遗迹。商王、贵族及奴隶主的墓葬中一般都有殉葬人。侯家庄1001号墓是个有四条墓道的商王墓，墓内殉人超过164个，分置于墓底、椁室附近及墓道内。该墓墓室外的陪葬坑有31个，其中22个埋有人。每坑埋1－7人不等，共埋有68人。最大的陪葬坑中棺椁具备，还有青铜礼器，在二层台上有2个殉葬人，即殉葬人的坑中还有殉人。

人殉，就是用人殉葬。卢连成认为，殉葬本是一种古老的风俗。古代人们思想迷信，认为人死后还会同生前一样生活，因而在人死后，将其生前用过的物品随葬。原始社会人们只是把工具、武器、日用品等和死者埋在一起。到了奴隶社会，奴隶主死后，不但用自己的妻妾、亲信等陪葬，更多的是将大量奴隶杀死或活埋来殉葬。让他们在“阴间”继续供主人役使。人殉的风气，在商代达到了顶峰。

⊙本书作者和考古专家卢连成在交流青铜器的发掘情况

商代前期人殉现象已经相当普遍；到了后期，大中型墓葬几乎都有殉人。当时人殉成了一种制度：“天子杀殉，众者数百，寡者数十；将军大夫杀殉。众者数十，寡者数人。”近年考古发掘的情况，证实了这样的记载。如安阳殷墟商王陵墓区有一座“亚”字形大墓。椁的顶部和四周有成批的男女侍从奴隶殉葬（据考察，杀殉的办法是将奴隶们十人或二十人一排，反绑着牵入墓道，东西成行地面向墓室跪着，砍下头后将尸体埋入，再填上土夯平。每夯一、二层上便杀殉一批奴隶）。这一座大墓殉葬的奴隶共有三百六十多个，其中大多是不满二十岁的青少年，有的甚至是天灵盖还没有长满的幼童。像这样殉葬几百人的大墓，在商王陵墓区不止一个。除了商王朝统治的中心地区外，各地奴隶主用人殉葬的情况也很惊人。如在山东益都苏埠屯发掘的一座奴隶主大墓里，有四十八名奴隶殉葬，而且多数是十二、三岁的少年。在陕西凤翔秦公一号大墓主人秦景公就有人殉 182 个！商王和大奴隶主贵族的陵墓，成了堆积奴隶尸骨的万人坑！

最后实行人殉制度的朝代

人殉的野蛮习俗在商代曾达到顶峰。春秋时期，奴隶制走向崩溃，人殉的做法越来越受到抨击，人殉现象逐渐减少，代之以泥木人形的制品殉葬。秦始皇死后，秦二世逼迫没有生子的宫女全部殉葬，而且将建造陵墓的工匠也封闭在墓内，被害者“计以万数”。“秦的一系列暴政导致了秦王朝的覆灭，使得后来的统治者接受了一些教训。”卢连成说。

从汉朝到元朝，人殉制度基本上被废止了。然而，明朝建立后，太祖朱元璋又恢复了人殉制。他的被封为秦王的次子死时，由他降旨准以二名王妃殉葬。朱元璋本人死时，更以四十六名妃嫔、宫女殉葬。成祖朱棣死时。以三十多名妃嫔、宫女殉葬。以后的仁宗朱高炽用五名，宣宗朱瞻基用十名。当时，新皇帝一上台，便为死去的老皇帝圈定殉葬的妃嫔、宫女。名单一经宣布，宫内的人首先要向殉葬者“道贺”。殉葬者含悲忍痛地梳妆打扮一番，接着在指定的殿阁中参加一次宴席，随后即被逼集体自缢。宣宗有个叫郭爱的妃子，很有文才，入宫不到一个月就被指定殉葬，死前，她万般愤懑地写下一首绝命词：“修短有数兮，不足较也。生而如梦兮，死则觉也。先吾亲而归兮，惭予之失孝也。心凄凄而不能已兮，是则可悼也！”这是对残酷的人殉制度的血泪控诉！

1464 年（天顺八年），英宗朱祁镇临终前特召皇太子玉至榻前，下遗诏说：“用人殉葬，吾不忍也，此事宜自我止，后世勿复为。”这样，最终废止了惨无人道的人殉制度。清朝虽然在入关前实行过人殉制，但入关统治全国后即予废除。所以，严格地说，明朝是中国历史上最后实行人殉制度的朝代。

（此文参考央视有关报道改写而成）

韩城周代大墓遗址惊现稀世珍宝①

⊙本书作者（前排左三）在考古工地采访

陕西省韩城市梁带村规模宏大的周代遗址和高等级贵族墓葬的考古发掘获得重要进展。通过对3座大型墓葬和1座车马坑的初步考古发掘，西周和东周时期的大量珍宝相继出土面世。30件青铜礼器，600余件青铜鱼、青铜车马器；6000多颗玛瑙珠、陶珠以及1300多枚石贝、海贝……可谓琳琅满目。专家表示，随着考古发掘的进行，还会陆续出土大量珍贵文物。

经国家和陕西省文物部门批准，今年4月至今，陕西省考古研究所、渭南市文物保护考古研究所和韩城市文物旅游局联合对梁带村附近的古代文物遗存进行了调查和勘探，发现西周和东周时期的遗址范围大、遗存丰富，仅墓地就占地500亩。其中在50亩墓地的考古勘探中发现了两周时期的墓葬103座、车马坑17座。据陕西省考古研究所韩城考古队队长孙秉君介绍，通过对1座车马坑和3座大墓的抢救性发掘，大量珍贵文物“浮”出地面。车马坑中清理出马车4辆、马骨架5具及轮、舆、轭、辕等马车构建20件。3座大墓分别为第十九号墓、第二十六号和第二十七号墓。在第十九号墓出土的文物中，大量10多厘米长的青铜鱼可以佐证《礼记》中关于“鱼跃拂池”的记述，10件龙纹镂空铜环在周代墓葬中属于罕见，大量排列有序的串饰在周代墓葬中也属首次发现。第二十六号墓目前已局部发掘至椁顶板，出土有石人、玉管等文物。第二十七号墓是目前发现的西周时期罕见的大型贵族墓葬。考古发掘出的文物中，制作精美、风格独特的金剑鞘为西周考古领域的首次发现，证实了墓主人的贵族身份。在墓主人头的左侧上方还发现了漆器建鼓（一种古乐器），是考古发掘中首次见到的实物。

专家们认为，韩城梁带村周代遗址和高等级贵族墓葬的发现，不仅是今年陕西省最重大的考古发现，也是今年全国重大的考古发现之一。这几座两周墓葬是陕西地区30多年来发现的少见的未被盗扰的周代高等级贵族墓葬，对研究两周时期的政治、经济和墓葬、礼乐制度有重大意义。

（原载2005年12月19日《人民日报》）

①这一发现被评为2006年全国十大考古发现之一。

周代大墓发现7000年前的玉猪龙等珍贵文物

⊙古墓中出土的玉戈

去年12月19日，本报报道了陕西韩城3座周代大型贵族墓发现惊世珍宝之后，引起了社会各界的广泛关注，前来参观者络绎不绝。陕西省考古工作者在做好接待工作的同时，加紧了对这3座大墓的发掘清理工作，又有一大批珍贵文物面世：30件周代鼎、簋、鬲、编钟等青铜器，大量金器和品类繁多的玉器以及距今7000年前的红山文化时的玉猪龙相继出土，为研究周代及“芮国”历史提供了难得的实物资料。专家们惊叹，韩城周代高等级贵族墓，堪称一座珍宝库！

27号墓首次发现商周玉剑　墓主人应比晋侯级别高

周代3座墓中，除了19号墓已清理完，另外两座墓仍在清理之中。27号墓又清理出土金器17件，并发现弧形、浮雕龙头的金龙一条，同时在已发现的做工精美的金剑鞘旁又发现了精美、规整的玉剑一柄，与剑鞘基本吻合。这是首次发现商周时的玉剑。在这个大墓中，已露出土面的青铜器有6鼎6簋以及1件青铜尊。

据《周礼》记载，周代墓葬有着严格的等级差别，周天子应为9鼎8簋，高级诸侯墓为7鼎6簋，一般诸侯为5鼎4簋。山西曲沃县上世纪90年代出土的著名晋侯墓地发现的基本上是5鼎4簋，显然，27号墓主人应比晋侯级别高，应为7鼎6簋，还有1鼎有待继续清理探查。此外，在该墓发现的乐器建鼓(属首次发现)之下，又清理出两件编钟、手执的乐器钲等。乐器编钟一组应为8个，现已出土两个，其余有待继续清理。编钟挂在架上，木架虽然朽了，但彩绘痕迹犹在。此外还发现了盂、壶等青铜器。使人惊喜的还有，在该墓中又发现了西周大型组玉珮——7璜联珠，每件玉璜上雕刻着精美的龙纹，其中一件上刻有6条对称的龙，异常精美；发现了4件内圆外方、呈柱状体的玉琮、3件长35厘米的玉戈，十分罕见。

发现一枚高14厘米玉猪龙　对研究红山文化意义重大

26号墓的考古发掘也令人惊羡。在墓室西南角，已发现20件青铜器，其中2件高53厘米的青铜方壶，壶耳为生动传神的凤鸟，壶体为精美的窃曲纹。在该墓中发现了5鼎5簋和5件铜鬲。5鼎由大到小排列，最大的鼎加上附耳，直径超过50厘米。墓中发现的玉器品种尤为繁

⊙古墓中出土的玉猪龙

多，不仅有5璜联珠，而且有玉凤、玉熊、玉鱼、玉虎、玉蝉、玉蚕、王贝等以及梯形玉牌等，大都为和田、羊脂等玉料，特别是发现了一枚高14厘米的玉猪龙（形状既像猪又像龙），专家考证后认为，这应为古代人们祈雨的吉祥物，当属距今7000年前的红山文化时期的遗物，应产在内蒙古、辽西一带，在距今2800年的韩城周墓中发现，令人惊奇，对研究红山文化的拓展及玉器的分布意义重大。

在该墓中还发现了带有“芮天子”铭文的青铜鬲（此前在19号墓中有发现），再次证明了该墓地应为“芮国墓地”。据《史记》和《括地志》记载，芮国应在韩城南的大荔县一带，现却在韩城南10公里处（古梁国以北）发现芮国墓地，为芮国研究提供了新的课题。芮国最早建在甘肃华亭县，后向东迁移，在韩城发现“芮天子”之墓，是说明了“芮国”东迁的路迹，还是芮国天子有两个分支？这有待进一步考古发现去证实。

韩城考古队队长孙秉君告诉记者，大量的考古发现验证了《史记》的记载是准确的。不能简单地认为，发现“芮天子”的铭文，就说《史记》记载不准确。

目前，3座大墓清理工作已进行了2/3，专家估计，还有大量文物将会陆续面世。

（原载2006年1月10日《人民日报》）

⊙周代大墓出土的部分文物，右为考古队队长孙秉君

韩城 700 多座周代古墓见天日

—墓主可能是一代国君

去年底和今年初，本报曾两次报道了陕西韩城周代大型贵族墓出土大批珍贵文物的消息。经过近 4 个月的进一步考古勘探和发掘，目前韩城又发现古墓 700 多座、车马坑 47 座、大型墓葬 7 座，新出土了一大批金器、青铜器、玉器、漆器以及铁器等珍贵文物。这些古墓和车马坑基本上未被盗扰。

记者来到韩城梁带村考古现场，步入 27 号墓室旁，看到墓主棺椁四周置放着各类文物：南部堆满了成堆的青铜车马器，北部已露出完整的漆木建鼓、青铜兵器和 5 件浮出土面的编钟，东部有各种琳琅满目的青铜鼎、簋、壶、觚等，西部则堆满了绘有精美龙纹的红色漆器。

韩城考古队队长孙秉君介绍说，经过 2700 多年的漫长岁月，存放在棺椁中的墓主人的遗骨已腐朽，没有棺椁的遗骨反倒能保存下来。由于该墓中出土有大量兵器、金器，主人为男性无疑，同时还出土了 6 鼎 6 簋（可能还有一鼎未出土）以及大量礼器、乐器和高等级装饰品等，由此推断，墓主很可能是一代国君。另两座墓因未出土兵器、金器，有可能是国君的两位夫人。

（原载 2006 年 5 月 9 日《人民日报》）

⊙考古工作者在大墓中清理文物

韩城大墓发现木俑比秦兵马俑早六百年

陕西省文物部门6月9日宣布，被列为2005年中国十大考古发现之一的陕西韩城周代大墓，在近期的考古发掘中又出土了大量珍贵文物。尤为引人注目的是在一座“甲”字形大墓中出土了4个木俑，这是迄今为止我国发现最早的俑，比秦始皇兵马俑早600年。

这4个西周木俑是在502号大墓中发现的。木俑位于该墓四角，高约80厘米，呈驾车状，都面对着墓室棺椁。据专家介绍，殷商时期普遍流行活人殉葬，到了西周这一现象逐步减少，春秋战国后几乎绝迹，开始用木俑或陶俑替代活人。这4件木俑是至今我国发现最早的俑，印证了孔子在《论语》中所说的“始作俑者”并非妄谈，可以说，它开创了我国古代陵墓用俑的制度。

陕西省考古研究院院长焦南峰告诉记者，自3月25日韩城大墓的第二次发掘工作展开至今，已发掘各类墓葬20座，令人欣喜的是这些墓葬均保存完好，无一被盗。

（原载2007年6月11日《人民日报》）

⊙韩城大墓发现的木俑

⊙考古人员在墓地介绍发掘的文物

国宝属于国家①

——发现保护27件西周青铜国宝的5位农民访谈录

⊙五位农民发现的西周青铜器窖藏

听说发现保护27件西周青铜国宝重器的陕西眉县5位农民进京参加在中华世纪坛举行的这批国宝公展开幕式，记者在首都火车站迎候并采访了这5位农民。

“到首都北京看看，是俺们一生的愿望，没想到今天实现了！”佩戴大红花的王宁贤、王明锁、王拉乾、王勤宁和张勤辉5位农民高兴地拉着记者的手说，“几天前咱们在村里结识，没想到今天咱们又在北京见了面！”

坐上前往中华世纪坛的汽车，记者与这5位农民侃侃而谈。

记者：你们村出了多少宝？这批青铜宝器是怎么发现保护、上交给国家的？

王宁贤、王明锁：我们家乡所处的宝鸡市和眉县，是西周青铜器之乡，我们马家镇杨家村是一个有3500多人的大村，也是西周陪都遗址之一。新中国成立后在我们村曾四次出土了国宝级的珍贵文物（注：据专家介绍，1956年该村出土了2件彝方尊和2件驹尊，这些彝尊都有铭文，记载了军队部署情况和西周畜牧业发展状况；1972年该村又出土了罕见的大旅鼎，铭文记载了西周天子赐田制度，曾轰动了考古界；1985年，该村再次出土了18件西周青铜编钟和逨钟，铭文为研究古代音乐史提供了珍贵资料）。这次俺村出土的27件西周青铜器，件件上面都有字，听专家说共有4000多字，是青铜器数量最多、文字最多的一次发现，这批文物价值高得很，非常金贵。

王拉乾：元月19日下午，天气清朗。我与王宁贤、王明锁正在村北坡上挖土，王勤宁和张勤辉在崖下用拖拉机运土。我正在抡镢头挖，突然听见“嗵”的一声，发现土层里被挖出个鸡蛋大的洞口。我连忙猫下身子往洞里一看，只见阳光射进洞里，哟，里边起明发亮的！

王宁贤：我连忙也弯下身子往洞里看，只觉得里面堆满了东西，有的绿莹莹的，有的明晃晃的，心想，恐怕是些古物宝贝。

王明锁：我也爬下身子往洞里望，只见里面的东西被阳光一照，明晃晃的，我不禁喊道：是文物！我连忙也把崖下的王勤宁和张勤辉叫上来看。他们一看，也都认为是文物。怎么办？我们

①这一发现被评为2003年全国十大考古新发现之一。

5 个人一起商量。我说：文物是国家的，赶快向文物部门反映！我的话，得到大伙的赞同。大家说，要保密，不能告诉任何人。王宁贤家中有电话，让他赶快回家向文物部门打电话报告。

王宁贤：我赶快下崖往家里奔。路上碰见我另外个弟弟平宁，平宁问，哥，啥事你这么急？我没吭声直往家中跑。我忙对母亲说："妈，今日把宝贝挖出来了，快把电话号码本拿来，向市上报告。"年过 7 旬的老母亲识字，她一边拿老花镜，一边说："对，发现文物要赶快向政府报告。"

王明锁：我们几个人在窖洞口守着，有的想把洞口再挖大点看看。大家一商议说不行，窖口打开了，里边的东西数量就说不清了，咱们还是把洞先用土块掩盖起来，同时还决定，由我再去催宁贤打电话，为了避嫌，由拉乾、勤宁、勤辉 3 人到离洞口 30 米外的地方看守。我赶到宁贤家，帮助老人找到宝鸡市文物局办公室的电话。

王宁贤：我拨通了市文物局办公室的电话，一位姓陈的同志问："有多少文物？"我说："看起来不少，你们赶快来！"对方也激动地说："你们要保护好现场，我们马上就到！"大约等了半个多小时，县文化馆和市文物局的同志相继乘车赶来。天刚擦黑，我让侄子找来手电，弟弟勤宁找来电线、台灯，勤辉又寻来电线、灯泡，明锁让娃们回家拿来铁铲、铁镢，拉乾回家找来绳索，在文物专家刘怀君等人的指挥下，大家搭梯子，架灯光，开窖口，运文物，把 27 件国宝轻轻地从崖坡的窖中搬出来，人抬绳吊，一个个稳妥地装到 2 辆面包车中，当晚安全运送到县文化馆，随后又送到了宝鸡市青铜器博物馆珍藏。

记者：这批文物价值连城。有人说，只要你们私分一件文物就够你们吃几辈子，文物全部都交给国家了，难道你们不后悔么？

王明锁：有什么后悔的？文物本来就属于国家的，本应交给国家！《文物保护法》上规定："中华人民共和国境内地下、内水和领海中遗存的一切文物，属于国家所有。"

王勤宁：《文物保护法》是江泽民主席签的令。里面明确规定："一切机关、组织和个人都有依法保护文物的义务"、"在进行建设工程或者在农业生产中，任何单位或者个人发现文物，应当保护现场，立即报告当地文物行政部门"、"任何单位或个人不得哄抢、私分、藏匿。"

王宁贤：记者同志，你会问我们怎么对《文物保护法》这么熟悉？其实，这也没有什么奇怪的。我们家乡是青铜器之乡，市、县文物部门经常来镇、村宣传《文物保护法》，还经常把出土的青铜器拿到村里展览。俺们村是宝鸡市的文明村，村党支部、村委会也都经常组织俺们学习《文物保护法》哩！再说，我自小左臂残疾，国家对我关心，还发了"残疾证"，给我多方照顾。我一辈子没给国家做什么贡献，这次发现文物及时向政府报告，也权当我对国家做点贡献吧！

王明锁：有人对我们说，这文物估计价值过亿，这回省、市文物部门每人才给你

⊙本书作者（左）采访捐宝人

们奖 2 万元，不少么？我说，不少，不少。我们 5 人每年拉土能挣 3000 多元，这一下就奖给咱 2 万元，也够俺干 5 年以上的！再说，我们农民都是下苦的，过惯了穷日子，过高的念头也没有。

张勤辉：这次发现文物，我们 5 个人没有一点私拿、私分的念头。文物交给国家，我们心里才觉得踏实了。再说，我们干了点应该干的事，既获了名，又得了利，还有什么不知足的？3 月 4 日我们受奖那天，村里和四邻近万名乡亲前来庆贺！村里敲锣打鼓放鞭炮，上级领导给我们 5 人披红戴花，不但发了荣誉证，又发了奖金，村上还唱了几天大戏呢！家乡父老乡亲都夸我们做得对，干得好！你看保护国家文物多光荣，要不然，我们哪能来逛北京城呀！

王明锁：常言道，“君子爱财，取之有道”。我们虽然日子不富裕，需要钱，但我们人穷志不穷。如果我们贪财、私分了文物，那将是犯罪。10 年前，我省有人盗卖青铜国宝和秦俑头，不是就掉了脑袋吗？但保护了文物，上交给国家，国家又奖励了我们，那就是“取之有道”，这也是讲公德、爱国家的表现呀！

记者：你们护宝献宝有功，有名有利，现在是怎么想的？有什么愿望和打算？

张勤辉：是的，我们既有了名，又有了利。但名利都是身外之物，对俺们个人来说名利虽好，但不太重要。我们最关心的是我们宝鸡市、眉县和杨家村的“名气”和经济。要通过这批文物，让全国人民和世人知道，西周的发祥地在宝鸡，我们宝鸡有法门寺、太白山等旅游胜地，欢迎更多的国内外商客和游人到宝鸡来投资、旅游。宝鸡和眉县发展了，俺们马家镇和杨家村才能发展，俺们农民也能沾上光啊！

王宁贤：听专家说，这些宝贝上大都刻有“子子孙孙永保用”的铭文，这些宝贝盛世出土，交给咱们这些 2800 年后的子孙们“保用”，这确实是件瑞祥吉利的事。受奖那天，别提我妈多高兴，还亲自掌勺下厨炒菜请乡亲们吃酒呢！奖给这 2 万元钱，我准备用于发展养殖业，带动左邻右舍共同致富。

王明锁：奖给我的 2 万元钱，除了给妻子看病外，我也打算发展养殖业，买些羊，栽些猕猴桃、果树。同时继续当好《文物保护法》的宣传员，同一些破坏、倒卖文物的不法分子作斗争。记得去年 10 月的一天夜里，我们发现村前坡上有灯光闪动，我就与宁贤、勤辉前去查看。盗墓贼见势不妙就逃窜了。

王勤宁：我村地下还有不少文物，我们乡亲们一定要增强文物保护意识，在同各种不法分子作斗争的同时，今后在挖土时一定要经心，发现文物要立即保护好上交国家。为了保护好地下的国宝，乡亲们建议政府把我们这里设为文物保护“特区”。

王拉乾：奖给我的 2 万元要节省用，算计着用。我准备买头奶牛，再栽点果树。乡亲们都说，如果能在村里建个小小的青铜器博物馆，再搞个文物复制厂，吸引更多来村里参观、买文物复制品，那俺们村就能更快奔小康了，俺们也有个固定收入了。我想，国宝一定会给俺们村和乡亲们带来好运。

（原载 2003 年 3 月 10 日人民网）

保护国宝有功 五位农民受奖

⊙本书作者（中）与五位受奖农民在北京中华世纪坛前合影

因发现并保护27件西周青铜器国宝而受世人赞誉的5位农民，今日受到陕西省文物局和宝鸡市人民政府的表彰奖励。与此同时，27件国宝在特警的护送下，已于今天下午3时安全抵京，不日将在中华世纪坛展出。

今天，陕西省眉县马家镇杨家村一片欢庆景象。发现并保护27件西周青铜器的农民王宁贤、王拉乾、王明锁、王勤宁、张勤辉，各领到了文物保护荣誉证书和2万元的奖励，宝鸡市文物局、宝鸡市考古队、眉县文化局、文化馆以及马家镇公安派出所和杨家村也分别受到表彰和奖励。

这批青铜国宝是这5位农民在1月19日下午挖土时发现的。他们当即封好了窖藏洞口，由专人看守，派王宁贤、王拉乾向宝鸡市和眉县文物部门报告，使这些惊世之宝安全出土入库。这批青铜器包括铜鼎12件，铜鬲9件，铜壶2件，铜盘、铜匜、铜盉、铜盂各1件。这批青铜器组合完整，礼器、酒器、水器和食器齐备，形体硕大，造型精美，纹饰繁缛，特别是件件器物都有铭文，共计4000多字，其中三足附耳逨盘铭文就多达350多字，它追述了周文王至周宣王11代12位周天子的业绩和“单”氏家族8代人辅佐周王室的功绩等，同时两次使用了年月干支月象。专家们认为，这是今年和新世纪的重大考古发现，对研究西周历史、天文历法和夏、商、周断代工程有着不可估量的重要意义。

近日，陕西省文物局特聘发现并保护宝鸡眉县杨家村西周青铜器窖藏的王宁贤、王拉乾、王明锁、王勤宁、张勤辉5位农民为文物保护员，并向5位功臣颁发了“文物保护员证”。持“文物保护员证”可免费到省内各文博单位参观并检查文物保护工作。

（原载2003年3月5日、5月20日《人民日报》）

有道是，韶光流逝，古往今来，书籍会散佚，图卷会湮灭，碑刻会蚀化，建筑会焚坍。2000年前的竹简及笔墨整理的10多万字的兵书能保存到今天吗？《孙武兵法》与《孙子兵法》究竟是什么关系？请看——

张敬轩与《孙武兵法》82篇

⊙张敬轩（中）向本书作者（右）及陕西省政协委员、企业家陈维礼（左）展示祖孙三代依据周书汉简书理的《孙武兵法》82篇

“《孙武兵法》82篇最近在西安面世，可谓军事史、文化史上的惊世发现，它回答了人们的这一疑问，”陕西省委统战部副部长兼《收藏》杂志主编杨才玉兴奋地告诉记者，“真巧啊，从周敬王十六年（公元前504年）秋孙武定简到今年再度露面，时光整整过了2500年！这是盛世中巧遇的盛事，我们应当很好地为它庆贺！”

今年第10期《收藏》刊登的《孙武兵法82篇在西安发现》一文，就是杨才玉主编亲自采写的重要新闻。为此，记者邀杨才玉一起连续几个晚上，走访了《孙武兵法》82篇的珍藏者张敬轩。

张敬轩，一位年届50岁的军工企业技术员。他在家里接受了记者的采访。

“《孙武兵法》82篇，是我们祖孙三代珍藏至今的”，张敬轩说起话来深沉而又自信，“现在适逢盛世，应该让它重见天日，冰释历史的问号了。”

的确，这是一个历史的大问号。《孙武兵法》82篇早在班固《汉书·艺文志》中就有“吴孙子兵法82篇图9卷”的记载，但近2000年来，人们看到的仅是《孙子兵法》13篇。《孙武兵法》82篇是否存在？作者孙武是否真有其人？《孙武兵法》与《孙子兵法》是什么关系？长期以来，这成了历史的大谜团。

“《孙武兵法》82 篇的确存在，而且就在人间，”张敬轩欣喜地说，“我们祖孙三代书理保存的《孙武兵法》82 篇至今保存完好。”他边说边从里屋取出珍藏了 70 多年的卷卷发黄的抄录的兵书。

这就是“远在天涯，近在咫尺”的《孙武兵法》82 篇手抄本兵书吗？乍一看，它酷似大开本的碑帖，每本宣纸封面上，书写着《孙武兵法》第 × 册，左下方书写着“孙武定简于景林，西安张联甲书理”，字体均为秀美的汉隶，同时在书名下方盖着“联甲书理”等 3 方印章，在灯光下熠熠夺目。我们信手翻开第 5 册，只见扉页上竖写着“孙武兵法第 5 册、目录、字数、图名、联甲书理”等，正文为“孙武兵法第 27 篇军击”；我们又翻开另外单篇书理的《孙武兵法》第 42 篇《行空》，文尾写着“书理于周书汉简民国十二年春于西安谁园联甲”并盖有两方朱印。虽然封面正文历经沧桑风雨，不少纸张发黄变脆，且有淫雨浸渍的印迹，但整个书体工整舒秀，墨迹凝重，可谓难得的隶书佳品；而读之内容丰富，文笔流畅，字字似珠玑，句句皆灼见。

“孙武是我国历史上伟大的军事理论家，他的著作被誉为百代兵家之师”，杨才玉对张敬轩说，“你们家传《孙武兵法》82 篇，功德无量，播芳千秋啊！”张敬轩却谦虚地说：“保护国宝，是每个炎黄子孙的应尽职责。真正作出伟大贡献的还是孙武这位中华民族的大军事家！”

张敬轩引用《孙武兵法》中的语句介绍说，孙武有感于盘古开国至姬周 5000 年来战乱不断、生灵涂炭的世情，认为“禁争夺（是）当世之急”，而要“禁争夺”，必得“以戛（jia，古兵器）去戛，以杀去杀，以暴去暴. 以战去战，方可国泰民安”，他主张以正义的战争反对非正义的战争，以进步的暴力制止反动的暴力。他呕心沥血，苦修兵法，“尽观先圣之传策，尽校名战之利弊，尽察天地之玄理，尽轇（jiao，交）诡道之奥妙，尽玩变数之神判，尽涉列国之山川，察游九州而观四海，尽知天下之风土民情，尽访天下之兵家贤才”，历时 8 载，“修成兵法 80 有 1 篇，图 9 卷，以名命简，定名孙武兵法。”

“《孙武兵法》是 82 篇，怎么又成了 81 篇？”

听到记者的提问，张敬轩笑了：“《孙武兵法》原为 81 篇，加上文尾作者写的《终语——预示篇》（相当于“跋”）共 82 篇。”原来张氏家传的这部兵书是汉楚王韩信亲自校点研读过的版本，韩信在汉初“次序兵书”时，对《孙武兵法》82 篇极为重视，留下不少批注，其中在《终语—预示》篇之后留下 42 个字的批语：“虽称终语，实言兵理，彟（yue，尺度之意）示而示，多多益善矣。故定而入为孙武兵法第 82 篇。汉楚王韩信予汉五年（公元前 202 年）二月。”这就说明，韩信认为《终语——预示》篇阐述了孙武研究兵法的缘由、写作经过及主要军事理论观点，言简意赅，就将此篇续为 82 篇，因此班固在《汉书·艺文志》中关于孙武兵法“82 篇图 9 卷”的记载是正确无误的。

《孙武兵法》82 篇是怎么书理并保存至今呢？杨才玉感慨地说：“真是苍天有眼，中华幸运。多亏张敬轩祖孙三代殚精竭虑，付出了大量心血啊！”而张敬轩说起这一话题则更为动容。

张敬轩的祖父张瑞玑，山西赵城人，清末进士出身，曾供职清政府军机处。光绪三十二年（1906 年）任陕西韩城知县，后任长安、临潼、兴平、咸阳、潼关等知县，民国元年后又任陕西顾问院院长、陕西划界专员等职。他一生好学，“家藏书 15 万卷”，民国十二年曹锟贿选总统，唯张瑞玑一人断然拒受贿金，所到之处，均有政声，“豪于文，廉予吏，不避权贵，敢作敢为”，号称“清末良吏第一”。当年他在赴韩城上任途中，慧眼识珠，从民间以重金买下《孙武兵法》82 篇图 9 卷古兵书汉竹简（这里人们应感谢 2000 年来珍藏此竹简的不知名的民间收藏者）。1923 年，他因不满军阀混战，弃官为民，与儿子张联甲在西安共同书理《孙武兵法》82 篇，1928 年病逝。此后，张联甲遵照父训，继续古兵书研究，以其颇有造诣的书法功力，经数十年的努力，将汉竹简《孙武

⊙依周书汉简书理《孙武兵法》82 篇中的第 36 篇《天地二》

兵法》82 篇逐篇书理在宣纸上。在大体书理完成之后，他欣然题《告世人》一词：“百世馨，终语预示定景林(孙武定简的地名)，若能振兴我中华，多艰辛，也教名著再现临。”

“文化大革命”10 年动乱中，张联甲父子两代根据周书汉简书理的《孙武兵法》82 篇抄本得以妥存，张联甲又从火中抢救出《孙武兵法》中第 31 篇竹简，使这一国宝没有毁坏殆尽。但张联甲对他没有将父亲收藏的《孙武兵法》汉简完整地保存下来，对没有完成对《孙武兵法》82 篇的注释视为一大憾事，于 1972 年含恨辞世。临终前，他在《示儿女》的遗书中告诫儿子张敬轩要继续完成他未竟事业，“因为它是中华之国宝，世界文化之精华，完成之日，告我坟前，以还我愿。”

张敬轩对家藏《孙武兵法》82 篇汉简残片及手抄本视若珍宝，精心保藏，长期秘不示人。他集中 3 年时间，查字释义，从头到尾将其研读。姐夫吕效祖也给他的收藏工作予以热情支持。这样，张氏三代历经近百年呕心沥血的努力，才使这一中华瑰宝得以保存至今。

从火中抢救出的那篇汉竹简是否安在？张敬轩破例满足了我们的愿望，让我们亲眼目睹了《孙武兵法》第 31 篇汉竹简实物。只见他从密室中取出包裹得严严实实的竹简。竹简共 27 片，每片长 275 毫米、宽 10 毫米、厚 2 毫米，上书古隶字体，竹簿已发黑，除少量字可认清外，大部已模糊不清，经科学处理后可以辨认。而其先辈 70 年前书理的《孙武兵法》82 篇一部分纸张虽已发黄、变脆，但字迹仍然清晰可辨。

使人感到惊喜的是，《孙武兵法》82 卷的真伪，虽无经过专家的鉴定，但却得到了考古发掘的验证。1972 年在由东临沂银雀山汉墓中出土的 4974 枚竹简中，整理出已失传 1700 多年的《孙膑兵法》。其中误以为是孙膑之作的《五度九夺》篇的残缺竹简有 116 字，经与《孙武兵法》82 篇对照，系其中第 39 篇，原篇题为《九夺》，全文完整，填补了汉墓竹简漏缺的 124 字，加上此文汉楚王韩信的批注 36 字共补缺 160 字。这不仅使这一重大考古的缺憾得以弥补，而且也佐证了张氏家传《孙武兵法》82 篇，共计 141709 个字，因竹简年深久远，内有 23 个字字迹残缺，辨认不清，无法书理，比流传于世的《孙子兵法》13 篇 6080 余字多出 13.56 万多字。也就是说《孙武兵法》82 篇的文字是《孙子兵法》13 篇的 23 倍多！

内容如此丰富的中国古代军事名著在西安发现，如若得到确认，不仅是中华文化史上的大事，也是世界文化史上的幸事！

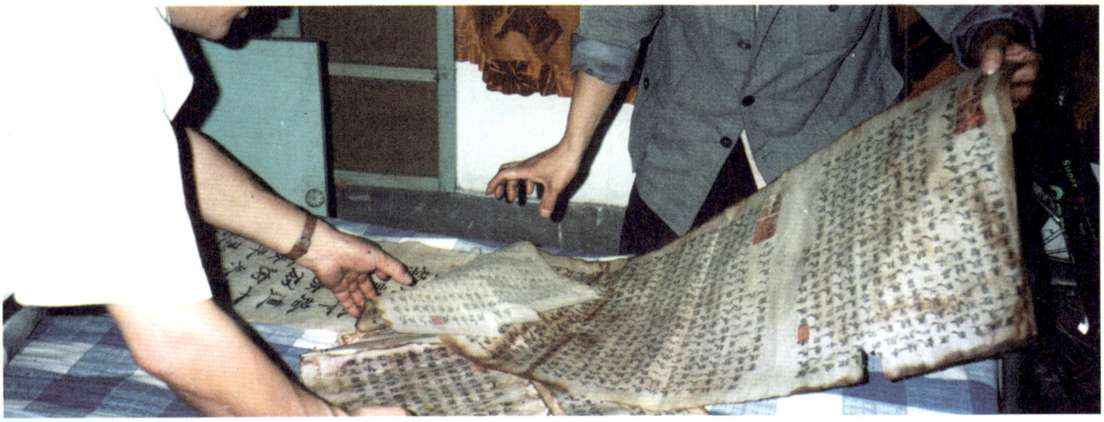

⊙经过近百年的风风雨雨，张瑞玑及张联甲依周书汉简书理的《孙武兵法》82篇纸张发黄变脆，且有淫雨浸渍的印迹，但书体工整舒秀，笔记凝重，可谓难得的隶书佳品。（陈维礼 摄）

《孙武兵法》82篇佚文被发现，堪称民间收藏为弘扬民族文化作出的一重大贡献，有着极其重大的学术价值和军事价值。这一发现，至少解决了长期以来的以下谜团：一、历史上确有《孙武兵法》82篇，否定了"后人的伪托"、"长期辗转传授《孙子兵法》13篇出现的多种竹简刻本"或"加进孙武与吴王阖闾对话而成"的猜测妄断；二、《孙武兵法》的作者是孙武，确有其人，《孙子兵法》作者亦为孙武；三、注明《孙子兵法》13篇是《孙武兵法》82篇的缩节篇(孙武完成这部兵法巨著之后认为，此书只能传给圣明之君和智贤之士，而不能传给那些昏庸之君和殆［dai危险］僪［yu狂妄］之士，否则必将加害于国家和人民，于是让其子"百句取精""留大则，缩立成简"为13篇)，《孙武兵法》为"家传简"，《孙子兵法》为"传世简"，说明了为什么《孙子兵法》2000多年来得以流传的缘故。

(原载1996年10月21日《人民日报·海外版》)

附：

辩兵法真伪　明事实真相①

中国孙子兵法研究会部分专家驳疑“抄本《孙武兵法》82篇”

近来，一些新闻媒体对西安发现所谓孙武亲著的“抄本《孙武兵法》82篇”（以下简称“抄本”）进行了报道，宣称张氏等人书理、收藏的“抄本”“解开了史学界、军事学界一个千古之谜”。这一事件在海内外引起了很大反响。前不久，中国孙子兵法研究会部分专家就其真伪问题举行了座谈。

与会专家学者一致认为，根据目前所见到的“抄本”中的《行空》、《拾中》、《预示》三篇以及有关报道中所引“抄本”的零散内容可以断定：“抄本”内容绝非孙子亲著，亦不可能出自汉简，很可能是近人的伪作。理由如下：

一、“抄本”内容多处违背史实

1.“抄本”《预示》篇中多处提到“周敬王××年字样”，如结尾处注：“周敬王16年秋周吴民孙武定简于景林”。周敬王名匄，敬王为其死后之谥号。据《史记·周本纪》及《十二诸侯年表》，敬王在位42年，《左传》载敬王在位44年。孙子与周敬王为同时代人，不可能在敬王尚未去世即预先使用“敬王”这一近30年后才有的谥号来纪年。

2.《拾中》等篇多处谈到骑兵作战的原则，如“车骑并举”、“山中之战，多为轻骑”、“轻骑为先”、“甲兵居中，车骑在后”等。孙子所处时代尚无骑兵作战，故13篇中只讲步兵与车兵，未及骑兵与骑战。该篇又云“卒上鞋钉”。其实先秦称“履”不称“鞋”。凡此等等，不一而足。

3.“抄本”中有多处关于盘古的事迹，如“昔者盘古开天国、称天皇”，“盘古开国传于姬周，五千余年”等。有关盘古的传说最早见于宋代《太平御览》卷二引三国徐整《三五历记》，且盘古原为苗族传说中的始祖，汉代以后才被吸收入汉族创世神话序列中，因而先秦典籍不可能有关于盘古的记载。

4.“抄本”中称孙武自订十三篇名为《孙子兵法》，如说“吾以《孙子兵法》晋见吴王阖闾”，又称孙武自订八十二篇为《孙武兵法》，显然违背史实。“子”为古代对男子的尊称，孙武决无自称为“子”之理。且古人著书无书名大题，书题“孙子兵法”乃是后人所称。

二、“抄本”在语言、文字、风格上存在大漏洞

1.“抄本”用了大量古字，但因为作伪者不了解古文字发展源流，所用古字反而成为其作伪的证据。如“抄本”中大量使用的“（靝）”（天）字，实际始见于清康熙年间，系天地会所造；先秦时“肆”、“陆”、“柒”、“捌”、“玖”、“拾”尚无数目含义，其中“肆”代表四、“捌”代表八、“玖”代表九之义，始于唐代武则天时。

2.“抄本”所用“四面楚歌”、“明争暗斗”、“民不聊生”、“国泰民安”、“国富民强”、“呕心沥血”、

---

①《张敬轩与〈孙武兵法〉82篇》一文发表后，在海内外引起很大反响。但也有专家对这一发现的真伪提出质疑。现将《光明日报》发表的这篇文章附后，供读者参考明辨。

“黄道起兵”、“本朝发祥”等成语、文辞，显然不是春秋时代的语言。

3. 从行文风格上看，13篇多为格言、苦句，讲究排比、对仗、押韵等修辞艺术，并达到了很高境界，后人誉之为“辞如珠玉”。“抄本”则语言浅薄拙劣，根本不能与13篇并提。若为孙武一人所作，高低优劣不可能如此悬殊。

三、从思想体系上看，“抄本”与十三篇大相径庭

“抄本”的收藏者以所谓“82篇”大肆贬低13篇，言“《孙子兵法》13篇说是兵法，实际谈的并非兵法，而82篇既讲理论，又讲战法，才是真正的兵法”。然而事实恰恰相反，“抄本”在思想体系上与13篇大相径庭。

1. “抄本”掺杂了大量阴阳、黄老、道教等学派的东西，如“天机不可泄露，泄露者阳寿减；阴气不可重复，重复者身有殃杀”之类，与孙子思想相去甚远。

2. “抄本”对13篇有关内容的解释错误甚多。以“不战而屈人之兵”为例，13篇用伐谋、伐文、伐兵三个层次，已将其含义概括得很明晰。“抄本”却大谈“空能胜人，空能服人，空能治人，空能取人”、“能以空而取者，不战而屈人之兵也”云云，将这一理论搞得玄而又玄；又如“抄本”对“诡道”的解释为“诡道者，明争暗斗也”，亦不合孙子本意。

3. 《孙子兵法》13篇不讲“忠”、“义”、“礼”，而“抄本”大讲这些内容，与孙子思想相背。

四、报道中所谓“汉简”甚为可疑

按照收藏者的说法，“抄本”系由题为《孙武兵法82篇图九卷》的“汉简”整理抄写而来，所据“汉简”在“文革”中大部被毁，迄今仅幸存第31篇共27枚竹简。由于收藏者至今对所藏竹简秘不示人，但在有关“汉简”的报道中，有四处明显可疑之处：

1. 报道中称竹简“每件有上中下三孔”，内容用黑漆写成。研究汉简的专家指出，目前发现的汉简均为一侧有三角形切孔，用墨书写，并无上中下打孔及以漆写成的现象。

2. 报道称“抄本82篇”共14万余字。春秋时期诸子著述均不过数千言，如《老子》、《论语》、《易经》以及孙子13篇皆为五千余字，而孙子自己定简“82篇”竟达14万余字，很难令人置信。

3. 目前所发现的汉简都是在特殊环境下如沙漠、汉墓中才得以保存下来的。“抄本”所据“汉简”来历疑点甚多，收藏者个人无法具备科学保存的条件。

4. 汉简的辨识和整理都需要古文字学家承担，张氏父子显然不具备这种素质。

总之，《孙子兵法》是中国传统兵学最有代表性的著作，作为中国的兵学圣典，其价值和意义是不言自明的。关于“《孙武兵法》82篇”的真伪问题，是一个非常严肃的问题。对此，应当采取审慎的态度，先由国家有关部门组织有关专家进行科学鉴定，再经权威的新闻媒介向国内外发布。

（原载1996年11月19日《光明日报》）

尹博灵将石鼓文破译成白话史诗

石鼓文是刻在10个花岗岩鼓形物上的先秦大篆古文。原石于隋末唐初在今陕西宝鸡县陈仓古道面世，后因风化残剥、历史沧桑而缺字失行，现珍藏于北京故宫博物院。公元627年以后，这组极为特殊和珍贵的“古文化实物遗存”，逐渐受到一些帝王和学者的推崇，被誉为“万代石刻之祖”、“小篆之祖”、“中国第一古物”。

历代学者都很重视石鼓文的研究，但是，由于石鼓文属先秦文字，字义几乎无典可循，初见石鼓字数较全而不能识，后来者探幽发微能识其义而字数又风化残损。迄今为止，石鼓文无法被直译成文，遂成千古不解之谜。郭沫若先生集前人研究之大成，于1939年发表《石鼓文研究》一书，考证石鼓文465字。它虽为当今海内外公认的“最完全本”，但尚缺200余字。

今年37岁的尹博灵，是中华诗词学会会员、汉中市政协工作人员。他自18岁起临摹石鼓文拓本练习书法，以后进一步探求字义。经18年的书法实践和古文字研究、文史研究以及石鼓文各种版本的对比研究，终于考证了石鼓文665字的形、音、义(与原刻相比，仅有一鼓尚缺数字)，从而证明：石鼓文刻制年代为公元前747年左右，它是以四言诗形式积攒了秦国初创时期秦文公20余年间重大活动的史实。它不仅如前人研究的那样，是秦始皇统一中国汉字所依据的母体——大篆，是古代书艺巅峰的代表作，而且也是中国乃至世界上人们今天还能亲眼见到的最古老的纪事体文学系列史诗。尹博灵石鼓文白话诗译定以后，其学术价值已引起史学、文学、考古学、古文字学和书法艺术界的重视。河南嵩山书画院副院长、画家师国栋，据此已创作出10副大型系列水墨画——石鼓诗意图；陕西音像出版社特邀先秦编钟古乐作曲家王原平，制作出90分钟石鼓诗意古曲；湖北省博物馆已决定筹办“石鼓文书、画、古乐艺术展”。尹博灵最近将这一研究成果整理成书，即将出版。全国人大常委会副委员长周谷城为该书题词：“石鼓文于识古有大帮助。”

(原载1991年12月11日《人民日报》)

⊙石鼓 第一鼓《吾车》

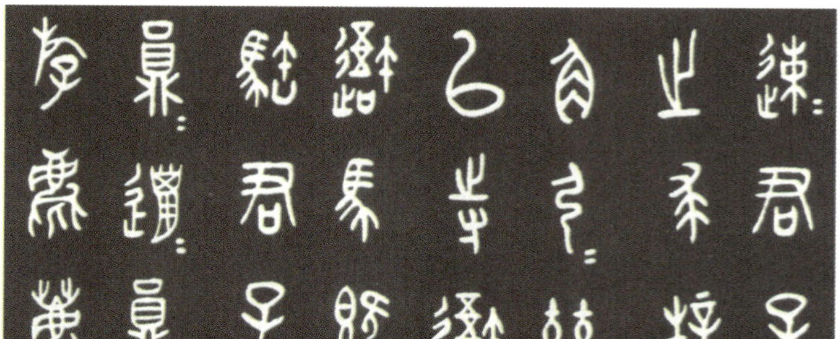

⊙石鼓文拓片(局部)

来自考古工地的报告

临潼发现战国砖室墓葬

一九八七年秋，陕西省考古文物工作者在临潼发现一座战国时代竖穴砖室墓葬，出土了一批印有文字的战国青砖以及陶器和漆器，不仅为研究春秋战国的历史提供了新的实物资料，而且把我国用实心砖砌墓、错缝筑墙的历史推前两个世纪。

一九八七年九月五日，位于秦东陵内的刘庄砖厂工人在取土时发现了一批古砖，引起临潼县文物管理部门的重视。他们立即组织力量就地探测，发现这一地带为战国墓葬区，从二十多座竖穴土洞墓葬中，发现了这座唯一的竖穴砖室墓葬。该墓坐西向东，深七点五米，墓圹呈长方形，面积八点三六平方米。墓室系砖木结构，进深三点八米，宽一点六四米，高一点五米，顶部用半圆木密棚：残存棺木长二点八米，宽一米，高零点八米。墓室用大小一致的整砖四百五十九块和十六块残半砖砌成，砖上分别印有“宫屯”、“芷”等四种文字共三百九十九个，另有九件刻有文字或符号。

从墓室中出土了陶瓮、陶灶、陶罐、陶灯等八件以及四枚漆耳环和一件漆盘。棺木内无人骨，但头、上肢及胸骨却在耳室，下肢在墓室上部的填土中间，头骨上有伤痕，估计为杀后埋掉。

这是迄今发现的我国最早的实心砖砌墓葬；同时，墓砖上发现这么多的印文和符号也是空前的，有着较高研究价值。

（原载 1988 年 6 月 4 日《人民日报》）

三千年前八卦图像在陕出土

距今 3000 多年前刻在蚌片上的八卦图像，不久前在陕西岐山县——周代早期都邑附近出土。这是我国迄今发现最早的八卦图像。引起专家注意的是，小小的 6 枚装饰用的蚌片，上面刻画有八卦图像，6 枚均长约 2 厘米，宽约 1 厘米。在出土的周代文物上发现八卦卦画图像尚属首次，这为进一步探索《周易》这座神秘的殿堂提供了新的实物资料。

（原载 1993 年 8 月 4 日《人民日报·海外版》）

陕西扶风出土商周青铜巨龙

最近，考古工作者在陕西扶风县发现一件商周时期的巨型青铜龙。

这条商周青铜龙是扶风县巨良海家村农民在盖房取土时，在附近的土壕内发现的。随同出

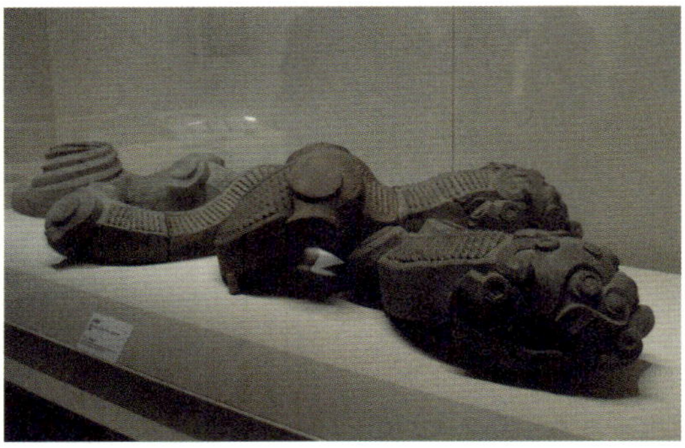

⊙在陕西历史博物馆陈列的青铜巨龙

土的还有三件青铜甬钟。考古工作者根据出土的鬲、盆、豆、罐、甗等灰陶器的形制和特点确认，此地为商代晚期或西周早期遗址。青铜巨龙在距地面约一米处，竖立于遗址灰土之中。

经测查，这一巨型青铜龙重十九公斤，长六十厘米，长大口、弓颈卷尾作爬行状，系圆雕式爬行龙，不仅是迄今为止发现的最大的商周青铜龙，而且这种造型的龙在商周龙中也是不多见的。

专家认为，类似的青铜龙，目前仅在存藏于世的四尊大鼎上才能看到，目前发现的鼎中之王——陕西淳化县青铜大鼎，重二百二十六公斤，鼎耳上的爬龙也仅有二十八点六厘米，还不及这条青铜龙的一半长。专家据此推测，这条商周青铜爬龙所依附的青铜大鼎，将远远大于淳化大鼎，成为真正的商周青铜鼎之王。

（原载 1993 年 8 月 7 日《人民日报》）

陇县发掘春秋早期墓葬群

一九八六年十一月，陇县县西南的边家庄农民，在取土时发现了几座古墓葬。经过宝鸡考古队九个多月的发掘，共清理出二十九座春秋古墓，其中大部分为春秋早期墓葬，这些古墓，均为单个竖穴土圹墓葬，面积为四点六平方米到十八平方米，深四到十二米不等。在这些墓葬中，除了出土一大批陶器外，还出土了鼎、簋、壶、盘等青铜礼器一百多件和戈、矛、簇等青铜兵器和车马器等二百多件。

在这批出土文物中，尤其令人注目的是一件铁器和一部“辇车”的遗迹。在一号大夫级墓葬中出土的一件铜柄铁质短剑（匕首），是我国迄今发现最早的铁器。这是继秦公一号大墓（系春秋中期墓葬）之后，再次发现的最早的铁器，它把我国用铁的历史至少提前了一个世纪（从公元前二五 00 年提前到公元前二六 00 年以前）。在五号墓廓室里发现的“辇车”遗迹表明，“辇车”是由车厢、双轮和单辕构成的木质彩绘人力车，在车前横木之后和单辕两旁，有两个木质俑人，表示双人（即双夫）推车。这次发掘共出土陶器、青铜礼器、兵器等文物二千多件。

（原载《黄土地的文明》一书）

淳化发现中国最早的“水泥”

日前，陕西淳化县发现距今 4000 多年的人工胶结材料，经化验，与当今使用的水泥成分相似。

这种原始“水泥”，是由淳化县文化馆文博副研究员姚生民在该县城关镇陈家嘴村庙底沟进行文化古遗址调查时发现的。据介绍，陈家嘴是新石器时代晚期遗址，出土文物有重沿尖底瓶、锁口曲腹钵、曲腹盆、陶纺轮及石斧、石镰等。人工胶结材料埋在该遗址地表土层里，距地表 25

至40厘米，长8.9米，厚1.7至2.1厘米。其断面分三层，表层似白灰和砂；二层灰色，有石粒、砂和灰色胶体材料；三层为黑灰色，质地单一密细。三层黏结牢固，断面无缝隙，其下为草泥，呈褐色。经化验，此材料含硅36.92%，钙30.03%，平方米拉强度52.6公斤，直观似水泥。据史料记载，我国在清光绪二年，即1876年始有水泥，距今130年。陈家嘴遗址为距今4000多年的先民聚落遗址，人工胶结建筑材料堪为先民创造的一大奇迹。

（原载2007年7月2日《人民日报》）

临潼战国墓出土我国最早肉制品

为配合潼（关）—西（安）高速公路改扩建项目和包（头）— 西（安）铁路临潼段引线项目，陕西省考古研究院先后两次在陕西省临潼区湾李村共发掘墓葬312座，其中秦汉墓葬共计282座，其余为唐墓葬明清墓葬。特别重要的是在一座墓葬的铜敦中发现盆满钵溢的肉制品。根据墓葬形制和出土器物，考古人员分析该墓应为战国晚期。

考古人员发现这座战国墓盗扰严重，在墓底东南侧有一长方形盗洞。幸运的是，位于木椁内东北角的两件随葬铜器虽离盗洞近在咫尺，却幸免于难，一件为铜敦，另一件为铜壶。

牛肉干一根根肉丝清晰可见

“铜敦由于锈蚀严重，无法揭开且非常重，我们怀疑里面可能有东西，立即用厚实的黑色塑料袋包裹送到省考古研究院文物保护研究室。”省考古研究院助理研究员宋俊荣把铜敦打开时，除了一股刺鼻的硫酸味之外，眼前是满满的一块一块碳化东西让考古人员大吃一惊。拿出一块，掰开看看，白色的弹性肌腱膜和一根一根的肉丝展现在眼前。根据铜敦的功能，考古人员认为是一块一块的肉制品。

⊙出土的铜敦

如果是肉制品，那又是什么动物的肉？经过中科院研究生院杨益民博士几个月不断测试、红外分析和蛋白质组学方法鉴定为黄牛的肉。而这个结果和这批墓葬中陪葬有大量带骨的黄牛肉制品相一致。考古人员表示，这应该是我国目前保留最早的墓葬中陪葬的肉制品。

考古人员分析认为，铜敦中两千多年前的肉制品能保留至今，除了和铜敦本身密封严实有关外，恐怕和肉制品本身经过处理（风干或腊肉）和墓葬形制竖穴土坑墓都有很大的关系。一般来说，土坑墓要比洞室墓人骨架保存要好，这和早期空气隔离有关。

282座秦汉墓中67座有骨骼肉制品

考古人员以每个墓葬为单位对这312座墓葬陪葬有骨骼肉制品的68座墓葬进行统计，确定其最小个体数为130。其中绵羊最多为38只，占总数的29.23%，其次是狗为23只，猪为22头，黄牛20头，山羊10只，鸡9只，蚌4个，鱼、马、麝鼹、鼢鼠最小个体数均为1。

其中，在282座秦汉墓中，67座墓葬陪葬有带骨的动物肉制品，占全部墓葬(312座)的比例较高，但因肉质腐烂，只能看到动物骨骼。在随葬方式上，一种是直接放置在墓室里，另一种是放置在陪葬的陶器中。值得注意的是，在其中一座墓葬的陶鼎中发现一只完整的鸡骨骼。史料记载，鼎中乃盛肉食，在正式场合鼎里的肉块相当大，陶鼎中放入鸡是通过随葬品反映墓主生前的豪奢生活。

（2012年9月29日）

宝鸡发现三千年前青铜护甲

⊙考古专家修复后的青铜护腿

三千年前征战沙场的将军们穿没穿护甲？如果有护甲又是什么样呢？最新考古成果显示，这些青铜时代的将军们不仅有青铜甲护腿，还应有青铜护胸。

考古学家通过对陕西省宝鸡石鼓山墓地出土文物的清理和研究，近日发现了现存时代最早的青铜护甲，为青铜时代的甲衣制作、古代战争装备史提供了珍贵资料。陕西省宝鸡市考古队队长刘军社说，秦兵马俑往往身着甲衣，但不知秦兵甲衣是何种材质。宝鸡石鼓山墓地出土的铜甲，给人们提供了比秦兵马俑时代早七八百年的青铜甲衣实例。

据了解，宝鸡石鼓山的商末周初墓地是去年农民取土建房过程中意外发现的，除出土了闻名遐迩的“禁酒器”等青铜器墓葬外，还有两座墓也出土了青铜器，其中一个墓出土的18件（组）器物中，就包括1组3件铜甲。刘军社说，经过室内清理和保护后，我们发现一件残长29厘米的铜甲整体呈卷筒状，犹如人的腿部形状，应是包裹腿部的护甲。在其接口处两边沿上，有卯孔3组，每组6个，其作用应是系住护甲防止脱落。

与护腿甲衣同时出土的另两件弧形薄片状护甲保存情况较差。其中一件残长23.5厘米、残宽10厘米的铜甲，其短边沿有一排卯孔，长边沿则有两排卯孔；另一件残长40厘米、残宽21厘米的铜甲，边沿弧形上翘，外边沿有连续的单排卯孔。

两件铜甲的边沿部分都饰有勾连云纹，据此推测，它们可能是护胸的部分甲衣，由胸身经腋下伸到后背，也可能二者本就是护胸或护肩的甲衣，其众多卯孔除了穿系之外，也可能是与部分皮革制品相辅助。此外，出土护甲的墓葬中还出土了铜矛、铜鼎、铜簋、铜斧与铜车器等众多文物，虽然比出土“禁酒器”的墓葬在数量上少一些，但是一件“亚共庚父丁尊”具有重要意义，很可能是身为高级贵族的墓主人从商朝人手中得到的战利品。

（据新华社记者冯国2013年3月10日报道）

岐山出土西周青铜马车车軎镶嵌绿松石

近日，岐山县京当镇贺家村凤雏遗址附近发现一大型车马坑，通过考古发掘发现一套精美青铜马车。昨日，华商报记者了解到，目前考古专家正在加紧制定发掘与保护方案，发掘今日将继续。

洛阳铲探下1.7米深　发现土里有铜锈

“当时用洛阳铲打到地下1.6米深的时候，就发现有灰土，到1.7米深的时候，发现土里有铜锈。”昨日，考古勘探队员说，这处发现在凤雏遗址南侧100米处，发现时间是8月17日。勘探队员勘测时，发现填土内包含有散乱的朱砂痕迹，随后还钻探出青铜残片，因此考古人员初步推断地下应埋有不少青铜器遗迹。为确保文物安全，8月18日下午，考古队便开始对该遗迹进行发掘。

⊙车辖、车軎

昨日，考古专家称，经进一步勘探确认，该遗迹为一座南北向车马坑，南北长4.3米，东西宽3.2米，自深1.0米，内埋一青铜马车。

已制定保护方案　将对绿松石进行加固

⊙青铜车轮

考古专家称，8月23日下午，考古队员对青铜马车东轮周围填土清理至60厘米处时，车辖(xia，大车轴头上穿着的小铁棍，可以管住轮子使不脱落)、车輨(guan，包在车毂头上的金属套)、车軎(wei，形如圆筒，套在车轴的两端，軎上有孔，用以纳辖)相继露出。

车軎纹饰非常精美，而且上面还镶嵌有绿松石。“就像现在豪华汽车的轮毂上镶钻石一样，显示出车主人身份之显赫。”考古专家说，经初步判断，该车马坑的年代为西周中晚期。“我们已经制定了保护方案，等整个青铜马车出土后，我们会对绿松石进行加固和保护。”昨日，省考古研究院工作人员雷鸣明说。

北京大学考古文博学院教授雷兴山说，为了避免受天气影响，他们已经在车马坑上方搭建起了不锈钢遮阳棚。如果遇到下雨天，考古发掘可能会暂停。

（据2014年8月30日《华商报》）

陕北高原首次发现周代车马坑和青铜马胄

昨日，陕西省考古研究院对外公布一项重大考古成果，在陕北高原的考古发现中，首次发现了周代的车马坑，其中两匹马还佩戴着青铜马胄，且马胄保存较好，在我省十分罕见。而此次考古发掘，为陕北高原南缘区域两周时期考古学文化面貌的探讨，提供了崭新的材料。

⊙车马坑

⊙骏马头部被甲胄包裹

此次发掘的虫坪塬墓地位于陕西省延安市宜川县，墓地分布在两条冲沟间的狭长黄土塬上，面积约 14 万平方米。因被盗严重，省考古研究院去年对该墓地进行抢救性发掘，共清理墓葬 23 座、车马坑 1 座、灰坑（沟）遗迹 5 处。出土铜器、玉器、陶器、泥质明器（略经烘烤未烧结）等多类文物。

据专家介绍，M17 虽然棺椁内随葬品被盗掘一空，但仍在椁室周围发现有大量的铜鱼、铜铃、石坠等饰件，颇令人惊喜。考古人员在椁室棚木之上约 0.9 米的高度处，发现用于悬挂铜鱼、石坠等椁外饰件的“日”字形木质框架，这种模样可以佐证《礼记》中关于“鱼跃拂池”的记述。其中青铜鱼有七八厘米长，数量多达 200 多条。专家介绍，这与我省梁带村芮国墓地发现的大、中型墓的情况类似。

也有专家推测，可能是“荒帷”，相当于罩在棺椁上的织物罩子，装饰有图文及其他金属坠饰，是两周时期常见的丧葬仪具。由此判断该墓地为两周时代，或晚至春秋早期。

在此次发掘中，价值最高的则是考古人员首次在陕北高原地带发现了车马坑。该车马坑距离 M17 只有 5 米，考古专家推测可能是 M17 的袝葬（合葬）。其中一号车规格较高，装饰华丽，车舆（车上可以载人载物的部分）与两匹驾马保存都较好。虽然车是木质的，但是车上还有青铜銮铃、青铜辖軎（wèi，古代车上的零件）等青铜器物装饰，而且在车舆前面及左右两侧箱板外侧镶有近方形玉片。更令人吃惊的是，一号车的两匹马头上还戴着两副青铜马胄。专家介绍，像这次保存较完好的马胄在陕西还是首次发现。

那么，M17 墓主人的身份如何呢？据专家介绍，车马坑在陕北高原的首次发现，为两周马车的时空分布研究提供了新的考古材料。该坑一号车，结构完整，装饰繁复，保存较好，其中的驾马头部的两副青铜马胄，更是研究古代驾马防护装具的重要实物资料。同时，也表明该坑所袝葬墓主身份地位高，以该墓为核心的墓地等级也高。但由于墓室内青铜器不见了，而且也没有铭文出现，很难做具体的判断。

据悉，在当时，陕北高原一直为北方游牧或半游牧半农耕民族的主要活动区。而该墓地属于周文化系统，由于还发现多例随葬羊骨的现象，表明该墓地可能还受到了少数民族狄人的影响。这次考古发掘工作，填补了黄河西岸延安东部区域商周时期遗址的考古发掘空白。

（据 2015 年 1 月 21 日《华商报》）

首次发现西周社稷建筑遗存

2015 年 1 月 29 日，省考古研究院公布了去年对周原遗址的最新考古成果：去年勘探面积有 100 万平方米，是 1976 年开始对周原遗址发掘以来，首次发现西周社稷建筑遗存，镶嵌绿松石堪称最豪华的西周铜马车也在去年首次现身。

发现最大西周单体院落

去年，省考古研究院与北京大学考古文博学院、中国社会科学院考古研究所联合组成考古队，选择凤雏建筑基址周邻区域约 100 万平方米范围进行了大规模勘探。

这次发现两处夯土基址，初步判断，两建筑从西周早期一直使用到西周中期。其中一座情况较为清晰，平面呈“回”字形，东西宽约 56 米、南北长约 47 米，总面积约 2600 平方米，是目前所见规模最大的西周时期单体建筑。“回”字形中部有一个长方形院落，东西宽 27.6 米、南北长 25.7 米，是迄今所见规模最大的西周单体院落。

院落中部发现社稷遗存

特别值得一提的是，此次考古人员在这座院落中部发现了社稷遗存。据介绍，古代君主为了祈求国事太平，五谷丰登，每年都要祭祀土地和五谷神。此次发现的社稷遗存就是祭祀的地方。如今，社稷也成了国家的象征。

遗存中，有一巨型社主石，其上部已残，仅存基座。埋入地下部分，达 1.68 米。在社主石的正南方是一方形石坛，东西宽 4.2 米、南北长 4.6 米，用自然石块垒砌而成。在社主石和石坛的东侧，发现了多座祭祀坑。

⊙周原遗址考古建筑区全景

⊙周原遗址出土的车軎、辖、輨

据悉，社稷遗存的发现，为深入阐释周文化作为中国传统文化重要源头提供了关键依据。

清理西周墓25座 出土大量青铜器

在距基址50米远的地方还发现了一座车马坑，车马坑长4.3米，宽3.2米，内埋一车。专家推断，坑中为四马所拉车辆，其中在清理局部时，还发现车轮外一周为青铜浇铸而成。车軎、车辖、衡饰均镶嵌有绿松石，非常罕见。

专家称，这辆青铜器马车可谓是西周时期最为豪华的车，为西周车制研究提供了全新的资料。

这次还对墓葬区进行了发掘。共清理西周时期中小型竖穴土坑墓25座，出土各类文物百余件组，根据墓葬特征及随葬品组合判断，为一处殷遗民墓地。

其中以M11号墓规模最大，保存最为完整，出土文物最多。该墓口长3.7米、宽2米，墓口距离地表1.3米，墓室填土中包含有大量自然石块，是一座非常罕见的西周积石墓。随葬品中有青铜容器17件和陶器、原始瓷器20余件，器物特征表明该墓时代约在西周早中期之际。从多件青铜器上发现的铭文判断墓主人名昔鸡。

据悉，这是建国以来周原遗址出土青铜容器最多的墓葬之一，也是周原地区近数十年来有墓主可考的少量墓葬之一。

这次考古发掘初步揭示了周原遗址单个居邑的基本形态，对深入研究周原遗址的聚落形态具有重要的示范意义。

（据2015年1月30日《西安晚报》）

第五辑

秦國在變革中崛起

秦代考古及迄今最大古墓的发掘

国宝：秦始皇陵铜车马（立车）

秦川放歌

大秦岭、大秦川、大秦腔，
山川写悲壮，歌喉唱希望。
这里，八百里秦川是粮仓，
这里，三秦儿女高吼秦腔；
这里，远古的文明写着辉煌；
这里，祖先的烙印烙在心上！

忘不了，秦川女人彩霞般的脸庞，
忘不了，秦川男人山一般的胸膛；
忘不了，秦兵马俑军阵面向东方，
忘不了，横扫六合千古一帝的秦始皇……

废分封、置郡县，实行中央集权，
车同轨、书同文，统货币，统度量，
“汉承秦制”沿用至今，
变革、改革撑起辉煌！

大秦岭，我眼中的大秦岭，
你横贯东西是我的臂膀，
你眺望南北是我的希望；

大秦川，我心中的大秦川，
你的白天是我的太阳，
你的夜晚是我的月亮；

大秦腔，我口中的大秦腔，
你的春夏是我唱着的企盼，
你的秋冬是我高歌着的吉祥！

探索地狱之谜 寻觅古老世纪

——秦公一号大墓发掘记

上 篇

一九八六年五月二日晨，考古工作者和解放军战士共八十一人，进入峡谷般的秦公一号大墓，开始揭椁开棺。陕西凤翔秦公一号大墓，是迄今我国发掘的最大古墓。经过前后十年的考古发掘，二千多件珍贵文物已重见天日，墓主和一百八十多个人殉椁木再现于世，向人们展示了一幅发达的奴隶制社会的惊人情景，为研究中国奴隶社会历史提供了新的资料。

这天，进入墓底的考古工作者和解放军战士，依次将椁木编号，再用角铁扣好，用棉垫包扎，捆上绳索，由八个人抬起，向墓道移动。考古队负责人告诉记者，主椁室共有三层，每层五十六根椁木，最长的椁木达六米，重约八百多斤，而且木头坚硬、黄亮。全部揭完需要三天，然后进入主椁室并开棺。

秦公一号大墓，在西安市以西一百七十公里的凤翔县。这里东依周原，西傍汧河，地平土肥，曾是东周时秦国国都雍城所在地。据考证，一号大墓位于秦国著名风景区“北国”之内，是秦公陵园区四十三座墓葬中最大的一座，陕西省考古工作者从一九五九年开始，先后五次来这里探查。一九七六年十一月，他们根据司马迁《史记》记载的线索在当地农民配合下．在指挥村南一块禾稼不茂的田野里发现了秦公一号大墓。至今，参加发掘的数百名考古工作者、民工、解放军战士，风餐露宿，已挖移墓土七万余方。

⊙秦公一号大墓鸟瞰图

⊙秦公一号大墓揭棺现场

秦公一号大墓墓体为"中"字形，墓室像一座嵌入地下的倒"金字塔"，总面积五千三百三十四平方米，比河南安阳商代王陵大十倍以上，比马王堆一号墓大二十倍。墓底到顶有三层台阶，顶部面积像一个足球场，底部有两个篮球场大，墓深二十四米，相当八层楼高。东西通往墓底的巨型斜坡墓道长二百七十米、宽七米。

秦公一号大墓，向人们展示了秦国野蛮和残酷的奴隶制直观形象：主椁四周填置木炭，椁木坚硬，叩之有声；在它的四侧及上部，却埋置了一百八十二个人殉、人牲的棺椁，殉葬者有男有女，这与《史记》中记载的"三十九年缪公卒，葬雍，从死者百七十七人"相近，佐证了《史记》中"秦人哀之，为作《黄鸟》之诗"的记载。秦公一号大墓在发掘中，发现了二百四十七个盗洞，但相继出土的金、铜、铁、石、玉等珍贵文物，特别是十多件铁器，数量如此集中，冶炼工艺如此之高，在我国先秦墓葬中是罕见的。竖立在墓室土圹两侧的两根巨型木碑，证实了《周礼》中关于诸侯葬仪"四綍二碑"的记载，探明了碑志的源头。专家们对墓主作了多种推断。墓主究竟为何人，还有待于"开棺论定"。

在发掘秦公一号大墓的同时，陕西省考古工作者也调查、钻探了周围一百多平方公里，从而揭开了被湮没地下两千多年的秦公陵园区之谜。据钻探和试掘证实，整个秦公陵园区更为宏伟。陵区东西长七公里，南北宽三公里，总面积达二十一平方公里。陵区内四周环绕着十多公里的大护陵壕沟。陵区大小、形制不等的十三座小陵园，也都有或单或双的护陵壕沟。全陵区十八座"中"字形秦公大墓、三座尚不明身份的"甲"字形大墓和一些中小墓葬，面东背西，呈雁翎形排列。为大墓修建的二十一个车马坑，最大的长一百一十六米，宽二十五米。陵区在试探、发掘前已被完全覆盖在绿色禾苗之下。所有大墓上都不见封土堆和木石标志。试掘发现围绕墓顶四周的一处处卵石散水陶制管道和柱洞、瓦片，证明了当时墓上曾耸立着一座座规模宏大的殿堂。已探明其中一座中型殿堂，长七十三米，宽二十五米，相当于我国最大的木构殿宇——故宫太和殿面积的四分之三。陵区奇特的墓葬方法，和《易经》一书记载的"古之葬者……葬之中野，不封不树"的情形完全一致，为研究古代社会的墓葬制度提供了最新的依据。

据史书记载，秦国包括秦始皇、秦二世、秦王子婴，共有三十六代国王（春秋时代为诸侯国，称公），其中二十代国王享国于雍城。秦公陵园区的试探和秦公一号大墓的发掘，证明秦国奴隶制是发达的。这无疑是对史学界"奴隶制非常薄弱的秦国一跃取得封建制革命成功"的传统史学观念的挑战。

五月三日，秦公一号大墓的揭椁工作继续进行。在九十多平方米的椁室中，考古工作者发现横排椁木两端中心部位均有排列整齐的长方形榫头，椁木木结处都用金属浇注。

椁木均为一色的优质松木。椁木榫头长约七寸许。据专家们分析，这就是《周礼》所载的属于天子葬礼规格的“黄肠题凑”。“黄肠”当指黄色椁木两端中心的榫头，“题凑”意为榫头排列紧凑的形状。东周时秦国是周的诸侯国，秦王称公，秦公的墓葬显然是越制行为。“黄肠题凑”的发现，为研究我国古代墓葬制度提供了最新实物资料。

考古工作者还发现出土的方木上，凡有木结的地方，都浇注了金属。拭去锈蚀，这些金属还可发出光泽。考古工作者分析，这是椁木入室前，为防止木结部位腐烂，而将木组织除去，浇注了金属。有的金属块有拳头大小。

到九月十一日，参加秦公一号大墓发掘清理、安全保卫和回填保护的解放军指战员，与考古工作者握手告别，全部撤离了考古工地。至此，秦公一号大墓墓室发掘清理工作宣告结束。

大墓共出土各类文物三千余件。仅一九八六年五月二日启椁以来，就出土金、玉、铁、陶、漆器和丝织品等一千余件。其中有镌雕双龙的金带钩，镂孔镶绿松石的金泡，造型精美独特的金兽等五十余件，以及玉蝉、玉戈、玉麦粒、埋玉、丧玉、佩玉等五百多件。特别是近期发现的少量留有文字的陶器和漆器图案，十分珍贵，文字内容有待考释；另有一件小巧玲珑的金啄木鸟，双目圆睁，鸟冠高挺，爪嘴锐利，羽翅清晰，令人叹为观止。

自这年六月发现被倒塌的椁木砸成碎片的棺木及秦公遗骨之后，考古工作者对椁室底部及四周九十四个匣殉和七十个箱殉进行清理。在主椁室前室下发现一个腰坑，内殉一只狗；发现了保存最完整的十六号箱殉，长二点三五米，高一点四米，宽一点五米。启开箱盖，一个长一点六米，高宽均为零点六六米的木框架内，有一蜷曲特甚的殉人置于其中。殉人骨架完整，两臂及两腿分别用绳索捆绑，在捆绑处有三根绞棒，这种殉人葬仪，在国内还是首次发现。

以前发现的浇铸椁木木结的金属，经专家鉴定为纯锡块。在两千五百多年前提取如此高纯度的锡，尚属罕见。

国家文物局、陕西省文物局对秦公一号大墓的发掘、整理、保护工作十分重视。文物、科技部门研究制定长期保护和利用的方案。为了做好大墓的临时保护、防止雨水浸泡和土塘倒塌，考古工作者和解放军战士，冒着酷暑，赶在雨季之前，拉运了一千五百方沙石，对大墓内曲尺形土塘进行回填，在沙石中设置了四口排水泵井。考古工作者下一步将钻探墓道，探查有无埋葬。

秦公一号大墓的发掘引起了国内外专家学者和同胞的关注。启椁四个多月来，已有十万多人前来参观，无不为墓体的深邃和宏伟而惊叹。

下　篇

“临其穴，惴惴其僳。彼苍者天，歼我良人！……”

公元前六二一年，秦穆公走完了他东征西伐的一生。临死时，用了一百七十七个人为他殉葬。当时，有人写下这悲愤的诗句，表示对吃人的殉人制度的控诉！

今天，我们有机会目睹秦国早期奴隶殉人制的直观景象了。中国考古工作者，经过十个春秋的努力，终于在陕西省凤翔县挖掘了一条深二十四米、长三百米、宽三十九米的峡谷，打开了秦公的“阴曹地府”，揭开了秦国奴隶殉葬之谜。

这是目前中国发掘的一座最大的土圹木椁墓葬。临墓穴往下鸟瞰，犹如立于八层楼上往下俯视，令人目眩；墓底那宽大的墓主椁室和环旋四周的一百多个殉葬棺匣，则更令人“惴惴其僳”！难怪古人咋舌惊呼！

“地下王国是地上王国的再现。秦公是春秋诸侯国的王君，他们生前过着声色犬马、荣华富贵的生活，死了还想把这种生活带到另一个世界。”雍城考古队负责人韩伟，这位年近五十的考古工作者，站在大墓边沿，向参观的人们侃侃而谈：“看到墓下具具棺椁和累累尸骨，再看看墓主棺椁的宽大和件件精致的随葬品，我们可以知道：秦公的地宫，就是奴隶们的地狱！”

“韩队长，往后站站，墓深危险，小心失脚！”

韩伟扶了扶墨褐色的眼镜，悠然一笑：“我们不会再殉葬的！”

为了勘察秦公王陵区，陕西省考古研究部门，从一九五九年起，曾先后四次派出考古队，来此钻探试掘，在田野上打了数以万计的探孔，然而秦公陵园杳然无踪。

第五支考古队长韩伟，一九六0年从西北大学历史系毕业，曾与同学一起，从合阳、韩城到延安各县，步行三千多里考察，寻找出古遗迹五百多个。书本知识同实践经验的结合，使他如虎添翼。一九六七年，他带着对考古事业的热爱，来到当年秦都雍城所在地——凤翔县安营扎寨了。他知道，他的脚下，就是龙凤呈祥、藏金纳宝之地。唐代，这里曾出土过举世闻名的春秋秦国石鼓，民国初年，曾在这里出土大批珍贵的青铜器；七十年代，又在这里出土了六十多件精美的金属建筑构件和金、玉、石器。他相信，在这里考古是大有作为的。

每天洗濯了白昼的风尘，便开始灯下的求索。韩伟翻开《史记·秦本纪》等古文献细心研读。“书上说，秦宁公埋葬在西山大麓。西山就是秦陵山，而凤翔县西二十公里的灵山，是不是秦陵山的讹传音呢？”他和副队长曹明檀，率领考古小队登山了。可是爬遍了岭坡沟峁，打钻了数不清的探孔，结果却是一无所获！

“考古，可以说是谋事在人，成事在天——碰运气。”韩伟这样说，可是并不气馁。他们从高山撤到平地，又投入小墓区的勘察。对寻找秦公大墓，他一直耿耿于怀。他希望交上好运，碰上良机。

机会终于来到了！

一天，一位名叫靳恩治的农村青年，听说考古队有神奇的“穿地镜”，前来打探。曹明檀热情地向他介绍说，我们用的不是什么“穿地镜”，而是洛阳铲：判别地下是否有墓，主要看地下有没有五花夯土。这位憨厚的农村青年，看看曹明檀捧起的五花夯土，惊喜地说：“咳，俺村边也有一块地，瓷实得很，不长庄稼，乡亲们常在这里取土垫圈、垒墙，都是这样的土！”

曹明檀一听，心中大喜。晚上，他赶紧把这一信息告诉韩伟。韩伟一听，目光灼灼，亢奋地说：“这线索太重要了！”

一九七六年十一月中旬的一天，晨雾弥漫。十多名考古队员扛着探铲出发了。在指挥村南一块荒芜的空地上，他们布点勘探。第一个探孔就打上了五花夯土！东西探查，发现墓大无边，头一天就打了一百多孔探洞，有的还打入了盗墓洞里；第二天，农民出身的青年考古队员王保平，打了一个二十四米深的孔，取出了木炭、椁木！“我们发掘几百个墓，从来没见过这么大的墓！”根据墓呈“中”字形的形制和特大规模，他们断定：这是秦国国君之墓！

经上级批准，秦公一号大墓开始发掘了。这是一个浩大而又精细的工程，绝非一年两载就可以完成的。“为祖国的考古事业，我们献出的是青春，而赢来的将是消失的古老的世纪！”他们开始了艰巨的发掘工作。开始，他们在农村吃派饭、住土炕，忘记了节假日和星期天。在冰冻三尺的严冬，他们手持探铲，硬是打穿冻土层，把探铲的神经末梢伸进大地深处；有好几个春节，他们是干到除夕才收工的。十年来，全队同志在雍城遗址内打了百万以上的探孔，探明了中国迄今最大的王陵区和最大的陵园——十三座秦公陵园、十八座秦公大墓：探明了中国目前保护最完整、最大的宗庙遗址和朝寝建筑，发现了中国第一个凌阴遗址。青年农民王保平，加入考古队以来，带领几名青年，在田野上打探孔约二十多万个，若每孔深度按五米计算，累计长度可以从西安连到北京！

秦公大墓——奴隶主的地下殿堂，奴隶的地狱。随着挖掘的逐步加深，蒙在谜底上的历史积尘被层层拂除。考古队员们说："我们每挖掘出一件珍贵文物，就像挖掘出一个新的研究课题。"

十年来，他们陆续从墓中发掘了二十块肌理细腻、光洁如玉的石磬，石磬是古代人们表达欢乐、祝颂和祈求时所敲打的乐器。因用青石做成，其音也称"金石之声"，孔子听了编磬所演奏的《韶》，曾高兴得"三月不知肉味"。墓中葬磬，表示墓主的高贵。其中有一块叩之清越而有余韵的玉磬，上面镌刻着清晰的大篆："天子匽喜，龚桓是嗣；高阳有灵，四方以鼏"，引起了大家的兴趣，他们请来古文字专家，先弄清了它的字义：匽，通宴字；龚与共通用；嗣，继承：鼏（音 mì），盖在器具上的幕布，表示平安。这样就弄清了全句的含义：天子举行喜庆的宴会，墓主是共公、桓公的继承人，有高阳帝在天之灵的保佑，四方太平，国泰民安。这样，他们推测，墓主可能是秦共公、秦桓公的子孙景公。过去史学界一直对秦是西戎人还是华夏族存在着争论。但秦公却认为自己受黄帝四代孙高阳帝的庇佑，可见秦人属于华夏族是无疑的了。

除在墓中发现的石磬和玉器之外，墓中最贵重的文物就属于十多件铁器了。这些比欧洲早一千八百多年的铸铁工具，在它的层层黄色锈斑上，闪耀着我国古代劳动人民的智慧和创造力。别的不说，没有铁臿、铁镢，这么宏大的墓能挖成吗？过去史学界根据出土最早的铁工具是在楚国境内（如长沙楚墓和常德楚墓中曾出土过铁器），而断定楚国是使用铁器最早的地方。可是，《诗经·秦风·驷驖》中却有"驷驖孔阜"的诗句。其中"驖"字就是今日的"铁"字。这里，用铁来形容马的颜色。这次从大墓夯土中和殉奴头旁出土的铁镈、铁臿等，佐证了《诗经》中的记载，从而得出结论：秦国并不落后，是使用铁工具最早的国家之一。

大墓椁室和殉葬棺椁的暴露，相继给人们提出了新的问题：按《周礼》之仪，周天子椁盖的椁木为六尺；而秦公的椁木为什么长达六米？周天子入葬的椁木，才应有"黄肠题凑"（柏呈黄色，木心为"肠"，"题"为头，"凑"为聚集），而秦公为什么也享受这样高的葬仪？这种既遵守《周礼》，又违背《周礼》的做法，是不是说明秦公采取了"上有'政策'，下有'对策'"？在椁木的木结空洞中，为使椁木严密而浇铸金属，是什么成分？怎样做到：熔化的金属浇铸木结洞穴而不使木穴燃烧？……

⊙正在发掘中的秦公一号大墓

一九八五年年初，在清理墓土过程中，突然发现在墓室土圹两侧，斜插着两尊像大炮似的大木桩。这是什么东西？为此，考古队员莫名其妙。韩伟翻阅了大量文献，终于在《礼记》一书中查到：天子入葬，六缚（纤绳）四碑；诸侯入葬，四绰二碑。"碑"是指放棺入穴的支撑物。文献还记载：入葬时，士大夫在两旁牵缄负引，"击鼓为纵舍之节”——敲一声鼓，墓穴两边背负牵引舍绳的近臣们挪动一步，徐徐松绳，一使棺木缓缓入葬。原来，这两根大木桩，就是当年安葬秦公时用的“碑”。后来这木碑不随土入葬，就插在墓前，由于易腐易毁，就改成石碑；小的石碑易为盗墓者所利用，就用石刻成墓志，随棺入葬。秦公大墓中发现的木碑，就是国内首次发现的最早的碑，从而探明了“碑”、“志”的源头。望着蔚为大观的秦公陵园、墓穴和粗大的木碑，看着殉奴们那早已腐塌的棺匣和累累尸骨，人们似乎听到秦公入葬时肃穆、庄重的鼓声和群臣负纤挪步的吭哟声；似乎看到一百多名被殉葬者饮鸩而亡或被活埋时的悲惨情景。这是触目惊心的一幕；宏大的墓穴，就是奴隶殉人制张着的吃人血口！

十年的风餐露宿，十年的栉风沐雨，考古队员们终于迎来了收获的季节，迎来了开启椁木的这一天。

一九八六年五月二日，雨后天晴，黄灿灿的油菜花弥漫着诱人的清香，吐穗扬花的麦田翻滚着绿色的波浪。十多名考古队员和数十名解放军战士，迎着朝晖，踏着湿漉漉的墓道，到达深邃的墓底。看，八个人抬起了第一根椁木！重达八百斤，沉睡两千五百多年，委身于地狱之中，身负万钧重压的椁木，终于在二十世纪八十年代重见了天日，返回了勃勃生机的大地！

在这举世瞩目的时刻，考古队员们的心是难以自已的：为了挖运、筛选数万方墓土和一百多方木炭渣，人人成了黄土人和挖煤工。副队长焦南峰，身先士卒，在墓中袒胸赤膊苦干，一天下来，光炭灰从衣裤上就能抖下厚厚一层；年轻的绘图员赵赋康和屈荣荣，争分夺秒地赶绘了三百多张图；化学保护师冯宗游和助手金育欣，夜以继日把大墓中出土的彩绘漆器残片，细心地清理拼凑，化腐朽为神奇，使精美的图案再展姣容；心灵手巧的张淑云，默默地工作在文物复原室，成千块残碎的陶器、瓦当，经过她的手，“病体”得以康复，而她自己却累病了。副队长曹明檀，为了探清大墓和雍城的奥秘，顾不上检查自己的病情，终于累倒……

⊙秦公一号大墓出土的“黄肠题凑”

启椁开棺了，人们盼望出现珍贵的文物和稀世珍宝！

然而，眼前却令人有些失望：在主椁室上，发现了十四个盗洞，主椁室东壁的三十八根椁木只剩下了十根，副椁室中的随葬品基本上被盗空！据分析，这些盗洞目标大都对着棺木，主棺被盗无疑！

在发掘大墓过程中，共发现各种盗洞二百四十七个。这是迄今国内发现的一个墓葬中盗洞最多的！盗墓之风由来已久，从春秋战国起，厚葬之风盛行，导致盗墓之风大开。《三国·文帝记》一书中记载，盗墓者“或剖破棺椁，或牵曳形骸，或剥臂捋金环，或折肠求珠玉”，“自古及今，未有不亡之国，亦无不掘之墓也！……祸由于厚葬封树”。从项羽盗掘始皇陵起，历代盗墓者虽时多时寡，但从未中断。仅二十年代，陕西军阀党玉琨，就在宝鸡、凤翔一带掘盗大墓无数，出土了大量精美的金、玉、铜器，其中周秦文物居多。从秦公大墓的盗洞形状和洞中遗存来看，绝大多数是汉唐宋代盗洞。虽然墓中金、银、珠宝一类的大件珍贵文物大都被盗，但墓体宏大深邃，“个体户”式的盗墓者，不可能把珍贵文物洗劫一空。开椁前，已先后从墓土中发掘出金、玉、铜、铁、石器二千多件，启椁后，又出土了金、玉、石、铜各类小件文物一百多件。

著名油画家罗公柳从北京赶到大墓工地，连声称赞：“这么宏大的工程，了不起，了不起！你们已经为国家做出了惊人的贡献！”

从北京、南京、西安等地赶来的历史学家、考古专家，望着壮观的秦公一号大墓，感慨地说：从这里我们看到了吃人的奴隶殉人制的悲惨真实景象，这不仅为考古研究提供了新资料，而且为人民群众进行历史唯物主义教育提供了生动的教材。它就是一座奴隶社会的博物馆！

八十高龄的黄文欢从《人民日报》和中央电台上得知秦公大墓开椁的消息，于五月十八日特意从北京赶到凤翔。他兴致勃勃地看了大墓和出土文物后，欣然挥毫：“古都文物，千古流传”。他祝愿大墓中出土更珍贵的文物。

我们期待着考古健儿彻底揭开古墓之谜，寻觅到历史的足迹，展示出一个早已消失的世纪！

（原载 1986 年 8 月《人民日报·海外版》）

附诗：

贫贱者富有，富有者贫穷

——感悟秦公一号大墓及韩城古墓

陕西凤翔秦公一号大墓和韩城周代大墓，同样展现了惊人的一幕：棺椁中尊贵的墓主尸骨均荡然无存、化为粪土，而四周殉葬的奴隶和草草入土的平民却遗骨犹存、历历在目——

秦公大墓庞大的地宫，
葬埋着地位显赫的秦景公。
景公生前声色犬马，享尽人间富贵，
驾崩后祈求生命不朽、事死如生：
令一百多名奴隶殉葬，为他继续效忠，
聚世上无数珍宝陪葬，供他地下享用。
殊不知，珍宝却招来盗墓者蜂拥，
大墓和棺椁被盗掘得千疮百孔，
珍宝和秦公的遗骨被盗扰一空！
唯殉奴无宝相陪也无人扰动，
奴隶遗骨历经两千五百年而保存完整。
珍宝呵，哪管你价值连城，
秦公呵，任凭你显赫贵重，
到头来，还不是灰飞烟灭、人财两空！
岁月无情，历史有意：
奴隶白骨撑起了秦国大厦，
贫贱者富有，富有者贫穷！

韩城古墓未被盗扰是否有幸？
回答是：尸骨存否仍由贫富决定——
大墓地处边陲、跨越了近三千年时空，
尘封的历史终于打开了密封的地宫：
件件灿黄的金器、白润的玉雕和青铜宝鼎……
层层叠压的珍宝夺目耀眼，
唯独国君的尸骨成灰、不见踪影！
专家说，只因椁室宏大、细菌孳生，
活跃的细菌吞噬了尸体、侵蚀着金玉青铜，
终将遗骨化为粪土、珍宝奉还给民众。
四周平民小墓中的尸骨千年不化，
犹如黄河川流不息万年奔涌；
只缘是：棺薄木朽被黄土压得无隙无缝，
无氧无菌的环境护掩着无权无势的百姓！
韩城大墓张着大口再次向世人宣称：
创造世界的贫贱者万古长存，
祈求千古的高贵者化为泡影……

廿五年野外勘察考古获硕果

秦雍城遗址出土文物达万件[①]

陕西省雍城考古队和凤翔县博物馆五个文物库房和收藏室里，一万多件金、铜、铁、玉石、陶骨等文物琳琅满目，美不胜收。这是雍城考古队和县博物馆的同志经过二十五年不懈努力取得的丰硕成果。

雍城作为秦国首都，始于公元前677年，先后历经二十位秦公，共二百九十四年。

众多的出土文物，为研究秦国的政治、经济、军事和文化提供了极为丰富翔实的资料。除秦公一号大墓出土的两千多件文物外，在雍城遗址上还出土了大量生产工具、兵器、货币和多种器物。城关镇北街出土的一窖青铜器，计有斧、锛、凿、夹刻刀等十件生产工具和二十八件兵器、马饰。其中青铜凿刃缘锋利，光亮如新，剔挖刻划兼用的夹刻刀光灿夺目，反映了秦国冶铜技艺之高超。从夯土和遗迹推断，这里可能是当时的一处手工业作坊。在南指挥乡八旗屯出土的镢和单刃锯，设计独特，做工不凡。在高庄出土的十件铁铧犁，有的镌刻着篆字，无锈处仍有光泽，说明当时秦国已采用了先进的冶铁技术和牛曳耕作。从这些生产工具，可以窥见春秋战国时秦国生产力发展之一斑。相继出土的四十多个陶仓随葬品和陶罐中的黍等作物，说明当时农业的发展和粮丰有余，印证了当年秦穆公的千里“泛舟之役”并非讹传。

在这批出土文物中，有不少是国内首次发现，有的堪称国宝。高王寺村青铜窖藏中出土的二尊盛酒用的青铜镶嵌铜壶，高四十厘米，在铸造中采用了类似景泰蓝的镶嵌工艺，巧妙地将不同质地、色彩的金属花纹镶嵌在壶面上，表现了高台习射、宫室宴乐、狩猎斗兽等场面和各式人物鸟兽二百三十一个，技艺娴熟，巧夺天工，令人惊叹。这种高贵酒器的出土，说明传统名酒西凤酒的产地凤翔，早在春秋时已有了发达的酿酒业(注)。出土的八百多枚“秦半两”货币，大小、轻重、厚薄均不相同，有悖于史书上关于“秦半两”“规整划一，重如其文”的记载，说明秦始皇时通行全国的“秦半两”，是从春秋时秦国的“秦半两”发展而来的。

雍城遗址出土的一些精美文物及瓦当、漆器、玉雕等，反映了秦人对美的向往和追求。六十四个铜质箍套式建筑构件，表面饰以蟠虺纹，顶端多为锯齿形，为古建筑雕梁画栋的雏形。出土的一件青铜套盒，严密地叠套了六个铜盒，内装朱砂等颜色，可能是装颜料用的器具；出土的一只红嘴、丹眼、白颈、展翅陶鸽，色彩鲜亮；浮雕着大雁、孔雀、凤凰和虎、鹿、獾等飞禽走兽的瓦当，造型古朴典雅，图像静中有动，反映了古代劳动人民独运的匠心和艺术的精湛。秦始皇行加冕大典的蕲年宫和粉碎嫪毐政变囚禁秦始皇生母的棫阳宫瓦当的出土，使人们判明了宫殿的位置，领略到当年宫殿的壮美。

（原载1986年6月3日《人民日报》）

---

①本文在《人民日报》发表后，西凤酒厂厂长曾高兴地对记者说：感谢您把西凤酒的历史提前到3000年。

秦都雍城遗址揭秘

雍城位于陕西凤翔县内。秦始皇统一中国、建都咸阳以前，从秦德公元年（公元前六百七十七年）到秦献公二年（前三百八十二年）的近三百年间，雍城一直是春秋诸侯国之一秦国的都城。秦穆公曾以此为基础，“益国十二，开地千里，遂霸西戎”，前后二十位秦公在此苦心经营，使秦国终成春秋五霸之一，为秦始皇统一中国奠定了基础。随着时代的变迁和历代兵燹战乱，当年雍城地面上密布的建筑和壮丽的宫殿早已荡然无存。陕西省考古工作者从一九五九年开始，在凤翔县周围广阔的田野上，历经艰辛，钻探大约百万个探孔，终于查明：雍城南北长三千二百米，东西长三千三百米，总面积约十二平方公里，相当于现在西安市城墙内的面积，其规模超过河南洛阳东周王城。暴露地面的城垣残迹，高度有一至七点九米，宽约三至八点八米；城内有三大宫殿区，南郊有墓葬区和规模宏大的秦公陵园。雍城横水东环，灵山西峙，汧渭萦带于前，君坡山屏倚于后，雄踞易守难攻之地，实为“成周兴旺之地，嬴秦创霸之区”。

钻探试掘表明，雍城布局之宏大，建筑之壮丽，令人惊叹。除发现秦国贵族经常狩猎与稀世石鼓出土地的“北园”、十三座秦公陵园、十八座秦公大墓外，还在城内发现我国迄今规模最大、保存最好的先秦建筑群遗址。马家庄秦公祭奠祖先宗庙遗址，发掘面积七千多平方米。史书上记载的楚人申包胥为救楚奔赴于秦庭，哭泣七天七夜感动秦哀公的故事，就发生在这里。目前发现雍城最大的马家庄朝寝建筑遗址，面积二万一千八百四十九平方米，五进院落，五座门庭，

⊙考古人员在雍城遗址进行考察

是秦公办公起居之地，从罕见的三米多夯土可知建筑之巍峨。出土的三窖六十四个铜质箍套式建筑构件，表面饰以精美的蟠虺纹，被史书上称为"黄金釭"。它的首次发现，证明我国木建筑结构自早期扎结到晚期榫卯结构之间，曾存在过金属加固的过渡时期，说明秦国建筑技术的进步和宫殿的豪华壮丽，印证了《史记》中描写戎族使者面对雍城宫殿发出的"使鬼为之，则劳神矣；使人为之，则苦民矣"的感叹。这些图纹精美、造型各异的建筑构件，大量金兽、金泡、金车马饰，以及玉璜、玉块、玉圭等金玉制品，与秦公大墓中发掘的一百八十二个人殉、人牲和马家庄宗庙遗址中挖掘的一百八十一个人、牛、羊、车等奠祀坑形成了鲜明的对照：奴隶主的殿堂，就是奴隶们的地狱。

秦国有着先进的生产工具和生活设施。城南出土的陶制牛车模型，是迄今所知中国最早的双辕牛车；十多件铁器，是目前我国先秦墓中出土最多的。盛夏，雍城统治者住高屋凉房，有冰降温。在姚家岗发掘的可藏冰一百九十立方米的地下冰室，是我国首次发现的"凌阴"遗址，佐证了《诗经》中"二之日凿冰冲冲，三之日纳于凌阴"的记载。雍城遗址还出土了楚国的敦、吴国的鼎、蜀国的剑等，说明秦国与邻国有着密切的来往。秦国实行的宗庙制度、礼仪及其经济的繁荣，是对"孔子西行不到秦，是由于秦国落后，不实行周礼和奴隶制"的传统说法的否定。雍城的考古发掘，使人们惊喜地看到，秦人不仅能耕善战，还具有当时希腊、罗马人一般的艺术创造力。他们的房屋宫殿以及殉葬的椁木玉饰，到处是雕塑和艺术图案。九号陵园中发现的一对石雕"秦俑"，一个头型平直，一个发髻高翘，酷似一对夫妻，是精美的艺术品。特别是各种瓦当，艺术价值极高：猎人斗兽瓦当，描绘了虎的凶猛和猎人的强悍；奔兽逐雁瓦当，兽雁栩栩如生；五动物瓦当，活塑出一个能飞、能奔、能游的动物世界。这些比秦砖还美的秦瓦，连同雕镂精细、琢磨灵巧的象牙制品和玉器，表现了秦人和我国古代劳动人民惊人的智慧和创造力。

（原载 1986 年 5 月 9 日《人民日报》）

秦陵研究昭示五百余年秦国史[①]

我国考古工作者经过20多年的不懈勘探、发掘，在秦国陵园研究中取得丰硕成果。目前，由秦国西陵、东陵和始皇陵组成的秦陵系列已经形成，秦国36位国君、国王和皇帝的陵寝、陵园大都被找到，秦国由弱到强、向东拓展、扫六合统天下的历史轨迹已昭展天下。

陕西省考古工作者对秦陵的勘探、发掘和研究，是从50年代末开始的。首先，他们对骊山北麓显露于地面、高耸如山丘的秦始皇陵作了测量、钻探。70年代以来，又对始皇陵及四周进行了大规模的钻探、试掘和科学探测，基本弄清了它的布局、结构，出土了举世闻名的秦兵马俑、铜车马。与此同时，在凤翔县的广阔田野上，考古工作者在雍城秦西陵区打了数以百万计的探孔，基本查明了初秦诸公15个陵园、43个大墓的位置、规模和结构。从1976年开始，经过10年的艰苦发掘，秦公1号大墓于去年揭开。从去年春季开始，经过一年多的探测，又初步揭示恢宏的秦东陵的奥秘。这样，除了位于甘肃的最早期的秦西垂陵区外，秦西、东、始皇3陵区已基本探明，打破了秦陵研究的隔断层，形成了首尾相接的完整系列。

古代墓陵，是古代社会的遗骸，是综合的历史见证，是埋在地下珍贵的史册。搞好历代陵园史的研究，对于认识古代社会的政治、经济、军事、科学文化意义重大。曾经参加秦西陵和秦东陵、始皇陵探测研究的秦陵专家韩伟和程学华，最近介绍了他们的最新成果。

秦雍城陵园（西陵）的考古探查和发掘证明，秦人在春秋前期已初步形成了一套陵园规划体系和陵园设计指导思想。一方面，此时以中字形墓为陵园中最高等级墓葬，其余则为甲字形、刀把形墓葬，这是与殷周陵墓制度一脉相承的；另一方面，它虽然在等级上未敢僭越，但不受规模的约束，形成了内部排列严谨、陵园和墓穴气势宏伟的基本风格。比如，南阳商王陵区1001号天子级的亚字形墓，墓道4条，面积仅712.7平方米，而秦公1号大墓虽只有墓道2条，但面积却达5334平方米；商王陵区的总面积仅8万平方米，而秦西陵区占地达21平方公里。同时，秦西陵破除了殷商陵园互相交错、界限不明的现象，代之以内部排列齐整划一，有着很强的规划性，反映出春秋战国时秦国国君权力集中程度已超过殷商时代。

秦东陵区的探测表明，它是秦陵体系规划制度的重要演变时期。《汉书·楚元王传》说："惠文、武、昭、严襄五王皆大作丘垄"，厚葬之风自是始也。在东陵的1号、2号大墓上发现的大型封土，这在"不封不树"的西陵是见不到的。东陵区内中、亚字形墓并存，反映了此时仍保持着殷商陵墓的若干特征。但是，亚字形墓是周天子墓的形制，而在秦东陵的首次出现，就开拓了秦陵体系的新阶段，从而实实在在地把秦墓提高到"陵"的地位，开了始皇陵建造超亚字形墓之先河。

秦始皇陵是中国历史上第一座皇帝陵园。始皇即位（公元前246年）就开始建造，直到葬于

①本文在《人民日报》发表后，《新华文摘》等多家报刊转载。时任陕西省委书记的张勃兴看了本文后对记者说，此文对现在陕西省坚持改革开放求发展也有重要启示。

骊山（前210年），用工70万人，历时36年，其封土之高大，布局之奇异，规模之恢宏，埋藏之丰富，亘古未有。1981年，中国科学院地球物理研究所使用汞量测量方法进行探测，在始皇陵封土下发现了很强的汞异常区（一般每平方米土含汞为3个单位，而始皇陵下封土汞含量高达200个单位），加上钻探获知，陵寝地宫与《史记·秦始皇本纪》中“宫观百官奇器珍怪徙藏满之”，“以水银为百川江河大海，机相灌输，上具天文，下具地理”等记载可相印证。据清末实测，始皇陵占地面积25万平方米，1962年实测为24.97万平方米；现高76米，土方量约181万立方米。东陵亚字形级墓葬有4条墓道，而始皇陵现已探明有16条以上，可称为超亚字形墓。经探测和发掘，陵区有双重城垣，内外有主塚、楼阁式建筑、车乘、陪葬坑、马厩坑、珍禽异兽坑，以及陵车、兵马俑坑等，象征都城咸阳的宫廷、官舍、厩苑、苑囿、宿卫军等，体现了国家职能各部门在地下王国的照常运转，表现了严密的封建集权主义的秩序。

地下王国是地上王国的反映。秦陵的探测、发掘和研究，不仅可以使我们认清秦人陵园的特点，而且有助于认清秦国由弱变强的历史趋势。从殷周到春秋，直至秦统一中国，秦是唯一的文明传统从未中断的国度。它的几组陵园，首尾相接长达560多年，这在中外上古时代的陵园史上极为罕见。

通过秦陵的研究，我们还可以看到，秦的都城由西向东迁移，它的陵园也随之由西向东迁徙，而且在陵园建造方面越来越宏伟，并敢于超越当时最高水平，反映了秦国自商鞅变法之后，国力的崛起和经济的发展以及面向东方、面向全国的浩大气魄。特别在建造陵园时反映出的显著的反传统意识（处在秦公地位，敢于使用许多天子制度，如柏椁、题凑；敢于公开称王、公然使用亚字、超亚字大墓等等），说明了秦国社会内部饱满旺盛的创造力和开拓精神，从而回答了秦始皇能“续六世之余烈”和“包举宇内，囊括四海”的历史原因。

（原载1987年12月20日《人民日报》）

秦东陵恢宏奥秘初揭

⊙秦东陵遗址

秦始皇建都咸阳，为何把陵墓营造在临潼骊山北麓？历来“不封不树”的秦墓何时演变为“大作丘垄”的秦陵？从雍城秦公陵园到秦始皇陵之间一百三十七年的秦公秦王葬于何处？我国考古工作者经过一年多的田野勘探，发现了规模恢宏的秦国东陵园区，使这些历史之谜找到了答案。

据史书记载，自秦襄公至秦二世（公元前七百七十年到前二百零七年）的五百六十三年间，共建造四个秦国陵墓区：最早为西垂陵区，葬秦襄公，文公，在今甘肃省西和、礼县一带；其次为雍城陵区，亦称“西陵”，在今陕西凤翔，葬自秦宁公至出子二十二位秦国国君；再次为芷阳陵区，史称“东陵”，葬自秦献公至庄襄王七位国君；最后为秦始皇陵园。长期以来，在陕西境内的东陵究竟在何处，规模有多大，一直是个谜。

东陵因在西陵之东而得名。它位于骊山西麓，灞水右岸，隔渭河与栎阳（当时的国都）相望，依山傍水，形势险峻。它始建于秦献公由雍城迁都栎阳之时。现已探明，陵园区占地面积约二十四平方公里，是目前发现的先秦面积最大的诸侯国国王陵园区。现已发现三个陵园（含秦始皇陵为四个），探明亚字形墓二座、中字形墓二座、甲字形墓三座、陪葬坑三座，陪葬墓区四处、地面建筑七处以及出土了铜、铁、陶器以及筒瓦、板瓦、瓦当等多种器物及建筑材料。其中一号陵园面积为七十二万平方米，二号陵园为十五万平方米，三号陵园为五万多平方米，陵园面积比雍城十三座春秋至战国前期秦公陵园面积大数倍以上。一号陵园主墓是两座并列为亚字形的大墓，墓顶现存封土二至四米，墓室均呈正方形；一号墓室面积三千四百八十平方米，二号墓室面积三千二百四十八平方米，均比秦公一号大墓面积大得多。据《史记》记载，埋葬在东陵的秦王共四位、王后四位，太子一位。据专家们初步判断，一号陵园应为秦国称王以后的某个秦王和王后的陵园，可能是秦昭襄王或庄襄王的陵园。二号、三号陵园墓主待考。

秦东陵的发现有着重要意义。陕西省考古研究所副研究员韩伟和参加考古勘探的考古工作者程学华、马秉岐等同志认为，秦东陵的发现，不仅回答了秦始皇选陵址于骊山之麓，是想靠近父亲庄襄王、祖父孝文王、曾祖父昭襄王和高祖父悼武王的陵寝，更重要的是填补了先秦王公陵墓的一段缺环，使春秋早期以至秦始皇时期的秦国陵园首尾相接形成系列，从而把秦国陵园制度的完整性全部昭示出来，为研究秦国的政治、经济、军事、文化提供新的资料。

（原载 1987 年 12 月 12 日《人民日报》）

西安发现大量秦代封泥

20世纪90年代中期，在西安汉长安城遗址先后出土大量的秦代封泥。一时震惊了海内外收藏界。著名考古专家袁仲一说："这是中国古代官职、地理研究的一次里程碑式的极其重大的发现，其中大量问题需要一代人甚至几代人的好好消化。"从事秦代封泥收藏研究十多年、对书法篆刻颇有研究的西安中国书法艺术博物馆馆长庞任隆向记者介绍了这批封泥的发现经过及艺术文化价值——

咸阳亭丞

废丘

丰丞

杜丞之印

秦代封泥的发掘始末

1995年夏，西安北郊汉长安城遗址北的相家巷村村民在农田中挖粪坑时，突然间，成批成批的、上边有文字的圆坨坨泥块呈现在人们眼前。时隔不久，在北京琉璃街文物市场，发现有人在出售秦封泥。北京古陶文明博物馆馆长路东之先生不惜重金，收藏了其中的1000余枚，另有250余枚流入日本。

1996年12月，西北大学文博学院周晓陆教授向秦俑博物馆研究室主任张文立通报了这一重要消息，随后将之在该馆举办的学术演讲会上公布。尔后，部分封泥原件在西北大学亮相。按照国家文物保护的有关法规，封泥"不论年代一律不出口"，当务之急是动员珍藏者将这些文物交给国家。随后西安中国书法艺术博物馆接受当地村民捐赠的700多枚秦封泥，经初步整理，秦封泥上显示的秦中央及地方官署及职员名称达300多个，成为"镇馆之宝"。接着西安市文物局对原出土地进行了抢救性发掘，又发现了部分秦封泥，总数达2000多枚。其数量之多、品种之全、文化价值之高，创中国印章史和中国封泥史之最。

2004年9月23日，南京艺兰斋美术馆经过一年的努力，终于摸清了流入日本的秦封泥的去向，后日本收藏家太田博史将自己收藏的250枚秦封泥全部捐赠给南京艺兰斋美术馆，国宝封泥终于回归祖国。

秦代封泥的文化艺术价值

⊙本书作者（右二）与庞任隆（左一）及书法家李少颇（左二）等在西安中国书法艺术博物馆门前合影

秦代封泥来源于秦代的印章(大部分为秦官印)，是秦印的载体，具有很高的艺术和文化价值，主要表现在以下四个方面：

一是秦代封泥第一次完整地勾画出秦官僚机构的网络图，是我们认识“三公九卿”制度的“指南盘”。从“左丞相印”、“右丞相印”、“太尉之印”、“御史之印”到“九卿”，再到各部门之印，如“府印”、“少府”、“宗正”、“奉常丞印”等，共350多个品种。仅南京艺兰斋美术馆收藏的250枚秦封泥中，就有中央官印100多种，郡县官印20多种，特设官印6种，其中“南郡府印”、“蜀大府丞”等都是此前未见的品种。

二是秦代封泥第一次系统地揭示了一批鲜为人知的都邑郡县及宫殿苑囿名称，是我们考察秦历史、地理演化的一部“活字典”。据史载，秦以前的宫殿约有27个，秦始皇时约有22个；台池建筑秦以前有7个，秦时有24个，苑囿12个。秦封泥所见的宫殿苑囿共18个，除南宫、北宫、章台、上林、杜南苑等与史载相同外，其他如“东苑”、“白水之苑”、“息园”等均为以前史迹所不见。咸阳，蓝天，高陵，长武，云阳，南郑，阆中，阳城，泗水，卢氏，汝阳，洛阳，新蔡，淮阳等郡县名，今天还一直沿用。

三是秦代封泥第一次准确地提供了为数可观的秦官印及其模式，是我们今天建构篆刻艺术学科的重要“资料库”。此前的《秦汉魏晋南北朝官印征存》《十钟山房印举》《故宫印集存》等史料，所见秦官印不足百枚，而这批秦封泥所见的秦官印，是秦代官方郑重颁发的官印所留下来的印痕。不仅填补了传世秦官印的不足，而且从数量上、品类上、艺术上均超过了现有的秦玺印。

四是秦代封泥第一次艺术地再现了秀丽挺拔的秦小篆，使之成为我们学习和临摹秦封泥文字的“范本”。《秦文字类编》集金文、陶文、简牍、石刻四个方面的文字为一炉，共收录5676个文字，去掉重复的，共有单字2374个。而仅在《西北大学学报》和《收藏》杂志公开发表的部分秦封泥文字就有359个，其中单字170个。

考古学家评价这一重大成果时说：“这批秦封泥是中国古代史研究中的一次里程碑式的发现，其中大量的问题需要一代人甚至几代人好好消化研究。”因此说收藏和鉴赏秦代封泥，不仅能进一步丰富我们的文化视野，还能带领我们步入一个新的收藏化境。

(原载《长安书法专科研究》一书)

陕西凤翔发现秦代制陶作坊

两千多件秦瓦当出土

⊙本书作者观看出土的瓦当

最近在陕西凤翔县2500年前的秦都雍城遗址上，考古工作者发现了春秋晚期或战国早期的秦雍城制陶作坊，出土了2000多件以动物图案为主的早期秦瓦当。数量如此多的早期秦瓦当面世，这在国内尚属首次。

瓦当，即古代建筑的瓦头，其上多有装饰之用的纹饰和文字，有很高的艺术和考古价值。先秦瓦当并不多见，现存最多的是汉代瓦当。陕西省考古研究所秦汉研究室主任田亚岐研究员介绍说，此次出土的早期秦动物瓦当共10类15种动物纹饰，丰富了早期秦代瓦当的品种。这些瓦当，以动物纹饰为主，有鹿蛇纹、虎纹、凤鸟纹、蟾蜍纹、獾纹、虎雁纹、鹿纹、虎鹿兽纹等10多种，同时还有一批西周和先秦时流行的半圆形瓦当。

上世纪80年代的秦都雍城考古，基本查清了雍城11平方公里的城址，21平方公里的陵园，但长期以来，雍城手工作坊并未发现。2005年11月中旬，陕西省考古研究所、宝鸡市考古工作队和凤翔县博物馆，在雍城西北部约20万平方米的作坊区内，进行了试掘性勘探，终于发现了秦代制陶作坊。

现在已经发现的5座秦代制陶作坊东西呈“一”字形排列，从出土的模具、瓦坯以及柴草、树枝和杠木等，可使人们首次全方位了解烧制筒瓦及瓦当的工艺流程：踩土拌泥、搓制泥条、盘筑压模、成形晾晒、入窑烧制、出炉遴选，正品外运、次品弃埋。田亚岐告诉记者：“以往在雍城发现的秦汉瓦当中，大都是民间从地面征集而来，对各类瓦当的年代很难判断，而这次出土的瓦当，从地层层位关系上就可认定它们为春秋晚期或战国早期的遗存。”

从秦早期制陶作坊遗址里，不仅发现了数量众多的瓦当，而且发现了许多首次见到的秦早期方砖、秦俑、秦宫殿（房）饰件以及动物纹瓦当的模具、半圆形贴面砖、陶鸽、陶花等文物。

据悉，凤翔制陶遗址已引起陕西省和国家文物部门的重视，文物主管部门已专门制定了田野文物保护应急预案。

（原载2006年8月14日《人民日报》）

来自考古工地的报告

秦公一号大墓开始揭椁开棺

2日晨，考古工作者和解放军战士共八十一人，进入峡谷般的秦公一号大墓，开始揭椁开棺。陕西凤翔秦公一号大墓，是迄今我国发掘的最大古墓。经过前后十年的考古发掘，二千多件珍贵文物已重见天日，墓主和一百八十多个人殉椁木再现于世，向人们展示了一幅发达的奴隶制社会的惊人情景，为研究中国奴隶社会历史提供了新的资料。

今天，进入墓底的考古工作者和解放军战士，依次将椁木编号，再用角铁扣好，用棉垫包扎，捆上绳索，由八个人抬起，向墓道移动。考古队负责人告诉记者，主椁室共有三层，每层五十六根椁木，最长的椁木达六米，重约八百多斤，而且木头坚硬、黄亮。全部揭完需要三天，然后进入四椁室并开棺。

秦公一号大墓，在西安市以西一百七十公里的凤翔县。这里东依周原，西傍汧河，地平土肥，曾是东周时秦国国都雍城所在地。据考证，一号大墓位于秦国著名风景区“北国”之内，是秦公陵园区四十三座墓葬中最大的一座，陕西省考古工作者从1959年开始，先后五次来这里探查。1976年11月，他们根据司马迁《史记》记载的线索，在当地农民配合下，在指挥村南一块禾稼不茂的田野里发现了秦公一号大墓。至今，参加发掘的数百名考古工作者、民工、解放军战士，风餐露宿，已挖移墓土七万余方。

秦公一号大墓墓体为“中”字形，墓室像一座钳入地下的倒“金字塔”，总面积五千三百三十四平方米，比河南安阳商代王陵大十倍以上，比马王堆一号墓大二十倍。墓底到顶有三层台阶，顶部面积像一个足球场，底部有两个篮球场大，墓深二十四米，相当八层楼高。东西通往墓底的巨型斜坡墓道长二百七十米，宽七米。

秦公一号大墓，向人们展示了秦国野蛮和残酷的奴隶制直观形象：主椁四周填置木炭，椁木坚硬，叩之有声；在它的四侧及上部，却埋置了一百八十二个人殉、人牲的棺椁，殉葬者有男有女，这与《史记》中记载的“三十九年缪公卒，葬雍，从死者百七十七人”相近，佐证了《史记》中“秦人哀之，为作《黄鸟》之诗”和《诗经》中“临其穴，惴惴其慄”的诗文。秦公一号大墓在发掘中，发现了二百四十七个盗洞，但相继出土的金、铜、铁、石、玉等珍贵文物，特别是十多件铁器，数量如此集中，冶炼工艺如此之高，在我国先秦墓葬中是罕见的。竖立在墓室土圹两侧的两根巨型木碑，证实了《周礼》中关于诸侯葬仪“四脖二碑”的记载，探明了碑志的源头。专家们根据出土的石磬上所刻的“天子匽喜，龚桓是嗣，高阳有灵，四方以鼐”的文字，对墓主作了多种推断。墓主究竟为何人，还有待于“开棺论定”。

在发掘秦公一号大墓的同时，陕西省考古工作者也调查、钻探了周围一百多平方公里，从而揭开了被湮没地下两千多年的秦公陵园区之谜。据钻探和试掘证实，整个秦公陵园区更为宏伟。

陵区东西长七公里，南北宽三公里，总面积达二十一平方公里。陵区内四周环绕着十多公里的大护陵壕沟。陵区大小、形制不等的十三座小陵园，也都有或单或双的护陵壕沟。全陵区十八座“中”字形秦公大墓、三座尚不明身份的“甲”字形大墓和一些中小墓葬，面东背西，呈雁翎形排列。为大墓修建的二十一个车马坑，最大的长一百一十六米，宽二十五米。陵区在试探、发掘前已被完全覆盖在绿色禾苗之下。所有大墓上都不见封土堆和木石标志。试掘发现围绕墓顶四周的一处处卵石散水、陶制管道和柱洞、瓦片，证明了当时墓上曾耸立着一座座规模宏大的殿堂。已探明其中一座中型殿堂，长七十三米，宽二十五米，相当于我国最大的木构殿宇——故宫太和殿面积的四分之三。陵区奇特的墓葬方法，和《易经》一书记载的“古之葬者……葬之中野，不封不树”的情形完全一致，为研究古代社会的墓葬制度提供了最新的依据。

据史书记载，秦国包括秦始皇、秦二世、秦王子婴，共有三十六代国王(春秋时代为诸侯国，称公)，其中二十代国王享国于雍城。秦公陵园区的试探和秦公一号大墓的发掘，证明秦国奴隶制是发达的。这无疑是对史学界“奴隶制非常薄弱的秦国一跃取得封建制革命成功”的传统史学观念的挑战。

(原载 1986 年 5 月 3 日《人民日报》)

椁木木结处浇注金属　椁室构为“黄肠题凑”

5 月 3 日陕西凤翔县秦公一号大墓的揭椁工作继续进行。在九十多平方米的椁室中，考古工作者发现横排椁木两端中心部位均有排列整齐的长方形榫头，椁木木结处都用金属浇注。椁木均为一色的优质松木。椁木榫头长约七寸许。据专家们分析，这就是《周礼》所载的属于天子葬礼规格的“黄肠题凑”。“黄肠”当指黄色椁木两端中心的榫头，“题凑”意为榫头排列紧凑的形状。东周时秦国是周的诸侯国，秦王称公，秦公的墓葬显然是越制行为。“黄肠题凑”的发现，为研究我国古代墓葬制度提供了最新实物资料。

考古工作者还发现出土的方木上，凡有木结的地方，都浇注了金属。试去锈蚀，这些金属还可发出光泽。考古工作者分析，这是椁木入室前，为防止木结部位腐烂，而将木组织除去，浇注了金属。有的金属块有拳头大小。

(原载 1986 年 5 月 4 日《人民日报》)

秦公一号大墓椁木揭完

截至 6 日晨，秦公一号大墓椁盖的一百五十多根椁木已全部揭完。目前已进入椁室清理阶段。由于漫长岁月的雨水浸灌，椁室中的棺木已被从盗洞冲入的泥土封埋。椁室两壁崩塌严重，一周后才能开启棺具。

连日来，考古工作者又发现了一些玉璜、玉璧等精致文物，但主要放置随葬品的副椁室已基本被盗空。专家认为，由于大墓历时已达两千五百多年，被掘盗二百四十多次，掘盗目标又大都对着主椁棺，所以墓主椁室肯定也被盗，仅在主椁室上已发现十多个盗洞。

考古负责人说，在主棺中发现惊世文物的可能性不大；但由于墓体宏大，棺椁中的文物也不可能被洗劫一空。他期待在椁室的清理中出土新的珍宝和刻有文字的文物。他认为，留有文字的文物，对于研究秦国的奴隶制社会的历史意义重大。像已出土的石磬上镌刻的“天子匽喜，龚桓是嗣，高阳有灵，四方以鼏”文字，不仅示意墓主是秦桓公的继承人，而且说明秦人先祖是华夏族轩辕黄帝四代孙高阳，从而回答了过去学术界关于秦人究竟是华夏族还是戎人的争论。

（原载 1986 年 5 月 8 日《人民日报》）

秦公一号大墓又出土二百余件文物

秦公大墓揭椁半个多月来，考古工作者在清理椁室中，又陆续发掘出二百多件文物。前来考察的有关专家惊叹地告诉记者：这些文物，质地之高贵，造型之精美，实为罕见，为人们认识秦人独树一帜的灿烂文化，提供了重要资料。

自秦公大墓揭椁以来，前来考察参观者络绎不绝。可能是古地震造成的椁壁崩塌，加之近日阴雨造成的墓圹局部塌方，给清理工作造成困难。记者站在深深的墓坑边看到：考古工作者和解放军战士，有的汗流浃背地启取拉运沉重的椁木和塌方墓土，有的在聚精会神地绘图记录，有的在精细耐心地清理墓土和炭灰。一位考古队员按捺不住内心的激动，悄悄地告诉记者：尽管椁室被盗严重，清理工作十分艰难，但仍有不少金、玉、铜、石、陶、漆木等随葬器物和器物残片出土，就连再次筛滤清理过的椁室淤土时，每天都能找出四五件细碎文物呢！

连日来，北京、上海、湖北、四川、山西、河南等地数百名专家学者和大专院校师生，相继来到秦公大墓参观考察，对发掘工作给予了很高的评价。知名考古学家、曾经参与过一万多个古墓葬发掘的蒋若是激动不已，连声说：“不简单，不简单，真是饱了眼福！”记者从这位六十五岁的专家的介绍中获悉：最近从椁室中出土的二百多件文物，虽然形体不大，但不少是很有价值的珍品。灿灿发光、直径不到二厘米的金扣子，运用浮雕、透雕等工艺，雕镂着多组错落有致的花纹，花纹中还镶嵌着墨绿色的“宝石”；各种玉制饰件，有的玲珑剔透，有的古朴典雅，有的色泽夺目，有的洁白无瑕，特别是一件巴掌大的玉佩，透雕的蟠虺花纹，缕线匀细，令人惊叹；黛青色的扁状马头玉雕，刀法简洁，炯目、竖耳、长颈，酷似秦俑坑马俑的造型，使人仿佛看到了秦人千里征战的骏马形象。在椁顶发现的一双质地细腻的石制鞋底，大小厚薄与今天的鞋底相仿，考古队员们感慨地说：从宏大的秦公大墓看到它，仿佛看到了秦人的脚印和历史的足迹！专家们认为，陵园和众多的出土文物，可以看到秦国当年席卷天下的博大气魄、统一中国的雄厚基础和在历史上举足轻重的作用。

发掘工作继续进行，棺木至今未见，可望有新的文物出土。

（原载 1986 年 5 月 25 日《人民日报》）

秦公一号大墓墓室清理完毕

9 月 11 日，参加秦公一号大墓发掘清理、安全保卫和回填保护的解放军指战员，与考古工作者握手告别，全部撤离了考古工地。至此，历时十年之久的秦公一号大墓墓室发掘清理工作宣告结束。

大墓共出土各类文物三千余件。其中有镌雕双龙的金带钩、镂孔镶绿松石的金泡、造型精美独特的金兽等五十余件，以及玉蝉、玉戈、玉麦粒、埋玉、丧玉、佩玉等。特别是近期发现的少量留有文字的陶器和漆器图案，十分珍贵，文字内容有待考释。另有一件小巧玲珑的金啄木鸟，双目圆睁，鸟冠高挺，爪嘴锐利，羽翅清晰，令人叹为观止。

自今年6月发现被倒塌的椁木砸成碎片的棺木及秦公遗骨之后，考古工作者对椁室底部及四周九十四个匣殉和七十个箱殉进行清理。保存最完整的十六号箱殉，长二点三五米，高一点四米，宽一点五米。启开箱盖，一个长一点六米、高宽均为零点六六米的木框架内，有一蜷曲特甚的殉人置于其中。殉人骨架完整，两臂及两腿分别用绳索捆绑，在捆绑处有三根绞棒。这种殉人葬仪，在国内还是首次发现。

以前发现的浇铸椁木木结的金属，经专家鉴定为纯锡块。在两千五百多年前提取如此高纯度的锡，尚属罕见。

秦公一号大墓的发掘引起了国内外专家学者和同胞的关注。启椁四个多月来，已有十万多人前来参观，无不为墓体的深邃和宏伟而惊叹。越南老革命家黄文欢同志参观后欣然挥毫："古都文物，千古流传"。

（原载1986年9月16日《人民日报》）

陇县发现秦早期墓葬群

一九八六年十一月，陇县县西南的边家庄农民，在取土时发现了几座古墓葬。经过宝鸡考古队九个多月的发掘，共清理出二十九座春秋古墓，其中大部分为春秋早期墓葬. 这些古墓，均为单个竖穴土圹墓葬，面积为四点六平方米到十八平方米，深四到十二米不等。在这些墓葬中，除了出土一大批陶器外，还出土丁鼎、簋、壶、盘等青铜礼器一百多件和戈、矛等青铜兵器和车马器等二百多件。

在这批出土文物中，尤其令人注目的是一件铁器和一部"辇车"的遗迹。在一号大夫级墓葬中出土的一件铜柄铁质短剑（匕首），是我国迄今发现最早的铁器。这是继秦公一号大墓（系春秋中期墓葬）之后，再次发现的最早的铁器，它把我国用铁的历史至少提前了一个世纪（从公元前二五00年提前到公元前二六00年以前）。在五号墓廓室里发现的"辇车"遗迹表明，"辇车"是由车厢，双轮和单辕构成的木质彩绘人力车，在车前横木之后和单辕两旁，有两个木质俑人，表示双人（即双夫）推车。这次发掘共出土陶器，青铜礼器、兵器等文物二千多件。

（原载1988年4月《黄土地的文明》一书）

乾县发现秦甘泉宫和梁山宫遗址

最近，在陕西乾县进行的文物普查中，文物考古工作者发现了秦代两处著名的大型宫殿遗址。经考证，初步认为，一处为与秦咸阳宫、阿房宫齐名的甘泉宫遗址，一处为规模恢弘的梁山宫遗址。这是我国秦代考古的又一重要发现。

秦甘泉宫遗址位于驰名中外的唐高宗与武则天合葬陵——乾陵东北的注泔乡南孔头村，总面积为10万平方米。经钻探，遗址南部有东西相对的两组建筑。当地群众在今春挖坑栽树时，发现了秦代瓦片、瓦当百余件；遗址北部是一座东西排列、南北走向的大型高台式宫殿建筑遗址；高台至今还高出地面4米；台基东西长100米、南北长80米，东西两侧有2座阙式高台，残高9米，似为这座宫殿建筑群的2座阙楼台基，与秦咸阳宫建筑形式相似。在遗址内发现10多个直径1.1米的陶井圈以及蛟龙绕壁空心砖、铺地砖、瓦当、瓦片多件。秦甘泉宫是秦始皇巡幸饮泉之地和其母居住之所。

梁山宫遗址位于乾陵西北处的瓦子岗上，总面积24万平方米。经勘测，遗址东部有一高大的夯土台基，东西底边长37.4米，南北底边长25米，夯土台高5米，夯土层厚度与夯涡直径与秦咸阳一号宫殿完全相同。当地群众在此相继发现了直径为15米的环形建筑设施、圆形卵石坑和大量散水石、砺石和秦瓦当。特别是发现了极为罕见的葵纹瓦当、腾龙玉璧空心砖、龙凤纹空心砖等。空心砖图案均为线刻，构图和谐，线条流畅，刀法娴熟；龙凤富有动感，充满活力，把龙爪的锋利、龙体矫健的摆动和展翅飞凤的飘逸神态刻画得淋漓尽致；龙凤纹空心砖上龙凤状若交合，绝前仅见，实为不可多得的古代艺术珍品。秦梁山宫为秦始皇的行宫。

秦甘泉宫的发现，不仅使著名的三大宫殿全部找齐，而且为研究秦宫前殿“双阙如翼，左右环峙”的结构布局和秦咸阳宫、阿房宫整体布局提供了新的资料。而地处丘陵地带的秦梁山宫遗址，由于时代单一，内涵丰富，保存较好，至今地形地貌仍基本如故，具有很高的考古价值。专家们预言，随着下一步考古发掘和清理，将会有更加丰硕的收获，泯灭2000多年的这两座秦宫将会得到更充分、准确的认识。

（原载《黄土地的文明》一书）

骊山发现秦汉宫殿和“骊山汤”遗迹

最近，我国考古工作者在临潼骊山唐华清宫遗址地层中，惊喜地发现并出土了一批秦汉时骊山宫殿建筑材料，寻觅到泯失2000年之久的“骊山汤”遗址，从而将中国古代沐浴史、中国古代利用地热资源史和华清池的历史，在考古学上又提前了1000多年。

1982年4月，临潼县政府在修建“贵妃亭”时，发现了唐华清宫旧址遗存。1987年11月，陕西省文物管理委员会考古工作者在解剖骊山华清宫遗址地层结构时，在遗址下方1至1.2米深处，发现了秦汉时代文化层，出土了秦汉骊山宫殿或房屋的木门、门框、檩条、陶质温泉水管道、砖石混砌水道以及大量砖瓦、瓦当等建筑材料。

出土的秦汉木檩条共7根，粗细匀称，排列有序，分别长4.3米，直径0.25米左右；在木檩的东边，出土了两扇木门及门框等。每扇木门高1.82米，宽0.77米，厚0.04米，门板上有一凸出的木关，木关中心有一圆孔，为插门栓处。因木檩及木门长期密封在地下含水的青泥之中，与空气隔绝，出土时保存基本完好。根据木檩条排列有序、略带红色染料、在木门上方等特点，专家认为，这是秦汉时期骊山宫殿或房屋倒塌掩埋后的遗存。

重见天日的大量秦汉粗细绳纹板瓦、筒瓦、方砖、条砖、粗细绳纹水管道、砖石混砌水道等建筑材料，同样令人惊羡不已。其中，方砖分素面和回形、几何、方格纹4种，瓦当分秦云、秦汉云、汉“无极”、“未央”4类。尤使人惊奇的是，南北长约35米的砖石混砌水道延伸到华清池温泉出水处，至今仍畅通无阻、水流如注，从而揭开了秦时“骊山汤”千古之谜。唐华清宫考古队队长骆希哲对记者说，秦汉宫殿坍塌的木门、木檩是我国考古界的首次发现，它为研究秦汉建筑提供了重要的实物资料，第一次真实地再现了秦汉建筑物的屋架结构和大门的设计安装，弥补了史书记载之阙佚。他又说，据史书记载，秦始皇在骊山修陵时，同时“穿治骊山”砌石起宇，名骊山汤；

据临潼县志记载，俗传秦始皇在骊山游乐时“遇神女戏不礼，神女唾之生疮”，他遂向神女道歉，神女昭示温泉，始皇入之洗浴，出浴后面疮“平复如初”。片言只语的记载和扑朔迷离的传说，使“骊山汤”难以寻觅。“骊山汤”遗址的发现，不仅搞清了“华清池”的前身及渊源，而且也证实了早在两千多年前，秦人利用骊山温泉洗浴健身、治疗疾病的俗传并非全是虚妄之说。

（原载 1988 年 1 月 11 日《人民日报》）

西安发现先秦铁半两古币

先秦大型铁质半两古币，最近在西安被发现。先秦铁半两的面世，不仅填补了先秦无铁币的空白，而且将铁钱铸造历史提前了一个世纪。

⊙先秦少见的铁半两古币

这枚大型先秦铁半两是西安市高陵县古钱币收藏家张振龙从民间收集到的一件孤品。这枚古币背径 36 毫米，穿径 10 毫米，厚 0.15 毫米，重 6.5 克；文字“半两”为大篆长字，其中“半”字完好，氧化层下呈水银古，“两”字呈隐起状，下部锈蚀剥落；钱面大部呈水银古，边沿有毛刺，锈已入骨，整体为先秦半两风格。

陕西省钱币学会的专家鉴定后一致认为，这枚铜范铁钱系先秦之铁半两无疑。据了解，我国最早的铁器是考古工作者从秦公一号大墓考古发掘中发现的，距今已有 2500 年的历史。这枚前秦铁半两的发现，不仅佐证先秦用铁的历史，而且说明铁在当时的珍贵。

（原载 1995 年 6 月 22 日《人民日报》）

无证据表明阿房宫毁于大火[①]

经过我国考古工作者一年的勘探和发掘，举世闻名的秦阿房宫遗址前殿夯土台基的范围已经基本确定，其前殿遗址南北部边缘的结构也初步摸清，同时首次发现了秦阿房宫前殿附属宫完整组合的板筒瓦屋顶，沉睡 2000 多年、气势磅礴的阿房宫正在向世人揭开她的神秘面纱。

这是历史上第一次对阿房宫进行科学勘探发掘。从去年 10 月起，中国社会科学院考古研究所和西安市文物保护考古所联合组建了阿房宫考古工作队。截至目前，勘探面积 20 万平方米，试发掘面积 1000 平方米。根据勘探发掘确定，阿房宫前殿遗址夯土台基东西长 1270 米，南北宽 426 米，现存最大高度 12 米，夯土面积 541020 平方米，是迄今所知中国乃至世界古代历史上规模最宏大的夯土宫殿基址。考古专家推算，阿房宫前殿遗址的面积规模与史书所作“东西长 500 步，高达数十仞，殿内举行宴飨活动可坐万人”的记载基本一致。

记者在发掘现场看到，阿房宫前殿遗址夯土台基北部的边缘为台面结构，最高处有宫墙，墙

①此消息结尾处，记者有意增加“迄今”二字，与新华社及其他传媒报道肯定的提法不同，留下余地。第二年考古新发现就否定了阿房宫没有被毁于大火的说法。

的侧面堆有大量倒塌的筒状和板状瓦片。考古专家介绍说，这些出土的瓦片时代应为秦和西汉早期，说明遗址的始建年代为秦代，汉代作为上林苑的一部分继续使用。

据介绍，在整个前殿的发掘中没有发现有火烧土的痕迹，迄今还没有实物证据表明阿房宫曾经历过大火烧毁。

（原载 2003 年 12 月 6 日《人民日报》，与王乐文合写）

找到阿房宫毁于大火的证据

阿房宫遗址考古发掘又获重大收获：我国最早的园林景观——秦园林景观最近在阿房宫遗址内发现，同时还发现了被火焚烧的红烧土及宫殿火烧墙体残块，从而佐证了《史记》中关于阿房宫被大火焚烧记载的真实性。

⊙本书作者（右）向朋友介绍阿房宫殿红烧土

中国社会科学院考古研究所和西安市文物保护考古所联合组建的阿房宫考古工作队最近通过考古发掘发现，在阿房宫前殿遗址正西1150 米处，发现一大型黄土遗址建筑台基，东西长 250 米、南北宽 45 米，距地面高度 7 米，距秦代地面高 9 米。黄土台基中下部有纵横交错的排水管道，说明这个黄土台基上曾有过被人使用过的大型宫殿建筑。令人惊喜的是，在这一黄土台基北部 3.8 米处地下，发现一矩字形石渠遗存，东侧向南长 17.4 米，西侧向北 4.9 米，东西长 9 米，水渠宽 40 公分，深 12 至 15 公分，水渠底层铺大鹅卵石，上铺小鹅卵石，水渠两侧砌筑比较规则，2 至 3 排由呈“品”字形的大鹅卵石铺就。专家认为，这是比较典型的小桥流水式渠道和园林遗址。

在黄土宫殿台基西侧又发现另一宫殿廊道和散水，廊道宽 1.67 米，散水宽 0.67 米，长度待进一步勘察，同时发现了不少秦汉时期的板瓦、筒瓦和完整秦瓦当，说明台基上的宫殿如《史记》记载的“复道连属”；尤使人感到惊的是，在此处发现了红色的火烧土及宫殿墙体残块。

这一考古发现有着重大意义。西安市文物保护考古研究所所长孙福喜研究员认为，这是迄今为止发现的中国最早的园林遗址，进一步证实了史书上关于阿房宫是在秦皇游幸的上林苑的基础上扩建而成的记载，从而证实了秦阿房宫不仅仅有规模宏大的阿房宫前殿，而且是由一系列宫殿组成的宏伟建筑集群。唐诗中关于阿房宫“覆压三百余里，隔离天日……五步一楼，十步一阁；廊腰缦回，檐牙高啄；各抱地势，钩心斗角”的描述绝非妄言，从而丰富了人们对秦阿房宫内涵的传统认识。特别是宫殿红烧土和火焚墙体残块的首次发现，否定了以往关于阿房宫未被火焚烧的说法，找到了阿房宫毁于大火的证据，但是否由项羽焚烧，还有待进一步探查和研究。

（原载 2004 年 11 月 13 日人民网）

我国最早园林遗址被发现

阿房宫遗址考古发掘又有重大收获：我国最早的园林景观——秦园林景观最近在阿房宫遗址内被发现，同时被发现的还有被火焚烧的红烧土及宫殿火烧墙体残块，从而佐证了《史记》中关于阿房宫被大火焚烧记载的真实性。

中国社会科学院考古研究所和西安市文物保护考古所联合组建的阿房宫考古工作队最近通过考古发掘发现，在阿房宫前殿遗址正西 1150 米处，发现一大型黄土遗址建筑台基，东西长 250 米、南北宽 45 米，距地面高度 7 米，距秦代地面高 9 米。黄土台基中下部有纵横交错的排水管道，说明这个黄土台基上曾有过被人使用过的大型宫殿建筑。在这一黄土台基北部 3.8 米处地下，发现一“矩”字形石渠遗存，东侧向南长 17.4 米，西侧向北 4.9 米，东西长 9 米，水渠宽 40 厘米，深 12 至 15 厘米，水渠底层铺大鹅卵石，上铺小鹅卵石，水渠两侧砌筑比较规则，2 至 3 排由呈“品”字形的大鹅卵石铺就。专家认为，这是比较典型的小桥流水式渠道和园林遗址。

在黄土宫殿台基西侧又发现另一宫殿廊道和散水，廊道宽 1.67 米，散水宽 0.67 米，长度待进一步勘察，同时发现了不少秦汉时期的板瓦、筒瓦和完整秦瓦当，说明台基上的宫殿如《史记》记载的“复道连属”。尤其令人感到惊讶的是，在此处发现了红色的火烧土及宫殿墙体残块。

西安市文物保护考古研究所所长孙福喜研究员认为，这是迄今为止发现的中国最早的园林遗址，进一步证实了史书上关于阿房宫是在秦皇游幸的上林苑的基础上扩建而成的记载，从而证实了秦阿房宫不仅有规模宏大的阿房宫前殿，而且是由一系列宫殿组成的宏伟建筑集群。特别是宫殿红烧土和火焚墙体残块的首次发现，否定了以往关于阿房宫未被火焚烧的说法，找到了阿房宫毁于大火的证据，但是否由项羽焚烧，还有待进一步探查和研究。

（原载 2004 年 11 月 16 日《人民日报》）

古城再现阿房宫

举目长安西门外，兀现秦代阿房宫。新建秦王朝的巨大宫殿阿房宫，经过 6 年多的建设，国庆前夕在古城西安阿房宫遗址区内落成。日前，记者再次来到阿房宫，步入阿房宫前殿广场，不禁被眼前巍峨宏伟的大殿建筑、宽阔明亮的广场和宏大的演出场面所吸引。

“这是秦始皇登基大典选妃表演，”秦阿房宫旅游发展股份有限公司董事长雷应魁高兴地对记者说，“在阿房宫内，我们还举办《宫廷乐舞》、《编钟演奏》、《秦腔折子戏》等演出，这是把文物保护与开发利用相结合开展的一项文物观光旅游活动。”公司副总经理茹黎芳说：“我们这项活动，改变了西安地区文物观光旅游的结构，把知识性、参与性、娱乐性和趣味性结合起来，做到古今一体、动静结合。”

接着，记者又观看了古色古香的编钟演奏和诙谐富有地方特色的秦腔折子戏《荒郊义救》以及武士表演《横扫六合》。在编钟演奏大厅，记者问：“在秦阿房宫怎么演奏起编钟和《苏武牧羊》曲子？”“楚与秦文化是同时代的文化，虽然乐曲《苏武牧羊》源于汉代，但汉承秦制，也能反映

⊙如今的阿房宫气势宏伟

秦乐的韵味。”从武汉音乐学院毕业应聘到这里表演编钟的方士敏女士说，“1976 年在湖北随州曾侯乙墓出土了 124 件古代乐器(其中 64 件为编钟)。为此武汉音乐学院专门组织力量研究编钟，我也参与了编钟的配器配乐训练。我来这里演奏编钟，感到有用武之地了。”

谈起秦阿房宫，雷应魁董事长如数家珍。他说，秦阿房宫始建于公元前 212 年，规模宏大、雄伟壮观，是秦始皇统一中国之后营建的中国古代建筑史上规模空前的杰作。“六王毕，四海一。蜀山兀，阿房出。”为营造阿房宫和始皇陵，共动用劳力 70 万人，竟将蜀山上的林木砍伐殆尽。仅阿房宫的中心建筑阿房前殿“东西五百步，南北五十丈，上可坐万人，下可建五丈旗”，它“五步一楼，十步一阁”，建成后将“覆压 300 余里”。可惜工程尚未全部竣工，即被入关的项羽付之一炬，浓烟蔽日，烈焰冲天，大火整整烧了 3 个月而不熄。阿房宫遗址保护面积为 23.6 平方公里，1961 年国务院公布它为全国重点文物保护单位。

如今，他们在考古、建筑学家的指导下，经过认真论证、精心设计、周密施工，投 1.3 亿多元在遗址区内艺术地再现了阿房宫大宫门、前殿、兰池宫、六国宫室、长廊、卧桥、磁石门、上天台、祭地坛、河流等 12 景观。苑区兰池水占地百余亩，水清波翠，楼阁倒映，龙舟漫游；新建的阿房前殿，高 32.85 米，长 107 米，宽 67.7 米，“廊腰缦回，檐牙高啄，各抱地势，钩心斗角”，十分巍峨壮观。

董事长雷应魁指着阿房宫大门北边百米远处开阔的高坡地带说，那就是阿房宫重点保护区的前殿遗址，现在我们重修的前殿高度与原殿差不多高低，但东西长 107 多米，仅是原殿东西长 1/6。“要完全再现阿房宫的原貌，还要投巨资再努力啊！”

雷应魁最后对记者说：“我们是在阿房宫遗址一般保护区内的一个砖瓦厂的旧址上经文物部门批准兴建秦阿房宫的，眼前百亩大的兰池就是在砖瓦厂多年挖的一片洼地上改造成的。如果不这样，砖瓦厂仍在蚕食毁坏着阿房宫遗址啊！从这个意义上来说，我们兴建的阿房宫既是对文物的科学利用，更是对文物古迹的积极保护。”

（原载 2000 年 11 月 14 日《人民日报·海外版》）

西安发现秦时世界最大木梁柱桥梁

陕西省考古研究院通报最新考古发掘成果：西安渭桥遗址不仅是迄今所发现的最大的秦汉木梁柱桥梁遗址，而且也是现知同时期全世界最大的木构桥梁。尤其是厨城门一号桥南北长达 880 米，前后延续时间达 1000 余年。

渭桥遗址坐落于今未央区所属渭河南岸河滩，2012 年 4 月在农民挖沙时发现，陕西省文物局随即组织省考古研究院、中国社会科学院考古研究所、西安市文物保护考古研究院成立渭桥考古队，开展对相关遗址的考古工作。

省考古研究院副研究员王志友告诉记者，经勘探和发掘确定，目前在未央区六村堡街道西席村北、未央区汉城街道高庙村北农田中至少存在 2 组 5 座桥梁。其中位于西席村北的古桥，因正对汉长安城北墙中间城门厨城门，故称“厨城门桥”，在该处发现四座桥梁，其中位于高庙村北古桥，正对汉长安城北墙洛城门，称“洛城门桥”。

厨城门一号桥长达 880 米左右，桥梁宽度约 15.4 米，为南北向木梁柱桥，横跨在东西流淌的渭河之上。考古人员在清理出的桥梁所在河道堆积物中，发现大量的半两、五铢、大泉五十铜钱，少量开元通宝、乾元重宝铜钱，个别皇宋通宝铜钱，以及绳纹板瓦、筒瓦、瓦当残块、青砖块、残碑等遗物。据此推测该桥可能始建于秦，为汉使用，沿用到唐或更晚的宋代，之后废弃，前后延续达 1000 余年。

经专家研究认为，厨城门桥可能是著名的中渭桥遗址，在秦汉唐时期不仅是社会经济、文化、军事行为的重要孔道，而且还是丝绸之路的重要节点，是丝绸之路从汉长安城出发后的第一座桥梁，承载着巨大的历史信息和文化内涵。

随着渭桥遗址的发现，过去困扰学术界多年的汉长安城北侧路网、水网问题已逐渐得以解决，这无论对汉长安城遗址保护、还是对秦汉都城交通史的研究，均具有重要价值。据介绍，这些桥最早是联系咸阳宫和兴乐宫（兴乐宫即后来的长乐宫）的通道，而咸阳宫位于如今的咸阳市，兴乐宫位于如今的西安市，这座桥可以看做西咸一体化的最早见证。

为了在开展渭桥发掘的同时能更好开展渭桥保护，考古人员建议积极开展古桥博物馆的筹划工作，将各相关古桥统一规划，建设与渭桥本身级别相应的、代表我国最高水平的中国古桥博物馆。

⊙厨城门一号桥发掘局部（由南向北）

漢代美酒醉今人

第六辑

汉阳陵及汉代考古

国宝：汉代鎏金马

不弯的信念

考古工作者在清理陕西兴平市一座东汉古墓时，发现一把被黄土压成弯弓状的铁剑。然而当剔除坍压在剑身上的墓土后，剑身“嘭”的一声弹直，目睹者无不称奇——

你是一把铁剑，
一千七百年岁月的步履，
在你身上留下了锈迹斑斑；
不，你是一把钢剑，
煅烧淬火、千锤百炼，
应造就你这样的身板：
坚硬如磐，宁折不弯。
然而，眼前你这把古剑，
却展现了品格的另一面：
能屈能伸、不折宁弯！

千钧重土，虽压弯了你的腰杆，
千秋岁月，却压不弯你的信念：
忍辱负重，弯曲是为了不折，
鼎力回天，必然要卧薪尝胆！
我赞美钢那宁折不弯的性格，
更赞颂“绕指柔”剑的内涵：
不弯而折，会导致前功尽弃，
能屈能伸，将赢得功德圆满。
历史再次验证这一真谛：
弯弓才能射利箭！

（此诗刊于 2007 年 10 月 30 日《人民日报》）

汉代铁剑出土时弹直复原

⊙汉墓出土的铁剑弹直复原

陕西省考古工作者最近在清理一座东汉墓葬时，发现一件奇事，一把被压成弯弓状的铁剑，清理出土时，剑身猛然弹直复原。

今年初，位于兴平市七里镇北的一小学在后院基建挖土时，发现一座古墓，考古工作者从墓室中清理发掘出铁剑一把，铁戟两件，已朽成一堆的铜铠甲鳞片、铜钱 100 多枚以及漆器、陶质生活用具和陶制家畜、家禽等共 30 多件。

据勘察，由于此墓在营造后不久即被盗，造成墓土坍塌。引起考古工作者极大兴趣的是：一把向下斜插的铁剑，被坍塌的墓土压成近 180 度的弯弓状。当考古工作者小心翼翼地清除掉剑身坍土时，铁剑突然反弹复原成垂直状，使在场目睹者惊讶不已。

据测定，此剑长 1.1 米，木质剑柄已朽，剑身表面虽已锈蚀，但剑头、剑刃犹存。剑身被压弯长达 1700 多年，仍能反弹复原，是迄今众多古代兵器发掘中的首例。

（原载 1993 年 7 月 17 日《人民日报》，与王兆麟合写）

“东方太阳神”出土记[①]

——记汉景帝阳陵从葬坑男裸陶俑群

⊙汉阳陵男裸俑

虽然她失去了双臂，然而那清俊的脸庞，明亮的双眸，半裸玉立的身姿，却成了世人心中美的象征。

这就是“维纳斯”——希腊神话中爱与美女神的雕塑！

今天，展现在人们面前的却是中国两千多年前失去双臂的男性裸体陶塑群——黑发炯目，面色红润，胸肌隆起，健壮而匀称的躯体，显示着力与美的和谐统一！

这就是人们在陕西汉景帝阳陵看到的奇观。

一位老专家见到这批男裸彩陶俑，喜形于色地惊呼起来：“这是中国的‘维纳斯’，东方的‘太阳神’！”

阳陵男性裸体无臂俑——东方的“太阳神”，这个比喻太妙了。这些孕育于黄土地、又藏身于黄土地的“太阳神”是怎么被发现的？是怎么破土而出、重放异彩的呢？

“上天”先得“入地”

秦始皇兵马俑的八千虎贲之士，已成为“世界第八奇迹”；法门寺佛指舍利和千件珍宝，又使世界为之倾倒；一系列古迹和考古新发现，使陕西和西安产生了巨大的魅力。

“来中国，不到西安，不看秦兵马俑，不算真正到中国！”一个个国家的元首纷至沓来，海外的同胞、侨胞和不同肤色的旅游者蜂拥而至。据统计，1988 年陕西共接待外宾和海外侨胞及港澳同胞就达 36 万人之多，是 1979 年的 13 倍。陈旧狭小的西安西关飞机场乘客年吞吐量已超

①这一发现被评为 1990 年全国十大考古新发现之一。

过百万人次，人满为患，游客进不来出不去。国家决定投资 4 亿多元，在西安西北的咸阳，修建现代化的国际机场。

沉寂千年的咸阳古原开始沸腾了。然而，人们清楚，这里是文物荟萃之地啊！秦都咸阳的遗迹，西汉 9 个皇帝的陵寝，唐代 12 个帝王的陵墓，像一排珍珠项链一样，嵌挂在咸阳古原上。

按照国家文物法的规定，机场施工必先进行考古钻探和清理。陕西省考古钻探公司咸阳分公司承担起这个任务。这支平均年龄不到 30 岁的队伍，在经理吴发荣的带领下首战告捷：他们和考古工作者一起，在机场基建工地发现了 30 多座北周墓葬，出土北周及唐代各类珍贵文物 3000 多件，填补了我国北周考古的空白！

雨雪初霁，寒风凛冽。1989 年 1 月 23 日，省公路局勘察设计院总工程师蔺继春冒着严寒来到咸阳。这位年过七旬、满头银发的老专家向吴发荣和张玉平透露了一个讯息：省上决定修一条机场通往西安的封闭式专用公路。这条专用公路全长 19 公里，施工前将由他们进行考古普探。

省高速公路管理局副局长黄怀宝拍拍吴发荣的肩膀："修公路是好事，但要保证地下文物不出事！你们若发现新的兵马俑那就是大喜事！"

这是又一特殊而光荣的任务。"看来要保证飞机上天，我们得先'入地'钻探！"吴发荣给每个职工发了一本《西汉十一陵》，并请来该书的作者、考古专家刘庆柱讲课。他还开设技术培训班，组织职工学习《咸阳县志》、《秦汉考古》。他认为，没有一定的历史知识和素质，那是敲不开文物宝库的大门的。

春天，踏着绿的脚步，来到咸阳古原。1990 年 3 月 6 日，全队职工在吴发荣的带领下，来到原上杨家湾徐唐村安营扎寨。3 月 7 日，他们正式从东向西开始放线、布点、钻探。

汉景帝阳陵，位于西安市正北 22 公里、渭水北岸的咸阳原上，按照汉代皇帝与王皇后合葬"同茔不同穴"的葬制，景帝与皇后的两个陵冢西东并立似两座山丘。吴发荣带领钻探职工，就从阳陵与王皇后墓冢南边的公路上由东向西开工。

3 月 9 日，风沙弥漫。他们顶风沙，在漫天的黄尘中，手持洛阳铲不停地钻探着。"咚，咚，咚"，一铲又一铲，胳膊震麻了，嘴唇干裂了，他们仍不歇手。两天快过去了，依然一无所获！临收工的时候，负责勘探的王春琪意外地发现了"五花土"，接着发现了一个"问题坑"！

问题就是"钥匙"，关键要抓住不放！

翌日，他们又对"问题坑"进行探测。上午 11 时 15 分，当王春琪把洛阳铲打在地下 7 米深处时，突然听到地下传来"咔嚓"一声！

"注意，下面可能有文物！"

王春琪提起了洛阳铲，带起一块裹着黄泥的瓦块似的东西。大家连忙围拢上去，小心翼翼地剥掉黄泥，只见一块带有红肤色的俑块袒露出来！

"啊，是彩陶俑片！"

"哟，是陶俑肩头的残块！"

"弄不好，真是兵马俑呢！"

⊙汉阳陵考古工地一瞥

大家欢呼跳跃，奔走相告。

“太阳神”苏醒了

罗丹说过：“美是到处都有的。对于我们的眼睛，不是缺少美，而是缺乏发现。”1974年，当秦兵马俑初被打井农民发现时，却被当成妖孽怪物，遭到摔砸掩埋，有的老人还烧香叩头，乞求神灵消灾；要不是考古工作者敏锐的目光，“世界第八奇迹”恐怕至今仍在沉睡呢！

变了。如今，这支大部分队员具有高中以上文化水平的考古钻探队伍，一扫昔日的愚昧。他们在19公里长的路面上，先后打了36.7万多个探孔，发现了一条河（西汉长陵邑东护城河）、两座汉墓、三处陵园建筑遗址和四个阳陵从葬坑！

“侦察部队”胜利完成任务。5月19日以陕西省考古研究所王学理为队长的汉陵考古队11人，开赴阳陵，进行随工考古清理和进一步的钻探勘察工作。他们的任务很明确：必须在7月底之前，将路面上四座从葬坑和一个汉墓进行试掘清理。

那座汉墓打开了，但很遗憾：被盗严重，墓室已空空如也。然而四座从葬坑的收获却颇丰：一号坑全长37米，宽4米，虽发掘了坑的一端，但已发现了俑身；二号坑长27米，已发现6个男性无臂裸体彩陶俑，同时发现了两乘双辕木质车和马蹄的痕迹。经测，车舆宽110厘米，迹深70厘米，轮径90厘米，外髹漆彩绘，圆伞盖合拢后挂在车輢外侧；三号坑和四号坑分别长达288米和291米！虽仅试掘不到40平方米，坑中竟发现男裸彩陶俑500多件，已出土300多件！

记者有幸下到三号和四号坑细细观览。虽然坑外烈日炎炎，热风炙人，坑底氤氲潮湿，闷若蒸笼，但眼前的景观却使人惊喜万分：只见形象生动、横竖叠压的裸体陶俑高约60多厘米，通体呈肉肤色，因无双臂，俑体显得修长，但结构合乎人体解剖原理，连男性性器官都雕塑得细微逼真；有的额头上还绘着朱红色的绸带。细一看，俑头神态各异，表情不一：有的脸呈鸭蛋形，眉清目秀，嘴角上翘，面带微笑，可能是地下陪伴帝王的文官忠臣？有的脸呈方圆形，颧骨突出，大眼粗眉，神情冷峻，也许是为帝王守灵的悍勇武将？有的面部丰盈，额头开阔，双目平视，沉静怡然，莫非是地下帝王身边殷勤的侍从？……

这些惟妙惟肖，栩栩如生的男裸彩俑，个个睁着双眼，望着坑外20世纪蔚蓝的天空。他们在冥冥的地下，沉睡了两千多年，终于苏醒了！

使人欣喜的是，伴随这些男裸陶俑，还出土了数百件镞、弩机、矛、剑、戟、锛、凿锯和半两钱币等。这些都是按实物三比一的比例缩小的冥器（供死人在阴间使用的模拟品）。记者看到，铁矛仅长5厘米，铁锛长3厘米，铁剑长20厘米，数枚铜钱圆廓方孔，直径不到1厘米，而“半两”二字高出币面，清晰可辨。考古专家袁仲一感慨地说：“按实物三比一一律缩小，这也是个创造。现在阳陵已形成地下（有俑、有文物）、地面（有陵园建筑）、地上（有陵冢）完整的帝王陵园。这应成为研究西汉陵寝和丧葬制度的基地。”

“早晨踏露水，中午流汗水，夜里蘸墨水（写、画）”。经过两个多月的苦战，考古工作者终于探清：阳陵从葬坑共14排24个！而且坑坑都掏出了俑片！坑与坑间距20米，长短不一（25米至291米），宽一般为4米，深7米；24个从葬坑坑体总长度2600米，面积10000多平方米，加上间隔的面积，东西跨度320米，南北300米，占地总面积达96000平方米。虽然俑坑本身坑体面积没有秦俑目前三个坑19000平方米大，但占地总面积，却是秦俑坑的5倍！

谜，在阳光下冰释

西汉王朝是重要的历史时期，汉民族就形成于这个时代。

汉景帝刘启（公元前188年～前141年），是汉文帝刘恒（前202——前157年）之子。文帝刘恒当政的23年间，废除秦代苛刑酷法，采取“与民休息”政策，同时要求官府节俭为政，“富室苑囿，车骑服饰，无所增益”，在厚葬成风的秦汉之时，他则要求“治霸陵（文帝之陵寝）皆以瓦器，不得以金银铜锡为饰，不治坟，欲为省，毋烦民”。刘启当政后．继承父业，继续“扫除烦苛与民休息”。重本抑末，“劝农桑，益种树”，平定吴楚七国之乱，对匈奴采取“和亲政策”，出现了政治安定、国内殷富的局面，“民人给家足，都鄙廪庾尽满，而府库余财，京师之钱累百巨万，贯朽而不可校。太仓之粟陈陈相因，充溢露积于外，腐败不可食。”因此，历史学家班固赞曰：“周云成康，汉言文景，美矣！”

阳陵从葬坑中出土的大量文物，数量之多，品类之繁，价值之高，是汉代考古空前未有的，佐证了史书上关于“文景之治”的记载，为研究当时的政治、经济、军事、文化提供了极其珍贵的实物资料；从葬俑坑中只有男俑而没有女俑，也说明了“重男轻女”、“男尊女卑”在中国古来有之、“源远流长”。

不仅如此，这批珍贵文物，还有着重要的艺术价值和观赏的价值。曾担任过秦俑考古队队长的王学理，向我们介绍了阳陵男裸陶俑和咸阳杨家湾汉墓、徐州狮子山楚王墓以及秦始皇陵兵马俑相比的不同特点：

⊙汉阳陵远眺

60年代中期，考古工作者在长陵一座陪葬墓（据说是周勃或周亚夫的墓）的11个兵马人役陶俑坑中，出土了3000多陶人陶马。但这批陶人陶马有大有小（特别是骑马俑显得小），俑人面部表情没有阳陵俑人生动，身着红、白、绿、紫色的服装或黑色铠甲是彩绘而成的；70年代徐州狮子山汉楚王墓出土的4000多兵马俑，因地处比较低洼潮湿之地，色彩已不明丽，由于统一用压模压制而成，表情也比较单一；秦兵马俑大如真人真马，军阵恢弘，气势雄伟，但个别武士俑也有比例失调之处，铠甲战袍也是用模子压出后再彩绘。而阳陵男裸彩陶俑，虽也用了模子，但头部的模子显然多种多样，压好后面部又进行了精细的陶塑加工，更重要的是身体按真人缩小，各部位匀称，然后外穿做好的衣服，至今从俑身上依稀可辨麻织品的痕迹……

过去国外有一种说法，认为以往中国的雕塑是自东汉佛教传入后从雕佛像才开始的，中国没有雕塑传统，也难写自己的雕塑史。秦始皇兵马俑的出土，已经否定了这种说法，而阳陵男裸彩陶俑的大量出土，再一次说明，中国不仅有秦俑，而且也有西汉阳陵这批写实主义的雕塑佳作。它不仅承袭和发展了秦俑雕塑艺术，代表了我国目前汉代陶俑的最高水平，而且也将在世界古代雕塑史上写下光辉的一页。阳陵众多无臂“太阳神”男性裸彩陶塑，绝不亚于希腊“维纳斯”那尊女神雕塑！

"咸阳五陵原文物丰富、珍贵，我们一定要保护好。"历史学家、陕西省副省长孙达人看着这批彩陶俑和各类文物，欣喜地说："事实再一次证实了史学界的说法：中国文物集中在陕西，陕西文物集中在咸阳！"

眩目中的迷茫

阳陵"太阳神"们的崛起，使人们窥见了许多历史之谜的端倪。然而，就像太阳猛然射入瞳孔一样，也会使人感到目眩和迷茫：从葬坑的主人是景帝还是王皇后？地下的陶俑和文物究竟有多少？为什么这批裸体男俑都无双臂？……

从葬坑的主人是谁？在考古专家中也有争议。一种说法是王皇后（？～前 126 年。婚后因其母逼其改嫁，无奈入宫当宫女，颇受刘启宠幸，先后生三女一子，子即汉武帝刘彻。刘启即帝位后，她被立为皇后）。理由是：这些从葬坑离王皇后陵冢近（仅 300 米），经勘探景帝陵冢东、西、南部没有从葬坑（北部是坡地、更不可能有）；从葬坑多，规模大，这在崇尚节俭的文景二帝来说，似不可能这样做，而在崇尚厚葬和迷信的汉武帝来说，他为比父亲景帝晚去世十五年的母亲大操大办丧事则更有可能。但也有专家认为是景帝的从葬坑。理由是，尽管这组坑离景帝陵冢远些，但却在陵冢的东南方，由于秦汉帝陵都是坐西向东，也就是说这组坑在景帝陵冢的右前方。按以往的考古发掘来看，帝王陵的右前方大都有大型的从葬或陪葬坑（秦公大墓、秦始皇陵都是这样），至于规模大、葬坑多，但与耗工巨大的秦兵马俑坑来说，似乎仍是从简的。

24 个俑坑中，陶俑究竟有多少？有的说有几万，有的说有十万，还有的传闻有百万。真是传说纷纭、莫衷一是。有人说四万多，是秦兵马俑的 5 倍。这个数字是根据 11 个坑和已试掘坑陶俑的分布（每平方米 10 ～ 15 个）推算出来的，然而这一数字文物部门认为不科学，理由是，第一，从葬坑是 24 个，不是 11 个；第二，24 个俑坑不可能全是陶俑（二号坑就像车马坑），若全是陶俑，内容过于单调，不合当时的葬制；第三，那种推算是根据三、四号坑比较密集的陶俑数量推算的，而这种密集是盗墓者丢弃堆积而成的。如果按这种算法，现在 24 个坑埋葬的陶俑少说也得 10 万以上。陕西省考古研究所所长巩启明说："只有将来考古发掘全部完成了，才能说清具体数字"，他又说，我们不反对做某种具有科学依据的估测。他认为，24 个坑中埋葬陶俑笼统地说有"数以万计"是可以的，但切不可说得过死。他认为，阳陵陶俑的数量也不好笼统地和秦始皇兵马俑的数量比，因为秦俑还未发掘完。

谈到阳陵男性裸体俑为什么没有双臂时，人们都认为这是个谜。根据俑体肩部两侧都有贯通胸腔的圆孔来看，俑的手臂是后安装上的，以利于前后摆动，手持各种冥器。专家们又做了以下推测：第一，手臂是木制的，经过漫长岁月，已经腐朽。但又使人生疑：是朽木，也应有痕迹，为何没有发现？第二，手臂是铜铸的，因多次被盗，钢臂被盗走。但人又问：陶、木皆可做手臂，为何偏要用价格较贵且不和谐的铜去铸？第三，可能仍是陶臂，许是因为未及做成或堆积在其他坑中待装。究竟是何原因，有待进一步的考古发掘和研究才能释疑。

"我们的考古发掘工作刚刚开始，仅仅试掘的是压在路面下的四个坑端，"王学理告诉记者，"只要国家和省上在人力、资金方面再给以支持，我们相信，经过二三年的努力，24 个从葬坑会全部发掘完，这些谜底也就能找到！"

考古界这一新发现引起国家文物局和省、市领导的重视，指示交通部门将公路改线北移，避开这组从葬坑。

咸阳国际机场一期工程今年年底可交付使用。不久的将来，一座恢弘壮观的阳陵博物馆一定会拔地而起。那时，成千上万的国内外宾客一下飞机，就可看到阳陵的奇观，顺路还可以看到杨家湾西汉兵马俑举矛持盾的军阵、汉武帝茂陵古朴壮美的石雕以及唐武则天之母顺陵举世无双的大型石刻……用阳陵附近农民的话来说，“咱这坑里的泥人，会引来成千上万的洋人哩！”正是——

回首往事，“千秋万代功名骨，化作咸阳原上尘”；展望未来，“千军万马奔四化，喜看咸阳原上花。”

（原载 1990 年 8 月《人民日报》及《人民日报·海外版》）

⊙汉阳陵博物馆是世界上第一座采用先进的文物保护技术建成的全地下遗址博物馆。馆内由中空镀镆电加热玻璃幕墙和通道将文物和游客分隔在两个截然不同的温湿度环境中，最大限度科学保护文物遗存，使游客在充满神秘感的环境中近距离、多角度欣赏文物遗存。图为馆内采用国际上先进的影视成像技术演绎当年真实历史事件，把游客的思绪拉回到昔日西汉皇帝丰富多彩的宫廷生活之中。

汉景帝阳陵地下王国探秘

时间铸就了历史，而历史也需要时间去再现。

1990 年 8 月 31 日本报曾发表以《‘东方太阳神’出土记》为题的长篇通讯，报道了陕西汉景帝阳陵 24 个从葬坑出土的 500 多个男裸体彩绘俑和大量文物，引起了世人的注目。

10 年快过去了。汉景帝阳陵考古发掘进展如何？

记者欣喜地告诉大家：汉景帝阳陵考古发掘又取得了重大进展和丰硕收获：不仅发现了 3000 件失去双臂的男裸体彩绘俑——东方“太阳神”俑，而且发现了近 200 件失去双臂的女裸体彩绘俑——东方“维纳斯”；不仅有男女裸体俑，而且有骑马俑，步兵俑，乐伎俑；不仅有大量兵器、车马器和生活用具，而且有大量牛、羊、猪、狗、鸡等动物俑；不仅搞清了帝陵的形制、陵园的规模以及陪葬墓园，而且新探出从葬坑 160 余座，出土文物共达 4 万余件。可以说，汉景帝阳陵恢弘的地下王国已露出端倪，正向我们走来。

“太阳神”——地下王国的信使

现代化建设的隆鸣声，把沉寂的历史惊醒。从 1990 年 5 月开始，为了配合西安咸阳国际机场专用公路建设，陕西省考古研究所以王学理为队长的汉陵考古队开始对汉阳陵（包括汉景帝陵和王皇后陵二座陵墓）进行考古发掘和研究工作。他们在陕西省考古钻探公司咸阳分公司探

⊙本书作者（中）与人民日报副总编李仁臣（左二）与考古专家卢连成（右）在汉阳陵博物馆欣赏出土文物

查出的 4 个阳陵从葬坑的基础上，经过 5 年的艰苦努力，又探查出陵南区 24 个从葬坑和西区 24 个从葬坑以及 5 座建筑遗址，对其中南区的 12 个从葬坑和陵区有的遗址进行了试掘，共出土 3 万多件裸体俑和各类文物，被评为 1992 年全国 10 大考古发现之一，同时被誉为继秦兵马俑、法门寺地宫文物之后的又一重大发现。

但裸体彩绘俑的发现，仅仅是汉景帝阳陵恢弘地下王国“御林军”向 20 世纪末人们派出的信使。更大规模的考古发掘和研究工作仍在继续进行。

1995 年以来，新组成的阳陵考古队在焦南峰的带领下，在以往工作的基础上，重点对帝陵的结构布局及陪葬墓园进行了大规模的调查、测绘、钻探和发掘，同时还发掘了帝陵南阙门遗址，清理了一批中小型陪葬墓，试掘了 140 个从葬坑中的少量坑，又出土各类文物 9300 多件。

汉景帝刘启，是汉高祖刘邦之孙、汉文帝刘恒之子，是西汉王朝的第四代皇帝。汉景帝在位 17 年间（公元前 157 年～前 141 年），能顺应历史发展的潮流，继承汉高祖、汉文帝推崇的“黄老之术”，对内实行“无为而治”、“与民生息”并平定“七国之乱”；对外“和亲匈奴”，维护国家安定，从而实现了政治清明、经济繁荣、百姓富足的太平盛世，出现了中国历史有名的“文景之治”。历史学家班固曾赞叹曰：“周云成康，汉言文景，美矣！”

汉承秦制，秦汉人讲究“视死如事生”，桓宽在《盐铁论》中曾说“今厚资多葬，器用如生人”，正如马克思在《摩尔根〈古代社会〉一书摘要》中所说的：“生前认为最珍贵的物品，都与已死的占有者一起殉葬到坟墓中，以便他在幽冥中继续使用。”因此，修建陵墓时，帝王是按阳间的享用而营造阴间环境的。秦始皇陵发现 4 个从葬俑坑和铜车马等证明了这一点，汉阳陵发现了 100 多个从葬坑及大量文物也佐证了这一点。所谓“从葬坑”，实际上散布在陵墓外围而深入地下的隧道式木框架结构的土木建筑，内放冥器（也称明器）、“桐人”（俑）以从属墓主。由于年深久远，木质朽坏，建筑坍塌，填土下落，以致同各类文物混杂在一起，只有通过考古工作者的仔细清理、辨认，才能恢复坑和文物的大概原貌。

考古工作者经过近 10 年的勘探、试掘，已探明汉景帝阳陵面积达 10 多平方公里，是迄今我国考古探明最为完整的西汉帝陵陵园，它由帝陵、后陵、南北区从葬坑、刑徒墓地，陵庙等礼制建筑、陪葬墓及阳陵邑等部分组成，仅陪葬墓园区面积就达 3.5 平方公里，有陪葬墓上万座，已探明各类大中小型墓葬 5000 多座，出土汉代文物达 5292 件。而陵区的 160 多座从葬坑，现仅发掘或试掘了 10 多座，而这 10 多座中，仅有 6 座从葬坑是全面发掘，只是揭开阳陵地下王国的一角。前阳陵考古队队长王学理说：“当初男裸彩绘俑‘太阳神’面世，只是规模宏大的阳陵地下王国派出的信使与我们见面，更壮观的场景还在后头哩！”现任队长焦南峰也说：“今后的阳陵考古道路漫长，现在仅仅是长征迈开了第一步。”

文武百官、千军万马正破土而出

沉睡在地下 2000 多年的文武百官，埋伏在地下 2000 多年的千军万马，终于被跨世纪的滚滚车轮和脚步惊醒，他们蜂拥着破土而出同当今的人们会合，并将一起跨入 21 世纪。

打开沉沉的土地大门我们看到的是多么丰富多彩的阳陵地下王国啊！以先期发掘的南区 17 号从葬坑为例，这个坑又分南北二区，北区先后出土了两乘彩绘的木轺车和一套铜量器，后部放置陶灶和井的模型，车后随从有持戟、拥盾、挎长剑的武士俑群，共计 64 件；南区面积是北区

⊙汉阳陵——全地下遗址博物馆

的3.7倍，用板材档成9个木隔间，里面装着已腐朽的谷、糜、麦等粮食，其灰壳至今仍厚20厘米，若经复原，高度应在2米之上！

再以南区20号和21号从葬坑为例。20号坑也分南北区。南区排列整齐的车马武士俑群，一律面北站立，穿战袍、披铠甲，垂手挺胸；个别俑还佩剑或背铁、凿、锛、锯等生产工具，总计384件彩绘俑，横向排列55行，簇拥木车前行，浩浩荡荡，蔚为壮观。在其北区还放置4个巨型朱红色木箱，箱中有佩剑持盾牌的武士俑，成束带柄的柳叶形长矛、插戟的兵器架、锤锛类的工具等。在21号从葬坑出土了两乘弩车及四马遗存，两乘车各有一陶"御手"俑，车上装置着远射程兵器弩；同时还出土了大量牛、羊、猪、狗等动物俑和陶、罐、盆、盂、甑等生活用具以及铜鉴、带钩、杈、铁釜、琉璃珠、朱红颜料和成串的"半两"铜钱。此外，在有的坑中，男武士俑群还对称地放置着乘马、穿朱红色甲衣的女俑群。

考古工作并不以此为满足。他们从1995年到1996年试掘了10号坑，1997年又试掘帝陵南阙门遗址。1998年初，焦南峰、王保平又率领20名技术工人，开始在陵的四边进行勘探。富有钻探经验、身强力壮的王保平，把3米长的洛阳铲加到6米，又加到9米和10.8米，终于探清了帝陵的四条墓道，然后又向四周扩散，发现了大量新的从葬坑。他们最后摸出了规律：每个坑往前走4米，就是另一个坑，最后速度加快，最快3天找一个坑，截至今年9月底，在帝陵四周共探出长短不一的90个从葬坑，在王皇后陵四周探出28个从葬坑！加上以往发展的陵南区和西区48个坑，共计166多个从葬坑！

日前，记者在焦南峰、王保平等陪同下，步入已开掘的陵东17号坑里观察。这个坑东西长94米，南北宽3米，深7.2米，为竖穴式长条形土圹，坑体为地下隧道式木结构框架。坑里出土的动物陶俑群成群结队，排列有序。22米试掘方内，从东到西分别放置着231件彩绘陶山羊、456件彩绘陶狗、33件彩绘陶绵羊和53头小乳猪。在坑西边，还有木质车马的遗迹及大量生活陶器等。据焦南峰介绍，帝陵东侧有28座从葬坑，北侧有21座，西侧有221座，南侧有20座。

坑里置满了骑兵、步兵、动物等各式陶俑及陶、铜、漆器等生活用具及兵器、车马器等。王学理认为，从已出土的阳陵汉俑的不同姿势、神态、装束和位置来看，汉俑的身份和作用，大致可分以下6种：一是随车的卫士队列；二是队列中的铠甲士兵群；三是守护兵；四是男骑马俑群队列；五是女骑马俑队列和墓道出土的侍立宫女；六是各种动物俑。可以想象，如果把这160多个坑全部清理发掘，将呈现在人们面前的是多么蔚蔚壮观、眩目迷人的阳陵地下王国景象啊！

迷雾正在廓清　泾渭越发分明

汉景帝阳陵位于今咸阳市渭城区正阳乡张家湾村北原上，离西安城20公里，距西安咸阳国际机场15公里。它是咸阳原上西汉九陵中最东的一座，它北濒泾河、南越渭河与汉长安城遥遥相望。

千百年来，渭河，像春天的雨，是那么的清澈；而泾河，却像夏季的云，是那样的混浊。随着历史脚步的远逝，许多事就像泾河水那样的混浊不清了，然而，汉景帝阳陵地下文物的面世，廓清了许多西汉历史的迷雾，使许多历史的难题在这里得到解疑和破译。在人们心目中的疑团越来“泾渭分明”了。

为什么男女俑成裸体？为什么女俑比男俑少得多？专家们从考察中认为，数千尊裸体俑栩栩如生，惟妙惟肖，连男生殖器和女阴都雕刻得十分逼真。难道这些俑就赤身露体存在地下宫殿中么？不是的，他们原都穿着衣服（至今有的俑身上依稀可见麻织品的痕迹）；他们都安装着可以前后摆动的手臂（俑体肩部两侧都有贯通胸腔的圆孔，手臂可能是木制的）。当初认为只有男俑没有女俑，是因“重男轻女”、“男尊女卑”，现在看来不完全是这样，主要是根据景帝生前宫中侍卫、百官和“御林军”实况而定。《汉书·贡禹传》云：“至高祖、孝文、孝景皇帝，循古节俭，宫女不过10余（人），厩马百余匹”。阳陵考古队从帝陵墓道中发现不到10尊女裸体俑，恰好证实这一点。另从2号从葬坑中出土的184尊女骑马俑，很可能是宫中做骑马表演的舞伎。此外，还从19号葬坑中出土了生殖器被阉割的我国最早的太监和最早的砖陶围棋盘，同时出土了铜印“太官之印”（相当宫中的御缮负责人），在南区从葬坑中还出土了“车骑将军”龟钮金印以及“军大右仓”、“军左库器”等铜印，这都再现了“地下王国”的组成，对研究西汉王朝宫廷制度、帝王生活都很有帮助。

阳陵的面积究竟有多大？汉陵面南还是面东？这是史学界长期搞不清或争论不休的问题，现在已得到冰释。经考古工作者勘探，阳陵陵园平面呈不规则长方形，东西长约6公里，南北宽1至3公里，总面积约10多平方公里。整个陵园坐西向东，以帝陵为中心，四角拱卫，南北对称，东西相连，布局规整，显示了唯我独尊的皇家意识和严格的等级观念；景帝陵陵园平面呈正方形，边长417.5米至418米，四面有夯土筑成的围墙，四面墙中部均有阙门（考古工作者对南阙门遗址进行了发掘和勘察，这是我国目前发现时代最早、级别最高的门阙）。陵园中部为墓冢，呈覆斗形。帝陵平面为“亚”字形，坐西向东，中为墓室，四面各有一条墓道，其中东墓道为主墓道，它最长(69米)、最宽(8米)。“亚”字形大墓的探明，在西汉十一陵考古中是第一次，否定了汉代帝陵依照昭穆制度进行布局的论点，为研究汉代帝陵制度乃至中国古代帝陵和古代建筑史提供了重要的依据。

为什么在从葬坑中除了放置大量人俑外，还放置了那么多动物俑和粮食？羊、马、牛、猪、狗、鸡等动物俑个个雕塑得膘肥体壮、憨态可掬，光各种粮食就可在地下堆 2 米之厚，不仅满足了景帝及文武百官、千军万马在“地下王国”的享用，而且也佐证了史书上关于“文景之治”时期“民人给家足，都鄙禀庾尽满，而府库余财、京师之钱累百巨万，贯朽而不可校。太仓之粟陈陈相因，充溢露积于外，腐败不可食”的记载。此外，在陵园内还发现一建筑内置放的比磨盘略小的“罗经石”。有专家认为，这一石中间刻有“十”字深渠，正指东南西北四个方向，这是我国发现的最早用于确定建筑方位的“罗经石”。历史文献中多有西汉皇帝赐大臣“冢茔”、“冢地”以及“诸侯园”等记载，但因语焉不详，人们一直不明就里，而阳陵陪葬墓园的陪葬墓及其文物(包括刻有文字的铜钟)的发现，对史书记载作了简明的诠释。可以说每一项考古发现都会给考古工作者带来一次惊喜。考古队长焦南峰说，白天每一次新发现之后，夜里就回到家里翻找史书核查，对上号了高兴——因为找到了依据；对不上号也高兴——可能是填补了史书上的漏载和考古上的空白！

泥和土铸成的生命　色和火煅烧的艺术

在阳陵出土文物中，最美的当属具有生命色彩的男女裸体俑和各种动物俑。

王学理认为，人们常见的中国古代雕塑品，无论是浮雕或者是圆雕，其衣饰的表现法有两种，或雕塑，或绘画。但阳陵的陶塑汉俑则不同，它是先塑出人体的原型，施彩加发肤的真色，然后装上可以活动的木制胳膊，随后再穿上衣服。因年代久远，衣物和木制胳膊腐朽化灰，人俑则变成了裸体。不过，返璞归真、变拙为巧，反体现出人体美的本色。

记者日前有幸到阳陵文物修复室参观，只见考古工作者和西北大学文博学院的师生正在修复或保护各种男女裸体俑和彩绘歌伎俑及大量动物俑。王蕙贞教授正在为一尊左胳膊有红色彩带的彩绘歌伎俑施涂化学加固剂加以保护。我们一看，这尊歌伎俑右手高举，左手弯曲，身穿连衣舞裙，神态和蔼可亲，左胳膊中部的红色彩带犹如红色袖章。王蕙员教授说，这些俑真可爱，我和实习的同学们 3 天已修复了 6 尊俑。修复室主任吕增福说，我们 4 天时间已修复了 50 件立俑、跪坐俑、歌伎俑、准备为“阳陵考古陈列馆”开馆做准备。

我们打眼看一排排已修复好的男女裸体俑，只见这些俑一般高 62 厘米，按真人身体 1/3 缩小，整体合乎人体比例，惟腰腹、股部略长，也许是因体量小在人的视线之下，古代艺术家按视觉透视原理做了夸张性处理。其阳物(或女阴)、肚脐、窍孔无一不备，发股上挽于头顶而后横盘；头发、眼眉、胡须、瞳孔用黑色点染，颜面躯干用橙红色抹染，真实逼真，对比强烈，显现出鲜活夺目的艺术特色。有的仕女俑身上抹染的紫色矿物质颜料，据专家考证，西欧发达国家 17 世纪才出现，而我国 2000 年前已经采用，可见是多么珍贵！

再细看一看裸体俑的面部表情，真可谓细腻入微，千人千面：脸庞有方、圆、阔、长，表情有悦、冷、慈、媚。你看那前庭饱满、地阔方园、神态沉静者，显见是成熟稳健中年的男子；那脸形方浑，颧骨突兀、神情冷峻者，无疑是来自西域的刚烈丈夫；那面如满月，口阔唇厚，敦实康健者，拟或是关陇大汉；那面目和善、眉清目秀、神情勃发者，无疑是一位英俊少年；那双眉紧缩、眼细如线，腮紧唇厚者，可能是愚憨的“凡夫俗子”。再睹为数不多的女俑，更具一番情趣：有一位妇人两颧骨高得像贴了两半个皮球，小嘴和两眼因脸蛋的隆起而深陷。这位慈眉善眼的老妇人，虽说是徐娘半老，却风韵犹存；那双目炯视，身装铠甲，佩剑持枪的武士俑，应是身经百战的卫戍部队那精神抖擞、披甲跨马、跃跃飞奔的女武士俑，原一是位英姿飒爽的“巾帼英雄”……

从葬坑中大量的动物俑，也是呼之欲出、栩栩如生的艺术佳作。陶牛长 70 多公分，是目前见到的最大的同类实物，它四腿如柱而短，身躯前低后高，腹宽颈粗，显然是力役型的黄牛；彩绘陶山羊，高 25 公分，长 40 公分，躯体肥壮、尾巴上扬，颌下有长长的胡须，神情温顺自然；彩绘陶狗身高 18 公分，长 30 公分，分狼狗与家犬两类，色分黄、白、黑、灰、橙等，部分陶狗嘴唇和鼻子涂有红色，狼狗竖耳怒目，家犬短嘴耳小，均身干粗短、丰满圆润；黑色与橙红色的绵羊高 44 公分，长 41 公分，双耳略垂，细尾巴，臀肥大；特别是那两排小乳猪，高 6 公分，长 16 公分，但乳猪竖耳长嘴小尾，生动逼真，憨态可掬……看着这批动物俑，人们似乎听到它们的嘶鸣和吼叫，似乎看到他们成群地在地宫里奔跑……

过去长期流行的“中国没有雕塑传统”的说法，秦始皇兵马俑的发现，给了它以否定的回答。秦俑体大如真，其中的成功之作，特别是高级指挥俑，不失为写实主义的代表，而阳陵汉俑是在秦俑艺术的基础上成长起来的成熟的写实主义佳作。因为景帝一生崇尚节俭，同时财力也不允许象造秦俑那样大的陶俑，虽然阳陵裸体俑仅是真人体高的 1/3，但高度的艺术概括并没有产生比例失调弊端，更没有忽略对关键部位的细腻刻画。特别是将人体色彩赋予立体艺术的躯体之上，往往会使人感到它的肺叶在扩约，心脏在蠕动，血液在循环。

2000 年前泥与土铸就的生命，在火与色彩煅烧的艺术中获得了永生。

阳陵，洒满了阳光

考古工作者用辛勤的汗水，冲开了阳陵地宫的大门。阳陵地下王国的文武百官、千军万马和五谷六畜，都在 20 世纪和 21 世纪之交的阳光下苏醒。沉睡 2000 多年的阳陵，从来没有像现在这样受人关注。

陕西是中华文明的重要发祥地之一，西安（古称长安）是与古罗马、雅典、开罗并称于世的世界历史文化名城，我国历史上有 13 个封建王朝在此建都，有 73 位皇帝在西安和关中登基加冕、君临华夏。汉景帝阳陵就是众多帝王陵墓中的一座。汉景帝阳陵考古的重大发现，不仅为陕西继秦兵马俑、法门寺之后又开辟了新的人文景观，而且为探查、开发陕西诸多帝王陵提供了新鲜的宝贵资料和经验。

据统计，1998 年，陕西省已开放秦兵马俑、法门寺等著名景区（点）170 多处，是 1978 年的 17 倍；仅这一年接待海外游客 54 万人次，外汇收入达 2.4 亿美元，接待国内游客 2550 万人次，旅游总收入达 94.5 亿元，已居全国前列。但是，陕西的旅游资源，特别是以文物观光为特色的旅游资源得天独厚，潜力很大，有待进一步开发。为此，陕西省委、省政府于 1998 年年底，做出了《关于深化旅游体制改革，加快旅游产业发展的决定》，《决定》明确提出：“当前着重开发建设以秦始皇陵为中心的秦文化旅游区和以汉景帝阳陵为中心的汉文化旅游区”，省上还把汉景帝阳陵列为全省第一批重点旅游景区之一，以利于搞好“景观就地出口”和“不出国门的对外贸易”。

为此，陕西省政府在财力紧张的情况下，筹资 1.175 亿元，在阳陵陵区征地 2894 亩，专门用于文物的勘探、发掘和研究，同时决定建设独具特色的集考古发掘与旅游观光为一体的汉阳陵博物苑。去年 12 月 27 日，陕西省委书记李建国还在全省旅游工作会议上，为阳陵博物苑划了个美妙宏伟的设想图：“我看了汉阳陵墓葬群。这个墓葬群规模巨大，排列有序；目前探明的景帝陵从葬坑 81 个(现已发现 160 多个),每个里边都有大量文物,如果把这 81 个从葬坑逐步开发出来,使之连成一体、原址展出,修筑地下玻璃通道,采用现代的通风和采光设备,就像城市的地铁一样,人在地下玻璃通道中参观……这一处文物一旦大规模开发出来,很可能会震动世界一下。"

是的,汉阳陵已经震动了世界。早在 1990 年 8 月之后,世界许多国家的传媒,已经转载了这一惊世发现的新闻报道,多年来,国内外许多旅游者和文物爱好者在打听阳陵考古的新进展。

汉阳陵文物的惊世发现,引起了中央领导同志的重视。今年夏天以来,江泽民、李瑞环、李岚清等党和国家领导同志先后亲临阳陵考古现场视察,并作了重要指示。

10 月上旬,陕西省政府正组织有关部门的专家,加紧做占地 10 平方公里的以汉景帝阳陵为中心的汉文化旅游景区规划。规划确定,2 平方公里的汉阳陵博物苑投资约 7 至 8 亿元人民币,主要由陕西省旅游集团公司筹措资金开发;另外 8 平方公里的汉文化旅游景区需要数十亿人民币的投入,该区的建设将向全国和世界招标。省政府副秘书长梁和平告诉记者,发展以文物观光为特色的旅游业,是投入少、见效快、收益大的无烟工业,也利于文物的保护和文博事业的发展。秦始皇陵兵马俑博物馆每年门票收入近 9000 万元,省政府决定这笔收入全部用于文物的保护、开发和研究,将来阳陵博物苑的门票收入也将全部用于文物的保护、开发和研究。

⊙外宾在参观汉阳陵博物馆地下文物

1990 年 8 月 31 日,本报在《'东方太阳神'出土记》通讯中曾预言:"不久的将来,一座恢弘壮观的阳陵博物馆一定会拔地而起。那时,成千上万的国内外宾客一下飞机,就会看到阳陵的奇观"。

如今,这一预言正在变成现实。

9 月 28 日,在新中国 50 华诞前夕,汉阳陵博物苑的重要组成部分——汉阳陵考古陈列馆正式开馆。

这是一个难忘的日子。开馆那天,成千上万的国内外旅游者和当地群众参观了陈列文物,省长程安东到会讲话,国家文物局、旅游局驰电祝贺。这座现代化的、典雅玲珑的文物陈列馆,集文物展示、修复、库房为一体,共展出修复的男女彩绘裸体俑、骑马俑、乐伎俑、动物俑及各类文物 1200 多件,是从已出土的 4 万多件文物中精选出来的。许多游客看着那一件件精美绝伦的文物,流连忘返、惊叹不已。英国环球旅行团一行 14 人,刚到西安,就在导游小魏的带领下前来参观。他们说："中国 2000 年前的文物非常宝贵，非常精彩，非常了不起，这是我们中国之旅最吸引人的参观项目之一。"

考古发掘和研究已揭开了汉景帝阳陵地下王国的一角。考古发掘和开发建设正在继续。

阳陵洒满了阳光，汉景帝阳陵考古和开发前程似锦。

（原载 1999 年 11 月 19 日《人民日报》及《人民日报·海外版》）

⊙塑衣式彩绘男立俑

⊙裸体武士俑

⊙塑衣式彩绘跽坐女俑

国际执法合作成功范例　被盗走私文物完璧归赵

六件西汉裸俑从美国运抵西安

⊙ 6 件被盗走私到美国的西汉裸体俑

“走私‘留洋’到美国的西汉裸体俑，今天终于回家了！”今天下午，西安咸阳国际机场贵宾厅洋溢着喜悦欢庆的气氛。六件被盗走私到美国的西汉裸体俑，今日被包裹得严严实实地装箱运抵西安，人们称赞这是国际执法合作的又一成功范例，庆贺流失到海外的珍贵文物完璧归赵。

这六件走私贩卖到美国的西汉黑裸俑，是犯罪团伙于 2001 年上半年盗掘贩卖文物的一部分。今年 3 月 18 日，省公安厅、省文物局接到西安市公安局、西安市文物局报告：市公安局在侦破一起团伙盗掘古墓案中获悉美国最大的一家拍卖公司索仕比拍卖行，将于 3 月 20 日拍卖西安市西汉窦皇后墓被盗掘、倒卖、走私出境的六件黑色裸俑。省公安厅迅速召开紧急会议，召集有关专家进行研究，并电告国家文物局，做好追索指导工作。在短短的一天多时间里，公安和文物部门联手协作，开展大量调查取证工作，及时向公安部、国家文物局报告并提请按照有关打击非法贩卖人类文化遗产国际公约，与美方交涉制止拍卖活动并向拍卖公司追索属于我国的珍贵文物。随后，省市公安机关又会同文物部门收集了大量被盗文物图片，提供立案报告，经过专家严格鉴定，确认这批将被拍卖的文物与从犯罪分子手中缴获的出自同一墓葬的文物为同型制的西汉裸俑，为追索这六件文物提供了有力证据。

我国驻美大使馆及时与国际刑警组织取得联系，在拍卖行将对这批文物公开拍卖的前十分钟，在美方和国际刑警组织的配合下，及时制止了对我国被盗文物的拍卖。5 月 26 日，经我国公安部与美方多次交涉，美方同意将拟拍卖的这六件西汉裸俑归还我国驻美大使馆。6 月 17 日，美国海关在中国驻纽约总领事馆举行的交接仪式上正式将这六件西汉裸俑归还中国。6 月 19 日，这些珍贵文物安全运抵北京，并于今天由陕西省公安、文物部门的护送下安全运抵西安。

据专家介绍，这六件西汉裸体俑全为男性，盗掘自西汉窦皇后墓，因出自积炭墓室，这批裸俑全部呈黑色。因窦皇后为汉景帝刘启之母，这批黑裸体俑不久将在汉阳陵（汉景帝之陵）博物苑展出。

（原载 2003 年 6 月 27 日《人民日报》）

咸阳发现西汉三千彩绘兵马俑

1974年，秦始皇陵兵马俑8000多件虎贲之士的出土震撼了世界，但您可知道，早在秦兵马俑发现前的1965年，就在咸阳杨家湾出土了3000件汉代兵马俑？

1965年8月，农民在整修土地时，发现了杨家湾村附近汉墓的11个陪葬坑，出土了大批的彩绘、步、骑、兵马俑，其中有步兵俑1965件，骑兵俑583件，盾牌模型俑410件，号称“三千兵马俑”。这是我国最早发现的大规模兵马俑群，它塑造了我国西汉皇家卫队的形象，为世所罕见。

据专家介绍，横亘于咸阳市区北面的黄土台塬，分布着西汉（前206—公元25）九位皇帝的陵寝和数百座为之陪葬的后妃、功臣墓。杨家湾的兵马俑，地属汉高祖刘邦（前256或247—前195）长陵陪葬墓区。

埋藏汉兵马俑的竖穴土洞式陪葬坑，7座一穴一洞，3座一穴二洞，形成13个方阵，东西相对，排成两列。骑兵组成六个方队，有甲骑和轻骑两类，甲骑的骑士和马区都较高大，通高68厘米，骑士多数身穿铠甲手执戟，轻骑的骑士和马区都较矮小，通高50厘米，不披铠甲，手执弓弩背负箭囊。步兵组成了七个方队，有队率、队史、千卒、乐卒蹶张士、戟矛手等不同职能的将士，他们的服饰、姿势、神态各不相同。

据咸阳博物馆专家刘晓东介绍，从后来对主墓的发掘情况看其规模和建制属西汉初期。主墓位于汉高祖刘邦的长陵以东约4公里，西汉前期的帝陵东部为大臣贵戚陪葬区，当是刘邦长陵陪葬墓之一 。此处在古代又称“周氏坡”。从西汉惠帝安陵陪葬墓出土的陶俑非常相似来看，此墓应为周勃墓。

“三千兵马俑”是汉代贵族埋葬仪制中的一个组成部分。结合近年来的考古发现，刘晓东认为西汉时期用武士俑群或兵马俑群随葬，可能是帝王或在帝王陵区中陪葬的高级武职人员所特具的葬仪之一。在汉代，一些立有战功的主要将领死后安葬时，封建王朝所给予的最高荣誉，是用军阵送葬。例如霍去病死后，“发属国玄甲军 陈自长安至茂陵”（《史记·卫将军镖骑列传》）。模拟这种大规模的军阵送葬的俑群，正给我们提供了当时军阵的真实形象，咸阳杨家湾三千彩绘兵马俑俑群正是这样的一批重要标本。从数以千计的兵马俑可以看出，当年为墓主人送葬时长达数十里的军队真可谓“玄甲耀日，朱旗绛天”。杨家湾三千彩绘兵马俑，是保存汉代军制、军种、兵员组成、兵器及其制造工艺

⊙步兵俑方阵

最完整的一个集群。从这个集群中，可以窥见汉代军制的基本特征和体制，对汉代军制的研究提供了最完备而真实的资料。

杨家湾出土的步、骑兵俑有队率、队史、舞卒、兵卒、蹶张士、戟矛手等不同职能的将士。从兵俑及骑俑的面部特征看，明显可分为三种脸形的俑，这三种脸形是西汉初期京师守卫部队（南北军）的作战兵源，主要来自三个不同地域的反映，再结合文献资料，可以对西汉初期的兵役制度及南北军的作战兵源构成作些探究。

第一种俑脸型方正，一般高 49 ～ 51 厘米，在步兵和骑兵中数量最多。应当为西汉初期征战精锐部队的北军为主，周勃就是用北军平息了“诸吕之乱”。北军的主要兵源来自三辅（右扶风、左冯翊、京兆尹）的关中人兵俑。

第二种俑脸型瘦削，一般高 44.5 厘米，骑兵中较多，从相貌及军阵分布来看，应来自关中以西的陇西、天水一代，这些骑兵因长期与胡羌作战，养成了骑射善战本领。

第三种俑，一般高 48 厘米，颧骨高凸，头后发髻盘结，并用彩巾缚束，步兵中较为多见，这种俑多排在方队的前列或外围。西汉时期，巴蜀一带各部族仍保留着自身的风俗习惯，“椎髻”乃是流行的发式。可以推断出第三种俑就是居于巴蜀一带的賨人兵俑。

那么杨家湾兵马俑军阵中，这三种类型的俑，究竟和西汉初期的兵役制度有什么必然的联系呢？

刘晓东认为，秦汉之际或楚汉战争期间，出于战争需要，除了征兵外，募兵亦为集兵方式的一种。《晋书·李特载记》：“及高祖为汉王，募賨人平定三秦，既而求还乡里。高祖以其功，腹同丰、沛，不供赋税。”这说明汉初募兵为临时措施，且仅限于局部地区，“而且这种集兵方式不为常有，当时征兵之制才是通例”。西汉政权建立之后，随着法律和各项制度的逐渐健全，兵役制度也规范完备起来。在有些方面也是汉承秦制。《汉书·刑法志》：“汉兴，天下既定，踵秦而置材官于郡国，京师有南北军之屯。”《西汉会要·兵二》记：“秦用商鞅之法，月为更卒，已复为正，一岁屯戍，一岁力役，汉兴循而不改。”

刘晓东认为，杨家湾兵马俑军阵应是北军、材官、轻车等常驻京师或京师周围的精锐部队的再现。这个军阵既是送葬阵容，也是作战阵容。同时也是西汉王朝初期的最强军事阵容，它反映了西汉初期军队对外作战时的最强实力。杨家湾兵马俑军阵是西汉中央精锐部队出征时的真实写照。西汉距今已过去两千多年，然而长留于咸阳博物馆的“西汉三千兵马俑”军阵依然威武雄壮、庄严肃穆。它表明了一个历史时期的终结，也展示着中华民族的“尚武”精神。咸阳杨家湾兵马俑军阵的存在，便是极为形象而生动的写照。

关中重装骑兵俑

关中人兵俑

陇西人兵俑

陇西轻装骑兵俑

賨人兵俑侧面

賨人兵俑正面

西安发现我国最早天象图壁画

打破了晕染法从印度传入的传统说法

西安交通大学院内发现一座罕见的西汉壁画墓。专家们认为，该墓表现28宿天象图的大型彩色壁画，是我国迄今发现最早、最完整的天象图壁画。

西安交通大学校址位于古周秦京畿之地、西汉上林苑东部和唐兴庆宫所在地。1987年4月，该校在基建时发现了这座砖砌券顶古墓。

⊙主墓室后壁上部的天象图

28宿是我国古代天文家观测天象及日、月、五星在天空中运行而选择的标志。据以往的考古资料，在古墓壁画中表现28宿最早的是辽代墓；曾轰动一时的河南密县东汉打虎亭墓和陕西千阳东汉墓，虽然也有星图和天体图壁画出现，但都残缺不全。而这座西汉天象壁画墓构图浑然一体，色彩明艳焕丽，不仅比辽代墓壁画早1000多年，而且比国外出现这样的手法表示星座早得多(国外16世纪才出现)。墓中主室壁画上部代表天空，下部则表示山川大地。上部壁画以仙鹤、祥云和日月星辰图案为主，绘有28宿星辰及苍龙、白虎、朱雀、玄武4种图像。彩云间绘有一组组仙鹤;祥云线条流畅，运笔自如;仙鹤翔状各异，栩栩如生;星图中所绘的28宿与《史记·天官书》记述的基本相同，并加绘形象生动的人物、动物等图形来说明各宿的名称，使人一目了然。如“鬼”宿画成二人抬舆，舆上有披头散发的鬼怪，形象生动有趣。

壁画还使人看到我国最早的晕染法绘画技巧，从而打破了晕染法从印度传入中国的传统说法。此外，这座汉墓采用长方形条砖、楔形砖和楔形子母扣砖等砌合而成，不用粘料，这也十分罕见。这座古墓发现后，西安交大随即修改施工方案，严加看守。

(原载1988年1月22日《人民日报》)

西汉酒器见天日　千年美酒醉今人

西安出土西汉 17 件青铜器和 26 公斤美酒

⊙专家们在考证出土的西汉美酒

西汉酒器见天日，千年美酒醉今人。西汉早期 17 件青铜器和 50 多斤美酒近日在古城西安出土，使今人有幸目睹众多的西汉青铜器并闻到 2000 年前扑鼻的酒香。

据了解，3 月至 6 月，西安市文物保护考古所在西安市北郊一建设工地，发掘清理了一座西汉早期的大型积炭墓。该墓为长斜坡墓道，坐北朝南，平面呈长方形，由墓道、侧室和墓室三部分组成，墓室底有厚 2.6 米的积炭。因盗扰严重，墓室内部结构和葬具不清，在墓室填土内发现头骨 1 个，玉片 101 件；侧室保存较好，依次整齐地排放着 17 件大型青铜器，其中有 2 件锺、4 件钫、4 件鼎、2 件匜、2 个勺、2 件盆、1 件鉴，另外还有 5 件茧形陶壶。从墓葬形制与出土器物推断，这是一个西汉前期的不低于列侯以上的高级贵族墓。

据西安市文物保护考古所所长孙福喜介绍，最为可贵的是，此次发现的两件青铜锺，高达 78 厘米，通体鎏金，顶盖密封，矗立着一个漂亮的朱雀，其中一件储存了 52 斤透明的青绿色液体，揭开顶盖后，一股强烈的酒香扑鼻而来。这显然是一锺保存了 2000 多年的西汉美酒。这是迄今为止保存最好，存量最多的西汉美酒。这在中国考古界与科技史上，也是一个重要的实物资料，进一步昭示作为历史文化名城、特别是周秦汉唐古都的西安市，蕴涵着极其丰富的珍贵历史文化资源。

（原载 2003 年 6 月 21 日《人民日报》）

“西汉美酒”成分初步确定

今天，西安市文物局和文物保护考古所邀请考古、文物、酿酒等行业的 30 多名专家汇聚西安，就前不久出土的 26 公斤“西汉美酒”的成分、酒（墓）主人等进行了研讨。鉴定结果显示，西汉古酒为古代米酒一类的发酵酿造酒，成分奇特，很可能是西汉早期关中名酒“白薄酒”；酒（墓）主人身份显赫，应是达官贵族或富商大贾。

专家认为，这次出土的 26 公斤西汉古酒是我国考古出土古酒中保存最好、存量最大、年代最久的古酒。

有幸的是，在西汉美酒研讨会上，记者手持盛有西汉美酒、用于化验的小玻璃瓶，先闻了闻，然后用手指沿瓶口内壁轻轻地抹了点西汉美酒，放在舌尖上舔了舔，觉得有淡淡的麻辣味，记者第一感觉这确实是酒。

（原载 2003 年 7 月 12 日《人民日报》）

⊙从铜锺中取出的美酒

⊙本书作者在品闻西汉美酒

2000多年前重达26公斤的西汉美酒最近在古城西安出土问世。许多人问:珍贵的西汉美酒“美”在哪里?又“贵”在何处?更多的人问——

西汉美酒今日可否饮用?

酒,以“水的形态、火的性格”,使人类的生活变得丰富多彩、有滋有味。在今年不寻常的春天里,深埋在地下2100年之久、重达26公斤的西汉凤鸟金锺美酒突然出土面世,以她的碧绿清澈和香气扑鼻引起世人的关注。近日,来自全国各地的历史学家、考古学家以及酿酒、化工、生物等专家学者聚首古城西安,鉴赏文物和美酒,饶有兴致地解读着千年佳酿,令人回味无穷。

西汉美酒“美”在何处?——色彩翠绿碧透、香气优雅浓郁,历经2000年而不酸,酒不醉人人自醉。

6月12日,西安出土西汉酒研讨会会场中央,摆放着出土的青铜大锺、鼎、钫、勺、釜、匜等17件青铜器以及圈足茧壶、玉片等文物,特别是4件密封在玻璃瓶内碧绿透彻的西汉美酒和2个盛装着美酒沉淀物的玻璃瓶,格外引人注目。专家和新闻记者依次来到美酒和文物前仔细端详,特别是端起送检余下的小半瓶西汉古酒一闻,只觉得香气扑鼻,记者还用手指在酒瓶口抹了点用舌头一舔,只觉得有点麻辣般的刺激感。历史学家、国务院学位委员会委员李学勤教授和中国社会科学院考古研究所所长刘庆柱研究员欣喜地说:“哟,酒味挺浓的呀!”陕西省文物局局长张廷皓也说:“真香呢!”西安市文物保护考古所所长孙福喜喜形于色:“据史书记载,西汉早期产的酒有时一天不喝就要变质发酸,而这批酒历经2000年而不发酸变质,可见是多么好的酒啊!”据陕西社科院院长余华清教授和张廷皓局长考证,汉代早期酿制的酒,一般度数低易酸败变质。《汉书·百官公卿表》记有“广安侯任越人为太常(官名),坐庙酒酸论”,可见即使皇室宗庙祭祀所用的好酒,也是容易酸败的,甚至“日昃不饮酒,酒必酸”。而这批西汉美酒至今保存完好、香气四溢,这不能不说是个奇迹。刘庆柱研究员说,在北非、地中海等地也发现有古酒,但那大多是果酒饮料,真正用黜发酵酿酒的是中国,日本人称这是“世界第5大发明”,我国也曾出土过一些古酒,但能闻出酒味的不多,这次出土的西安古酒,酒香扑鼻,的确是千古难觅的美酒!中科院自然科学史研究所洪光柱研究员认为,这批西汉美酒应属谷物酿造的米酒和黄酒类,“2000多年了,酒味的浓度还这么高,真伟大!这批酒是国宝呀!”中国黄酒学会会长毛显照等专家指出,从色、香、味、格上来看,这的确是好酒,如果发酵不好,不可能这么清纯,酒长期不变质,说明酒的度数的提高和当时酿造技术的进步。史载汉代九酝酒法酿造的酒“香美势力,倍胜常酒”,可能就是这批出土美酒。

西汉美酒的碧绿色使人赏心悦目。但不少专家认为是酒长期装藏在青铜器中,铜离子溶入的缘故,经科学检测,每升酒中含有微量的铜元素也证实了这一点。但张廷皓、余华清教授认为,西汉古酒中各类酒有20多种,其中也有绿色的酒,叫“绿酃”酒,相传此酒产于湖南衡阳之酃湖,因湖水绿而得名。“灯红酒绿”中的“酒绿”,不是凭空臆造。这次出土的西汉美酒颜色碧绿,会不会是当年由湖南进贡到京城的“绿酃”酒？

西汉美酒“贵”在何处？——不仅在于量多质高保存技术高超，而且也在于主人身份的高贵和陪葬酒器的精美贵重。

酿酒业是汉代规模较大的手工业，在当时社会经济生活中占有重要地位。陕西省考古研究所名誉所长石兴邦先生认为，这次出土的两个大铜锺内都有美酒，可惜一个铜锺倾倒破裂，酒漏挥发，只有一个铜锺内妥存，真是不幸中之万幸，仅此出土的这批美酒也是迄今为止存量最多、保存最好的西汉酒，是继今年陕西省眉县27件青铜国宝之后的又一重大发现，为研究西汉历史和中国古代酿酒技术以及中国酒文化提供了珍贵的文物资料和实物证据，堪称液体“国宝”。王昌燧教授、刘云辉研究员等指出，这么多的美酒藏于大铜锺内、保存如此完好，说明口沿加工和密封技术的高超。孙福喜所长说，开启青铜锺顶盖时发现，封口严丝合缝，里外涂有生漆，使酒很难挥发，对于这一技术，市文物保护考古所已列为专门课题进行研究。

李学勤、张廷皓、黄瑁珠、周天游等教授还根据墓的形制及出土文物的精美贵重，普遍认为此墓时代应为文帝之后、武帝之前，墓主人应是高等贵族甚或是皇室成员。据专家研究，汉长安城常住人口36万人，到武帝前后，连流动人口在内最高达108万人，在今天西安城北龙首塬约数十平方公里地下，有汉代及历代墓葬不下5万座，现已发掘的4000余座汉墓中，出土如此精美形大的青铜器并不多见，特别是这次出土的两件青铜锺，高达78厘米，通体鎏金，密封的顶盖上铸立着一个精美的朱雀，口中啣珠（以往多见“双龙戏珠”）加上铜锺通体鎏金，这是首次发现。中国社科院考古研究所研究员李毓芳从墓的形制，特别是从墓室多次被盗扰而残留的4个带孔的玉片推测，墓主人很可能穿金镂玉衣，更证明了主人的高贵。但西北大学文博院刘士莪教授等认为，因玉片咬合不严，可能不是玉衣，4片带孔的玉片是不是掩盖尸面的瞑巾？即是如此，也丝毫否认不了主人的高贵身份，因为在武帝之前，礼制很严格，“天子之下，不敢妄为”，墓主不是嗜酒如命的贵族重臣或皇亲贵戚，至少也应是制酒售酒的富商大贾。

西汉美酒可以饮，但不能饮——酒中含有多种氨基酸，有害成分甚微，但因是液态“国宝”，需全力保护。

会上，西安市文物园林局副局长向德宣读了西汉美酒的科学鉴定报告。经酒鉴定权威机构中国食品发酵工业研究院和西安市产品质量监督检验所鉴定，西汉美酒尽管历经千年的挥发，仍含有0.10%的乙醇成分，除此之外还含酒类应有的正丙醇、异丁醇、异戊醇及B一苯乙醇等微量香味成分。采用现代浓缩提取技术还测出酒内含有8种对人体有益的氨基酸和丰富的游离脂肪酸等。“西汉酒不同于现代酒，成分组合奇特。不能用现代酒去衡量2000年前的酒，为什么不允许古人以自己的方式去酿制酒呢？”中国食品发酵工业研究院研究员胡国栋这样认为。

看到碧绿的古酒，许多人生怕有毒、不敢喝。为此，孙福喜所长说：“虽然西汉美酒中含有铜离子有害成分，但含量甚微，其他微量元素对身体也无害，此酒（特别是经过蒸馏处理后）是可以饮用的。问题是不能饮用，因为历经2000年才存至今天，太珍贵了，为了把这液体国宝传之久远，一定要严加保护！”为此，西安交大化工系杨伯伦教授建议，可以作为人类文化遗产上报联合国教科文组织，加强国际合作，以保护好西汉美酒。

那么西汉美酒真的是“只能看，不能喝”么？专家们又指出，在保护好国宝美酒的同时，可以“古为今用”。

西汉美酒虽不能饮，但可以用——应在科学保护依法有序的前提下开发利用西汉美酒。

中国酒文化源远流长，是中国古老文明的重要象征。传说“仪狄造酒”、“杜康作酒”，时间在5000年前，实际上，从考古发掘出土的陶酒器看，中国造酒的历史更为遥远。可以说，中国水酒同亚述地区先民创造的啤酒和中东两河流域先民创造的葡萄酒一样，是世界上三大古老酒种之一，中华民族早在六、七千年前就有了酒文化。

酒，长期以来渗透于生活的各个领域。春酒贺年，交杯志喜，称觞祝寿，商界交谊，进酒尊长，祭奠亡故等等都离不开酒。陕西省文化厅副厅长乐可锡说，酒与文化密不可分，仅一万首唐诗中含有酒的诗就有一千首，西汉美酒含有的文化信息量不可忽视，文化开发空间很大。比如，在西汉美酒发现地可否建立酒文化博物馆？馆中可否复原汉代酒作坊？以此作为旅游参观的一个新亮点？会上会下有人建议，可否经文物部门批准，取少量（或用化验所留的）西汉美酒，去勾兑一些现代白酒，取名“西汉美酒”开发市场？但更多人建议可以按照科学化验得出西汉美酒的组成成分和科学推算出美酒在西汉时应含的度数，按古代造酒方式加以复制，着色并冠名出售，或装在精美缩小的鎏金凤鸟铜锺内，作为珍贵礼品开发。市文物园林局局长李天顺说，自西汉美酒出土的新闻播发之后，海内外产生巨大反响，也激发了各大酒厂和许多酒商利用“西汉美酒”名称开拓市场的意愿，现在，到西安市工商局注册“西汉美酒”或相关商标的单位已逾千家。他认为，“西汉美酒”开发应当依法有序，市文物保护考古所已向有关部门审报注册了专利和近10个有关西汉美酒的商标，“文化搭台，经济唱戏”，我们欢迎各地客商与我们合作开发西汉美酒，更欢迎到西安兼并改造旧的酒厂，以发展古城西安的制酒工业。“我相信有一天大家一定能喝上新开发的西汉美酒，”孙福喜所长兴奋地对记者说，“千年美酒醉今人不是梦！”

（原载2003年7月31日《人民日报·海外版》）

世界上最早的纸
——西汉灞桥纸

纸，是中国古代四大发明之一。东汉蔡伦造纸，已成为千古佳话。然而，在北京历史博物馆和陕西历史博物馆里珍藏陈列着世界上最早的植物纤维纸——灞桥纸，这是1957年5月在西安市灞桥出土的，是西汉武帝时制造的，距今已2000多年历史，比东汉蔡伦造的纸还早了两个世纪。

很久很久以前，祖先把字刻在甲骨上，或是写在竹简、丝绢上，这些材料有的十分笨重，有的十分昂贵，还容易抹掉、生虫，因而纸和书一直是困扰祖先和读书人的最大问题。

西汉成帝元延元年（公元前12年），发生了这样一件事：皇宫里的宫女曹伟能怀孕生子，这是“伤风败俗”的事，皇妃赵昭仪，就用“赫蹄”包裹了两粒毒药，派人送去，让她自杀。“赫蹄”是什么呢？是“薄小纸也”，就是丝做成的“纸”。“纸”字从“系”旁，说明最早的纸是与丝有关的。西汉时期蚕丝业已很发达，上等的蚕茧可缫丝织布，次等的蚕茧可做成丝绵。做丝绵的方法是：先把蚕茧煮过，然后放在竹子做成的席子上浸在水里，经过捶打，将蚕衣捣碎，做成丝绵，从席子上取下，剩下的一层薄薄的纤维粘在席子上，把它揭下来晒干，就成为丝绵片了。人们把这种丝绵片压磨平整用来写字，这就是最早的纸，叫絮纸。絮纸的出现，是古代造纸术的开端。但这种纸张产量少，价格昂贵。东汉的蔡伦就动脑筋想用便宜的东西来代替做纸。蔡伦找来树皮、麻叶，全部放在大锅中，加上水煮，后来在工匠黄昌的帮助下，又将破布、破渔网放在锅中煮，然后把糊状的东西倒入大石臼中，用木棒捣烂，然后把浆平铺在席子上，又薄又平又均匀，凉晒干后撕下，就成了纸。

1957年5月8日，灞桥砖瓦厂在取土时，发现了一座西汉武帝时代的古墓，墓中一枚青铜镜上，垫衬着几层古纸。考古工作者细心地把黏附在铜镜上的纸剔下来，大大小小共80多片，其中最大的一片长宽各约10厘米，专家们给它定名“灞桥纸”。灞桥纸色暗黄，经化验分析，原料主要是大麻，掺有少量苎麻。在显微镜下观察，纸中纤维长度1毫米左右，绝大部分纤维作不规则导向排列，有明显被切断、打溃的帚化纤维，说明在制造过程中经历过被切断、蒸煮、舂捣及抄造等处理。虽然质地还比较粗糙，表面也不够平滑，但无疑是世界上最早的以植物纤维为原料的纸。1933年，曾在新疆的罗布淖尔发现西汉古纸。灞桥纸发现后，又在甘肃居延汉代烽塞遗址和陕西扶风中颜村发现了西汉纸。甘肃发现的西汉纸上还留有文字笔迹，说明至迟在西汉，人们已用纸来书写文字了。这些西汉古纸中，新疆纸为公元前49年之物，“中颜纸”和甘肃纸为西汉宣帝、哀帝时代所造，均迟于灞桥纸。

总的来说，西汉灞桥纸还比较粗糙，制作技术也很原始，属纸的初级阶段。有专家认为，蔡伦所造的纸，就是在这种灞桥纸的基础上改进而成的。但不管怎么说，“灞桥纸”是迄今发现中国和世界上最早的纸。

汉城湖水润长安

⊙西安市水务局局长杨立

为了保护汉长安城遗址并美化遗址环境，西安市政府投巨资在遗址东南角修起了汉城湖，为西安市城西南增添了新的旅游景点。

走进“汉城湖”古色古香的大门，两旁20棵巨大的银杏树枝叶迎风摇曳，迎面一块巨石上镌刻着集唐代著名书法家颜真卿的“上善若水”四个大字。西安市水务局局长杨立就在新建成的“汉城湖”畔接受了专访。他欣喜地说：“汉城湖”地处汉长安城遗址东南角，是利用沣河水和“团结水库”新整修而成的水利旅游风景区。它拥有水面850亩，集防洪安澜、园林景观、水域生态、文物保护和商贸居住、农业灌溉为一体，与浐灞广运潭和曲江唐文化遥相呼应，以展示水文化和汉文化为主题，是保护汉长安城遗址、改善区域生态环境的重要工程。我们在湖畔漫步，乘舟在湖中畅游。汉桥水镇，楼阙码头，汉武帝和汉文化雕塑，湖中金鱼摆尾，湖上水鸟嬉戏以及岸边绿柳翠竹，令人流连忘返、赞叹不已。

“这是引沣河水营造的新景观，”杨立说，“这是八水绕长安中的一条，现在是名副其实的城中河！”

提起“八水绕长安”，杨立如数家珍地讲述起西安水的历史。

他说，水是城市发展的命脉。历史上，西安曾经是一个水资源丰富的城市，素有“八水绕长安”之说，渭、泾、灞、浐、沣、滈、潏、涝八条河流水量丰沛，为千年古都的兴盛和繁荣创造了得天独厚的条件。西周时的滮池和灵沼环境十分优美；秦都咸阳横跨渭河两岸，以人工湖泊“兰地”为基础构筑了宏大的阿房宫等宫殿和园林；汉武帝修凿的昆明池水域面积达四十里；隋唐时长安城有引浐水入城的龙首渠、引潏水入城的清明渠、引洨水入城的永安渠等“五渠济长安的”格局，城内湖泊星罗棋布，以曲江、兴庆、太液、昆明等池最为著名……“一方水土养一方人，唐诗中‘三月三日气象新，长安水边多丽人’就是生动的写照。历史上最美的女人杨贵妃和最有权势的女人武则天就出自长安；如今第一届环球旅游小姐冠军殷子，也出在西安啊！”

杨立对西安的水情有独钟，他感慨地说：“城因水而立，因水而兴。可以说，没有历史上的‘八水绕长安’，就没有十三朝古都长安，就没有规模恢宏的汉长安城和世界上第一个人口过百万的国际大都市——唐代长安城！但是随着秦岭植被的无序开发破坏和社会经济的快速发展、城市规模的扩大和人口骤增，千年古都西安供水矛盾日益突出。”说到此，杨立眉头紧锁，不无担忧地说，“前几年八条河面临着干涸和断流的危险，古城也面临着枯竭的危险！”

上世纪90年代以来，随着退耕还林政策的落实和秦岭植被的改善，特别是新世纪以来陕西省和西安市加大水资源的涵养和建设投入，现在“八水绕长安，九湖养古城”正在变成现实，其中“八水绕长安”已变成“八水穿长安”。特别值得一提的是，前些年已“泾渭不分明”的渭河，随着“引汉（水）济渭（河）”工程的实施和近年来的治理已开始变清。最近，陕西省省长赵正永宣布，5年中省上决定投入300多亿元对渭河加以根治，渭河这条关中的“母亲河”将变成西安市清澈的城中河，西安市也宣布，投入巨资实施“水润长安”工程。

（摘自2011年7月22日《人民日报·海外版》刊登的《水润长安》一文）

⊙如今美丽的西安汉城湖

来自考古工地的报告

咸阳发现两座汉代木桥遗址

陕西省咸阳市沙河古道最近发现两座古代木桥建筑，专家们考证认为，其中一座建于西汉，是国内迄今发现的时代最久远、规模最宏大的木桥遗址。

两座木桥遗址，是咸阳市钓台乡王道村农民淘沙时发现的，考古工作者进行了半年多的发掘清理。现已查明，一号桥址16排112根木桩，每排间距3～6米，已露出的木桩高1.6米左右，直径约40公分，上端残缺不全，有火烧痕迹，桥面已不复存在，桥南端发现面积约8平方米大型铁板6块。二号桥在一号桥东300米处，发现5排41根木桩，排距8米左右，露出的木桩高2至3米，还发现9.54米方形大梁一根。两座木桥均宽16米，皆为榫卯结构。发掘清理中，除发现船桨、铁制工具和大型铁板外，还发掘出一批汉代砖瓦残片，使内蒙古和林格尔东汉墓中关于汉西渭桥上有建筑物的壁画得到实物佐证。

⊙汉代木桥遗址

此间考古专家认为，两座古桥虽掩埋于早已枯竭的沣河溢水道沙河内，但据沙层分析，上面是沙粒较大的沣河沙，而下层则是渭河含土量大的细沙，说明此处为渭河的古河道。据测定，一号桥桩距今已2100余年，很可能是史书记载的汉武帝建元3年（公元前138年）建造的丝绸之路必经的西渭桥遗址。对于二号桥址，专家们各有所见。有的认为桥桩木质尚好，可能是晚一点的唐宋西渭桥；有的从残瓦等物和两桥风格基本相同分析，认为可能是一号桥烧坍之后的重建桥，也是汉代桥：还有的认为是汉代帝王狩猎游乐的上林苑内的沣河桥。

国家文物局和陕西省文物局最近在西安召开了沙沣古桥论证会。专家们认为，这两座古桥的发现，不仅为研究秦汉时期的政治、经济、文化提供了宝贵的实物资料，而且在中国和世界桥梁史上有着十分重要的意义。有的专家还建议在这里建立国家桥梁博物馆。考古工作者已对桥址木桩采取了防霉、防腐等长久性保护措施。

（原载1989年11月15日《光明日报》）

阳陵从葬俑坑堪称艺术奇观

陕西省文物局今天举行新闻发布会宣布：最近，考古工作者在西汉阳陵南侧发现了24个从葬俑坑和一批陵园建筑及陪葬墓群，出土了大量彩绘陶俑和铁铜器具。据有关专家估测，这组俑坑中埋藏的陶俑数以万计，将超过目前已发现的秦始皇陵的兵马俑数量。这是继秦兵马俑和法门寺唐代珍宝之后，我国考古工作的又一重大发现。

阳陵位于西安市正北 22 公里处渭水北岸的咸阳塬上，是汉景帝刘启（公元前 188 年～前 141 年）与王皇后（？～前 126 年）合葬的陵园。这组大型俑坑，就分布在景帝陵东南，北距王皇后陵 300 米处。

据陕西省考古研究所的专家介绍，已探明的俑坑从东向西排列，均呈南北向长条状，坑与坑均相距 20 米，坑深约 7 米，长 25 米至 291 米，宽一般为 4 米。24 个俑坑占地总面积达 9.6 万平方米。

目前试掘的仅是公路路基下压的 4 个俑坑的坑端。记者日前来到俑坑试掘现场，沿梯下到潮湿的坑底，只见俑高约 60 多厘米，均为男性裸体，无双臂，通体呈红色。俑体修长，形象各异：有的眉清目秀，面带微笑；有的颧骨突起，神情冷峻；有的双目平视，沉静怡然……可谓惟妙惟肖，栩栩如生。专家们认为，这批陶俑承袭和发展了秦俑雕塑艺术，是一批写实逼真的艺术佳作，代表了我国目前发现的汉代陶俑的最高水平，在世界古代雕塑艺术史上也是一大奇观。

俑坑中还伴随出土了镞、弩机、矛、剑、戟、锛、凿、锯等铜铁兵器、生产工具、车马器、装饰品及货币等数百件，均是按实物三比一比例缩小的模拟品（明器），制作精巧。

考古工作者还在陵园的南部和东部发现了半月形拱卫俑坑和陵园的建筑遗址，出土了一批汉瓦等建筑构件，同时在阳陵东部还发现了一批陪葬墓冢。

阳陵从葬俑坑以及出土和埋藏的陶俑和文物，规模之大，数量之多，价值之高，是我国迄今汉代考古中前所未有的，它为研究西汉丧葬制度以及当时的政治、经济、军事、文化等提供了极其珍贵的实物资料和线索，佐证了史书上关于“文景之治”的记载。

（原载 1990 年 8 月 15 日《人民日报》）

西汉阳陵陵园堪称巨大珍宝库

被列为 1990 年中国十大考古发现之一的西汉阳陵男裸体从葬俑坑，经过 3 年发掘清理和对陵园的继续勘察钻探，又有数量相当可观的各类稀世文物及大型从葬俑坑面世，使藏于地下的文物成倍增长，昭示了阳陵陵园地下是一座规模恢宏、内涵极为丰富的珍宝库。

⊙汉阳陵出土的部分文物

位于西安至咸阳机场公路侧的汉景帝阳陵，1990 年春在陵园南部发现了埋藏文物数以万计的 24 座从葬俑坑，仅从试掘的 6、8、17 号等坑中，就出土了 500 多件彩绘无臂男裸体俑以及数百件各类铜铁兵器、工具、车马器、货币等珍贵文物。

这一考古发掘，首次出土了姿态各异、造型生动的女彩绘俑和全国最早的女骑马俑，以及全国最早的花生；在从葬坑西部又发现了一座陵园建筑遗址，内藏彩绘女俑、动物俑等十分丰富；在陵西北处又钻探出与南区俑坑形制、数量基本相同的另一组 24 个从葬俑坑，从而使陵区已发现的从葬俑坑埋藏的数以万计的文物增加一倍以上。

陵园南区 24 个从葬俑坑，近 3 年来又发掘了 11 个，累计出土各类陶俑 2000 多件，其中特别引人注目的是，在 2 号坑北部首次发现了 50 多件彩绘骑马女武士俑。这些西汉“花木兰”，头梳盘髻，面容娇美，身着木质铠甲（已朽，仅留痕迹），挎剑骑马，显得英姿飒爽、神采飞扬，比南北朝时期诗篇中描写的替父从征的花木兰要早出数百年。在出土的众多男裸体俑中，在 17 号坑北部又发现了 64 件右手执长戟，左手持木质盾牌（已朽），腰挎铁剑的武士俑；在 20 号坑南部出土了身穿木质铠甲的武士俑 300 余件，有的立正，有的猫腰，有的迈步，虽姿态各异，但纵横成行，组成排列整齐的军阵。

在已发掘的 11 个从葬俑坑中，还出土了大批木质车马，铜铁兵器，彩绘动物俑，铜、陶以及木质生活用具等明器。其中 17 号坑北部出土了一组从大到小的 5 级铜量具，共 22 件，是迄今已出土的同类器物中系列最完整、数量最多的量具。在此坑南部的 10 多个木板栏框中，存放着大量的粟、糜子、小麦等粮食作物，其中有 11 颗经有关部门测定确认的花生，引起专家们的极大兴趣。传统认为花生是在十五世纪哥伦布发现新大陆时发现、中国于宋末从东南亚引进的。阳陵的这一重大发现，使中国成为花生的又一发源地，比原说提早了 1600 多年。汉陵考古队在发掘南区从葬俑坑后，又对陵园进行勘察，在陵园西南部发现一处大型建筑遗址，它东西 320 米、南北 210 米，周边以水沟环绕。考古队在东南角试掘了 600 多平方米，在距地面 70 厘米处发现房基、隔墙、柱洞和大批建材，墙内发现数十件裸体男俑。在东南部发现的一条长 15 米的南北走向的水沟，沟内有数百件身首异处，外塑衣饰的各式彩绘女俑，密密麻麻地挤在一起。她们中的立俑，上身穿 3 件衣服，袍袖散开，下身穿喇叭裙，亭亭玉立，形象艳丽。此外还有肃静端庄的跽坐俑、呼之欲出的骑马俑、姿态优美的舞蹈俑以及手执各种乐器的乐伎俑（乐器已朽）等。沟中还摆置了各种彩绘马、羊、犬、熊等动物俑。

在景帝陵冢西约 300 米，又探查出一座大型从葬俑坑，同为 14 排 24 个坑，其形制、长宽和南区从葬俑坑基本相同。经试掘，地下同样藏有外衣已朽的彩绘男裸体俑。这样，两处从葬坑内藏各式陶俑，将成倍地超出原探查数量，并大大超过了秦始皇陵 3 个俑坑的 8000 多兵马俑总数。此外，考古工作者还在陵园内勘察出早已平毁的 10 多座陪葬墓。

汉陵考古队队长王学理副研究员告诉记者，阳陵考古发掘将继续进行。目前陵区的这些新发现，呈半月形拱卫着汉景帝陵冢，已出土的各类文物为研究西汉的陵寝形制、丧葬制度以及“文景之治”时期的政治、经济、军事、文化等方面，又提供了极有价值的实物资料。

（原载 1993 年 7 月 20 日《人民日报·海外版》）

汉景帝阳陵考古陈列馆开馆

人们期待亲眼目睹汉景帝阳陵惊世考古发现的夙愿如今可变成现实。汉阳陵考古陈列馆暨考古发掘现场 9 月 30 日已正式对外开放。

⊙本书作者在汉阳陵博物馆

汉景帝阳陵经过10年的考古发掘，取得了丰硕的成果，共出土各类文物4万多件。目前陈列馆里陈列展示的1200多件男女裸体俑、骑兵俑、武士俑、羊、猪、狗、鸡等动物俑以及生产、生活用具，栩栩如生，制作精巧，是从4万多件文物中挑选出的精品。人们不仅在这里可以看到众多的出土的文物，还可以亲眼目睹考古发掘现场和阳陵出土文物修复过程。英国环球旅行团的游客看了阳陵文物，惊喜地对记者说："非常精彩，非常精彩，这是我们这次中国之旅印象最深的参观项目之一。"

（原载1999年10月5日《人民日报》）

陕西首次发现汉代骆驼群遗骨

考古工作者在西汉平陵的考古钻探和发掘中，首次发现大量骆驼遗骨，为研究汉代中外文化的交流和中西交通史提供了珍贵的实物佐证。

位于陕西咸阳秦都区平陵乡的平陵，是汉昭帝与孝昭上官皇后的合葬陵园。今年6月，配合公路建设，陕西省考古工作者对汉平陵进行了大面积的考古钻探和局部发掘，较为全面地认清了平陵陵区的规模和范围，确定了帝陵和后陵的位置及陵园的形制，发现了众多的从葬坑、陪葬墓及3处建筑基址、平陵邑城墙遗址。经对公路施工现场地下的3座从葬坑的初步发掘，在一号坑中发现20多匹漆木马及部分漆器。这些漆木马全身髹橙红色漆，高约50厘米；三号坑底保存若干木车痕迹，有两辆保存较好，其中一辆驾车的是木质双峰骆驼。

尤使人感到欣喜的是，在长59米的三号从葬坑坑道两侧对称开凿的54个洞室中，每个洞室中发现一具兽骨，兽骨架高大粗壮。经西北大学动物专家鉴定，为骆驼和牛两种，其中骆驼占一半之多。

平陵考古是继杜陵、阳陵之后又一次对西汉帝陵进行的大规模考古钻探和发掘，对研究西汉帝陵有着重要的价值。陕西省考古研究所所长焦南峰说，平陵二号坑发现的大量骆驼骨架，是我国中原地区发现时代最早、规模也最大的骆驼群遗骨。骆驼原产阿拉伯、中亚细亚和我国西北沙漠地区，长安周围和中原地区不产骆驼，到汉武帝时还称骆驼为"奇畜"。汉武帝派遣张骞出使西域，骆驼随之进入长安和中原。汉昭帝是继承武帝的汉代第六个皇帝，平陵建造时间距武帝时张骞开通西域仅数十年。平陵出土大量的骆驼骨架，对研究汉代对外开放和丝绸之路史都有重大意义。

（原载2001年9月30日《人民日报》）

汉阳陵外藏坑将"入地保护"

汉阳陵帝陵外藏坑保护展示厅经过近一年的紧张施工建设，7月22日封顶。这标志着这一陕西重点文化工程将进入内部装修、设备安装以及遗址区二次发掘清理阶段。随着下一步的覆

土植草，整个建筑将沉埋在地下，成为我国第一座现代化的全地下遗址博物馆。

汉阳陵是汉代第四个皇帝景帝刘启与王皇后同茔异穴的合葬陵园，为全国重点文物保护单位。2003 年 6 月，国家文物局批准在紧邻帝陵的东侧北部建设外藏坑遗址保护展示厅。该厅建筑面积 6500 平方米，概算投资约 8540 万元，建成后将集中展示帝陵 10 条陪葬坑的丰富藏品。

（原载 2005 年 7 月 26 日《人民日报》）

《史记注译》在西安问世

我国第一部《史记》全注全译本——《史记注译》，最近由司马迁家乡所在地陕西三秦出版社出版面世。

该书共四册，四百五十万字。由著名史学专家王利器主编，十多名专家学者联合编著，比台湾本《白话史记》多了全注，并超出三百万字。书中注解尽可能吸收了近年来考古和学者研究成果，对各家注释择善而从；每篇按原文、注释、译文编排。

（原载 1989 年 10 月 24 日《人民日报》）

罕见古船在西安渭桥“露头角”

近日，西安渭桥遗址考古又有重大发现，两艘古船已从沙子里“露头角”。

渭桥遗址地处西安城北汉长安城北侧，2012 年 4 月被发现以来，考古工作者先后抢救性发掘了汉长安城厨城门桥群和洛城门桥，该项目荣获“2013 年度全国考古十大发现”。

在这些桥中，厨城门一号桥可谓最大，长 880 米以上，桥桩宽 15.4 米。该桥也被专家称为丝绸之路第一桥，当年张骞出使西域，就是踏着这条桥走向西域的。

去年，考古人员在古渭河的北岸发现了两个古船个体。近日，考古人员正式开始对古船进行发掘清理。上午 10 时许，记者在现场看到，两艘古船个体已破沙而出，根据露出的位置，专家推测有可能一个是船帮，另一个有可能是船尾或者船头。

虽然在古代，渭河水运繁忙，但据专家介绍，在目前我省的考古发掘中，2008 年只在临潼发现过一艘古船残骸。与 2008 年的古船残骸不同的是，此次发现的古船露出的部分保存较好，没有散架，有可能会是古渭河首次发现的保存较完好的古船。

渭河曾是重要的航道，尤其是在汉唐时期，江南的粮食和其他物资，都沿黄河而上，转渭河运入长安。由于渭水多沙、封冻和水量不足等原因，其运输功能逐渐变弱。在汉唐等时代都开挖过多条漕渠，缓解渭河运输的压力。

考古专家李毓芳介绍，在渭河古河道曾发现过多处古桥遗址，还有一些码头的桥墩，然而在渭河古河道中明确断定为船只的却很少，这次发现为研究当时的渭河航运提供了实物资料。那么，此次发现的古船，距今有多少年，是千年还是数百年？中国社科院考古专家、该考古项目负责人刘瑞说，目前还无法确定，他们会把古船清理完后，对木头进行碳十四测年看看木头的年代，还会看看有没有出土文物，才能确定古船年龄。古船上是否装满了文物，或者有什么宝贝，着实令人期待。

（据 2015 年 1 月 17 日《华商报》）

辉煌炫目看大唐

第七辑

唐代考古及唐代金银器

国宝：唐代镶金兽首玛瑙杯

梦回大唐吟长安

——咏西安大唐芙蓉园

湖光山色，
雁塔楼阁，
宛若天仙在绿丛中静卧。
礼花腾飞，
水幕闪烁，
辉煌长安点燃璀璨灯火。
唐诗秦韵，
春柳夏荷，
千年历史在这里摇曳吟歌。
梦回大唐，
魂绕山河，
劝君到此感受岁月凉热。

（原载 2009 年 10 月《人民文摘》杂志）

灿烂辉煌的“何家村遗宝”①

——记中国唐代金银器划时代的发现

唐代是中国对外开放创造奇迹的时代，也是中国古代最灿烂辉煌的时代。

今天，当我们走进西安“大唐芙蓉园”观看歌舞剧《梦回大唐》的时候，当我们畅游临潼华清池，观看歌舞剧《长恨歌》的时候，当我们巡游唐大明宫遗址公园，观仰气势恢弘的唐代宫殿一角的时候，无不为大唐盛景的美轮美奂所惊叹。但，这仅仅是今天人们按照文献记载或梦想对大唐歌舞升平盛世的再现。如果我们能去亲眼再看看法门寺出土的唐代珍宝，特别是能亲眼看看40年前在西安城南何家村出土的313件金银器、金饰品及银铤银饼银板、466枚金银铜钱币以及玛瑙、琉璃、水晶、玉器、药材等共计1000余件唐代文物，人们不能不被眼前的金光灿灿所折服。这是亲眼目睹实实在在的盛唐辉煌，而绝不是“梦回”中的想象！

1970年10月，在西安何家村出土的300多件唐代金银器等珍贵文物，经过40年的珍藏和研究之后，于2010年5月在陕西历史博物馆重新与世人见面。开展一年来，举世瞩目，游人如织。这项被列为20世纪中国考古重大发现之一的“何家村遗宝”并没有随着时间的流逝而被遗忘，反而以独有的魅力，越来越受到人们的关注。

窖藏大唐盛世一角　金银国宝价值连城

“迄今为止，还没有一处唐代窖藏文物从数量、种类和品级上能与何家村遗宝相比，遗宝新展示的唐代多彩世界中快乐的生活、惊奇的发明、精妙的艺术、森严的等级、文化的融合等等，仍旧像谜一样的吸引着学界不断地探索和破解。”著名金银器古专家、北京大学教授齐东方这样评价“何家村遗宝”。

⊙提梁银罐

曾经参与“何家村遗宝”发掘整理的陕西省考古研究所原所长韩伟教授介绍了这一重大发现的经过：1970年10月5日，是一个秋高气爽的日子，人们还沉浸在国庆的喜庆中，突然，从西安南郊一家建筑工地传来一个喜讯：在距地表0.8米处发现了一个高0.65米，腹径0.6米的陶瓮，其两侧还有一个高0.3米、腹径0.25米的银罐。瓮和罐都有盖；瓮盖出土时被挖碎丢失，瓮中放着体积较大、较重的金银器，罐中放着体积较小的金银器。考古所接到报告后，立即派我和雒忠如、杭德洲、王玉清等前往清理。大家经过观察后发现，已发现的器物还不能成套，认为地下还可能有文物埋藏，于是就决定从10月7日开始进行遗址钻探。11日，大家

①这一新作尚未问世，传来原陕西省考古研究所所长韩伟先生去世的噩耗。本文是对韩伟先生对陕西考古事业的贡献的纪念。

在距离第一个陶瓮北边约 1 米处，发现了第二个陶瓮，里面也装满了器物；第二个陶瓮同第一个陶瓮形制、大小基本相同，唯瓮口系用圆饼形银渣块覆盖。考古钻探还证明，现在的何家村应在唐长安城的兴化坊内。为了保证安全，随后将这批文物运回陕西省博物馆内保存清理。

“我们之所以把这次重大发现叫做‘何家村遗宝’，主要是针对此前 93 年，即 1877 年在丝绸之路的沿线中亚的阿姆河畔（今塔吉克与阿富汗交界地带）曾发现金银器 177 件、钱币 1300 枚，被称为‘阿姆河遗宝’而言”，陕西历史博物馆主管陈列的副馆长马振智说，“阿姆河遗宝出土地点、年代和数量还有不同说法，而何家村遗宝是经过考古发掘获得，出土地点、数量、埋藏时代清楚，其学术价值更高，就唐代考古和丝绸之路而言，确实是划时代的重大发现。”

何家村遗宝中大量的金银器，使我们认识到唐代金银器皿制造业的发达。中国金银制造装饰品在唐代就已出现，春秋战国时期已有镶嵌工艺；汉代方士崇尚“金银为食器可得不死”的理念，认为金银为食器可延年益寿。因此，占有大量金银器皿成为唐代帝王和贵族们的共同心愿，金银器也成为身份和等级的象征；为了达到邀功取宠的目的，唐代地方官吏向皇帝进奉金银器的风气十分盛行，促使唐代金银器制造业突飞猛进的发展。从何家村遗宝中的金银器来观察，已能提炼纯度很高（达 94% 至 98%）的金银。唐代金银器制作基本由中央政府和皇室垄断，政府还专门设立了金银器作坊——文思院。从出土的唐代金银器可得知，当时已普遍使用了钣金、浇铸、锤、焊接、切削、抛光、铆接、錾刻、镂空等工艺。金筐宝钿花纹金杯和金梳背上焊接的小金珠至今没有脱落，其焊接技术令今人赞叹。

何家村遗宝是唐代贵族豪华奢侈生活的真实反映。这次发现的金开元通宝 30 枚，是目前考古发现中唯一的一次。唐代的金、银开元通宝不用于市场流通，专用于赏赐。文献记载，唐玄宗常常在承元门上陈乐设宴，席间向楼下抛撒金钱，以赏赐臣下，成语“一掷千金”就源于此。唐诗《退官人》一诗中，曾以“长说承元门上宴，百僚楼下拾金钱”来描写这种场面。杨贵妃收安禄山为义子，戏作洗儿，唐玄宗听到嬉闹声而前往观看，一悦之下，赐贵妃洗儿金银钱。马振智介绍说，何家村遗宝不算玉器、琥珀、药物等珍宝，仅以出土的金器总重量就达唐大两（一大两今公 45 克）298 两，银器总量为唐大两 3900 两，可折合黄金 900 至 1000 两，相当于 15 万男丁一年向唐朝政府缴纳的租粟。这批文物价值如此巨大（其中不少是国宝级文物），可想拥有这批珍宝的主人是多么的富有，唐长安城又是多么的豪华！

再现丝绸之路昌盛　中外文化融合见证

新落成的西安大唐西市，位于古城西安城墙的西南角，也与何家村毗邻。唐长安城内的商贸中心东市和西市，曾集中反映了唐代经济的繁荣。今人常说的“买东西”就源于此。而大唐西市则主要经营的是来自丝绸之路沿途各国的特产和金银器皿，何家村遗宝的金银器，则再现了大唐西市和丝绸之路的繁荣昌盛，是中外文化交流与融合的生动见证。

从世界范围的考古发现来看，埃及、希腊、罗马、西亚的波斯以及中亚、粟特等文化的金银器出现较早。唐代由于丝绸之路的畅通，中外经济文化交流空前发达，大量的外国人和外国商品（包括金银器）涌进中国，唐王朝成为世界上最为开放的国家，首都长安城是世界上第一个拥有百万人口的国际大都市，吸引了大量来自世界各国的学者、官人、商人、僧侣。据不完全统计，唐朝与阿拉伯交往 36 次之多，仅波斯来华的使节也有 31 次。唐墓壁画《客使图》曾生动反映了这

⊙兽首玛瑙杯

一对外开放、客使前来拜见唐皇的生动场面。仅长安西城商贾常住的外国人就达数千人。何家村遗宝出土的遗宝中，大量来自异域的文物。单从货币来说，就有波斯萨珊王朝库思老二世（公元 590 ～ 627 年）时的银币，日本奈良时代和铜元年（唐景龙二年）铸造的“和铜开珎银币”，东罗马帝国希拉克略王朝（公元 610 ～ 711 年）制作的金币等。尤使人注目的是波斯镶金兽首玛瑙杯的精妙绝伦。它通体以一块红、棕、白三色相杂的上好玛瑙石雕刻而成，整体如俯卧的兽头，竖直的一端雕成杯口，口沿外有两条凸弦纹，平直的一端雕成羚羊头，双目圆睁，注视远方；两只修长而弯曲的羊角后伸至杯口凸纹处，羚羊的口部装有金帽盖合，金帽取出后，杯中的美酒可注入饮者口中。这种器物造型是西方的“未通”，很可能波斯萨珊王朝的制品。另外，还有很多惟妙惟肖的仿制品，如狩猎高足银杯，腹部饰主题纹样二个狩猎图：其一为一人骑马转身向后射箭，后面另有一人骑马向前射箭，两骑中间有一野猪；其二为一人在马上转身将弓挟在怀中注视身后，而后面骑马者箭已离弦，射中马前一飞奔小鹿，另有一小鹿和一狐狸惊恐逃奔。整个图案布局合理，极具动感。这种高足杯最早见于罗马时代，在唐代之前已传入中国，唐代工匠在仿制银杯的同时，又錾刻了反应唐代贵族狩猎的场面，体现了中外文化的融合。另外忍冬纹杯和乐伎纹杯的指垫上还饰有高鼻深目的胡人头像。这些杯均采用中国传统铸造工艺制作，可能是粟特工匠在中国的制品。北朝至隋唐时期，长安城居住着许多沿丝绸之路迁居于此的粟特人，对唐代金银器制作的技术影响很大。粟特位于中亚的阿姆河和锡尔河流域，粟特人善于经商，西安北周安伽墓、西安北周史君墓的发现，说明粟特人有自己相对独立的居住区。白玉忍冬纹八曲长杯和水晶长杯，其祖型是萨珊式多曲长杯。在唐代，波斯萨珊王朝与中国有密切关系，其金银工艺对唐代工艺影响也很大。

⊙狩猎纹高足银杯

考古专家谭前荣认为，开放的政治环境和丝绸之路的畅通，造就了唐代对外交流的繁荣。唐朝的博大宽厚的气度与谦虚诚恳的心态同世界各国所进行的经济文化交流，其规模、层次和力度都堪称中国古代之最，大唐文化因此也显示出其强烈的世界性，对此，唐代金银器也表现得尤为明显：它在工艺上，吸纳与创新并举，特别是西方金银器的捶揲工艺、造型艺术和装饰纹样与唐代的创新融为一体；凸纹装饰技术，属于捶揲工艺，又称为模冲，何家村遗宝中的舞马衔杯纹皮襄式银壶、鎏金龟纹桃形银盘和鎏金双狐双桃形银盘就是用这种装饰技法制作中的精品。谭前学还认为，何家村遗宝的金银器在制作器形上，融入了中西文化，特别是波斯萨珊、中亚粟特及罗马拜占庭等地的文化；在纹样上，博采众家之长，来自域外纹样主要有立鸟纹、翼兽纹、缠枝鸟兽纹、联珠纹、摩羯纹等，都在这批金银器上有所表现和创新，反映了唐代对外来文化的宽容，它再次告诉人们一个真谛：谦虚才能进步，包容才能创新。

窥探唐代皇家生活　窖藏主人有待解密

“皇家的金饭碗是什么样？杨贵妃为啥用银香囊？”这是《华商报》在刊登何家村遗宝 40 年后首次集中展出的新闻时用的标题。这个标题格外醒目引人。

⊙鸳鸯莲瓣纹金碗

何家村1000余件精美金银器皿和各类文物，大多为唐代皇家专用，因而从欣赏这些文物中，可以窥见唐代皇家生活的一斑。这批文物中有唐代女性首饰“金镶玉”臂环、金钗、金梳背，还有皇家专用的纯金碗、金箔以及琥珀等炼丹的药材，其中最为珍贵的莫过于“镶金兽首玛瑙杯”、“鎏金舞马衔杯纹银壶”，这两件均为世仅存一件的国之瑰宝。唐诗中曾有“腕足徐行拜两膝，繁骄不进踏千蹄……更有衔杯终宴曲，垂头掉尾醉如泥”的诗句，但长期以来，人们不知是诗人的想象，还是实有“舞马”？这个秘密在何家村“鎏金舞马衔杯纹银壶”的面世而得到释解。这一银壶上的舞马两膝跪拜、衔杯敬酒、为皇帝祝寿的姿态，与诗中的描绘不谋而合，也印证了史书中皇室舞马的记载。

据史书记载，在安史之乱后，唐玄宗思念已缢自尽的杨贵妃，曾派人到马嵬坡“密令改葬”，然而当挖开坟冢时，“肌肤已坏，而香囊仍在”。什么样的香包竟埋在地下而不腐烂？而何家村遗宝中“葡萄花鸟纹银香囊”出现时，谜团解开，原来是银制的，该香囊制作极其精巧，在其内部盛放香料的焚香盂中，不论球体怎样转动，由于圆形香囊的内外环和金盂总能保持水平，使里面的香料不致洒落。此物在法门寺地宫《衣物帐》中有记载：“香囊重十五两三分”。此香囊由于有链条，佩戴和悬挂很方便，杨贵妃出行携带的很可能就是这种银香囊。

何家村遗宝是什么原因埋入地下？谁是这批珍宝的主人？这些问题一直在困扰着学术界。在学术界有三种观点：一是根据遗宝发现在唐长安兴化坊，其中最晚的纪年遗物是开元十九年庸调银饼，认为是安史之乱(755年)突发事件中埋葬，拥有者为邠王府李守礼；二是根据对金银器纹饰的演变分析和排比，认为埋葬年代应在唐德宗年代(即780至805年)，窖藏遗址不在邠王府，拥有者应是达官贵族；三是认为埋葬年代应是唐德宗四年(783年)泾原兵变爆发之时，埋葬地点应是租庸史刘震宅，遗宝是国库物品。

⊙鎏金舞马衔杯纹银壶

北京大学齐东方教授认为，第一种说法的缺陷是没有对器物做具体分析，缺乏精确的年代论证，另外兴化坊很大，李守礼开元二十九年已死，早于安史之乱，遗宝与安史之乱及邠王李守礼之间逻辑关系不紧密，疑问较多；第二种说法没有指出埋葬的原因，并认为拥有者为一人几乎是不可能的，但把研究已引向深入。齐东方主张第三种说法。他认为何家村遗宝有两个明显的特征：一是相当长的历史时期所造器皿的集合体，时代跨度长达千余年；二是遗宝来源的多样性，涉及面东至日本海，西至地中海，幅员数千里。有谁能把长达千年复杂的器物种类来自各地的产品聚集在一起？另外遗宝中大量的器物上有墨书题记，记录着物品的名称、重量、数量，是登记时的标记，便于收藏入库后账目对照；一些银饼上带有文字，涉及年号、地区、赋税等等，属官府收缴上来的庸调银，还有墨书户部所管辖的国库名称“东市库”银饼，加之带有“进”字錾文的器物，应是入国库的地方向中央官府或皇室进奉的物品。另有68件银铤，上錾“朝”字应是“朝堂库”的储藏。遗宝中还有10副玉带銙，根据装饰不同应分别代表不同等级，文武官三品以上才能用的玉带。说明个人无须拥有如此多的玉带。因此，他认为这种种类丰富、数量众多、质量精美的珍宝集中收藏，最大的可能是中央官府的仓库所存。齐东方还认为，国库说不是一个追求兼容性的简单综合，还与“刘震宅”、“泾原兵变”有密切的逻辑联系。据考证，兴化坊中居住的租庸使刘震的职责之一是管理官府财务，突遭泾原兵变，他有权利接触官府财宝；泾原兵变是继安史之乱后唐史中有一次极为严重的叛乱，迫使皇帝逃离长安，乱兵入城后狂掠国库，居民坊内也遭到抢劫。文献中还记载了租庸使刘震在泾原兵变时往来自宅和宫廷搬运物品的情况，正好说明在突遇战乱时一个居民居住的坊内出现惶恐逃离时仓促埋藏皇室“细软”珍宝的可能。

⊙葡萄花鸟纹银香囊

何家村遗宝这一划时代的考古发现，使众多的专家既感到高兴又感到困惑。其中的迷惑比答案更多。曾参加何家村遗宝发掘清理的著名考古专家韩伟正致力于此项的研究和写作。我们盼望他的新作早日问世(注)。何家村遗宝正用它折射出的大唐灿烂和美丽挑战着今人的智慧，吸引着我们努力探索，实现与古人的又一次对话。

（2011 年 7 月 18 日）

附诗：

金光灿烂的大唐

——观何家村遗宝有感

如果每首诗句都是闪烁着的金星，
那唐诗宛若夜空的星海；
如果每张画作都是天上的彩虹，
那唐代壁画就是彩虹织就的绸缎；
如果每个字都是历史留下的足迹，
那唐代书圣把大唐的精彩记载；
如果每个音符都是跳动的脉搏，
那唐代歌舞都洋溢着大唐的豪迈。

我赞美，唐长安城人口已过百万，
大唐帝国横跨欧亚抵达黑海……
啊，令人梦想神往的大唐，
中国古代辉煌强盛的朝代！

如果每枚金币是一种恩赐和期待，
那唐皇“一掷千金”可否把众臣收买？
如果杨贵妃和唐明皇今日复活，
他们定会追寻热恋时佩戴的银香囊和金玉带……
如果每件金银器都流光溢彩，
那大唐的繁华富有就毫不奇怪；
如果千件文物有不少异国珍宝，
那丝绸之路早已成为开放的动脉。

我赞美，何家村遗宝灿烂夺目，
辉煌令炎黄子孙心潮澎湃！
啊，令人梦想神往的大唐，
中国古代繁荣昌盛的朝代！

（作于2011年8月1日）

企盼敲开“世界第九奇迹”大门

——发掘乾陵：一个敏感而又沉重的话题

在中国历代帝陵中，乾陵是最特殊的一个：它是全国唯一的两个帝王合葬墓。一男一女，一个是大唐的高宗皇帝，一个是大周的则天皇帝。自公元706年5月18日武则天与丈夫李治在此合葬后，距今已1300多年。陵内地宫中藏着大量的珍宝和秘密，堪称“世界第九奇迹”。金银珠宝，让鸡鸣狗盗之徒馋涎欲滴；文史秘秩，则令文人学者望眼欲穿。谁不想在有生之年一睹乾陵地宫中的奇珍异宝？乾陵能否发掘？何时发掘？

⊙乾陵远眺，恰似睡美人

从古城西安向西北方向行约80公里，来到乾县唐僖宗靖陵往西眺望，位于梁山上的乾陵宛若一位妇人悠闲肃穆地仰面躺卧在那里：主峰像她的头颅，峰顶上的树林成了她飘逸的秀发，司马道是她的玉颈，南面的两个突兀的土阙恰似妇人的双乳，舒展的双腿伸向广袤无垠的平川，可谓惟妙惟肖，活灵活观。有人说这是一副完美的睡美人图，还有人说这是东方横卧的维纳斯巨型雕塑。不管怎么说，把这大地的睡美人和唐代女皇武则天联系起来，一点也不过分，全当女皇化作了山川模样，给世人留下了美好的回味和想象。

在中国历代帝陵中，乾陵是最特殊的一个：它是全国唯一的两个帝王的合葬墓。一男一女，一个是大唐的高宗皇帝，一个是大周的则天皇帝。自公元706年5月18日武则天与丈夫李治在此合葬后，距今已1300多年。纵观中国历史，唯一敢废黜正统，戴上皇帝帽子的女人，只有武则天一人。不管是汉朝的吕雉，清朝的慈禧，她们或垂帘听政、或执揽大权，但都羞羞答答不敢称帝。只有武则天六十一岁时掀翻了李唐龙案，硬是当了16年皇帝，死后又敢在自己的墓前树起无字碑，一生功过任凭后人评说，实在是来得风流，去的潇洒。

可以说，乾陵因武则天而闻名于世，更因为这里埋葬着盛唐的两个皇帝，陵内地宫中藏着大量的珍宝和秘密，堪称"世界第九奇迹"而令世人瞩目。多少代志士仁人，谁不想在有生之年一饱眼福、看看乾陵地宫中的奇珍异宝？因此，何时发掘乾陵，这个争议了半个世纪、事关重大的课题，成了一个令人企盼而又沉重、敏感的话题。

开启乾陵地宫，将现世界第九奇迹

⊙乾陵司马神道

乾陵地宫到底有多大？里面到底藏有多少文物？一位资深的文物专家曾推算，最少有500吨。如果把墓道里造型各异、刻有文字的条石也算在内，最少也有700吨！

这仅是猜测，并无科学依据。但是，这里且不说这种推算是否科学，但在封建社会，特别是大唐盛世，大约国家税收的1/3被皇帝用于修建陵寝这点来说，这种估计也不是空穴来风。乾陵的营建从高宗李治驾崩到武则天去世后，直到中宗、睿宗时的进一步完善，长达30年之久。盛唐时经济繁荣，国富民殷，长安当时是世界繁华之都，内藏文物之丰可想而知，乾陵前61座宾王石像实际上就是唐代多国使节礼朝的象征，乾陵无疑是世界性的文物宝库。法门寺出土文物中有西方的玻璃器皿、金银器、钱币以及中国的丝绸、瓷器等等，乾陵地宫肯定会有，而且数量会更多、品种会更繁。据推测，乾陵地宫内的文物可分以下几类：金属类——金、银、铜、铁所制的各类礼仪器、日常生活用品和装饰品、工艺品；陶、瓷、玻璃、琉璃等所制的各类器具及装饰物；石质品——包括雕塑、石画像、石雕像、动物和人物俑及石棺椁、石函和容器；此外还有珊瑚、玛瑙、玉石、骨、角、牙等制成的各类器具及装饰物；纸张、书籍、字画、丝绸和麻织物、漆木器、皮革；壁画、朱墨题刻等等。特别值得一提的是，王羲之的《兰亭序》墨宝，五代耀州刺史大盗墓贼温韬把昭陵盗掘后，在他列出的盗宝清单上没有《兰亭序》，按武则天的性格，她不会把《兰亭序》作为死去的前夫、后来成了她的公爹的李世民的陪葬物。因此，民间有《兰亭序》陪葬武则天一说。可以说，这些文物大都为价值连城的国宝。有人称，乾陵有朝一日能够科学发掘，必将石破天惊，成为继秦始皇兵马俑之后的"世界第九奇迹"！

唯一未被盗掘的唐代帝陵

武则天在万众目送下，悲壮地走进乾陵，在地宫陪伴着她的丈夫李治。但幽门重闭并没有给她和她的丈夫带来安宁。从公元705年开始至今，不同的人为着不同的目的，时时关注着这块神秘的宝地，并且演绎出开启或盗掘帝陵而令人扼腕的故事。

公元880年，农民起义军首领黄巢破潼关、入长安，称齐帝，706年派大将王璠盗掘乾陵。王璠出身书香之家，稍长舞枪弄棒，十八般武艺大都精通，兼备文韬武略。因痛恨朝廷的腐败统治和官场的黑暗，他投靠黄巢起义军，立下了赫赫战功，成为黄巢的心腹爱将。王播领命后，驻军乾陵，经过反复勘察，下令士兵从梁山主峰西南方进行开挖，经过几个月的挖掘，也未找到乾陵地宫的出口，只留下一条小沟岔——“黄巢沟”。

为何造成如此局面？是由于乾陵地宫入口处的地表做了非常巧妙的伪装处理所致：把当年开凿地宫时出的废石渣，搬运到一公里之外，给后世懂风水又想盗墓者以误导。王播掘陵时，距705年将近200年，王播既精明，又懂风水，才上了大当。

随后，五代耀州史温韬，是有官衔的大盗墓贼。他率兵一下子盗掘了10多座唐陵，发了一笔横财。因为手中有钱，财大气粗，硬驱动数万人在光天化日之下盗掘乾陵，不料人马一上梁山，便立刻黑云密布，电闪雷鸣，人马被暴雨冲下山来后，天气立马转晴。温韬预感此举违犯天意，才绝了发掘乾陵的念头。

民国初年，国民党将领孙连仲亲率一团人马，也想学学孙殿英炸慈禧和乾隆墓的样子，以军事演习作为幌子，炸开墓道旁的三层岩石。传说在爆炸声中，一团黑烟腾空而起，在空中扭结成一条黑龙，黑龙一声怒吼，最先发掘乾陵的7个山西籍士兵被吓的喷血而死，其他人落荒而逃。今天一位小学生回家问爷爷为什么山西兵最早先死？老爷爷翘起胡子说：“武则天是山西文水县人，最恨她老家的人来掘她的墓！”

以上有史书记载，也有民间传说，不管是否准确，但有一点是肯定的：乾陵是唐十八陵中唯一未被盗掘的唐代帝陵。

乾陵未被盗掘的另一个原因是由于它的庞大和坚固。乾陵以山为陵，为唐十八陵之冠，李治尊号为“天皇大圣皇帝”，谥号为“天皇大圣大弘孝皇帝”，而中国古代有“乾为天……为君、为父”，故取名为“乾陵”，武则天也认可乾为天，坤为地，乾坤配对，乃天作地合。1958年“大跃进”时期，西兰公路复修需大量石料，乾陵附近农民便到梁山上放炮炸石。11月27日下午，农民贺某又点了一炮，这一炮正好是在乾陵墓道金刚墙外三四米处，“轰”的一声，半空中飞出几个石条。只见这些石条为人工打造，上面有字，还连着像钢筋一样的铁条，就连忙向乾县政府办公室报告：一不小心将姑婆（武则天）的陵墓炸开了！县委、县政府十分重视，向省上主管文物部门报告，省上派文管会杨正兴、雒仲儒等人进驻乾陵勘查。12月4日，地宫玄宫甬道和墓门被发现，当时有人就想砸开金刚墙进入乾陵地宫。当时被杨正兴制止。如若打开，后世人会遗憾万年：不仅文物得不到有效、科学保护，加之“文革”浩劫，肯定会使乾陵遭到严重破坏！1960年4月3日，考在工作者终于在梁山主峰的南面中腰处找到了通往乾陵地宫的大门——乾陵隧道之门。这隧道也叫“羡道”或“诞道”，当年两具棺椁及大量陪葬品曾沿着这条隧道，跨过地宫石门，然后进入地下玄宫，之后，在这条长约63米、宽近4米的隧道里，共选砌了39层、约4000余块大小不同、重达1至2吨的石条，在每块石条上面还凿出燕尾凹槽，用铁质燕尾板镶嵌在其中，缝隙之间，再浇柱铁锡浆液，从而使石条上下浑然一体，考古发掘和钻探与《唐会要》卷20以及《旧唐书·严善恩传》

⊙乾陵武则天“无字碑”

的记载完全吻合:“……乾陵玄宫以石为门,铁固其缝……”说乾陵固若金汤,一点也不过分。

郭沫若的企盼和周总理的批示

陕西发现乾陵隧道,引起上上下下的关注。省委做出决定,派历史、考古学家、省文化文物局局长武伯伦等人组成五人小组,立即向文化部及有关领导汇报,并递交了《乾陵发掘计划》。

时任中国科学院院长的史学家、大文豪郭沫若领一代风骚,赋诗写字闻名遐迩,又是在《人民日报》上发表为武则天翻案的作者,他急切地想在有生之年看到乾陵地宫文物。1960年,他也上书中央提议发掘乾陵。他曾对周恩来总理说:“毫无疑问,肯定有不少字画书籍保存在墓室里!打开乾陵,说不定武则天的《垂拱集》百卷和《金轮集》十卷可重见天日!也说不定武后的画像、上官婉儿等人的手迹都能见到!石破天惊,一定是石破天惊的大事!”郭老只字未提墓室中那车载斗量的金银珠宝,他对这些不感兴趣。其实,乾陵一旦打开,珠光宝气连同字画书籍,不弄个世界第九奇迹才怪哩!

一代伟人周恩来,明白乾陵发掘的分量。他权衡利弊,思之再三,在《乾陵发掘计划》上提笔批示:“我们不能把好事做完,此事可以留作后人来完成。”

周总理的批示,让郭沫若仰天长叹,空留下“待到幽宫重启日,延期翻案续新篇”的遗诗惊句。对于乾陵的发掘,郭沫若可谓死不瞑目啊!但半个世纪过去了,人们不能不佩服周总理的高瞻远瞩!

保护乾陵,试掘陪葬墓

1961年,国务院公布了第一批全国重点文物保护单位名录,其中古墓葬19处,乾陵与黄帝陵、秦始皇陵、茂陵、昭陵、顺陵等同时入选。

为了保护乾陵,1957年国家曾拨专款修复乾陵并对乾陵墓盗进行勘查和钻探,为了给后人发掘乾陵积累经验并全面认识乾陵,经国家文物部门批准,陕西省从1960年到1972年先后发掘了一座公主墓、两座太子墓、两个大臣墓等5座陪葬墓,并在此基础上成立了乾陵文物保护管理所,这是全国成立最早的保护帝王陵墓的文博单位。乾陵陪葬墓共17座。先期发掘的5座陪葬墓主人分别为:永泰公主李仙蕙,她是唐高宗李治和女皇武则天的孙女,中宗李显的第7女,死年仅17岁;章怀太子李贤,武则天亲生的第2子,高宗李治的第6子,死年31岁;懿德太子李重润,高宗和武则天的孙子,中宗李显之子,永泰公主的哥哥,死年19岁;中书令薛元超,山西汾阳人,62岁病故;左卫

⊙唐永泰公主墓

将军李瑾行，鞑靺人，因其父战功卓著，赐姓李，死年 64 岁。由于年代久远，史载失祥，发掘后才搞清墓主身份，并得知永泰公主、章怀、懿德太子均为中宗复位后迁葬乾陵的，薛元超、李瑾行是死后赐陪乾陵的。

⊙宫女图

5 墓发掘前，地面均有大小不等的封土堆，这些墓均坐北朝南，墓道为斜坡形，系土洞式砖砌，墓道两侧均有壁画，其随葬品丰富多彩，有俑类及金、银、铜、铁、玉器等，共计 4000 多件，其中懿德太子墓出土达 1600 多件。这 5 座陪葬墓，4 座均置有墓志铭，而唯懿德太子墓没有，原因是太子李重润，是中宗之子。公元 701 年，因与其妹永泰公主等窃论朝政被武则天所杀（一说永泰公主是因难产而死）。中宗复位后为太子李重润平反昭雪，以皇帝身份陪葬乾陵，号墓为陵，不仅墓内级别高，文物多，且按唐时礼仪，墓中只有皇帝的哀册而不设墓志铭。出土时哀册系玉质，已破为八块碎片，其哀册《金唐书》有记载。永泰公主墓出土时，发现公主 11 块盆骨碎片。经西安医学院鉴定，永泰公主骨盆各部位较之同龄女性骨盆狭小，难产致死可能性大。自古以来，永泰公主有皇后逼其自杀和分娩难产而死两种说法，出土的墓志铭和骨骼鉴定，证实了永泰公主死于难产，从而推翻了武则天杀害其孙女的千古冤案。当然，也有专家不同意这种说法。

乾陵已发掘的 5 座陪葬墓均有盗洞，有的盗洞下有尸骨，墓道内遗有零散的金、银、玉器等，永泰公主墓室东边盗洞下靠墙处有一死人骨架，可能是盗墓先出墓道者产生独吞之念，对未出墓者下毒手所致。乾陵陪葬墓道的小龛里，置放了许多陪葬品，多为三彩马、三彩俑、三彩骆驼、三彩生活器皿；另外还有许多陶制品，如陶灶、陶仓、陶井、陶制家禽以及铜制的铲、壶、镜及木俑等。地宫墓道中的唐三彩造型别致、釉色清新、色彩绚丽、巧夺天工，如肃穆的文臣俑、剽悍的武士俑、高髻裙衣的仕女俑、翩翩起舞的娱乐俑、深目高鼻的胡俑、满载丝绸的骆驼、形态各异的马、牛、羊、鸡、猪、犬，无不惟妙惟肖，栩栩如生，写实性极强，好像一部历史的望远镜，仪卫、侍女、阙楼、马球、客使以及观鸟扑蝉、牵狗架鹰等壁画，以及石椁线刻画等为后人研究考证唐代的宫廷生活，友好往来，体育运动、府兵制度、服饰发型等，提供了形象的宝贵资料和艺术珍品。

乾陵壁画绘于公元八世纪初期，出自唐人之手，较之传世的一批“唐画”真实性更强，能够真实地体现唐代宫廷及民间生活风貌，是无比珍贵罕见的形象化史料。就其单幅壁画而言，面积最大已达 50 多平方米。李贤墓有 50 多组画，近景人物约 2 公尺，可谓巨幅壁画呀。懿德墓比较完整的有 40 幅，永泰墓长达 87.5 米，计 3 座墓壁画整体面积，就达 800 多平方米，若按当时完整的壁画计算，估计也超过了 1000 平方米，就其数量而言，除了敦煌以外，就要数乾陵唐墓壁画了。其中，著名的《宫女图》、《马球图》、《观鸟捕蝉图》、《客使图》、《狩猎出行图》等堪称古代壁画艺术之最。1983 年，日本《朝日新闻》社美术部主任疋田桂一几次到西安，希望能看看永泰公主墓出土的《宫女图》真迹，几经周折，最后如愿以偿，他站在此图前足足停留了一个小时，回国后，他在《朝日周刊》上以整版篇幅介绍了乾陵唐墓壁画，文称手端杯仕女图可称以上中国古代最美的人物画，这位仕女被称为“中国古代第一美人”。1992 年金秋时节，日本明仁天皇和

⊙客使图

美智子皇后来西安访问，在《宫女图》和《客使图》前驻足惊羡，素有日本画坛巨头的高山辰雄、东山魁一和平山郁夫三人曾专程来西安，观看了唐墓壁画，惊叹说："卢浮宫的绘画怎么能和这些壁画相比呢？"1998 年 6 月 26 日，美国总统克林顿从秦兵马俑博物馆参观后来到陕西历史博物馆，在唐墓壁画《客使图》前，当翻译讲到三位中国唐朝鸿胪寺官员的身份相当于今天的外交官时，克林顿从身后的随员中拽出了国务卿奥尔布莱特，指着画面风趣地说："这其中一位是你！"引来了满堂笑声。当看到《仪仗图》时，克林顿说："在兵马俑我们看到了 2000 年前的弓箭，在这儿又重见了 1000 多年前的弓箭，中国真了不起！"

发掘乾陵的旧话重提

1987 年，法门寺地宫中唐代 1000 多件珍宝出土面世，轰动了中国和世界。人们在惊叹这批国之重宝相继得到保护，也引起陕西省领导和文物专家的思考：比法门寺地宫大得多、珍室也多得多的乾陵地宫，自 1960 年周总理批示"此事可以留作后人来完成"之后已快 30 年了，特别在改革开放、科技发展的今天，乾陵发掘是否能提到日程上来呢？

1989 年秋，全国旅游陷入低谷。时任中共中央政治局常委、负责全国宣传文化工作的李瑞环同志到陕西视察并参加新落成的陕西历史博物馆开馆典礼。陕西有关领导和专家向李瑞环同志汇报了发掘乾陵的想法，引起了李瑞环同志的重视，随即让陕西提出个设想和方案，请国家文物部门专家商议再定。随后陕西组织考古专家研究，并组织专家到埃及金字塔及印度的舍利塔等处去学习考察。曾参加半坡遗址和法门寺地宫文物发掘与保护的考古专家石兴邦先生到海外考察后大开眼界，他心想，人家国外把金字塔和舍利宫等都发掘了，每年吸引了世界上千万旅游者到那里一睹古代帝王的遗采，给这些国家注入了像河水一样的金银血液，为什么我们的思想不能解放一点开发乾陵呢？更何况那些法老墓和舍利宫比起中国的乾陵，从规模到藏品都是小字辈呢！难怪有一年国家旅游局局长曾对记者说："如果让我当国家文物局局长，我们第一个决定就是开发乾陵！"石兴邦先生等陕西专家认为，开发乾陵的条件已基本成熟，其主要理由有三：一是乾陵墓道均开凿于古生代陶纪灰岩出露的山体之中，岩层倾角达 47 度，地表流水易沿着这种结构而渗透和迁移，引起墓室潮湿、积水，进而造成地宫文物的腐蚀和劣化；二是地宫所处地质结构不稳定，石块易崩溃，遇到地震可能造成无法弥补的损失。乾陵所在地历史上曾发生多次地震，最大震级 7 级；三是随着环境质量的不断降低，严重污染空气和地表水进入地宫，各种文物破坏将越来越严重。以上说明"抢救发掘是保护乾陵地下文物的最有效手段"。石兴邦认为，乾陵地宫与法门寺地宫环境差不多，乾陵属石灰岩地形，可能渗水比法门寺地宫多，法门寺地宫出土的丝绸大部分处于腐朽或半腐朽状态，乾陵中的纸制和丝织品与其让其在地下腐烂，不如抢救出来保护为好。作为全国人大代表，石兴邦和陕西代表团的其他代表一起，从 1995

年起，连续多年向全国人大提出发掘乾陵的提案。

悬而未决，国家对乾陵发掘仍未松口

但是，陕西开发乾陵的提议，受到了全国大多数文物专家的质疑和否定。在 1994 年的全国文物工作会议上，笔者曾访问了几位从首都来的几位文物专家，他们几乎异口同声地表示反对，有的甚至十分激动，称此举是“挖祖坟，愧对古人和后人。”

著名考古学家、国家文物局专家黄景略先生对陕西很有感情，50 年代初他曾参与西安半坡的发掘考古。他说，文物本身的直接作用就是教育，应当把它作为爱国主义教育、弘扬民族优秀文化的高雅文化事业，不能把文物当成赚钱的手段。我反对发掘乾陵，因为目前保护不了。乾陵的壁画、丝织品、纸制品、漆器如何保护？陕西开出来的多少壁画，有多少保护得好呀！法门寺地宫开了多少年了，丝织品至今仍在冰箱里搁着，研究出保护办法了吗？我曾看见过一尊刚出土的兵马俑，颜色鲜艳得如女同志的彩裙，但现在谁见带彩的兵马俑？保护不好等于破坏。再经过几十年科技发达了开挖不好吗？为什么一定要冒眼前的风险呢！

国家文物局顾问、中国文物学会副会长谢辰生对抢救性发掘乾陵的“地震说”表示反对：“陕西没有提供唐代以后地震对乾陵及陪葬墓影响的资料，从乾陵陪葬墓发掘来看，地震影响并不大。”他进而说：“商周时代青铜器上写着‘子子孙孙永保用也’，文物的‘用’是永久的‘用’，不是一锤子买卖，不能拿乾陵的文物当试验品，不能急功近利，涸泽而渔。”

文物保护专家王丹华认为，经过 1000 多年的密封，陵内的湿度、温度、压力等条件相对平衡、稳定，这对文物保护是有利的。王丹华又说：“明代定陵出土的丝绸，我们请来捷克最优秀的专家，为其喷涂了一种化学有机液，结果全坏了。这一点上是有深刻教训的。目前国际上不主张在文物上喷涂任何东西，除非到了‘非吃药不可的时候’。”

建设部建筑历史研究所研究员傅熹年先生说，陕西方面的报告中没有提出任何有关地震、地质、水文等方面的具体观测数据，缺少做出科学意义上的判断依据，因而我们不能做出任何表态。

乾陵地下文物保护争议最大的是对丝制品、纸制品等的保护，面对金、银、铜等的保护陕西专家都表示不存在问题。秦始皇兵马俑名誉馆长、陕西考古学会副会长袁仲一说：“乾陵发掘是一个敏感问题，主要在文物保护问题上。兵马俑彩漆剥落问题我们研究了 20 多年，其中与德国合作了 10 多年，虽取得了较好成绩，但最终结果还得观察。现在科学正在不断发展，将来保护会有更好的办法。”陕西历史博物馆馆长周天游等人还主张陕西先开发桥陵（唐睿宗之墓），“以桥陵为试验，可以为发掘乾陵积累经验和资料”。陕西文物局有关领导也认为，陕西绝没有

⊙六十一蕃臣像

到开挖祖宗坟墓以求发展的地步，但是积极做好发掘乾陵的科学规划和前期准备，则是完全必要的。

实际上，陕西的考古专家和科学工作者，从国外考察回来后，埋头工作多年，耗资上百万元，提供了一套《唐乾陵发掘方案》，它的中心思想是不把文物拿到地面。首先是找到墓道口，在地表建成全封闭式建筑，然后钻通一个小孔，将探头伸进去测试出墓道里的内环境，包括温度、湿度、空气成分等指标，然后在当地室外配气，使封闭的工作室或库房内的环境与陵墓内达到完全一致，最后再由研究人员携带氧气打开墓门，将室内易损文物整体移到恒温、恒湿的工作室或库房加以清理和保护。还有人建议，可否开启地宫为参观者修筑一条玻璃封闭专用参观通道，地宫和地宫文物仍保持原貌不动，加以保护呢？考古专家甄广全认为，乾陵发掘应是一个有计划的、重大的主动发掘项目，它既不同于明定陵的发掘（那时是处于缺乏经验的建国初期，考古人员腰里拴根绳子就下去了），也不同于长沙马王堆汉墓的发掘（那是在“文革”期间偶然发现而抢救性发掘），要吸取定陵发掘的疏漏和马王堆汉墓部分文物的损失的教训，一定做好各种科学规划和准备，一旦发掘，务必做到万无一失。据了解，陕西省为此已建立起文物保护技术中心，一间间实验室里，依次排列着红外光谱仪、光学显微镜、扫描电镜、热释光测量仪等，同时拥有一支以研究生为主的青年科技队伍。

国家文物局有关领导表示：我国的文物工作方针是“保护为主，抢救第一”，对于文物古迹采取“先救命、后治病”，目前我们的技术保障水平还不高，在地下封存已久的文物已形成平衡状态，在技术保障不完备的情况下发掘，无异于破坏。他说，近年来，一些省市发掘文物古迹及陵墓的呼声很高，以此产生轰动效应，吸引游客、带动旅游和一方经济的发展，这种想法，国家文物局理应支持。但对于一些具体问题，要考虑全面，首先要考虑文物保护的可能性，像乾陵发掘这样重大的问题，国家文物局一直没有松口。至于发掘乾陵还要等多久，确切时间不好说，但是，技术保障条件具备时，发掘肯定会实施。

被称为文物界的“三峡工程”和“世界第九奇迹”的乾陵发掘的争议，至今已延续了 50 年。时至今日，这仍然是一个令人企盼而又沉重和敏感的话题。但人们相信，在中国人已进入太空遨游、科学技术飞速发展、国力大大增强的今天，完整而科学地保护和发掘中国古代最大的夫妻合葬帝王陵乾陵，已为时不远。正是：幽宫重启日，当惊世界殊！

（原载 2012 年 3 月香港《大公报》和 2012 年第 12 期《中国报告文学》杂志）

石兴邦认为发掘西安唐乾陵的条件基本成熟

“迄今为止，在陕西的70多座汉唐帝王陵中还没有一座被发掘利用，”陕西省考古研究所名誉所长石兴邦日前对记者说，“科学地、有计划地发掘唐代最著名的帝王陵寝——乾陵的条件基本成熟，应把这项工作提到日程上来。”

乾陵是唐高宗李治和皇后武则天的合葬陵寝，位于西安以北80公里的乾县梁山之上。它凿山为穴，以山为陵，是陕西关中唐十八陵中保存最为完整、唐代帝王陵制最典型的代表。据史书记载和调查考证确知，陕西的秦、汉、唐诸代陵墓大多被盗掘，而乾陵却未被盗掘。

石兴邦认为，由于乾陵坐落的梁山岩体为石灰岩质，裂隙易于渗透进水，陵内有机质文物易于腐朽。从法门寺发掘的唐代有机质文物(如丝绸、纸张、漆木器等)，部分已腐朽，部分半腐朽，少部分保存完好，而大量的半腐朽文物正向腐朽灰化方向发展。不渗水的法门寺地宫尚且如此，渗水的乾陵地宫更可想而知。石兴邦说：“与其任其日益腐坏，不如挖出来加以保护为好。陕西有关部门对法门寺半腐朽状的文物采取抢救保护的方法是科学、有效的，可以保持原样不致再向坏的方面发展。因此，对乾陵及早发掘并加以科学保护，乃为上策。”

石兴邦认为，现在发掘乾陵，具备以下有利条件：

一、新中国成立40多年来，对历代帝王陵墓和贵族墓葬作了相当规模的考古发掘和研究，积累了丰富的经验；

二、我国已拥有一批较高水平的科技力量和现代化的保护措施；

三、党和国家以及国内外知名人士、广大干部群众，都对乾陵的调查及发掘、保护给予极大的重视，这是搞好乾陵发掘工作的根本保证。

石兴邦建议：中央尽快批准发掘乾陵，并由陕西省政府、国家文物局和中国社会科学院联合组成唐陵发掘保护领导小组，成立由全国隋唐考古研究和文物保护专家组成的考古队；同时，陕西省成立“唐陵发掘和文物保护研究室”，做好发掘的重大课题实验和攻关研究。为积累发掘乾陵的经验，近期可先发掘规模较小的唐睿宗李旦的陵寝——乔陵。

(原载1992年4月25日《人民日报·情况汇编》)

“武则天墓藏宝”传闻近期不绝于耳，专家再次释疑

认识乾陵，勿陷误区

⊙乾陵翼马石雕

我国唯一的合葬夫妻皇帝和迄今所知唯一未被盗掘的唐代帝王陵墓——乾陵，日前再次引起关注。本报文化新闻版去年12月21日曾对发现乾陵“怪圈”进行了报道，今年1月17日又发表了《乾陵，“藏宝之地”呼唤宁静》一文，就社会上对乾陵的一些传闻进行了说明。不过，近期一些传闻仍然不绝于耳，为此，陕西省文物局、乾陵博物馆和西安市文保中心的专家，再次就一些话题进行了释疑和澄清。

“藏宝500吨”猜测缺乏科学依据

日前盛传的乾陵地宫文物有500吨的说法并不科学，也不符合文物考古工作的计量规范。文物工作人员没有在正式场合持这一提法。唐代贵金属质地的文物如金银器的计量，最大为“两”，约相当于今天的40克左右，最小计量为“字”，相当于今天的1克。用吨计算两朝皇帝玄宫内包括书法作品、丝织品等在内的珍贵文物，明显缺乏学术和专业素养。这一说法来源于几年以前的文学作品。至于有人说乾陵玄宫内埋藏了当时唐王朝1/3的国家财富，也是没有根据的猜测。

“乾陵怪圈”有待进一步研究

所谓“怪圈”是新闻界的提法，但确实客观存在。早在10多年前，有人就在观察卫星照片时发现这一情况，而在现场很难看到。最近，乾陵博物馆工作人员在唐燕国公李谨行墓（4号墓）周围进行勘察时，的确看到人为扰动的多个点，与李谨行墓是等距离的，直径约110米，其时代、用途还有待进一步调查、考证。另外，有关人员在卫星照片上还看到以乾陵主峰梁山为中心的圆环，其直径达400公里，东到黄河，西到青海、甘肃。这一大圆圈，与乾陵考古风

马牛不相及。

“武则天墓”提法不科学

将乾陵称为“武则天墓”的提法，屡次出现在各种媒体上，甚至权威的主流媒体也持这一说法。这一提法就地点而言，没有错，但就其历史文化内涵而言，则不科学。清代陕西巡抚毕沅将乾陵称为“唐高宗乾陵”，唐代以来民间将乾陵又称为“姑婆婆”，当地将“姑”读为“瓜”，是对家族中德高望重的老年妇女的尊称。这些提法都不科学。历史学家郭沫若所称的“乾陵——唐高宗与武则天合葬墓”的提法是最全面而科学的，一般称乾陵是可行的。

下宫考古调查 并非考古发掘

“玄宫”是唐人对帝王陵墓室的称呼，在《唐会要》等典籍中多次出现。而下宫是唐代帝王陵的附属建筑。唐代帝陵下宫在主陵的西南方位，是守陵人员包括陵署官员、军人、宫人的活动场所。当然，这些人在不同区域执持不同的分工。下宫也是谒陵帝王进入陵区以后的休憩准备之处。下宫一般都是一组大的建筑群。这次下宫遗址的调查表明，乾陵下宫规模相当宏伟，且有内外两重城垣。许多读者或观众，误将下宫考古调查理解为乾陵发掘，造成混淆。

（原载 2007 年 1 月 26 日《人民日报》）

⊙乾陵远眺

《乾陵保护总体规划》获国家文物局批准

由陕西省文物局、西北大学文化遗产保护规划中心编制的《乾陵保护总体规划》，近日获国家文物局批准。这个规划将推动乾陵的考古调查、勘探与保护利用工作更加有序发展。

2006年，国家文物局、财政部制定《国家十一五期间大遗址保护总体规划》，乾陵被纳入陕西唐陵大遗址保护项目。2007年4月，乾陵博物馆委托陕西省文物局、西北大学文化遗产保护规划中心编制《乾陵保护总体规划》，先后有数十名专家学者参与了规划的调研和编制。2008年6月，该规划经陕西省文物局组织有关专家讨论并反复修改，2010年11月上报国家文物局。按照国家文物局专家组的意见，规划经过多次修改完善，终获批准。

唐乾陵保护总体规划将由陕西省人民政府公布实施。规划的主要内容包括考古与保护项目、遗址展示项目、基础设施项目、环境整治和绿化项目等。

规划对乾陵实行整体保护

规划指出，过去乾陵一直以内城为保护界限，对外扩展至神道与外阙与乳阙。但是随后考古工作者发现了比内城更大的外城，让保护区域面积扩大了一倍。

本次规划中要通过有效的保护管理措施和保护技术措施，对乾陵实行整体保护，彻底消除和有效控制对遗址造成破坏的各类人为因素和自然因素，确保遗址安全。

根据《中华人民共和国文物保护法》的相关规定，规划将乾陵的保护区域分为保护范围和建设控制地带两个等级。保护范围面积953.04公顷，建设控制地带面积1694.76公顷，总面积2647.80公顷。其中，保护范围包括两部分，一部分是乾陵主陵区及永泰公主墓、章怀太子墓、懿德太子墓、刘仁轨墓等六座陪葬墓陵园园墙外延100米。另一部分是陪葬墓区，包括其余陪葬墓封土本体边缘外延50米作为保护范围。保护范围内的土地应以文物保护用地为主，为城乡建设的禁建区，不得新建与文物保护无关的其他建设工程。

考古调查全面获取遗址信息

按照乾陵考古规划，考古调查确定了“以深入调查、全面勘探、精确测绘为主，小面积发掘为辅，全面获取遗址信息”的工作思路，按计划逐年度展开工作。详细考古调查的结果，将为世人展现一幅接近真实的唐帝陵图像，使人们真正体会到乾陵的宏伟巨制，感觉到唐帝国的实力与气魄。

陵域范围：据历史文献记载，乾陵陵域巨大，周长八十里，但学术界目前对这一范围之认识尚处于模糊状态，对乾陵陵区周围进行考古调查，在30平方公里范围内探寻其东西南北四至界限与有关历史遗存，验证史载“周八十里”是否有据。

外城遗址：外城是近年新发现的乾陵地面重要建筑，其环绕于内城之外，与内城共同组成了乾陵“重城”的宏伟格局，是唐十八陵中所知的唯一两重城垣结构。2006年陕西省考古研究院在内城东侧220米处探得不十分明显的条状夯土，在内城北门之外200米处的断崖上也发现有断断续续的夯土遗迹，很可能与所谓“外城”有关。通过全面调查与勘探，确定其布局、性质、结构，是下一步考古工作的目的。

内城遗址：内城发现甚早，是乾陵最重要的陵园建筑遗迹。平面基本呈方形（只有西南角隅略内收），周长约5920米。四面墙垣正对山陵处设东南西北四门，各门外现存有双阙与石刻，四角现存有角阙遗迹。计划对整个城垣及角阙、门址、门阙进行全面调查和勘探，了解城垣及相关遗迹的布局，测绘精确的遗迹分布图。

下宫遗址与其他陵区内的建筑：下宫是唐代帝陵陵园的重要组成部分，是帝王谒陵时的驻跸与斋沐场所，也是大臣巡陵和日常祭祀的场所。乾陵下宫遗址经2006年陕西省考古研究院初步勘探，范围与布局已大体清楚。下宫有内外两重宫城，总面积达145540平方米。

陪葬墓分布、数量与墓园建筑遗迹：乾陵陪葬墓分布在陵园的东南方向，现可基本确定并保留有封土的陪葬墓有15座，与《唐会要》所载21座陪葬墓尚缺6座，已经发掘的有5座。计划对陪葬墓分布范围进行大面积钻探，一是寻找是否还有其他陪葬墓，二是了解每座陪葬墓的墓园布局。

古道路：乾陵陵园除了南面的神道以外，很可能还有通往下宫的道路、陵园内部道路、陵园通往各个陪葬墓的道路，通过地面调查、考古勘探期望找到这些古道路的遗迹，找寻乾陵陵园的古道路网络。

与陵园相关的其他遗迹，如陶窑、采石场：在建造乾陵陵园的过程中，势必有专门为陵园建筑提供砖瓦的陶窑。2008年乾陵博物馆在陵园西侧发现窑址群，后经陕西省考古研究院钻探，共发现42座陶窑遗迹，保存状况较好。可通过进一步的调查和勘探寻找其他窑址并搞清窑址的分布规律和陶窑结构。除此之外，还可在梁山寻找雕造乾陵石刻的石料采石场遗迹。

（据2013年8月8日《西安日报》）

我国首次发现隋唐殉人墓葬[①]

陕西凤翔这一发现为研究我国古代社会发展史提出新课题

我国考古工作者近年来在陕西省凤翔县雍城遗址内，相继发掘隋唐殉人墓葬四十九座。

以人殉葬是奴隶制社会的一个重要标志。在封建社会进入鼎盛时期的隋唐时代，竟然有如此多的殉人墓葬，令人吃惊。这一重要发现，在国内还是首次。它为研究奴隶社会和封建社会的发展史提出了新课题。

1983 年 10 月，陕西省雍城考古队在勘察清理秦都雍城宫殿建筑遗址时，先后发现了两处共约六千多平方米的隋唐墓地。经过两年七个月的发掘，至今已清理墓葬三百一十四座。其中隋墓九座、唐墓三百零五座。共殉葬人牲一百二十一人。殉葬者多在墓道中部或上部，其状惨不忍睹：或大劈，或砍头，或削足，或剁手，有的被肢解后乱置于填土之中，最多的一座墓中殉葬十二人。

据《史记》记载："秦献公元年，止从死"。史学界根据以往的考古发掘也普遍认为，用牺牲活人去殉葬，从秦代以后就废止了。而这批隋唐墓中大量"人牲"的出现，对这种传统观点提出了质疑。

专家们对墓葬和出土文物作了初步分析，八百多件随葬器具大都出自中唐时期的墓葬。出土的一批白瓮碗，玉盒，三彩马，枕等，工艺讲究，质地精良；直径仅三厘米的首饰银盒，镌刻着一对在莲花池中穿游的鸳鸯，图纹细腻逼真，令人惊叹；青铜剪刀和镊子，咬合严密无缝，做工不凡；特别是一把十四厘米的铜制组合日用器具，象折扇一样张开，可见刀、锥、锉、镊、耳勺和刮具六件器具，酷似今天组合用具的结构，反映出唐代封建经济的繁荣和生产工艺的先进。在这批墓葬中，发现十八个墓主尸骨上留着铠甲残片。十七号墓墓主，身上不仅有铠甲残片，还有一个三厘米高的铜盒，内装"经咒绢图"。经精心剥展，残碎的绢纸上，用毛笔书写的千字经文，至今字迹清晰，绢中画着一位佩剑盘坐的武士。墓主双下肢呈"0"型。考古工作者据此推断，墓主可能是长期骑马征战的武将。据考证，唐代凤翔一带处于回纥、突厥族等少数民族与唐王朝拉锯争战之地。面对累累尸骨，专家们提出了三种看法：一、殉葬者可能多为战俘；二、殉葬者可能是尚处于奴隶制时代的少数民族的奴隶；三、早已建立封建制的唐王朝，在一些地区还保留着奴隶制的旧制和习俗。这说明在新旧制度交替过程中，新制度的建立并不意味着旧制度的彻底灭亡。

（原载 1986 年 5 月 13 日《人民日报》）

---

①本文发表后，在海内外引起较大的反响，中央人民广播电台当日广播，海内外多家报刊转载。

昭陵六骏浮雕部分残缺被发现

十四蕃君长石刻像残躯大部被找到

名闻遐迩的唐昭陵六骏浮雕部分残缺，最近被考古工作者在昭陵北司马门建筑遗址中发现，同时被发现的还有昭陵9个以上蕃君长的石刻残躯和残片。

“昭陵六骏”是唐太宗李世民开创大唐帝业时所乘过的六匹骏马，它们都曾伴随李世民在削平群雄而纵横驰骋的战场上献出了自己的生命。白居易诗中曾云：“太宗旨在振王业，王业艰辛告子孙”，为了告诫子孙创业的艰辛，同时也对与他相依为命的六匹骏马的怀念，李世民在贞观十年（公元636年）诏令画家阎立本先把“六骏”形象画出，然后令工艺家阎立德刻在石屏上，置于昭陵北麓祭坛之内。“昭陵六骏”采用高浮雕表现手法雕刻而成，是中国古代雕刻艺术的珍品，也是中华文物的稀世珍宝，被鲁迅先生赞誉为“它是前无古人”的。在20世纪初曾被美国商人勾结国内古董商将昭陵六骏中的“飒露紫”和“拳毛骊”盗卖，现藏在美国费城宾夕法尼亚大学博物馆。另外四骏即“特勤骠”、“青骓”、“白蹄乌”、“什伐赤”，古董商又勾通美国商人将其打成块企图装箱盗卖运往国外，后被爱国民众发现追回，现收藏在西安碑林博物馆中。长期以来，人们为它们的残缺而叹为憾事。在2002年8月至12月的昭陵北司马门建筑遗址的考古发掘和清理中，考古工作者意外地发现了六骏中“青骓”的后腿关节浮雕残块和“特勤骠”中的蹄腕浮雕残块，使这两件稀世珍宝的部分残缺得以弥补。同时还确定了六骏坐落的原始位置并发现了六骏的坐落底座。

还使人惊喜的是，考古工作者还发现了9个以上的蕃君长（少数民族的酋长或周边国家的国王）石刻像残躯和残片。据史书记载，在昭陵北麓还安置着14尊蕃君长石刻像，现在博物馆中仅存一件不完整的蕃君长石刻像，其余13尊不知去向。在这次考古发掘清理中，发现了大量石刻像躯体残片，经考证可能有东部朝鲜半岛的新罗王，西部西域的高昌王、龟兹王、焉耆王、于阗王，青藏高原的吐蕃赞府，青海吐谷浑河源郡王以及南亚的林邑王以及4个突厥可汗等被唐太宗征服归顺的少数民族酋长或周边国家的国王。在这些石刻像底座下，都镌刻着初唐书法家殷仲容所书写的隶书。这些残像身份清楚，相貌服饰各具特色，其中一尊石像背后有7根长辫垂直至腰部，还有的石像头部拳发戴冠，以表现不同的族属，可谓生动逼真、栩栩如生。这些石刻像残躯的发现，为研究大唐帝国开疆扩土、民族融合和中外文化交流都有着重要意义。

（原载2003年1月8日《人民日报·海外版》）

“昭陵六陵”何时回故里团聚？

中美联手修复昭陵二骏纪实

“昭陵六骏”是原置于唐太宗昭陵北麓祭坛两侧庑廊的六幅浮雕石刻。在中国浩如繁星般的古代文物中，盛唐时期的“昭陵六骏”绝对是顶级的石刻艺术精品。然而“六骏”中的“飒露紫”和“拳毛騧”，1914 年被盗卖流失到美国，现存费城宾夕法尼亚大学博物馆。其余“四骏”珍藏在西安市碑林博物馆中。2010 年，西安的三位文物修复专家赴美国成功参与修复这两匹离群的骏马，这是中国首次派文物专家赴国外参与修复流失海外的中华文物。

人们期待两骏得到有效的修复保护，也期待这两匹离群的骏马能尽早回归故里，与其他四匹骏马团聚。

“昭陵六骏”如何被盗流失海外？

位于陕西省礼泉县的昭陵，是大唐帝国皇帝——唐太宗李世民和文德皇后的合葬墓，墓旁祭殿两侧有庑廊，“昭陵六骏”石刻就列置其中。

据史料记载：“昭陵六骏”石刻的原型是唐太宗李世民生前最喜爱的 6 匹战马，是他辅助其父唐高祖李渊平定四海、建国立邦时所乘的坐骑，它们分别名为：飒露紫、拳毛騧、白蹄乌、特勒骠、青骓、什伐赤。唐贞观十年（公元 636 年），李世民诏令大画家阎立本先画出六骏图形，由石刻家阎立德依画形雕刻于华山石上。李世民亲自作诗 6 首（即“六马赞”），赞扬每匹马的风采，并命大书法家欧阳询抄录下来刻在“六骏”旁边。

考古发掘表明，“昭陵六骏”在唐末时，便遭到了破坏，在此后的 1000 余年中，尽管当地历代官员对“六骏”呵护有加，但多年来自然和人为的破坏还是让“昭陵六骏”饱受磨难。民国初年，它们更是遭受了灭顶之灾。

“飒露紫”和“拳毛騧”是被如何盗运到海外的，由于缺少文字记载而始终没有断论。

2001 年 2 月，美国费城宾夕法尼亚大学博物馆华裔研究员周秀琴女士，借助该馆的有关档案，披露了宾大收藏“二骏”的经过。

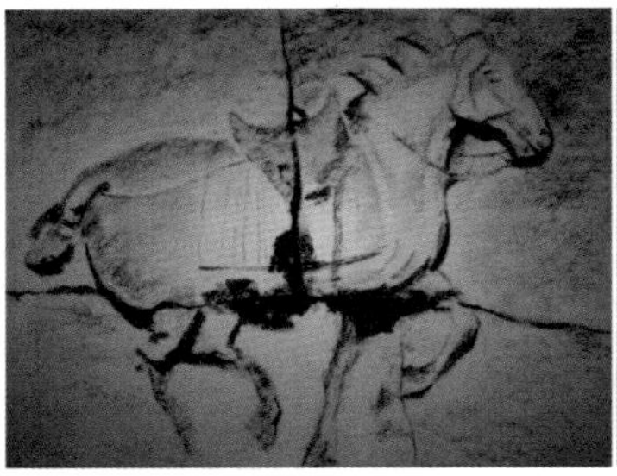

⊙特勒骠

⊙青骓

⊙什伐赤

⊙飒露紫

⊙拳毛騧

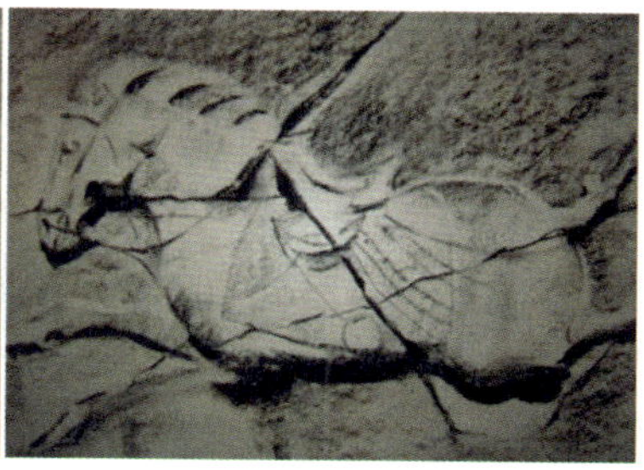

⊙白蹄乌

1918年3月9日，时任宾大博物馆馆长的高登，首次在纽约看到了已经运抵美国的“二骏”石刻，非常兴奋，并致信物主——纽约来远公司老板卢芹斋（华裔），表示愿意购买。而后他立即报告博物馆董事会，请求筹集卢的索价15万美元，并将两件石刻从纽约运抵宾大免费展出。直到1920年年底，一位名叫埃利基·R·约翰逊的慈善家给宾大博物馆捐款15万美元，宾大又与卢讨价还价，最后以12.5万美元成交。直到现在，这“二骏”石刻在宾大展示的基座上，还放着这样一个牌子：“埃利基·R·约翰逊先生捐赠。”

另据卢芹斋1927年9月10日的回忆录称：“二骏”是1912年被一个外国人唆使文物贩子从陕西昭陵盗运出的。文物贩子在搬运这些沉重的石块时被当地民众发现并截获，由当时的陕西省官员予以查收。1915年，当时的民国总统袁世凯要求地方政府将“二骏”运到了北京，成为袁世凯的个人收藏。“几个月后，他们通过另一个人卖给了我们。此事绝对合法，因为这是由国家最高权威卖掉的。”在回忆录中卢芹斋这样写道。

至于“昭陵六骏”是一起遭遇“黑手”，还是分批遭遇厄运，今天已不得而知，但有一点是肯定的——“六骏”遭到了肢解，它们当初是被分割成大小不同的碎块装箱运往西安的，“飒露紫”和“拳毛騧”后被转运到了北京，大约在1916年至1917年被偷运至美国，而其他“四骏”，先前放置在西安图书馆，1950年被人民政府收藏，一直保存在西安碑林博物馆至今。

“昭陵六骏”情系大洋两岸

长期以来，昭陵是中外专家研究的重要对象。西北大学外语学院葛承雍教授经过多年研究，终于解开“昭陵六骏”来源的谜底。他以突厥语作为突破口，分析了贞观年间唐帝国通过外域贡马、俘获战马、互市买马等不同途径进入中原的“古月马”，认为大都来自突厥或突厥汗国控制下的西域诸国，通过语源学研究，求证了“六骏”名号分别为突厥高官号或表示人与马赞美的突厥语。这项研究成果在美国引起连续反响，《世界时报》、《侨报》等纷纷开辟专栏介绍，很多人为此驱车前往费城宾大博物馆参观“二骏”。

国人对“昭陵六骏”非常关注，尤其是陕西人，对“昭陵六骏”有着深厚的情结。辛亥革命的元老、陕西三原人于右任老先生，就对“昭陵六骏”特别关注，早年他曾多次去昭陵观摩“六骏”。1918年他回陕就任陕西救国军总司令时，得知“六骏”遭遇厄运，曾痛心疾首地赋诗道：“六骏失群图尚在，追怀名迹感无穷……”新中国成立后，身在台湾的于右任曾多方奔走，极力想促成“昭陵六骏”的团聚。

1972年中美关系解冻，当时的美国国务卿基辛格访华前，曾向美国一些名流征求“送什么礼品给中国最好”的意见。杨振宁先生曾建议美国政府让“昭陵六骏”的“二骏”回到中国团聚，可惜此事的背景复杂，他的意见未被采纳。

陕西省考古研究院名誉院长的石兴邦先生，是一位著名的考古学家，他与台湾“中央研究院”前副院长张光直先生，也一直为“昭陵六骏”团聚一事殚精竭虑、呕心沥血。1986年夏，石兴邦应美中学术交流委员会的邀请，以访问学者的身份在美考察了3个多月，与张光直一同为“昭陵六骏”团聚展开斡旋。目前，石兴邦先生仍在关注着“昭陵六骏”的回归。

2008年，西安曲江大明宫遗址区保护改造办公室以及大明宫基金会、大明宫研究院等单位，把注意力放到了流失国宝“二骏”的身上，希望在大明宫国家遗址公园建成的时候，“六骏”能聚首大明宫……

2008年12月30日，西安市市长陈宝根专门致信美国费城宾夕法尼亚大学博物馆馆长霍杰斯博士以及宾大校长古特曼女士，代表西安市人民政府对宾大博物馆和大明宫国家遗址公园建立起的初步合作表示祝贺，对双方研究探讨唐“昭陵六骏”团聚的方案表示关注和支持……西安市副市长、西安曲江新区管委会主任段先念对赴美修复“二骏”尤为关心，他对此次活动提出了严格的要求与希望，甚至对一些细节问题都亲自过问……

2009年年初，美国宾大博物馆在收到一笔校友的捐赠款之后，决定对馆藏“二骏”进行必要的修复和保护。

其实，“二骏”在1918年被宾大博物馆收藏后，它们一直是重点保护的对象，被覆盖上有机玻璃保护罩，放置在重要的保护区域内……

但时间毕竟过去90多年了，再加上当年“二骏”被运抵美国时，是由一个个碎块拼接起来的，近百年过去了，“二骏”有点“不负重荷”，为了外出展览的需要，宾大博物馆决定启动修复工作。起初他们决定全靠自己的力量，在文物修复专家的督导下，由处理重型艺术品的专业人士仔细分解拆除，然后清理蒙在“二骏”身上的积尘，进行重新组合，同时为“二骏”量身定做钢支撑结构，增强其稳定性。宾大还决定邀请陕西省唐大明宫文物遗址保护基金会委派两三名中国文物专家赴美协助修复，以便“二骏”将来可以安全赴外展出。

西安曲江大明宫保护办及陕西省唐大明宫遗址文物保护基金会得知这一情况后，非常重视，迅速制定了派遣中国文物修复专家参与修复的工作预案。2009年4月14日，大明宫基金会开始招募赴美进行文物修复的志愿者，此后，由国内知名文物专家所组成的评审委员会经过预审、初审，最终确定了人选，由年轻的文物修复专家周萍、杨文宗、刘林西担负重任。

⊙中美专家正在修复拳毛騧

据了解，“二骏”经历了上千年的自然侵蚀及人为破坏，被盗前已经破损严重，沉积了许多尘垢，在被盗时又蒙受了“肢解酷刑”，其修复工作并不是一件容易的事情。中国的三名专家与宾大的两位专家一起组成了5人修复团队，中国专家主要负责对“二骏”的“补全”工作。

为此，中国专家专门带来了昭陵六骏石材原产地富平县宫里镇的石材石粉，并制定了完整的修复方案。修复“二骏”的消息引起海内外的关注。在美访问的北京大学考古文博学院教授周双林博士还专门赶到修复现场，指导修复工作。来自西安的专家还带来了2003年考古发掘出的“昭陵六骏”脱落残缺的石膏模块，其中一个石膏模块经过现场对比后，已基本确认和“拳毛騧”的马断裂部分吻合。经过为期三周的精心合作，修复“二骏”已取得阶段性的成果。

“昭陵六骏”企盼故里团聚

西安曲江新区管委会副主任、大明宫保护办主任、大明宫基金会秘书长周冰在接受记者采访时说：“昭陵六骏”牵动了炎黄子孙太多的感情，对于流失在外的“二骏”，我们要看到它们既是民族瑰宝的代表，也是全人类的艺术佳品，此次中美联手对其进行修复，是中国首次派文物专家赴国外参与修复流失海外中华文物的国际交流活动。修复后，让文物有序流动起来、适度地巡展，其价值和意义更为重要。

对国人而言，“二骏”能否回归中国，是一个不可回避的问题。就民族感情而言，当然是希望“二骏”早日回家。但从全人类共有的文化遗产角度来看，“二骏”无论在哪里，都昭示着人类文化艺术的精华，它是人类共同的财富。

话虽如此，但争取让“二骏”回归的呼声一直很高。早在1986年，著名文物专家石兴邦先生在和宾大斡旋后，征得国家文物局同意，拟采取文物互赠的方式解决问题，即美方赠我“二骏”，中国回赠美方相应的两件文物。但终因当时的西安碑林博物馆“昭陵六骏”展品说明词上“（‘飒露紫’和‘拳毛騧’）被美帝国主义盗取[①]，现存费城宾大博物馆……”的字眼而别生变故，此议便搁浅至今。

现存于西安碑林博物馆的其他“四骏”，被保护得十分精细。在碑林博物馆的石刻艺术馆中，“昭陵六骏”一字排开，非常壮观。但遗憾的是，其中流失的“飒露紫”和“拳毛騧”二骏为复制品。记者在这里采访时，一位游客感慨地说：如果“二骏”能回归祖国，“六骏”团聚在西安那该多好呀……

“二骏”最终能否回归，一些业内人士持谨慎态度。但对中美两国的专家共同修复“二骏”的举措都倍加赞赏，这毕竟是中国首次派文物专家赴国外参与修复流失海外的中华文物，具有极强的示范效应。

陕西省唐大明宫遗址文物保护基金会国际事务理事王友群对记者表示，他们还在不断努力推动“六骏团圆”，但“二骏”回国展出并非一己之力就能完成的，涉及各方面问题，宾夕法尼亚州大学博物馆也需经过董事会投票。但他借用宾州大学博物馆负责人的话说，“修复是为了出行做准备”，相信六骏团圆“有希望”。人们期待着在美“二骏”的顺利修复，也期待着“昭陵六骏”能团聚在西安大明宫国家遗址公园……

（与王保国合写）

①后改为流失美国。

骊山考古发掘重现唐玄宗杨贵妃风流旧迹

华清宫雄姿可辨　贵妃池清泉又注

⊙华清池杨贵妃沐浴雕塑

古代东方园林奇观——唐华清宫何处寻觅？我国考古工作者经过5年多的考古发掘和研究证实，唐华清宫规模恢宏壮丽，汤池星罗棋布，是今日华清池游览区的10倍。

现今的华清池，楼阁水榭相映，山水风光旖旎，是新中国成立后在明清华清池的旧址上，按唐式风格扩建重修的。据史书记载，唐太宗李世民在骊山秦汉“骊山汤”和北周“皇堂石井”的基础上，“面山开宇，从旧裁基”，修建离宫别苑，赐名“汤泉宫”。面对金碧辉煌的宫殿、明澈如镜的池和萦回长流的温泉，他曾亲笔书写了著名的《温泉铭》；唐高宗李治将“汤泉宫”改名为“温泉宫”；唐玄宗李隆基即位后，改“温泉宫”为“华清宫”，并增建楼台亭阁，新起巨殿美景，共有十汤、十殿、七楼、四园、三亭、三台、一洞，“园林洞壑之美，殆非人境”。自“安史之乱”之后，由于连年的兵燹战乱和都城东迁，昔日华清宫娇媚景观被历史尘埃掩埋。

1982年4月，临潼县政府在修建华清池“贵妃亭”处理地基时，发现了唐华清宫和汤池的遗址。经过5年多钻探发掘，基本查清了华清宫的范围和规模：全宫水平投影面积约为56万平方米，加上山地面积将在60万平方米以上；而今日华清池的总面积约为5.9万平方米，仅是唐华清宫的1/10。现已发掘清理的唐华清宫和汤池遗址约4200多平方米，为该宫的东南角遗存，出土了大量唐代莲花瓦当、方砖、条砖等建筑材料和器物，宫殿殿址排列整齐，保存基本完好。尤使人兴奋的是，泯失千年的“星辰汤”、“太子汤”、“莲花汤”、“贵妃汤”和“长汤”已重现姣容。

在“星辰汤”东北和正北、正西方向30米至45米处，为唐玄宗、杨贵妃和嫔妃们御用和专用的汤池“莲花汤”、“贵妃汤”和“长汤”。“莲花汤”构造奇美，周环数丈，为二层台式。第一层台深80厘米，面积为63.6平方米；第二层深70厘米，平面呈规整的八边形；池中有双进水口和双出水口。驰名中外的“贵妃汤”，也叫“贵妃池”、“芙蓉汤”，比“莲花汤”精美玲珑。它也为二层台式，上下二层面积分别为10.44平方米和6.5平方米。“莲花汤”和“贵妃汤”现已溢满泉水。

（原载1988年1月16日《人民日报》）

丝绸之路再添传奇色彩　西安发现北周大墓

1400 多年前，中亚就有人在丝绸之路和长安任爵做官，死后并葬于京城长安——西安发现的北周大墓和陕西最早的石椁，为中西文化交流提供了重要佐证，并给丝绸之路增添了新的传奇色彩。

最近，西安市文物保护考古所在西安市北郊汉长安城遗址以东约 3.5 公里处的一处建筑工地，发掘出土了一座北周时期的大型夫妻合葬墓。该墓坐北朝南，全长 48 米，主要由 5 个天井、5 个过洞和穹窿顶墓室构成。在每个过洞的入口左右两侧各有一幅壁画，现已仅存残迹，墓室门由砖墙封闭。此外，还发现少量人骨。

西安市文物保护考古所所长孙福喜介绍说："这座大墓首次出土了有关粟特人的文字资料，除部分汉字外，尚有一种尚不能辨认的文字，与《大秦景教流行中国碑》相比较，它很可能是古波斯文或其他文字。这对研究公元 4 世纪至 8 世纪长期把持丝绸之路贸易的粟特人，尤其是分布于中亚、被中国史书称为'昭武九姓'（即康国、史国、曹国、石国、安国、小安国、乌那陀国、叱它罗国和米国等九姓建的国家）的少数民族具有重大价值。"

据现有出土资料介绍，墓主人是"昭武九姓"中的史国人，其祖父、父亲和墓主都曾长期担任"萨保"（一种身兼商队领导的宗教首领）一职，妻子为康国的康氏。墓主人生前曾任"凉州萨保判事"，以高级官员的身份主办河西走廊的商务以及主管少数民族向中原迁徙活动。孙福喜说："凉州（今武威一带）所在的河西走廊是中亚西亚至长安等中原地区最重要的中转站，墓主的萨保地位显贵，在丝绸之路的中西交流活动中的作用尤为显要。"

经初步测量，占据墓室中心位置的石椁长约 2.46 米、宽 1.56 米、高约 1.78 米，整体是仿木结构歇山顶殿堂建筑。因部分石椁仍为土所掩盖，石椁里面内容尚不清楚，但石椁的雕刻、绘画十分精美，从以妓乐为主的减地中浮雕刻画（多为彩绘，局部贴金）和许多人首兽身、人身兽首或人身鸟首图案及墓葬形制判断，该墓葬除了有粟特人的祆教特色外，尚有佛教、摩尼教、景教（早期基督教）等宗教文化成分。

对此，孙福喜认为，"这不仅为从文化艺术史角度研究唐代早期的雕刻、绘画及栗特人的习俗葬制等提供了珍贵的实物资料，还为进一步认识唐都长安及其以前的长安提供了重要的研究资料，并可推断出粟特人早已聚居于长安，长安地区其时已有多种宗教流传。"

据专家介绍，栗特人当时主要居住在中亚阿姆河与锡尔河流域；史国人属粟特人一支，主要居住在今乌兹别克斯坦和撒莫尔罕一带。我国南北朝时期，正是中国境内南北文化融合和中西文化交流融合的重要时期。西安北周大墓的发现和发掘为中国南北文化和中西文化交流融合提供了难得的文字和实物资料。

（原载 2003 年 8 月 26 日人民网）

千年前长安城已是国际性都市

继北周安伽墓、史君墓等栗特人墓葬之后，最近西安市北郊又发现名叫康业的栗特人墓葬，该墓葬及石围屏上精美的线刻山水图证实，1400年前的长安城生态良好，环境优美，迁居着大量沿丝绸之路到长安城的栗特人，从而证实了汉至唐时期的长安城已成为对外开放、商贾云集、人气旺盛的国际性都市。

据专家介绍，栗特人是公元3至8世纪生活在经塔吉克斯坦到乌兹别克斯坦附近的撒莫尔干地区的昭武九姓的通称，他们“善商贾”，信奉拜火教，语言为吐火罗语，有自己独特的民族风俗，是丝绸之路上重要的控制者。今年4月，西安市文物保护考古所在西安北郊坑底寨村北，南距北周安伽墓约150米，东距北周史君墓约2000米处，又发现名叫康业的栗特人墓葬。该墓形制为斜坡墓道穹隆顶土洞墓，由墓道、甬道和墓室3部分组成。据西安市文物保护考古所所长孙福喜、副所长程林泉等专家介绍，墓室线刻画和墓主人的葬俗，反映了栗特人迁居长安的生态环境及其习俗的汉化影响，说明长安城北已有成片的栗特人群聚村落。

记者仔细地观看了墓围屏上的线刻画图，发现10幅画中共有70多位男女主人、侍女、随从等线刻像，其中在第4至第6幅画中，有深目高鼻或高鼻秃头、身装胡服的胡人12名，特别是人物都置身于葱茏茂密的山林花草之中。画幅中，山峦起伏，云气缭绕，垂柳依依、泉水潺潺，鸟在天空飞翔，牛卧草地吃草，全然是恬静安然的生活写真，不禁使人想起长安“灞柳风雪”、“折柳赠别”和“曲江流饮”等景象，说明古长安之所以能吸引境内外商贾汇聚，重要条件是因为这里有着良好的人居生态环境。

据了解，该墓是截至目前国内发现的第七座有围屏石榻或石椁的栗特人墓葬，出土的墓志详细记载了墓主的国属、仕途及下葬年代，说明墓主人康业系汉魏隋唐时期昭武九姓胡国之一的康国国王后裔，死于北周天和六年(公元571年)，死后被诏封为甘州刺史。墓主尸骨用丝绸裹葬，没有经过栗特人葬俗的二次瓮葬(栗特人葬俗为人死后，经狗食鹰啄后火焚，再用瓮收骸骨埋殡、无棺椁)，采取的是汉人葬俗，说明康业生前在长安旅居时间较长，汉化程度较高，也说明汉至唐时人口达百万的长安城是胡人商贾旅居的首选都市。

(原载2004年11月25日《人民日报·海外版》)

西安重建大唐西市

重振大唐雄风，再开现代丝绸之路，西安市决定在唐长安城西市遗址上重建大唐西市。如今，这一重现盛唐风貌、建筑面积达百万平方米的大唐西市工程，正在西安市古城墙西南如火如荼进行。负责这一工程投资建设的西安大唐西市置业有限公司，主动斥巨资对遗址进行保护，受到社会各界的瞩目与赞扬。

据今 1300 前的唐长安城东市和西市，是盛唐时长安城最著名的两大商贸购物市场，今人常说的“买东西”就源于此。据史书记载，东市主要是长安城市民购日常生活用品的地方，而西市是当时世界上最大的国际商贸中心和唐代丝绸之路的起点，号称“金市”。西市位于唐皇城西南，占地 1600 亩，经营品种繁多，囊括 220 个行业，其中有金融业的雏形——“柜坊”，柜坊可代人存放钱财和贵重物品，凭信物支取，亦可长期存放。西市不仅经营琳琅满目的各类商品，而且荟萃国内外的奇珍异宝，《太平广记》一书中曾记载了西市珍奇的王四郎金子、神秘的镇国宝碗；《南部新书·已》记载：“胡人慧眼，善识宝，西市胡人贵蚌珠而贱蛇珠……”；此外，西市的美酒、美食闻名遐迩，酒肆中貌美胡女的歌舞，经商胡人举觞痛饮，文人墨客的畅饮赋诗，构成了盛唐歌舞升平的景象。李白曾赋诗赞曰：“五陵年少金市东，银鞍白马度春风；落花踏尽游何处，笑入胡姬酒肆中”。白居易也曾赋诗：“东邻有富翁，藏货遍五都，东京收粟帛，西市鬻金珠”。因战乱乐昌公主与丈夫离散，凭借离别时各持的半面铜镜而团聚的“破镜重圆”的故事，就发生在西市；天宝十年正月十五西市元宵灯会，杨贵妃家人和广平公主为了进西市而发生争执，最后竟要玄宗皇

⊙大唐西市效果图（局部）

帝出面调停，西市繁盛可见一斑。

大唐西市再建工程，被列为陕西省、西安市“十一五”重点建设项目和全国光彩事业项目。该工程占地500亩，投资约35亿元，工程按盛唐建筑风格，由我国著名女设计大师张锦秋领衔设计，内设文化艺术中心、古玩艺术品交易中心，现代大型购物中心、酒店和商务会展中心以及丝路文化街区、中华美食街区、休闲娱乐街区、高尚人文古韵住宅等，其中在遗址原地建设的遗址保护展示和大唐西市遗址博物馆，别具特色，尤引人瞩目。

西安大唐西市置业公司具有强烈的文物保护意识。早在2005年工程启动之前，该公司就按《文物保护法》的规定，主动邀请文物部门对长安城西市遗址进行勘探发掘。经国家文物局批准，中国社科院考古研究所在60年代考古勘探的基础上，于2006年4月至8月对该遗址又进行了勘探和考古发掘，出土了一批珍贵文物，建议尽快制定西安遗址保护方案并妥善处理好建设工程与文物保护的关系。考古发掘结束后，西安大唐西安市置业公司立即按国家和省市文物部门的意见，重新调整了原项目设计方案，并委托西安文物保护修复中心和陕西省古遗址保护工程研究中心编制遗址保护方案。该公司决定在已征的土地中，拿出唐长安城西市十字街遗址所占的20亩地全部实施保护，在遗址上建设博物馆和遗址展示厅，总投资达2亿元。日前，记者来到大唐西市北侧的西市十字街遗址，只见街、渠遗址已被回填保护，在此建设的遗址博物馆和展示大厅正在紧张有序地施工之中。

对于该公司投巨资再现盛唐西市和保护遗址的义举受到陕西省、西安市政府和市民们的赞扬。中科院院士、建筑大师张锦秋，中国社会科学院考古研究所研究员、中国古遗址保护协会副会长安家瑶等专家认为，西安大唐西市置业有限公司作为民营企业，不仅致力于“唐皇城恢复计划”工程，而且花费巨资建设博物馆保护国家文化遗产，实属难能可贵，为国内罕见。他们希望该企业所展示的这一种文化遗产保护的新模式和新途径，带动更多的民营企业和社会资金投入到历史文化建设和文物和遗址保护的行列。大唐置业有限公司董事长吕建中在接受记者采访时说，我们要投入到“传承文化、续写历史”的事业中去，为中华民族伟大复兴的事业做出自己的一份贡献。为此，作为全国政协委员的吕建中在今年的“两会”上，写出了《民营博物馆要规范管理促其发展》的提案；5月29日，吕建中被评为西安市文物保护先进工作者。

(原载2007年6月19日《人民日报》、6月29日人民网)

⊙大唐西市效果图（局部）

昔日丝绸之路　今日国际客厅

⊙大唐西市实景（局部）

10月28日上午9时35分，大唐西市广场，礼炮齐响，彩条飞舞，日本前首相村山富市踏上红地毯，登上大唐西市按记载资料复建的“遣隋使号”。

公元607年，一艘木制帆船冒着千难万险，数名由日本国高僧、学者组成的遣隋使团，经过长途跋涉，踏上大兴城（今西安）。1400年后，2007年10月28日，日本前首相村山富市率领500多人组成的日本代表团，再次踏上正向世界敞开胸怀的现代都市——西安，纪念“日本遣隋使入大兴城1400周年”。

全国唯一在原址上重建的以丝路文化和盛唐文化为主题的国际商贸文化产业项目——大唐西市，再次吸引世人眼球。距今1300年前的唐长安城东市和西市，是盛唐时长安城最著名的两大商贸购物市场，今人常说的“买东西”就源于此。据史书记载，西市是当时世界上最大的国际商贸中心和唐代丝绸之路的起点，号称“金市”。西市位于唐皇城西南，占地1600亩，经营品种繁多，囊括220个行业。

2006年年底，中国历史文化名城委员会丝绸之路文化研究中心在西安成立。众多专家参加的丝路文化西安国际研讨会，再度明确了西安在丝绸之路上不可动摇的中心城市地位。“隋唐丝绸之路的起点就在唐长安西市”，与会专家的论断铿锵有力。日本中央大学美尾达彦教授也说，“隋唐丝绸之路的起点是西市，这是不需要证明的！”同年，国家文物部门发文指出，“西市是隋唐丝绸之路的起点和重要标志之一”，建议纳入丝绸之路联合申报世界文化遗产项目的名录。

西安城市的决策和管理者认为：西市所承载的历史记忆是一笔宝贵的财富，是民族文化的一处宝藏。西安决定恢复重建大唐西市，再现丝路文化和盛唐文化。

恢复重建的大唐西市项目位于西安市劳动南路西侧唐长安西市原址，规划用地500亩，总建筑面积近128万平方米，总投资35亿元人民币。项目被列为陕西省、西安市“十一五”重点规划建设项目和全国光彩事业项目。项目涵盖了盛唐商业民俗文化组团、文物遗址博览组团、丝绸之路风情组团、大型现代商务、现代Shopping Mall组团、大型现代住宅组团等，融旅游、购物、休闲、娱乐、餐饮、商务、酒店、演艺、展览、体育等功能于一体。项目开发分两期进行。一期工程已于2006年10月份启动，整个项目将于2010全部完工并投入使用。

一方面，大唐西市充分利用丝路起点的特殊地位和巨大的号召力，积极参与各项与丝路有关的活动，宣传西安，推介西市，吸引原丝路国家来大唐西市进行商业贸易，吸引外国朋友旅游、参观、购物。大唐西市负责人多次往返丝路沿线国家，积极倡导在大唐西市设立丝绸之路交易会永久场馆，得到各国商会的积极响应。

另一方面，大唐西市项目充分地发挥了原真性遗址的魅力。他们不惜商业开发收益减少，花费巨资进行文物普探和发掘，建造大唐西市的遗迹保护展示厅和博物馆，成为民营企业投身国家文化遗产保护事业的典范。因为正是这些遗迹对项目的文化内涵和品位有大幅提升，成就了西市独一无二的特质，也成为西市最具号召力的资源。

而最为独特的是，大唐西市通过弘扬大唐商业文化精髓，打造具有独特竞争力的商业旅游文化产业项目。以丝绸之路为品牌的丝路风情一条街，不仅可以看到原汁原味的丝路重要节点城市的建筑，买到当地客商经营的土特产品，更能够踱步穿梭于“丝绸之路”，体味异国风情……大唐西市倡导的“丝绸之路交易会”，作为民间发起的一个国际盛会，将促进西市尽快形成巨大的国际商贸市场，成为丝路各国展示经济发展成果的窗口和国际名牌及特色商品集散的平台，增进各国人民的友好往来和传统友谊。

大唐西市董事长吕建中认为，在这个追求和谐发展的时代，文化已经深深地浸入人们的生活。“我们要打造一个能世代流传下去的文化产业精品，成为迎接各国政要和中外游客的西安‘国际会客厅’”。

（原载2007年11月7日《人民日报》）

⊙矗立在西安大庆路上的丝绸之路大型雕塑（局部）

难忘今宵
——夜赏西安唐乐舞

色彩斑斓、闪烁变幻的灯光犹如五彩缤纷的瀑布从空中飞泻而下辉映着舞台。悠扬的唐代乐曲和飞旋的唐代舞蹈把观众领入瑰丽的民族艺术殿堂，带进早已泯灭千年的盛唐时代……

入夜，当记者来到西安唐乐宫时，顿时被眼前这精彩夺目、撼人心弦的唐乐舞所吸引，台上台下热烈的气氛使记者强烈地感受到，尽管夜风已驱散了古都白昼的酷暑，然而，来自五大洲旅游宾客的热情依旧在这里燃烧。

你看，在那如幻似梦的舞台上，那身轻如燕，犹如“嫦娥舒广袖”的“白纻舞”，那蝉纱如云，旋转自如的“霓裳羽衣舞”，那奔放洒脱的“大傩舞”，那古排箫吹奏的名曲《春莺啭》，在大厅里激起暴风雨般的掌声。

“我们这里的演出和饭菜，对客人的胃口，经常座无虚席，加场演出呢！”唐乐宫副总经理李惠英笑吟吟地告诉记者，自 1988 年开业以来，唐乐宫已接待境外旅游客人 130 多万，近 3 年，接待人数每年以 10 万人递增。仅去年，就接待境外宾客 36 万人次，营业收入已达 3000 多万元。

唐乐宫是西安中国国际旅行社和香港高勇投资有限公司合作兴建的现代化餐饮娱乐大厦。八届全国人大代表、西安国旅总经理张小可介绍说，改革开放，使西安旅游业进入丰收的黄金季节。十三朝古都的历史风貌和地下地上得天独厚的文物古迹强烈地吸引着中外游客。

如何丰富海外旅游者健康的夜生活呢？西安唐乐宫用中华民族的高雅的艺术去吸引旅游宾客，让他们在这里充分领略礼仪之邦的美德和东方艺术的魅力。

演出达到高潮，记者的视角又投向演出大厅，只见 550 个茶座满登登的，80% 以上是境外旅游外宾。只见他们一边乐津津地进餐品茶，一边喜滋滋地聆听阵阵乐曲，欣赏翩翩舞姿，个个全神贯注，如痴如醉。

帷幕落下，掌声骤起，全场起立，闪光灯把舞台照如白昼。美国海外研究代表团一对年过七旬的夫妇高兴得合不拢嘴。他们拼命地鼓掌，动情地说：“太精彩了！太精彩了！”他们告诉记者，白天我们到陕西历史博物馆看了唐墓壁画，今夜又看了活的唐墓壁画！中午从北京赶到西安的瑞士某银行一对年轻职员，一边看演出，一边用袖珍摄像机将唐乐舞录下来。他们说，我们一下飞机，就去看唐代的大雁塔、小雁塔，晚上又看这么精美的唐代乐舞，使我们感受到中国历史的悠久和中国古典艺术的精深。他们表示，回国后要把录像放给家人和朋友看，让他们共享这份乐趣。

夜深了。西安唐乐宫里依然灯光灿灿，笑声朗朗。国外宾客们争相与尚未卸妆的演员们合影留念。此情此景，使人们更加领会这个真谛：越有民族性的艺术，就越有世界性。是的，西安唐乐宫就是展示民族艺术的一个窗口，就是民族艺术飞向世界的一片晴空。

（原载 1994 年 8 月 16 日《人民日报·海外版》）

来自考古工地的报告

耀州窑遗址出土唐至元代精美瓷器片三十多万

“这些古窑址真完整，瓷器瓷片真精美！”“自唐至元各代都有，罕见，罕见！”这是来自全国各地的一百多名古陶瓷专家、学者日前参观耀州窑遗址和出土瓷器片时发出的惊叹。近两年来，我国考古工作者对历史名瓷窑——陕西耀州窑遗址的辛勤发掘，已取得丰硕的成果：共清理出十四座制瓷作坊、十八座窑炉，出土唐三彩和低温单彩标本一千多件，以及唐、五代、宋、金、元五代瓷器瓷片三十多万件，为研究中国古代政治、经济、文化和古陶史提供了丰富的实物资料。

中国是陶瓷的故乡，我国瓷器从原始瓷算起已有近四千年的烧造历史，在世界上享有盛誉。

作为历史上六大名窑之一的耀州窑，最早被称为“北方青瓷”的产窑；它烧造的瓷器颜色多为青中泛绿，莹润如碧玉，以精美、质朴的艺术风格在陶瓷艺苑中独树一支，素有“巧如范金，精比琢玉”之誉。陕西省考古工作者经过发掘，上千件泥胎保持原貌，大部分作坊配料、拉胚、施釉、烧成等设施保存完好，连加工坩土的碾槽、上釉用的陶缸及堆料、晾坯的场地都历历在目，有的瓷窑连火膛下的炉齿尚完好无缺。规模如此宏大，保存如此完整，窑炉发展序列如此齐全的古陶瓷遗址，国内以前尚未发现。

出土的五个朝代的三十多万件瓷器瓷片令人叹为观止。完整的、可复原的器物、范模、支垫、匣钵等达数千件。这些瓷器，胎体瓷化程度较高、质地坚硬，瓶、碗、盒、壶、杯、炉、钵上刻有山水、人物、花卉等上百种纹饰、图案。发掘出的由气孔窑洞组成的一组唐三彩作坊和上千件唐三彩器物及标本，十分珍贵。这次发掘打破了唐三彩只在河南洛阳、巩县烧造的传统结论。出土中的葫芦瓶、脉枕等，佐证了孙思邈故乡在唐代就有着采药、炼丹和诊病的高超医术。尤其令人关注的是，早已失传的唐三彩琉璃瓦和龙头套首的首次发现，使人们想象出当年宫殿的富丽堂皇，从而为唐长安城及其宫殿的研究和修复找到了依据。

（原载 1986 年 10 月 28 日《人民日报·海外版》）

陕西唐墓群出土与真人相似的唐俑

中国考古工作者最近在陕西省长安县南里王村发现了唐中宗李歇的韦皇后家族墓群出土了陶俑、金银器、玉器、瓷器等三千多件文物以及精美线雕和壁画，这是中国唐代考古工作的又一重大发现。

这一唐代墓群共有六座墓葬，分别是唐中宗的皇后的四个弟弟和两个妹妹的墓葬，距今已有一千三百多年。这些墓葬建造的庞大豪华，都有墓道、甬道、过洞、天井、壁柜和前后室等。虽然墓室被盗窃过，但从目前发掘的情况看，装饰物和随葬品仍然很丰富。出土的金银器、玉器、瓷器、木器、铜器和铁器，琳琅满目。尤其令人惊羡的是，石棺椁上的线雕，采用麻点式的点线纹样，十分精美。墓室保存了许多壁画，色彩绚丽，人物造型生动，有些人物的造型和服饰是首次见到的。壁画中一反过去唐墓中宫廷画院式的呆泄画风，代之以生动浪漫的写意风格，这在全国唐墓中还是第一次发现。墓中还出现了并列长条形的壁画，开了中国屏风画的先河。

墓葬群中出土的两千多个彩色陶俑，各个造型优美、形象生动，大部分保护的比较完整；气宇轩昂的文官俑、天王俑、高大凶悍的铁墓兽，在唐墓中过去都是罕见的。特别是高达一米五六，与真人大小相差无几的陶俑，在唐代考古中还是首次发现。

（原载 1988 年 1 月 9 日《人民日报·海外版》）

我为日本设计重建奈良木塔

陕西省文物局为日本重建奈良市西大寺木塔所作的设计方案制作模型，于二十八日在西安通过了专家评审。

在一千多年前的唐代，奈良曾与中国进行频繁的文化交流。奈良西大寺创建于公元七六四年，是日本佛教真言律宗的发源地。其建筑吸收了唐代建筑的风格，寺内有东、西两塔，后被毁，只保存了东塔基座。去年五月，奈良日日新闻社与陕西省文物局就重建西大寺东塔的设计达成了协议。由陕西省文物局承担的西大寺东塔重修方案，设计时参考了唐墓中的壁画建筑和敦煌壁画，以及西安小雁塔、山西应县木塔等。文物局同时组织了具有丰富古建筑经验和技术的工匠，按设计图纸制作了缩小为三十分之一的两个模型。人们看到，这个木塔为四面五层楼阁式，既显示了唐代建筑风格，同时也充分考虑了日本奈良时期的建筑特点。

（原载 1989 年 1 月 30 日《人民日报》，与王兆麟合写）

唐华清宫御汤遗址博物馆对外开放

“春寒赐浴华清池，温泉水滑洗凝脂”。泯失千年的唐玄宗与杨贵妃风流沐浴的汤池旧迹今日重现娇容——壮丽典雅的陕西临潼唐华清宫御汤遗址博物馆，在亚运会开幕前落成竣工，今日起对国内外游客开放。

唐华清宫御汤遗址博物馆经过文物考古、建筑设计和建筑施工部门专家、职工夜以继日的协同奋战，历时 103 天，终于提前使保护工程竣工，不仅展现了泯失千年的盛唐御汤建筑群富丽华贵的风韵，而且使袒露 8 年之久的这一著名遗址得以珍存保护。

唐华清宫汤池遗址位于华清池园内，1982 年 4 月，在温泉水源北侧修建“贵妃池”时发现的。经过考古工作者近 3 年的发掘，在 4200 平方米的发掘面积内清理出唐华清宫“星辰汤”、“莲花汤”、“海棠汤”、“太子汤”、“尚食汤”5 个汤池遗址。其中“雕镌巧妙、殆非人工”的莲花汤是唐玄宗李隆基沐浴的御汤；状如盛开的海棠花、内置莲花喷头的“海棠汤”，是杨贵妃沐浴的汤池。

华清宫汤池遗址保护工程由汤池修整复原、四组新建仿唐建筑、遗址道路、室外工程、温泉水改道以及汤池文物陈列室等部分组成。新建仿唐建筑面积1800平方米，总投资350万元。整个建筑体现了古朴、典雅、洒脱的唐代建筑风格。

（原载1990年9月24日《人民日报·海外版》）

唐长乐公主墓对外开放

遐迩闻名的唐太宗李世民昭陵陪葬墓之一的长乐公主墓，自1986年发掘之后，经过5年的清理修复，于11月1日正式对外开放，成为陕西省又一旅游人文景观。

长乐公主（公元621—643年），名丽质，是李世民生前喜爱的第5个女儿，系长孙皇后所生，13岁下嫁长孙冲，23岁暴病而亡。长乐公主墓与昭陵仅一沟之隔。

步入长乐公主墓道，可见天井、过洞、壁龛、甬道、墓室，全长48.18米。墓道两侧分别绘有精美的壁画，壁龛内放置着陶俑等陪葬品。壁画中不仅绘有腾飞的苍龙，长啸的白虎，奔驰的骏马，还绘着气宇轩昂的甲胄仪卫、端庄丰盈的仕女和惟妙惟肖的男侍。特别是墓道绘着的云中车马，更是令人赞不绝口：在瑞气流云中，两匹骏马驾着红色木车奔驰，辕端雕饰龙头，轭顶饰红缨，车后两侧各插一面5旒红旗，车厢中坐3人，其中一老者长髯飘拂，端坐中央，神态安详，栩栩如生；车厢左下方有一摩羯，张嘴伸舌，鳍尾俱全，是唐墓壁画中难得的上乘之作。第2过洞口上的3间重楼建筑，不仅显示了唐代高超的绘画技巧，而且为研究唐代的政治、经济、文化和建筑，提供了新的佐证。

（原载1991年11月4日《人民日报》）

仙游寺法王塔地宫初步揭秘

⊙仙游寺地宫发掘现场

为世人瞩目的陕西省周至县仙游寺法王塔地宫今日初步揭秘：发现迄今为止最大的石函，石函内藏有被丝绸缠裹的鎏金铜棺。

仙游寺位于西安西南80公里处的终南山金水之畔。据文献记载，为隋代建寺。距今已有1400年历史。仙游寺因唐代大诗人白居易在此写下千古绝唱《长恨歌》而名扬海内外。

仙游寺法王塔是我国目前现存唯一一座隋代7级密檐式砖塔，文物价值极高。随着国家重点工程——西安市黑河引水枢纽工程的兴建，经国务院批准，仙游寺及法王塔进行保护搬迁，异地重建。

法王塔按照“修旧如旧”、“保存原状”的搬迁方案实行整体搬迁，这在我国尚属首次。9月17日，考古工作者从上而下拆卸塔砖到塔身第二层时，发现佛塔“天宫”，内藏石椁一尊，内置一鎏金铜棺。10 月 7 日，考古工作者发现法王塔地宫。

今天，雨后天晴。中午 12 时，考古工作者步入 7 米长的地宫隧道，开始开启地宫石门。进入地宫，发现中央安置着线雕画的盖顶石函一具，其高 40 公分，57.5 公分见方。其上置棕褐色圈足带盖熏香炉一件。石函右侧有方形石碑一通，阳面刻“舍利塔下铭”，其文明载“维大隋仁寿元年岁次辛酉十月辛亥朔十五日丁丑”，皇帝“谨于雍州周至县仙游寺，奉安舍利，敬造灵塔”等字，阴面刻“仙游寺舍利塔铭”，文中载：“窃闻天宫敞而七宝明，舍利现而千光彻”，“此塔即大隋仁寿元年十月十五日置也。至大唐开元四年重出舍利……至开元十三年岁次乙丑十二月十五日甲子朔，庄严事毕，重入灵塔”。

下午 5 时，石函从地宫搬运到文管所清理开启。考古工作者打开石函，发现一倾倒的鎏金铜棺，外用丝绸包裹（丝绸已朽），轻轻剥离丝绸，内有已朽的棉絮，棉絮下有 3 条单股丝绳将鎏金铜棺拴捆，证明此铜棺未被扰动。轻轻刮掉铜棺盖上的铜锈，露出灿灿的鎏金。因精美的铜棺底座与棺盖锈死，清理需费时日，开启铜棺时间只得向后推延。

专家认为，根据碑文，这具鎏金铜棺内可能有仁寿舍利等文物。这次搬迁发现的法王塔隋文帝杨坚供养的仁寿舍利，是迄今为止最大的地宫石函，实属珍贵；发现天宫与地宫同时在佛塔中并存，比过去发现的辽金熙 19 年（公元 1050 年）朝阳北塔提前了 325 年。

（原载 1998 年 10 月 18 日《人民日报》）

西安发现唐长安城礼泉坊三彩窑场

专家呼吁停止未经文物勘察而动工的建筑工地施工，保护这一重要文物遗址。

文物和考古工作者期待和寻找已久的唐代京城长安三彩作坊——礼泉坊三彩窑场，最近被民间收藏家张国柱、李力发现。但由于建筑工地未经文物部门勘察，出土的大量文物残破不全，毁坏严重。专家呼吁有关部门应立即采取措施，制止已经和即将造成的破坏，切实保护这一重要文物遗址。

据专家介绍，我国先后发现的唐三彩窑址有河南巩县黄冶、陕西铜川黄堡、河北内丘、四川邛山来尖由子等窑址。但这些窑址烧造唐三彩的规模都不大，品种单一，且离京城长安较远，不仅满足不了当时社会的巨大需求，而且以当时运输条件而论，将大批易碎的唐三彩运到京城也是不现实的。因此，考古专家们断言，在唐长安城内或附近应有大规模的釉陶三彩作坊（窑）存在。但苦于无文献资料和实物佐证，以致成为长期悬而不决的疑案。

从去年 6 月开始，酷爱文物和陶石器收藏的空军某基地政治部主任张国柱和陕西国防科工办干部李力，从西安城不到 2 公里的老机场基建工地的废土堆中，相继捡回了上千块的陶器和唐三彩残片，他们利用业余时间挑选、冲洗、拼对，又查阅了大量考古和文献资料，发现这些残片种类繁多、涵盖而广，大体可分为人物俑类（有天王、文史、武士、男士、仆人及胡人、风帽俑等）、动物俑类（有马、骆驼、鸽子及 12 生肖）、残器类（有罐、碗、流、粉盒等）以及陶坯、陶范、支烧架及釉料等。这些残片大多数是在制作唐三彩过程中，先入窑未烧成的不合格的陶坯，可能是作坊当做废料弃倒出来的，也有少量完整陶器可能是在建筑施工中被损坏的。尽管目前尚未发现一件完整的俑及器物，但经过筛选、拼对、黏结，使这些唐三彩再现了昔日色艳釉亮的多姿多彩以及制作唐三彩的工艺流程。特别是出土的双目彪圆、神色凶悍的天王俑头，眉目清秀、神态文静

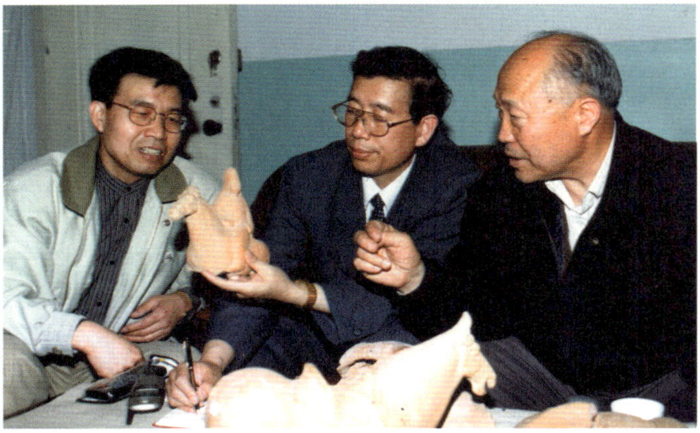
⊙本书作者（中）与石兴邦先生（右）和张国柱（左）一起欣赏长安礼泉坊出土的文物

的文吏俑头以及发髻高扬、丰盈秀美的仕女俑头，个个栩栩如生，令人赞不绝口。更令人惊喜的是发现了一块刻有“天宝四载……祖明”字样的陶片，证明了这一大型三彩作坊建于公元745年盛唐年代之前，由于它处在唐长安城礼泉坊内、南临外贸市场的西市（长安城分东市、西市两大贸易市场，故今日说“买东西”的“东西”就出于此），专家认为烧造三彩的窑址应在这些残片出土地附近，该窑址应命名为唐长安礼泉坊三彩窑场。

日前，记者随张国柱、李力及《收藏》杂志社负责人杨才玉等赶赴西北航空管理局基建工地，只见几座舍楼已拔地而起，正在铺设水电暖气管道，从沟道两旁的堆积黄土内，仍可拾到陶器残片及釉料残块。据了解，窑场遗址可能在楼北老机场跑道之下（也不排除在已建的楼房之下），但这些楼房在基建前并没有进行文物勘察，据说下半年新的楼房又要在飞机跑道处破土动工。陕西省考古研究所名誉所长石兴邦研究员和唐耀州窑考古专家杜葆仁研究员目睹此状，动情地发出紧急呼吁：立即制止这种破坏性的基建，抢救这一弥足珍贵的唐长安礼泉三彩窑场刻不容缓！

（原载1999年6月1日《人民日报·海外版》）

西安发现柳宗元撰文墓志

我国唐代著名文学家柳宗元亲自撰写的一通墓志铭，前不久由西安碑林博物馆从长安县民间征集入库珍藏。这块墓志为青石质，志题“故秘书省校书郎独孤君墓志”，由柳宗元撰文，志文21行，满行22字，楷书，志石四侧刻团花图案。志主独孤申叔，字子重，其名见《新唐书·宰相世系表》，贞元十二年（796年）举进士，贞元十四年（798年）以博学宏词为秘书省校书郎。据志文载：“其为文深而厚，尤慕古雅，善赋颂，其要咸归于道”。《全唐文》中收录有其《却千里马赋》、《处囊锥赋》等赋文和诗7首。独孤氏于贞元十八年卒，年仅27岁。他生前交往的名士极多，其中包括著名的文学家柳宗元、韩愈、刘禹锡等。

撰者柳宗元（773—819），字子厚，河东（今山西永济）人。柳宗元为独孤申叔所撰志文《亡友故秘书省校书郎独孤君墓碣》，见《全唐文》，与出土墓志对照，两文基本相同。这方墓志的出土为研究中唐时期的文学史提供了新的资料，值得重视。

（原载2002年1月9日《人民日报》）

唐代大明宫含元殿遗址保护工程隆重开工

中国、联合国教科文组织、日本国共同保护我国西安唐代大明宫含元殿遗址工程，今天上午隆重开工。

联合国教科文组织驻北京办事处、日本国驻中国大使馆、国家文物局、陕西省及西安市政府领导及有关部门代表400余人参加了今天在大明宫含元殿遗址举行的开工典礼。

大明宫是唐长安城内三大皇宫中规模最大的一座，初建于唐太宗贞观八年（公元634年），高宗龙朔年间（公元661-663年）再次兴建，历代唐皇帝大多在此朝寝，历时240多年。含元殿是大明宫的正殿，位于宫区中轴线上，建成于高宗龙朔三年（公元663年）是皇帝举行元旦、冬至大朝会的场所。天宝十二年（公元753年）元旦，唐玄宗曾在这里举行大型朝会，并会见日本遣唐使藤原清河。200余年间，大明宫含元殿在唐代宫廷政治生活中居有中枢的地位。唐朝末期，含元殿遭战乱破坏，大约最终毁于唐僖宗光启二年（公元886年）的战乱。

1961年，国务院首批公布大明宫遗址为全国重点文物保护单位。1992年，经陕西省政府积极努力争取，联合国教科文组织和日本政府选定西安市大明宫含元殿遗址作为保护世界文化遗产日本信托基金会的援助项目，以协助中国政府开展大明宫含元殿遗址保护事业。

1995年7月24日，中国政府与教科文组织签订了总协议，同时组成由中国、联合国教科文组织、日本国有关人员和专家参加的“中日共同保护大明宫含元殿合作事业委员会”。

陕西省政府和西安市政府对此项工程非常重视，拨出专项配套资金，在人力、物力、财力等方面给予了极大的支持。

不久，经保护复修的大明宫含元殿遗址，将会以更加雄伟、壮观的面貌迎接来自四方的宾客。

（原载2003年5月23日人民网）

铜川玉华宫惊现玄奘亲笔字迹

陕西省铜川市玉华宫肃成院出土的一块佛足印表文残石，其文竟是出自1400年前玄奘之手的文字真迹。这是迄今为止唯一能够确知的玄奘法师亲笔字迹。

作为唐代四大离宫的铜川玉华宫，曾有过十殿五门的恢弘气势，玄奘法师曾在此译经四载并圆寂。据史料记载，玄奘法师在玉华宫期间敬造了两件佛门圣物：一是石刻金刚座，一是石刻佛足印。佛足印，原是佛祖释迦牟尼去世前，留在印度故乡石头上的脚印。在石头凹形的印迹里，密刻着十分讲究的佛教花纹图案。据佛教史料记载，佛足印在印度共有三处：一在摩揭陀国，一在乌仗那国，另一在屈支国。玉华宫佛足印刻石是玄奘在印度取经时，亲礼佛足圣迹后，虔诚拓印回国，在玉华宫译经期间特请高级石工，精心仿制而成。佛教认为见佛足迹如见佛，它与佛祖舍利一样是平日朝拜的圣物。玉华宫佛足印毁于上世纪中叶，残石现藏于西安碑林博物馆。此次在肃成院遗址的发掘中，发现的佛足印残石长约35厘米，宽约25厘米，高约10厘米，上面刻着当年玄奘手书的铭文。经专家鉴定，上面可认的字共有24个半。从右至左为：佛迹记摩揭陀国波吒釐城释迦如来蹈石留迹奘亲观礼图。它的出土澄清了佛足印的历史渊源，即玉华宫之佛足印刻石确系玄奘法师从印度摩揭陀国拓印回国并亲自手书铭文，这是目前唯一能够确知的玄奘亲笔字迹，也是目前国内佛足印藏石中时代最早的。

此外，在玉华宫肃成院遗址还发现了一条与玄奘法师有关的水渠遗迹。据史载，玄奘曾于麟德元年在肃成院跨一小渠时不慎跌倒，从此一病不起直至圆寂。通过这次在水渠中出土的大量唐代遗物和其所处的位置分析，这就是那条与玄奘圆寂有关的圣渠。

（原载2004年5月27日人民网）

灞河大水冲出隋代石桥遗址

一场大水过后，1400多年前的石拱桥遗址袒露于世，这是今天记者在灞河上看到的一奇观。

今天清晨，记者乘车前往临潼参加秦兵马俑发掘30周年暨秦俑馆开馆25周年纪念大会途中，路过灞河，只见铁路新桥和公路桥之间一排石柱桥墩在湍急的河水中屹立，吸引了不少过路行人观看。记者随即前往探查，发现河中已有9座石拱桥墩袒露，加上两侧半露的两座桥墩，共11座石拱桥墩。石拱桥墩间隔约6米，桥墩宽约4米，长约10米（即桥面宽度），石桥墩东西总长度近百米。每个石桥墩均由青石衬底，青石之间用铸铁铆钉联结，桥墩上端配有昂首巨龟，在桥墩遗址东北方还发现了两个石拱桥墩和近百根木桩，尤使人惊喜的是在桥东端发现雕刻精美的石龙头，长约50公分，线条粗犷流畅，造型栩栩如生，一位农妇边看边说："真是大水冲出了龙王头！"

在秦俑馆，记者就这石桥桥墩被大水冲出一事采访了陕西省文物局局长张廷皓和陕西省考古研究所所长焦南峰。专家们认为，这是迄今已发现的我国时代最早、规模最宏伟、桥面跨度大的多孔石拱桥，早在1994年少数桥墩就被考古工作者发现（被评为当年全国十大考古之一），后回填保护，没想到一场大水又让她基本露出了整个姣容。谈到在桥墩遗址附近发现的另两个石桥墩和众多排列有序的木桩时，有人认为加上这些桥墩，整个隋桥可能长达300米，也有人认为，由于木桩中间填垒石头，会不会是河岸码头？对此专家们认为，现在还不能定论，只能等以后全面发掘研究后才能确定。

另据资料介绍，灞河上建桥始于春秋时期，秦穆公称霸西戎，将滋水改为灞水，并于河上建桥，故称"灞"。王莽地皇三年（公元22年），灞桥水灾，王莽认为不是吉兆，便将桥名改为"长存桥"。这次被大水冲露出的灞桥为隋桥，建成于隋朝开皇三年（公元583年），因在桥两侧沿河广植柳树，唐时长安人送别亲友，一般都要送到灞桥，并折下桥头柳枝相赠。"灞桥折柳赠别"便成了一种特有的习俗。每逢早春，柳絮飞扬如雪，遂有"灞柳风雪"之誉。记者站在新修的灞桥公路上相望，发现在不到2公里长的河面上，先后有木桥、隋石桥、明清民国旧桥等遗迹以及新铁路桥、公路桥和高速路桥等从古到今的各种桥梁，堪称活灵活现的中国桥梁博物馆。

（原载2004年10月9日人民网）

陕西潼关发现珍贵隋代壁画墓

我国隋唐考古和美术考古史又有重大发现。今年3月至12月，考古工作者在陕西省潼关县西北10公里的高桥乡税村发掘出一座迄今为止规模最大、等级最高的隋代壁画墓，揭取保存完好的墓道壁画72平方米，出土各类彩绘陶俑等珍贵文物200余件、线刻石棺1具。难能可贵的是，墓道壁画和石棺残刻画生动地再现了隋代社会和皇室的生活场景，为研究隋唐历史和美术史提供了非常珍贵的实物资料。

该墓系长斜坡墓道多天井的单室砖墓，平面呈"甲"字形，坐北朝南，由墓道、7个过洞、6个

⊙图为壁画局部

天井、4个壁龛、砖券甬道和墓室等部分组成。墓道壁画基本采用线勾手法，填色只有黑、红两色，线条流畅，技法纯熟，显然出自高水平画师之手。

墓室内中部偏北置石棺一具，东西向，头部朝西。墓室和石棺内的随葬品经多次盗掘已被洗劫一空。石棺外侧面线刻画的内容有朱雀、玄武、云中仙人车驾、瑞兽等，制作精美。

考古队队长李明告诉记者，根据墓葬形制、随葬品与石棺线刻画的风格判断，该墓系隋代墓葬；根据壁画分析，墓主人应系杨隋皇室成员，最低身份为亲王，不排除生前做过太子或身后被追赠太子的可能。这一隋代壁画墓为探索杨隋皇族墓地和隋代高等级墓葬制度提供了重要线索。

专家认为，对于唐代高等级墓葬的研究，由于资料比较丰富，目前已基本形成序列，然而论及其制度渊源，目前还停留在理论阶段，可供比较的实物资料极其缺乏。此墓一出，联系陕西、宁夏的北周大墓，河北、山东的北齐大墓以及河南的北魏大墓，南北朝和隋唐时期的高等级墓葬制度可一目了然，因此该墓具有承上启下的关键作用。出土的壁画和石棺对隋唐历史研究和美术研究具有重大意义。

（原载2005年12月27日《人民日报》）

大唐华清城华美绽放

骊山脚下，华清池畔，西安临潼国家旅游休闲度假区大型文商旅城市综合体“大唐华清城”于2012年9月28日掀起神秘面纱，一帧唐风唐韵的辉煌胜景华美绽放。这是继大唐芙蓉园、大唐不夜城之后西安打造国际化大都市、生态田园城市的又一鼎力巨献。

⊙华清城之华清坊

大唐华清城位于骊山脚下，紧邻国家5A级旅游景区华清池，占地224亩，由中国工程院院士、著名建筑设计大师张锦秋担纲设计。建筑风格延续了其最具代表的“新唐风”。该项目以唐华清宫保护提升为依托，对唐昭应城遗址进行保护修复，大唐华清城通过细腻的表现手法，构建山、林、水、城一体化的文化旅游景区。是集文化场馆、旅游服务、园林景观、主题雕塑群、商业街区为一体的大型文化、旅游、商贸综合体。

该项目分为地上建筑和地下建筑两部分，地上分为四个功能区：广场区有下沉式的长恨歌广场、霓裳羽衣广场、温泉铭广场、春寒赐浴广场；遗址区主要是建设唐昭应城遗址保护区；园林区则是建设绿地广场；商业区包括西区商业大院、东区商业街和华清餐厅。地下商业综合体则包括休闲娱乐区、高端商业区和综合购物区。项目的建设将极大地完善区域的整体旅游配套，拉动西安市文化旅游产业的跨越提升，促进临潼国家度假区塑造陕西、西安国际旅游新品牌。临潼也必将成为具有国际影响力的旅游目的地和国际化休闲新地标。

（2012 年 10 月）

西安考古首次发现盛唐宫女公墓

根据考古学家最新考古发掘与研究表明，1300 年前部分唐朝宫女在都城附近拥有一处“公共墓地”，其中年已 70 岁高龄宫女墓志等诸多发现，对于人们理解盛唐长安时期的文化风尚和精神面貌等均具有重要意义。

主持考古发掘工作的陕西省考古研究院副研究员刘呆运说，地处长安城西的十余座盛唐宫女墓的墓向基本一致，墓葬形制结构基本相似，时代特征明显，可以说是一处盛唐长安宫女的“公共墓地”。根据考古资料，这批墓葬长 3.5 米至 4.5 米，深 3.5 米至 4 米。墓葬形制结构简单，平面均呈“刀把”形，短斜坡或竖穴带缓坡墓道，一般不带甬道，墓室呈南北向长方形或略呈梯形，拱顶窑洞式。墓葬均为木棺具单人葬，棺具均为纵向置于墓室西部，葬式为仰身直肢，头北足南面向上。

刘呆运说，这些唐朝宫女的随葬品内容雷同，特别之处是在墓葬随葬品中均有漆器，以小型漆圆盒、漆小盝子最多，属于典型的女性用品。而 7 方宫女墓志的出土，发现其中有九品至六品的宫女安眠于此，表明这处长安宫女墓地应该是唐长安宫女按照礼制安置的结果。

从墓志铭文内容看，唐代皇宫内的侍女有明确而严格的品阶官衔，有九品直至六品阶衔。从铭文反映的宫女生平来看可分两类人，一类宫女从选秀入宫直至死亡，一直生活在深宫，老死不得出宫；第二类宫女似乎只能侍奉一朝天子，待皇帝死后，被辞配于寺庙或尼姑庵中削发为尼，终生不得婚嫁，即墓志中称之为“亡宫尼”，死后还以宫女的身份和官阶埋葬。

刘呆运说，墓志铭文有浓郁的佛教色彩。这为研究唐代皇宫内宫人的政治制度、生活及死后的丧葬制度等提供了重要实物和文字资料。

（据新华社记者冯国 2013 年 2 月 26 日报道）

耀州窑可能为柴窑遗址

“柴、汝、官、哥、定”被誉为我国五大名窑，柴窑位居首位，最早见于明代曹昭《格古要论》。曹昭认为“柴窑出北地，天色青，滋润、细腻有细纹，多是粗黄土足，近世少见”。其产品“青如天，明如镜，薄如纸，声如磬”，长期以来，学术界对于柴窑产品的认定和柴窑的产地多有讨论，但囿于证据不足，至今未有定论，成为中国古陶瓷研究中的一大难题。

早在上世纪七十年代，随着耀州窑考古发掘工作的全面展开，五代耀州窑的地下堆积层展现在考古工作者的面前。倒流壶等精美的耀州窑瓷器让一些考古人员浮想联翩，考古队的卢建国、禚振西等人根据耀州窑考古中发现的一些五代青白釉瓷器，就探讨过五代耀州窑青釉瓷的精品很可能是柴窑的想法。

1985 年在郑州召开的中国古陶瓷学会年会上，耀州窑考古专家禚振西在《汝窑、柴窑与耀州窑的几个问题》的论文中，明确提出耀州窑遗址出土的五代天青釉瓷器多，提出耀州窑可能是柴窑的看法，但因没有其他的出土文物能够印证，这一论点没有得到古陶瓷学会专家的赞同。

近20多年来，伴随着大规模城市改造的进行，西安市的古陶瓷研究者在城市改造过程中采集到大量的五代耀州窑瓷器标本，釉色淡青、釉质晶莹，这些标本在耀州窑博物馆都看不到。民间收藏爱好者走街串巷，到处搜集这些珍贵的标本，把它们保存起来，为研究耀州瓷和柴窑作出了重要的贡献。这些瓷器和标本与文献记载中的柴窑非常相似，引起了他们研究和探讨柴窑的极大兴趣。

2001年，《收藏家》第八期刊登了禚振西先生的文章《柴窑探秘》，再次阐述了1985年的观点，明确提出五代耀州窑精品瓷器很可能就是柴窑，她的观点得到了西北大学文博学院博士生导师、中国考古与艺术研究所执行所长周晓陆的赞同。

2009年2月，《收藏界》杂志发表了王学武《解开千年之谜——柴窑》的文章，“色如天、薄如纸、明如镜、声如磬”，有些带有“官”字款的精美瓷器引起了陶瓷界的广泛关注。值得一提的是，文章中列举的许多五代耀州窑标本是白色的瓷胎。当年5月，经西安市文物局批准，陕西省成立了第一个民间柴窑文化研究机构——西安柴窑文化研究所。

近两年，陕西富平陶艺村“村长”徐都锋，在富平县城不远的地方采集了大量的陶瓷片，其中有不少五代耀州窑的标本。为了证实五代耀州、富平等地可以烧出白胎青釉瓷，他用当地的瓷土和釉石烧出了壁厚仅一毫米的青白釉瓷，说明五代耀州窑的白胎瓷器可能是用当地的材料烧制的。

民间的古陶瓷研究引起了中国古陶瓷学会的关注，中国古陶瓷学会在会长耿宝昌先后对耀州窑博物馆、陕西省考古研究院、陕西历史博物馆等文物机构收藏的耀州窑出土标本和瓷器进行了考察，还观看了西安民间收藏的一些标本，认为从不少方面看，耀州窑与历史文献记载的柴窑似有某些相近之处。

（据2013年7月31日《陕西日报》）

咸阳发现上官婉儿墓

上官婉儿，这位被今人称为集美貌与智慧的才女，在历史上到底是个什么人、又有着怎样的经历？近日，考古工作者发现的上官婉儿墓，有望解开世人的谜团。

近日，我省考古人员在西安咸阳国际机场附近发现一座破坏较为严重的唐墓，从墓志铭上得知，墓主人是唐代著名女政治家上官婉儿。

目前考古人员正对墓葬进行清理和发掘，预计很快将发掘完。墓志的出土也令不少历史学家关注，中国唐史学会副会长、陕师大教授杜文玉说，由于此人身份特殊，结合史书一定会解决一些历史问题，该出土的墓志中除溢美之词外，记载的历史，也对还原上官婉儿和唐朝这段历史有着重要的价值。

上官婉儿生于664年，死于710年7月。又名上官昭容，是唐高宗时期宰相上官仪的孙女。祖籍唐朝陕州陕县人。她是唐代女官、女诗人、皇妃。她的一生可谓大起大落，跌宕起伏，与武后、中宗相始终。凭借才气，她一步步登上权力高峰，并影响了当时的文风。史载，公元710年，李隆基发动政变，诛灭了韦后一党，其中就包括唐代著名的女政治家上官婉儿。而她死后葬于何处，一直以来都是一个谜。

曾经在央视百家讲坛讲“神探狄仁杰”的陕师大教授于庚哲说，期待着能够破解一些历史谜团，比如上官婉儿如何取得武则天的信任？她为何被称为“巾帼宰相”？对于上官婉儿被杀，当时如何评价的。此外，该墓也将破解上官婉儿死后葬身何处的谜团。

（据 2013 年 9 月 10 日《新华网》、《华商报》）

唐朝名相韩休墓葬抢救发掘

唐玄宗时，他高居丞相之职，唐玄宗为用他而宁愿自身消瘦；他儿子所画的《五牛图》为中国十大传世名画之一。他就是唐代名相韩休，近日，我省考古专家对其墓葬进行了抢救发掘。

盗墓贼移动硬盘有壁画照片

发掘该墓葬的线索来自盗墓贼，更与 2010 年我国从美国追回的国宝文物——唐代贞顺皇后（武惠妃）敬陵石椁的案子有关联。

陕西历史博物馆文物征集处处长师小群告诉华商报记者，武惠妃石椁的案子是由杨彬为首的犯罪团伙所为，他们将壁画切割后进行盗卖。当年在追索石椁时，考古人员从警方缴获的该犯罪团伙的移动硬盘中，发现了许多壁画照片，除武惠妃敬陵壁画外，还有其他墓的唐代精美壁画。这些壁画令师小群寝食难安。最终，他通过西安市公安局刑侦局、省监狱管理局说服正在监狱服刑的杨彬。去年下半年，杨彬指认其盗掘、拍摄的唐代壁画墓地址，位于西安市长安区大兆街办郭庄村。

古墓被打 4 个盗洞令专家揪心

最终，考古人员经过勘探发现该墓葬竟有 4 个大盗洞，盗洞的精确程度令人吃惊，最大的一个直接打到了墓室内，令考古专家揪心。考古专家下到墓室内，惊喜地发现壁画依然存在，而且保存完好。今年 2 月，报请省文物局、国家文物局批准后，由陕历博和省考古院联合组队对该唐墓进行抢救性发掘。历时半年的发掘，已经取得阶段性成果。

经考古确认，该墓深约 11 米，坐北向南，墓道至墓室总长约 40 米，是一座由长斜坡墓道、4 个过洞、5 个天井、甬道和墓室组成的唐代高等级墓葬，虽然遭到严重盗扰，但墓葬形制基本完整。在发掘中，发现墓道、过洞、天井部分仅在墙面隐约有白灰层以及红色影作木构痕迹，过洞仅存一个壁龛未被盗掘，出土陶俑若干。

陕西墓葬壁画首现芭蕉树

令考古专家最为惊喜的是，墓室大致呈边长为 4 米左右的方形，除入口外，其他三面均绘有精美壁画。这些壁画的绘画技法娴熟，水平十分高超，这些壁画保存得清晰完好，而且题材罕见。

考古专家介绍，墓室东壁上绘有乐舞图、西壁是屏风图、南壁绘有玄武图。遗憾的是，玄武图已遭破坏。华商报记者发现，在乐舞图中，分为男乐舞团和女乐舞团，有的在奏乐、有的在跳舞，个个表情生动、形象逼真。在男女乐团中间，以一棵树隔开。师小群说，这棵树是芭蕉树，在南方和海边比较多见，在西北壁画中十分罕见，就他所知，这在我省壁画中也是首次出现。

墓主官居丞相 刚正不阿、不求名利

考古人员在该墓葬中发现了两盒墓志，通过对墓志的初步释读，该墓是唐玄宗尚书右丞韩休、夫人柳氏的合葬墓，其夫人下葬年代为天宝七年（公元 748 年），目前夫人墓志已清理出来，韩休墓志还在清理中。

韩休，在唐玄宗时期高居丞相之位，在《新唐书》、《旧唐书》、《资治通鉴》等史书中均有记载。据史书记载，韩休可谓刚正不阿、不追求名利的名相。 在《资治通鉴·韩休为相》中介绍，唐玄宗曾为其消瘦。当时丞相萧嵩认为韩休性情淡泊，容易控制，于是将韩休推荐给唐玄宗。没想到韩休担任丞相时守正不阿，萧嵩渐恶之。唐玄宗有时宫中宴乐及后苑游猎，偶尔玩得过度了，就会问左右的人“韩休知否？”话刚完，韩休的劝谏书就来了，唐玄宗常对着镜子默然不乐，左右随从说，韩休担任丞相后，玄宗的容貌都消瘦了，为何不罢免他？玄宗叹曰：“吾貌虽瘦，天下必肥。萧嵩奏事常顺旨，既退，吾寝不安；韩休常力争，既退，吾寝乃安。吾用韩休，为社稷耳，非为身也。”（萧嵩禀报事情常常顺从旨意，他退下以后，我无法安睡。韩休经常据理力争，辞别以后，我睡得很安稳。我任用韩休是为了国家，不是为我自己啊。）

韩休非西安人 而是秦皇岛人

有关专家告诉华商报记者，虽然韩休的墓志尚未清理，但根据已有的部分墓志内容，至少推翻史书上的两个错误，也揭开了壁画中缘何出现“芭蕉树”的谜团。

据《旧唐书·韩休传》和欧阳修等人编著的《新唐书·韩休传》，均记载韩休为京兆长安人，而墓志显示，韩休为昌黎人，秦皇岛昌黎县是“唐宋八大家”之首韩愈的祖籍地。专家分析，昌黎临近渤海，可能生长有芭蕉树，所以在韩休墓室的壁画中绘有芭蕉树，也就显得不足为奇了，可能是家乡的一种象征。令专家兴奋的是，墓志中提到了韩休的儿子韩滉，史书记载韩滉弟兄五人，而墓志显示弟兄应该是七人。

专家介绍，韩滉也曾官居丞相，而且是著名画家，其创作的《五牛图》，以淳朴的画风和精湛的艺术技巧，表现了唐代画牛所达到的最高水平，上面有宋高宗赵构、著名画家和书法家赵孟頫等众多名家的题记。该画在清末被劫出国外，新中国成立后被重金购回。《五牛图》为中国十大传世名画之一，被专家誉为九大“镇国之宝”之一。

（据 2014 年 8 月 22 日《华商报》）

丝路起点的重要印证

古丝绸之路在陕西留下了众多的印记，特别是在西安碑林博物馆馆藏国宝级文物中，有两件至关重要的丝绸之路的历史印证。第一件是《大秦景教流行中国碑》，刻于唐建中二年，记述了当时景教（基督教聂斯托里派）在唐代贞观年间传入中国及其后一百多年流传中土的情况，表

现了唐朝政府当时包容、自由、宽松的思想政治环境，对研究我国古代对外交流和宗教文化，有着非常重要的意义。第二件是《大夏石马》，这是目前发现的唯一一件有大夏纪年的文物。大夏是东晋十六国时期少数民族匈奴族赫连勃勃建立的国家，大概在如今陕西北部和内蒙古部分地区。正因如此，西安碑林博物馆的《大秦景教流行中国碑》和《大夏石马》可谓是印证了丝绸之路上中土与西域国家频繁沟通交流的铁证。

（原载 2015 年 1 月 15 日《陕西日报》）

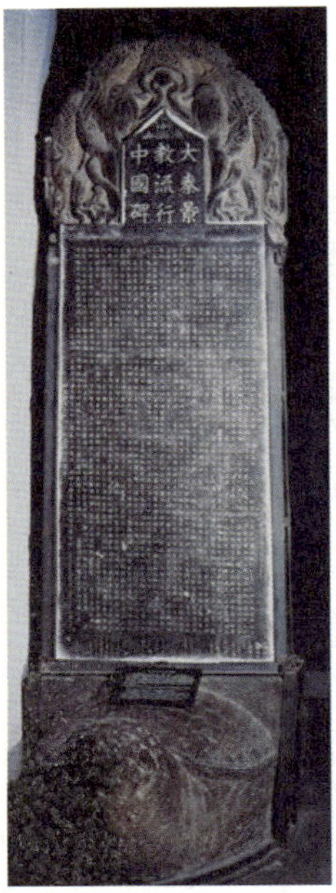

⊙大秦景教流行中国碑

⊙大夏石马

佛光辉映法门寺

第八辑

法门寺及地宫文物出土纪实

国宝：法门寺佛指舍利

千年等一回

——佛指舍利安奉合十舍利塔有感

唐宗七次迎佛指，
卅年一开盼盛世。
法难之后藏地宫，
舍利隐身无人知。
真身塔下眠千年，
忽报彩虹降人间。
轰然惊坍法门塔，
奇珍异宝令目眩。

佛指显灵惊环宇，
四海佛徒泪沾衣（注1）。
指骨安奉合十塔，
天降“甘露”与“花雨”（注2）。
宝塔巍峨耀天日，
佛光大道人如织。
千年圣地迎盛世，
万众瞩目法门寺。

注1：佛指舍利出土后，在开光仪式上拍照，照片灵骨上方闪现奇异影像；送泰国、韩国及我国台湾、香港瞻礼时，万人空巷，盛况空前。

注2：佛指出土面世时，天降甘雨；佛指安奉合十舍利塔当日，天空又降中雨，抬头忽见舍利塔两侧禅联书写：“圣入莲宫浮图拔地迎甘露，天飞花雨舍利腾辉耀法门”。

法门寺地宫揽宝[①]

秦始皇兵马俑的旋风，已经席卷世界；起于扶风法门寺的旋风，正在兴起、呼啸……

真玄！一个突发性的新闻，在关中平原迅速传播着，令人瞠目咋舌：

“在扶风法门寺，发现了一个珍宝库！”

“珍宝库里金银财宝数不清，光金子就拉了几汽车！”

“听说这些珍宝金贵得很，能换回几个香港哩！”……

⊙法门寺外景

1987 年春夏之交，当自然界季候性的强大台风还未在东南沿海登陆的时候，这股“法门寺珍宝库”的强劲旋风却在西北黄土高原刮了起来。它吹遍了三秦大地，送进了千家万户。

但是，“马路消息”总是不准确的。耳听是虚，眼见为实。心中的疑窦，驱使我必须到实地考察一番。

揣上采访笔记，乘上西去汽车的时候，我的心绪不禁有点惊喜和紧张：“难道这果真是继秦始皇兵马俑之后，考古工作的又一惊世发现？”

法门寺——风云变幻的历史在大地上的一个舞台；而静眠于冥冥世界的地宫，却藏着一个千古之谜。

五黄六月，正是关中麦熟丰收的时节。密麻麻、沉甸甸的麦穗，纷纷喜滋滋地向我们点头；灼灼的夏风，送来了阵阵醉人的麦香。我们从古城西安出发，顺着坦荡如砥的柏油马路，向西驱车 118 公里，便来到了闻名遐迩的扶风法门寺。

法门寺坐北向南，欢迎来客，寺院大门巍峨壮观，门楼两边青色围墙别具风格，雕刻着翩跹的凤凰、滚舞的狮子、飞驰的麒麟、腾云的游龙。步入寺门，几株翠柏古槐，将寺院点缀得异常幽

①此文在《人民日报·海外版》和上海《新民晚报》刊登后，曾被《新华文摘》等多家报刊转载。

静雅致。举目仰望昔日那雄峙高耸的十三级八棱砖塔，已发现荡然无存，院内却堆放着坍落拆卸下的塔砖；走进寺院中央，只见一个大帐篷，帐篷下是新开启的地宫，凑近俯瞰，地宫石门洞开，里面已是空空如也……

我感到有些失望。

“地宫中出土的四枚佛指舍利和大量金银器、琉璃瓷器、珍珠玉石、丝织品等，已搬运到县博物馆妥存了，”考古发掘队副队长韩伟解释说，“迟早会使你一饱眼福的。”接着，他和在县博物馆工作多年的罗西章一起，向我们介绍了法门寺的历史——

法门寺始建于东汉桓、灵二帝时代，距今已有 1700 多年，素有“关中塔庙始祖”之称。当时，它和洛阳的白马寺，被称为西东两大寺院。兴盛时占地 600 顷，有僧尼 5000 人。据佛家传说和史书记载，释迦牟尼灭度以后，笃信佛教的阿育王把佛的遗骨分成 84000 块，役使神工鬼力，同日在世界上修造了 84000 座佛塔，分葬佛骨舍利，法门寺即为我国安葬佛真身舍利的五个佛塔（还有二十一、十九、七塔之说）之一，宋《闻见后录》云：“寺有古塔十层，瘴佛手指骨一节”，故名“真身宝塔”。“因塔而建寺，寺因塔而著名”……

老韩和老罗的话，令人心醉神迷。我们漫步来到寺院大雄宝殿前的甬道上，见有一块青石，石上两处凹陷成坑。他们见我凝目神惑，突然问道：“你看过传统戏《法门寺》吗？石上的坑，就是民女宋巧姣告状时用膝盖跪磨成的啊！”

我的心猛然一怔：原来这出戏的故事源于此地！我似乎听到了宋巧姣拦轿喊冤的哭诉声，似乎看到她直哭得寺松巨柏针叶落，满天飞鸟珠泪流，连膝下坚硬的拜佛石也伤心得酥软如泥的情景……

“这是发生在明朝正德年间，九千岁刘瑾陪皇太后来法门寺降香时的故事”，罗西章沉思片刻，颇有感触地说，“其实，在风云变幻的历史长河里，法门寺就是一个小舞台，远在唐代，近在‘文革’，这里都演出了一幕幕惊心动魄的戏。”他滔滔不绝地打开了话匣——

⊙坍塌一半的明代法门寺真身宝塔

唐代帝王，大都崇拜佛教。据史书记载，唐代每隔三十年开塔迎佛骨一次，宣称“开则岁丰人和”。从唐太宗贞观五年（公元 631 年）到懿宗咸通十四年（公元 873 年），大张旗鼓的迎佛骨活动就有七次。唐太宗时，就地开示“屯聚塔所，日有数千”；唐高宗时，迎奉佛骨经长安而至于洛阳宫内供养，“京邑内外，道俗连接二百里间往来相庆”，四年间，皇帝曾供奉钱五千，绢四千多匹，其间女皇武则天舍“所寝衣帐、直绢一千匹”，并为舍利造金棺银椁，“数有九重，雕镂穷奇”；武周长安四年冬启发舍利，沿途“顶缸指炬者争先，舍财投宝者耻没”、“竟施异供、香花鼓乐之妙，朦聩亦可睹闻”……最为狂热莫过于懿宗、僖宗之时。迎奉舍利时，“僧俗广造浮图，宝帐、香舆、幡、幢、盖、皆饰以金玉、锦绣、珠翠”，“佛骨至京师，导以禁军兵仗，公私音乐沸天烛地，绵亘数十里”，“富室夹道结彩楼及举办无遮会，竟为侈靡”，连唐懿宗也“御安福门，降楼膜拜，流涕沾臆”。

⊙法门寺塔基及唐代地宫遗址全景

佛教的盛行，曾使“齐民逃赋役，高士著幽禅”、“耕桑日失隶，朝暑时遗贤”。唐武宗时，全国大中小寺院达44000座，僧尼26万人，占地数千万顷，“天下之财而佛有七八”。笃信道教的唐武宗曾下令灭佛，“陈释教之弊，宣告中外”，并指明要毁掉法门寺，然而，执行者却以“奉辰（皇帝）之命者，弥殄影骨，君子从权之道也”为理由，砸碎佛骨中的“影骨”（模仿的佛骨制品）“以塞君命”。唐代大文学家韩愈，目睹迎佛骨的“闹剧”，写《论佛骨表》一文上书谏诤，触怒宪宗，被远贬到广东潮州（今潮阳县）任刺史。“一封朝奏九重天，夕贬潮阳路八千。欲为圣明除弊事，肯将衰朽惜残年”的悲歌，成了千古绝唱。

天地沉浮，兴衰更迭。明代隆庆年间，法门寺木塔倒塌，万历年间修十三级砖塔时，据传曾开启过地宫。《扶风县志》记载：“木塔崩，启其藏视之，深数丈，修制精工，金碧辉煌，水银为池，泛金船其上，内匣贮佛骨，旁金袈裟尚存。”因修塔皆为信男善女，仅恭览而未敢挠动。

又据法门寺附近的一位古稀老人回忆：1939年，一位下野将军朱子桥，后来笃信佛教，当了慈善家。他募捐修塔，也曾开启过地宫后室。当他吊灯往下看时，被灿烂夺目的奇珍异宝惊呆了。突然灯火被窒息而灭，地宫内冷气袭人，森然可怕。为了保护地宫，他慌忙叫人盖好后室藻井石盖，原样封埋。他对外谎称说：地宫甬道内青蛇盘绕，万不可闯入！……

塔中是否有佛骨，塔下是否有地宫，地宫内是否有珍宝青蛇，这对今日笃信“眼见为实”的人们来说，一直是个谜。1966年9月，红卫兵“破四旧”来到了法门寺。他们挥镢扬锨，挖地三尺，想探探塔基下有无地宫、“四旧”和“蛇神”。面对这种亵渎和破坏，寺院梁新法师一气之下引火自焚。红卫兵们惊愕失措，加上人人精疲力竭，不得不半途辍工。好险啊，再挖50厘米就能触及地宫后室！否则，将是一个怎样“史无前例”触目惊心的破坏！

“芝麻、芝麻，开门吧！”面对赤诚勤奋的人们和岁丰人和的盛世，地宫宝库终于敞开了自己的心扉……

春来春去，日出日落。时间交错着春、夏、秋、冬四个银蹄，把历史驮进了20世纪80年代。

由于地震、淫雨等缘故，苍老倾斜的法门寺十三级砖塔，于1981年8月21日下午，“轰隆”一声坍塌了一半。剩下的塔身东半边像一位佝偻的老人，身子虽失去了平衡，却依然倔强地耸立在那里。古塔倒塌，引起陕西省党政领导的关注，为了保护周围群众的安全，并使古塔再现姿影，省政府决定拆残塔重新修建。1985年，干部、民工和考古工作者，搭筑脚手架，将塔的残体明砖从上到下层层剥取，留到第四层；1986年，省文物局、宗教部门和宝鸡市、扶风县各出20万元，共集资80万元，动工修塔。年底剥完塔体明砖，袒露塔基。塔底有着千年之谜的谜底呵！考古工作者曹玮以及县文化局局长韩金科、县博物馆馆长准建邦等人日夜守在工地。省考古研究所副研究员、曾任秦公一号大墓发掘队长的韩伟，3月下旬与负责文物保护的副研究员冯宗游来到法门寺，他们特意叮咛曹玮：“注意塔下有东西！若有情况，请立即打个招呼！”……

4月2日清晨，晨星闪烁，云蒸霞蔚，考古工作者和民工又踏着满是露珠的青草上工了。他们紧张地工作着，不知不觉到了中午。趁民工吃饭的时候，县人大常委会副主任李宏桢和曹玮、韩金科、准建邦、傅升歧等七人，轻轻地刨开了塔基土层，先发现了一些烟头和糖果纸——这是当年红卫兵挖宝时留下的证据。接着，他们又往下清理了50厘米的塔基土，突然“噹”的一声铁镬碰到了石块。“有情况！”大伙的心陡然一震，小心翼翼地刨开了虚土。看，地宫后室藻井石盖袒露了！

石盖已被碰裂出一条缝隙。

曹玮轻轻地撬开石缝，俯下身子，用手电往黑魆魆的地宫里一照，只见听他“啊”了一声，惊呆了！他那贪恋的目光，久久地停滞在地宫里……

“快说，里头究竟有啥？”韩金科焦急地问，心里却怦怦直跳：是宝，还是蛇?!

只见曹玮翻身跃起，脸上充盈着亢奋惊喜的神色，半晌，他从嘴里才蹦出了四个字：

“金碧辉煌！”

“啊！”在场的人们，纷纷争睹这千载难逢的奇观：在灯光下，地官里金光灿灿、耀眼夺目！沉睡千年的各种金银器、琉璃器、珍珠宝玉、丝织品似乎睁开了明亮的眼睛，告诉人们：黄土地上丰收的麦田是金色的，法门寺地宫里也是金色的！

人们纷纷咋舌惊呼：“这才是真正的宝库！”

在场的考古专家曹玮等意识到这是一次重大的考古发现，时任扶风县文化局局长的韩金科明白了自己的重责，当即决定：一、立即保护掩埋；二、派警卫持枪保护；三、立即向陕西省文物局和宝鸡市文化广播电视局报告；四、对外严加保密；五、在省市主管部门的领导下有序开展考古发掘工作；六、重新做好现场规划、做好发掘准备工作；七、县上应立即组织文物保护领导班子……

⊙法门寺地宫入口

法门寺地宫现宝的消息，像插了翅膀，很快传遍了宝鸡、西安，很快传到了首都北京。

省委、省政府领导同志纷纷赶来了，北京、西安、敦煌、宝鸡等地的考古专家星夜兼程赶来了，省文物局、县公安局的负责同志接踵赶来了。年近六旬，曾在半坡遗址考古发掘和秦俑研究中做出重要贡献的陕西省考古研究所所长石兴邦研究员，他又承担起法门寺地宫的发掘清理的负责工作。担任法门寺发掘副队长的韩伟副研究员，别离妻子儿女，扎根在数百里之外的秦公大墓考古工地，好不容易回到西安探亲，答应辅导孩子升学考试。不料从4月3日起，“失踪”不知去向。妻子阎潜娟四处打听，10天后才得知：丈夫这个“猛子”，一头又扎进了法门寺！为了寻找地宫隧道口和宫门，青年考古工作者王保平、吕增富、徐克诚扛着洛阳铲火急赶来。来自农村、憨厚健壮的王保平，曾在探查 13 座秦公陵园、18 座秦公大墓中打探了 20 多万个探孔，积累了丰富的经验，此时，为了寻找地宫隧道口和宫门，他又把洛阳铲这根考古的神经末梢，深深地触向法门寺地宫四周……

长年栉风沐雨、辛劳于荒岭田野之上的考古工作者，既练就了一身铮铮铁骨，又养成了爱的柔情。他们具有蚯蚓一样的秉性：热恋土，离不开土，生存就是为了松土。为了生机蓬勃而又古老苍翠的事业，他们默默地工作着、奉献着……

又是一个举世瞩目的奉献：4 月 4 日，在王保平等人的手下，法门寺地宫隧道口和宫门终于找到了！

4 月 9 日，十九级青砖砌成的踏步漫道上的填土全部清理，拾阶而下，看到一枚大铁锁锁闭着的地宫石门。

面对着锈迹斑斑的铁锁和精雕细刻的石门，人们猜测着宫内的奇珍异宝。大家都希望自己长一双爱克斯光的眼睛，能一下子透视地宫的肺腑，弄清前、中、后室的奥秘。4 月 10 日，铁锁除锈、开启石门，任周芳、准建邦、胡武智等五人首先进入隧道及前、中室；曹玮、傅升歧、赵赋康，白金锁同时从藻井下入地宫后室，照相、绘图之后，轻轻地把挡在后室石门内的珍宝一一挪开，为从前室过来开启后室石门做好准备。

⊙考古队负责人韩伟等在清理法门寺地宫

当打开第一道石门的瞬间，一股浓烈的历史气息扑面而来：透过氤氲森湿的地气，只见漫道、隧道和地宫各室地面上，铺了一层厚厚的会昌重宝、开元通宝等古铜钱币。初步清理了一下，提了整整三大桶，足有万枚之多；冯宗游副研究员弓腰入室一看，不禁倒吸了一口冷气：我的天哪，前室两侧从前到后全部摆着 50 ～ 60 公分宽、10 ～ 15 公分厚的丝织品，中室宝帐两侧也全部摆满了丝绸；丝织品大部分已经炭化，宫顶坍落的石块大都陷埋在其中。考古队员焦南峰首先步入中室，突然惊呼：“哎呀！冯老师！这儿不能踩呀！脚下尽是绿格铿铿的，是翡翠还是宝石?!”……

据探测，地宫坐北向南走向，全长 21.2 米，面积 31.48 平方米，全部用青石砌成，顶部呈“⌒”形。四道石门均用大铁锁锁着，石门上雕着精美的莲花浮雕、线刻双凤及天王护法像；中室墙壁上砌着一些花纹倒置的石板，据说，这是唐武宗灭佛时损坏的地宫石料，在懿宗、僖宗重新修筑地宫时，修旧利废又重新用上去的：墙壁上还留有一些梵文墨迹；由于地震所致，地面铺石大都拱起，顶部砌石不少地方断裂。这是我国迄今发现的最大的佛塔地官。尤使人们感到振奋的是，在前室隧道中发现了《大唐咸通启送岐阳真身志文》和《监送真身使随真身供养道具及金银宝器衣物帐》两通石碑。碑中详细记载了地宫沿革，懿、僖间迎送真身舍利的盛况和物品名称、数量及奉献者姓名，特别是后面的石碑，是世界上现存篇幅最长、物主最多、品类最繁的石碑物帐。得到它，就像找到了认识地官珍宝的钥匙。“有了它，我们可以‘按图索骥’、不需为考证发愁了！”正当大家喜形于色的时候，突然宫顶崩落一块硼石，把一位同志的额头砸破。同志们劝这位同志出去，他却捂着流血的额头，坚持要瞻睹宫内文物的风采……

久违了，沉睡千年的稀世珍宝和淹没千年的佛指舍利！谁道不是“国之重宝世之宝，千载难逢今相逢”？！

冥冥的地宫，洒进了明媚的阳光。经过漫长的冬眠，祖先们创造的奇珍异宝苏醒了：121件唐代宫廷金银器供养器物，富丽堂皇，焕华辉耀；400多件（颗）珠玉宝石，玲珑剔透，灿然眩目；17种琉璃器皿，晶莹透明，斑驳灿烂；16件失传千年、神秘莫测的秘色瓷器，釉色细润，光可鉴人；包括武则天绣裙在内的唐代丝织品，层层叠叠，难以数计……面对这些赫然入目的稀世珍宝，考古工作者恍然觉得阴差阳错，仿佛时光一下子倒流千年，一脚踩进了唐代历史之河……

“一定要万无一失！一定要万无一损！否则，不管是谁，都要追究责任。如果是领导干部，当场撤职！”担任法门寺地宫发掘、保护现场指挥领导小组组长的副省长孙达人，曾经是大学历史系教授，他明瞭这批文物的特殊价值。他在发掘现场果断地下了命令。

省文物局局长王文清、副局长常宁洲频频点头，深知副省长的话的分量。在他们的指挥下，发掘工作有条不紊地进行着：

一件件金银器、琉璃器被捧出地宫；一方方宝函（盒）被挪出宫外；一颗颗珠宝、一个个瓷碗、瓷盘、瓷碟被清点端移到地面；对于炭化严重、急需抢救的丝织品，他们则小心翼翼地从底部插入薄板，轻轻托起，然后采取科学措施，密封妥存……

为了安全，必须将文物搬运到10公里外的县博物馆。为了保证搬运途中的安全，县政府特意从县中学里挑选了40名女学生，手托珍宝乘汽车运送……

本文开头所说的“光金子就拉了几汽车”、“这些珍宝能换几个香港”的传闻，可能就源于此。虽然这种传闻不准确，还带有几分离奇，但它确实道出了这个实情：稀世珍宝太多了，价值连城，无法估计！

经过考古工作者夜以继日、通宵达旦的工作，4月29日，地宫内的文物全部移到县博物馆妥存。5月4日下午3时，清理工作正式在县博物馆后院大殿内开始。一件件珍宝文物，根据地宫物帐石碑的勘验，定名、编号、称量，对丝织品等还采取了抢救保护措施。

在提取文物的过程中，发现有的丝织品上长出了霉块。这是危险的信号！在现场指挥的省文物局副局长张廷皓当即决定：先清理带丝织物的八重宝函（因为搞不清里面是什么东西，怕里面的丝织品也会发生霉变）！

八重宝函最外层是沉香木做成的木函，已经朽破剥落。但从残函木片上可以看到雕刻着十分精美的人物、佛像，建筑、宫殿等。

“你看这是什么东西？”冯宗游问。

“这是礼佛图！”曾在敦煌考古研究中做出杰出贡献的著名专家胡继高回答。

“都碎成这样子了，怪可惜的。”

“别看碎，这可能是特级文物呢！”

“为什么？”

“为啥？你知道，敦煌是世界文化的宝库，壁画上才画了一部分礼佛图；而这里的礼佛图不是壁画，而是木雕呀，你说，那个珍贵？”

听了胡继高这么一说，冯宗游心中豁然一亮，连连点头，他精心地将木函碎片收集起来。

接着，他们除掉函外锁锈，将一套套宝函相继打开，取出每套函外的丝绸。下午5时30分，打开四天王银盂宝函，六时从素面银函中取出如来说法鎏金银宝函……

夜深人静，博物馆后院大殿厢房里仍灯光通明。大家全神贯注地工作着，开启着金一层、银一层的宝函。子夜12时17分，韩伟打开了金筐宝钿珍珠装碔砆石宝函的银锁，并将锁头取了下来。12时30分，他又取出了碔砆石函内的宝珠顶单檐四门纯金塔。塔身被丝绸裹着。接着，来自北京、从事唐代丝绸和服饰考古研究多年的王抒，将软朽的三个丝绸结，轻轻地、巧妙地解开，展开后是一块正方形的包裹塔体的丝袱。塔顶与塔体为一段，塔基为一段，其下有一块垫板。关键的时候来到了。大伙静心屏气，睁大了眼睛。当韩伟轻轻地揭取掉塔身的时候，人们惊愕地发现：塔基上有银柱一根，上套着色白如玉的管状体。这时，时钟正指凌晨一点整。

⊙发现第一枚佛指舍利时考古队负责人韩伟（左）等专家欢呼起来

“这不是被唐宪宗赞为‘眼睹数次金光灿，手撑一片玉光含’的佛指舍利吗？”韩伟突觉眼前一亮，激动地喊道：“佛指骨！”这时，大家喜悦的心情再也不能抑制了，不约而同地鼓掌欢呼起来。

张廷皓把《志文》石碑拓片拿来验证。完全和志文记载的一样：“上齐下折，高下不等，三面俱平，一面稍高，中有隐迹，色白如玉少青，细密而泽，髓穴方大，上下俱通，二角有文(纹)，文并不彻”。

十分巧合的是，5月5日这天，是农历四月初八，恰是佛诞节(亦叫浴佛节)！

佛诞节，是佛徒们的盛大节日。考古工作者是历史唯物主义者，并不信佛。他们没有在这天去举办法会，也没有可能像在南方一些地方去赛龙舟，或以音花、灯烛，珍馐去供奉；也不能像傣族群众泼水洗佛或相互泼水祝福……但他们却相信这一点：唐皇多次迎奉的佛指骨发现，是岁丰人和、国泰民安的吉兆，这不仅是佛教界的盛事，也是世界文化史上的幸事！

喜讯接连传来：在另外五个宝函里，又发现了另三枚佛指舍利——第二枚安置于地宫中室汉白玉双檐灵帐中，5月9日晨取出；第三枚密藏于地宫后室下小龛中的铁函之内，5月10日晨取出；第四枚安置于地宫前室的彩绘四铺菩萨舍利塔中，5月12日晚将其揭开取出。

值得一提的是第三枚佛指舍利。开启前，为了执行党的宗教政策，考古工作者专程请来了法门寺澄观和静一两位法师。法师念经之后，开始启函。只见铁函被加金织物包裹，先用科学方法除去锁上的铁锈，开启后里面是鎏金四十五尊造像盝顶宝函，上面錾刻着“奉为皇帝敬造释迦牟尼真身宝函”字样；函内放一檀香木函，再内是水晶椁子；椁盖两端嵌以黄、蓝色宝石各一，四面镶嵌着璀璨的珍珠；椁内套以玉棺。当打开玉棺，发现一枚白中泛黄、并有发霉后的骨锈斑点似的佛指舍利。两位法师见状，凝睇神往，连忙合什跪拜、默念佛经。经文念毕，澄观法师感慨地说：“太平盛世，灵指再现，实乃佛门大喜！你们工作的如此科学、细心，我们可做不了。看来，专家和科学是少不得的！”……

四枚佛指舍利同时首次在世界发现，引起了广泛的关注。八旬高龄的中国佛教协会会长赵朴初，不顾出国旋里的疲劳，于 5 月 23 日偕同副会长周绍良一同来到法门寺。当他看到这第三枚佛骨时，双目赫然生辉，连声迭气地说：“哟，哟、哟，与凡不同，与凡不同！你看那裂纹，再看这质感，不同其他三枚，这是灵骨哟！”他回头对周围的同志说：“我建议，将来供奉展出时，把这枚灵骨放在当中，其他三枚影骨放在周围。”他解释说，灵骨好比天上的明月，影骨犹如明月在地上江河中的影子。不管“灵骨”还是“影骨”，对佛家来说都是佛的真身舍利。他回宾馆下榻以后，激动不已夜不能寐，奋然挥毫写了题为《扶风法门寺佛指舍利出土赞歌》一首，让孙达人副省长交给记者，点名在《人民日报·海外版》发表。诗中有云：

玉棺启见佛指骨，曾使唐皇泪盈目；
想见当年丈六身，一弹三界群魔伏！
凝视莹莹润有光，不同凡质千年藏；
影骨非一亦非异，了如一月映三江……

这是真正的珍宝库、知识库！面对这历史的鸿篇巨著，专家们预言，它够我们研读十几年、几十年乃至上百年！

从晨曦微露，到夜幕垂降；从灯闪星烁，到东方破晓，考古工作者不知疲倦地工作着。多少人容色憔悴病倒了，又有多少人眼熬红了、腿站肿了。但是，当他们睁开因睡眠不足而缀着红丝的眼睛，看到一件件拂掉千年积尘的珍宝再现于世的时候，他们的心比吃了蜜还要甜。

唐代，是我国封建社会鼎盛时期。法门寺出土的大量唐代文物，系宫廷用品，代表了当时的最高工艺水平。历史是一条长河，下游的水是上游的水汇聚而成的。这些神工鬼斧、无与伦比的珍宝，绝不是唐皇和少数达官贵人在短时期内凭灵感而创造的，而是历代劳动人民的智慧和

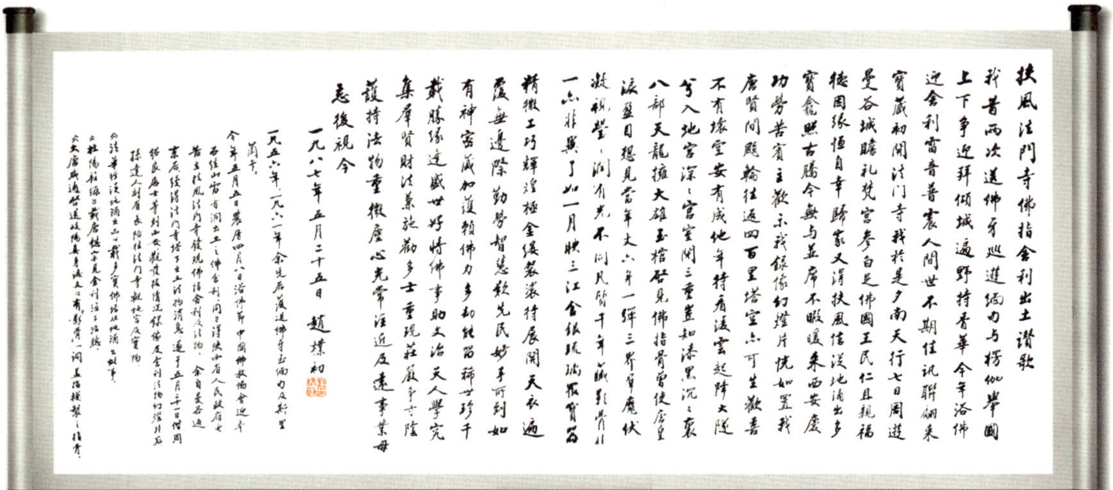

⊙赵朴初手书：《扶风法门寺佛指舍利出土赞歌》

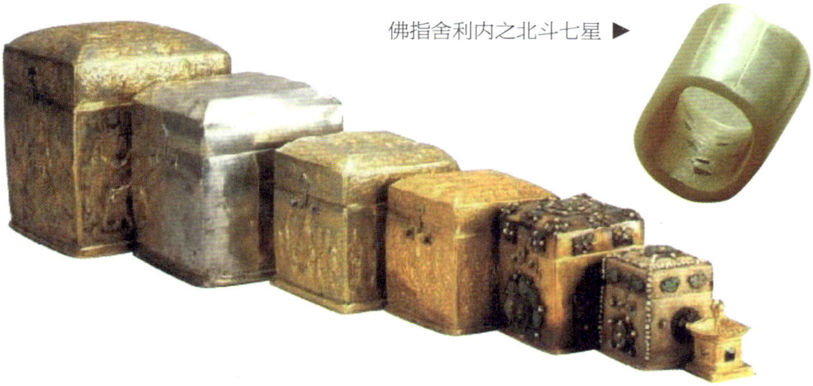

▲ 地宫后室珍藏的八重宝函（其中檀香木宝函已朽毁）

佛指舍利内之北斗七星 ▶

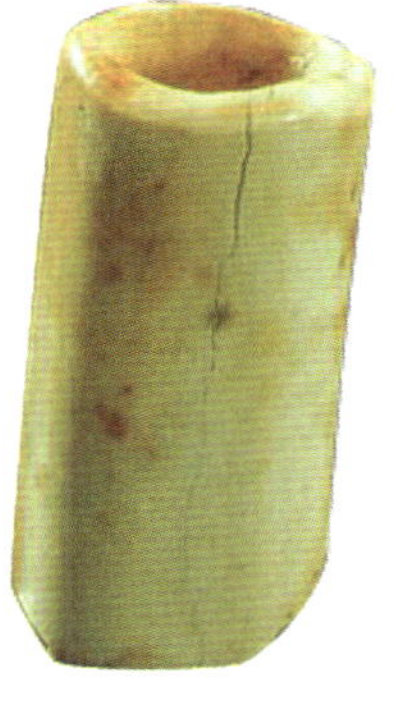

▲ 佛祖释迦牟尼真身指骨舍利（第三枚灵骨）

历史的精英在这里积淀所形成的。过去谈到唐代文物，我们不能不想到日本的“正仓院”，不能不发出“物在他邦，宝在海外”的喟叹！日本正仓院古物库，里面保存不少我国唐代的传世精品，大都是日本遣唐僧、使从中国带回去的，确令我们惊羡不已。如今，我们中国自己有了法门寺这样一批唐代宫廷高、精、尖的稀世珍宝，怎能不荡气壮神！别的且不说，地宫中出土的迎真身银金花十二环锡杖，通体錾花涂金，雕花缀珠，长达 1.96 米，比正仓院珍藏的第一号白铜头锡杖等级要高、体形要大得多。难怪国家文物鉴定委员会副主任、中国历史博物馆研究员史树青，鉴赏了这批文物，喟然叹曰：“都是国之重宝，世所罕见！大都可定为一等甲级文物！”也难怪国外一些不法文物商和文物盗窃集团，闻讯后立即把此当成觊觎目标，派数批人前往西安和扶风窥探行窃（其中有一人已被抓获）！

这 12 大类、899 件灿然夺目的珍宝，如同一部部历史教科书，给我们展示了唐代经济、政治、文化和社会风貌的各个侧面；像一面面多棱镜，从多方面、多角度直射或折射出唐代贵族和平民生活的倩影；同时，它也释疑解惑，回答了许多千年以来的难解之谜——

比如，过去认为，北京定陵出土的用金丝编成的朝天幞皇冠，其精巧的编织方法，最早在宋代才有。而这次法门寺出土的金银丝结条笼子、鸿雁毬路纹银笼子等，也运用了这种高超的编织方法，从而把这种工艺提前到唐代。

比如，过去我们对古籍中“筛茶”、“吃茶”的确切含意弄不清楚，这次出土的一套精巧的鎏金茶具，由茶槽子、茶碾子和茶罗子三部分组成，从而说明，早在唐代，我国用茶就是把茶叶碾碎、细罗精筛，然后冲开水将茶末调成糊状喝下，从而佐证了“筛茶”、“吃茶”的含意，证明了日本茶道来源于中国。

比如，秘色瓷相传是五代时期吴越钱氏割据政权后，命越窑窑场专烧的贡品瓷器。因不准民间庶民烧制使用，其配方、釉色、器形等秘不示人，故称“秘”瓷。但因年久失传，长期以来，人们弄不清楚秘色瓷的产地、工艺和特点。唐诗中曾有赞美“秘瓷”的诗句：“九秋霜露越窑开，夺得千峰翠色来。好像中霄盛沆瀣，共稽中散斗遗怀。”（陆龟蒙：《秘色越器诗》），但由于没有见到实物和文字的印证，人们对“九秋霜露越窑开，夺得千峰翠色来”的“越窑秘色瓷”的认识，只能停留在诗句的想象上。这次法门寺出土的一大批以浅豆绿、青色为主，计有碗、盘、碟、瓶、托等 16 种瓷器，地宫物账明确记载为“秘瓷”（现流传于世的一些书刊，关于“秘瓷”的评价和议论，仅是根据传说秘瓷产地出土的一些瓷器推断而来的，没有文字明确印证就是“秘色瓷”），这样，不仅把秘瓷产生的时间由五代提前到唐代，也为人们研究，鉴定秘色瓷提供了一批标准器物。

比如，中国丝绸为什么能用自己迷人的彩带，铺就联系欧亚大陆的丝绸之路？为什么能饮誉世界而不衰？唐诗中诸如“绣罗衣裳照暮春，蹙金孔雀银麒麟”（杜甫《丽人行》）、“看著中元斋日到，自盘金线绣真容”（王建《宫词》），其中的“蹙金”、“蹙银”绣和“盘金线”究竟是什么？难道仅仅是诗人的浪漫想象？这次出土的700余件（按物账记载）丝织品衣物，仅据初步整理出的标本看，就有锦、罗、绫、纱、绢、绮、绣等品种，看到了精美的“蹙金绣”、“盘金线”工艺，其中织金锦中的捻金丝，直径平均只有0.1毫米，最细处仅有0.06毫米，每米丝线上绕金箔3000捻回。其加工技术，在今天也是罕见的，实令人目眩神迷、叹为观止……

法门寺出土的大批珍宝，不仅为我们释疑解惑，也为我们提出了许多崭新的课题——

地宫究竟被扰动过没有？如果没有，为什么出土的物品与地宫物帐记载有不符之处（有的有记载却无实物，有的有实物却无记载）？如果动了，为什么主要珍宝都在？

为什么佛指真身舍利中有三枚“影骨”？是否是唐皇为了保护“灵骨”便于迎奉而特制的？

为什么物帐上记载各种供奉器物共2400多两、枚、腰等？为什么要这样统计？地宫物品中总件数应为多少？

地宫墙壁和一些器物上为什么留下了梵文，其含义究竟是什么？

再比如，在17件晶莹透明、造型优美的玻璃器皿中，哪些具有西亚或东亚的特点？哪些是中国制造的？如何看出我国唐代具有非凡的汲萃创新能力？

地宫中记载有武则天绣裙，是否安在？它的形状特色是什么？显微镜下看到的羽毛状的丝织品，是否是当年唐宫里“霓裳羽衣舞”的舞裙或其他什么衣物？

⊙本书作者与捧真身菩萨（复制）

地宫发现的内有持平环装置的最大的唐代熏球，是否反映出欧美近代才发明的航海航空中使用的陀螺原理？

地宫宝帐中发现的铜制精舍，造型非常精美，楼阁梯栏，玲珑小巧，连阁楼房檐上的莲花瓦当都历历在目。有人说它是唐代楼阁，有的说是唐代四重塔的仿造模型。究竟是什么？如果是塔，那它是不是唐代法门寺真身舍利佛塔的模型？

再比如……

还能列出几十个、上百个“为什么”。正如著名考古专家马得志说的：“这些文物前所未见，世所罕见，对每一件文物的研究，都可以写出一本书来”；北大著名教授、中西文化史专家季羡林感慨地说，我相信，像敦煌学一样，研究法门寺文物，只要不关门研究，也将会成为一门国际学科，够我们研究十几年、几十年乃至上百年！目睹这批灿烂夺目的唐代珍宝，考古工作者也明白了这个真谛：美是存在的，需要人们去发现；然而美并不是与生俱来的，它需要我们去研究、探索和创造！

祖先为我们留下了光辉的足迹，我们将为后人和历史留下什么样的记忆？

探索和创造，是历史前进的双腿：种种文物，则是历史留下的斑斑脚印。

启开法门寺地宫，满室珠光宝气，一片灿烂辉煌，目睹者怎能不惊喜万分、目眩神迷？闻讯者又怎能不心灵震撼，情驰神往？

⊙江泽民在法门寺瞻礼佛指舍利

辉华焕丽的法门寺文物，是我国封建社会鼎盛时期的唐代灿烂文化的结晶，辉映着中华民族非凡的聪明和智慧。

唐代，立于世界之林的唐代，有着世界最强大帝国的疆土，有着长安这座世界上最大的都市，有着世界上先进的文明和强盛的经济。在世界上，它魅力无穷，具有巨大的吸引力。

唐代，是实行对外开放的时代。东罗马、波斯、印度以及日本等国多少人慕名而来，经商、留学、从政，在中外文化交流史上写下了美好的篇章。中国的丝绸、茶叶、纸张、陶瓷、漆器、金银器大量运往西方；而西方的驯象、狮子、犀牛、珍珠．玻璃等，也为长安增添了光彩。

西安唐墓中出土的载丝绸三彩骆驼以及深目高鼻的牵驼人俑；唐代裴氏小娘子墓出土的黑人陶俑；乾县唐高宗与武则天合葬陵前的不少异邦和少数民族装束的王宾使臣雕像，连同这次法门寺地宫中出土的具有浓郁西亚特色的玻璃器皿和大量梵文，向我们昭示着这个道理：强大的民族才能实行对外开放，只有开放才能促使这个民族更加强盛！

“边城暮雨雁飞低，芦笋初生渐欲齐。无数铃声遥过碛，应驮白练到安西。”（张籍：《凉州词》）千年前一队队满载丝绸的骆驼商队，已经远逝了。然而，当我们看到法门寺那层层叠叠、金色灿灿的丝绸的时候，我们眼前怎能不浮现满载丝绸的驼队？耳畔怎能不响起那悠扬清脆的驼铃声？

铃声使人振奋、使人清醒：既然我们的祖先能创造出当时令世人瞩目的封建社会，作为炎黄子孙，我们今天怎能不继往开来，创造出史无前例、更具有吸引力、富有中国特色的社会主义？

陕西省文物局副局长常宁州对记者说，陕西省依靠丰富的古迹文物，要大力发展旅游业，东线有临潼秦兵马俑，吸引了成千上万的游客，可西线却一直比较冷落。这回好了，正打瞌睡送来了枕头——法门寺地宫文物出土了……

听到这话，我觉得有理，也颇有庆幸之感，但同时心中也漾起一种愧对先人的不安：祖先的伟绩丰功，恩泽今人；我们应用什么样的成绩，去告慰先祖在天之灵，给子孙们留下光辉的业

⊙方丈学成大和尚陪同连战一行瞻拜佛指舍利

绩?!难道我们必须要依赖祖先吃饭吗?

看看秦始皇陵兵马俑,再看看法门寺出土文物,怎能不激起我们中华民族的自豪感和眷眷爱国之情?纵观千年岁月,横览异邦海外,我们应乘雄风奋起直追,万众一心訇然合奏起再立世界之林的历史新乐章。

千年青史,万端思绪:我们不需要廉价的叹息,需要的是既能目光四射又善于埋头苦干!我们要有这样的打算:既希冀有飞船载我们乘风破浪,也准备纤绳扣进肩内也不停航!

"历史给我们最好的东西就是它所激起的热情"——这不是《浮士德》作者的名言吗?

来于斯,见于斯,想于斯,真可谓不虚此行。

(原载 1987 年 6 月 21 日《新民晚报》和 1987 年 8 月 7 日至 10 日《人民日报·海外版》)

赵朴初：挥毫赋歌盛赞法门寺珍宝

全国政协副主席、中国佛教协会会长赵朴初，得知陕西法门寺发现佛指舍利、法物及大批唐代稀世珍宝以后，于五月下旬专程来到古城西安，仔细鉴赏了这批出土文物。他说：陕西省地下地上遗存这么丰富，确是一块宝地。“今之视昔，犹如后之视今”，我们一定要保护好这批国之重宝，让子孙后代对我们文物保护工作感到满意。五月二十五日，他欣然挥毫，写下了《扶风法门寺佛指舍利出土赞歌》一首，陕西省副省长孙达人转记者交《人民日报》海外版发表。该诗全文如下：

我昔两次送佛牙，巡游缅甸与楞伽；
举国上下争迎奉，倾城遍野持香华，
今年浴佛迎舍利，雷音普震人间世；
不期佳讯联翩来，宝藏初开法门寺。
我于是夕南天行，七日周游曼谷城；
瞻礼梵宫参白足，佛国王民仁且亲。
福德因缘恒自幸，归家又得扶风信；
从地涌出多宝龛，照古腾今无与并。
席不暇暖来西安，庆功劳苦宾主欢；
示我录像幻灯片，恍如置我唐贤间。
飙轮往返四百里，塔空亦可生欢喜！
不有坏空安有成，他年待看凌云起。
降大隧兮入地宫，深深宫室闭三重；
岂知漆黑沉沉里，八部天龙拥大雄。
玉棺启见佛指骨，曾使唐皇泪盈目；
想见当年丈六身，一弹三界群魔伏！
凝视莹莹润有光，不同凡质千年藏；
影骨非一亦非异，了如一月映三江。
金银琉璃众宝器，精微工巧辉煌极；
金缕袈裟待展开，天衣遍覆无边际。
勤劳智慧叹先民，妙手所到如有神；
密藏加护赖佛力，多劫能留稀世珍。
千载胜缘逢盛世，好将佛事助文治。
天人学究集群贤，财法兼施劝多士！
重现庄严争寸阴，护持法物重微尘；
心光常注近及远，事业毋忘后视今。

（原载 1987 年 6 月 4 日《人民日报·海外版》）

赵朴初评价法门寺文物为国之重宝

中国佛协捐款十万修复寺院

⊙赵朴初会长赴陕西扶风法门寺参观考察

在 5 月 29 日下午举行的法门寺唐代重大文物发现新闻发布会上，全国政协副主席、中国佛教协会会长赵朴初高度评价这批文物是国之重宝。同时宣布：中国佛教协会决定为修复法门寺捐助 10 万元人民币。

赵朴初说，法门寺塔基下地宫中，发现了唐代所深藏后迷失千年之久的释迦牟尼指骨舍利，和供养舍利的大批珍贵文物，这是继秦始皇兵马俑之后的一次重大发现。他说，这些文物不独等级高、品种多，有的甚至完好如新。这次发现是我国历次唐代文物发掘中最稀有的。它将为我们研究唐代的政治、经济、文化，其中包括宗教、工艺、雕塑、美术等多种学科提供了实物证据。这次发现对中国文化史和世界文化史都具有重要的新的意义。佛教重宝再现于世，这是佛教界的一件大事，我国全体佛教徒为之感到振奋。

赵朴初说，千年前的国之重宝今日再现，使我们有了今之视昔的机会。我们要保护好这批国宝，使子孙们后之视今时，对我们的文物保护工作感到满意。我完全支持政府重修法门寺，利用现代技术珍藏佛指舍利和这批文物。中国佛教协会决定，为修复法门寺捐助 10 万元人民币，聊示抛砖引玉，希望各地佛教徒踊跃支持这一事业，也希望各界人士关心协助以期修复工作早观厥成。

陕西省副省长孙达人，在 5 月 29 日下午召开的法门寺唐代重大文物发现新闻发布会上宣布，陕西省政府决定拨出专款，加紧修复法门寺，力争明年农历四月八日（佛诞日）前对国内外开放。为了使这批国之瑰宝得以科学保护，在开放之前谢绝各方面人士参观。他还代表省政府对全国佛协捐款 10 万元人民币修复法门寺的义举，表示感谢。

（原载 1987 年 5 月 31 日《人民日报·海外版》）

辉映古今　光耀中外

——专家学者评点法门寺出土文物

陕西扶风法门寺地宫出土的4枚保存完好的佛指舍利和大量唐代稀世珍宝，在国内外引起广泛关注。前不久，国内部分知名人士和专家云集法门寺，鉴赏了这批文物，并就其出土的重要意义，以及进一步研究和保护问题，发表了意见。

国之重宝　世所罕见

⊙赵朴初（中）与中国佛教协会副会长周绍良（左）及陕西省副省长孙达仁（右）在鉴定法门寺出土文物

全国政协副主席、中国佛教协会会长赵朴初说，过去，我们只知道世界上有两颗佛牙舍利，现在我国一下子发现了4枚佛指舍利，这的确是件了不起的盛事。地宫中出土的大量佛像、法器、金银器、瓷器、丝织品、雕塑绘画等，都是前所未见、世所未闻的。唐代是我国古代文化最灿烂的时期，这次出土的文物，都是宫廷里的精品，代表了当时最高的工艺水平，在当时是无与伦比的，在今天也是极为罕见的。秦兵马俑已经震动了世界，唐法门寺文物也一定会震动世界的。

中国佛教协会副会长周绍良说，这次从晚唐封存的法门寺地宫里，出土这么多奇珍异宝，不仅有晚唐的，还有中唐、盛唐的，堪称是唐代长安考古的一次总结性的发现。这是继半坡遗址和秦兵马俑之后考古工作的又一重大发现。

洛阳市原文化局副局长、考古专家蒋若是说，我有幸赶上了、看上了这么多质高工精、灿烂炫目的文物，的确感到兴奋。

国家文物鉴定委员会副主任、中国历史博物馆研究员史树青说，我们鉴定、评价一件文物，要看文物的历史价值、科学价值和艺术价值。这次发现的文物，绝大多数可定为一级甲等文物。

文化古史　崭新课题

北京大学教授季羡林说，法门寺发现的文物中，不少表现出明显的中外文化交流的痕迹，比如，玻璃器皿、茶碾子、丝织品、梵文题记等等。有的是外来的，也有的是我们接受外来的技术后

⊙八棱秘色瓷净水瓶

又加以创新提高的，还有的是从中国传到国外的。把这些问题研究清楚，就丰富了中外文化交流史的内容。

他又说，这里面的每种文物都给我们提出了新的研究课题，需要各方面的专家研究 10 年、20 年或几十年，才能取得比较圆满的成绩。我相信，同敦煌学一样，研究法门寺文物，也将成为一门国际学科。

中国社会科学院历史研究所副研究员李斌城说，法门寺文物的出土，填补了唐史研究中的许多空白。过去拍电影、拍电视，导演常来问唐代平民和贵族的吃、穿、用等等习俗，我们不好回答。法门寺繁多的文物，对研究唐代社会的政治、经济、文化生活提供了非常宝贵的资料。

中国社会科学院考古研究所研究员马得志说，这次出土的许多唐代文物，令人目眩神往。过去文献记载不明确的，看了就清楚了。比如，对于法器和秘瓷，文献上记载多，但实物却很少，这次就看到了许多法器和秘瓷。这次出土的铜制精舍，造型非常精美，连阁楼房檐上的莲花瓦当都能看出来，它实际上是唐代四重塔的仿造模型。对每一件文物的研究，都可以写出一本书来。

保护国宝　传之久远

⊙铜浮屠

赵朴初说，对于这些国之重宝，保护工作十分重要。许多文物现在颜色还是很好的，我担心过不久就会变。对于那些丝织品，要采取科学手段进行抢救。我希望各方面的专家同心协力，能把这些珍宝保护下来，使之传之久远。现在是今之视昔，莫忘后之视今。1000 年之后，还能不能看到这些东西，就要看我们的努力了。要用现代人的思想和现代技术，保护好我们民族的遗产，以无愧于先祖和子孙。

季羡林和中国社会科学院历史研究所科研处处长、副研究员张弓说，现在盗窃文物已集团化、国际化。国内不法分子会同国外文物商勾结起来，把盗窃这些珍宝当成觊觎猎取的目标，我们一定要加强防范。对于这批稀世之宝，要专门建馆进行保护，除当地政府和国家应拨出专款外，社会各界也可以捐助；各科研单位和高等院校，应该组织一定力量，就文物的科学保护进行多学科的综合研究，千方百计使这些光辉灿烂的古代珍品万无一失，传之久远。

（原载 1987 年 6 月 18 日《人民日报》，与贺俊文合写）

香火盛绕法门寺

国运昌，佛指现；香火盛，客盈门。

1988年11月9日，修葺扩建一新的陕西扶风法门寺，迎来了她历史上的又一鼎盛时期。历经风雨而倒塌的真身宝塔，重新又耸立起它那巍峨的身姿，欢迎亚洲各国的佛徒高僧和国内诸山长老居士的到来。

昔日空寂的佛门寺院，今日鼓笙点点，钟磬阵阵。香火在众僧中缭绕，唱赞诵经声不绝于耳。这里举行着盛况空前的真身宝塔落成典礼和国际性的释迦如来真身舍利瞻拜法会。

远渡重洋来法门

1987年初夏，扶风法门寺地宫发现四枚佛指舍利和大量唐代奇珍异宝的消息，像插了翅膀，飞遍了全国，传到了世界。它牵动了多少佛门弟子的心！虔诚的高僧佛徒们，无不以亲瞻膜拜佛祖舍利为幸。

这一天，终于盼到了。

经过一年的紧张施工和修复，昔日荒凉残萎、游者伤目的法门寺，终于改换了面目：修复高耸的真身宝塔、雄伟壮观的珍宝阁，宽阔的寺前广场，笔直平坦的宝塔路……以崭新的姿容向世界宣告：法门寺今日起正式开放！

看啊，年逾八旬的世界佛教徒联谊会副主席、新加坡各宗教联谊会主席宏船法师和前新加坡佛教协会会长广洽法师，坐着轮椅、拄着拐杖赶来了；随着他们同来的还有30多名善信居士；日本净土宗水谷幸正、福田泰道以及法隆寺的栅田秀山、高田良信等24人佛教访华团赶来了；香港郭兆明居士等13人以及澳大利亚等国的善信居士也远渡重洋、跋山涉水赶来了。

⊙净一法师升座大法会

看啊，中国佛教协会会长赵朴初、副会长周绍良、刀述仁、园拙、明旸，北京雍和宫、厦门南普陀、河南少林寺、白马寺以及我国四大名山和上海、广东、浙江、四川等地的大德法师、方丈、主持和居士，也千里迢迢、风尘仆仆地赶来了……

宝塔路两侧，新修的宾馆、店铺、楼阁林立，寺前广场，前来参观的群众纷至沓来，人山人海，达五万之众。上午 10 时 30 分，瞻拜法会在钟鼓声中开始。大雄宝殿内彩帐平悬，黄幡曳地，香案明耀，青烟袅袅，极乐世界的主宰释迦牟尼佛像金光闪闪，肃然盘坐在殿堂中央。数百名汉传佛教徒、藏传佛教徒和海外大德法师及众僧尼，相继唱赞诵经。诵经之后，赵朴初会长讲话，他代表中国佛教协会向来自海内外的大德法师和善信居士表示问候和祝愿，希望各地的佛门弟子，同发大心，为全人类的进步和幸福作不懈的努力，以我们的身心向佛指舍利和宝塔作虔诚的供养。日本大仙院尾关宗园看到法会如此隆重盛大，又看到父亲创办的奈良日日新闻社记者前来采访他，心头不禁一热，泪水夺眶而出。他对记者说："中国佛教传入日本，也传入最重要的一个精神——'和'！但愿日中两国以'和'为中心和出发点，发展两国的友好和睦关系。"

满怀虔诚瞻舍利

法会圆满，佛徒们闻引磬声一起向上三问讯。接着，诸山长老、喇嘛和外宾依次步入真身宝塔地宫，瞻礼释迦如来真身舍利。

"关中塔庙始祖"的法门寺，以供奉佛骨闻名于世。塔下地宫为唐代建筑，系大理石和青砖砌筑。为了保持地宫的文物价值，修复时除采取原地原状原材料，使之保持唐代原貌之外，为了便于游人参观和僧人膜拜，还利用地宫平面内外筒之间近 6 米的空间，设置了塔下环形活动空间。步入地宫活动室，只见唐地宫后室外壁中央的玻璃框中，4 枚佛指舍利恭置在 4 个精致的水晶棺匣之中，在灯烛下晶莹透亮，熠熠闪光。佛徒高僧们一见圣物，满目生光，纷纷双手合什，感恩膜拜。新加坡 89 岁的广洽法师代表新加坡的大德法师和善信居士，当即为佛祖祀奉了 10 万港币；香港郭兆明居士一行 10 人，每人捐奉了 100 港币，廖玉卿、詹玉玲等 4 名居士，还代表香港 3000 佛弟子将特制的纯金水晶莲花和纯金盾供养在舍利两侧。他们说，今天有幸能亲自瞻拜世界上唯一仅存的佛指舍利，真乃佛祖显灵，为一生中之大幸！宏船法师通过他的秘书陈文洁告诉记者，想不到中国能举办如此盛大的法会，说明中国政府对宗教的重视，佛指舍利不但是佛教界的至观重宝，而且是中国的国宝和世界的无价之宝。他相信，佛光必然普照世界，更多的佛徒会前来法门寺瞻拜。

珍宝阁里话友谊

法门寺寺院西侧，矗立着一座新修起的巍峨壮观的新建筑——法门寺博物馆珍宝阁。阁内珍藏着地宫出土的唐代珍贵文物七百多种。负责珍宝阁设计的西北建筑设计院高级工程师张锦秋女士告诉记者，法门寺整个修复工程，国家和地方共投资 1300 多万元，是法门寺近代史上规模最大的一次重修和扩建。这位梁思成先生的高足还告诉记者，珍宝阁在建筑造型上吸收了地宫出土文物中唐代方形鎏金铜浮屠的特点，下部形似重台，四面设有飞梯，上部为方形攒尖顶，屋面铺仿唐青瓦、加上褐色和赭红色大漆梁柱及檐椽和汉白玉栏杆，显得十分古朴、典雅、庄重，是典型的唐代建筑风格。为了保证文物的绝对安全，馆内设置了现代化的防盗、防火系统以及恒温、防尘、防紫外线措施。

当佛徒们怀着兴奋渴望的心情来到珍宝阁，目睹到这批佛家珍宝的时候，一个个感到十分惊喜和自豪。只见珍宝阁内宽敞明亮，灿烂夺目，各种修复一新的珍宝分别安置在精心设计的玻璃框中。博物馆负责人韩金科介绍说，这里展出的地宫宝函、金银器、铜、瓷、玻璃、石器和蹙金锈袈裟等，都是泯失千年之后重现于世的唐代皇室供养器物，是“国之重宝，民族精华”，他相信，对于这批文物的研究，将会形成国际性的法门寺学。来自海外异邦的佛徒们仔细端详，咋舌称绝，有的还操起录像机、摄影机贪恋地拍摄着。

赵朴初对陕西省和宝鸡市对这批文物的保护加以赞许。突然，他指着陈列框中的鎏金鸿雁流云纹银茶碾子，问：“日本朋友在吗？”

日本佛教大学校长水谷幸正先生走了过来。

“你看，我国唐代就是把茶碾碎再吃的呀！这与你们日本茶道吃茶的方法是不是一样啊？”

“是的，现在我们日本茶道吃茶的方法就是这样。”身穿黑色和服、手操佛珠的水谷幸正应声回答。

“我国现在可不这么吃茶了。”

“可是，你们唐代的传统，我们现在还继承着呢！”

大家会意地笑了。记者凑到水谷幸正跟前，向他采访。他高兴地说，日本的茶道，是从中国唐代传去的，它完全形成茶道，大约完成于 16 世纪。这次我们一行中的东福寺和尚，还专门带来了日本的茶道，奉献给法门寺呢！他感慨地说：“中日文化交流源远流长，从文化上来看，日本发根于中国，中国文化是日本文化的母亲。我这次到中国来参加佛祖法会，就像回到了精神的故乡和母亲的怀抱！”

悠悠千载，万事沉寂，唯有千古珍宝仍在辉映着中日人民的友谊。愿这世界和平的友谊之光普照天下，永不泯灭；愿法轮常转，与日同辉！

（原载《黄土地的文明》一书）

⊙香火缭绕法门寺

法门寺地宫唐密曼荼罗文化陈列开放

失传千年的唐密文化神秘大门终被打开——再现佛教大千世界辉煌的法门寺地宫唐密曼荼罗文化陈列，3 月 26 日在陕西扶风法门寺博物馆正式开放。

曼荼罗，是佛教徒在诵经和修法时，按佛门仪轨和要求安置佛像、菩萨像和供养法器的地方。1987 年，考古工作者发掘法门寺塔下的唐代地宫，出土了数千件珍贵文物和 4 枚佛指舍利。佛指舍利及供养舍利的法器、珍宝的陈设是否有章可循？其文化内涵又是什么？经过吴立民、石兴邦、丁明夷、韩伟等专家、教授的潜心研究，终于将此全面破译和揭秘：法门寺地宫陈设完全按照唐代佛教密宗教义和结坛的仪轨精心设置，是公元 874 年李唐王朝最后一次迎奉佛祖释迦牟尼指骨舍利时，用数以千计的奇珍异宝完成的佛教供养的最高集结，是唐密宗供佛的“无上法界”。这一研究成果，被佛教和学术界称为具有世界意义的重要发现，其意义如同 1987 年法门寺地宫的发掘。

为了弘扬盛唐文化，再现法门寺地宫文物所反映的唐密曼荼罗世界这一奇特的文化景观，在中国佛教协会以及陕西省和宝鸡市有关部门的大力支持下，法门寺博物馆和陕西省黄金公司、北京市工艺美术研究所通力合作，总投资 350 万元，经过一年的努力，先后复制、仿制 800 多件佛教和地宫文物，终于使泯失千年的唐密曼荼罗奇丽景观与世人见面。

（原载 1995 年 3 月 30 日《人民日报》）

⊙曼荼罗图

法门寺文物有10项“世界之最”[1]

闻名遐迩的唐代皇家寺院——陕西扶风法门寺，自1987年从佛塔地宫中出土1000多件珍贵文物后，经过专家鉴定，认为它是继秦兵马俑之后又一惊世发现。目前已确认这批稀世之宝有10个“世界之最”：

⊙对法门寺研究和建设作出突出贡献的法门寺博物馆原馆长韩金科（中）在主持法会

一、地宫出土的4枚佛指舍利，是世界上目前经过考古科学发掘、有文献和碑文证实的释迦牟尼真身舍利，是当今佛教界的最高圣物；

二、法门寺地宫是世界上目前发现时代最久远、规模最大、等级最高的佛塔地宫；

三、地宫文物陈设方式是目前在世界上考古发掘中发现最早的曼荼罗密宗仪规；

四、在清理地宫25000多枚唐代货币中意外发现的13枚玳瑁币，是世界上目前发现的最为珍贵的古代货币品类；

五、地宫发现的制、储、饮一套金银茶具，是世界上发现时代最早、等级最高的宫廷茶具，为我国茶文化最早传入日本，形成茶道，提供了完整的实物依据；

六、地宫中发现的长达1.96米的鎏金4股12环迎真身锡杖，是目前世界上发现时代最早、体形最大、等级最高、制作最精美的佛教法器；

七、地宫中发现的13件宫廷专用瓷——秘色瓷，是世界上发现有碑文记载证实的最早、最精美的宫廷瓷器；

八、地宫中发现的唐代700多件丝织品，有绫、罗、绸、缎、纱、绢、绮、锦、缯等10多种品类和蹙金、蹙银、平绣、贴绣、织金、织银、盘金线等10多种工艺，这是世界上古代丝绸品类和工艺品种最多的一次考古发现；

九、珍藏佛指舍利的八重宝函，是世界上发现最精美，层数最多的宝函；

十、安放第3枚佛指舍利真身的鎏金银宝函，上面錾刻的金刚界大曼荼罗九会图像，是目前世界上发现最早的密宗曼荼罗坛场图。

（原载1991年11月16日《人民日报》，与何黄彪合写）

---

①此文10项“世界之最”系考古专家石兴邦、韩伟及法门寺博物馆馆长韩金科等专家一起研究确定的。

追求清雅　向往和谐

——法门寺唐代茶文化国际学术讨论会及茶道表演侧记

（一）

1987年4月，佛教圣地法门寺地宫出土的唐僖宗供奉佛祖释迦牟尼的系列金银茶具，轰动了世界茶文化界。

茶，是中华民族的举国之饮，如今已风靡世界。今天，当世人种茶、烹茶、品茶、颂茶的时候，都不约而同地把目光投向中国，投向发现世界最早、最完整的宫廷茶具出土地法门寺。

唐代茶文化国际学术讨论会11月3日至7日在法门寺珍宝阁举行。来自全国包括台湾在内的13个省市以及日本、韩国等国的茶文化专家、学者、知名人士共278人参加了这一盛会。

讨论会征得海内外专家50余篇学术论文，会上进行了交流，集中反映了近年来海内外茶文化研究的最新成果和最高水平。

（二）

11月2日，海内外茶道专家、学者以及来法门寺参加法会的佛徒高僧相继抵达法门寺。说来也怪，这天下午4时30分，法门寺真身宝塔上空，一五彩光环缭绕塔顶，数百人观看了这一自然奇观。翌日清晨，旭日东升。参加学术讨论会的专家、学者和海内外茶道表演者，应邀参加了法门寺院的盛大法会，观看了佛指舍利赴泰国奉养仪式、新修大雄宝殿落成、佛像开光及澄观法师升座方丈的盛大仪式。

法会之后，在法门寺珍宝阁前的翠竹庭院中，举行了国际茶道表演。在佛曲雅乐中，日本国际茶道丹月德宗家丹下明月一行，首先登台献艺。只见身着金黄色禅服的丹下明月先把从中国

⊙法门寺地宫出土的茶具

⊙宫乐会茗图（唐）

普陀山求得的千手千眼佛像供奉在竹林之中，然后双手合十，祈祷默拜，随后在助手的帮助下，她整好茶具，按照程序选茶、浸茶、烹茶。不一会儿，她将沏好的热茶先奉献佛，后分献给客人。

接着，韩国茶道表演团，上场表演了“高丽行茶法”。这是根据在中国吉林省吉安县唐代时修建的高句丽王墓出土的饮茶壁画，复原创作的茶道表演，生动地再现了1000年前朝鲜宫廷侍女用茶果接待宾客的情景。

随着欢快的乐曲，人们从古代走进了现代。来自影片《五朵金花》故乡的中国云南茶叶进出口公司的陈露云女士和伍立青小姐，身着优美的白族服装，以其高雅的气质和灵巧的表演，向海内外客人展示了“白族三道茶”，当中外宾客相继品尝苦茶、糖茶和回味茶的时候，也领略到人生“先苦后甜”的生活哲理……

（三）

3日上午10时，法门寺珍宝阁前举行了大唐清明茶宴模拟表演。

陕西省歌舞团的艺术专家们饰演的大唐清明茶宴，把唐代皇宫内的茶宴、茶会、茶礼、茶道表演得惟妙惟肖，活灵活现，使海内外宾客、专家大饱眼福。

表演结束后，与会者纷纷涌上，争相与满身珠光宝气的“皇帝”、“皇后”和衣艳貌美的梨园舞女合影留念。日本、韩国等海外的专家、客人喟叹：想不到中国有这么美的茶道茶艺，中华文明源远流长，中国唐代茶道是日本、韩国茶道的母亲！

（原载1994年11月15日《人民日报·海外版》）

佛指舍利安奉法门寺世界最高佛塔

2009 年 5 月 9 日，是中国佛教史上庄严辉煌的日子：世界仅存的释迦牟尼佛指舍利，被安奉在法门寺新落成的世界最高佛塔——合十舍利塔中。

天降甘露花雨　人间佛门盛事

这天，高 148 米、象征着佛家双手合十的舍利塔在云雾中巍峨耸立。佛塔两侧镌刻着吉祥的禅联："圣入莲宫浮图拔地迎甘露，天飞花雨舍利腾辉耀法门"——1987 年农历四月八日佛指舍利出土面世的那天，正值佛诞日，天空飘着甘露细雨；恰巧在 22 年后的今日安奉佛指舍利时，天空仍飘降着甘露花雨。海内外僧众及嘉宾、学者等 3 万余人冒雨恭迎佛骨并见证了这一庄严时刻。

上午 9 时 30 分，法门寺合十舍利塔落成暨释迦牟尼真身舍利安奉大典开始。中共中央政治局常委、全国政协主席贾庆林，中共中央政治局委员、国务院副总理回良玉，全国政协副主席、中央统战部部长杜青林向合十舍利塔的落成表示祝贺。全国人大常委会副委员长司马义·铁力瓦尔地，全国人大常委会民族宗教事务委员会主任马启智，陕西省委书记、省人大常委会主任赵乐际，省政协主席马中平等出席合十舍利塔落成大典。国家宗教局局长叶小文，陕西省省长袁纯清，中国佛教协会副会长兼秘书长、法门寺住持学诚法师，中日佛教友好使者、日本临济宗妙心寺派则竹秀南管长致辞。合十舍利塔落成大典由陕西省副省长、法门寺文化景区建设协调领导小组组长姚引良主持。

⊙夜幕中的法门寺合十塔

大雨中，叶小文发表即席讲话。他说："今天，天虽下着大雨，但是，大家至诚的愿望更大！陕西人是干大事的，今天真是秦人自豪，国人骄傲，众人欢喜。陕西人有大的抱负，成就了一个大的功德。"他又说："今天，佛祖有灵，法雨纷纷，这是释迦牟尼佛慈悲喜悦的泪水。我们每个人淋着它，都会有福气的。”说到这里，全场响起了雷鸣般的掌声。

叶小文表示：“扶风这块地方不得了！这里曾经是周朝的发祥地，中华文明在这里发源。两千年前，佛指舍利到了这块宝地，与中华文化结下了不解之缘。一千年前，经过大唐盛世多次供奉，佛指舍利神奇地藏而不露。现在的新千年，新世纪，佛指舍利再现人间，而且要在这辉煌的合十舍利塔内让大家瞻仰，这就叫千载佛家圣地，万世人文经典。今天，佛舍利塔的落成就承载着如此的重托。”

⊙海内外僧众及嘉宾3万余人冒雨参加合十塔落成仪式，图为佛指舍利入塔的迎送方队

叶小文最后说，“千载圣人逢盛世，好将佛事助文治，此时此地合十塔下，我们衷心希望佛教界弘扬优秀的佛教文化，为构建和谐社会，共建和谐世界，发扬大愿力，擂大法鼓，放大光明。”

陕西省省长袁纯清在雨中致辞。他说，佛指舍利作为佛教信众心目中至高无上的圣物，佛家提倡的弃恶扬善、普济众生、平等慈悲、和谐圆融等理念，已经成为中国传统文化的重要组成部分。为更好地保护佛指舍利这一举世仅有的圣物，体现党和政府对宗教信仰自由的尊重与关怀，满足广大大信众的精神企求，彰显法门寺所具有的历史人文价值，陕西省确定把法门寺建设成为集历史文化与佛教文化为一体、由佛法僧三区组成的特色文化景区。景区主体建筑合十舍利塔，汲取历史和当代人文精髓，融合我国与世界著名建筑创意，象征着和平和谐与吉祥如意，凝聚着佛教文化的精华，承载着佛教信众的美好愿景，释放着历史文化的巨大能量和灿烂魅力。

袁纯清说，合十舍利塔的落成，是法门寺文化景区建设的成功开篇之作，我们将以构建千载佛家圣地、万世人文经典为目标，继续完善景区建设，精心打造世界级佛文化交流平台和旅游览胜的重要目的地。景区将使所有前来瞻礼和观光的人们，都能领略文化的魅力，获得身心的愉悦，祈福美好的愿想，从而在我国和谐社会建设和世界文化交流中发挥更加积极的作用。

万众恭迎佛骨　千载佛门圣地

法门寺位于陕西省宝鸡市扶风县法门寺镇，距古城西安110公里，始建于东汉桓灵年间，距今已1700多年的历史，因珍藏佛指舍利而闻名于世，历史上被誉为“佛门圣地”、“皇家寺院”和“关中塔庙始祖”。

法门寺因舍利而置塔，因塔而建寺，真身宝塔从最初的“圣　V”，经木塔、砖塔多次演变。在法门寺鼎盛的唐代200余年间，先后有8位皇帝6次迎送供养佛指舍利。每次迎送声势浩大，朝野轰动，皇帝顶礼膜拜，等级之高，绝无仅有。据史料记载，唐咸通十四年四月初八的迎佛活动，是唐代最为隆重的一次。懿宗皇帝见到佛指舍利后，兴奋异常，遂以金银为宝刹，以珠玉为

⊙赵朴初会长与中国佛学院传印法师、演峰法师在法门寺

宝帐香舆，用孔雀羽毛饰其宝刹，刻香檀为飞帘，珊瑚、玛瑙、珍珠为幡幢，万人仪仗迎佛指。佛骨进入长安后，沿途仕女瞻礼，僧徒道从，佛声震地。时有军卒断左臂于佛前，以手执之，一步一礼，血流洒地，至于肘行膝步，断指截发者不可胜数。

从唐懿宗迎佛骨到现在，历史的车轮整整转了11个世纪，在漫漫的1124年，法门寺从来没有举办过如此大规模的佛指安奉活动。令人欣慰的是自1987年佛指舍利和2499件唐代珍贵文物从法门寺地宫出土之后，经媒体宣传，在全世界引起极大轰动。自1992年以来，佛指舍利先后被迎请至泰国、韩国及我国台湾、香港地区瞻礼供奉，所到之处万人空巷，膜拜如潮，使法门寺又一次蜚声海内外。

司马义·铁力瓦尔地等领导和贵宾、高僧大德共同为法门寺合十舍利塔启幕后，佛指舍利安奉大典开始。法门寺方丈学诚法师领头，4名弟子手持法器紧随其后，为佛指舍利的彩车开道。安放舍利的彩车上面由4位年轻的武僧在四周护卫，彩车下则由8位礼宾保护，150名法师和900多位身穿黑色服装的女居士组成的迎送方队，浩浩荡荡跟在佛指舍利彩车的身后，这支长达1000多人的迎佛队伍是自唐懿宗以来规模最大的一次。舍利彩车进入佛光门后，28位身着华丽服装的长号手仰天吹奏，霎时，庄重嘹亮的号声响彻天宇，法乐回荡四方。

几分钟后，佛指舍利经过了般若门和菩提门，所到之处，沿途遍布写有“南无本师释迦牟尼佛”的巨幡，信众匍匐在地，顶礼膜拜。

舍利彩车通过圆融门来到佛光大道后，顿时佛号四起，10尊金光闪闪的巨大菩萨像伫坐两侧，两旁信众有的手持宝带、幡旗欢呼，有的双手合十，默念佛经。佛指舍利经六渡桥功德池时，54名莲花仙子手持鲜艳的莲花分列两侧，向佛指舍利致意，并将莲花轻轻放入池水中。在莲花仙子的身后，54位“飞天”女子翩翩起舞，礼宾抬着安放佛指舍利的金塔健步走入合十舍利塔。

在合十舍利塔的一层举行了盛大奉安法会。中国佛教协会会长一诚长老、法门寺方丈学诚法师等高僧大德分别拈香礼佛。在庄严肃穆的诵经法会后，佛指舍利真身被安奉在合十舍利塔的地下“大金塔”中。

穷天上之庄严　极人间之焕丽

佛教圣地法门寺，始建于汉，兴起于隋，鼎盛于唐，被史书文献誉为“穷天之庄严”、“极人间之焕丽”的圣地灵境。然而，真正达到这一圣地灵境的应属改革开放后三十年的当今盛世。

史载，佛指舍利“三十年一开，则岁丰人和”。2009年，正是改革开放三十年后的头一年，今日佛指舍利又被开启迎送到合十舍利塔，不正是盛世“岁丰人和”的祥兆吗？

中国佛教协会副会长觉醒说，法门寺佛指舍利是一枚指骨舍利，是世界仅有的无价之宝，佛指舍利被联合国教科文组织列为“世界第九大奇观”。为了更有力地促进佛教文化交流，更加有效地保护和供奉佛指舍利，2005 年 5 月 15 日法门寺举行合十舍利塔开工奠基仪式。工程由西安曲江新区管委会负责实施建设。

历时 3 年建成的法门寺 148 米高的合十舍利塔由台湾著名设计大师李祖策划设计，约 50 层楼高，造型如同合十的双手，中间镂空部分是出土的精舍唐塔为原型的模拟建筑，塔内供奉着法、极、化三身佛像；塔内地宫供奉着释迦牟尼真身指骨舍利，地宫面积达 5000 多平方米，比千年前的地宫扩大了 100 多倍，可容纳 2000 人在其中活动。步入地宫正厅，大日如来佛像跃然眼前，坐高 7 米的雕錾铜贴金佛陀金碧辉煌。释迦牟尼真身供奉于宝函之内，位于地宫中心，逢重大佛事活动可用电动液压升降机通过顶部莲花中心藻井开启装置，升至一层供瞻礼。

西安曲江新区管委会副主任刘兵介绍说，法门寺将荟萃中国、亚洲和世界佛教文化之精华，以建筑美和绘画美全面提升法门寺旅游文化潜在价值。今日上午举行的“佛教圣地法门寺合十舍利塔落成暨佛指舍利安奉大典”活动，其实仅是浩大的法门寺文化景区工程的第一部分。

刘兵介绍说，法门寺文化景区规划建设为佛文化展示区和综合服务区两大板块。佛文化展示区，按照佛教三宝分为佛、法、僧三区，呈“品”字形布局。

佛区，包括建设安奉佛祖真身指骨舍利的合十舍利塔、供僧俗四众瞻礼朝拜的 10 万人广场、山门广场以及连接佛、法、僧三区的佛光大道，共 5 平方公里，总投资为 50 亿元人民币。

法区，将以当代法门学研究和科技发展成果为基础，全面展现世界佛教 2500 年、中国佛教 2000 多年的历史文化及唐代地宫珍宝之精华。作为二期工程的法区建设将在 2010 年到 2013 年完成，同时还将完成景区部分基础设施、商业配套的建设。

僧区，将建设以大唐法门寺瑰琳宫 24 院为蓝本的部分建筑，再现唐代法门寺“极人间之焕丽”的壮丽景观，建设法门寺文化大学等佛教教育机构。作为三期工程的僧区建设将在 2018 年完成，将实现佛文化旅游、佛缘产品加工、佛学应用、养生康体、商业服务以及生态特色农业 6 大产业集群全面聚合呈现。

“整个法门寺文化景区依照国际化标准，充分利用本土化资源优势，通过系列商贸项目的建设，为游客提供吃、住、行、购、娱的全方位服务。”刘兵说，法门寺文化景区将通过旅游经济—文化经济—产业经济—区域经济的递进模式，形成新的产业形态和新的经济发展模式，为世界佛教文化交流和陕西旅游文化发展再添动力和魅力。

（原载 2009 年第 11 期人民日报《大地》杂志）

佛指舍利赴香港供奉恭送法会在法门寺举行

⊙法门寺佛指舍利赴香港供奉恭送法会在陕西法门寺大雄宝殿前隆重举行

法门寺佛指舍利5月25日将赴香港供奉瞻礼。今天下午，在佛教圣地陕西扶风法门寺寺院，隆重举行佛指舍利赴香港供奉恭送大法会。

中国佛教协会会长、佛指舍利送迎团团长一诚法师、国家宗教局副局长杨同祥、陕西省副省长张伟、由香港佛教联合会会长觉光法师率领的香港佛教暨各界迎请佛指舍利恭迎团和来自全国各佛教寺院的高僧大德、僧众以及宝鸡市、扶风县的代表1000余人出席了今天的大法会。

法会由中国佛教协会常务副会长、送迎团副团长圣辉大和尚主持。他说，通过本次佛指舍利在香港的供奉瞻礼，大陆佛教界和香港佛教界的法乳一脉的法缘关系必将得到加强，将为香港市民带来吉祥和福报。接着，一诚法师、觉光法师以及中国佛教协会副会长兼秘书长、送迎团副团长、法门寺住持学诚法师主法诵经。之后，学诚法师代表法门寺宣诵启请佛指舍利文疏，觉光法师代表香港佛教界宣诵启请佛指舍利赴港供奉文疏，共同祈祝祖国繁荣昌盛、香港安定和谐，人民幸福安乐，世界永久和平。

法会结束后，天空突洒甘霖，香港佛教暨各界恭迎佛指舍利代表团和内地送迎团代表向佛指舍利敬献香花。傍晚，陕西省委书记李建国、省长贾治邦、省政协主席艾丕善等会见并宴请了来自香港和内地的高僧大德及有关部门的代表。

据悉，这次法门寺佛指舍利赴香港供奉瞻礼，是继1994年和2002年先后赴泰国和台湾地区供奉之后，第三次离开法门寺。25日上午，将在西安咸阳国际机场隆重举行佛指舍利恭送仪式，佛指舍利及一起出土的20件法门寺地宫珍宝，将在护法团恭迎团的护送下，于中午飞抵香港。

（原载2004年5月24日《人民日报》和人民网，与曹宏亮合写）

佛指舍利在台供奉瞻礼结束返回法门寺

台湾400余万民众在舍利座前瞻拜

佛指舍利在台湾地区供奉瞻礼圆满结束，今天乘包机从台湾高雄经香港返回陕西法门寺。“祖国大陆佛教界恭送佛指舍利赴台瞻礼委员会”和“台湾地区佛教界恭迎佛指舍利委员会”代表在咸阳机场举行了简短的交接签字仪式。祖国大陆佛教界恭送佛指舍利赴台瞻礼委员会在法门寺隆重举行佛指舍利赴台供奉圆满及安奉法会。专程恭送佛指舍利返回大陆的台湾佛教界一行300余人也参加了法会。

⊙本书作者（左二）与恭迎佛指舍利赴台瞻礼的星云大师（中）在法门寺合影 （祁鸿斌 摄）

法门寺佛指舍利于今年2月23日至3月31日的37天中，分别在台北市台大体育馆、台北县金光明寺、高雄县佛光山寺、台中县梧棲体育馆、南投县中台禅寺、高雄市体育馆等公共场所和寺院安座供奉，接受信众瞻礼朝拜。据统计，先后到佛指舍利座前瞻礼朝拜的信众有400余万人次，在佛指舍利巡礼移动的沿途迎奉的群众有数十万人。据介绍，佛指舍利在台湾的瞻礼供奉活动是岛内最盛大的一次宗教活动。

佛指舍利在台湾供奉期间，受到了台湾佛教界最高礼遇的迎接和虔诚的瞻礼，大陆佛教界有护送团、护法一团、护法二团和迎归团等佛教界团组前往台湾地区护持佛指舍利和进行访问，进一步加深了海峡两岸佛教界之间的相互了解，促进了法乳一脉的血肉关系。佛指舍利在大陆与台湾往返途中得到了香港特别行政区政府有关方面和香港国际机场的大力协助。因此，佛教界称本次佛指舍利赴台供奉活动是“雷音震两岸，一月映三江”。国家宗教局局长叶小文、国务院台湾事务办公室副主任王富卿、陕西省副省长赵德全及中国佛教协会和陕西佛教协会、寺院的代表到机场迎接佛指舍利赴台供奉圆满归来。机场欢迎仪式结束后，佛指舍利被安全护送回扶风县法门寺入塔安奉。

当晚，陕西省人民政府举行招待会，欢迎台湾地区送归团和祖国大陆迎归团。陕西省人大常委会主任李建国、省长程安东会见了台湾地区送归团和大陆迎归团主要成员。

（原载2002年3月31日人民网）

法门寺不应忘记他们
——韩金科的回忆

⊙韩金科（右）在本书作者（左）书房合影

法门寺唐代地宫和佛祖释迦牟尼真身指骨舍利面世已25周年了。法门寺如今已成为僧众朝圣的佛都之地，法门寺学正在成为国际的一门学科而受世人和专家的关注。法门寺的发展印记着佛门和专家以及广大人民群众的支持，特别印记着赵朴初、季羡林、任继愈、张岂之、石兴邦、韩伟、王庈、王亚蓉等一大批专家学者不可磨灭的文化身影，同样也印记着法门寺良卿、澄观和净一三位法师方丈弘法利生的高风亮节。曾亲历法门寺发现发掘并在研究法门寺学、为法门寺发展建设做出杰出贡献的法门寺博物馆原馆长韩金科，日前在接受记者采访时，动情地说："法门寺有今天，我们不应忘记这些专家学者及高僧大德。"下面就是韩金科的回忆——

事业毋忘后视今
——赵朴初与法门寺

1987年4月3日，迷失地下1113年的法门寺唐代地宫于中午11点突然面世。其后，佛祖释迦牟尼真身指骨舍利和千件大唐王朝供佛祖珍宝于夏历四月八佛诞日跃出地宫，不二于世，海内外为之震动。此间，全国政协副主席、中国佛教协会主席赵朴初先生与中国佛教协会迎奉石经山雷音洞佛舍利去泰国刚回国，就于5月21日同中国佛协副会长周绍良居士等来到法门寺。赵朴老心花怒放，灵感勃发，他当即唱颂出著名诗篇《扶风法门寺佛指舍利出土赞歌》，交给孙达人副省长传《人民日报·海外版》发表。从此，赵朴老的心与法门寺紧紧地连在一起。1988年11月9日，重辉的法门寺对外开放，赵朴老在法门寺主持了近代世界佛教界规模最大、等级最高的佛祖释迦牟尼真身舍利瞻礼法会，人们像潮水一样涌来。

在那车水马龙、人流如潮的日子里，赵朴老一直挂念着法门寺，最为关心的是法门寺唐代地宫佛法世界和供养法的探索和认知。在赵朴老的关心下，1994年春，中国佛教文化研究所所长吴立民偕同中国社会科学院李斌城、丁明夷研究员经过反复研究终于完成对地宫佛法世界的破译——这是千年仅存的佛舍利供养曼荼罗。

得知消息，当年6月1日下午4时赵朴老在北京医院召见我与吴立民、丁明夷座谈。进入病房前，主管医生对我们反复叮咛，为了赵朴老健康，谈话不得超过半小时。赵朴老慈祥地对我说："韩金科，我耳朵背，你到我跟前来！"我倾身向前对着他的右耳，叙说在他的关怀下法门寺院和博物馆建设大雄宝殿、成立法门寺文化研究会、举行历史文化、佛教文化和法门寺考古研究的情况，特别叙说这次唐密曼荼罗发现及初步研究情况。赵朴老听得入了神，不时点头、提问。这时，病房成了热烈的讨论会会场，赵朴老精神焕发，比划着说："会昌法难以后，世间供养的曼荼罗湮没无闻。这次法门寺曼荼罗的破译，是具有世界意义的重要发现，与地宫面世的意义同等重要。"赵朴老又说："展望21世纪，中国佛教要承担重大历史责任，成就历史大业，其中一项就是弘扬唐密。这次法门寺重要发现，要在今年9月中、日、韩三国佛教会议前向世界公布，到时我一定出席讲话。"

⊙赵朴初在法门寺

时间过得真快，不知不觉已是两个小时了，为了赵朴老的身体，我们起身告辞，赵朴老拉着我的手边走边说："这是做梦都想不到的幸运和机遇"，他再三叮咛："要倍加珍惜，要精进，要分秒必争"！

"心光常注近及远，事业毋忘后视今"。出了北京医院，我们回味朴老法门寺《赞歌》中的期望和嘱咐，深感机遇难得，责任重大。1998年11月，朴老题写书名的《法门寺地宫唐密曼荼罗之研究》（吴立民著）在香港举行首发式，法门寺唐密文化由此走向世界。

"要成为一门国际学科——法门学"

——季羡林先生对研究法门寺的期望

2009年7月11日上午9点多，我正在整理《法门寺文化》一书，开头就是季羡林先生写的《法门寺》一文。这时，手机里一位朋友告诉我："季羡林先生逝世，快上网"！我心里一震，立即起身，向北京的方向三鞠躬，坐下来时，20年来季老与法门寺的身影一下子涌到眼前。

30年前，季老来到西安，与任继愈、蔡尚思先生坐在陕西省委党校大礼堂的主席台上，他讲的是《大唐西域记校注》，用粉笔在黑板上写了"万法唯识"和"民族脊梁"八个大字，给我留下了深刻的印象。第二次见他的时候是1987年5月中下旬法门寺唐代地宫面世之后，他与赵朴老率领全国相近学科的领军学者到法门寺鉴定这一重大发现并举行学术讨论会。季老说，自己多次看过"法门寺"这出戏，但何曾料到自己今天竟然来到法门寺，而且还同这一极其重要的考古发现联系到一起了。当时正落着蒙蒙细雨，快要收割的麦子湿漉漉的，大棵大朵的月季花却开得五颜六色，绚丽多姿，告诉着春天还没有完全过去，夏天刚刚来临。在断壁残垣的法门寺，

⊙季羡林先生

季老他们小心翼翼踩着泥泞的砖头，左歪右斜地走下一千多年的大唐法门寺地宫。季老说，他从来没有想到唐宪宗“令群僧迎佛骨于凤翔”的佛骨竟然还存在于宇宙间，而且现在就在自己的眼前，虚无缥缈的神话一下子变为现实。季老感到，这一阵阵佛骨旋风“会以雷霆万钧之力扫过佛教世界。”

自后，季老就与法门寺紧紧地连在一起。他不仅关心过去冷落僻远的法门寺如今车水马龙，摩肩接踵，而且更重视法门寺文化研究和法门寺当代文化建设，将学术殿堂与社会事业发展紧紧地连在一起。他走后的第二年11月9日，修葺一新的法门寺和新建的法门寺博物馆对外开放。一大批著名专家学者按季羡老“多出成果，出好成果，出大成果”的号召，投身研究法门寺文化及法门学，召开大大小小十多次学术会议，出版丛书专著40余部，论文近千篇，法门寺文化研究现象引起海内外广泛关注。

20多年间，我多次去季老家拜谒，他是一位极为慈祥的老人，时时放射着智慧和道德的光芒，让人们永远受益。有年冬天，我们在北大芍药园开“佛教与现代社会”的讨论会，季老在主席台上，别人讲话时，季老正视前方，全神贯注，一会儿露出会心的微笑。中国人民大学方立天先生捅了一下我：“金科你看，季老一篇文章在心里已经完成了，这是‘特别标志’！”他告诉我，季老年近九十，邀请者众，大家建议季老“请您别去，去了别讲，讲别精彩”。但是季老一请就到，到了就讲，一讲就精彩。现在，季老讲话的腹稿早就有了，刚才的神态表明他的文章已用“心”写好了。又是一年的冬天，寒风刺骨，雪花满天，我到季老家时正逢他午睡，小保姆让我坐在书房里等一下。书桌上一大矗书，我近前一看是刚出版的季老的《万泉集》。书的封面竟是季老那篇《法门寺》散文的手稿制版。1990年，首届法门寺国际学术讨论会召开之前，想请季老为即将成立的法门寺文化研究会题写匾牌，我写了快信给季老。一个月后，季老寄来题字，并附有一信：“金科同志，您的快信爬行了二十多天，今天到我手，写了几字，不知可用否”？2001年，《法门寺文化与法门学》即将完成，我与北大王邦维、荣新江教授去季老家，季老十分高兴，不几天，寄来题写的书名，并附有题词：“法门寺的每一件文物都给我们提出了新的研究课题，需要各方面的专家研究十年、二十年或几十年，才能取得比较圆满的成绩。我相信，同敦煌学一样，研究法门寺文物，也将成为一门国际学科——法门学。季羡林，二〇〇一年三月。”

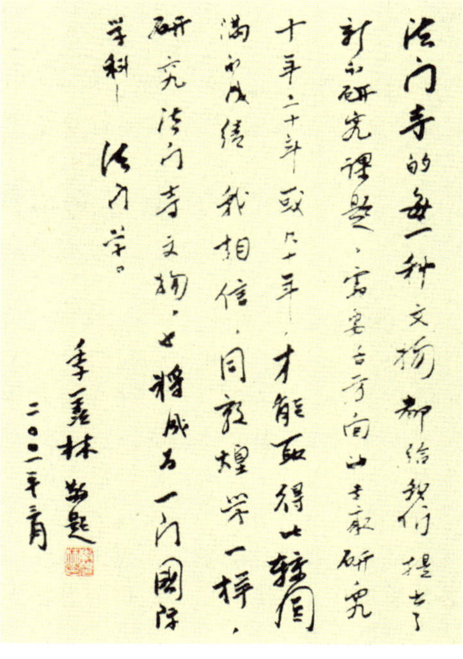

⊙季羡林先生为法门寺题词

季老走了，这是历史的真实。季老没有走，永远不会走，这是文化的真实。如今，两平方公里的新法门寺规模是20年前旧法门寺规模的20倍，以“千年佛家圣地，万世人文经典”而成为中华文化的又一胜地。正像季老当年讲的那样：“在这里，中国古代文化仿佛阳光空气一般，弥漫其中”。“这里到处是诗，美妙的诗；这里到处是梦，美妙的梦；这里是一个诗和梦的世界。如今又出现了如来真身舍利，它将给这个诗和梦的世界涂上一层灵光，使它同西天净土、三千大千世界联系在一起。”

“法门寺不能只限于考古界讨论！”
——任继愈先生关心法门寺

时间过得真快，转眼间任继愈先生离开我们已经3年了。

任继愈先生生前没有到过法门寺。

在法门寺车水马龙、摩肩接踵的日子里，任先生也没有来到过。然而作为著名的哲学思想史和汉唐佛教史专家，任继愈先生一直关心着法门寺。

1988年春，法门寺地宫文物在中国历史博物馆展出，适逢全国人大、政协两会召开，习仲勋、班禅额尔德尼·确吉坚赞、赵朴初、马文瑞等党和国家领导人为之剪彩，轰动京华。文化学术界如此评价：“这批出土文物等级之高、数量之多、品类之繁、纪年之明确、保存之完好，为我国隋唐考古所仅有；在中华民族政治史、社会史、文化史、宗教史、思想史、科技史、对外交流史等方面研究上具有极其重要的学术价值，是继半坡、秦始皇兵马俑之后我国又一次重大考古新发现，是世界文化史上的一件幸事”。中国历史博物馆人流如潮，海外人士刮目相看，美国赛克勒博物馆馆长罗覃先生一连看了两次，说：“我去过许多国家，看过许多展览，这批文物真是太精美了！”斯里兰卡大使参观后留言道：“不要说佛祖舍利，就是这八重宝函到斯里兰卡一个月，就可以消灭我们的内战——我们在佛祖面前是统一的”。

4月底的一个上午，中国历史博物馆召开法门寺出土文物座谈会，任继愈先生与宿白、俞伟超、石兴邦、韩伟等著名专家学者20多人出席会议。会议到午饭时结束，与会代表到历博地下一层午餐，任先生拄着拐杖从台阶上慢慢走下，我赶紧上前去扶，他边走边说：“这么重要的发现，怎么只有考古界在讨论？”

我心里一震。脑子里浮现出八年前的景象。

那是1980年的春天，全国佛教学术会议在西安召开。当时我在陕西省委党校专业理论班学习，刘端棻校长请来与会的蔡尚思、季羡林、任继愈三位先生给我们作报告。他们是全国学术界三个不同领域的领军人物，大礼堂里里外外坐满了人，三位教授都

⊙任继愈（中）张岂之（左）韩金科（右）合影

讲出了风采。任先生讲的内容是《中国哲学史研究的几个问题》，提纲挈领，深入浅出，几千年中国哲学史的思想内容，就这样不经意地和盘托出了，使人心领神会。

1989年夏，陕西省社科院院长郭琦先生、西北大学校长张岂之先生先后到法门寺博物馆，提出了“综合研究”的思路。张岂之先生讲得很坚决：“文献资料很丰富，先从历史研究做起，打好基础，然后一步一步全面展开”。在张岂之先生和他领导的西北大学中国思想史研究所以及中国唐史学会等方面的大力支持下，我们动员有关领域的专家学者，筹备首届法门寺历史文化国际学术研讨会。为了筹备这次会议，我有了一个大胆的想法：到北京去请教任继愈先生。

过了几天，我们冒然去了先生的家。

那一天骄阳似火，我很快拨通了先生家的电话，说明来意，估计先生太忙，最多等到明天上午才能见。谁知电话里先生的声音是那么清脆、洪亮：“你们现在就到我家里来吧”，并且详细讲了坐班车的方法和路线。我们心花怒放，急忙搭车前往。

这时，电闪雷鸣，倾盆大雨袭来。我们三人各抱资料在怀里，屁股朝天头向地，任凭暴雨浇灌往前跑，不一会雨过天晴，我们敲开了先生家的大门，先生连忙沏茶，醇香的茶汤沁入周身，发之毛孔，我们浑身轻松起来。先生拉着我的手，从法门寺历史文化研究谈起，从夏鼐谈到郭沫若，再回到法门寺考古发掘。先生主要讲了任何文化现象都不是单一的，做研究、做学问要有大家气魄，提出了专题深入，综合突破的思路。但天色不早了，我们只得告辞，先生一直送我们到门外。

那年9月9日，首届法门寺历史文化国际学术研讨会在法门寺举行，与会代表99位，大多是老一辈专家学者，张岂之先生主持会议。会上成立了以张岂之先生为会长的法门寺文化研究会，季羡林先生题写会名，陕西师大教授霍松林先生揭牌。这次会议从法门寺唐代地宫佛教文化的深层内涵行进，触及到中国失传千年之久的唐密曼荼罗。同时，又与日本正仓院宝藏对应，展开对比研究，大大地扩大了法门寺文化研究的视野。

任继愈先生亲自出席会议，他为法门寺文化研究题词：“再使文物生辉”，并为会议论文集题写书名。先生在大会开幕式上做了深层次的阐述，我们才明白两年前他在家里思考的那个命题——我们所努力的一切就是一个最基本的目标——“再使文物生辉”。

1995年1月15日，法门寺博物馆与上海博物馆、浙江省文物局在上海举办“越窑——秘色瓷国际学术研讨会”，200多位海内外专家学者与会，会议论文百分之九十是谈法门寺秘色瓷的。当有些海外专家亲手摸到法门寺秘色瓷时，竟然发出“我这一生满足”的赞叹。3月2日，在北京中山公园的“来今雨轩”，法门寺唐密曼荼罗文化研讨会召开。会上任先生十分感慨地发出呼吁：“要展开研究，希望中国唐密文化研究的薄弱局面即将过去！”

1998年，法门寺对外开放十周年纪念，全国佛教界、社会科学界庆祝佛教传入中国两千年，并于11月在佛教圣地法门寺汇聚；2001年11月，法门寺文化建设学术研讨会召开，张岂之先生对法门寺文化研究十三年历程这样概括：一是它体现了考古文物与历史文化研究的高度结合；二是它在历史、宗教、文学、艺术、考古等研究领域的综合研究方面付出了艰辛的劳动；三是它具有比较开阔的文化视野，体现出比较远大的研究旨趣和境界。

虽然任继愈先生已离开我们三年多了，然而，在我心里，浓缩得最深刻的启示，就是：

十三年岁月，印记着任先生举旗引路的历史身影。

十三年岁月，印记着先生在关键时刻的历史脚步。

法门领袖　为人师表

——怀念法门寺三位法师

每逢佳节倍思亲！

光阴似箭，转眼间已是净一大师圆寂三周年。从法门寺向北远眺，郁郁葱葱的中观山上，良卿、澄观、净一三位大师的灵塔直上云天。

时光再前推 40 多年。1966 年 7 月，“文革”劫难犹如暴风骤雨袭向法门寺。当时法门寺住着三位僧人，一位是寺院当家、当代名僧良卿大法师；一位是通晓唯识大义的贞环大和尚；一位是放弃西北农学院高职教授、入寺修法的李秉铎居士。一天，一群造反派冲向法门寺院，在大门口散发传单、高呼口号后就将一个个佛像推倒砸烂，将大量珍贵佛经堆积起来。法门寺尘土飞扬、隐天蔽日，一片口号的呼喊声。李秉铎已被赶回寺东北的南阳老家，两位僧人站在经书堆成的山前接受“横扫”和批判。在宣布所谓的《三大纪律、八项注意》后，红卫兵将生活用品要当众归还，贞环师父还与他们争来争去，良卿师父威严如山，将递过来的东西一手推开，十分沉静地讲了三个字：“我不要”！接着一把火点燃，浓浓的黑烟冲向云天，良卿法师站在那里纹丝不动，一手捻珠，一手放在胸前，两眼微睁，露出一条缝直视着远方。晚上法门镇还是浓烟滚滚。凌晨，我被公社的武装干事打门叫醒，说赶快报告县委，良卿法师自焚了！我心里一震，接通电话后奔向寺院，在大雄宝殿东南平台上，良卿大师在自己修行的屋前架起干柴、打坐于上在烈火中西去了。就这样，震惊了造反派，制止了正在刨地挖宝的红卫兵，使法门寺地宫珍宝避免一次“史无前例”的劫难。

良卿大师这样走了，贞环大师也因病离去了，法门寺僧人继承法门寺的局面中断了整整 10 年。1978 年，随着落实政策的热潮，澄观法师进了寺，住在大雄宝殿的西耳房。1981 年 8 月 24 日上午，这位大师正和文管所的王志英在房前座谈，一时间天摇地动，历经 402 年风雨剥蚀的法门寺明代砖塔西南一半分两次坍塌下来。1984 年，净一大师是带着大半生的修行来到法门寺的。师父童身出家，1949 年全国解放，在广东云门寺入拜近代佛界泰斗虚云大师，将佛教的禅、净、律和华严溶为一身，没有去香港或台湾而驻锡扶风贤山寺潜心修行。在陕西、在西北、在全国，师父是我国屈指可数的佛教修行高僧和佛学大师。还是在那个“文革”动乱的年代，陕西省选五位高僧入省图书馆整理佛经典籍，澄观、静一法师首当其冲，为陕西省佛教经典的科学保护建立了历史的功勋。1984 年法门寺全部回归佛教，净一大师入寺，协助澄观大师弘法利生，从此，人们看到法门寺的两面旗帜——对世俗讲一是行政、一是业务，而对佛教来讲，一是教相，一是事相，两位高僧两座莲台，一个弘道，一个传法，珠联璧合，交相辉映，法门寺峰回路转，喜获新生。这时的澄观法师，以一代大师的慈悲胸怀，将法门寺的道场庄严起来，接纳海内外瞻拜观光者。澄观大师三十年代入周叔迦居士执教的北平佛学院，继承着“北韩南欧”的中华佛教道统。解放初在法门寺与良卿法师同参，以后去渭北弘法。这次主法法

⊙良卿法师德像

门寺，时隔30多年，故寺重归，感情洋溢，日夜操持，法门寺院香火隆盛。与澄师一样，净一大师年事已高，但他壮志不减当年，实践着玄奘精神，西行甘肃、青海，把法门寺文化的种子播在祖国大西北的沃土上，接纳了千万众的顶礼。

净一法师到法门寺后，看到法门寺塔坍塌，多次与澄观法师呼吁政府重修宝塔。后经历史学家孙达人副省长的支持，决定政府拨款修复古塔。于是残塔一层层拆下来，塔上佛经、佛像一一登记、保护；塔上砖块一个个堆放好。时光到了1987年4月2日下午，发掘塔基的洛阳铲打到石板上，第二天上午11时，塔基中心“挠土”刨掉之后露出一个一米见方的石板，石板西北角三块碎石去掉，秘藏地下1113年的唐代地宫终于现世了，金碧辉煌，气象万千。由此就是那震惊世界的大发现——佛教世界供奉、中国大唐王朝拥戴千年之久的佛祖释迦牟尼真身指骨舍利、大唐王朝供佛的数千件珍宝、失传千年之久的佛舍利供养曼荼罗世界呈现在人们眼前。

在万人朝供中，澄观、净一两位法师操持起法门寺重辉的大业。于是新的仿唐建筑大雄宝殿拔地而起，巍峨壮观。1994年夏历10月初一日，法门寺大雄宝殿落成、佛像开光、澄观大师升方丈座居然和法门寺佛指舍利赴泰国接受供养瞻礼不期而遇，四喜临门。吉日之前的10多天里，法门寺阴雨绵绵，连日不开，但10月初一的凌晨二时，秋风徐来，将万里乌云吹得一干二净，皓月当空，当晨曦升起，大地一片金光。中午10时，开光、升座法会开始，法门寺上空显出光环，一道彩虹将塔与博物馆珍宝阁联结在一起。

自法门寺开放以来的17年间，人们重视法门寺不时出现的灵异现象，重视法门寺塔上的光环和五色祥云，人们更重视在澄、净二位大师主持下的法门寺事业在突飞发展。30年后，1996年7月12日，澄、净二师为良老举行灵骨安放示向法会，我们呈上悼念挽联：千人同仰，百年慈容惠风，积就法门走向世界；众星拱斗，千载般若真如，护送尊师到达彼岸。二位大师亲送良老入化中观山。其后，澄观大师年高体弱，慢慢不能行走，但他对中国禅宗的体悟却出现了无数光辉的亮点，他用颤抖的手写了无数的偈，送给人们。他坐着轮椅，行进在寺院、博物馆、法门镇的大道上和农村的田间地头。每当他的身影出现，街道两旁、村庄田间，人们都停下手中的活计站立起来或者奔向前去，向这位老法师表达自己的深情和厚意。1999年7月5日，澄观大师圆寂，各界志哀，我们敬呈一联：“有法门便有大师，当法门辉煌，澄师灵光成舍利，大化入不二法门；拜菩萨并拜诸佛，自斯地金壁，菩提法雨显圣境，广慧被大千世界。”三位大师，两个走了，只剩下净师一个人了。

⊙澄观（右）、净一（左）法师瞻拜佛指舍利

净一法师老了，80多岁的他每天一瘸一拐地在寺院里从南到北、从东到西这样走着，咣咚、咣咚、咣咚，这就是师父临近的声音。他比当年、比青年人更奋进事业，他比过去更严格律己，冬天不让给他通暖气，要为寺院节省这一分一文；他每月如数交自己房间的电费、水费和自己的伙食费，把这些都补进法门寺的事业中。2001年夏历10月初一法门寺开放13年纪念日，法门寺文化文物陈列开放，师父鼓起劲上了博物馆珍宝阁，他无限深情地环视着法门寺，指着

寺院和博物馆以南，说这就是唐代六祖以来经近代太虚大师和当代赵朴老倡导的人间佛教，也就是僧区。这佛、法、僧三区，就是总揽佛祖以来二千余年世界佛教的三宝，天经地义，圣地重辉，让法门寺走向世界，让佛教世界朝拜法门寺。当天，师父出席了法门寺文化文物陈列开放典礼仪式，人群中高呼“让净一大师为博物馆剪彩！”

净一大师没有老，当年年底与台湾佛教界携手，促成了法门寺佛指舍利赴台瞻礼的一大因缘。两岸未通佛先通，2002 年 2 月 23 日法门寺佛指舍利赴台，台湾各地 500 万人先后瞻拜舍利，可谓唐代“道路车马，昼夜不绝”，“百姓跪拜，惊天沸地”的历史再现，他在台南佛光山讲法，星云大师称赞“净一大师讲法喻义实为至上，真了不起”。

台湾归来，师父终于病倒了，这时我们才知道师父是医学不治的大病。在医院里，这种病的剧疼常人难以忍受，但师父说一点也没有感觉，他谈笑风生，在医院里传法讲经，从精神上解脱病人，完全忘了自己。7 月初，临近澄师圆寂三周年，他坚决回寺。在澄师的示向法会上，他硬是撑着身体上了轮椅，在大雄宝殿前转了一圈。

他圆寂西去的日子临近了，师父让一笔勾销了博物馆过去 20 万元的借款。他不能讲话了，用点头对法门寺今后的大业表示了最后的态度。当我把头伸到他面前时，他居然伸出手来，示现两指，坚毅的眼神盯着我一动也不动。我的心在颤抖，我的热血在沸腾，这是师父经常讲的用 20 个亿来建设新的法门寺的“手印”，这是要我们永不懈怠、永远精进的精神示显，这是他留下的最后嘱托。

净一大师走了，人们沉浸在无限的悲痛和思念之中。我们向他呈上一联：真身塔、舍利宫、大雄殿、千佛阁、涅槃城、藏经楼、祖师堂、佛学院、文化坛，弘法利生，金桥自台湾通日、韩、印、泰遍环球，如今钟鼓齐鸣，万世法门共奉，送尊师入净琉璃光世界；宝华戒、金山慈、高明修、云门定、净业智、真如愿、香山禅、贤山行、法门慧，显密圆融，临济自和尚连性、相、禅、律满大千，即时梵音高奏，三千世界同接，迎如来登一字金轮灵境。

三年了，在三位大师的感召下，法门寺的事业正在快速发展。今年夏历四月八佛诞日，法门寺大建设工程终于奠基了，人们在那瑞风瑞雨中奔走相告：“师父回来了！师父回来了！”

（写于 2012 年 11 月）

附：

赵朴初与草堂寺

⊙ 1983 年本书作者（左）采访全国政协副主席、中国佛教协会会长赵朴初（中）

在全国和陕西众多的佛教寺院的山门及大雄宝殿，大都能看到赵朴初先生的题款。然而，在陕西著名佛教寺院草堂寺，除了山门及大雄宝殿有赵朴初的题款外，在该寺鸠摩罗什纪念堂东侧的碑墙上，镌刻着赵朴初于 1982 年 4 月 13 日书写的汉徘诗一首，诗曰："万绿映庭阶，终南初日照人来，连城烟雾开。象教隐重彰，百福庄严坐道场，光明照十方。声气好相求，法音岂止暨三洲，从此广宣流。同驾白牛车，同供香华礼法华，同护法王家。慈悲度有缘，和风华雨遍遥无，世界尽庄严。"赵朴初，他那慈祥和善的面容和神态，至今令人难以忘怀。尤使人感动的是，他在草堂寺所作的这首汉徘诗，原稿至今仍珍藏在我手中。

2006 年，赵朴初关心的西安青龙寺部分庭院交宗教部门管理一事，记者找青龙寺主持宽旭调查采访，后写了一份内参，受到中央领导同志重视，指示相关部门调查处理。在与宽旭交谈中，得知赵朴初生前十分关心日本白莲教主庭青龙寺部分庭院被占用，活动场地窄小问题。突然我想到早在 1982 年春季，当时我在西安日报社任记者，采访赵朴初时，赵朴初亲自将五首汉徘诗交给了我的往事。经回忆，这是 1982 年春季，赵朴初先生在草堂寺一个法会上当众诵读的诗。至今已 29 个年头过去了，虽几次搬家，会不会丢失？诗是否还在？经过几个月从堆积如山的书籍中翻查，终于找出了这五首汉徘诗。这是赵朴初用毛笔在宣纸上书写的，笔迹清秀劲健，诗文佛意深远，释播着"文革"后佛光普照的喜悦。可惜的是由于当场诵颂，没有署名钤印。手捧着这珍贵的墨宝，当年采访赵朴初的情景不禁浮现在眼前……

那是一个春雨过后的日子，万木葱绿，百花吐艳。我会同陕西日报社记者杨健、西安晚报社记者张愈昇（后调新华社珠海分社）及无笔画家吴金狮，一同来到西安宾馆。当时赵朴初下榻在西安宾馆，因给吴金狮的无笔画题过诗，认识吴，是吴领着我们去拜访赵朴初的。赵朴初身穿灰黑色的中山装，头发虽已花白，年已 75 岁高龄，但精神矍铄，亲切和善，颌下无须面孔红润，谈吐沉稳意邃远。他与我们谈无笔画，谈诗作，谈西安印象。当时我想，赵朴初是学识渊博、名闻遐迩的诗人和书法家，何不求他为报纸写首诗？我当即恳请："赵朴老，您的诗在海内外影响很大，能不能为我们报纸写首诗？”赵朴初笑了，缓缓地说：“我这里有首诗，现成的，你可以拿去发表。”说着就拿出了洋溢着墨香的汉徘诗。“这是我在鸠摩罗什像奉安法会上诵读的。”赵朴初笑着说。我喜出望外，连忙捧起这张诗作。这时赵朴初的秘书在一旁挡驾，说：“这首诗原作你不要拿了，还是抄一下吧！”我说可以，就持笔抄录。这时赵朴初笑着挥了一下手，说：“让记者同志拿去吧，我都背过了。”然后，他简单地阐明了诗意，并用钢笔把诗中的“及”字改为“暨”字。当时由于激动，诗句未及让赵朴初详细解释，我就连声道谢，忙把诗稿装进了采访提包。

回到报社，我连忙打开，仔细诵读。当时由于粉碎“四人帮”不久，对宗教宣传仍有顾忌，加之对诗句中的一些佛教用语还不理解，就把此诗藏于书画册中，一放就是 30 年。现在此诗再现天日，怎不令人兴奋万分！

经宽旭介绍，前年 11 月 26 日，我拜见了正在西安开会的草堂寺主持释谛性方丈和在青海西宁南禅寺谛峰主持。他们看了诗作后都感到很振奋。释谛性方丈说：“这首诗我们是从日本出版的画册中找到的，现已刻在草堂寺石碑上。没想到此诗原稿在你手上，太珍贵了，欢迎你到草堂寺看看。”

1998 年在厦门闽南佛学院毕业的谛峰主持对佛经有所研究。他看了这一汉徘诗后高兴地说，这首诗写得太好了，反映了赵朴初对粉碎“四人帮”之后，“万绿映庭阶，终南初日照人来，连城烟雾开”的喜悦心情，讴歌了佛教（象教）十年“隐”没后重放光彩（重彰）和“百福庄严坐道场”“声气好相求”、诵念《妙法莲花经》（礼法华）为鸠摩罗什像奉安，使佛陀“光明照十方”、佛教“广宣流”以及“和风华雨遍遥无，世界尽庄严”的祈福和祝愿。

前年春天，我和人民日报社群工部副主任龚金星一行来到草堂寺，瞻仰了鸠摩罗什法师雕像。释谛性方丈说，赵朴初对草堂寺的修缮工程十分关心，为中日佛教友好交流费尽了心血。他又说，鸠摩罗什曾于后秦弘始 3 年（公元 401 年）12 月 12 日到长安后，几乎是风尘未拂，便登上了草堂寺讲经法座。在国主姚兴的护持下，鸠摩罗什主持了佛教传入后的第一个国立译经场，即“逍遥园一大寺译经场”，他身为译主，集“诸方英俊、一时之杰”，合三千僧，躬自传译，罕有辍工，文出妙典，郁为称首，13 年中共译佛经 914 部 425 卷，不愧为中国古代佛教典籍四大翻译家第一人。日本僧人日莲依据鸠摩罗什的《妙法莲华经》创立日莲宗，至今日本的 3000 多万信徒对鸠摩罗什感恩戴德，并称草堂寺为日本莲宗的祖庭。1981 年 7 月 17 日至 22 日，应赵朴初和中国佛教协会邀请，日莲宗代表前来北京和西安谈向鸠摩罗什报恩并向草堂寺奉献鸠摩罗什雕像问题，商定由中方选用黄杨木雕制一尊 1.1 米高的正面鸠摩罗什坐像及莲花坐台、供桌等，同时决定对草堂寺大殿内外进行整修，以上

⊙本书作者与草堂寺方丈释谛性手持赵朴初诗原稿在草堂寺赵朴初诗碑前合影

花费由日方拨款支付，户县政府负责修通环山路至草堂寺3公里公路。1982年3月，草堂寺一期修缮工程基本结束；中旬，以日莲宗鸠摩罗什三藏法师遗迹显彰会副会长小林行雄为首的日莲宗访华使团先遣组来到西安，商议4月的开光法会。

4月8日，以刚当选为日本佛教会会长不久的金子日威管长为名誉团长、松井大周、小林行雄为副团长的日莲宗友好访华团一行54人到达北京，受到全国人大常委会副委员长班禅额尔德尼·确吉坚赞和中国佛教协会会长赵朴初的接见和款待。4月11日，访华团在赵朴初等陪同下，乘机飞抵西安。4月13日上午8时，日莲宗访华团与中国方面的僧人、居士一起及工作人员约百余人，在草堂寺共同举行鸠摩罗什法师奉安开光法会。在法会上，进行了严净坛场、上供、开光法语及诵经仪式，赵朴初写了这首汉徘诗，在当晚，日莲宗访华团举行答谢宴会，赵朴初当众将他亲笔书写的这首俳句朗诵，激起了宴会大厅的一片掌声。

第二天，我们就在西安宾馆采访了赵朴初，赵朴初将此书写的俳句交给我（其中修改了一字）后，又重新写了一幅送给访华团团长金子日威管长，并特在俳句后签名加注：“一九八二年四月十三日草堂寺鸠摩罗什三藏法师像奉安开光法会有作，呈金子日威管长大僧正猊(ni)下”……可见赵朴初不仅对诗作的字句斟酌，严谨认真，而且对日本佛友的尊重，不愿将修改后的诗稿奉送友人。当时，金子日威管长把这首诗顶在头上，满怀激情地说：“赵朴初先生写的诗，是这次活动最珍贵的纪念，要把它放置在本寺最显著的地方，供日本广大佛教徒瞻仰。”

这里需要说明的是，中国古代是北传佛教的中心，中国汉语佛教在公元4世纪传到朝鲜，6世纪中叶传到日本。因此，佛教是东亚三国文化交流的重要桥梁和纽带。中日建交，就与中国和日本佛徒的努力分不开。为了加强中日佛教徒的文化交流，赵朴初曾将上世纪50年代日本朋友送来的“日中不战之誓名簿”用纪念照片的形式“交还”给日本佛教界朋友，又多次赴日本参加佛事活动，以期“确保历史的悲剧不再重演，中日两国世世代代友好下去”，在他的倡导下，中、韩、日佛教友好交流会议于1995年5月22日在北京召开。1982年，他在草堂寺亲笔写诗，赠给日本佛教代表团，这正是他致力于中日佛教交流和发展中日友好的又一力作。释谛性方丈带领我们游览了草堂寺，瞻仰了鸠摩罗什法师木雕像和鸠摩罗什舍利塔亭以及大雄宝殿、烟雾亭等，还特意来到鸠摩罗什纪念堂东墙石碑上，观瞻了镌刻在石碑上的赵朴初吟作的俳句。我将原诗稿展出核对，字体相同，格式相似，仅是在诗尾多了注解和签名。随后，我与释谛性方丈持诗稿在碑文前合影，之后，释谛性方丈高兴地挥毫在宣纸上写道：“此汉徘五首系全国佛教协会会长赵朴初先生于一九八二年四月十三日为草堂寺鸠摩罗什三藏法师像奉安开光法会而作，赵朴初当场诵念修改后赠给日本金子日威管长大僧猊下，此为原作，现镌刻于草堂寺。草堂寺方丈释谛性。”文尾加盖了几方大印：“草堂古寺宝印”、“佛僧法宝”和“释谛性印”。

（原载2011年3月20日《陕西日报》）

来自考古工地的报告

陕西扶风法门寺出土大量稀世珍宝

⊙鎏金卷荷叶圈足银水碗

我国考古工作者最近在陕西省扶风县法门寺地宫，发现四枚佛指舍利和大量唐代宫廷稀世珍品。出土的121件金银器供养器物，400多件(颗)珠玉宝石，17件玻璃器皿，63件秘瓷和石、铁、漆木器以及大量丝织品，辉煌灿烂，工艺卓绝，绝大部分可定为一级甲等文物；4枚灵指再现，辉华焕丽，焜耀中外，实为佛教界的一件盛事。

5月26日至28日，来自北京等地的著名专家和考古工作者云集法门寺观看了这批文物并进行了评审，一致认为，这是世界文化史上的一件幸事和我国唐代考古工作空前重大的发现，是继半坡遗址、秦兵马俑之后，我国考古工作的又一重大成就。全国政协副主席、中国佛教协会会长赵朴初在今天下午举行的新闻发布会上，宣布了这一重大发现，他欣喜地说："秦始皇兵马俑的发现，轰动了世界，法门寺佛指舍利的发现和大批稀世文物的出土，必将在世界，特别在佛教界引起震动。"

法门寺位于西安市以西118公里的扶风县北，是著名的佛教古刹之一，素有"关中塔庙始祖"之称。

在清理法门寺地宫出土文物中，具有突出意义的是发现了4枚保存完好的佛指舍利。经与地宫碑文与唐代文献勘验，确系唐代各皇帝多次迎送的真身佛指舍利。佛指舍利的形状如地宫物账上所记载的那样："上齐下折，高下不等，三面俱平，一面稍高，中有隐迹，色白如玉，少青，细密而泽，髓穴方大，上下俱通，二角有文(纹)，文并不彻。"4枚佛指舍利首次同时发现，必将在佛教世界引起强烈反响。

除了佛指舍利，在地宫中还发现了大批价值极高的稀世珍宝。在31.84平方米的地宫内，出土了121件统体华贵、富丽堂皇的金银器具，绝大部分是唐懿宗、僖宗、惠安皇太后供养的宫廷器物，1/5的器物都有錾文和墨书题记。全身以鎏金珍珠璎珞为装饰的捧真身菩萨像，金碧辉煌，造型精美，是为祈求懿宗"圣寿万春"而铸造的；法器中的锡杖共发现3只，其中迎真身银金花12环锡杖，通体錾花涂金，杖首有银丝盘屈而成的两个桃形外轮，轮顶托着智慧宝珠一颗；杖顶又有忍冬花、流云纹、仰莲瓣组成的三重佛座，其上承托五钴杵与宝珠；全杖长1.96米，杖身錾刻着12个手持法铃、身披袈裟的国觉僧，雍容华贵，巧夺天工，比现藏在日本正仓院最大的第一号白铜头锡杖等级

⊙捧真身菩萨

⊙迎真身银金花 12 环锡杖

要高，形制更宏伟。它们的首次发现，对研究唐代贵族生活及其社会风貌，提供了极为难得的实物珍品。

地宫中出土的 20 多件唐代盘、碟、碗、托、瓶等琉璃玻璃器皿，玲珑剔透、斑驳灿烂，是新中国成立以来琉璃玻璃器皿数量、品种最多的一次发现。

在地宫中还发现了大批层层叠叠的丝织品。这些几乎涉及唐代全部丝织物品种的纺织品，堪称唐代一座地下纺织品仓库。据地宫物账记载，系唐懿宗、僖宗、惠安皇太后、昭仪、晋国夫人等赠奉的，共有 700 余件，包括武则天绣裙等稀世衣物。这是继甘肃敦煌、新疆吐鲁番之后，唐代丝绸考古上的最重大收获。计有锦、绫、罗、纱、绢、刺绣、印花等织物。存世最早、数量众多的唐代织金锦，其金线加工技术之高超，令人叹为观止。捻金丝最细直径仅 0.1 毫米，比发丝还细，闪耀着中华民族的智慧。

（原载 1987 年 5 月 29 日《人民日报》）

扶风法门寺四枚佛指舍利一为灵骨三为影骨

全国政协副主席、中国佛教协会会长赵朴初，副会长周绍良和其他专家们经过鉴定，并与地宫碑文与唐代文献勘验，确认陕西省扶风县法门寺地宫发现的 4 枚保存完好的佛指舍利，均系唐代各皇帝多次奉迎的佛指舍利；并初步认定，其中 1 枚为灵骨，3 枚为影骨。

舍利，是梵文的音译，意译“身骨”，通指释迦牟尼的遗骨。据传，释迦牟尼灭度后，佛的一节葬于创建于东汉的法门寺塔中，故名“真身宝塔”。该寺一直是皇家御用寺院，受到历代皇帝的推崇。从北魏开始，即开启塔基供养舍利。唐高宗、武后、中宗、肃宗、德宗、宪宗、懿宗、僖宗诸朝均将舍利迎入宫中，多加殊礼。据史书记载，唐代每隔 30 年启塔迎佛骨一次，宣称“开则岁丰人和”。从唐太宗贞观五年（公元 631 年）到懿宗咸通十四年(873 年）大规模的迎佛骨活动就有 7 次，以后面几次规模为最盛：沿途数百余里“通路车马，昼夜不绝”，王公庶士奔走舍施，“烧顶

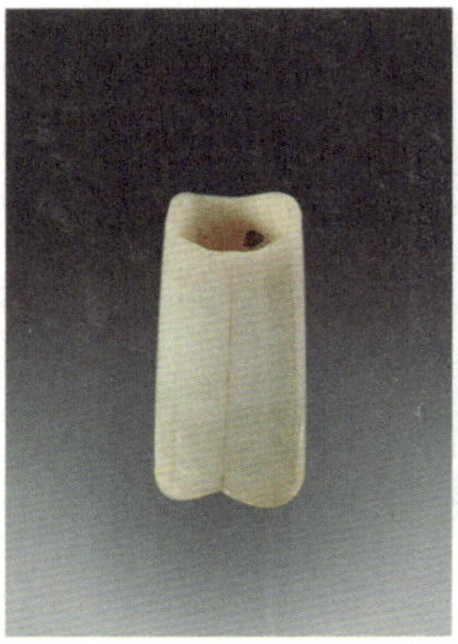

⊙第一枚佛指舍利

⊙第二枚佛指舍利

⊙第三枚佛指舍利

⊙第四枚佛指舍利

灼臂而求供养者”比比皆是；佛骨至京师“导以禁军兵仗，公私音乐沸天烛地，绵亘数十里”。据《杜阳杂编》记载，唐懿宗见到佛指舍利，竟降楼膜拜，“泣下沾臆”。出土的4枚佛指舍利和大量稀世珍宝，就是唐懿宗咸通十五年迎佛骨后于正月四日封闭在地宫内的。

今年5月5日(农历四月初八)恰值佛诞纪念日，凌晨1时，考古工作者在法门寺地宫后室内，发现了第一枚佛指舍利。这枚灵骨，贮藏于唐懿宗供奉的八重宝函(盒)之内，两侧放石刻二天王护侍。八重宝函的最外层为银棱盝顶檀香木宝函，出土时已朽破；其余七重由外及里的顺序为：鎏金四天王盝顶宝函，素面盝顶银函，鎏金如来说法银宝函，纯金六臂观音盝顶宝函，金筐宝钿珍珠纯金宝函，金筐宝钿珍珠装珷玞石函、宝珠顶单檐四门纯金塔。纯金塔基的银柱上套着佛指舍利一枚。其长40.3毫米，宽17.55至20.11毫米，腔径13.75至16.5毫米，重16.2克。

第二枚佛指舍利，安置于地宫中汉白玉双檐灵帐之中，5月9日晨发现取出。

第三枚佛指舍利，秘藏于地宫后室下小龛中的铁函之内。函外用加金织物包裹，函内套四重，最外是鎏金45尊造像盝顶宝函，其上錾刻“奉为皇帝敬造释迦牟尼佛真身宝函”字样。函内放一檀香木函，再内是水晶椁子，椁盖两端嵌以黄、蓝色的宝石各一，四周镶嵌着珍珠；椁内套以玉棺，打开玉棺，可见一枚白中泛黄并有发霉后的骨锈斑点似的佛指舍利。

第四枚佛指舍利安置于地宫前室的彩绘四铺菩萨舍利塔中。5月12日晚将其揭开取出。除第三枚外，其余的第一、二、四枚佛指舍利，外形大体相同，亦与地宫内《大唐咸通启送岐阳真身志文》石碑的记载相符。

5月23日，赵朴初和周绍良赴扶风法门寺，恭心鉴览了这几枚圣物。他们认为，这4枚佛骨均为唐代各皇帝迎送的佛指舍利，其中第三枚为灵骨，另三枚为影骨。赵朴初说，灵骨犹如天上的明月，影骨好比明月在地上江河中的影子。《志文》石碑中有“影骨”一词，盖指模制之指骨。但在佛教世界来看，影骨也是圣骨，也是佛的真身舍利。专家们认为，法门寺地宫发现的四枚佛指舍利，是目前所知世界上仅存的，它们首次同时发现，的确是世界文化史上的幸事，特别是佛教世界值得庆贺的大事。

(原载1987年6月2日《人民日报》)

法门寺地宫出土金银器富丽堂皇

法门寺地宫出土的121件宫廷金银器，流金溢彩，精雕细制，蔚为大观。和以往出土的唐代金银器相比，这些器物具有规格高、新器形多、制造地点明确等特点。其中一套鎏金茶具，反映了唐代吃茶的习俗，说明日本茶道来源于我国唐代。

负责这次考古发掘工作的陕西省考古研究所所长、研究员石兴邦和副研究员韩伟，在接受记者采访时说，新中国成立以来，西安何家村、镇江丹徒丁卯桥等地出土了大量唐代金银器，但尤以这次出土的最为富丽堂皇、品精质高。其中1/5的器物都有“五哥”等錾文或墨书题记。“五哥”是指唐懿宗李漼的第5个儿子，即僖宗李儇(僖宗登基前在宫廷里以“五哥”称谓)，说明这批器物大都为唐皇和皇太后供奉的，具有唐代金银器的最高水平。对金银器考古研究多年的韩伟说，从考古资料看，我国金银器皿最迟在战国时代已经出现，到了汉武帝时，将使用金银器皿与延年益寿、封禅成仙联系在一起，正如《史记·武帝本纪》所记载的：“黄金成，以为饮食器则益寿；益寿则海中蓬莱仙人可见，见之封禅则不死。”随着佛教的传入和盛行以及用金之俗的输入，

⊙鎏金卧龟莲花五足朵带银熏炉

加之贵族争尚奢侈，到了唐代，金银器的制作得到了很大的发展，成了皇帝赐赏大臣、供奉佛祖的重器以及中外交流和贸易的珍品。法门寺出土的这批宫廷金银器，錾文丰富，史料价值极高。如鎏金卧龟莲花纹朵带环五足银熏炉，上面錾刻有“咸通十年文思院造”等40余字，对研究唐宫内金银作坊组织、官职设置、度量衡制度及器物定名等方面的问题，提供了珍贵的资料。

在谈及法门寺出土的新器形的金银器时，石兴邦和韩伟说，这次出土的纯金单轮12环小锡杖和迎真身银金花12环大锡杖以及大批等级最高的佛教供养器物或法器，出土的三足架盐台、金银丝结条笼子、鸿雁毬路纹银笼子等多种新形金银器，都是前所未闻、世所未见的珍品。其中金银丝结条笼子的工艺精巧无比，具有鬼斧神工之妙，可与北京定陵出土的用金丝编成的朝天幞皇冠相媲美。过去认为宋代才有这种金丝编织的方法，现在看来，远在1000多年前的唐代，我国就有了这种高超的工艺。出土的一套鎏金茶具特别引人注目。它说明早在唐代，我国用茶就是先把茶叶碾碎、细罗，然后冲水将茶末调成糊状喝下，从而佐证了古籍中关于“吃茶”一词的含意。今日日本茶道还保留了这种吃茶的方法，说明了茶道与我国唐代吃茶有着渊源的关系，证明中国确实是茶的故乡，日本茶道源于中国唐代。

（原载1987年6月3日《人民日报》）

法门寺出土玻璃斑驳灿烂

陕西扶风法门寺地宫出土的17件玻璃器皿和16件秘色瓷器，是这次发掘清理工作的重大收获。五光十色、斑驳灿烂的玻璃器皿，反映了唐代中西文化的频繁交往和中华民族汲萃创新的非凡能力；千年以来神迷莫测的秘色瓷重现天日，则被称为中国陶瓷史上突破性的发现。

随着丝绸之路的开通，西亚的玻璃制品大量涌入我国。这次地宫出土的琉璃（玻璃）器群，有盘、碟、碗、托、瓶等，蓝、黄、绿、白各色俱全。其中，晶莹透亮的枫叶纹装饰的玻璃盘子、碟子，以及盘口细颈琉璃瓶等，花色之绚丽，形制之优美，颇具西亚的风格。

过去一般认为，唐代自安史之乱后，与西亚的贸易开始走向衰落。这批玻璃珍品的出土，说明晚唐时我国与西亚的文化、贸易交流仍很频繁。在这批玻璃器皿中，有一个素面茶托和一只撇口腑部斜收水平底的素面玻璃茶碗，其色白如玉，晶莹透亮，工艺完全可与西亚风格的玻璃器皿相媲美。中国是茶和茶具的故乡，此茶托和茶碗系唐代制作，说明我国唐代玻璃制造工艺已日臻成熟，反映中华民族早在1000年前，就善于向国外的先进技术学习，并能够消化汲萃，勇于创新。

⊙石榴纹黄琉璃盘

在这次地宫文物发掘清理过程中，使考古工作者颇感兴奋的是发现了一批失传千年的秘色瓷器，计有碗、盘、碟、瓶、托等16种。这批秘瓷，以浅豆绿、青色为主。其中一个镶嵌着金银团花和仙鹤的平托秘瓷碗，碗里釉色以黄为主，滋润而有光泽，碗沿镶嵌银边，瓷碗外壁有纯黑色漆，精雅庄重，光可鉴人，是瓷器中罕见的精品。以往人们认为，秘色瓷产于五代。宋人赵麟在《侯鲭录》中说，吴越钱氏割据政权控制越窑窑场后，命令这些瓷窑专烧供奉或进贡用的瓷器，不准民间烧制和庶民使用。因为是贡品，配方、釉色、器形、工艺等秘不示人，故称“秘色瓷”。这次法门寺地宫物账明确记载地宫中供养的瓷器为“秘瓷”，

⊙素面蓝色琉璃盘

这样，不仅把秘瓷产生的时间由五代提前到唐代，而且为人们提供了鉴定秘色瓷的一批标准器物。通过对这批器物的进一步科学探测和化验，进而可以确定秘瓷的产地、窑口、配方和工艺，彻底揭开秘瓷之谜。这无疑是中国陶瓷史上的大事。

（原载 1987 年 6 月 7 日《人民日报》）

法门寺出土唐代丝织品精华荟萃工艺卓绝

陕西扶风县法门寺地宫中层层叠叠、灿烂夺目的唐代丝织品的大量出土，是这次考古发掘工作又一重大收获。打开这座堪称唐代纺织品精华荟萃的地宫，拂掉千年的积尘，一批质高工精的唐代丝织品，将再次向世界展示诱人魅力，显现中华民族非凡的创造力。

中国丝绸，曾结成迷人的彩带，连接欧亚大陆，铺就中外交流的丝绸之路。唐代诗人，曾以饱蘸激情的笔墨，写下了诸如“绣罗衣裳照暮春，蹙金孔雀银麒麟”（杜甫《丽人行》），“看著中元斋日到，自盘金线绣真容”（王建《宫词》）等诗句，赞美了唐代丽人淑女穿绫披纱、织锦绣花的身姿和神采。但是，何为“蹙金绣”、“盘金线”？长期以来，人们只是把它当成诗人浪漫的想象，而憾于不能亲眼目睹。

“在地宫中沉睡千年的大批唐代丝织品重见天日，使我们有了一睹唐代丝绸的机会”。从事古代服饰研究多年，这次又参加地宫丝织品清理、保护和研究的中国社会科学院历史研究所专家王㐨和王亚荣，兴致勃勃地对记者说：“这是继甘肃敦煌、新疆吐鲁番等地之后，唐代丝织品数量最多、品级最高的一次发现，着实令人大开眼界、叹为观止！”

据地宫隧道内《监送真身使随真身供养道具及金银宝器衣物账》石碑记载，地宫内珍藏有唐懿宗、僖宗、惠安皇太后等供养的各类纺织品七百余件，其中包括中国唯一的女皇帝武则天“绣裙一腰（件）”、百余顶帽子和百余双绣鞋。但是，由于地宫离地表较近、封闭不严，又在阴湿的地宫中存放千年，这类织品除部分保存完好外，不少已破损炭化，形枯容萎；还有一部分尚可抢救，有望再展姿采。帽、鞋尚未觅见，武后绣裙等稀世之宝是否安在，有待进一步清理揭取后才能见分晓。从对已掌握的标本观察后，初步确定这批织物品中有

⊙蹙金绣

锦、绫、罗、纱、绢、绮、绣等类，加金织物极为丰富。其中唐代织金锦（唐诗中的“蹙金”绣、“盘金线”也属此类）属首次发现。刺绣品加工技术多种多样，有蹙金绣、平绣、贴金绣、绣加绘等。

王纾、王亚荣说：这次出土的大量丝织、纺织品，反映了唐代工艺的最高水平，其中织金锦中的捻金丝，平均约零点一毫米，最细处仅有零点零六毫米，每米丝线上绕金箔三千捻回。其加工技术之高超，令今人称绝。这批几乎涉及唐代全部丝织物品精华的发现，不仅为研究中国古代服饰史和织造技术史提供了重要的实物依据，而且也可以使人们明白，唐代丝绸为什么能饮誉世界。

（原载 1987 年 6 月 12 日《人民日报》）

法门寺修葺一新向世界开放

今天，举世瞩目的扶风法门寺修葺一新，向世界开放。重建的明代真身宝塔巍峨耸立，收藏地宫珍宝的法门寺博物馆辉映着唐代风采，这里举行了盛大的法门寺释迦如来真身舍利瞻拜法会和真身宝塔重建落成典礼以及法门寺博物馆开馆典礼。中外佛教界人世、考古专家及各界群众五万多人参加了盛会。

法门寺将成为继秦始皇兵马俑之后陕西的又一重大人文景观和旅游胜地。全国政协副主席、中国佛教协会会长赵朴初、陕西省政协主席周雅光为重建的真身宝塔剪彩。在释迦如来真身舍利瞻拜法会上，中外佛徒高僧们闭目合掌，唱赞诵经，表达对佛祖的敬仰与虔诚，乞求全人类的进步于世界持久和平。

赵朴初会长在瞻拜法会上讲话说，《妙法莲华经》上说，佛以一大事因缘故，出现于世。佛指舍利自从唐朝安奉在法门寺宝塔地宫，历时一千一百一十三年之后，才出现于世，这也有着“一大事因缘”。它像徽着佛陀慈悲之光，重新生起，随着舍利同时出现的大量唐代文物，展示出亚洲古代文化、古代智慧的灿烂光辉。他衷心地祝愿所有参加今天法会的佛弟子，同发大心，为全人类的进步和幸福作不懈的努力，以我们的身心向佛指舍利和宝塔作虔诚的供养。

今天上午，还在法门寺举行了法门寺博物馆开馆典礼。新修的博物馆“珍宝阁”高二十五米，共分三层，里面珍藏着法门寺地宫出土的金银器、瓷器、琉璃器、石雕、丝绸等唐代珍贵文物。来自全国各地以及世界各国的近百名著名人物参加了开馆典礼并参观了法门寺地宫宝藏。二百多名海内外的佛徒高僧也怀着敬慕虔诚之心，观瞻了这批珍贵的佛指舍利供养器物。

（原载 1987 年 11 月 9 日《人民日报》）

法门寺邀请国内外高僧及知名人士参加

我国规模空前的国际性佛事活动——“法门寺释迦如来真身舍利瞻礼法会”将于明年佛诞节（农历 4 月初 8，阳历 5 月 23 日）在陕西扶风县法门寺举行。

自今春法门寺佛塔地宫发现 4 枚保存完好的佛指舍利以及大量唐代稀世珍宝以来，法门寺已成为举世瞩目的佛教圣地。世界各地的佛教徒们更期待着赴法门寺对真身舍利行虔诚瞻礼。为此，中国佛教协会、陕西省及宝鸡市佛教协会联合发起这一法会，以庆祝法门寺正式开放并纪念佛祖释迦牟尼降生 2474 周年。

据悉，法会前夕，将在寺院内设立“道场”；佛教徒们将从西安迎取释迦牟尼真身舍利，并在法门寺举行隆重的迎接仪式。这是唐代之后中断千年之久的又一次佛骨迎送活动。法会开始后，海内外佛教徒们将进行演讲、诵经、瞻礼等佛教仪式及活动。

为了搞好这次佛事活动，以中国佛教协会会长赵朴初为首，由陕西省佛教协会会长许力工、副会长慧雨以及宝鸡市佛教协会会长、法门寺住持澄观法师参加的法会筹备委员会已经成立并开始工作。届时将邀请国内各名山大寺的高僧，港、澳、台佛教徒以及日本、美国、英国、新加坡、泰国、缅甸等国佛教界知名人士数百人参加，同时邀请国内外文化、文物界的知名人士光临。

（原载 1987 年 12 月 8 日《人民日报》）

法门寺田野发掘暂告结束

法门寺考古发掘进展如何？地宫珍宝清理中又有什么发现？日前，陕西省考古研究所副研究员、法门寺考古发掘队副队长韩伟在接受记者采访时说，法门寺田野发掘已告结束，文物清理工作正在进行。目前最重要的是发现了唐代法门寺木塔地基和唐代丝织品百余种。

法门寺坍塌的“真身宝塔”系明代万历年间修建的十三级砖塔，该塔底座呈圆形、上部为八角形密檐式结构，在清理明塔地基时，发现了唐塔正方形的地基，边长均为二十六米，面积为六百七十六平方米。在考察唐塔地基中获知，唐塔系木制，有四个承重柱，十九个回廊柱，为阁楼式结构，因有四道流水屋檐，阁楼酷似地宫出土的单檐铜精舍，高拱飞翅的重檐、镂花刻纹的栏杆和占地恢宏的规模。可知唐塔比明塔精美壮观。

地宫出土的稀世珍宝中，玲珑耀眼的珠玉宝石、晶莹斑驳的玻璃器皿以及光可鉴人的秘色瓷器，保存基本完好无缺，现已整理妥藏；但是，一百二十一件灿烂夺目的唐代宫廷金银器，有九十六件有不同程度的锈蚌和损伤。经专家论证，采取除锈、焊接、磟碡和封讨等修复措施，已使这批国之瑰宝再现娇容，得以珍存。

地宫出土的大量层层叠叠丝织品，是这项清理工作的难点和重点，在大量进行防霉措施的基础上已着手揭去丝绸衣物。目前，这项工作进行比较顺利。在一个已朽的白藤箱里，堆积的丝绸衣物屡见迭出，二十三厘米厚竟有七百八十余层，全部揭取铺展，可达四百多平方米。这批唐代丝织品，虽然表面大都炭化，但叠压在里层的却保存较好。人们关心的武则天绣裙是否发现？韩伟说，目前尚未发现，这只有等全部丝绸揭开，才能昭见分晓。他还说，早、盛、晚唐各代盛行图饰是有差别、甚至是不一样的，只要有武后裙，是不难辨认的。

为了迎接明年佛诞节法门寺对外开放和法门寺如来真身舍利瞻礼法会的举行，建筑面积为二千平方米的博物馆正在加紧施工。据悉，在修复明代砖塔还是重建唐代木塔问题上，有关部门意见有分歧，一种认为法门寺是唐代迎送真身舍利胜地，应恢复重建唐塔；一种认为重建唐塔没有宝物资料做依据，主张修复重建明塔。

（原载 1987 年 12 月 11 日《人民日报》）

陕西法门寺佛指舍利显奇光

陕西驰名中外的佛教圣地扶风法门寺，地宫摄影发现奇异现象。4 枚出土的佛指舍利中，有一枚灵骨玉棺上方，悬浮着一枚佛指舍利，向四周发出一道道耀眼光环。目睹此彩色照片的成千上万观众感到神秘莫测，大惑不解，而寺院法师和佛教徒则称这种现象为“佛祖显灵”。

日前，记者亲自观看了这张大幅彩色照片。彩照下方一段题为《佛祖显灵》的文字写道：“1988 年 11 月 9 日，佛祖圣地法门寺重现耀华。数百名中外高僧和数十万僧俗在此举行盛大释迦牟尼真身舍利瞻仰礼拜法会，晚上 12 时零 3 分，在隆重庄严的礼拜过程中，灵骨之上瑞光流溢，霏霏上涌，在高约 17 公分处，突然显现出这枚灵骨……人们惊奇万分，诵佛之声震地，此乃千古不遇之奇观。”

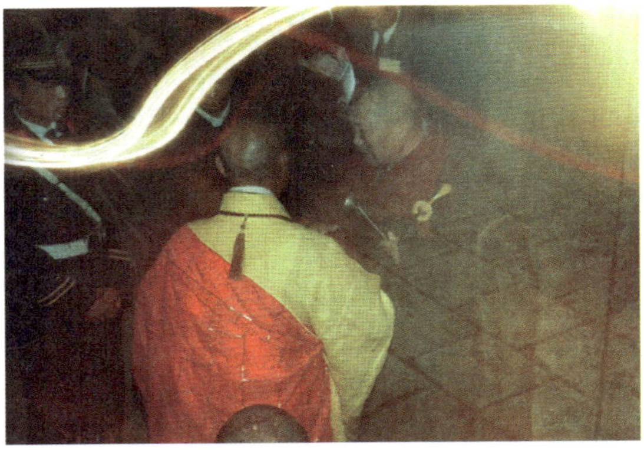
⊙ 1990 年，净一法师（右）陪同香港圣一法师瞻拜舍利时佛光闪耀，两人皆成琉璃体

记者曾参加并采访过 1988 年 11 月 9 日的盛大法会和法门寺博物馆落成典礼。当天并没有听说有“佛祖显灵”之事（当天因急于发稿，下午 4 时即返回西安），只是在去年春到法门寺参观时，才偶然听说摄影时佛骨发现奇特现象的传闻。

为此，记者找来了拍摄这张照片的法门寺常住摄影居士李江华。李告诉记者，那天夜里，法门寺主持澄观法师领众弟子拜舍利后，他去拍摄这 4 枚舍利，当时他并未看见佛骨显像和放光现象，只是拍摄后扩印时发现底版和照片上出现了这种奇特现象。他说，法门寺古称法云寺，《大唐圣朝无忧王寺大圣真身宝塔碑铭并序》中曾有这样的记载：法门寺地宫“30 年一开，则岁谷稔而兵戈息。万乘焚香，千官拜庆，云五色而张盖……日重光以建轮”。法门寺宝塔上也有“浮屠旭日”、“舍利飞霞”的题字。李江华说：“真身舍利放光，自古就有，并非偶然。”

⊙佛指舍利升空放光

记者问：“以后还发现舍利放光的现象吗？”李江华点点头，又拿出一张彩色照片。他说，今年 3 月 29 日香港宝莲祥寺圣一法师与八大寺 40 余名法师来法门寺地宫礼拜佛指舍利之后，圣一法师与法门寺鉴院静一法师一起念佛诵经时，他拍摄的一张彩照扩印后，又一次发现舍利放光。李江华说，同时拍成的其他照片均无此现象。就在这有“灵光”的照片上，仅法师头顶有此现象，而其他人均无异常。他认为佛门弟子心诚有薄深，佛力有大小，自然呈现的境界就不同。总之，他说得玄奥神秘，使在座的记者和游人惊奇不已。

从两张照片看，确是拍摄时感光所致，不像作假的二次曝光。摄影居士李江华从事摄影不久，摄影术并不高明，且请外单位和照相馆帮助扩印，不像故意作假。尽管佛门对此奇异现象有自己的解释，并在法门寺和灵骨上蒙上了一层神秘浓厚的宗教色彩，但众多的游览者仍希望有关专家、学者能对法门寺进行考察、研究，做出科学的解释。

（原载 1990 年 8 月 1 日《人民日报·情况汇编》）

走進歷史的殿堂

第九辑

陕西著名博物馆巡礼

国宝：金怪兽

屹立的中华文明

——西安碑林赞

五千年的中华文明，
像黄河长江不息奔腾，
像华山长城雄峙高耸。
千年前的纸书今日何在？
凤毛麟角、寥若晨星！
唯有石书如林巍然坚挺，
千年不朽的西安碑林，
你镌刻承载的中华文明
是那样的悠久、灿烂和厚重！

每一通石碑都是一页不朽的史书，
每一方墓志都是一次人生的见证。
真草隶篆书写着时代的兴衰，
颜柳欧赵诉说着人间的阴晴。
李斯大篆辉映着“书同文”的功勋，
曹全汉隶是那么的秀美庄重；
王羲之行书炉火纯青，艺冠群雄，
癫张狂素令鬼泣神惊……
西安碑林：中国书法艺术的殿堂，
西安碑林：中华灿烂文明的缩影！

每一副石刻都是一面历史的明镜，
每一尊石雕都凝固着时代的颜容。
石犀石虎护正祛邪威风凛凛；
昭陵六骏仍在征战驰骋；
石椁碑刻如此精美，
难忘的“魁星点斗”、“长安八景”；
“太上老君”的玉雕令人肃敬，
“东方维纳斯”的身姿倾国倾城……
西安碑林，中国石刻艺术的宝库，
西安碑林，巍然屹立的中华文明！

西安碑林：中国书法和石刻艺术的殿堂

中华五千年文明的传统记载看什么？不仅看出土文物，更要看半坡的字符号、甲骨刻文、青铜铭文、纸墨书籍。然而，半坡符号太模糊，甲骨文字特稀少，青铜铭文太奇缺，纸印书籍虽浩如烟海，但却易损毁遗失，唯有石质文字从石鼓文、摩崖刻文到林立的石碑、陪葬的墓志铭，历经千年而不毁，量大易存不失真。

西安碑林，就是中国成立最早、迄今最大、名碑最多的石质图书馆和石质书法、石刻艺术宝库。要了解和欣赏中国书法和石刻艺术、要了解和研读中华文明史，不能不到西安碑林博物馆。

西安碑林博物馆位于西安碑林区三学街西安孔庙旧址。它始建于北宋哲宗元祐二年(1087年)，距今已有900多年历史，是利用西安孔庙古建筑群扩建而成的一座以收藏、研究和陈列历史碑石墓志及石刻像为主的专题性艺术博物馆。它因碑石如林而取名“碑林”，有7个碑石展室，6个碑廊、4个临时展厅、8个碑房和两个石刻艺术馆(室)，共收藏文物一万多件，其中国家级文物19组134件。1962年被国务院列为全国第一批重点文物保护单位，2006年被评为中国最值得外国人去的50个地方之一，2008年被评为国家一级博物馆。前不久，记者在该馆宣教部主任张云和该馆贺华、傅清音等同志的引导下，再次观览了碑林博物馆。

中国最大的石质图书馆

西安碑林博物馆展示了2000多种碑石墓志。这里的每一块碑石，都蕴藏着极为丰富的文化内涵。它在时代上源起西汉，止于民国，在内容上包举历史、宗教、文化、地域等各方面，书法艺术上更是真、草、隶、篆众体兼备，汉、魏、唐、宋名家荟萃。它不仅跻身于中国4A级旅游景区，而且进入《世界文化遗产》的预备清单。

在碑林博物馆中轴线上，迎面耸立着一通体积最大的石碑《石台孝经》，属国家级文物。此碑刻于唐天宝四年(公元745年)，由皇帝李隆基书写孝经并注释，整个巨石立于三层石台之上而得名。《石台孝经》四面刻字，碑头上雕刻着灵芝云纹簇拥的双层花冠；题额是太子(后来的唐肃宗)李亨用篆书写成的“大唐开元天崇圣文神武皇帝注孝经台”，碑文内容是被历史封建王朝奉为治国之本和约束民众准则的“孝经”：孝为天之经、地之义、民之利、得之本。《石台孝经》之所以名闻遐迩，就是它的书法由唐玄宗李隆基用隶书所书，书体端庄秀美，为隶书之楷模。陈列于第一展室的《开成石经》，是北宋元年元祐二年(1087 年) 和《石台孝经》一起移入碑林的第一批文物。《开成石经》因刻于唐文宗开成二年而得名，也是国家级的文物。它刻在 114 座碑石上，每石 2 米多高，两面刻字，共 228 面，内容包括《易经》、《尚书》、《诗经》、《周礼》、《仪礼》、《礼记》、《春秋左氏传》、《春秋公羊传》、《春秋穀梁传》以及《孝经》、《论语》、《尔雅》等 12 部儒家经典，共计 160 卷，65 万多字；清代补刻的《孟子》17 面 3 万余字也陈列于此，合称《十三经》，被誉为最重最大的一部图书，堪称“石质图书馆”。

⊙《开成石经》

为什么古人将这么多文字刻于碑石之上呢？张云说，这 13 部经书都是古代封建知识分子必读之书，在印刷术尚不发达的唐代，阅读经书主要靠传抄，为了避免抄写失误，就需要有个校本的版本，便有了唐文宗开成二年(837 年) 的刊刻石经。当然，将儒家经典镌刻在石头之上以利学习和流传并非起始于《开成石经》，大规模刊刻儒家经典从东汉至清共有 7 次，除清代《乾隆石经》因刊刻较晚现保存在北京国子监旧址外，唯有唐代的《开成石经》依然齐备的林立在西安碑林。《开成石经》本在明嘉靖年间的大地震中，有 40 多块碑石倒塌、断裂，当时西安学府专门组织人力扶立补缀和补刻，使这一中国古代文化的精髓，历经千年沧桑屹立至今。

中国古代书法艺术的殿堂

“中国书法历史悠久，是一门精深玄妙的艺术。西安碑林是中国书法艺术的辉煌宝库，”贺华和傅清音认为，“西安碑林是历代书法艺术珍品的荟萃之地，被称为‘书法艺术的渊薮’，有着巨大的历史价值和艺术价值，令海内外向往。相对于难以长期保存的缣素纸张，碑刻成为保存古代书法墨迹的重要载体。”我们徜徉在西安碑林的碑碣石刻中，憩沐历代书法家的真迹墨宝，可以感受中国古代书法艺术的博大精深和蔚然壮观。

西安碑林中早期石刻有宋代摹刻的秦峄山刻石，原碑为秦国丞相李斯于公元前 219 年所书。原石立于山东峄县，为碣石形状，久佚。现存西安碑林的《峄山碑》，是北宋淳化四年(公元 993 年)郑文宝依据其老师五代郑铉的摹本而重刻刊立。李斯精于大篆，为小篆书法之祖，所创小篆结束了六国文字的纷乱，其“书同文”的贡献对于中国文字书法的古今嬗变有着里程碑的意义。此碑为秦统一文字之后的极好范本，是学习篆书的终南捷径。东汉中平二年(公元 185 年)刻的《曹全碑》，是全国汉碑中保存完整、字体清晰的隶书碑刻，书法扁平匀整、清丽流畅，自然雅典、秀美飞动，是汉隶之代表、汉碑之精品。东汉《嘉平石经· 周易残石》，保存了我国最早的《周易》文句，为当时的著名学者、大书法家蔡邕以隶书书写，方挺严整，为汉隶之典范。

尤使人关注的是第二展室中展出的唐代著名书法大家的书法碑刻。唐代，中国书法艺术已臻完美，达到鼎盛。此时，名家辈出，杰作耀眼，真、草、隶、篆，百花争艳，犹如璀璨的群星。它上承魏晋六朝之余韵，下开五代宋元之先河，是中国书法千年长河中光彩夺目的篇章。这里荟萃了大书法家欧阳询、虞世南、褚遂良、颜真卿、柳公权等人传世名品。欧书方严险动、其书世称“欧体”；虞书《孔子庙堂碑》筋骨胜肉，空灵凝远；褚书如“美人婵娟，增华绰约”，颜书雄浑豪纵，八面威风；柳书骨权峻拔，遒媚精悍。欧阳通、徐浩、史维则、张旭、怀素等名家石刻作品，也令人叹为观止。其中收藏颜真卿书写的碑石有 7 座，《颜勤礼碑》、《颜家庙碑》、《多宝塔感应碑》等气势雄浑，苍劲有力，是标准的“颜”体。据传，他的五代祖就是以撰写中国古代家训第一书《颜氏家训》而著称于世的颜之推；良好的教育和盛唐文化的熏陶，不仅造就了他的盖世书法，而且熔铸了他忠臣烈士的刚直品性和伟岸人格。当“安史之乱”国家存亡之际，他以平原太守的身份首举义旗，捍卫朝廷；在李希烈叛乱之时，他奉命前往淮西劝降，在叛军营中，他凛然正气，怒斥叛贼，随后又依然为自己写下遗书、墓志和祭文，并指着房间的一角说：“死后就把我埋在这能够遥望长安的地方！”一代忠臣和书法巨匠颜真卿以 77 岁高龄为国捐躯。他的天地正气却名垂金石。他的书法也雄踞唐代书法艺术之巅，被喻为中国楷书第一人。唐代怀仁和尚从晋王羲之遗留的墨迹中选集而成的《大唐三藏圣教序碑》，亦是国宝级文物，它由唐太宗李世民撰文，文章歌颂到印度取经而回的唐三藏法师玄奘，而碑文的书法又是集书圣王羲之笔迹，就是这通碑，把中国唐代最耀煌夺目的三个伟人联系在一起，因而成为中国金石文化史上最有影响的“三绝碑”。据说，唐太宗酷爱王羲之书法，“置诸内室，朝夕观览”，并指令怀仁和尚花了 20 年时间，从所看到王羲之的行书中细细拼凑，力求有一气呵成之感，有些字无法找到，便不惜重金求购，终于集成这通碑的碑文。

再有一通国宝级文物的《玄秘塔碑》，系晚唐大家柳公权所书写。因颜体饱满，柳体嶙峋，二人各领风骚百年，被后人将他两人推举为盛唐和晚唐楷体的代表，称他们的字体为“颜筋柳骨”。相传，柳公权曾在穆宗时召为翰林院学士，书法名气褒扬天下，一次穆宗问柳公权：“笔何尽善？”柳回答：“用笔在心，心正则笔正”。这就是被传为佳话的“笔谏”。

驰名中外的唐《大秦景教流行中国碑》，是基督教传中国最早且最重要的碑刻，记载了基督教聂斯脱里派的教规、教文和在中国传播及其僧侣在唐代 150 多年中活动的情况，极受欧洲基督教徒的关注。1622 年出土，1907 年收藏西安碑林。光绪年间，一名丹麦人企图用 3000 两白银换走，被地方官员和百姓阻止，只得将一块复制的碑石运往纽约。

国家级文物的《黄甫诞碑》是初唐八大家之一的欧阳询的代表之作，其书法尽得隋碑峻利，又不失北朝风貌。深得唐朝开国皇帝的赏识，其书法当时名扬海内外。

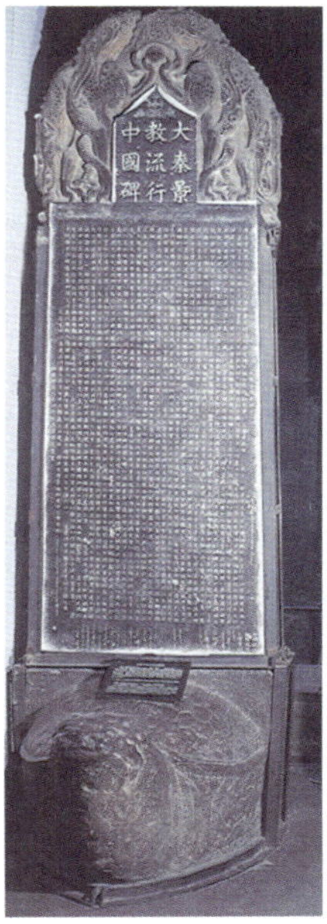

⊙大秦景教流行中国碑和颜家庙碑

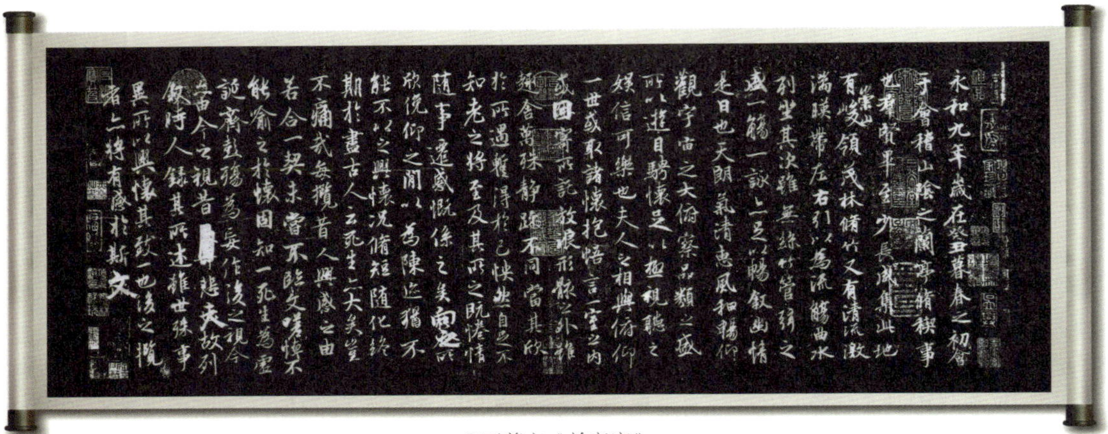

⊙王羲之《兰亭序》

日本、朝鲜等国纷纷派使者求书。现在日本的《朝日新闻》报头便是在欧阳询的隶书《宗圣观记》碑中集取“朝”“日”“闻”三字，并将“亲”与“斤”组成的“新”字而成。难怪时至今日，一些日本书法代表团或日本朋友来游览拜谒西安碑林这些唐代名碑时，有人激动得落泪，有的感动的跪拜，原来，他们从小临帖习字的书法范本就源出于此啊！

在西安碑林2000多通碑石中游览，“癫张狂素”的草书碑石一定会带给你心灵上的震撼。在第三展室中陈列着唐代著名书法家张旭的《断千字文》和怀素的《草书千字文》。张旭以草书著称，书法神奇飘逸，是继汉代张芝之后的又一“草圣”，是狂草书体的鼻祖。张旭嗜酒如命，酒醉之后奋笔疾书，兴奋之极时甚至用头发蘸墨书写，状态几近癫狂。怀素是继张旭之后的又一草书巨匠。他从小家境贫困，出家当了和尚，但自幼热爱苦练书法，常用芭蕉叶代纸练字，练秃的毛笔埋成了土丘，称为“笔冢”。他喜欢乘着酒兴作书，因此便有“狂素”之称。李白曾写诗赞他：“少年上人号怀素，草书天下称独步，墨池飞出北溟鱼，笔锋杀尽中山兔。”中国人民的伟大领袖毛泽东主席，喜欢怀素的草书，曾将怀素的草书碑帖赠送给日本首相，你看毛泽东诗词墨迹中“四海翻腾云水怒，五洲震荡风雷激”“激”字，多么酷像怀素草书的“激”字啊！毛泽东继承发扬了中国草书传统和技法，达到现代草书艺术的巅峰。

中国内容丰富的史料档案库

除了展出的2000通石碑之外，西安碑林还收藏了4000方碑石墓志。透过这穿越千年的溢美之词，我们看到的是一篇篇墓主的生平传记，看到的是一段段历史的详细记录。它们出自历朝历代名家之手，是对官修史书的重要补充，被史学家视为证史、补史的珍贵资料。《前秦广武将军碑》是用隶书书写，碑文主要反映了前秦时关中、渭北行政区划、职官的设置、部族的分布及碑主所统辖的吏民数目，是研究前秦历史的重要资料。《开成石经》、《石台孝经》为唐以后千余年来举子登科提供了无以替代的经典范本；《御史台精舍碑》所题御史台官员姓名，自武周时期至天宝年间，共有侍御史、殿中侍御史、监察御史等近千人，后代学者多有考证；另外，在碑林中还有不少有关修庙、建学、开渠、筑城等内容的碑刻，这是研究地方史志不可多得的资料。

我们见到的墓志大都为方形，但唐高祖李渊的弟弟李寿的墓志却很独特，它由龟头、龟尾和龟身相连的完全写实的龟形墓志。龟的背甲为墓志盖，龟身为楷书写成的李寿墓志铭，龟在中华民族的崇拜观念中，有高贵和长寿的象征，把墓志刻成龟形，寄托了对死者在地下得以安息长眠的愿望。

碑林第六展室陈列的除少数元明两代文人书写的诗文作品外，大部分为清代人的诗词歌赋，其中不乏大家之作。元代书画全才、书道领袖赵孟頫的《游天冠山诗》碑，用行草写成，是赵孟頫行草碑版中的佳作。走出第六展室，我们可以看到一座形刻奇特的碑石，这通碑无头、无座，四棱柱形，四面均书写文字，而且句句为至理名言，因此称为《格言碑》。其中有两首格言令人发醒："立身以行俭为主，居家以勤俭为主，处人以谦下为主，涉世以忍让为主"；"迟钝人能存好心、行好事、做好人，虽迟钝亦是上智；明智人若心术不正、行事不端，不肯做好人，即明敏亦是下愚。"清代道光年间雕刻的《清官箴刻石》："吏不畏吾严而畏吾廉，民不服吾能而服吾公；公则民不敢慢，廉则吏不敢欺。公生明、廉生威。"至今仍有广泛的借鉴作用。观碑如照镜，古训明为鉴呵。此外，碑林的藏石，还记录了我国对外交流的历史。像上文所说的《大秦景教流行中国碑》，记载了中国与基督教交流的历史；唐代书法家徐浩书写的《不空和尚碑》，对研究佛教密宗的传播和中日、中印文化交流史具有重要价值；《中尼合文陀罗尼经幢》、《苏谅妻马氏墓志名》等墓志，从宗教传播到民间文化交流等方面，反映了中国与尼泊尔、印度、波斯等国的友好关系，体现了大唐帝国开放包容、兼收并蓄的非凡气度。

中国古代石刻艺术的宝库

石刻艺术，在中国有着悠久的历史，尤其是汉唐石刻气势雄浑、栩栩如生堪为典型。西安碑林内的石刻艺术展厅被誉为中国"第一座大型室内石刻艺术室"，此厅匾额"西安石刻艺术室"七个大字为陈毅元帅题写。该厅展出文物 90 多件，分陵墓石刻和宗教石刻两部分。20 世纪 50 年代以来，考古工作者在陕北米脂、绥德等东汉墓中发现了相当多的画像石，其内容丰富、题材广泛、刻石生动、线条流畅，具有浓厚的黄土高原地域特色，这些东汉画像石在石刻艺术室展出，为研究东汉历史和社会生活提供了重要的实物资料。

⊙ "东方的维纳斯"

在石刻艺术室，陈列着一对似狮似虎的怪兽，造型独特，雕刻逼真，这就是有名的"东汉双兽"。因它立于墓前，有着镇遏灾难、避除邪恶的用途，故又称为"辟邪"。狮子为百兽之王，而老虎以凶猛著称，"东汉双兽"将二者合一，综合了狮虎的特点，形象威武，矫健敏捷，正是石刻作者的匠心所在。李小孩石棺，主人自幼为北周皇后杨丽华所养，石棺出土后发现了不少金银器、玉器和珠宝。该石棺设计独特，雕刻精美，俨然是一座隋代歇山式建筑，为研究隋代建筑提供了难得的实物资料。立于唐高祖李渊陵前的石犀，重达 10 吨，用一整块巨石雕刻而成。这件作品在雕刻风格上继承了汉魏石刻稳重、质朴的特点，但手法上更加写实、精确，体现了初唐雕刻艺术的趋向与风格。其底座上至今还保存着"高祖怀远之德"的字样，唐书中也有初唐时期林

⊙李寿棺椁

邑国（今越南）向中国赠送活犀的记载，这件石犀理应视为中外友好往来的纪念物。此外，室内还展示了不少北朝和隋唐的佛教造像。刻于北魏时的“皇兴造像”，由于受印度犍陀罗雕刻艺术的影响，造像仍保留着高鼻、大眼、宽额的特点；隋代雕刻的“隋弥勒佛像”，头戴宝冠，身饰瓔珞，神态平和，用陕西蓝田所产黄花石雕成，至今晶莹剔透；特别是唐代一尊用整块汉白玉雕刻而成的菩萨像，质地细腻，透明柔润，加上突起的胸部和富有质感的腹部以及斜披在肩上的轻纱，使人联想起她应是一尊充满青春活力的女性形象。这种用女性特有秀丽身躯来表现菩萨，正是唐代的一种尝试。可惜此像的头部和双肩已残缺，被誉为“东方的维纳斯”。

尤值得关注的是唐“昭陵六骏”石刻。昭陵六骏是安放在唐太宗李世民陵寝昭陵司马道上的 6 件著名石刻的总称。它们的原型是李世民在开国战争中曾经骑过的 6 匹壮烈战死的战马，反映了李世民对 6 匹战马的深厚感情，同时展示着大唐创业的艰苦历程。六骏浮雕雕刻于公元 636 年，由唐代大画家阎立本主持设计，李世民亲自为每匹战马写了赞辞，并由书法家欧阳询书写在每件浮雕的右上角。昭陵六骏气势恢宏、形象传神、刀法洗练，为中国古代石刻艺术的杰出代表，均为国家级文物。其中特勤骠，相传“声如晴空霹雳”，在李世民与宋金刚作战时，将宋的长矛震掉。此马可连续疾驰千里；青骓，为李世民在唐初统一战争中所骑战马，此马可识方向；什伐赤是一匹纯红色骏马，此马“奔跑如燕，不闻啼声”，为李世民生擒强敌王世充时所骑；飒露紫是李世民一生中经历最艰苦、最辉煌的战役中所乘的战马，也是六骏浮雕中唯一出现人物的作品，反面的是李世民攻打洛阳时，飒露紫胸前中箭，李世民手下大将丘行恭赶到，将自己的马让给李世民并为飒露紫拔箭的情景；鬈毛騧是李世民与刘黑闼作战时乘的战马，身中 9 箭，战死沙场；白蹄乌，毛色纯黑，四蹄雪白得名，此马可跃大江，是李世民和薛仁杲所乘战马。遗憾的是，六骏浮雕中最精美的“飒露紫”和“鬈毛騧”早在 1914 年已被盗运到海外，现展出的是复制品，

⊙石刻艺术室珍藏的东汉双兽

原物存美国宾夕法尼亚大学博物馆，其余四件也被割裂成数块（相传被盗时，由当地民众截拦而未被盗走），令人惋惜。现我国正与美国有关方面协商，尽早使被盗走的这两件国宝完璧归赵。

此外，碑林还保留有《王维画竹》、《达摩面壁》、《关中八景》以及安禄山为取悦唐玄宗，令名工巧匠用汉白玉雕成而进贡朝廷的“老君像”；清代马德昭书写的《魁星点斗图》碑，此图为一鬼双手分持笔砚，双足托斗踏鳌，鬼的躯体由“正心修身、克以复礼”八字组成，表达对科举取士榜首题名、独占鳌头的祝愿；特别是他一笔写出的大字“虎”和“寿”字，即是书法，又是象形图，生动传神、笔势飞动，很受民间喜爱……

西安碑林，石的树林，字的海洋；这里尽显石雕之精美，这里荟萃书法之奇珍。来这里品读，才知中国文化的博大精深，才懂中国历史的悠久伟大！

（原载《中华视点》杂志）

附：

西安碑林博物馆荣获“全国 119 消防奖先进单位”

2014 年 11 月，经层层选拔和推荐，西安碑林博物馆被公安部评为陕西省唯一一家“全国 119 消防奖先进单位”，也是全国唯一荣获此项殊荣的文博单位。长期以来，西安碑林博物馆高度重视消防安全工作，从文物安全目标责任制的层层落实到组织全馆职工模拟实战进行演练，从消防宣传教育培训到消防安全专项治理活动，不断创新消防安全管理模式和夯实消防安全工作基础，创造性地实施了“护城河工程”“防火墙工程”“送平安工程”和群众信息员网络等全新举措，实现了“人人参与防火患、群防群治保平安、齐抓共管促稳定”的良好局面。此项荣誉来之不易，既是对该馆狠抓消防安全工作成绩显著的肯定，也是对全省文物系统始终把安全工作放在首位的工作实绩的褒扬。

陕西历史博物馆开馆

李瑞环、马文瑞等出席开馆典礼并剪彩

⊙陕西历史博物馆鸟瞰

我国最大的现代化历史博物馆陕西历史博物馆今天在西安开馆。中共中央政治局常委、书记处书记李瑞环、全国政协副主席马文瑞、中共陕西省委书记张勃兴等参加了开馆典礼并剪彩。

今天，在巍峨的大雁塔西侧，彩旗飘扬，鼓乐齐鸣，身着各色服饰的青年载歌载舞，欢庆这座恢宏壮观的历史博物馆开馆，欢迎前来参加这一盛典的海内外宾客。

李瑞环兴致勃勃地参观了馆内文物陈列和设施后说，陕西省地上地下文物很多，是向人民群众进行爱国主义教育的好教材。建设历史博物馆，对于振奋民族精神，增强民族凝聚力，提高民族自豪感和自信心，很有意义。

李瑞环指出，我们现在财力还比较困难，尽管如此，也要省吃俭用，挤出点钱，妥善保护好祖国文物。如果由于我们工作不力，使祖国珍贵文物受到损失，那就上对不起祖先，下对不起子孙后代。

陕西历史博物馆是国家“七五”重点工程，于 1987 年 7 月 1 日开工，投资 1.44 亿元。全馆占地约 7 万平方米，建筑面积 5.6 万平方米，规模是原碑林博物馆的近 10 倍。该馆建筑吸取了唐代建筑雄浑博大、洗练洒脱的特色，借鉴了中国传统宫殿“轴线对称，主从有序，中央殿堂，四隅崇楼”的结构特点，采用了现代技术和建筑材料以及黑、白、灰、茶的淡雅明朗色调，整个建筑既有唐代建筑的风韵，又有现代建筑的气魄，古朴庄重，轩昂瑰丽。

新落成的陕西历史博物馆从今日起，展出史前、周、秦、汉、魏、晋、南北朝、隋、唐、元、明、清各代的珍贵文物约 3000 件，大部为稀世珍品和国家一、二级文物。尤其是原来秘不示人、令人叹为观止的稀世之宝——39 幅唐墓壁画真品将首次与观众见面。专家们认为，它将继秦兵马俑、唐法门寺珍宝之后，再一次在世界引起轰动。

参加今天开馆典礼的有中央有关部委，各省、市、自治区及有关部门负责人，全国历史、考古、建筑界的专家和学者，以及来自加拿大、意大利、日本、美国、新西兰、比利时、新加坡、马来西亚等国家和香港、澳门、台湾等地区的代表及来宾。

（原载 1991 年 6 月 21 日《人民日报》，与陈兴贵合写）

华夏宝库　古都明珠

——陕西历史博物馆巡礼之一

陕西，中华民族重要的发祥地之一。这里地上地下文物古迹荟萃，堪称“天然历史博物馆”。全省目前已查明的各类文物点3.5万多处，馆藏文物56万件（组）。但是，长期以来，绝大多数文物分散堆放在各县和乡镇的简陋文物库房里，有些甚至袒露在荒野，遭受风吹雨淋。

1973年，周恩来总理到西安碑林博物馆视察，目睹狭小的展室和简陋的设施，得知还有十多万件珍贵文物堆放在阴暗的库房里不能展出，当即指出：“陕西文物很多，展室狭小，在适当的时候新建一个博物馆。”并具体地说：“陕西建设新的博物馆，地址选在大雁塔附近。”

改革开放，把建馆的议题推上了日程。国家投资1.44亿元。这一工程列为国家“七五”重点建设项目，1987年7月1日正式动工。

经过4年夜以继日的施工，陕西历史博物馆出现在人们面前——重檐飞甍，白墙黑瓦，古朴典雅。郭沫若生前书写的“陕西历史博物馆”镌刻在巨型花岗岩石匾上。

“仿古而不泥古，继承而又创新，是我的追求目标”，陕西博物馆的设计人、荣获全国设计大师称号的女建筑师张锦秋向记者介绍。她曾设计了名闻遐迩的青龙寺、唐华宾馆、唐代艺术博物馆、华清池汤池遗址博物馆、法门寺博物馆等仿唐建筑。这次设计陕西历史博物馆，她说不能再搞“仿唐”建筑，而要设计出“具有浓郁汉唐风格的现代化博物馆。”

记者由此发现了博物馆建筑的主要特点：在布局和体型上借鉴我国传统宫殿“轴线对称，主从有序，中央殿堂，四隅崇楼”的特征；在建筑上吸收了唐代建筑雄浑、质朴、轩昂、洒脱的风格；在馆门、殿堂和崇楼等主要部位上，采取传统的大屋顶，坡势平缓，出檐深远，翼角舒展；椽子、斗拱、柱枋等均采用钢筋混凝土材料，既有力度又坚固；为了表现现代审美意识，建筑上还采用大玻璃、大墙板，突出了大体块的虚实对比；在色彩上一反传统古建雕梁画栋的做法，采用黑、白、灰、茶的淡雅明快色调，同时配有古风石刻和绿地，从而使整个建筑群既具有浓厚的民族传统神韵，又焕发出清新的时代气息。人们来到这里，可以体味到“自古秦中帝王都”的博大开放的东方风格，又可领略西方雕塑的美感。

更令人叹为观止的是博物馆的现代化设施。博物馆负责人尹升平和杨培钧介绍说，陕西历史博物馆不仅是珍藏和展示祖国文物的宝库，而且兼具文化交流、教育服务和科学研究等多种功能。全馆占地七万平方米，建筑面积五点五六万平方米，可珍藏三十万件各类文物。在文物库，有空调系统、电气系统和严密的防火、防盗系统；在文物档案、资料管理、经营管理和科学研究上，都实现了计算机化。

来到学术报告厅，光线柔和、设备先进舒适，还具有六种语言的同声传译功能；步入壁画库，人们顿觉湿润阴凉，原来这里保持着古墓中的温湿度，上千平方米唐墓壁画珍藏在无紫外线照射的二十二块立式大木匣中，按动电钮，可以将任何一块木匣调出，供参观研究；在安全中心，记者还亲眼看到工作人员在监视着全馆八个场所的闭路电视屏幕，如有异常的音响或画面，可以立即报警，同时视频复印机可以把异常画面拍摄复印出来，上面还有准确的时间记录……

"华夏宝库，古都明珠"，这是人们对陕西历史博物馆的赞誉。比利时一位省长惊羡地说："单就博物馆的建筑、布局和功能来说，都可与世界第一流的博物馆相媲美！"日本京都市书画家代表团参观后留言道："我们回去后一定告诉更多的日本人，让他们到中国参观这雄伟壮丽的现代化博物馆。"

（原载1991年7月12日《人民日报》）

⊙鎏金铁芯铜龙

⊙皇后之玺

⊙雁鱼铜灯

中国灿烂历史的缩影

——陕西历史博物馆巡礼之二

来到陕西历史博物馆，在数千件文物中徜徉，就好似一脚踏入了历史之河，回到了早已逝去的时代……

从公元前 11 世纪起，先后有周、秦、汉、唐等 13 个王朝在陕西和西安建都，历时 1100 多年，这里恰似中国历史的缩影。馆中展出的3000件文物，是从目前馆藏的 11.3 万多件文物中精选出的珍品、孤品。

⊙历史博物馆中的古代文明馆

步入史前时期展厅，首先映入眼帘的是生活在关中平原的远古居民——115 万年前的“蓝田猿人”和 10 多万年前的“大荔人”头盖骨化石。“蓝田猿人”是地球北半球最早直立行走的猿人。在这里，我们不仅可以看到旧、新石器时代人类生息繁衍和辛勤劳作的印迹，还可以看到老官台文化、仰韶文化和龙山文化的大量遗存。那制作精美的半坡人面鱼纹盆、尖底瓶、骨针、骨镞、骨制鱼钩，以及陶俑和文字的鼻祖(刻画符号)，使人不由得驻足惊叹！

在周史展厅，商周青铜器达 2000 多件。有花纹精美、造型庄重的青铜大鼎、牛尊、牛觥、日己尊、日己觥等，有表现弱肉强食的虎吃羊铜勺以及预卜吉凶的卜骨、造型怪诞的巴人铜面具。那件出土于丰镐遗址的多友鼎，铭文长达 279 字，是目前所见铭文最多的青铜器之一；高近 1 米、重 120 公斤的㝬鼎，铭文记载了武王伐纣的史实。我国目前发现最早的建筑材料——西周带钉瓦、空心砖颇引人注目。李瑞环同志参观时赞叹道：“这空心砖现代还用啊！它既轻，又隔音，还保暖，我们祖先在 3000 年前就造出来了，真不简单！”

来到秦史展厅，我们可以看到出土于秦都雍城(今凤翔)的各种铁器、玉器和建筑物件；可以看到我国最早有石刻文字的石鼓，全国最早、最大的秦代“瓦当王”，第一次面世的建筑构件“金钮”和错金“杜虎符”；也可以看到精心复原的秦俑坑、眉清目秀的跽坐俑。在秦代兵器中，有至今十分锋利的秦剑，据说一次可以切透 18 层纸张；有杀伤半径为 900 米的弩机，是冷兵器时代最先进的武器，比欧洲早出现了 15 个世纪！

在汉史展厅，我们首先看到的是一尊金光灿灿的鎏金大铜钟。据介绍，它是这一时代强盛的象征。当时长安城的面积 36 平方公里，是当时罗马城 19.1 平方公里的近两倍！从展厅中所见中国最早的石磨、工艺卓绝的铜镜以及金光灿灿的鎏金银竹熏炉来看，当时生产力发展已有相当的水平。展厅中还有一个汉代骑兵方阵，由 3000 多杨家湾汉兵马俑选调来的 46 件彩绘兵

⊙《观鸟捕蝉图》

马俑组成。汉史展厅中第一次展出了我国最早的纸张——“西汉灞桥纸”，真可谓“镇馆之宝”了。

来到隋唐史展厅，那规模恢宏的唐长安城108坊图、唐大明宫含元殿遗址复原模型以及大量金银器、唐三彩、唐代丝绸、壁画、耀州瓷等，折射出大唐繁荣的经济和文化景象。专家们说，当时的长安城人口已超过百万，是世界第一大城。

壁画厅首次展出39幅唐墓壁画真品。这批壁画，总面积近百平方米，是从馆藏的1000平方米唐墓壁画中遴选出的精品。

据专家介绍，陕西已发现有壁画的唐墓已超过60座，居全国之首。然而，由于唐墓壁画出土后受温度、湿度的变化，极易风化，为了保护这批珍宝，从1952年开始至今已揭取的40余座唐墓壁画，一直珍存于库中，秘不示人。如今，人们亲眼观赏唐墓壁画真品的夙愿可以实现了。只见一幅幅绚丽多彩的壁画镶嵌在无紫外线照射、保持一定温湿度的假墙上。首先扑入眼帘的是展示方位的青龙、白虎、朱雀、玄武图，随后，那丰盈端丽的宫女，栩栩如生的文官武将，奔驰如飞的匹匹骏马，似乎一起向20世纪90年代的人们涌来，令人心醉神迷，眼花缭乱。《马毬图》、《狩猎出行图》、《客使图》、《观鸟捕蝉图》是人们熟知的，不去说它，单从懿德太子李重润墓中尚未完稿的《宫女图》看，有部分色彩没来得及涂染，勾勒的墨线丝丝可见。由此可知，中国画先勾勒、后填色的技巧早在唐代已被熟练地运用。

唐墓壁画真品和其他珍贵文物公开展出的10多天里，已先后有10多万国内外观众前来参观，引起了强烈的反响。

(原载1991年7月22日《人民日报》)

附：

陕西历史博物馆蝉联四届“全国博物馆十大陈列展览精品奖”

2014年，陕西历史博物馆“巧手良医——陕西历史博物馆文物保护修复工作展”荣获第11届“全国博物馆十大陈列展览精品奖”，这是该馆继基本陈列《陕西古代文明》、专题陈列《大唐遗宝——何家村窖藏出土文物展》、唐墓壁画馆《唐代壁画珍品展》之后第四次获此殊荣，也是目前全国唯一一家连续四届蝉联此奖项的博物馆，为陕西博物馆事业争得了荣誉。“巧手良医展”是陕西历史博物馆精心组织策划的一个特殊展览，展览的主题、形式和内容均突破了传统观念，充分展示了陕西历史博物馆在文物修复科技保护方面的技术和水平，展览具有极强的创新意识和实践价值，引起了社会各界的广泛关注和好评。

璀璨夺目的唐墓壁画

——陕西历史博物馆巡礼之三

⊙唐代壁画珍品馆

中国古代壁画，是世界东方文化中闪光的一页；唐墓壁画，则是中国古代壁画中极为光彩的上乘之作。

唐墓壁画和敦煌壁画恰似祖国历史文化长河中的两颗明珠，交相辉映，光照人寰！

敦煌壁画在地上沙漠石窟中保存千年而不灭，共45000平方米，可谓绚丽多彩，光辉灿烂；而珍存于地下的唐墓壁画，在陕西和西安周围则是一个浩大的壁画宝库。据统计，目前在陕西已发现有壁画的唐墓已超过六十座，居全国之首；而埋藏于陕西关中的十八座唐代帝王陵墓，至今均未发掘。这些陵墓中的壁画不仅是绝美的，而且在数量上也将是极为可观的。

敦煌壁画题材主要取于佛经故事，反映的基本是以经变、本生为主的“极乐世界”；而唐墓壁画则不同，它取材的主要不是天上的虚幻世界，而是地上活生生的宫廷、民间生活，是唐代社会生活的真实描绘和直观反映。因此，它是研究我国封建社会鼎盛时代唐朝的政治、经济、军事、文化和艺术的极其珍贵的形象资料。

新落成的陕西历史博物馆首次展出的三十九幅唐墓壁画真品，是从馆藏的四百四十四幅唐墓壁画中遴选出的精品。这些壁画，从贞观初年淮安靖王李寿到晚唐宦官杨玄略，长达二百六十多年，几乎囊括了唐代社会的全部历史，其中包括壁画保存最为完好的章怀太子李贤墓，规模最大、画面壮观的懿德太子李重润墓等。

反映大唐与四邻友好交往的《客使图》、反映中外体育文化交流的《马毬图》、反映宫廷和社会生活的《狩猎出行图》、《步行仪仗图》以及一大批宫女、仕女图等等一幅幅绚丽的画卷，将把您带入千年前早已逝去的时代！那栩栩如生的文官武将，秀丽丰盈的唐代妇女，奔驰如飞的匹匹骏马，使您驻足惊叹，流连忘返。在这里不仅会使您领略到大唐雄风，而且会使您得到知识的熏陶和艺术上的享受。

美国一位研究古玻璃的专家，为了看一眼永泰公主墓中出土的一幅有高足玻璃杯的《宫女图》，曾先后三次到西安才如愿以偿。唐墓壁画公展以来仅十多天，已有十万多中外观众前来参观。专家认为，这批国之重宝的首次展出，必将继秦兵马俑和唐法门寺珍宝之后，在国内外引起轰动。

（原载1991年8月3日《人民日报》）

宝鸡青铜器博物院

⊙宝鸡青铜器博物院外景

宝鸡青铜器博物院为中国最大且是唯一的青铜器博物馆，地处“炎帝故里、青铜器之乡、佛骨圣地”的宝鸡市，坐落于出土中华第一古物“石鼓”的中华石鼓园内，与石鼓阁相呼应。馆藏5万多件（组）文物中青铜器约占一半，其中有何尊、折觥、厉王胡簋、墙盘、秦公钟、卫鼎等一千多件重要乃至国宝级青铜器，被国家文物局列为全国地市级重点博物馆之一。

宝鸡是周秦文明的发祥地，自汉代以来，青铜器在宝鸡不断出土，数量之巨，精品之多，铭刻内容之重要，均居全国之首，因此，宝鸡和周原被誉为“青铜器之乡”，数万件青铜器从这里出土，大盂鼎、散氏盘、毛公鼎、虢季子白盘等闻名于世。

宝鸡青铜器博物馆筹建于1990年，1998年9月8日建成对外开放。它是全国唯一以青铜器命名的专题博物馆，被列为中国青铜器收藏史上的一个里程碑。2010年9月28日，全新的宝鸡青铜器博物院在宝鸡石鼓山隆重开馆。新馆气势恢宏，依山傍水，处高望远，与石鼓阁顾盼相依，成为宝鸡的新地标。

宝鸡青铜器博物院建筑面积3.48万平方米。博物院外形设计新颖，气势恢宏。青铜器博物院主楼的设计，在造型上把石鼓与铜镜巧妙结合——以石鼓为基座，以铜镜为顶面，饰以典型的西周凤鸟纹，其用意旨在突出周秦之风、金石之韵。在石鼓山巅，这面巨大的铜镜迎接宝鸡每一天第一缕曙光。宝鸡青铜器博物院以考古研究成果、历史文献为依据，荟萃了宝鸡地区出土的珍贵青铜器等文物1400多件，分为“青铜器之乡”、“周礼之邦”、“帝国之路”、“智慧之光”四部分展出。

第一展厅通过大量窖藏出土青铜器的展示，展现宝鸡青铜器之盛。展出分“西周王朝在宝鸡发祥和秦国从宝鸡崛起”、“盛世吉金——中国21世纪考古新发现特别展”、“岐山董家村西周窖藏专题展”等内容，荟萃了宝鸡地区考古发现的青铜器、玉器、陶器、金器等精品600余件（组），展示了周族兴起、古公迁岐、武王灭周、分封诸侯、周公礼制、秦君游猎、穆公称霸等一系列重大史实，使人们看到周秦文明对华夏五千年所做的巨大贡献，堪称为一部不朽的青铜史书。在这一展厅中尤引人注目的是2003年眉县杨家村五位农民发现西周窖藏文物并主动保护向政府报告后，经考古工作者抢救清理，共出土鼎、盘、盉、盂、壶、鬲、匜等27件大型青铜礼器；更令人惊叹的是这27件青铜器上都有铭文，其中逨盘的铭文长达372字，是新中国成立以来出土铭文最长的铜盘，堪称“中国第一盘”，它完整地记录了11代12位西周列王的名号、位次和有关事件，以实物证实了《史记》的可靠性，为西周晚期青铜器谱系研究、中华断代工程提供了一批标准器，被誉为本世纪最为重大的考古发现之一。

第二展厅以对周礼的追溯和阐释为线索，通过对墙盘的重点解读以及相关文物的配套陈列，追颂西周文、武、成、康、昭、穆六王的文治武功；追溯“中国”二字的由来。通过对文物信息的阐述，描绘出一幅兴于周朝礼制下的辉煌盛世。在这一展厅中展出的胡簋属于周厉王，因其是西周唯一的王器，所以它也被称为“王簋”。与此同时，它又是目前出土的历代“簋”中器形最大的，所以又被称为“簋王”。 以国宝重器何尊作为本单元的收馆之作，重点呈现“营建洛邑，宅兹中国”的铭文特写。何尊于1965年出土自宝鸡境内，是被国家文物局认定的不得出国展览的文物之一。何尊为周成王五年名何者所制，是西周初年第一件有纪年铭的铜器。何尊内胆底部刻有一篇一百二十二字的铭文，其中“宅兹中国”更是“中国”二字最早的文字记载。

第三展厅以周王室的衰败和东迁为背景，以秦帝国的崛起之路为线索，展现出曲折流转的历史脉络；以西周的尾声作为展览的开篇，逐次展现非子养马、襄公立国、文公东猎、武公创县、宣公刻石、穆公称霸以及始皇加冕的历史节点，在两个族群发展的此消彼长间，展现了一场宏大的民族历史的兴衰之旅。展厅中展出了1978年宝鸡市杨家沟乡太公庙村村民在取土时意外发现一个窖藏，经专家发掘清理，共出土8件青铜器，其中秦公钟5件、秦公镈3件。3件镈造型别致、形体宏大、铸造精美，外观装饰有透雕的蟠龙和凤鸟，轻灵有致，纹饰细致活泼，呈现出清新自然的风格。 秦公镈不仅具有很高的观赏价值，更是研究秦人早期历史的绝好资料。秦公镈上有铭文135字，从铭文得知秦公镈是秦武公祭祀祖先的礼器，铭文中提到了秦襄公、秦文公、秦静公、秦宪公四代世系，着重讲了秦襄公被赏宅受国之事，这是一件划时代的重大历史事件。

第四展厅以复原西周青铜作坊的形式，诠释了青铜器从制模翻范到铸造成器的完整工艺，从而使人们感受到祖先的聪明才智。第四展厅共展出文物160件。以单元叙说为逻辑构成，结合器物图文的静态展陈，漫画语言呈现的电子互动桌面，视觉冲击力强的宽幅多媒体系统，生动有趣的作坊体验，多层面、多角度诠释了青铜器从制模翻范到铸造成器的完整工艺。重点展示国宝折觥，展现青铜器造型及纹饰的独特艺术神韵，突出青铜文化的艺术特色。折觥于1976年12月15日出土于扶风，它通高28.3厘米，重7.6公斤，是西周昭王时铸造的盛酒器，器物主人名折。它的造型酷似一只又肥又大的绵羊，整个器物造型精美，纹饰设计独特，由十几种动物组合而成，四层花纹显得富丽堂皇，是一件十分精美的青铜艺术珍品。

出土珍藏西周青铜器最多的周原博物馆

周原位于陕西省关中平原的西部，距西安约一百公里。

周原有广义和狭义之分。据历史地理学家史念海考证，广义的周原南邻渭河，北倚岐山，东起武功漆水河西岸，西到凤翔千河以东，东西绵延 70 公里，南北宽约 30 公里；狭义的周原，仅指地处扶风、岐山两县交界处的法门、青华、京当等乡，东西长约 7 公里，南北宽约 5 公里。

周原是周人和西周文明发祥的圣地。周原是周文王、周武王的出生成长之地。周人在这里经过近百年的休养生息，日益强大，为后来克商并建立西周王朝奠定强大的基础。西周灭亡迁都后的“岐”邑，也就是周原。虽然它已失去了都城的地位，但因它为周人的发祥地，所以宫室、宗庙、祖茔始终未废。“周为畿内地，王臣多居之”，由于这些大小贵族世代居住于周原，死后又埋葬此地，所以周原便成了西周大小贵族们家藏珍宝、宗庙重器最聚集的地方。周原有青铜器之乡的美称。据专家介绍，从清代至今，有据可查的青铜器窖藏就有 100 多起，出土了数以万计精美的青铜器，青铜器上多有铭文，著名的有大盂鼎、毛公鼎、卫鼎、卫盉、墙盘等。其中墙盘铭最多，最珍贵，为研究我国商周历史和做好中华断代史工程提供了珍贵的文字资料。

周原的科学考古发掘工作是在新中国成立以后开始的，四十年来取得了重大成果——岐山凤雏村发现一组有一进院落的大型及拿住基址，基址内出土了上万片西周甲骨；扶风县吕陈村发掘出十余座建筑基址，建筑错落有序，屋面全部施瓦。一些学者以为这两处居址可能是西周王室宫殿和宗庙遗址。在周原境内还发现了规模宏大的冶铜、制玉、制骨、制陶作坊和大片大片的贵族、平民居址以及族葬墓地。周原是我国迄今保存最好，出土遗迹、遗物最丰富的西周都城遗址，在我国商周考古和历史研究中占有重要的地位。

目前，周原已设立长期的考古发掘机构，并成立了周原遗址博物馆。这里已成为海内外学者了解、研究西周社会历史的重要基地之一。

（原载 1989 年 9 月 9 日《人民日报·海外版》）

⊙周原遗址

周原出土的西周青铜器选录

⊙商尊

⊙十三年壶

⊙父辛爵

⊙伯各卣

⊙象尊

⊙西周簋

⊙犀牛尊

⊙爬龙

⊙伯公父簠（瑚）

⊙刖人守门鼎

⊙伯多父盨

⊙墙盘

⊙微伯鬲

秦俑博物馆成为爱国主义教育基地

被誉为世界第八奇迹的秦始皇陵兵马俑博物馆，注重发挥驰名于世的文物优势和文物的宣传教育功能，坚持“两个效益并举，社会效益第一”的原则，采取多种形式向广大群众特别是青少年进行历史唯物主义和爱国主义教育，取得显著成绩，被评为全国爱国主义教育基地示范单位和全国精神文明建设工作先进单位。

秦兵马俑坑发现于1974年，位于秦始皇帝陵以东1.5公里处。经考古工作者连续多年大规模钻探及研究考证，这里是中国第一个封建皇帝秦始皇之陵园中的一处大型从葬坑。1975年国家决定在俑坑原址上建立博物馆。经过四年多的筹建，至1979年9月底，雄伟的一号俑坑遗址展览大厅及部分辅助性建筑竣工落成，同年10月1日开始向国内外参观者展出。

秦始皇陵兵马俑博物馆经过多年的考古发掘，除了一号坑外又发现了二号坑和三号坑。一号坑规模最大，呈长方形，是一个以战车和步兵相间的主力军阵。面积14260平方米。坑内有10道宽2.5米的夯筑隔墙，形成南北面阔9间，周围绕以回廊的格局。现发掘已出土陶俑1000余尊，战车8辆，陶马32匹，各种青铜器近万件。根据出土兵俑的排列密度估计一号坑共埋葬兵马俑6000余件。二号坑平面略呈曲尺形，位于一号坑北侧约20米处，面积约6000平方米，是秦俑坑中的精华，二号坑的发现揭开了古代军阵之谜。二号坑由四个单元组成：第一单元由

⊙秦俑博物馆与高校建立爱国主义教育基地揭牌仪式

持弓弩的跪式和立式弩兵俑组成；第二单元由驷马战车组成车兵方阵；第三单元由车、步、骑兵俑混合编制组成长方阵；第四单元由众多骑兵组成的长方阵。四个方阵有机组合，进可以攻，退可以守，严整有序，无懈可击。三号坑在一号坑西北，成凹字形，武士俑按夹道的环卫队形排列，象征古代的军幕，是军阵的指挥系统。它规模最小，与一号坑距 25 米，东距二号坑约 120 米，三个坑呈“品”字状排列。此外，秦始皇陵博物馆还建有文物陈列厅，它位于秦俑博物馆前广场东北侧，建筑外观典雅雄浑，内部装潢融合了秦代的很多特征性元素，厅内环境舒适，布局讲究。内部陈列除铜车马和馆史陈列等基本内容外，还专门设置的临时陈列厅，积极引进国内外高品位的文物精品陈列，先后举办了“重现的文明——玛雅文化展”，“南越王墓文物精华展”等临时展览数十项。

日前，记者来到秦俑博物馆，只见成群结队的大、中、小学生，在教师或班干部的带领下，免费进入博物馆参观。秦俑博物馆馆长吴永琪递给记者一本馆内新编的《三秦学子爱国情》一书，该书是从秦俑馆开展的爱国主义教育征文活动中收到的 500 多篇征文中选编的，记者信手翻了几篇文字，不禁被炽热的观后感所吸引：“今天，我有幸超越时空，到两千多年前的秦朝去看一看。那千军万马的兵俑阵、美妙绝伦的铜车马，闪着寒光、至今锋利的青铜剑，使人赞不绝口，前来参观的白皮肤、黄皮肤、黑皮肤的海外游客都发出了啧啧的赞叹。秦兵马俑，祖国文物宝库中的一颗明珠，它带给世界震惊，也带给我们自豪！”

“那不是圆明园海晏堂的三个铜制兽头吗？相隔两千多年后，它们同秦兵马俑在骊山下会见了。三个兽头黑黝黝的眼睛里闪着泪花，痛诉着 100 多年间在强盗手中和海外异邦漂泊的日日夜夜，八千秦兵马俑虎贲之士在向我们告诫：强大才能扫六合统天下，落后就要挨打！”……

秦俑博物馆气势雄伟的兵马俑军阵以及工艺精湛、造型逼真的大型彩绘铜车马是爱国主义教育的生动教材。博物馆立足馆内阵地，对每年进入博物馆的国内 100 多万观众，40 多万学生，开展多形式、多层次、全方位的爱国主义教育活动。20 多名讲解员还对大、中、小学生以及部队官兵坚持免费讲解，并针对不同层次观众，灵活把握讲解难易程度，尽量满足观众的多方要求。为了提高讲解质量和效果，博物馆还在一号、二号、三号俑坑及铜车马展厅内配备了 10 多台电脑触摸屏，将博物馆陈列、秦陵新发现、文物保护与修复以及对外文化交流等各方面内容全方位介绍给观众，使这一段凝固的历史立体地再现于观众面前。

近年来，秦俑馆走出馆门，面向社会，尽量把爱国主义教育工作做得扎实、具体，博物馆先后与西安市、临潼区、湖南长沙等地大、中、小学校建立爱国主义教育基地，与部队、武警支队建立军民、警民共建基地，受到学校师生、部队官兵的欢迎。

（原载 2002 年 6 月 14 日《人民日报》）

文物园林辉映的西安博物院

⊙西安历史博物院外景

西安博物院是陕西省西安市的一座集博物馆、名胜古迹、城市园林为一体的博物馆。2007 年对外开放。以展示的珍贵文物，唐代千年古塔、悠扬的雁塔晨钟、秀丽的园林景观而闻名。

西安博物院位于陕西省西安市南门外友谊西路。由文物展馆区、小雁塔以及荐福寺为核心的历史名胜区、园林游览区三部分组成。西安博物院总投资 2.2 亿元（由国家投资 2000 万元、西安市政府投资近 2 亿元），占地面积 245 亩。2007 年 5 月 18 日西安博物院正式对外开放。西安博物院在国内博物馆（院）中独树一帜，以千年古塔园林式遗迹休闲景区以及古都西安现代型历史博物馆而闻名。2010 年 3 月 31 日，西安博物院正式向公众免费开放。

西安博物院以著名唐代建筑、全国重点文物保护单位小雁塔为中心，整体按文物鉴赏、旅游观光、综合服务三大功能区设计，形成集博物馆、名胜古迹、城市公园为一体的历史文化休闲场所。

西安博物院的主体建筑——博物馆（文物展馆）由中国工程院院士、陕西历史博物馆的设计者、著名建筑设计师张锦秋创意设计，整体外观以天圆地方理念创作，突出体现中国传统文化思想，与同院的小雁塔以及荐福寺古建筑群相得益彰、交相辉映。2004 年在新闻媒体发起的评选活动中，该博物馆被评为西安未来十大标志性建筑之一。

博物馆的建筑面积 16000 余平方米，陈列面积有 5000 余平方米，其余为文物库区及公共活动区。博物院收藏了西安各个历史时期的文物 13 万件，其中拥有国家三级以上珍贵文物 14400 多件，并有相当一部分文物出土于周、秦、汉、唐等中国历史上有重要影响的朝代。用于陈列的文物展品，是在这些藏品中挑选出的文物等级高、代表性强、影响面广的文物。西安博物院文物展馆的陈列由基本陈列、专题陈列、临时陈列三部分组成。博物院使用了当代科技电子技术及影像、声像技术的展示手法，展览运用了虚拟电子翻书、数字幻影演示、DMS 数字虚拟演示、互动展示、文物导航等系列科技手段，虚实结合，丰富展览内容，形象展示文物，演绎古都历史。西安博物院落成，结束了古都西安没有大型市级博物馆的历史。

咸阳博物馆

咸阳博物馆是全国著名博物馆之一，1962 年正式开放。馆址系 1371 年（明洪武四年）所建的文庙。全馆现有九个陈列室，一个碑廊，陈列面积共一千一百平方米，珍藏文物一万多件，展出文物六千余件，陈列内容以秦汉历史文物为主，还有部分宗教文物和碑石墓志等。咸阳博物馆是陕西省省级重点文物保护单位，省级文明示范旅游景区，爱国主义教育基地，国家 AAA 级旅游景点。

咸阳是历史上著名的古都。秦孝公十二年（前 350 年），筑城咸阳，开始了秦定都咸阳之后 140 余年的历史。在长达一个多世纪的时间里，秦励精图治，东取河西（魏属黄河以西地区），南夺巴蜀（今四川盆地），跻身战国七雄，于秦王政二十六年（前 221 年）剪灭六国，建立了中国历史上第一个统一的中央集权制帝国。咸阳成为秦帝国政治、经济、文化的中心。咸阳博物馆馆内的历史文物陈列共分十个展室展示：

第一陈列室主要介绍秦都咸阳至秦统一六国的历史背景，以典型文物简要说明秦人早期的历史，突出商鞅变法、农业发展、军事实力、统一六国、统一度量衡。展品主要有：凤鸟铭文鼎，战国骑马俑，雍工敃铜壶，工师初铜壶，鹿纹瓦当，商鞅铜镦，戈、矛、剑等兵器一组，安邑下官锺，修武府温杯，六国钱币，秦诏铭文铁权。第二陈列室主要介绍秦咸阳一、二、三号宫殿遗址的建筑成就，重点介绍宫殿遗址的砖瓦建材、宫室壁画、铜质构件及排水设施、冷藏设施、取暖设施等建筑成就。展品主要有：水神骑凤空心砖，龙纹空心砖，铺地砖，井圈，窖底盆，秦遗址瓦当，驷马拉车壁画，漏斗及排水管道等。第三陈列室主要展示秦咸阳宫殿遗址，手工业作坊遗址和秦人墓葬区出土的陶器、铜器、玉器、丝绸等手工业制品。展品主要有：印有陶文戳记的鬲、罐、鼎、釜一组，大鸭蛋壶，1966 年塔尔坡铜器窖藏出土的铜器一组，宫殿遗址区、长陵作坊遗址、黄家沟墓葬区出土铜器一组，生活杂器有错金银带钩一组，铜镜一组，玉器一组，以及目前发现时代最早的丝绸残片一件。第四陈列室是当代名人书画。第五、六陈列室是享誉中外的西汉三千彩绘兵马俑；下个军陈，气势磅，威武雄壮，充分反映了西汉强大的军事力量。第七、八、九陈列室展示了全国最大的明代铜佛座像和部分宗教文物，独具特色，释迦牟尼、弥勒佛、观音菩萨等一尊尊造像，令人肃穆虔诚，主洁志高；还有一座新建的碑廊，展示了近百块书法艺术名碑及墓志，经幢等，雅俗共赏，被游人誉为“石质书屋”；咸阳最新出土文物展，精品荟萃，其中有四件国宝首次亮相，游人惊叹不已。

此外，碑石陈列室主要展示上至北周下迄明清的碑石、墓志，其中有被于右任誉为三大名碑之一的《窦庐恩碑》以及《张琮碑》、《顺顺残碑》、《王重阳仙迹记碑》等近百块书法艺术名碑，雅俗共赏，被游人誉为“石质书屋”。

耀州窑遗址堪称“古代陶瓷博物馆”

10月24日，来自全国各地的一百多名古陶瓷专家、学者，参观耀州窑遗址和出土瓷器（片）时发出一片惊叹：自唐至元各代都有，罕见，罕见！

近两年来，我国考古工作者从陕西耀州窑遗址共发掘清理出十四座制瓷作坊、十八座窑炉，出土唐三彩和低温单彩标本一千多件，出土唐、五代、宋、金、元五代瓷器瓷片三十多万件，为研究中国陶瓷史和古代政治、经济、文化提供了丰富的实物资料。

作为历史上六大名窑之一的耀州窑，是“北方青瓷”的产窑；它烧造的瓷器釉色多为青中泛绿，莹润如碧玉，以精美、质朴的艺术风格在陶瓷艺苑中独树一帜，素有“巧如范金，精比琢玉”之誉。位于陕西铜川市黄堡镇的耀州窑中心窑场，沿河两岸，层层叠叠布满了历代瓷窑作坊，号称“十里窑场”。1984年9月至今，在陕西省考古研究所铜川工作站站长杜葆仁和该所隋唐研究室副主任、古陶瓷专家禚振西夫妇的主持下，考古工作者发掘了近五千平方米的窑址，其中有些作坊当时因河水暴涨淹灌，被塌陷的窑顶覆没。考古发掘使它们完整地重见天日，上千件泥胎保持原貌，大部分作坊配料、拉坯、施釉、烧成等设施保存完好，连加工坩土的碾槽、上釉用的陶缸及堆料、晾坯的场地都历历在目，有的瓷窑连火膛下的炉齿尚完好无缺。
出土的五个朝代的三十多万件瓷器瓷片，完整的可复原的器物、范模、支垫、匣钵等达数千件。这些瓷器，胎体瓷化程度较高、质地坚硬。工匠们在瓶、碗、盒、壶、杯、炉、钵上刻了山水、人物、花卉等上百种纹饰、图案，给人以“刚劲如刀斩斧截，轻柔似水流花放”的艺术美感，印证了史书上“虽欧瓷之艳丽、景瓷之细致亦弗能相匹”的记载。

这次发掘出的一组唐三彩作坊和上千件唐三彩器物及标本，说明作为唐都长安京畿之地的耀州，是烧造唐三彩基地之一，从而打破了唐三彩只在河南洛阳、巩县烧造的传统结论。更令人关注的是，早已失传的唐三彩琉璃瓦和龙头套首的首次发现，使人们想象出当年宫殿的富丽堂皇，从而为唐长安城及其宫殿遗址的研究和修复找到了依据。

柴窑是五代时的一大名窑，相传为后周世宗柴荣的御窑。世有“片柴值千金”之说。史书上记载“柴窑出北地”，“北地”在何处？这次出土的大批五代青瓷，酷似相传的柴瓷珍品，其中还有带“官”字款的器物，从而为寻找柴窑遗址提供了新的线索。古陶瓷专家们认为：耀州窑遗址可称天然的“古代陶瓷博物馆”。

（原载1986年10月28日《人民日报》）

附：

耀州窑今昔

——访耀州窑博物馆

从西安出发驱车沿西安至铜川的高速公路北驶，越渭水经三原，攀原头过富平和耀县，行程82公里，便到了渭北高原的古镇黄堡和耀州窑博物馆。馆长薛东星向记者介绍了耀州窑的今昔和耀州窑博物馆。

古镇黄堡与耀州窑

黄堡为陕西省铜川市南郊之重镇，北距铜川市15公里，南去耀县13公里，地处渭北黄土高原一狭长的川道之中。黄堡镇四周环原，漆水从镇中穿流而过，咸铜铁路和西延、西包公路分别在镇东、镇西与漆水流向并行。黄堡镇历史悠久，据明万历本《同官县志》记载："北魏孝武帝时，为黄堡县"，"宋熙宁初，改建黄堡镇，在金尤为重镇。"宋时设镇史籍却多有所载。就是这个不大起眼的渭北小镇，不但是古今关中通往陕北的交通要道，它还以天赋优越的自然资源孕育出中国名窑群芳中的奇葩耀州窑。

煤带明珠

陕西是中华文明发祥地之一。铜川居全陕中心，地处关中腹地。早在五六千年前的新石器时代，先民们就在这块土地上繁衍生息，创造了史前文明。尔后，这里曾成为京畿之地，物华天

⊙耀州窑博物馆外景

宝，人杰地灵，文物荟萃。铜川境内沟壑纵横，梁峁相间，川原山丘交错，是渭北煤田的中心地，被誉为镶嵌在渭北“黑腰带”上的一颗明珠。

制瓷的陶土俗称坩土，它和煤是“伴生物”，黄堡及周围特别是陈炉镇东山一带富产坩土。《太平寰宇记》对耀州出产制瓷原料亦有记载：“耀州土产有石脂、青石，出华原（今耀县）。”制瓷的釉药白石，陈炉、富平都有矿藏，《富平县志》称：“（明月）山出白石如银，又出绀（坩）泥，同官瓷器以此为之。”

黄堡镇“附于山树，青峰四回，绿化傍泻，草木奇怪”，这里的坩土、煤炭、柴草资源极为丰富，给陶瓷生产提供了得天独厚的条件。

耀州窑称谓之由来

纵观我国历代窑口，其称谓不外乎有以行政辖区、经营性质、地理方位、姓氏命名几种。耀州窑是以行政辖区命名的，铜川旧称同官，唐末天佑、五代后唐同光年间，以及宋代均属耀州治，故文献中称耀州窑。

窑口称谓并非某人所定，它由来已久，约定俗成，诸如定窑、邢窑、越窑、钧窑、汝窑等名噪古今的窑口都是如此。

关中，渭北一带长期流传着这样一句农谚：“五月二十滴一点，耀州城里买大碗”。意思是说，农历五月二十左右下雨，夏秋庄稼丰收，意味着可以用大碗吃饭了。尽管这句农谚总结的是天雨适时和农业丰收的关系，但它客观地记叙了当年知名度已很高的耀州青瓷。耀州窑的称谓，由此也可以得到一定佐证。

文献中记载的耀州窑

关于耀州窑，文献记载不详，仅一鳞半爪而已。

宋人陶古的《清异录》称：“耀州陶匠，创造一等平底深碗，号小海鸥。”宋人周辉的《清波杂志》称：“尝见北客，言耀州黄堡镇烧瓷，名耀器，白者为上，河朔用以分茶。”宋人叶真的《坦斋笔衡》称：“本朝以定州白瓷器有芒不堪用，遂命汝州造青窑器，故河北唐、邓、耀州悉有之。”南宋陆游的《老学庵笔记》称：“耀州出青瓷器，谓之越器，似以其类余姚秘色也。”明人陶宗仪的《辍耕录》称：“宋烧青瓷器，仿汝而色质均不及汝。”明万历本《同官县志》载：“（黄堡镇）旧有陶场……今其地不陶，陶于陈炉镇。”清乾隆本《耀州志》载：“黄堡镇……故有陶场，居人建紫阳宫祀其土神，宋熙宁中知州阎作奏以镇土神封德应侯，以陶冶著灵故也。以晋人柏林配享，林盖传居人陶术者。”

⊙耀州窑炉内部烧造场景（雕塑）

在陶瓷史的研究中，实物和文献是重要的依据。由于文献有一定的局限性，因此科学的考古发掘材料就显得异常重要。新中国成立以来，随着陶瓷考古事业的发展，耀州窑神秘的面纱才逐渐被考古研究者揭开。

昔日的黄堡窑场

《同官县志》载：“黄堡镇故瓷厂，在县南四十里”，“地方故老相传南北十里，皆其陶冶之地，所谓十里窑场是也。”黄堡镇早在宋代就成为规模宏大的陶瓷手工业城镇了，“居人以陶器为利，赖之谋生。”

登临黄堡镇东南的原头向西北眺望，原下川道“十里窑场”故地尽收眼底。当年享誉中外、烧造了700多年的宏大窑场，随着岁月的流逝已荡然无存。眼前窑址上错落着农田、屋舍、厂房、学校，狭长的公路和铁路伸向川头，然而那条千年不息、纵贯窑场，曾经滋养了耀州窑的潺潺漆水依然在流淌着，它仿佛要给世人讲述这里的兴衰，将近700年前的窑场风光又仿佛历历在目。

当年的窑场是怎样的繁荣呢？

状如馒头的窑炉星罗棋布，烟囱林立，作坊鳞次栉比，商店、货栈、客店比比皆是。炫鬻瓷货叩击时发出的铿铿声响清脆悦耳，招引顾客、卖主的吆喝声此起彼伏。瓷器如山，商贾如潮，水面船队鱼贯，大路上车水马龙；作坊里轮子飞转，巧手下造型各异的坯体在诞生；作坊外石杵声声，劳作的号子在空中回荡。夕阳西下，座座窑炉喷薄的烈焰映红了张张古铜色的面庞，映红了荡漾的漆水和半壁夜空，炉火明灯十里不断，蔚为壮观……

如今，漫步在黄堡镇南的漆水岸边，那显露在沟边、断崖的作坊残垣，废弃窑炉的红烧土、耐火砖和凝聚其上斑驳透明的玻璃釉质仍依稀可辨，而那些沉睡了数百年的瓷片、匣钵，在平畴沃土中则随处可见，俯拾即是。

耀州窑的新生

元末清初，具有古老历史的耀州窑衰败了。到新中国成立前夕，黄堡镇“十里窑场”仍然沉睡在一片荒凉的废墟上，仅存的陈炉镇瓷业也到了停废的边缘。

新中国成立后，党和人民政府十分重视古瓷窑遗址的保护发掘及名瓷的恢复试制工作，古老的耀州窑如枯木逢春，获得新生。已失传600余年的耀瓷恢复试制成功，耀州窑遗址的科学发掘、研究和利用也都取得可喜的成果。耀州窑博物馆已建成，耀州窑遗址已被国务院批准为全国重点文物保护单位。

黄堡镇已成为我国古陶瓷收藏、保护、研究、陈列和复制的基地之一，也是我国最大的古陶瓷遗址公园，成为展示我国古代陶瓷文化和旅游参观的一大景点。

重放异彩

耀瓷失传后的数百年间，许多人都曾梦想过仿烧它，包括一些封建统治者在内。据说，慈禧太后当年来到西安，就曾谕令同官知县仿烧耀瓷。后来，南京政府也曾着手恢复试制，但终成梦想。

新中国成立后的1973年，在专家李国桢工程师的主持下，陈炉陶瓷厂开始了耀州窑青瓷的恢复试制，并于1977年获得成功，使失传600余年的历史名瓷重放异彩。所烧制的仿古耀瓷，其精美程度几乎乱真，备受人们喜爱。在历届广交会上一直走俏，供不应求，远销日本、英国、美国、加拿大、瑞士、德国、澳大利亚及港、澳等十几个国家和地区，年出口200多万件，多次荣获部、省、市优质产品称号。1990年11月，在香港举办的中国耀州窑陶瓷艺术展，为期10天，观众万余人。参展的300多个品种、1000多件耀瓷仿制品全部售罄。

耀瓷的复制成功，弘扬了耀州窑瓷传统文化，也促进了铜川现代陶瓷工业的发展，形成了现代陶瓷工业生产的新格局。

考古发掘成果累累

新中国成立以来，经过各级文物考古工作者几十年的共同努力，蒙在耀州窑遗址上的神秘面纱已被揭开，其"庐山真面目"已被人们所认识。

1954年以来，故宫博物院、中国社会科学院考古研究所和陕西省文管会的陶瓷专家，曾先后到黄堡和陈炉调查，发现了埋没多年的耀州窑遗址。尔后的发掘和调查工作一直持续未断。至1991年上半年，窑址发掘面积已达11500余平方米，是目前国内和世界陶瓷窑址发掘面积最大的。发掘清理出各时期的窑炉67座，作坊67座，砖窑1座，墓葬51座，灰坑41处，出土陶瓷标本100多万件(片)，其中完整和可以复原的器物5000多件。

1959年，陕西省考古研究所又派人对耀州窑黄堡、上店、立地坡遗址进行了重点发掘。发掘面积1427平方米，发掘了瓷片8万多片、瓷窑12座、砖瓦窑1座、生产作坊5间。经过对出土器物的研究归纳，分为唐、宋、金元三期文化，宋代又分为早期、中期和晚期。此次发掘，初步搞清了耀州窑遗址的文化内涵，编写出版了在国内外学术界有较大影响的发掘报告《陕西铜川耀州窑》。

1973年，陕西省文管会、铜川市文化馆配合基建工程，对黄堡窑址进行了第二次发掘。发掘面积113平方米，清理出宋代窑炉2座，出土各时期的瓷片、窑具1万多片，新发现了五代的瓷器和唐代的几种釉瓷、宋代的天目彩斑瓷。这次发掘面积虽小，但却有新的收获。

1984年到1990年底，陕西省考古研究所和铜川市耀州窑博物馆在长期调查和以往发掘的基础上，配合基建工程，对黄堡窑址又进行了第三次较大面积的发掘。发掘面积1万多平方米，发掘出唐、五代、宋、金、元五个时期的陶瓷标本100多万件(片)，其中完整和可以复原的器物5000多件。清理出窑炉53座、作坊62座、墓葬51座、灰坑35处，还发现和清理了原料加工场、堆料场、晾坯场、堆货场、窑穴等遗迹，出土了大量的工具、模具和窑具等遗物。这次发掘取得了历史性的突破，有许多重大发现，如首次在国内发掘清理出唐代制作三彩的作坊、烧造三彩的窑炉。尤其

⊙耀州窑倒流壶

是在配合修筑三原至铜川一级公路的随工清理中，发现和清理了连成一片的宋、金、元时期的制瓷作坊及窑炉群，从一个局部展示和重现了当年“十里窑场”的宏大规模。作坊内保留有当时用于成型拉坯的石轮及转动部位的遗迹，一座金代施釉作坊内还残存着十几口用作盛釉的陶制大缸。

⊙耀州窑龙首公道杯

在考古发掘和研究方面，陕西考古研究院研究员禚振西和杜葆任夫妇，做了大量工作，取得了卓越的贡献。

历次发掘获得的重大发现，不仅受到国内各级领导、学术界的重视，还在国外学术界、陶瓷工艺界产生了极大反响。国内外的一些专家、学者和文博、美术、科技、陶瓷专业技术人员纷至沓来参观考察。党和国家领导人李瑞环、胡乔木、谷牧、陈慕华、黄华、邓力群等都曾亲临耀州窑遗址视察，谆谆叮嘱要精心发掘，精心考证，精心保护，科学利用。

耀州窑博物馆

为了弘扬祖国优秀的陶瓷文化，展示耀州窑精湛的陶瓷技艺和丰富多彩的陶瓷产品，继承耀州窑传统工艺为现代陶瓷工业服务，经国家批准，在黄堡耀州窑遗址兴建了一座建筑面积6800平方米的耀州窑博物馆，于1993年10月建成开馆。

新建耀州窑博物馆在借鉴国内外博物馆经验的同时，将在社会性和社会职能方面有所突破，成为独具特色的专业性古陶瓷博物馆。观众在这里既能目睹耀州窑各个历史时期所烧制的陶瓷产品及其制作、烧造工艺流程，又能参与领略宋代制作、烧成全过程的模拟演示。现代陶瓷设计、生产的技术人员、工人，在这里能感受到古陶瓷艺术的熏陶，从中吸取传统制瓷技艺的营养，有利于现代陶瓷的设计和生产。中外学术界的专家、学者、文博专业人员，在这里可以获得珍贵而丰富的第一手研究资料，进行科学研究和学术交流，向国内外公布耀州窑科学研究的最新成果。这里将成为世界上储存耀州窑资料的最大信息库，将成为我国古陶瓷宣传、教育、科研、复制中心和新的旅游基地。

（原载《走出关中》一书，有修改）

北京奥运吉祥物福娃创意灵感来自半坡

西安半坡博物馆

西安半坡博物馆是新中国第一座史前聚落遗址博物馆。半坡遗址1953年春被发现，遗址面积约50000平方米。1954～1957年，中国科学院考古研究所先后进行了5次大规模的发掘，发掘面积达10000平方米。该遗址揭示了距今大约6000多年前的一处典型的新石器时代仰韶文化母系氏族聚落的社会组织、生产生活、经济形态、婚姻状况、风俗习惯、文化艺术等丰富的文化内涵。

西安半坡博物馆于1958年4月建成并正式对外开放，50余年来，共计接待中外游客3000余万人次。老一辈党和国家领导人刘少奇、朱德、周恩来、邓小平等前来参观，给予了高度评价。1961年半坡遗址被国务院公布为第一批全国重点文物保护单位；1997年，西安半坡博物馆被中宣部确定为首批“百个爱国主义教育示范基地”；1998年被西安市政府评定为“西安旅游十大景点”之一；2006年被旅游网在网上调查评为“中国最值得外国人去的50个地方”之一；2008年被中共西安市委、市政府授予“文明单位”；2008年5月被国家文物局评定为“国家一级博物馆”。

西安半坡博物馆位于西安东郊浐河东岸，占地面积107.4亩。馆藏各类文物18000余件，其中三级以上文物4000多件，化石标本300余件，新石器时代的人类和动物骨骼标本若干。人面鱼纹盆是半坡遗址出土文物中最为宝贵的文物，属国家一级文物。2008年，中国人百年期盼的北京奥运会吉祥物福娃的创意灵感就来源于它。

为了有效保护半坡遗址，2002年拆除了砖木结构的保护大厅，2006年建成了钢结构、大跨度的新保护大厅。在施工过程中，意外地发现了一处以石柱为中心的祭祀遗迹群，这是对半坡遗址文化内涵的极大丰富，为研究和展示半坡遗址提供了新的资料。半坡遗址以历史遗存遗迹和大量实物向人们揭示了距今六千多年前的半坡先民的生存环境、建筑形式、祭祀场所、生产技术、埋葬习俗等。

陶窑遗址中展示的一座横穴窑，是我国目前发现最早、保存较完整的陶窑遗址之一。新近调整的半坡遗址出土文物陈列，运用了电子虚拟和幻影成像等现代化声光电的科技手段，动静结合、图文并茂地再现了半坡远古先民创造的灿烂文化。新增设的半景画展厅，用虚实结合的手法，在河流和田野之上运用声光电技术逼真地模拟了电闪雷鸣、日月星辰，栩栩如生地再现了半坡人战天斗地的生活、劳作场面。

汉武大帝的陵墓——茂陵

茂陵博物馆位于陕西省咸阳与兴平之间的五陵塬上，距西安约40公里，是一座以汉武帝茂陵、霍去病墓及大型石刻群而蜚声海内外的西汉断代史博物馆。

现有文物陈列室2座，汉武帝故事造像艺术展一座，石刻廊房6座。总占地面积121486平方米。特别是茂陵石刻，以造型简洁古朴、气魄恢宏、风格豪迈闻名遐迩。在14件造像巨雕作品中有12件被国家文物局鉴定为“国宝”。

为了保护这批大型石刻，茂陵博物馆建立在霍去病墓前。多年来，博物馆全体职工发扬“艰苦奋斗，无私奉献，服务游客，完善自我”的茂陵卧牛精神，锐意改革，求实进取，将原来仅有3600平方米的小小文管所，发展成融文物、古建、园林于一体的著名旅游观光胜地。茂陵博物馆曾先后荣获全国首批精神文明建设工作先进单位、全国爱国卫生、旅游优质服务先进单位、国家首批4A级旅游景区等国家、省（部）、市级奖励140余次。

李瑞环在茂陵视察时，欣喜地说：“茂陵不光有个很好的博物馆，还有一个优美的环境，我走到那里，就把茂陵宣传到那里，全国所有的博物馆都应建成这样的博物馆。”

茂陵博物馆是全国最早的西汉历史文物与陵墓现场保护管理机构。馆藏文物数量多、品位高，展品绚丽多彩，是我国古代劳动人民创造的文化艺术结晶。

茂陵是汉武帝刘彻的陵墓，西汉帝陵中规模最大的一座。陵体高大宏伟，形为方锥，有“东方金字塔”之称。其周围有卫青、霍去病、霍光、金日蝉等陪葬墓20多座，星罗棋布，蔚为壮观。

⊙茂陵全景

《汉书·武帝纪》载，建元2年（公元前139年）“初置茂陵邑”，茂陵营建，共历时53年。据史书记载，把全国每年赋税收入的三分之一花费在陵墓的修建上，因此，陵体高大宏伟，形为方锥，有“东方金字塔”之称。汉武帝（公元前156年～公元前87年），名彻，景帝之子，在位54年，开疆拓土，文治武功，是中国历史上一位颇有作为的帝王，向有“秦皇汉武、唐宗宋祖”的说法。武帝即位的第二年，就开始兴建茂陵，工程耗时长达53年之久。

茂陵陵园呈方形，分为内外两城，四周环以围墙。城墙东西长431米，南北宽415米，墙基宽5.8米，四面的正中开辟有门。封冢为覆斗形，高46.5米，东西长231米，南北长234米。根据史书记载，茂陵的殉葬品极为丰富，陵内“金银财物，乌兽鱼鳖，牛马虎豹生禽，几百九十物，尽座藏之。又皆以后宫女置于园陵”，并将唐渠国王所赠的玉箱、玉杖以及武帝生前阅读的杂经三十卷，盛入金箱，一并入墓随葬。到武帝入葬时，墓中的随葬品早已塞满了墓室的空间，已经容不下更多的随葬品了。

⊙卧虎石雕

⊙卧牛石雕

⊙马踏匈奴石雕

⊙卧象石雕

汉阳陵博物馆：首座地下遗址博物馆

⊙夕阳下的汉阳陵博物馆

汉阳陵博物馆位于西安市北郊的渭河之畔，是全国重点文物保护单位。它依托西汉景帝与王皇后同茔异穴合葬的阳陵陵园而建，是一座巧妙融合现代科技与古代文明、历史文化与园林景观于一体的大型文化旅游景区，是中国占地面积最大的博物馆，也是我国独一无二的地下遗址博物馆。

汉阳陵始建于公元前153年，至公元前126年竣工，陵园占地面积20平方公里，修建时间长达28年。

汉景帝刘启（公元前188年～141年）是西汉第四位皇帝，在位17年。执政期间，他崇奉“黄老之术”，轻徭薄赋，减笞去刑，和亲匈奴，与民休息，据史书记载，当时社会“京师之钱累百巨万，贯朽不可校，太仓之粟陈陈相因，充溢露积于外，腐败不可食” 与其父汉文帝刘恒共同开创了中国封建社会早期治国安邦的黄金时代，被后世赞誉为“文景之治”，为其子汉武帝刘彻开疆拓土奠定了雄厚的基础。

经过30多年的考古勘探发掘，现已探明汉阳陵主要由帝陵陵园、后陵陵园、南区从葬坑、北区从葬坑、礼制建筑、陪葬墓园、刑徒墓地以及阳陵邑等部分组成。帝陵坐西向东，被81条呈放射状的陪葬坑簇拥着，其四周则分布着后陵、南、北区从葬坑及礼制建筑遗址等；宽110米的司马道向东直通5公里之外的阳陵邑，司马道南北两侧整齐排列着王侯将相和文武百官的陪葬墓10000余座，一如当年天子临朝时大臣位列两班的威仪。陵区内200多座陪葬坑中出土的数万武士俑披坚执锐、严阵以待，仕女俑宽衣博带、美目流盼，动物俑累千成万、生动异常。可以说汉阳陵是中国封建帝王“事死如事生”丧葬观念空前盛行的真实体现，也是迄今发现的保存最为完整的汉代帝陵陵园，因而成为科学工作者研究汉代帝王陵寝制度和丧葬文化的重要实物资料。

博大精深的汉文化、美轮美奂的出土文物、秀丽宜人的园林风光，使汉阳陵博物馆日益发展成为国内外独具魅力的大型文化旅游景区。置身其中，一定会使您惊叹不已、流连忘返。

汉中博物馆：陕南重点综合博物馆

汉中博物馆，也称汉中市博物馆，成立于 1958 年 11 月 9 日，是汉中市一座综合性地方历史博物馆，被列为陕西省十大博物馆之一。馆内设有石门汉魏十三品、古褒斜栈道、汉中汉代史迹、汉中宋墓出土文物、古代名人字画、馆藏宗教造像艺术、汉中近代革命史迹专题陈列。

馆藏文物 12000 余件。上等级文物有 537 件，其中一级品 46 件，二级品 85 件，三级品 406 件，其中，曹操手书《衮雪》石刻名闻遐迩。汉中市博物馆以古汉台为馆址而建立，其建筑主要依托古汉台原有建筑风格和布局，由自南而北逐级升高的三个院落组成。历年来，馆内藏品的研究，受到海内外的关注。

史载，公元前 206 年，刘邦为汉王时，建都南郑（今汉中城）。刘邦自汉中发迹而得天下，遂定国号为汉。他曾驻跸的宫廷被称为汉台。汉中、汉王、汉朝、汉台，这个汉字竟一脉相承至今。宋以至民国时期，汉台为汉中府署所在地。

1958 年，汉中市博物馆成立，以汉台为馆址。在党和政府的关怀下，几经修缮，面貌焕然一新，成为粗具规模的地方综合性历史博物馆。馆内设有石门汉魏十三品、古褒斜栈道、汉中汉代史迹、汉中宋墓出土文物、古代名人字画、馆藏宗教造像艺术、汉中近代革命史迹专题陈列。历年来，馆内藏品的研究，受到海内外的关注。昔日的帝王宫廷，今已成为国内外游客访古览胜的佳境。

⊙曹操手书《衮雪》

安康历史博物馆

安康历史博物馆位于安康市香溪路段家沟，1984 年成立。20 世纪 80 年代初期，该馆利用省拨文物库房款、自筹资金和安康电站库区文物库房建设专款修建。

新馆址占地 7218 平方米，建筑面积 4200 余平方米，共分前后两院：前院主体建筑为砖混结构琉璃饰顶的内景式建筑，风格典雅庄重。一楼有 3 个展厅和 1 个特藏文物库。二楼有两个文物库房、资料室和办公用房；后院建筑为砖混仿古式四合院，分布 5 个展厅，总面积约 900 平方米。四合院内有巨型灵石，其上镌刻徐山林先生捐赠文物藏品事迹的铭文。院内空闲地带还陈放有唐宋时期的佛教石雕像群和宋、元、明、清历代碑刻。

该馆现有各类藏品 14000 余件，其中一级品 26 件，二级品 206 件，三级品 740 件，绝大部分来源于流散文物征集、随工清理和个人捐赠。其中以反映本地区史前文化突出特点的新石器时期李家村文化、仰韶文化和龙山文化的陶器、石器和骨器、汉魏南北朝时期青铜器、砖铭、画像砖和陶俑群数量较大并备受关注。另有 1000 余件古书画和碑刻摩崖旧拓本，也具有很高的收藏和观赏价值。个人捐赠主要为徐山林先生捐赠的钱币、书画、票证、书籍等 12000 件各类藏品。

⊙安康历史博物馆“藏一角”

革命传统教育基地　永远的精神家园

延安革命纪念馆新馆落成

⊙ 2009 年 8 月 28 日，延安革命纪念馆新馆落成典礼

宝塔巍巍，绽放延安精神光芒；延河滚滚，高唱革命传统颂歌。2009 年 8 月 28 日上午，全国爱国主义教育示范基地"一号工程"延安革命纪念地建设项目暨延安革命纪念馆新馆开馆典礼在延安隆重举行。

中共中央宣传部秘书长官景辉，省委书记、省人大常委会主任赵乐际，省委副书记、省长袁纯清，省政协主席马中平，兰州军区空军副司令员张宝忠，省委常委、省军区政委夏龙祥，省人大常委会常务副主任杨永茂，副省长郑小明出席开馆典礼。省委常委、延安市委书记李希致辞，省委常委、省委宣传部部长、省"一号工程"领导小组组长胡悦介绍"一号工程"延安革命纪念地建设项目暨延安革命纪念馆新馆建设情况。刘少奇同志的女儿刘爱琴代表老一辈革命家亲属发言。省委常委、省委秘书长魏民洲主持开馆典礼。

全国爱国主义教育示范基地"一号工程"延安革命纪念地建设项目是党中央对反映以毛泽东同志为代表的老一辈无产阶级革命家领导中国革命斗争光辉历史示范基地进行重点扶持、综合提高的一项重大工程，是全党和全国人民进行爱国主义教育、革命传统教育和延安精神教育的红色工程，也是新时期推进社会主义先进文化建设，加强党的思想建设、组织建设和作风建设的政治工程。"一号工程"延安革命纪念地建设项目主要包括延安革命纪念馆新馆建设和枣园、凤凰山、杨家岭等 13 处革命旧址的维修保护。延安革命纪念馆新馆作为"一号工程"延安革命纪念地建设项目的主体，历时近 3 年重建，布展面积 10677 平方米，展线 1600 米，分为红军长征的落脚点、抗日战争的政治指导中心、新民主主义的模范试验区、延安精神的发祥地、毛泽东思想在全党指导地位的确立、夺取全国胜利的出发点等六个单元，通过大量珍贵的文物和图片、雕塑等艺术品，以及沙盘模型、场景复原、多媒体演示等现代手段，全方位、多角度地对党中央和毛主席在延安领导革命进行生动、形象、直观地再现。

上午 11 时整，代表着党中央和毛主席在延安领导革命 13 年的 13 声礼炮响起，赵乐际、袁纯清、官景辉、李希为像高 8.7 米、总高 16 米的毛主席铜像揭幕。清凉山畔，艳阳似火，碧空如洗。

胡悦在介绍了"一号"工程和延安革命纪念馆新馆的建设情况后强调，延安革命纪念地是延安人民、陕西人民、全国人民共同的宝贵财富和精神家园，我们不仅要建设好，更要在今后的工作中不断调整完善，管理好、使用好，使其功能和作用发挥到极致。焕然一新的延安革命纪念馆正式对外开放，对于我们深入贯彻落实科学发展观、继承和发扬伟大的延安精神、开展爱国主义教育和革命传统教育、发展红色旅游和文化产业，必将产生巨大的推动作用。

李希在致辞中表示，在新中国成立60周年之际，“一号工程”延安革命纪念馆新馆正式开馆，是延安的一件大事、喜事，老区人民欢欣鼓舞，必将对进一步弘扬延安精神，努力建设富裕、生态、和谐延安产生强大的推动作用。我们一定要深入开展学习实践科学发展观活动，坚持开展革命传统教育，努力当好延安精神的传承人和实践者；要以延安革命纪念馆新馆开放为新起点，精心搞好革命纪念地保护和建设，使其成为我们永远的精神家园。

中央及国家有关部委的负责人，毛泽东、朱德、刘少奇、周恩来、任弼时、习仲勋、马文瑞等老一辈革命家的亲属，国家博物馆、军事博物馆、中国人民抗日战争纪念馆和韶山、井冈山、西柏坡革命纪念馆等全国重点纪念馆、博物馆的负责人，省“一号工程”建设领导小组成员单位和省级有关部门负责人，与当地干部群众共一千余人参加了开馆典礼并参观了延安革命纪念馆《延安革命史》展览。

据了解，延安革命纪念馆创建于 1950 年 1 月，位于延安宝塔区沿河东岸，是新中国成立后最早建立的革命纪念馆之一。1954 年迁往杨家岭原中共中央机关旧址，1955 年再迁至凤凰山麓革命旧址院内，1964 年 6 月延安革命纪念馆陈列方案做了充实和调整，当时由延安地委副书记土金璋带队的一行 12 人到北京就陈列方案向党中央汇报，受到了毛泽东主席的亲切会见。毛主席说：“我来北京之后还没有回延安，再回一次延安就好了，我是应该回延安看看，应该看看延安人民的，延安人民对中国革命事业作出了巨大的贡献，要谢谢延安人民啊。”1973 年 6 月纪念馆又迁往王家坪。现新馆是在王家坪“延安革命纪念馆”的基础上扩建而成。

⊙毛泽东（中）、刘少奇（右二）、周恩来（左二）、朱德（右一）、任弼时（左一）在延安（雕塑）

陕西最大的民间博物馆

关中民俗博物馆

⊙关中民俗博物馆大门

“去陕北黄帝陵祭祖，来关中博物院寻根”。金秋季节，记者怀着欣喜的心情走进陕西迄今最大的民间博物馆——关中民俗博物馆。

关中民俗艺术博物院位于秦岭终南山世界地质公园中心带、隋唐佛教圣地西安南五台山脚下，占地500亩，规划建筑面积108000平方米，总投资5.8亿元。这里四季分明、风光迤逦，人文典故源远流长。东接翠华山，南拥五台山，西邻草堂寺，北瞰长安城，既有仙气、还有灵气，是当年汉高祖、唐太宗狩猎的地方。

自上世纪80年代中后期开始，在酷爱民间艺术的民营企业家王勇超的带领下，殚精竭虑二十余年，历尽坎坷，备受艰辛，抢救性征集保护了33600余件套散落于民间的各类历代民俗遗物和艺术珍品，其中有最为海内外震撼的8600多根历代拴马桩和40院近千间明清戏楼、庙堂及古民居；有备受专家学者推崇的皮影、老腔等十余项非物质文化遗产的传承与展示，构成了明清民居、历代石雕、民俗器物、名人字画、民俗风情和驿站休闲等六大板块，成为民族与民族文化的基因仓和标本库，堪称中华民族数千年来多民族生存和文化交流融合的历史见证，是保存中华文明鲜活、生动、本源的补充。建成后的关中民俗博物院，集收藏、研究、整理、展览于一身，融旅游、参观、体验、会议、食宿为一炉、已成为我国爱国主义教育、民族文化遗产研究、保护、非物质文化遗产保护、展示、民俗遗物保护、展示以及文化产业示范的基地之一，也必将成为具有民族文化传承与发展、文化产业聚集与振兴、具有引领示范作用的名片与样板。

博物院在建设和发展期间，得到了党和国家各级领导与各级政府以及社会各界有识之士的肯定、鼓励和以各种方式给予的大力支持和帮助。已建成的一期古街景区和展馆，自2008年年底开放以来，先后接待了党和国家领导人及中外游客十余万人，被国家文化部命名为“国家文化产业示范基地”。

走进关中民俗艺术博物院，你将走进历史、体验民俗，感悟五千年中华文化生生不息、绚丽多姿的独特魅力！

王勇超先生1958年出生在西安市长安区一个农民家庭，自小就过着清贫的日子。由于受着传统的家庭教育，尤其在其父母亲的影响下，他自上学识字起，就懂得对历史文物的热爱。

改革开放之后，为了搞活家庭经济，增加经济收入，他离开了村子，进城到建筑工地当小工。他拼命苦干，拼命加班加点挣钱。经过几年奋斗王勇超终于有了自己的建筑队，又有了自己的建筑公司。再经过几个春秋寒暑的苦命硬干，他终于变成了一个拥有几个公司和一个度假山庄的老板！有了钱的王勇超，却不贪图享受，仍然过着清苦的日子，常常是一碗面条便是一顿饭。虽然他心里筹划着如何将自己的存款变的更多，但他更看重的是不断提高自己的文化素养。他一面在市场经济中摸爬滚打，一面抽出时间到西北大学中文系走读。经过几年的努力，硬是把自己由一个中学水平提高到大学本科文化程度。

1986 年的夏天，一次王勇超在渭北某县和几个朋友谈一项建筑工程，工作谈完之后，到一家饭馆吃饭。正吃时，只见离饭馆不远的地方有几个人围一起，时而还高声叫喊。王勇超见状，走上前去，只见那些人围着一个四棱见方的拴马庄在争论，拴马庄半截还埋在土里。又见那拴马庄的桩头上一个高鼻子深眼窝的胡人骑在一头狮子的背上，这个胡人鼓着腮，瞪着眼，而他身下的狮子也张着嘴，竖着缩毛，给人一种呼之即出之感。当时，一个文物贩子要花 100 元把拴马庄的上半截砸下来拿走。王勇超一看急了，立即上前制止到："这个拴马庄是先人留下来的东西，怎么能随便砸烂呢？"说着，掏出 200 元钱交给那个要买拴马庄的人说："伙计，他给 100 元要把拴马庄头砸下来拿走，我给你 200 元就不要砸了，给我吧"，王勇超无限爱惜地围着这个拴马庄转了一圈，又对那几个人说："这可是个不可再生的民间遗物啊！我们都要爱惜它，保护它。咋能随便叫人砸坏了呢？"

从此，王勇超开始一场民俗遗物的抢救、保护、收藏行动。王勇超先后组织了 3000 多人去收购民俗遗物，在民俗遗物的抢救和收藏中，王勇超没有拿到政府相关部门的"尚方宝剑"，可是为了给子孙留下中华民俗文化遗产，他仍然坚定地克服一切艰难险阻，继续行走在民俗遗物的抢救、保护和收藏的路上。

后来，王勇超又收藏起整院整院的明、清时期的老民居。他花巨资把这些即将拆毁的老民居买下来，拍了照片，做上详细的标记，拆后运回西安，再按图索骥地一一复建。

2001 年，时任国家文物局副局长郑欣淼来到西安，王勇超想方设法找到他，邀请郑局长到终南山，去看看他收藏的 33600 多件民俗遗物藏品。郑局长看后十分激动地说："王勇超给政府做了一件了不起的好事，文物部门一定要支持他！"在郑局长大力的支持下，终于在 2002 年 6 月 25 日，关中民俗艺术博物馆被国家批准成立了！

经过数年的艰苦奋斗，时至今日，一个古朴、沧桑、富有中华传统文化风貌、用地 570 亩地关中民俗博物院，已在风景优美的终南山麓悄然而起，王勇超收藏的 33600 多件民俗遗物，和按标记拆选回来的几十院古民居，分门别类，错落有致的在院子里排开，迎接国内外的来访者。

（原载《中华视点》杂志）

陕西文物甲天下

第十辑

来自唐代之后的考古及文物报道

国宝：法门寺铜浮屠

我爱你，古城西安

秦岭有多高，我的爱有多高，
渭水有多长，我的情有多长，
古城西安，生我养我的地方，
我爱你，厚重的历史和城墙。

雁塔有多高，我的爱有多高，
丝路有多长，我的情有多长，
古城西安，魂牵梦绕的故乡，
我爱你，强盛的周秦和汉唐。

蓝天有多高，我的爱有多高，
岁月有多长，我的情有多长，
古城西安，秦俑惊醒看辉煌，
我爱你，梦想成真人间天堂！

有朋自远方来……

——古城西安欢迎克林顿总统入城仪式侧记

6月25日，中国西安傍晚的8时半，正是美国华盛顿清晨的8时半。古城西安被灯笼、灯光映照得如同白昼。在西安南城门外广场，举行了仿古迎宾入城仪式——欢迎美国总统克林顿及夫人，进入西安城门，也进入中国国门。

8时30分，克林顿总统乘坐的黑色林肯轿车缓缓从长安路驰来，停在南门外广场南端。克林顿和夫人希拉里受到了陕西省省长程安东及夫人、西安市市长冯煦初及夫人的热烈欢迎。

据文献记载，中国礼仪文明已有3000多年的历史。今天，在西安市正南门举行的仿古入城仪式既是本地传统的旅游项目，也体现了中国最隆重的礼遇。

克林顿总统和市长冯煦初走上红色讲台，冯煦初市长将一把特制象征开启古城大门的“金钥匙”赠给克林顿总统。克林顿总统高兴地说：“谢谢！”接着，冯煦初市长致欢迎词。他说，中国有句古话，有朋自远方来，不亦乐乎。今天，热情好客的西安人民打开城门，用仿古迎宾入城仪式欢迎克林顿总统一行，借以表达我们的心情。克林顿总统发表了热情洋溢的讲话。他首先用中文说：“你们好。”他说，西安是一座古老的城市，但对他来说中国又很年轻。克林顿表示，中美两国之间有许多共同点和共同的期望。他希望通过访问尽可能多学习中国的历史，了解中国

⊙ 1998年6月，美国总统克林顿访华登上西安城墙，本书作者（右）陪同采访。

人民对未来的期望，同时帮助中国人民更多地了解美国的历史和美国人民对 21 世纪的希望。

这时，三通鼓罢，长号嘶鸣，在唐代乐曲声中，身着古装的 36 名仪仗军士、16 名身穿唐代服饰的掌灯仕女和 26 名古代文武大臣及“多国使臣”出迎。接着 18 名仕女在迎宾曲中做献鲜花、时果表演。演毕，众声齐呼：“恭请贵宾入城！”

在 16 名掌灯仕女引导下，克林顿总统夫妇等在主人的陪同下一同缓步入城。

过吊桥，步入敞开的城门，进入月城，映入眼帘的是用鲜花做成、用珍珠灯装点的“欢迎”两个大字，80 名活泼可爱的少年儿童跳起欢迎的歌舞。克林顿总统和夫人穿过灯廊进入瓮城，只见宽敞的瓮城中央，大型“ 群龙拱壁”彩灯在喷泉的衬映下，群龙似乎在飞珠泻玉中游动……克林顿总统来到签字台旁，高兴地挥笔题写：“非常盛大的欢迎仪式，谢谢！”

接着，总统和夫人高兴地从瓮城车马道登上城墙。他望着巍巍的古城门楼，又眺望着繁华的古城夜色。

穿过城墙西侧的“军帐”，来到少年儿童书画表演现场。只见一位叫魏茜的 9 岁女孩正在画一幅象征和平友谊的牡丹图。她用红色写热情，用黄色抹高贵，用白色染雅洁，克林顿总统夸她画得好。小魏茜把这幅牡丹图送给总统和夫人，总统和夫人连声说：“谢谢，谢谢！”并高兴地和她一起合影。再往前走，一位年仅 6 岁的儿童正挥毫写“和平万岁”4 个大字， 总统问：“你学了多长时间？”“学了一年！”总统点点头，夸他小小年纪字写得真好。接着，克林顿总统和夫人来到一群儿童绘制的彩色长卷画旁，一边仔细地观赏，一边同小画家们握手，并在长卷上签名留念。在南城门箭楼遗址，克林顿总统和夫人还兴致勃勃地聆听了《春江花月夜》、《长安社火》等中国民族乐曲。

再往东走，又见 15 名中国民间艺人组成的以剪纸、布艺、刺绣、泥塑为主的手工艺展示区。安塞姑娘樊小梅的十二生肖剪纸和张雅姑娘制作的五毒马甲帽子、十二生肖荷包、布驴、布老虎等吸引得克林顿总统和夫人流连忘返、爱不释手。樊小梅和张雅把自己的作品送给总统和夫人，克林顿和夫人高兴地说：“太好了，谢谢！”1985 年，曾受美国政府邀请到美国表演的敬玺萍，把自己做的彩绘泥塑、马勺套在了克林顿夫人的脖子上，克林顿夫人高兴地连声称谢。

古城西安敞开了大门，中国敞开了大门，欢迎克林顿总统访华。人们期待中美关系继续发展，人类的 21 世纪更加美好。

（原载 1998 年 6 月 26 日《人民日报・海外版》）

独具特色的西安仿古迎宾入城式

克林顿总统与夫人一行与6月25日傍晚飞抵访华第一站西安，参加独具特色的仿古迎宾入城仪式后，深深被中国历史的悠久和文化的绚丽所吸引。他兴奋地对仿古迎宾入城仪式总指挥、西安环城建委主任史凡说:“美好的入城仪式给我留下了难忘的印象。”

史凡告诉记者，仿古迎宾入城仪式是九十年代之后，为适应对外开放的需要，根据中国古典礼仪和唐代《开元之礼》仪规，利用西安特有的古城墙而创意筹划的一个旅游项目。它体现了古城西安人民对重要嘉宾来访的隆重欢迎之情，不是古代礼仪的照搬或复制。我们近年来已先后为国外和国内重要宾客举办过不同规格的仿古迎宾入城仪式约50场，其中比较大的入城仪式就有近10场，而这次迎接克林顿总统的仿古入城仪式是规模最大的一次。

谈到利用城墙和传统的礼仪举办仿古迎宾入城仪式历史渊源，史凡侃侃而谈，我们古城西安是最有条件举办这种欢迎仪式的。首先西安是中国建都时间最长的古都(13个朝代，历时1100多年)；其次，有中国乃至世界目前保存最完整、规模最大的古城垣。西安城墙始建于公元582年(隋文帝开皇二年)，至今已有1400多年的历史了。西安城墙周长13.74公里，墙高12米，底宽18米，顶宽14米，可并排开5辆汽车，四周均设有城门，并有瓮城、月城和吊桥，城外有护城河环绕，属首批国家重点文物保护单位，现已成为环城路、河、林、墙四位一体的环城公园；

⊙独具特色的西安仿古迎宾入城式

⊙克林顿及夫人希拉里步入西安古城

其三，中国乃礼仪之邦，而西安则是中国礼仪的发祥地，早在3000年前周成王制定的《周礼》起，几乎代代都有礼志和乐志，如西汉王朝的《礼记》、唐王朝的《通典》、《开元礼》等，难怪伊朗伊斯法罕市市长贾法迪前年参加迎宾入城仪式后感慨地说："以城墙做布景，以古战场为舞台，使人如同进入神话境界，这是西安所特有的、搬不走的、别处也无法效仿的。"

仿古迎宾入城仪式的主要内容和特点是什么呢？主要有：主人（市长）向贵宾赠送象征开启城门的"金钥匙"；战鼓齐擂，长号嘶鸣，在唐乐声中，身着古装的36名仪仗军士、16名唐代掌灯仕女和26名古代文武大臣及"多国使臣"出迎；接着18名仕女在迎宾曲中作献鲜花、时果表演，之后众臣齐呼："恭请贵宾入城！"再接着，在掌灯仕女引导下和主人陪同下，贵宾踱吊桥，入城门，进月城，穿灯廊，进瓮城，登城墙，在城上观城市夜景，参观各种书画、工艺品制作表演等活动，最后下瓮城经城楼门洞入城。迎宾入城式中佩剑持矛的武士由武警部队战士扮演；文臣武将由陕西戏曲剧院演员扮演，仕女宫妃由西安市艺术学校学生扮演，儿童歌舞及书法由西安市小天鹅艺术团小演员表演。在仿古迎宾入城仪式的晚上，城楼、敌楼及整个城垛由40公里长的软管霓虹灯勾勒，远远望去，如夜空中飞腾的金龙和飘舞的金色绸带，蔚为壮观。加上多姿多彩的表演，再现了盛唐"夜市千灯照碧云，高楼红袖客纷纷"的繁荣景象。1996年9月举行的一次高规格的仿古迎宾入城仪式，共接待前来西安参加第五届世界历史都市会议的46个国家的56个城市的市长、省长及政府要员，受到各国贵宾的热烈欢迎。日本京都市市长参加完仿古入城仪式后激动地挥毫写道："西安万岁！"

史凡谈兴未尽，又介绍说，4月14日，克林顿访华日程安排办公室副主任一行来到西安，18日我们就举行了一次仿古迎宾入城仪式表演，看罢表演后，美方一片欢腾，有的兴高采烈地直呼：太美了，太妙了，简直在仙境中度过了一个美好的夜晚。当晚就决定把访华首站放到西安，并电告白宫：西安的仿古迎宾入城仪式体现了中国传统文化的深厚内涵，总统一定要来西安！克林顿总统这次访华首站来到西安参加仿古入城仪式，使遥远的客人与遥远的时代在古城相逢，真正使他领略到中国历史的悠久和文化的灿烂。

（原载1998年7月7日《人民日报·海外版》）

第五届世界历史都市会议在西安举行

⊙西安“花仙子”欢迎海外宾客

第五届世界历史都市会议今天在我国历史最悠久的古城西安举行。来自世界42个国家58个都市的市长或代表，参加了这次盛会。国务院副总理兼外交部长钱其琛出席了开幕式并讲话。

钱其琛在讲话中说，历史都市文明是人类文明发展的一个重要标志和缩影，它真实地记录了不同历史时期、不同地域、不同文化风格的人类文明之精华，是人类智慧所创造的宝贵文化遗产，对于推动人类社会的发展与进步发挥着独特的作用。但必须看到，世界历史都市正如其他一切城市一样，面临着诸多的全球性问题的困扰。保护和振兴世界历史都市，是我们共同的责任。他说，中国是一个具有五千年悠久历史的文明古国，有众多的具有丰富文化遗产的历史都市。新中国成立以来，中国政府对历史都市的发展与保护十分重视，制定了一系列历史文物、遗址保护法规，采取了许多有效措施，取得了显著成果。他相信，本届会议必将有助于促进中国历史都市和各国历史都市间的相互了解、交流和友好关系的发展，为推动世界历史都市的保护与不断发展，促进人类社会的进步作出贡献。

这届世界历史都市会议将围绕历史都市振兴这一主题，就传统文明与现代意识、历史文化资源的发掘和利用、历史文化遗产的保护和现代化城市建设及历史都市相互间合作等议题展开探讨和交流。

开幕式上，本届世界历史都市会议组委会主席、西安市市长冯煦初致开幕词，世界历史都市联盟事务局代表、日本京都市市长桝本赖兼致贺词。陕西省委书记安启元、省长程安东、西安市人大常务委员会主任崔林涛也出席了开幕式。

（原载1996年9月11日《人民日报》，与萧泽曜合写）

陕西韩城发现明清古建筑村落

被誉为“民居建筑的活化石”的明清古建筑村落——陕西省韩城市党家村，已引起国内外专家的关注。

党家村位于韩城市东北 9 公里处的一个葫芦形川道之中，泌水河贯穿而过，环绕幽雅，房舍整齐，是四合院式居民组成的典型村寨。该村最早居民可追溯到元代至顺二年(1331 年)，形成于明、清两个朝代。现保存最早的建筑建于明永乐 20 年(1422 年)。村中 270 户人家，住四合院的就有 220 户。村中明、清时兴建的 7 祠、5 坊、3 楼、2 塔点缀其间，站在村北崖畔上鸟瞰，绿树丛中千间青砖瓦房鳞次栉比，祠、坊、楼、塔若隐若现。日前记者专程来到这里，只见座座四合院前两侧立着石狮、石鼓、石墩，门檐下为精工细雕的斗拱、墀头，门上正中悬砌“诗书第”、“耕读第”、“礼勤第”等砖刻或木雕烫金牌匾:步入院落，有的照壁上雕画着“凤凰戏牡丹”、“梅兰竹石”、“松鹤延年”等图案，院中墙壁上雕写着“无益之书勿读，无益之话勿说，无益之事勿为，无益之人勿欢”等治家格言。明清房舍历经数百年而风格犹存:屋顶五脊六兽雕花玲珑，灰瓦青砖绿苔斑驳，门、厢、厅房级级增高，讲究四檐八滴水，那透花龟背窗、灵芝艾叶门、龙滚牡丹屏等更是精雕细刻，古朴典雅。

专家们认为，这一古建筑群内涵丰富，为研究明、清时期的建筑、绘画、雕刻、民俗等提供了珍贵的实物资料。日本九州大学教授、民居建筑学会会长青木正夫说:“我去过 20 多个国家，还没有见过保护这么完整的集落，这可以说是民居建筑的活化石。”

(原载 1989 年 11 月 20 日《人民日报》和 1989 年 11 月 4 日《光明日报》，与刘炳琦合写)

⊙党家村全貌

国家文物局开展古村落保护利用综合试点

陕西韩城党家村入选

近日，国家文物局下发通知，在全国范围内选取6处具有代表性的古村落开展保护利用综合试点工作，韩城党家村成为陕西省唯一一个入选的古村落。其余5处分别为河北鸡鸣驿村、山西湘峪村、浙江新叶村、安徽呈坎村、贵州地扪村。

党家村俗称党圪崂，是明清古村寨，距今已有670多年的历史。据了解，对于列入试点的古村落，将结合实施文物维修保护样板工程，加强古村落中的乡土建筑和环境风貌格局的整体保护，并在不损坏古村落文物价值的前提下，与村落发展相统筹，与民生改善相结合，因地制宜探索古村落展示利用和旅游发展模式。国家文物局将安排文物保护专项资金给予补助。

（选自2013年10月19日《西安晚报》）

彬县出土五代珍贵文物

在我国历史上仅存53年的五代十国(公元907-960年),由于时间短暂,出土文物十分罕见。最近,在彬县出土的色彩鲜丽的壁画、造型生动的彩色乐舞浮雕以及造型奇丽建筑模型等大量珍贵文物,填补了我国五代考古的空白,再现了五代丰富多彩的社会生活和高度发展的文化艺术。

这批文物出土于彬县底店乡二桥村的一座古墓。墓主是五代后周中书令、卫王冯晖(公元893-952年)。据史书记载,他习武出身,善战多谋,曾先后在5国中任部将、刺史、节度使等职。薨前任后周中书令和陈留王,卒后追封为卫王。此墓建于后周显德5年(公元958年)至今已1034年。

日前,记者来到冯晖墓发掘现场,只见该墓位于风光秀美的环山之中。墓道呈斜坡形,长25米,宽3米,墓石门及上方装饰门楼即建筑模型总高6.4米,浑然一体。装饰门楼古朴华丽,一扇半掩的门上有一挽髻袖手女彩绘浮雕像,含情脉脉,神情安详 。专家认为,此墓结构奇特,门楼模型再现了五代建筑风格,尚属首次发现。

步入墓门,只见甬道长7.83米,宽2.1米,高2.47米。使人惊喜的是,甬道两侧墙壁下方,有彩绘浮雕像砖56块,上下两块拼为一个人物,共28人,正在为墓主吹、敲、弹、跳、唱,乐器有竖箜篌、铜角、琵琶五弦、横笛、箫、荜篥、答腊鼓、腰鼓、鸡娄鼓、羯鼓等,有男有女,刻画细腻生动,形象逼真传神。组成了一部完整的五代乐、舞、戏演出队,很有历史艺术、科学价值。

通过甬道,进入穸堂。穸堂东西宽5.3米,南北宽6.15米,高7.15米,呈四角攒顶。灰蓝色的穹隆顶绘制着28宿星象图,银河、北斗七星、明月等历史在目。尤使人悦目的是,在墓甬道、穸堂、后室、东西耳室、38个各类龛室以及墓中所有壁画,均绘有精美的壁画。壁画线条流畅,色彩鲜艳,人物栩栩如生,花卉图案清丽典雅,面如花色的6个女侍(3个较完整),她们或持花瓶,或捧果盘,或拱手玉立;团花双凤、对舞鸳鸯、文臣武将等同样色彩绚丽,构图生动,和浮雕砖、星象图一样,反映了五代艺术日臻完美与繁荣。

冯晖的墓志铭近0.9平方米,志盖上雕刻着蔓草、八卦及12生肖人物图;铭文2510字,为论证、纠正和补充五代史提供了重要资料。该墓曾两次被盗。第一次约在元末明初。墓中棺椁已朽,墓主遗骨被毁,壁画部分受损,内藏主要文物被盗。但仍从墓室清理出酒壶、瓷片,莲花座、铁锁和石砚等文物。据悉,这一珍贵墓葬和文物,是今年元月当地13名农民在公安干警协助下,在追捕盗墓犯罪分子时发现的。考古工作者随后对该墓进行了抢救性发掘清理。

(原载1992年6月14日《陕西日报》)

雕刻若得鲁班巧　彩绘似有道子能

户县发现建筑瑰宝公输堂

⊙公输堂室内屋顶

按照宋代《营造法式》传统工艺和技术兴修的建筑瑰宝“公输堂”，已在陕西户县发现并受到专家们的重视。专家们实地考察后认为，这一精美绝伦的古建筑，无论其历史价值还是工艺价值，都堪称国宝。

“公输堂”创建于明代永乐年间（公元1403—1424年），原名源远堂。鉴于该堂制作精巧，后人认为非建筑工匠祖师公输般（即鲁班。公输系鲁班之姓）莫属，故誉称此名。

“公输堂”系精雕细刻的天宫楼阁式小木作建筑，采用宋代《营造法式》中的传统工艺和传统技术，历时11年精心制作而成。它面阔3间，进深5.7米，高约6米，它由数以万计的各类精巧的构件组成，殿堂每间外檐置有6抹透花隔门，门额上筑有斗拱重楼，门内为天宫楼阁，阁顶为斗八和斗四藻井；天宫建筑极富变化，有重檐三滴水、角楼、出檐斗拱等，各种雕花、狼牙不计其数，结构严谨，浑然一体；天宫下部设佛道帐，外檐斗拱上置以190多座小佛龛；殿堂各种格子门近300扇，仅门上一个2寸见方的锁套梅花，就由24件形态各异的雕花组成，构图之生动，雕工之精美，令人叹为观止。

“公输堂”殿堂彩绘极具特色。大到梁柱，小到方寸，全部沥粉贴金，采用了现已失传的“紫龙罩”和“卧金点翠”等工艺，虽经近600年的风雨沧桑，至今仍光彩夺目，熠熠生辉；特别是每个隔扇裙板上的人物绘画，或捧茶献果，或讲经论道，或凝神沉思，或结队出游，无不形神兼备，堪称难得的古画挂轴。

前不久，国家著名文物古建筑专家、全国政协委员罗哲文、郑孝燮等对“公输堂”进行了实地考察，无不赞不绝口，称这样的建筑在国内独一无二，实为“国宝”。85岁高龄的原故宫博物院院长单士元赞叹：“很早就在著名的宋代《营造法式》书上看到有天宫楼阁的文字记述，但走遍全国一直找不到实物，今天终于在这里找到了。我能在晚年看到它，实属万幸！”他们呼吁对这一建筑的孤品宝物，尽快采取抢救措施，严加保护。

据悉，户县政府经国家和省、市文物部门的同意，拟将“公输堂”迁至县城进行保护。

（原载1992年1月13日《人民日报》）

延安发现四百年前的护林碑

⊙护林碑

陕西省延安市甘泉县文物所收藏的一通特殊的石碑——护林通告碑，近日公开面世。这是陕北地区迄今发现最早的警示人们保护树林的石碑，距今已有400年的历史。

据甘泉县文物管理所负责人介绍，这通石碑是文物普查时，于该县下寺湾镇雨岔村附近已荒废的“灵掌寺”庙前发现的。碑高191厘米，宽72厘米，厚18厘米，立于明朝万历三十六年（公元1608年）。虽已经历近400年风雨剥蚀，但石碑上的文字依然非常清晰。

石碑的碑首刻有篆体“松柏碑记”4个字，碑文由两部分组成，前部分为通告原文，后半部分记载了发布通告的历史背景等内容。该碑为当时的延安府所立。碑文记载了灵掌寺前“苍松劲柏，挺然凌霄”“栽培久矣”，警示人们“务要虔心看守”、保护当地山林，禁止滥砍滥伐的行为，同时明确指出如若违反禁约，将会受到严厉惩处。该碑是陕北地区迄今发现的最早的警示人们保护山林的石碑，它的发现说明早在400年以前，人们就已经开始重视保护苍松古柏和生态环境。

（原载2003年5月27日《人民日报》）

⊙如今绿树掩映的延安宝塔

家有不如国藏
——访捐献文物的刘昌、刘凤云兄妹

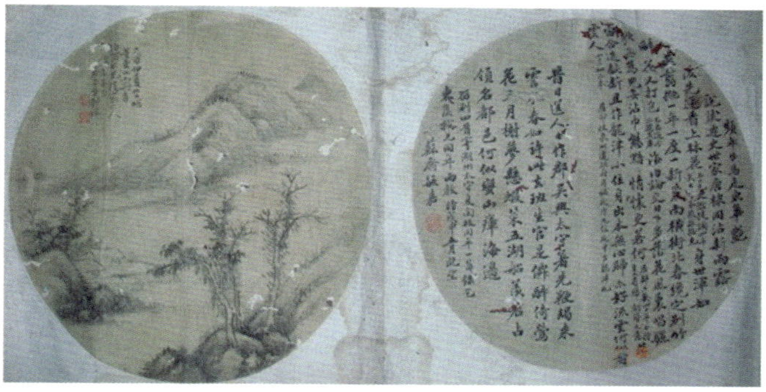
⊙清末画家　刘晖　书画

金秋十月，古城西安游人如织。走进陕西省博物馆，清末画家刘晖书画和收藏品吸引了广大观众。展厅展示出书画等文物共一百九十余件，其中一些清代著名画家的画册、名人对联和汉唐墓志碑文拓片，经专家鉴定均为国家一、二级文物。这是刘晖后裔刘昌、刘凤云捐献文物的一小部分，他们捐献的总数达一千九百余件。

记者最近专程拜访了献宝人的家。这是一个幽静的小院，虽然地处偏街巷尾，却不时传出欢声笑语。原来刘凤云一家老小，正为刘昌返蜀包饺子前行。

当他们得知我的来意以后，刘昌指着里屋墙角两个大木箱说，我祖父的遗作和他收藏的文物就珍存在这里，至少已存了一个世纪，可以说是我们的传家宝。接着，他们兄妹向记者讲述了保存、捐献文物的经过。为了保存这批文物，全家人守口如瓶，历尽艰辛，并数次转移搬家，才使这批家珍国宝得以幸存。刘昌笑道："现在国家颁布了文物保护法，一九八二年年底，我与妹妹凤云商议，决定把这批文物藏品全部捐献给国家。"在送交文物的头一天晚上，刘凤云将九个子女叫到跟前，宣布此事。孩子们提出每个人留一件太爷的遗作或藏品作纪念，刘凤云坚定地说："家有不如国藏。这些珍贵文物，到个人手中会被糟蹋的，还是全部交给国家好。"第二天，全家人高高兴兴地把这批文物送到省博物馆。

谈话结束了。我走出小院，来到了喧闹的大街，两位老人的音容笑貌，却久久萦迴在我的脑海里……

（原载 1986 年 8 月 10 日《人民日报·海外版》）

藏传佛教艺术辉煌灿烂鲜为人知

摄影家刘励中奔走十载藏传佛教展示天下

中年摄影工作者刘励中在青藏高原跋涉10余载，行程10万里，拍摄5000多幅绚丽的照片，首次向世界展示了灿烂的藏传佛教艺术。

藏传佛教俗称喇嘛教。由于藏传佛教艺术大都珍存于深山古寺和荒无人烟的千年古道上，世人知之不多。

刘励中1958年从四川考入青海师范学院新闻专业，毕业后当过记者，后来调到青海省博物馆任摄影师，使他有机会接触和研究藏传佛教艺术。金碧辉煌的寺庙建筑，精美绚丽的壁画，栩栩如生的雕塑，奇幻无比的法器，使刘励中常常流连忘返，激动不已。他决心用照相机把这些鲜为人知的稀世珍宝记录下来。

从1978年起，刘励中开始了长达10年的藏传佛教艺术的拍摄、探索和整理。他或骑马，或步行，或坐车，跑遍了青海、西藏及四川、甘肃等地大大小小五六十座寺庙，途中所历颠跋涉之苦，难以形容。1982年夏，他第二次翻越唐古拉山时，突患高山性肺水肿，生命垂危，幸及时抢救，才免于一死。

寺庙殿堂里，仅有一束光线照射在佛面。为了克服光线不均和不准使用闪光灯等困难，他每拍一个镜头，要爬到屋顶，用布幅遮住光口，然后长时间曝光拍摄。为了拍好寺庙全景和摩崖壁画，他经常爬岩攀山，用绳索把自己吊在悬崖上。

最近，香港三联书店和天津人民美术出版社联合出版了《藏传佛教艺术》大型画册。这部画册是从刘励中拍摄的5000多幅彩色照片中，精选666幅编撰而成的，是我国迄今第一部全面系统介绍藏传佛教的艺术巨著。其中，许多画面第一次公之于世。比如：一世班禅亲手绘制的两幅壁画，文成公主进藏途中的石刻壁画和完婚时的佛堂壁画，世界上最大的铜佛——扎什伦布寺的强巴佛，堪称东方最大的经堂哲蚌寺措钦大殿，居世界佛灯之首的萨迦寺佛灯，以及历代皇帝赐给殿宇的金册、玉册、金印、玉印等。

(原载1987年9月29日《人民日报》)

陕西“故宫”华山西岳庙对外开放

被誉为陕西“故宫”的全国重点文物保护单位——华山西岳庙经过5年整修，国庆期间正式对外开放并迎来了一拨拨游客。

⊙华山西岳庙

西岳庙是中国历代帝王拜谒华山的场所和华夏早期的祭祀庙宇，占地186亩，为陕西最大的古建筑群。据了解，西岳庙始建于西汉初年（公元前134年），发展于唐宋，完善于明清，宫殿式建筑形似北京故宫，素有“陕西故宫”之美称。由于它历经兵燹沧桑和风剥雨蚀，建筑破损庙宇颓废。改革开放以来，西岳庙逐步得到了保护。1995年，国家文物局批准了西岳庙总体规划方案，从1998年开始，在陕西省委、省政府和国家文物局的支持下，历时5年，投资4500万元，开始了有史以来最大规模的修整。

修整后的西岳庙，四周城墙环绕，布局严谨，沿南北中轴线依次布置了影壁、灏灵门、五凤楼（午门）、棂星门、金城门、灏灵殿、寝宫、御书楼、万寿阁、灵宫、幂王二殿及两座御碑楼、八角亭等小建筑对称于中轴线两侧，角楼分立于城墙四隅，分别组成了六进院落。主要建筑均覆盖以高等级的黄色琉璃瓦，气势恢宏、雄伟壮丽，颇具皇家气派，同时建设了庙前广场和西岳庙古文化一条街。庙内文物荟萃，汉唐明清各代碑刻、名贤题记、号称“天下第一碑”的唐玄宗御制华山铭碑、陕西最大横卧碑——乾隆皇帝御笔“岳莲灵澍”碑、唐代大书法家颜真卿题记碑等名闻遐迩。技法精湛、构思精巧的“天威咫尺”石牌坊更是一绝。

西岳庙是研究我国祭祀文化的宝库和摇篮，文化沉淀丰厚。西岳庙的大规模整修把山岳文化的人文景观与华山自然景观珠联璧合、浑然一体，达到山为庙作势，庙为山添彩，既丰富了华山旅游的内容，也提高了华山风景名胜的档次，为陕西旅游增添了一道亮丽的景点。

渭北明珠添新景

凤翔东湖碑林建成迎客

⊙凤翔东湖碑林一角

渭北高原明珠又添新的文化景观——陕西凤翔县东湖碑林建成，8日正式对外开放，全国政协常委、陕西省政协副主席姜信真等出席了揭碑仪式。

与杭州西湖并称“姊妹湖”的凤翔东湖，为宋代文豪苏轼(曾任凤翔府签书判官)倡导修筑，已有900多年历史。湖内波光潋滟，楼台亭榭别具一格，系北方古典园林典范。北宋至今历代文人墨客游湖览胜，吟诗赋曲，泼墨丹青，留有大量诗词书法佳作。经过半年多的兴建，东湖碑林落成，主要陈列苏轼书画瑰宝及宋代以来文人吟诵歌颂东坡及东湖的诗词文赋之碑石。碑林筹建部门邀请全国近百名书法名家，将这些诗赋挥毫写成真、草、隶、篆书法，由雕刻名匠精选青岩镌刻成150余通碑石，按宋、明、清、近代4部分陈列展出。

⊙凤翔东湖风光

西安文化：联系世界的五彩纽带

⊙大唐芙蓉园盛唐歌舞：《梦回大唐》

“兵马俑，你醒过来，睁开你沉睡已久的双眼，抖掉你身上千年的积淀，看一看你难舍难分的热土是否变幻，望一望大地和天空有没有丰收、繁荣和飞船……”11 月 7 日晚，世界音乐之都奥地利维也纳金色大厅里座无虚席，掌声雷动，由西安音乐学院主办的“华乐新韵”音乐会，声震乐都。维也纳市长米歇尔·豪普尔博士也激动地说：“这台音乐会太精彩了，让我们更加了解中国敦煌艺术和丝绸之路上的音乐故事，欣赏到了中国新一代民族乐器和西安文化的魅力。”

如果说，2000 多年前汉武大帝两次派张骞出使西域，打通了古代中国与欧亚及北非陆上的贸易通道“丝绸之路”、架起了一座辉煌的“人类文化桥梁”的话，那么，在“重振汉唐雄风，再开丝绸之路”的今天，古城西安多彩的文化和文化之旅，则成为西安乃至中国联系世界的五彩纽带。

中华文化，根在西安，世界注目历史文化名城

1998 年 6 月，美国总统克林顿访华，选择的第一站就是古城西安。在仿古入城式上，西安市市长给克林顿颁发了入城的金钥匙。克林顿说，了解中国，就要了解中国的历史和文化，而西安就是了解中国的一把钥匙……

作为外国人和外国元首，看重西安，就是看重了西安厚重的文化和悠久的历史；而作为炎黄子孙，无论他在神州何处或海外天涯，他们看重西安，也是看重了她悠久的历史和这里深扎着的

民族之根。每年清明，海内外成千上万的华夏儿女到西安寻梦，赴黄陵祭祖，台湾前国民党主席连战、民进党主席宋楚瑜回大陆到西安寻根，就是明证。正如一位海外归来的游子游览北京和西安之后发出这样的感慨：如果在首都北京看到中国参天大树的树冠的话，那么在古城西安则看到了这棵大树的根。

翻开中国的版图，西安位于中心部位（中国大地原点在西安比邻的泾阳县），处在蜿蜒九曲的中华母亲河黄河的怀抱中。西安古称长安，是华夏文明的诞生地，具有3100年的建城史和1100多年的建都史，是与西方罗马、雅典、开罗齐名的世界四大古都之一和世界历史文明名城。悠久的历史，造就了地下地上丰厚的文化遗存。百万年前的蓝田猿人，曾在这里生息繁衍；6000年前的半坡先民，曾在这里刀耕火种；“人文初祖”炎黄二帝曾在这里开启文明；周天子和周公姬旦曾在这里建镐京订礼乐；地下出土的大量周鼎、秦砖、汉瓦、唐镜，西安及四周考古发掘的半坡遗址、秦公一号大墓、秦始皇兵马俑、法门寺地宫珍宝以及周丰镐、秦阿房宫、汉未央宫、唐大明宫遗址和西安碑林3000多块碑石，无不诉说着昔日长安的辉煌，并构成了中国从原始社会，到奴隶社会，再到封建社会完整历史见证。“南方的才子北方的将，西安黄土埋皇上”。在西安四周的黄土中，掩埋长眠着73位帝王和4000多个公侯将相，历史上如老子、扁鹊、张衡、蔡伦、张骞、祖冲之、司马迁、唐玄奘、孙思邈、李白、杜甫、白居易、颜真卿、王羲之、阎立本等灿若星河的杰出人物，都在这里达到了他们事业的巅峰；毛泽东主席在词《沁园春·雪》中歌颂的“秦皇汉武、唐宗宋祖”，3/4在这里成就了帝业。唐长安城在千年前已成为世界上唯一人口过百万的国际性大都市。丰富多彩的中华文明和华夏文化，吸引了海内外大批求学者、进贡者和商贾，当时长安城内常住的外国人就达10万人以上。出土的唐墓壁画《客使图》，就惟妙惟肖地刻画出唐代外交官员雍容大度地接待罗马帝国、日本、高丽等外国使臣恭候召见的情景。“一座城市的历史就是一个民族的历史”，对此，西安当之无愧。如果说中国历史是一本厚重的大书的话，西安则书写了这部大书一半以上的篇章；如果说中国历史是一威武雄壮的戏剧的话，那么在西安的舞台上，一半以上的剧情都与西安有关（包括决定中国命运的近代重要事件之一的“西安事变”等等）难怪海内外游客在西安发出这样的感慨：“不到西安，就不算真正到中国”、“不到长城非好汉，不来西安常遗憾！”

以文会友，发展旅游，努力提高城市文化品位

丰厚的历史文化资源，使古城西安独具魅力，也为西安旅游发展提供了得天独厚的条件。

西安城东的秦始皇兵马俑，沉睡2000年之后与世人会面，使人们有幸看到秦始皇地下8000虎贲之士千人千面的雄姿神态，被誉为“世界第八奇迹”；西安城西的法门寺真身宝塔下秘藏的1枚佛指灵骨和3枚佛指影骨以及上千件珍宝出土面世，在海内外掀起了法门寺热流，吸引了大批海内外佛门弟子前来瞻仰膜拜；西安城北的汉阳陵地下4万裸体俑被发现，以及现存量最大的古酒西汉美酒等一大批文物的出土，又使世界为之震惊……人们喟叹：西安地下有谜一样的神秘，来西安寻古探秘，是人生的一大乐趣。

“不能守着秦俑坑和杨贵妃的澡盆子过日子，要打主动仗，让旅游真正成为西安经济的主导产业！”西安市民们这样认为。2005年，市委、市政府提出了“国际化、市场化、人文化、生态化”，召开了全市旅游业发展大会，下发了《关于进一步加快旅游业发展的决定》，编制了《西安市旅

游发展规划》，把旅游业作为全市5大主导产业之一来培育，以城市的国际化、市场化、人文化和生态化带动旅游的国际化，在不断改善的陆地道路交通的同时，努力开通更多的国际航空线路。多年来，西安市仅有通往日本、韩国和泰国的8条国际航线，去年相继开通了通往伦敦、巴黎、纽约、法兰克福、洛杉矶、旧金山和温哥华等国际航线，使国际航线开通至18条；在旅游项目建设上，进一步加大了投资力度，先后完成了秦岭野生动物园、大雁塔北广场、大唐芙蓉苑、曲江海洋世界、环城西苑、秦兵马俑馆前广场等新的景点和环境改造，西安历史博物院、大唐西市、大唐不夜城、书院门历史回坊街区、关中民俗博物院、华盛御温泉等大批旅游项目正在建设中。特别是继80年代创作的反应盛唐文化的《仿唐乐舞》、90年代创作的《秦俑魂》歌舞、2000年创办的古典乐舞《秦风唐韵》之后，千年元月建成开放了我国最大的唐文化广场——大雁塔北广场。去年4月开园的大唐芙蓉园及《梦回大唐》乐舞及水幕电影，以及华清池畔的《长恨歌》，更是绚丽多彩、令人耳目一新，改变了昔日到西安旅游"白天看庙，晚上睡觉"的状况，使海内外宾客既看到了盛唐文化遗存，又"梦回大唐"观看了盛唐歌舞。据统计，《仿唐乐舞》从2000年改为《唐宫乐舞》之后，已演出2000场，接待海内外观众80万人次；《梦回大唐》和水幕电影开放以来，已分别演出600多场和500多场，观众总数达200多万人次。在日本新潟举办的《中国长安瑰宝展》、船桥市举办的"千人艺术节"、瑞士举办的日内瓦旅游节以及中法文化年活动，西安市的歌舞、民乐都倾倒了海外观众，据统计，被称为"友好使者"的秦兵马俑已到40多个国家和地区70多个城市巡展，接待海外观众达2000多万人次。

"秦俑故乡、丝绸起点"、"西方罗马、东方西安"、"周秦汉唐、历史辉煌"、"长安西安、历史名城"，是西安旅游的宣传口号。为了使海内外游客真正"走进历史，感受人文，体验生活"，西安市旅游局结合连宋访问推出了"游古都西安，探华夏源脉"的炎黄子孙寻根游、联合中国7大历史古都，策划开发了"中国历史全程游"，联合川陕有关城市开发了"蜀道游"……古城西安的独特的文化魅力吸引了一拨一拨的游客，据统计，"十五"期间，西安累计接待国内游客9573万人次，比"九五"期间的5602万人次增长近70%，累计接待海外游客315万多人次，比"九五"期间的262万人次增长20%。今年头9个月，接待国内游客比去年同期增长9.3%，接待外国游客同比增长27%。 最近，在瑞士闭幕的"2005欧中旅游论坛"上，欧洲游客评出最喜爱的10个中国旅游城市，其中古城西安名列第二。

文化搭台，经贸唱戏，招商引资发展经济

经济和文化是城市发展腾飞的双翼。西安为了实现社会经济的快速发展，从上世纪开始，市委、市政府一直坚持"文化搭台、经贸唱戏"和以文引资的路子。进入新世纪以来，特别是去年市委、市政府提出"四化"新理念之后，西安市充分利用自身的人文资源，大力发展外向型经济，招商引资取得了傲人的成绩。

上世纪90年代开始，西安市开展的古文化艺术节、国际丝绸之路旅游节，以及在西安举行的世界历史文化名城会议等曾吸引了海内外人们的关注，使西安的国际声誉与日俱增。一年一度举办的中国东西部投资与贸易洽谈会，均是以清明黄陵祭祖与古都寻根的文化活动紧密配合同时举行的。每逢重大的招商引资活动和国际会议，必然举办富有民族特色的仿古入城式。每当入夜，南城门广场红灯高挂，古乐阵阵，礼仪"官吏"致迎宾词，向贵宾发放通关文碟和入城金

钥匙，为嘉宾“迎献迎宾酒”和新鲜时果，在掌灯“仕女”和“官吏”引导下，踏着百米红地毯过吊桥、进瓮城，登城墙，使人仿佛回到1000多年前的大唐盛世。克林顿访华就是被这富有民族特色的入城仪式所倾倒迷恋，原计划在城墙上逗留的时间不得不延长了一个多小时。

据统计，仿古入城式从上世纪90年代初举办以来，共举办入城式560多场，先后接待了10多位国家元首和世界各国知名人士和海内外游客及参会者150多万人次。今年10月份以来，仿古入城式就接待了参加国际古遗址大会、中国广告节、城市规划年会等海内外宾客达数千人次，10月10日在这里隆重接待参加欧亚论坛的各国代表和各界人士1200多人。

“发展外向型经济，是西安国际化的引擎，”西安市招商局局长王毅对记者说，“而在发展外向型经济和招商引资中，必须注重政策环境和生态环境的改善，同时也要重视文化所起的助推器的作用。”据了解，去年以来，西安市面向全球四大板块，先后赴香港、日韩、欧盟、美加及新加坡、马来西亚等国家和地区举办了一系列的招商活动，这些活动都伴随着文艺演出、文物展示和文化交流活动，其中在香港举办的“2004年西安·香港经济协作项目推介会”，伴随着西安歌舞剧院20人的助兴演出，被港媒体称为在香江上刮起了一股强劲的“西安旋风”，大会共签订合作项目39个，投资总额达15.22亿美元。今年以来，又抓住连战、宋楚瑜访问西安的机遇，由市委、市政府主要领导带队，先后在苏州和东莞举办了台商经贸旅游洽谈会和恳谈会，共邀请台商740余人，跨国公司40余家，签订招商引资合同49个，总投资额达7.7亿美元，被当地媒体和港、澳、台媒体称为今年内地在沿海举办的规模最大、效果最好的对台招商推介活动。而在这些活动中，西安人文资源的推介和文化交流，极大地激发了台商来西安投资的兴趣。

西安丰厚的文化乳汁，哺育出西安绚丽多彩的文化名流和人才。中国作家协会副主席陈忠实、著名作家贾平凹、中国美术家协会顾问刘文西、副主席杨晓阳、中国书法家协会副主席钟明善、著名电影导演张艺谋、中国音协主席赵季平以及中国记协、道教协会、佛教协会负责人等均来自古城西安。同样，扎根深厚文化沃土的西安经济之树，已经或正在结出丰硕之果：据统计，截至今年9月底，西安外资企业累计达到2880多家，合同外资额66.58亿美元，实际进资额29.38亿美元，外资来自56个国家和地区，其中有世界500强的多家，今年1至9月份西安实际引进外资3.85亿美元，同比增长119%，总量和增幅均居西部12个省会城市首位，外资出口增幅在全国15个副省级城市中名列前茅。

古城西安，正在依托自己的人文资源优势，努力提高城市文化品位，借助西部大开发的东风，重振汉唐雄风，再开丝绸之路，建设现代文明，打造世界名城。

（原载2005年11月10日《人民日报》）

附：

陕西百项中外之最的文物[①]

01. 亚洲北部迄今发现最古老的直立人头骨化石：蓝田猿人头骨化石
02. 中国迄今发现最早的智人头骨化石：大荔人头骨化石
03. 中国旧石器最多类型最杂的地方：南郑龙岗遗址
04. 中国第一帝陵：黄帝陵
05. 中国第一名柏：轩辕手植柏
06. 中国最大的古柏群：桥山古柏群
07. 中国发现最古老的原始脊索动物："天下第一鱼"华夏鳗
08. 中国发现最早的石棺墓：紫阳马家背村新石器时代的石棺墓
09. 中国第一座遗址性博物馆：西安半坡博物馆
10. 中国发现第一个母系社会的村落：半坡村
11. 中国发现最早的八卦图：岐山 3000 多年前刻在蚌片上的八卦图
12. 中国最早的石刻文字——石鼓文
13. 中国发现最早的俑：韩城梁代村西周古墓的木俑
14. 中国刻字最多的青铜盘：眉县杨家村出土的西周逨盘
15. 中国最早的肉制品：临潼战国墓出土的"牛肉干"
16. 中国收藏青铜器最多的博物馆：宝鸡青铜器博物馆
17. 中国出土青铜器最多的地方：宝鸡周原
18. 中国发现最早的太阳聚光镜：周原出土的西周"阳燧"
19. 中国发现最古老的桥：咸阳秦汉沙河古桥
20. 中国发现最早的青铜器：临潼出土的西周利簋
21. 中国发现时代最早、最集中的瓦当群：秦雍城出土的 3000 多件先秦瓦当
22. 中国发现最早的铁器：秦公一号大墓出土的铁铍、铁臿
23. 中国迄今考古发掘最大的古墓：秦公一号大墓
24. 中国最早的墓碑：秦公一号大墓的木碑
25. 中国迄今发现盗洞最多的古墓：247 个盗洞的秦公一号大墓
26. 中国第一个规模宏大的土木工程：秦始皇陵园
27. 中国第一位封建皇帝陵墓：秦始皇陵
28. 中国和世界上最大的地下军阵：秦俑军阵
29. 独树一帜的世界古典雕塑艺术：秦兵马俑的群雕艺术

---

①这里仅是不完全的统计。

30. 世界上最早的军事指挥部形象资料：秦兵马俑三号坑
31. 世界科技史上一流的彩绘艺术：秦俑彩绘
32. 中国考古史上发现数量最大的骑兵俑：秦陵骑兵俑
33. 中国和世界出土最大的青铜器和古代青铜冶铸的奇迹：铜车马
34. 中国最早的软卧车模型：秦陵 2 号铜车
35. 世界上最庞大的修陵大军：秦陵修陵大军
36. 世界上最有特色的陪葬坑：秦陵陪葬坑
37. 中国最早的墓志：秦陵绳纹板瓦墓志
38. 中国历史上最高的冢墓：秦始皇陵
39. 中国最早的标准化生产部件：秦兵马俑弩机部件
40. 世界上最早的“标准化”技术：秦兵器标准化技术
41. 中国考古史上最完整最精美的秦代盾牌：秦盾
42. 世界上绝无仅有的石制甲胄坑：秦陵甲胄坑
43. 中国最早的烧制技术：秦兵马俑烧制技术
44. 中国兵器史上最大的弩：秦弩
45. 世界上最早的镀铬技术：秦俑青铜兵器镀铬技术
46. 中国兵器史上前所未有的盛事：秦俑兵器
47. 世界上最早的氧化保护术：秦青铜剑铬盐氧化保护技术
48. 中国考古史上最大的铜镞：秦俑特大铜镞
49. 世界上最早的驾车方法：轭靷法
50. 中国最早的动物陪葬坑：秦陵动物陪葬坑
51. 中国最早的乐府钟：秦乐府钟
52. 中国历史上最大的瓦当：秦代瓦当
53. 世界上最早的“高速路”：秦直道
54. 中国历史上最早的“国道”：秦驰道
55. 中国历史上第一个国际大都会：汉长安城
56. 世界上最早的植物纤维纸：灞桥纸
57. 中国迄今发现最早、最完整的天象图：西安交大西汉壁画墓
58. 中国迄今发现最早的酒：西汉美酒
59. 中国迄今发现最早的兵马俑：西汉杨家湾兵马俑
60. 中国迄今规模最大的、数量最多的汉代俑：杨凌裸体俑
61. 中国迄今发现的最大、造型最完美的鎏金马：茂陵西汉鎏金马
62. 中国最早、最具艺术价值的中央大学：汉武帝时的长安太学
63. 中国最早的陵墓石雕：霍去病墓石雕
64. 世界上第一个人口过百万的城市：唐长安城
65. 中国第一枚皇后专用玺：皇后之玺
66. 中国第一座最大大地下博物馆：汉阳陵博物馆
67. 世界古代史上规模最大的学校：唐学府

68. 世界史上最大的国际大都会遗址：唐长安城遗址
69. 中国历史上规模最大的帝王陵：昭陵
70. 世界历史上陪葬最多的古代帝王陵：昭陵
71. 中外专家首次联手在国外修复中国文物：中美合作修复昭陵六骏中的二骏
72. 世界上独一无二的夫妻皇帝合葬陵：乾陵
73. 中国帝陵最长的石阶路：乾陵石阶路
74. 中国唯一未被盗掘的帝王陵墓：乾陵
75. 中国历史上最有特色的帝陵碑：无字碑
76. 中国最早的体育运动壁画：马球图
77. 中国最早使用阿拉伯数字的实物：铁板幻方
78. 中国历史上独一无二的木结构宫殿模型：户县公输堂
79. 世界上最大的佛塔地宫：法门寺地宫
80. 当今佛教界的最高圣物：法门寺佛指舍利
81. 世界上空前绝后密宗高僧修法坛场：法门寺曼荼罗
82. 世界上最为珍贵的古代货币：法门寺出土的玳瑁币
83 世界上最早的釉彩玻璃：法门寺出土的伊斯兰玻璃器
84. 世界上最大、等级最高的禅杖：法门寺锡杖
85. 世界陶瓷史上的极品：秘色瓷
86. 世界丝绸史上的珍品：法门寺出土的丝织品
87. 世界上金银器发现等级最高的皇室金银器：法门寺出土的金银器
88. 世界上最精美层数最多的宝函：法门寺八重宝函
89. 世界最早的织金锦：法门寺出土的织金锦
90. 世界上最早的宫廷茶具：法门寺出土的金银茶具
91. 世界迄今新建的最高佛塔：法门寺合十塔
92. 中国金银器出土最多的发现：西安何家村金银器
93. 中国发现奴隶制社会之后殉人最多的墓葬：凤翔县雍城遗址 49 座隋唐殉人墓
94. 中国迄今发现最大的佛塔地宫石函：周至仙游寺法王塔地宫石函
95. 历史上第一个人工开凿的隧道：褒斜道“石门”
96. 中国收藏碑石最早、名碑最多的石质书库：西安碑林
97. 中国唯一入选世界 40 杰出工程系列的博物馆：陕西历史博物馆
98. 中国最早的佛经翻译基地：草堂寺
99. 中国最古老的道教祖庭：楼观台
100. 世界上保存最完整、最大的古城墙：在唐长安城皇城基础上扩建的明西安城墙

珍爱瑰寶傳之久遠

第十一辑

文物保护及思考

国宝：毛公鼎（铭文：子子孙孙永宝用）

无愧祖先与子孙

文物古迹：岁月老人留下的记忆，
文化瑰宝：历史步履印下的足迹。
面对陕西这块皇天后土，
面对沉睡文物的苏醒和伫立，
炎黄子孙怎能不自豪和欣喜：
这里埋藏着多少中国和世界的奇迹！

珍爱文物，就是珍惜民族的历史，
破坏文物，就是损坏历史的记忆。
面对祖宗留下的奇珍异宝，
面对藏金纳宝的黄土大地，
上无愧于祖先，下无愧于子孙，
务必牢记：保护为主，抢救第一！

习仲勋保护了西安城墙

西安城墙，是中国古代乃至世界城垣中保存最为完整、规模最大的古城墙。作为世界四大古都的西安，西安城墙已成为必不可少的标志性建筑，也是海内外游客到西安必登临观赏的主要景点之一。1998年美国总统克林顿访华第一站之所以选到西安，就是看中了西安厚重的历史和厚重的城墙。为了迎接克林顿总统，在西安南城门举行的仿古入城式，使美国客人流连忘返，克林顿在城墙上逗留的时间不得不延长了一个小时。

但是人们可曾知道，西安城墙除了战火给她留下的千疮百孔外，1958年也临着被拆除的危险。

⊙1982年，习仲勋接见易俗社《白龙口》剧组晋京汇报演出时，习老（右）与本书作者（左）亲切握手

1982年，我在西安晚报任记者，曾有幸访问了历史学家、陕西省历史博物馆西安碑林馆长武伯伦老先生。武老不仅满腹经纶，而且是位慈祥的老革命，他早年曾结识习仲勋，关系密切。武老谈西安的历史如数家珍。突然，他谈起了西安城墙，他告诉记者，西安城墙虽建于明洪武三年（公元1370年）至十一年(1378年)，是明太祖朱元璋命长兴侯耿炳文和都城指挥使濮英负责修建的，实际上是在唐长安城皇城的基础上，扩建1/3而修成的(后来在修西安城含光门时，在城墙下发现了唐长安城皇城的遗址)，因此，西安城墙的历史，也可以追溯的距今1300多年的唐代。西安城墙宏伟厚重，可以说是中国古代劳动人民修建的宏伟工程之一，十分珍贵。说到这里，武老呷了口茶，神情凝重地说：西安城墙差一点像北京城墙那样遭到被拆掉的厄运！记者感到十分惊讶，问：真是这样吗？我只记得我在西安市第三十五中学上学时，火车站东边的城墙被拆除了近千米，在尚勤路口，我和中学的同学曾踏着被拆城墙边缘的参差不齐的城砖，攀爬到城墙顶向城内观望呢。武老说，为了打通城里与城外的交通，曾扒开了城墙几个豁口。1958年，北京为了扩大城市规模并发展交通，把明城墙拆除，只留下了几个城楼。西安当时也仿效北京，准备把西安城墙拆除。“当时我急了，西安城墙怎能轻易拆除呢？如果拆除了，西安还成为古城吗？”武老思之再三，连夜疾书，给时任国务院秘书长的习仲勋写信，请求保存西安古城墙，不要拆除(后来知道，这封信是通过时任陕西省省长的赵伯平转交给习仲勋的)。“习仲勋是陕西人，他对陕西和西安的历史是熟悉的，也是很有感情的，”武老兴奋地说，“习仲勋同志接到信后，当即批示，大意是西安城墙是重要的文物古迹，应当保护，不能拆除。”之后，在习仲勋的支持下，西安城墙被确定为全国第一

⊙巍峨的西安城墙

批文物保护单位，使西安城墙依法得到保护。20 年后，我曾问时任西安环城建委主任史凡，她说有此事，但当年习仲勋的批示，因文档辗转多年，现在很难找到了。上世纪八十年代，在时任省委书记马文瑞的主持下，西安市委、市政府发动市民义务劳动，对西安城墙和护城河进行修补和清污，在城墙上修复了文昌楼和敌楼，城墙更加完整和雄伟了，护城河也变清了，成为市民休闲和晨练的环城公园。

我曾三次见过习仲勋同志，1967 年，我在西北大学中文系上学，当时“文革”火药味很浓。记得批斗会的现场是在一个临时搭起的舞台，“造反派”们挥动着拳头高呼：“打倒西北最大的走资派习仲勋！”“谁反对毛主席就打倒谁！”有一个台上的“红卫兵”头头气势汹汹地质问并用脚踹习仲勋：“你为什么反对毛主席！”而习仲勋却站在台上镇静地回答：“我没有反对毛主席！”当时习仲勋临危不惧的形象深深地印在我的脑海里。

第二次见到习仲勋是在 1982 年。习仲勋时任中央政治局委员中央书记处书记，当时西安“易俗社”新排现代戏《白龙口》进京汇报演出，当时我在西安晚报负责文化宣传，就随剧组进京。习仲勋十分喜欢听秦腔，也关心秦腔的发展。听说西安易俗社进京演出，就和王震、贺敬之等领导一起观看。看完戏后，习仲勋等领导同志一起登台接见了剧组成员并合影留念，习老称赞《白龙口》演出成功。当时我也在台上，习老走过来握着我的手，我对习老说：“习老，‘文革’中，我在西大见过您，您身体还好吗？”他欣喜地点点头，说：“好、好！谢谢！”现在这张照片仍保存在我的相册中。

第三次见到习仲勋同志在 1989 年春节期间。春节过后的一天，我到西安人民大厦采访，碰见省委书记张勃兴。张书记说：“习老春节回陕过年，现在大厦住，要不要一起去看望一下？”我说：“好呀！”就随张书记一起来到大厦习老下榻的房间。当时，习老任全国人大副委员长，但他仍然是那么平易近人和慈祥，他操着浓郁的秦腔普通话与大家攀谈。他说在西安会见了老战友刘志丹的夫人同桂荣及女儿刘丽贞等老同志，还问起在人民日报工作的秦川、胡绩伟、丁济沧等曾在陕西工作的老同志。当时，我感激地问习老：“听武伯伦说你批示不要拆除西安城墙，有此事吗？你为保护西安城墙可立了大功了！”习老笑着说：“有这么回事。对祖国文物一定要爱护，西安城墙是重点文物，应当保护！”

转眼二十多年过去了，每当我穿越厚重的西安城门或登临雄伟的西安城墙游览时，怎能不怀念、不感激习仲勋、赵伯平同志和武伯伦先生，50 年前为保护西安古城墙免遭拆除的厄运而做出了彪炳史册的贡献？

（原载 2013 年第二期《人民文摘》）

附：

习仲勋同志的儿子习远平，在陕西省纪念习仲勋同志诞辰100周年座谈会上的讲话中，回忆了父亲三次保护西安古城墙的事。他在发言中说："这里我想提到的是父亲三次保护西安古城墙的事。第一次是解放初期，针对西安古城墙遭受战争破坏的情况，他命令军管会严格进行保护。第二次是1958年，当时有人给父亲发电报，说陕西要拆除古城墙时，父亲立即出面制止，后来又经过努力，将西安古城列入第一批全国重点文物保护单位。第三次是1981年，父亲在新华社的国内动态清样上看见一份关于西安古城墙破坏严重的报道后，立即作出批示，要求采取措施加以保护。在父亲和陕西干部群众的共同努力下，西安古城终于幸免于难，如今她已作为世界上保存最完好的冷兵器时代的城防工事，也是国内保存最完整的一座古城，每年吸引着全世界众多的游客。"

（摘自2013年10月12日《陕西日报》）

李铁映：陕西应做到“文物保护甲天下”

中共中央政治局委员、国务委员李铁映一行8月22日至24日，在陕西检查指导文物工作。他提出，针对新时期文物工作遇到的新问题，要从本地的实际情况出发，要有新思路、新办法，争取做到陕西“文物保护甲天下”。

李铁映同志到达西安后，在陕西省、西安市负责人张勃兴、白清才、刘荣惠、姜信真、崔林涛、傅继德等陪同下，先后视察了汉景帝阳陵、汉长安城遗址、秦阿房宫遗址、唐大明宫遗址，参观了秦兵马俑二号坑发掘工地，半坡博物馆及半坡母系氏族村，了解了文物保护的情况和问题，亲切慰问了辛勤工作的考古工作者。

之后，李铁映同志听取了陕西省、西安市负责人关于文物工作的汇报后，发表了重要讲话。李铁映同志说，陕西是中华民族的重要发祥地和中华文化的摇篮之一，也是世界人类文化发展的中心之一。陕西的文物数量占全国1/10，质量也高。过去，陕西的文物保护做出了举世瞩目的成绩，有着历史性的贡献。陕西的文物宝藏多，名气大，因此，要搞好试点，探索新时期保护好文物的路子，希望西安市在古长安这个大舞台上演一台“好戏”，在文物保护和开发、利用的思路上、办法上，积极探索，不满足于西安文物甲天下，还应做到西安文物保护甲天下。

在新时期，文物保护工作怎么搞？李铁映同志很赞赏陕西省提出的要像抓经济工作那样抓文物工作，使陕西的文物资源优势更好地为经济建设和精神文明建设服务的做法。李铁映指出，要在坚持“保护为主，抢救第一”的方针指导下，处理好文物与经济建设、改革开放、群众致富、体制改革的关系。文物的管理要探索在市场经济条件下新的管理体制和办法。要把文物保护纳入社会经济发展计划、纳入城市建设规划、纳入财政预算，还要纳入体制改革之中，纳入政府及有关部门的责任制及对有关领导干部的考核，做得好的，要给予奖励。

李铁映还指出，文物保护和开发、利用工作，要有当地基层干部和群众的参与，这样做文物工作才有基础。陕西省及重点地、市立法部门可以根据本地实际，制定文物保护的地方性法规、条例，做到有章可循、依法办事。西安市文物集中，保护任务重，可以考虑搞一个文物保护基金会，接受中外人士和社团的捐赠。

最后，李铁映同志就咸阳和西安发生的几起破坏古遗址、盗掘古墓葬的典型案件，强调要及时查处、依法办事，并总结经验教训，做好对干部和广大群众的宣传教育工作，使他们增强法制观念。

（原载1994年8月26日《人民日报》）

面对祖先和后人的目光

——国家文物局原局长张德勤谈文物保护

文物是当今社会上的一个热门话题。日前，记者就一些读者关注的问题，走访了正在西安主持全国文物工作会议的国家文物局局长张德勤。

⊙张德勤近影

记者：这次国家大幅度地增加文物保护经费，很令人振奋。请问将如何区分轻重缓急，来安排这笔资金？

张德勤：国家的这批资金投向只能是突出重点，着眼于抢救，决不能搞“全面开花”，到处“撒胡椒面”。立项补助的主要依据应当是文物自身价值的高低和损坏程度的深浅，当然也要适当考虑社会政治影响和综合效益，并在条件大体相同的情况下给老、少、边、穷地区一些政策倾斜和照顾。特别要强调的是，维修保护文物古迹，必须严格遵守“修旧如旧”、“不改变文物原状”的原则。对原有的旧材料、旧构件应尽量加以使用，即使是那些不能保持原有功能的有价值的旧物，也应选取一部分镶嵌在显眼的部位，以满足人们的怀古之情。

记者：近年来，有同志提出过“卖几个兵马俑，如何？”的想法，想以此解决文物保护资金短缺的问题。今年人代会上有的代表亦有此议，一些新闻媒介纷纷予以报道。您对此有何评价？

张德勤：我们能够理解提出这种想法的同志们的心情和动机，但不能同意。鸦片战争以后，我国的大量珍贵文物或被帝国主义列强无情焚毁，或被他们劫夺占有，中华民族在心灵深处至今留有伤痕。今天我们处理这类问题，不能不充分考虑人民群众的感情，并对子孙后代负责。珍贵文物，特别是国宝级文物，往往是国魂民魂之所系，有的甚至已成为国家和民族的象征。兵马俑卖几件到国外，不仅仅是简单的空间位置的转移和关系到地下军阵完整的问题，而且是关系到国家民族尊严的大问题。因此，我们对这类珍贵文物只能当守护人，不能当“败家子”，决不能急功近利，轻言“拍卖”。但是，对非国宝级的文物，特别是重复品较多的文物，我们将考虑适当投入市场，内销或外销。我们还将研究如何参与国际文物市场的问题，使国家允许外销的文物能获得最佳效益。同时以最有利的价格收回流失在国外的文物珍品。

记者：请问，对于文物市场的管理有哪些改革措施？文物市场有没有可能有限度开放呢？

张德勤：当前文物市场确实存在一些问题。文物黑市交易日趋活跃，非法商贩倒买倒卖文物，牟取暴利，珍贵文物每天都在流失境外。我们的文物市场管理实际上只管住了自己的文物商店，捆住了自己的手脚。但是，文物市场管理工作的改革只能从实际出发，本着既积极又慎重的态度，在现行政策的大框架内进行。着眼点是改善文物商店的经营管理，逐步解开管理体制和经营机制上的束缚和障碍，开通文物的内销、外销和调剂的渠道，使文物商店有源源不断的资金和积极性来收购社会上的珍贵文物。与此同时，要坚决堵塞和打击文物黑市。总之，要开前门，堵后门，对文物市场实行有效管理。

国家文物局已经决定，筹集一笔专项资金由“中国文物流通协调中心”选择若干地点，以合理并富有竞争力的价格集中收购一批“超限”的、或价值较高的文物；这些从“虎口”夺回的文物，将一部分供博物馆收藏，一部分投入流通，内销或外销，待收回资金后再滚动扩大。

记者：请问盗墓风难以禁绝的主要症结何在？有什么具体对策？

张德勤：盗墓成风，主要是犯罪团伙作案，其次也由于一部分人愚昧无知，道德观念上出了问题。对于前者，只能也必须给予严厉打击。去年，全国人大常委会通过一项规定，凡盗掘古墓者均为刑事犯罪，罪大恶极者可以判处死刑。现在，在盗墓活动严重的省份已经开始了严厉的打击活动，今后更会严格执法，务必把这股风煞下去。对于愚昧无知的那部分人，主要是进行教育，将《文物保护法》宣传到家，把保护祖国文物人人有责的道理讲透。

（原载 1992 年 5 月 11 日《人民日报》）

加强保护科学利用

——孙达人谈文物的保护和利用

⊙孙达人近影

“南方的才子，北方的将，陕西地下埋皇上”。

在我们面前侃侃而谈的，分明是一位来自江南水乡的才子。他曾是学识渊博的教授，如今却成为北方的“将”，当上了陕西省副省长。此时此刻，他如数家珍般地列举着陕西的出土文物，叙谈着如何保护和发挥历史文物的作用。他操着浓郁的南方口音说：“别的不说，仅在渭北原上，就有七十二座封建帝王的陵墓。这些帝王在地下已经沉睡千年以上了，也该唤醒他们为今天的现代化建设做点贡献了。”

他就是主管文物工作的陕西省副省长、历史学家孙达人。

孙达人是浙江富阳人，一九五七年毕业于山东大学历史系，曾担任过中国农民战争史研究会副理事长，是陕西师范大学历史系的著名教授。一九八三年，改革的浪潮，把他推上了省级领导岗位。他对记者说：我们的祖先给我们留下了极其珍贵的文化宝藏。而历史文物则是中华民族文化宝藏的重要组成部分。弘扬民族文化，必须正确认识和处理文物保护和利用的关系，正如李瑞环同志指出的，对于历史文物要“加强保护，科学利用”。

“今年，李瑞环同志先后两次来陕西考察文物工作，说明党中央对文物工作足够的重视！”孙达人呷了口茶，思索片刻后说，“文物的保护和利用这个问题，是个老话题，多年来，人们争论不休，我们对这个问题也有个逐步加深理解的过程。李瑞环同志的看法，我完全赞同，并要在实际工作中尽力贯彻执行。”

孙达人认为，新中国成立以来，我国和陕西的文物工作，无论在体制和队伍建设上，还是文物的发掘、保护和利用上，都取得了巨大成就，但是还必须清醒地认识到，我们的工作，同祖国的历史和现代化建设事业的发展还很不相称，同复兴伟大的中华文明的使命还很不适应。他说，这种不适应，首先表现在文物的保护上。现在，有些珍贵文物保管不善，文物走私、被盗和遭受破坏的现象在一些地方还相当严重。在我们陕西，秦俑头两组被盗，省博物馆和一些地、县博物馆多次被窃，教训就十分深刻。文物一个很大特点是破坏了不能再生，文物破坏了，就谈不上利用。可见，文物的保护是利用的前提，是第一位的工作。因此，我们要在认识上，制度上和法纪的完善上以及资金投入上，加强对文物的综合管理和保护。要向人民群众和广大干部进行保护文物的宣传和教育，使大家认识到，保护好祖国的文物，是每一个炎黄子孙神圣的职责。如果文物在我们手中因管理不善受到损坏，那将上对不起祖宗，下对不起子孙，犯下无法弥补的历史性错误。

但是，我们在加强保护的同时，不应忽视另一个问题，这就是如何科学利用，使之发挥它无法替代的作用。孙达人从书斋走上领导岗位，从书桌上耕耘到当上宏观决策的副省长，他不能不考虑历史文物在社会主义物质文明和精神文明建设中的作用，不能不考虑如何利用文物来熏陶人们的思想，振奋人们的精神，并使之在改革开放中造福于人民。

孙达人说，充分发挥文物对广大群众、特别是对青少年进行爱国主义、革命传统和历史唯物主义教育的作用，是我们文物工作的一个重要任务，为此，我们一定要处理好文物保护与利用的辩证关系。孙达人说，文物作为民族的财富，由于具有不能再生的特点，文物工作必须以保护作为前提，这是毫无疑义的。但是，还必须看到，保护的目的是为了使文物能充分发挥作用，为人民服务，为社会主义服务，这也就是我们通常所说的利用。保护的真正动力也在于有没有这种利用。因为只有这样的利用，才能使广大群众认识到文物的价值，从而激发群众保护文物的责任心和自觉性。为什么许多文物几千年来都保护下来了，到我们手里反而保护不住了呢？孙达人认为，除了“左”的思潮干扰和“文革”的破坏之外，重要的原因就是没有积极、科学地利用。比如，过去的寺庙，整年香火不断，人们不仅不敢去损坏它，而且花钱去维护它。帝王陵也是这样。新中国成立后，我们破除了封建迷信和封建等级观念。这是一种进步。但是，一个时期否定了过去封建的、畸形的利用，而没有代之以进步的、科学的利用，人们却把这些古遗址、古寺庙当成可有可无甚至是无用的东西，反倒保护不住了。相反，如果使之发挥社会效益，广大群众和各级政府都会积极行动起来保护文物的。长城开放之后，广大群众不是都自愿募捐维修吗？秦兵马俑博物馆建馆并开放以后，人们不是更重视秦陵的保护，并修筑围墙加以保护吗？在这以前，秦始皇陵长期暴露于山麓旷野，无人重视，七十年代省上甚至还在此建三个工厂（现在不得不考虑迁厂问题）。唐太宗昭陵，由于发掘了几个陪葬墓，建立了博物馆，该陵的山体保护得较好。而离昭陵不过十几里路的唐肃宗建陵，由于没有积极利用，当地农民炸山取石则屡禁不止，使陵体受到严重破坏。据统计，五十年代，在咸阳北原即著名的五陵原上，共有八百零八个陵墓，“文革”时仅剩下二百七十五个，到《文物保护法》颁布后的一九八三年，又减少到二百一十一个。这确实值得我们深思。邓小平同志曾指出：“思想文化教育卫生部门，都要以社会效益为一切活动的唯一准则”。如果都把文物秘藏起来（少数珍品孤品除外），不让人们参观，不向社会开放，它如何能起到教育作用、产生社会效益呢？过去我省的各博物馆门前冷落，到一九八四年参观人数即达五百万人次左右，现在全省各博物馆每年接待参观者达一千多万人次（许多人不远千里、万里来参观），仅次于看电影的人数，有这样大的社会效益，难道不是实行文物开放、积极、科学利用的结果吗？有些同志一方面借文物保护的重要性而回避发挥文物的作用。另一方面，又把文物保护和社会效益等同起来，于是在文物界就出现了一种奇怪的现象，只要一提文物的开放和利用，只要一对现存的体制稍作变动，有人就横加指责。这种思想和情绪是不正常的。当然，我们要坚决反对那种畸形的、破坏性的“利用”；坚决反对把文物作为单纯的营利手段的错误倾向。但是，我们绝不能因噎废食，一提文物的保护，连积极的、科学的利用也不敢提了。

“文物工作必须以社会效益为唯一准则，并不是说文物工作就可以不讲经济效益了。”孙达人认为，经济工作是我们的中心工作，文物工作也要为经济工作服务。搞好文物的保护和有计划的发掘，以光辉灿烂、丰富多彩的文物和景观，吸引更多的国内外游客，推动我国和我们陕西的进一步开放，促进经济和旅游事业的发展，无疑有着重要的意义。今天，为什么有那么多的国家元首和国外游客要来西安？不就是我们有世界第八奇迹秦始皇兵马俑吗？不就是我们有像法门寺的千件唐代珍宝和半坡遗址、碑林、大小雁塔、华清池等一大批历史遗迹和景观吗？有那么多的国内外客商来陕旅游的同时，洽谈生意，广交朋友，召开会议，兴建宾馆，其产生的社会效益和经济效益是无法估算的。就是它本身产生的经济效益，也是十分可观的。据统计，一九七八年，来陕旅游的国外游客仅一万三千七百人，而一九八八年就猛增到三十六万多人，旅游外汇收入也由一九七八年的三百零五万元猛增到一九八八年的二亿多元。“我相信，随着改革开放的进一步深入和陕西珍贵文物的不断发掘和展示，陕西的文物保护和利用，必然会展现出更加迷人的魅力和崭新的局面。”

（原载《黄土地的文明》一书）

石兴邦等人大代表

建议设立“全民爱护文物日”

全国人大七届三次会议期间，全国人大代表、著名考古学家、原陕西省考古研究所所长石兴邦等五十五位代表，提出将每年十一月十九日确定为“全民爱护文物日”的议案，受到国家文物局和全国文物考古工作者的重视和拥护。

十一月十九日是我国第一部文化方面的法律《中华人民共和国文物保护法》颁布的日子。人大七届三次会议期间，从事文物考古近四十年的石兴邦与部分代表商议，如果能把这一天确定为“全民爱护文物日”，那对全国人民进行爱国主义和爱护祖国文物的教育将产生积极作用。我国是一个有着几千年文明历史的多民族统一国家，中华民族灿烂的古代文化，保存于地上地下极为丰富的文物古迹，是我国历史文化遗产的重要组成部分，是中华民族历史发展无可替代的实物见证，蕴藏着团结全国各族人民的伟大凝聚力量。因此，保护文物是关系到国家和民族利益的事业，是体现国家主权独立、民族团结，经济繁荣、文化发达的标志之一。对当前破坏文物的情况，必须采取有力措施，加以制止。但是，更重要的是持续地进行全民性的，特别是对广大青少年进行热爱文物的宣传教育，增强全体人民“热爱祖国文物”的责任心。基于此，石兴邦等人提议将十一月十九日确定为“全民爱护文物日”具有非常重要的积极意义。

国家文物局接到全国人大办公厅转来的石兴邦等人的这个议案后，十分重视，多次进行研究，认为这个提案是好的。在征得中共中央宣传部的同意后，已草拟出《关于全国人大七届三次会议石兴邦等五十五位代表提议将每年十一月十九日确定为‘全民爱护文物日’的意见报告》。在这份报告中，国家文物局建议每年在这一日可以开展下列活动：

一、进行保护文物的宣传活动，运用广播、电视、电影和报纸、书刊等通过各种形式宣传《文物保护法》以及其他有关的法律、法规，宣传文物的价值和作用，普及文物和保护文物的知识。

二、全国大、中、小学校利用这一日，开展爱护祖国文物的活动，建议教委在中、小学课本中增加“全民爱护文物日”一课，通过学校、家庭和社会等多种渠道培养青少年爱祖国、爱家乡、爱文物的思想感情，以保证祖国文物事业的长盛不衰。

三、举办各种类型的文物展览和不同层次的文物讲座。“全民爱护文物日”这一天全国各地的博物馆、陈列馆、纪念馆对学生、教师、军人一律实行免费参观。

四、对保护祖国文物作出贡献的单位和个人，给予表彰和奖励。

报告认为，通过上述活动，把全国各部门、各行业和全民、全社会动员起来，共同承担义务，祖国文物一定会得到更好的保护，发挥更大的作用，从而代代相传，永放异彩。这份报告已呈报国务院。

（原载《黄土地的文明》一书）

"地道战"惊心动魄，"拉锯战"旷日持久

韩城打响周代古墓保卫战

经过2年多考古工作人员的抢救性发掘，沉睡于地下2700多年的周代及春秋时期的韩城古墓群已初步探明：在330000平方米的墓地里，共发现周代墓葬895座、车马坑64座，其中大墓7座。从仅发掘的3个大墓中，已出土珍贵的金器数十件，玉器数百件，各类青铜器数千件……人们在赞美这些精美绝伦的祖国文物的同时，不能不问：这些文物是如何发现的？难道真的没有经过盗扰和破坏吗？

爆破声惊醒"守护神"

说句实话，这一惊人发现，还源于盗墓者的盗掘活动。

韩城，是伟大史学家司马迁的故乡，是国家级历史文化名城。中华民族的母亲河黄河，在晋陕峡谷奔腾而下，冲过壶口，跃出龙门，南下流入广垠富庶的汾渭平源，也蜿蜒从韩城梁带村村东流过。黄河主河道已使村东北黄土崖畔侵蚀崩塌，形成村北一条长约1公里，宽30米的冲沟。这条沟位于墓地范围内，不少墓葬被水冲走，自宋代以来，有带有"内"字铭文的周代青铜器多从这里流失……

2004年深秋的深夜，几声隆隆的爆炸声惊醒了梁带村的村民。民风淳朴的梁带村和厚道的村民开始还以为发生了地震。过了几天，又发生了同样的爆炸声，再次引起村民的不安，同时也引起了昝村派出所所长张东林及民警们的关注。有着20多年公安经验的张东林带领民警调查走访中确认：梁带村北有人在盗掘古墓！"我们不仅是群众安全的保卫者，也应是祖国文物的守护神！"他们立即向韩城市公安局做了汇报，同时立即抽调由巡逻队员和各村治安协管员组成的联合巡逻队，对该地加强巡逻保卫。11月8日深夜3时，张东林带领民警王宗礼、蒋宇伟，副所长岳海生带领民警车井义、王蕊，两面夹击，在化石村至梁带村的乡村公路上，将盗挖古墓、手持猎枪的申某某当场抓获。申某某交代出盗挖古墓同伙的犯罪事实。

⊙公安武警战士严阵以待守卫大墓考古工地

2004年12月22日，天上飘起大雪。巡逻队员依然坚持日复一日的巡逻任务。出发前，有的队员议论：雪这么大，天这么冷，盗墓贼会来么？张东林说："越是天气恶劣，我们越不能放

⊙古墓出土的青铜器

松！与盗墓贼斗，要靠智慧呀！”凌晨两点，他们悄悄走到梁村村北的时候，发现麦地里有微弱的灯光。于是他们在冰冷的雪地里匍匐爬行一个多小时，将正在盗掘古墓的两名盗墓者一举抓获，缴获了洛阳铲、探杆、布绳等作案工具。

2005年，盗墓者像闻到腥味的猫，纷纷向梁带村袭来。有的盗墓团伙竟多达8、9人。3月9日，公安干警和巡逻队又抓获了3名盗墓贼。一名盗墓贼想以乡情和金钱打动张东林所长，希望“放他一马”。张东林坚定地说：“你们挖掘祖坟，发不义之财，难道能不受法律制裁吗？”2005年4月6日，他们又从抓获的8名盗墓者审讯中获知，他们盗挖的是一座4×6米的古墓。他们将这一线索向文物部门汇报，专家认为这很可能是一处车马陪葬坑，而有车马陪葬坑，就意味着附近有大墓存在。4月20日，陕西省考古研究所派来的考古大队正式进入梁带村进行考古发掘，果真在附近发现了4座带有墓道的诸侯王大墓！

记者在考古发掘现场看到，3座已发掘的大墓及一座车马坑由东至西依次排列，现场西侧一段南北长约50米的狭长地域内，错落显现出7处地面塌陷，最大一处塌陷近20平方米。据昝村派出所副所长岳海生回忆，4月6日，公安干警和巡逻人员根据地上散落的炸药发现了盗掘现场，在当晚的守候中，抓获犯罪嫌疑人2名，当场查获炸药63公斤，第二天又追捕同案犯罪嫌疑人7名。

惊心动魄的“地道战”

27号墓为目前梁带村周代墓地中唯一的“中”字形大墓，有两条墓道，为一椁二棺，墓主骨骼腐朽，但随葬品众多，南部主要为车马器及漆箱饰件，东部为青铜礼器及石质乐器编磬，东北部为乐器建鼓、棺内为金器、玉器和铁器，其中随葬的7鼎6簋及佩带和金剑鞘、环、韘以及7璜联珠、玉圭（戈）等，证明墓主确为一代国君。其中出土的金剑鞘、金韘、镶金玉韘、人面虎身玉器、五角形两面刃銎戈、漆木建鼓等是首次发现的或迄今最早的周代珍宝。但是人们哪里知道，这些珍宝险些被盗墓者掳走！

就在考古工作者对这座大墓进行垂直挖掘的同时，盗墓者就在紧邻大墓东北方向的一条深达50米的鸿沟里，以茂密的林木为掩护，利用雨水冲刷的一条缝隙开掘斜挖地道，径直通向考古人员正在发掘的大墓墓室。

2005年8月19日，盗墓者范某被抓获，他供述，有盗墓团伙在大墓附近实施盗掘，但具体位置不详。市公安部门即投入40名警力进行侦破，9月3日，公安干警会同文物稽查人员在距离发掘现场50米远的鸿沟里将9名盗墓者抓获。现场除发现作案工具外，还发现大量榨菜和两箱矿泉水，单干粮就有两麻袋。据犯罪嫌疑人交代，盗墓者轮流挖掘，用两头系有绳索的麻袋运送土方，已掘进出30余米的地道，距墓室仅20多米，再需用两个晚上便可进入墓室；而此时此刻，考古人员精心地垂直发掘，需要2个月才能进入墓室！事后考古人员得知盗墓者的行径后，个个不禁出了一身冷汗，人们称之为“小村地道战”。“多亏了国宝‘守护神’，不是及时抓住了这些罪犯，我们将成为历史的罪人！”

旷日持久的“拉锯战”

随着考古工作的进展，盗掘古墓与保护大墓进行着“拉锯战”。

截至今年4月和5月，夜间仍有盗墓的爆炸声。

省委书记李建国十分重视韩城古墓的发掘和保护。今年6月，他亲临考古工地视察，对韩城公安干警、武警战士、文物稽查部门保护文物的工作给予赞扬，同时指出：“绝不能让一座古墓被盗，绝不能让一件文物被盗！”

盗墓者大都为亡命之徒。他们昼伏夜出，神出鬼没。白天他们探点，晚上用洛阳铲试掘1至2米的土层，挖开后再盖上木板，上面放置土草掩饰，让人难以辨别；盗洞口很小，仅能下去一人，然后放进炸药，夜间爆破，爆破后人即逃离（刚爆破后因硝烟弥漫，洞内无空气，人不能下去），过几天后见无动静，人再进入洞内深挖。但公安干警和巡逻人员也总结出侦破的经验：有无外地来的汽车停在村头路边，有无外地口音人来人往，地面有无新土、火药及文物残迹等等。一般情况下，盗墓者老远看到巡护人员后会四处逃开，有时夜间巡护人员与盗墓者“短兵相接”，因对方互相看不清，盗墓者可能把巡护人员当成“同行”而没有离开，巡护人员若遇见盗墓团伙而寡不敌众时，就机智地高喊：“巡警队和刑警队从左右两侧包抄！”吓退了对方再各个击破。

与墓地800多个古墓相比，盗墓团伙数量也十分庞大。在盗墓高峰期，一晚可以有四、五个团伙同时出动，仅文物稽查大队能够确认、曾参与盗墓的团伙有20多个，而先后出现在附近“踩点”、蠢蠢欲动的人数量不少于500多人。

现在，省、市已加强了韩城梁带村古墓的保护工作，增加了警力，并建立了瞭望台。13名武警战士和几条警犬日夜守候在考古工地，文物稽查和巡逻人员日夜巡视在墓地。现已抓获盗墓者37人。

韩城周代大墓考古队队长孙秉君告诉记者，发掘保护好祖国文物不仅是文物工作者，而且也是每个公民应尽的职责。他还说，中国盗墓历史已延续了3000多年，在这漫长的历史岁月中，韩城梁带村古墓没有毁于盗墓贼之手，这确是一个奇迹。在保持韩城周代大墓的战斗中，梁带村古墓保护创下了3个全国之最：第一抓获盗墓贼最多；第二缴获的炸药和盗墓工具最多；第三，保护下的墓地最完整。前不久，梁带村古墓群已列入国务院公布的第六批全国重点文物保护单位名单。他说，自古以来，惩罚盗墓者就有多部法律：早在《唐律疏议》中就有规定：“诸发冢者，加役流；已开棺椁者，绞；发而未彻者，徒三年。”我国《文物保护法》也明确规定：“盗掘古文化遗址、古墓葬的”，“依法追究刑事责任”。他奉劝那些盗墓者赶快悬崖勒马，不要再干挖掘祖坟的无耻蠢事了。

（原载2006年9月13日人民网）

耀州窑纳入国家大遗址保护

早在唐代，耀州已经开始烧瓷，成为北方重要的手工业城镇，历经五代，到宋代达到鼎盛，形成了“十里窑场”的宏大规模；这里出产的花青瓷“巧如范金，精比琢玉”，有“北方刻花青瓷之冠”的美誉，宋代已驰名海内外；作为“全国重点文物保护单位”，这里被评为二十世纪中国百大考古发现之一和陕西二十世纪十大考古发现之一，被国家列入“十二五”期间150处大遗址保护单位。耀州窑已纳入国家大遗址保护之列。

作为我国目前发掘面积最大、出土文物最多、工艺流程科学合理、序列性最强的古瓷窑遗址，耀州窑遗址是世界瓷窑遗址之最。统计显示，自二十世纪五十年代以来，经过三次总面积达12000平方米的大规模考古发掘，遗址区内先后出土各个历史时期文物、标本300多万件（片），其中完整的或可复原的就达10000多件；揭露历代瓷窑100多座、作坊100多处。

耀州窑文物自北京故宫博物院首次在外地展出以来，一路风光，先后在上海、广州，日本的荻市、大阪、爱知县，西安、成都、杭州、南宁、江西等国内外城市展出，累计展出时间达57个月，参加人数达200多万人次。

如果说“十里窑场”已随时间的飞逝湮灭于无形，让人们只能望“土”兴叹。那么，承载着耀州窑文化精髓的耀州窑博物馆，无疑是人们去理解和触摸那段辉煌历史的最佳载体，也是保护耀州窑的重要场所。

耀州窑博物馆作为全国科普教育基地，是中国古陶瓷文化旅游的典型代表，全面展示了耀州窑从唐、五代、北宋、金、元、明、清至今，长达1300多年的连续烧瓷历史，尤其是新陈列开展暨对外免费开放后，新展览总面积达到了4000平方米，15个区域，展出耀州窑各时代珍贵文物、作坊具、窑具1200多件，其中，部分文物还是首次公开对外展出。

据2013年7月31日《陕西日报》

盗掘祖坟　必受恶报

——“吕门四贤”家族墓被盗案侦破纪实

我国北宋时期著名金石学家吕大临及“吕门四贤”家族墓被盗案近日告破，119 件文物被追回，盗掘祖坟的吕富平和另一主犯邱兆军被判死缓。据悉，这是新中国成立以来陕西发生的最大的盗掘古墓案。在这批文物中，有国家一级文物 3 件，国家二级文物 11 件 ，被评为 2010 年全国十大考古发现之一。

据《西安府志》记载，吕大防、吕大忠、吕大钧、吕大临四兄弟对北宋文化产生深远影响，被后世称为“吕门四贤”。其先祖是汲郡(河南卫辉）人，后迁居京兆蓝田。其中吕大临是我国最早的金石学家和考古学家之一，著《考古图》10 卷，被誉为中国考古学之父。

群众举报古墓被盗

2006 年 1 月 9 日，西安市刑侦局接到群众举报，位于陕西省蓝田县三里镇乡五里头村东北约 500 米处的古墓被盗。被盗古墓为县级重点文物保护单位。公安干警迅即赶到案发现场，获取证据，展开侦破……

2006 年 1 月 14 日，公安干警在其住处将犯罪嫌疑人吕某、熊某、丁某抓获。在吕某家中查获被盗文物 55 件。1 月 21 日，又将外逃的犯罪嫌疑人邱某抓获。根据邱某的供述，公安干警又在一藏匿处查获被盗文物 64 件。由于破案及时，被盗文物均被追缴归案。西安市刑侦局向陕西历史博物馆移交了总计 119 件“吕氏家族墓文物”，成为馆藏。

⊙北宋吕氏家族墓地发掘现场

经西安市文物局组织专家勘查，证明被盗古墓系北宋蓝田“吕门四贤”，即吕大防、吕大忠、吕大钧、吕大临的家族墓。蓝田吕氏是名门望族，在宋代影响颇大。其祖父吕通曾任太常博士。据《西安府志》记载，吕大防、吕大忠、吕大钧、吕大临四兄弟皆登及第，吕氏一门出了四个进士，因而被誉为“吕门四贤”。而且，更令人惊叹的是，“吕门四贤”均被载入《宋史》立传。吕大防官拜尚书右丞，晋中书侍郎，号称“贤相”，主持刻绘了《长安图》、《兴庆宫图》，还主持了杜甫草堂的重建。吕大忠移《石台孝经》于“府学之北塘”，是西安碑林的创始者。吕大钧是北宋关中学派的代表人物。吕大临是我国最早的金石学家，所撰《考古图》是现存最早的古器物图录。这批追缴的被盗文物不仅证实了宋代收藏之风的盛行，而且更为我们研究宋代历史文化及名门望族的生活，提供了极为珍贵的实物资料。

结伙作案炸盗古墓

经审讯，盗墓贼交代了盗挖古墓的犯罪事实。邱某、吕某、丁某等人均为社会闲散人员。2005 年 12 月初，吕某找到邱某说：“我找到一处古墓，里面肯定有许多宝物，能发大财！咱俩合伙，你干不干？”邱听说找到古墓，异常兴奋，二人经密谋达成协议，由吕提供古墓准确位置，邱提供盗挖古墓的资金。2005 年 12 月 30 日，邱、吕二人租用了一辆轿车，吕负责接送盗墓人。邱先后纠集了熊某、丁某等人共谋盗墓，并购买了探铲、铁锹、绳子及爆破用的雷管等物。

⊙被追回的部分文物

2006 年 1 月初，邱、吕等人经多次踩点之后，趁夜深人静潜入五里头村东北古墓。邱某指挥、吕某望风，熊某、丁某等人用探铲探测古墓准确位置。古墓葬中的文物本属国家所有，这伙利欲熏心的盗贼却丧心病狂，用自制炸药实施爆破，炸出盗洞后，进入古墓盗窃文物。古墓所在地为一处果园，一次盗窃后，他们将盗洞掩盖。入夜，再次盗窃。先后盗挖文物 119 件，运回西安后设法藏匿。其中，有宋代镶银青釉执壶、镶银花口青釉刻花钵、北宋“政和元年”铭三足歙砚等国宝级文物，还有精美的西周乳钉纹铜簋、汉代朱雀铜熏炉、三国重列式神兽纹铜镜、“湖州照子”铜镜、鎏金铜箸以及宋代青釉刻花花口瓶、包金包银青釉瓷盏托、菊瓣形双龙纹白石盘等精美文物。

盗掘祖坟必受恶报

随着案件审理的深入，两名主犯现出原形，其中，吕某的身份更令人感到羞耻和愤怒。

原来，吕某在 2001 年就曾因盗掘古墓葬罪，被西安市灞桥区人民法院判刑一年。人过中年的他，不知悔改，反而变本加厉，继续犯罪。

2005 年清明时节，出生于蓝田五里头村、长在西安的他，回乡祭母。在与村民的闲聊中，打听村里是否有大户人家的古墓。一位异姓村民说：“村东头就有一个大墓，曾经是很高的土丘(封土)，后来生产队给平了种地。听说那墓里葬的就是你们吕家的先人，他们可都做过大官的！”吕某像被打了兴奋剂，借口观观“村景”，转到村东头，果然见到一片地势较高的平地上生长着苹果树。

回到西安后，他开始想方设法查询老祖宗的身世，当得知其祖先荣耀的历史之后，想到的不是如何光宗耀祖，而是如何把祖宗留下的宝贝窃为己有，大发横财！于是，这个财迷心窍的贼孙，用了将近半年的时间潜回五里头村踩点……然后，找到邱某密谋并实施了这起新中国成立以来陕西特大盗挖古墓文物案。

审讯中，当公安干警要带他指认作案现场时，吕某哀求说，判刑，杀了我都行，村子我是万万不能回的！掘了祖宗的墓，哪还有脸见乡亲？他们不会饶恕我的……

没有道德廉耻的贼孙，理所当然要遭到众乡亲和世人的唾骂谴责。丧尽天伦、无视国法的恶人，必将受到法律的严惩。由西安市人民检察院提起公诉，西安市中级人民法院于 2006 年 8 月 3 日开庭审理，以盗掘古墓葬罪，判处吕、邱死刑，缓期两年执行，剥夺政治权利终身，并处没收个人全部财产；判处熊某有期徒刑十五年，剥夺政治权利三年，并处罚金 20 万元；判处丁某有期徒刑十五年，剥夺政治权利三年，并处罚金 10 万元。

（原载 2006 年 9 月 7 日《人民日报》，收入本书时按《天津日报》通讯作了补充修改。）

附：

吕门四贤简介

其先祖是汲郡（河南卫辉）人，迁居京兆蓝田（今西安市蓝田县）。祖吕通，太常博士。父吕蕡简，比部郎中。吕大临、吕大忠、吕大防、吕大钧，并称“吕氏四贤”。其中吕大临被誉为“中国考古学之父”。

吕大临　中国宋代金石学家，字与叔，京兆蓝田（今西安市蓝田县）人。曾学于程颐，与游酢、杨时、谢良佐并称程门四先生。元祐中，为太学博士，迁秘书省正字。后范祖禹荐其充任讲官，未及用而卒。吕通六经，尤精于礼，与兄大防等同居时即切磋古礼，自谓所施冠昏丧祭诸礼一本于古，当时有“关中言礼学者推吕氏”之称。范祖禹“荐其修身好学，行如古人，可充讲官，未及用而卒”。著有《考古图》10 卷，《易章句》、《大学说》、《中庸说》各 1 卷，《礼记传》16 卷，《论语解》10 卷，《孟子讲义》14 卷，《玉溪先生集》28 卷。又与其兄大防合著《家祭仪》1 卷。

吕大临虽然拜张载为师，但对二程也十分推崇。宋神宗治平三年（1066 年），张载应长安京兆尹（西北的最高行政长官）王乐道之邀到长安讲学。在讲学期间，著名理学家“洛学派”程颖、程颐兄弟来也关中讲学，吕大临听后觉得他们的学说很有见地，大为叹服。张载去世之后，他便奔洛阳拜程颐为师。在此期间，他记录汇集二程语录，著成《东见录》，对后世学者研究“洛学”提供了很多难得的第一手资料。

张载逝世后，吕大临虽转师二程，并成为程门高足，却不放弃关学的基本思想宗旨，不背其师，成为关学最有力的捍卫者。对此，二程就一再申明：“吕与叔守横渠学甚固，每横渠无说处皆相从，才有说了，便不肯回。”二程还说：“关中学者，以今日观之，师死而遂背之，却未见其人，只是更不复讲。”正因为关中学者不背叛其师之教、之说，所以，张载死后，关学虽不“复讲”，但仍然流传，拥有众多私淑弟子。从宋至元、明、清，都有许多关学的信仰者、传播者，在捍卫、传播、弘扬、践行关学，使关学不断发展，关学精神不断发扬。

无论是师从张载，还是后来改随二程，吕大临均享有极高的声誉。作为张载门下的高足弟子，因其学识文采出众，张载之弟张戬将女儿嫁给吕大临，其妻对人说“吾得颜回为婿矣”，足见其对吕大临的器重。改随二程后，在当时众多的二程门徒中，吕大临因其渊博的学识与谢良佐、游酢 、杨时三人一起被时人称为“程门四先生”。二程赞其为学“深潜缜密”、“涵养深醇，妙达义理”。南宋著名理学家朱熹认为吕大临的学术成就高于当时与他并称的诸家，“于程子门人中最取吕大临”，并把他与程颐相比而论。朱熹非常看重吕大临，认为自己假如“只如吕年”，即指活倒吕大临那样的岁数，也不见得能达到尔后那样高的学术成就。由于吕大临的德行、学问、才能均为上乘，所以他逝世后，许多人都哀悼其不幸早逝。苏轼晚年游蓝田时，有《挽吕与叔学士》诗曰：“言中谋猷行中经，关西人物数清英。欲过叔度留终日，未识鲁山空此生。议论凋零三并友，功名分付二难兄。老来尚有忧思叹，此泪今从何处倾。”吕大临的早逝，其师程颐更是十分悲痛，直到大临逝世后三年，程颐“因阅故编”《雍行录》，回忆往昔“关西学者相从”的情景，乃“思与叔之不幸早死，为之泣下”，这既反映了程颐的真情，也说明了吕大临在当时学界的声名和地位。像吕大临这样，先后师从理学两个重要学派的创始人、被两个学派均视为代表性人物、同时还得到当时及后世著名理学家一致高度评价的学者，在宋明理学史上还是极其少见的。因此，称其为理学家是丝毫不为过的。

吕大忠　程颐称：“吕进伯可爱，老而好学，理会直是到底”。皇佑进士，初为陕西华阴县尉，后任山西晋城县令。升秘书丞，兼任定国军的军事判官。迁河北转运判官、陕西转运副使，官至宝文阁直学士，元祐二年(1087 年)，任陕西运转副使期间，将《石台孝经》、《开成石经》及碑石移至西安碑林。晚年与章敦等不合，徙知同州(今陕西大荔县)。又降待制，后致仕，不久卒。着有辋川集五卷，及奏议十卷。

吕大防　仁宗皇佑元年(1049 年)举进士第，调冯翎主簿。历监察御史里行。英宗时，首言纪纲赏罚未厌四方之望，议濮王称考，是顾私恩，违公议，章累十数上。元丰初，知永兴军。神宗议彗星求言，大防陈三说九宜，累数千言。时用兵西夏，调度百出，有不方便者，辄上闻，务在宽民。元祐初，(公元一〇八六年)封汲郡公，拜尚书左仆射，兼门下侍郎，与范纯仁同心辅政。进退百官，不可干以私，不市恩嫁怨以邀声誉；八年始终如一。后为章纯等所构，贬死。追谥正愍。大防著有文录二十卷，文录掇遗一卷，《文献通考》并传于世。

吕大均　吕大钧(1029-1080)，字和叔，吕大忠二弟，陕西蓝田县人，吕大钧出生在一个宦官和书香门之家，他从小就胆识过人，文才兼备。北宋嘉祐二年(1059 年)中进士，被授予秦州(今甘肃天水)司里参军，后任延州(今陕西延安)监折博务、三原知县、后供(今福建福州)知县等职。当被荐知泾阳时，父吕赍病逝，他赶回奔丧。三年丧期满后，吕大钧自以为学识尚浅，于是他边辞官回到蓝田，开始传授张载学说，以“教化人才，变化风俗”为己任。经过吕大钧多年努力，“关中风俗为之一变”。后来许多大臣都推举吕大钧为王宫教官，吕大钧不负众望，特写了《天下一家中国一人论》献上，文中描绘了建立“外无异人，旁无四邻，无寇贼可御，无闾里可亲”的共和大家庭的构思。被即任以凤翔寻监船务官和制改宣议郎等职。元丰年间(1078-1080)，时值宋朝用兵西夏，吕大钧是富廷(今陕西富县至延安一带)转运司副使。一次，种谔率兵已出塞外，可军需还没有接上，转运使李稷恐受军法，打算回安定(今陕北王家堡一带)取粮草，就派吕大钧向种谔请示，种谔得知后，怒道："吾受命将兵，安知粮道，万一不继，召稷来，与一剑耳。"吕大钧替李稷求情，种谔听了吕大钧的解释，表示解释，表示理解，但嘴上却说："君欲以此报稷，先稷受祸矣！"吕大钧不禁不怒，反讥笑说："你以为这些话就能吓倒我吗？我奉命前来向你请示，你把我杀了，我毫无怨言，唯恐你会因此而受过。"种谔见吕大钧刚直不阿，只好同意吕大钧的意见，这才允许李稷免受处置。时间不长，吕大钧在任上病逝，时年五十二岁。

吕大钧一生为朴实厚道。他和张载为同科进士，得知张载学识渊博，便第一个拜张载为师，随之带动关中学者趋向张载求学，一时横渠闻名于世，形成"关学之盛，不下洛学"，就是远落在后，很少有人能将张载所授的融会贯通，唯有吕大钧不畏人言，躬行儒家"仁爱"礼教，以先生法度为准绳，并能将所学知识用到日常生活中。其父吕贲的丧事，吕大钧等活动中。坚决抛弃陈规陋习。吕大钧还在同胞兄弟的支持和共同努力下，编写了《吕氏乡约》、《乡义》等。《乡约》主要提出"德业相励，过失相规，礼俗相交，患难相恤"四大章。经过推行，对改化关中风俗起到了实际功效，扭转了汉魏以来佛学盛行，造成儒家礼教衰败的混乱局面，起了决定性积极作用。张载高兴地说："秦俗之好化，和叔有力"。程颐也称："任道担当，其风力甚劲。"朱熹称《吕氏乡约》"今为令申"。

吕大钧死后，范育给他写了墓志铭，称吕大钧"是诚德君子"，说吕大钧一生性格醇厚正直，刚强勇敢，言行一致。能以孔子求学必有远大理想来激励自己，以孟子积德行善为榜样，以颜子克求仁义来自勉，力图由诚学的精神达到明白事理，且为此目标奋斗不止。他不因别人都停止不前而陷入困惑之中，也不因为少数人的看法而顺从。他不随着时势的变化而动摇自己的观点，而为能够"继承孔孟之绝学，阐物儒家礼治"这个宗旨而奋斗不息，力求使自己成为鸿儒。连吕大钧之妻种氏也效仿他为其父办理丧事的做法，不用乡风野俗，而是严格依照儒家礼制将其安葬。其子吕义山也深得父传，后来也成了大学者。

吕大钧主要著作有《四书注》、《诚德集》等。

加强规划立法 申报世界遗产 成立文保特区

专家献策保护西安古遗址

10月17日至21日，来自全世界85个国家和地区的建筑、考古、文物保护以及经济和法律方面的1000多名专家，云集西安，对古迹遗址和周边环境保护进行科学研讨。海内外专家对秦兵马俑、汉阳陵和唐大明宫遗址进行了参观和探讨，普遍认为这三个大遗址的保护面积大、规格和等级高、保存状况比较好。

会议形成了《西安宣言》，它将和过去的《国际古迹遗址保护及修复宪章》(即《威尼斯宪章》)等国际性条文一起，成为世界文化遗产保护的重要组成部分。

专家们在对西安大遗址保护高度评价的同时，也提出了一些意见和建议：

一是不但要保护大遗址本身，还要保护其周边环境。这需要在城市规划上下大工夫，西安市4次规划虽然都有这一块，但是对大遗址的保护规划还不够突出。

二是要加强和国际组织的接轨和联系。首先要在理论上、观念上进一步加强和国际专家的沟通，另一方面要加强政策法规建设，使大遗址的保护有法律保障并有可持续性。

三是要重视动员各种社会力量，争取更多的单位和个人加入大遗址保护规划，使文物保护和经济社会和谐发展。

为完成这个目标，专家们认为，西安市应做好以下几方面工作：

一、加强申报世界遗产工作。西安市文物局副局长孙福喜认为，西安申报历史文化名城最有利的条件是申报“丝绸之路起点”历史文化名城这个项目。联合国教科文组织和我国非常关注丝绸之路申报世界遗产工作，虽然其沿线城市不可能全部列入，但我们可以借联合国教科文组织的重视，结合我国的想法，一个点一个段落地来申报。把丝绸之路起点历史文化名城西安作为申报内容，特别是把已列入世界文化遗产预备名单的唐大明宫、唐18陵遗产遗址等全部纳入到这个大系统，这对西安的发展意义很大且前景广阔。从国际上“申遗”，工作做得比较好的国家经验来看，必须成立专门机构如“申请世界遗产办公室”，专人负责协调操作此事。

二、加强在文物保护方面的国际技术和人员交流，使古遗址和古城保护更符合实际，更好地和国际规范接轨。

三、在西安划分出一定区域，作为历史文化保护特殊区域，形成文物保护特区。比如成立“大遗址保护管委会”，职能相当于“开发区”。借鉴成功国家和国际经验，建立专家委员会(类似于国际古迹遗址理事会)这样的组织，指导、监控、管理大遗址保护工作。

据悉，会上国家文物局有关领导表示，要在未来3-5年内对西安大遗址保护增加投入，将西安作为国家大遗址保护的典范和示范城市。国家文物局计划在“十一五”期间，由国家财政部列“西安大遗址保护专项资金计划”对此进行支持。

(原载1996年《人民日报·情况汇编》)

西安实施古遗址保护改造工程

近年来，陕西省和西安市在实践中，将大遗址保护管理工作纳入国民经济和社会发展的大系统，通过各种途径和方式使人民群众受益，总结出大遗址保护与当地经济社会发展、群众生活水平提高、城乡建设、环境改善相结合的发展之路，大遗址保护被称为一项新的文化民生工程，被国家文物局在全国推广。早在1995年西安市就召开四大遗址保护会议，对西周丰镐遗址、秦始皇陵和秦阿房宫遗址、汉长安城和汉阳陵遗址、唐大明宫和唐长安城等遗址的保护改建进行了研讨、规划和实施。

西周丰镐遗址的发掘和保护

西周都城丰镐遗址位于西安市西南部的长安区马王镇、斗门镇一带的沣河两岸，占地10多平方公里，是西周文王所建的丰京和武王所建的镐京的合称。1951年，中国科学院考古研究所专门设立丰镐考古队，长期开展丰镐考古调查和发掘，先后发现了西周两京建筑基址近30处及陪葬的车马坑、马坑、牛坑约400座，同时发现西周墓葬3000多座，出土了大量文物，其中出土的多友鼎铭文长达277字，为研究西周历史和中国断代史提供了珍贵文字资料。1961年国务院将其公布为第一批全国重点文物保护单位。国家和陕西省对遗址保护十分重视，1956年，将设在张家坡遗址的砖厂拆除搬迁，严格限制在遗址内进行大型基建和平整土地活动。上世纪80年代初，国家文物局批准中国社会科学院考古研究所提出的遗址保护范围，陕西政府公布后，遗址内乱建现象基本上得到制止。现在政府正考虑规划如何保护建设。

秦始皇陵和秦阿房宫遗址的保护

在秦始皇陵遗址上，陕西省决定建立秦始皇陵国家考古遗址公园。将陵园外城内2.13平方公里的土地实施全面环境整治、考古勘探和绿化。在遗址区域外征用900多亩土地专门用于建设移民安置区，完整保护了秦始皇陵园遗址，有效改善了当地农村的生态环境、人文环境及生产生活条件。

2012年10月4日，西安举行秦阿房宫考古遗址公园及周边区域概念性规划设计方案国际竞赛评审会。此后，国家文物局审批同意了《阿房宫遗址保护规划》。这次国际竞赛评审会是按《阿房宫遗址保护规划》的要求基础上进行的，也是西安实施对唐大明宫遗址、唐长安城遗址、汉代长安城遗址及秦阿房宫遗址进行保护建设的重要举措。

据了解，阿房宫遗址公园及周边区域概念性规划设计方案参加竞赛的7家单位多为国内外一流研究设计团队，包括日本文化遗产保护协会和东京UAA国际研究院联合体、意大利诺斯东

⊙阿房宫遗址宫殿台基

设计公司、清华大学规划院文化遗产研究所、斯洛文尼亚和比利时诶纳米中心联合体、陕西古迹遗址保护工程技术研究中心、东南大学建筑学院、中国建筑设计集团公司等。这些一流设计团队在西安花费了半年左右的时间进行调查、研究。

“六王毕，四海一，蜀山兀，阿房出”，公元前 212 年，建立起中国历史上第一个统一帝国后，秦始皇在渭河以南的上林苑中开始营造朝宫，即阿房宫，为天下第一宫城，“覆压三百余里，隔离天日”。1992 年，联合国（微博）教科文组织就对阿房宫遗址进行了调查，将其认定为世界上最大的宫殿基址，认为阿房宫是当之无愧的“世界奇迹”。

按照《阿房宫遗址保护规划》，阿房宫遗址规划面积约 11 平方公里，将建成“一个全方位展现秦文化及秦代历史风貌的国家级考古遗址公园和城市中央森林公园”，其步骤是，2012 年到 2015 年，完善遗址保护区划和管理规定，对遗址进行抢救性保护加固。控制周边城市建设，保护遗址周边景观环境。把阿房宫遗址群建成以阿房宫考古遗址公园为核心，展示秦文化，集文化旅游、商贸、休闲为一体的，具有国际水准的文化新区。

汉长安城及汉阳陵遗址的保护

汉长安城遗址是我国现存规模宏大、沿用时间最长、保存较为完整的统一帝国的古代都城遗址，是中华民族多元一体统一国家的历史标志和象征，是汉民族文化形成过程的中心，是古代丝绸之路的起点，是我国历史上辉煌时期最具代表性和典型的具有核心地位的重大历史文化遗产。规划保护的汉长安城遗址，将成为西安市区内面积最大的生态环境优化区、居民休闲场所和旅游观光地，将优化西安市城市空间结构。

1953 年，新中国第一个五年计划开局，西安被列为全国八个重点建设城市，大量工业项目准备在西安布局落地。当时属于苏联援建的项目有 15 个，还有国家在西安建设的大项目 6 个，建设用地和遗址保护矛盾突出。

1985 年，工业部门曾计划在汉长安城遗址内建设一家飞机发动机厂，但最终在文物部门的强烈反对下另迁新址。70 年代，西安市政府再次拒绝了中国一汽在汉长安城遗址建厂的计划，最终，汉长安城遗址除一部分作为仓库仓储区外，均作为文物保护区，被保护下来。

2001 年，经国家文物局批准，西北大学等单位正式展开规划编制，《汉长安城遗址保护总体规划》已编制完成。按规划，汉长安城遗址保护规划总面积达 75 平方公里，其中建景宫遗址占地 9.38 平方公里，礼制建筑遗址区占地 10.38 平方公里。由于汉长安城遗址保护范围内有 55 个行政村、13882 户和 5 万多人，其中有 1731 户居民住房直接叠压在遗址上，因此在保护区内急需搬迁的居民约 3946 户，1.44 万人。

为了做好搬迁工作，拟将现有的集体所有制的土地实行土地使用功能置换，将需搬迁的居民和村落搬迁到不占压遗址的地方，将村落用地置换为遗址保护用地和农田。

为了保护好汉长安城遗址，现已在市水务局的努力下，已建成汉城湖遗址公园，并对外开放，同时将建设占地1万平方米的汉长安城遗址博物馆。据了解，汉长安城遗址将在保护中大量种植绿色植物，绿化面积可达30多万平方公里，将成为古城西安的一叶绿肺。

陕西省在汉阳陵考古发掘并建立汉阳陵博物馆的基础上，决定建立汉阳陵遗址公园，通过各种项目合作和活动，已成为诸多高等院校历史和考古专业的教学实习基地和中小学校爱国主义教育的第二课堂。

唐长安城和唐大明宫遗址的保护

唐长安城和大明宫遗址的保护，同样受到国家及陕西西安市政府的重视。

唐长安城，隋朝称之为大兴城，其兴建于隋朝，唐朝易名为长安城，为隋唐两朝的首都，是中国历史上规模最为宏伟壮观的都城，一度也是当时世界上规模最大的城市。它是隋文帝君臣建立的中国古代最宏伟的都城，反映出大一统王朝的宏伟气魄。为体现统一天下、长治久安的愿望，城池在规划过程中包揽天时、地利与人和的思想观念，“法天象地”，帝王为尊，百僚拱侍。为容纳更多的人口以及迁徙江南被灭各国贵族以实京师的宏伟计划，将城池建设得超前迈古，面积达84平方公里，是汉长安城的2.4倍，明清北京城的1.4倍。是当时世界最大国际化都城。长安城由外郭城、宫城和皇城三部分组成，城内百业兴旺，最多时人口超百万。唐王朝建立后对唐长安城进行了多方的补葺与修整，使城市布局更趋合理化。大明宫的建立，使李唐王朝统治者更加占有高亢而优越的地理位置。

唐朝末年迁都洛阳后这里被拆毁，其遗址位于古城西安的大片地带。1996年，隋大兴城唐长安城遗址被国务院公布为第四批全国重点文物保护单位。

为了保护好长安城遗址，西安市政府建国后先后对唐代三大宫殿即太极宫、兴庆宫和大明宫进行了保护和改建。太极宫位于宫城之中，是初唐时皇帝居住和朝会之地，面积约1.92平方公里。因太极宫为隋文帝所建，比较简朴，此处比较潮湿，唐高宗即位后又建设规模恢宏的大明宫。

兴庆宫位于郭城东部，是唐玄宗早年的藩邸，后成为安置太上皇和太后的场所，曾是武则天居住的宫殿，也是他与杨玉环游幸之处，内有龙池、勤政务本楼、花萼相辉楼、沉香亭以及兴庆殿、南薰殿、长庆殿、太同殿。1958年为了保护遗址，在兴庆宫遗址上建成了兴庆宫公园，恢复重建了沉香亭等楼台亭阁，上世纪70年代又兴建了阿培仲麻吕纪念碑。50多年来，风光秀美的兴庆宫公园成为西安市民、海内外游客娱乐观光的重要场所。

⊙在唐长安城城墙遗址上修建的绿色长廊唐延路

⊙新修复的大明宫遗址丹凤门

近年来，为了保护好长安城遗址，西安市在唐长安城城墙遗址上修建了大型丝绸之路雕塑并建成了西安市最宽的绿色长廊唐延路，在曲江修建了唐城墙遗址公园和风光迤逦的大唐芙蓉园，在城西南恢复重建了大唐西市。

大明宫位于太极宫东北方的龙首塬高地上，是一座相对独立的城堡，可俯瞰整座长安城。宫殿建于贞观八年(634年)，从唐高宗开始的历代皇帝都在这里居住和处理朝政，称为“东内”。宫城为中轴对称格局，前部由丹凤门、含元殿、宣政殿、紫宸殿等组成前朝的南北中轴线，后部以太液池为中心组成内庭，分布着麟德殿、三清殿、大福殿、清思殿等数十座殿宇楼阁。整座大明宫东西宽1.5公里，南北长2.5公里，面积约3.2平方公里，是“三大内”中最大的一座。

为了保护大明宫遗址，国家及陕西省西安市十分重视。早在建国初期就规定不许在遗址区内搞大型建筑，因而这里成了西安市区有名的棚户区，改革开放以来，建设和遗址保护矛盾十分突出。但是，西安市政府在大明宫遗址保护问题上坚定不移，绝不在工业建设用地上松口，也绝了国家大型企业在此落户。特别是近年来，市委市政府就遗址保护改造进行了积极的探索。

为了保护占地3.5平方公里的大明宫遗址，当地以先安置、后拆迁的政策，将遗址区内数万群众迁出，仅拆迁即耗资90亿元，算上建设大明宫遗址公园的费用，整体工程投资超过120亿元。现在大明宫遗址公园已正式对外开放。

为了平衡项目投资，西安市政府规划了超过19平方公里的大明宫遗址保护改造区，通过遗址公园周边地块的升值出让，对拆迁安置、公园建设、后续运转等费用进行平衡，大明宫保护改造办官员透露，到目前，基本实现了投融资平衡。现在正在遗址公园四周临街地段进行招商引资，进行商业开发，以补偿遗址公园的开发费用

西安市副市长段先念说：现在城市化进展很快，西安也面临着发展的挑战，大遗址、文物古迹这些珍贵的文化遗产需要保护，但发展和保护的矛盾非常突出。西安文物古迹有2944处，其中大遗址类文物点有700多处，全国性文物保护单位有40多家，可以说遍地是文物。因此我们必须探索出一条既保护文物和古遗址，又促进经济发展和城市建设的新路。大明宫等遗址的保护和改造，就是一种积极的探索。

西安是中国十三朝古都，是中国人的精神家园。她拥有周秦汉唐四大古都众多遗址，历史曾造就了这座城市的辉煌，古遗址就是这种辉煌的见证。保护好遗址可能会影响今天的一些建设项目，成为发展的某种包袱，但随着时光的推进，历史将变得越来越珍贵，包袱将变为财富，古遗址及古文物将焕发出新的辉煌。

(写于2012年10月8日)

国家文物局与陕西省政府合作共建汉长安城

2013 年 4 月 2 日上午，国家文物局、陕西省政府合作共建汉长安城国家大遗址保护特区第二次工作会议在西安召开。陕西省省长娄勤俭，文化部副部长、国家文物局局长励小捷，省委常委、西安市委书记魏民洲，副省长白阿莹出席会议并讲话。西安市市长董军表态发言。

汉长安城是我国迄今保存最完整的古代都城遗址。2010 年 7 月，国家文物局与陕西省政府签署了《合作共建彰显华夏文明历史文化基地框架协议》，将汉长安城大遗址列入国家文物局"十二五"期间重点文物保护项目。2011 年 9 月，国家文物局和陕西省政府召开了合作共建汉长安城国家大遗址保护特区第一次工作会议，确定了合作共建工作机制，同时也标志着汉长安城大遗址建设进入新的阶段。

娄勤俭省长强调，汉长安城大遗址保护特区是一项重大的文化建设工程，也是打造彰显华夏文明历史文化基地的重要工作，省级有关部门和西安市要在国家文物局的指导下，坚持在保护中利用、在利用中保护的原则，从落实关中——天水经济区发展规划和建设西安国际化大都市全局的角度谋划和推进这项工作，统筹考虑文物保护、城市发展和生态建设，积极进行管理体制和运行机制的创新，走出一条大遗址保护的新路子。

励小捷局长指出，汉长安城作为全国首个大遗址保护特区，陕西省和西安市在大遗址保护利用体制机制方面作了有益探索，工作卓有成效。作为一个位于城市核心区域的大遗址，一定要把保护和利用结合起来，处理好文物保护与经济社会发展、生态建设、改善民生等方面的关系，并与城市规划做好衔接。国家文物局将继续大力支持，使汉长安城这个国家的、民族的、辉煌的历史遗迹得到更好的保护、利用和展示。

西安市委书记魏民洲指出，汉长安城遗址是中华民族的文化瑰宝，是历史留给西安最珍贵的记忆，保护、建设和展示好汉长安城大遗址是我们的历史责任。西安市将按照国家文物局和省委、省政府要求，举全市之力，努力把汉长安城遗址建设成为彰显华夏文明的文化工程，展示西安形象的生态工程，惠及人民群众的民生工程。

白阿莹副省长指出，汉长安城大遗址保护特区建设是一项综合性的系统工程，有关各方要按照合作共建框架，加强组织领导，完善工作机制，加大工作力度，做到保护和利用有机统一。建设中要突出重点，坚持统一规划、分步实施、成熟一个、建设一个、开放一个，同时要确保项目质量能经得起历史和群众的检验。

濒危的司马迁祠墓得到加固

⊙司马迁祠墓

一度岌岌可危的全国重点文物保护单位——司马迁祠墓，经过一年多时间的大规模加固保护，如今安然无恙地迎接着海内外前来瞻仰的炎黄子孙。

生于陕西省韩城市高门原的司马迁，是我国古代伟大的史学家、文学家、思想家和历数家。据《水经注》记载："永嘉四年，汉阳太守殷济瞻仰遗文，大其功德，遂建石室，立碑树桓。"可见司马祠的修建，迄今至少已有一千六百年。

司马迁祠墓坐落在陕西省韩城市芝川镇南奕坡梁七十五米高的悬壁上，东濒黄河，西枕梁山，山河映带，气势极为壮观。祠墓为依崖就势、层递而上的建筑群。自坡下至顶端，先是建于明、清的两道牌坊，额书"汉太史司马祠"、"高山仰止"字样。经太公庙进山门，便见主体建筑——司马祠院。祠院由献殿和寝宫组成，门额上书"太史祠"三字，笔体潇洒，苍劲雄浑。献殿为敞厅，是祭祀的场所。寝宫正中塑有司马迁全身坐像，面貌雍容，长须飘拂，两眉入鬓，神态逼真。祠后司马墓，用青砖裹砌为圆形，周围嵌有砖雕和金、清两代碑石。墓顶有一古柏，枝杆苍劲，犹如巨掌擎天，蛟龙拏云。

新中国建立后，党和政府多次拨款修复，但仍未触及高崖护坡加固之难题。近些年来，祠基北侧受河水冲刷，断崖峭壁已接近祠台，有的段落墙基仅剩2米，危及祠基。这次对司马迁祠墓的大规模保护工程，先是由陕西省文物局拨款改道治水，终止对崖岸的冲刷崩啮。接着由国家文物局拨款，对祠墓进行全面加固。保护工程根据"巩固祠基，维持原貌"的原则和"稳脚、护腰、保头"的要求进行，其主要内容包括：对北崖长一百五十米、高三十至五十八米的斜坡采取"打锚杆、挂钢网、喷混凝土"的方法加以保护，对祠台东、南、北墙运用"刻槽、埋钢、焊接成框架"的方式进行加固，用青砖砌槽恢复原貌；由大门至祠台设落水槽四道，集流段和院落作防渗处理，崖边砌石保护。整个工程投资约二百三十万元。

（原载1989年11月6日《光明日报》）

考古“禁地”亦可对外开放

前不久，在西安举行的一次国际性学术讨论会上，我国一些文物考古工作者提出：我国长期封闭的文物考古领域应当敞开大门，向世界开放，加强与国外的学术交流与合作。

这次为期五天的国际性学术讨论会，是为纪念陕西省考古研究所和半坡博物馆成立30周年而举办的。

来自美、日和香港等8个国家和地区的20多位专家、学者，与我国90多位同行进行了广泛的学术交流。

会上，一些文物工作者与记者交谈，提出了以下几点看法：

——破除“关门搞考古”的封闭观念，树立文化遗产是全人类共同财富的新观念，敞开对外开放的大门。一些专家、学者认为，对外开放是我国的基本国策，文物考古界也不能例外。我国的长城、故宫、敦煌石窟、秦始皇陵、北京猿人遗址等文物古迹已列入联合国教科文组织通过的《世界遗产目录》。中国文物考古界应以积极的姿态加入国际合作与交流。

——克服“国宝必须国人研究”的狭隘观念，打破垄断封闭式的研究旧习。一些地方把资料据为部门和个人所有，对国外封锁，对国内保密，弄得目光短浅，思路闭塞，造成安于现状、缺乏竞争的局面。必须通过世界范围的合作交流，引入竞争机制，以集思广益，取长补短。

——进一步解放思想，突破“禁区”，积极而稳妥地进行文物考古勘察、发掘的国际合作。西安周围拥有70多座帝王陵墓，但迄今一座也没有发掘利用。究其原因，我们有些同志总是认为发掘、保护的技术没有过关，发掘后研究工作跟不上，发掘、保护耗资巨大，我们的财力不足，从而形成长期无能为力的状态。为此，我们应大胆利用外资、引进技术，只要不丧失主权，一般不转让文物，经过国家主管部门把关审批，可在国家政策法令的范围内逐步开展国际合作。

（原载1988年11月12日《人民日报》，与王兆麟合写）

西安美院一大批古今名画急待抢救[①]

在久负盛名的西安美术学院，藏有大批古今名人字画和珍贵资料的图书馆急待抢救。

记者来到位于西安市长安县韦曲镇的西安美院图书楼，看到这座土木建筑的二层图书楼已破败不堪，楼上为图书馆藏书库房，楼下为办公室和宿舍，楼顶已多处漏雨，书库无防盗、防火、恒温设备。由于图书的重压，木地板承受不住，已开始下凹。阅览室顶棚已经发霉，四处漏水，泥块不时落下，似有危如累卵之感。

西安美院图书馆已有近40年的历史。它以独具特色的馆藏、专业文献的广博精湛和上溯年代的久远而名声在外。其中，有五代、北宋、元、明、清时古画真迹469幅，有现代国画大师的作品200多幅，堪称上下千余年的中国画艺术宝库和西北地区美术专业文献集中地之一。

记者来到这里时，工作人员顺手取出几幅珍藏的古画，痛惜地说：明代画家吴彬的《西园雅集》、明代画家吕纪的《寒雀争巢图》、清代画家郑板桥的《竹》等真迹都程度不同地出现了龟裂和剥落，大都有了霉点。一些国际友人目睹之后，也深为惋惜。馆长何克加曾为图书馆得不到整修而多次暗自流泪，并愤然打过辞职报告。她喟然叹曰："看到祖国的这些珍宝遭此厄运，真是愧对祖先、愧对艺术和文明。"

为什么不能新修一个图书馆呢？回答是经费紧张。全国人大代表、著名画家、该院副院长刘文西对记者说：省里每年给我校的经费，除去职工工资，剩下教学用费寥寥无几，有些系连外出实习、写生都很困难。现在，校舍住房破旧拥挤还得不到解决，哪里有钱盖图书楼！刘文西感慨地说，看到城里的高级宾馆一座座拔地而起，为什么不挤出点钱帮我们建设一座图书馆呢？

（原载1988年7月19日《人民日报》）

①此文在《人民日报》发表后，引起时任陕西省省长侯宗宾的重视，侯省长曾亲临位于长安县韦曲镇较阴潮的西安美术学院校园考察，不久，该校已搬迁到西安城区，现在学校图书馆、教学楼及教工宿舍已焕然一新。

“千唐志斋”亟待抢救

珍藏着千余件唐墓志石、堪称“唐代志石博物馆”的国之瑰宝“千唐志斋”，长久以来未被重视，现在，1/2的志石漫漶、风化，亟待抢救。

“千唐志斋”坐落在洛阳市西50公里处的新安县铁门镇，是已故国民党起义将领张钫先生所建园林“蛰庐”的一部分。据介绍，洛阳城北邙山土厚水低，宜于殡葬，素有“生在苏杭，葬于北邙”之说。张钫先生生前酷爱金石字画。1931年，他率军驻扎洛阳，目睹盗墓之风盛行、墓志大多散佚民间的情况，就出资广收民间墓志石刻，并于1935年在“蛰庐”西隅辟地建斋，将收集来的志石镶嵌存藏在15孔窑洞的内壁和3个天井及一道走廊外的墙壁上，成为我国现存墓志石刻集中地之一。

“千唐志斋”珍藏自西晋、北魏以来历代墓志石刻1400余件，其中唐代志石就多达1185件，占全国已出土唐墓志总数的1/3。所藏唐志内容，涉及唐代280余年的历史。其志主有宰相、太尉，也有名流处士、宫娥才女等。这些墓志记载着形形色色人物的社会活动，可谓一部弥足珍贵的“石刻唐史”。它不仅为研究唐代社会的政治、经济、军事和文化提供了极为重要的资料，且具有证史、补史、纠史的重要价值。国家“八五”出版重点工程——新编《全唐五代文》中，仅“千唐志斋”就为该书增添了200万字。多年来，由于该斋地处乡间僻壤，鲜为人知。但近年来，一些专家和国际友人寻觅来游，无不为这里的墓志量多品繁和书艺精湛而由衷惊叹。

但遗憾的是，“千唐志斋”即将风化毁坏。“千唐志斋”馆长赵跟喜、副馆长张建华告诉记者，这些镶嵌在阴湿窑洞里的志石，因无防潮防霉措施，加之60余年未加维修，窑顶已龟裂，洞壁已变形，漏水渗水严重。尤其是每逢夏季，盐碱脏水顺墙流淌，使志石受到严重腐蚀，有的石面已成粉末状。此外，志斋四周的水泥厂、玻璃厂、铝矿等灰尘飞扬，空气中含有大量二氧化硫等有害气体，更使志石受到侵蚀。

据两位馆长介绍，“千唐志斋”的境况已开始引起国家和省、市的重视。河南省省长李长春今年4月已批示省有关部门：今明两年共拨出100万元专款维修“千唐志斋”。菲律宾华人实业家郑周敏也慷慨捐资50万元。但据测算，仅抢救维修和建设就需600万元以上。另外，近20年还有近千块志石流散民间，需专款收购。为筹款而四处奔波的赵跟喜馆长感叹：“说句不中听的，我为要钱已到了‘恬不知耻’的程度了！国民党将领收藏的文物，我们共产党不应当保管得更好吗？”

（原载1992年12月23日《人民日报·情况汇编》）

拯救华严寺塔刻不容缓

千年古塔华严塔岌岌可危，抢救刻不容缓！距西安南门向南十五公里处的唐塔华严寺塔面临着原体滑坡塔基崩裂的严峻局而。

华严寺是佛教华严宗的祖庭，在海内外尤其是东南亚一带有着广泛的影响。华严寺建于唐贞观年间，距今已有1300多年历史。现存的两座塔在少陵原半坡上。由于少陵原为黄土结构，植被较差，逢雨则上面的土向塔基处积埋；下面的土则向下流失。目前，塔基离下面的滑坡只有4米远近，且防护原体下面继续下滑的砖围墙修建时墙内并未用土夯实，形势十分危急。日前，记者前往察看时，只见同原墙内多处塌陷，寺院主持明圆法师用拐杖一戳就塌下一大块。而南侧一塔的砖基已经开裂有一尺多长的口子。砖墙外用来加固原体的浮土经雨水一冲，已下滑不少，如再遇连阴大雨，塔基能支持多久则很难说。

明圆法师说，为了保护古塔，寺院曾用推上机把上面原体滑下来的已掩埋塔基的土推了下去，作为浮土用来加固塔基下面的原体以减缓滑坡，但现在看来根本不行。想修结实一点的防护墙又没有钱。只要一下雨，他就睡不着觉，不知什么时候这塔会倒掉，更使人担忧的是有人还要挖塔基前原体下而的土建楼。

据悉《西安晚报》等当地多种报纸曾多次报道华严寺塔的危势，但一直没有部门出面设法解决。希望有关部门能引起重视，尽快抢救这两座千年古塔。

（原载2001年8月19日《人民日报·海外版》）

⊙正在维修加固的华严寺塔

农户从陵区搬迁将有利于乾陵完整性

乾陵，是盛唐时期唐高宗李治和大周皇帝武则天的合葬墓。这种“两个皇帝两个国号，一对夫妻埋在一个陵里”的情况，在中国古代陵墓史上绝无仅有。它也是现今唐 18 陵中保存最完好、至今未被盗掘的一座陵墓，被誉为历代诸皇陵之冠。对于乾陵的保护，近日在“乾陵文化遗产保护及文化事业发展学术研讨会”上，乾陵博物馆副馆长、副研究员梁子提出：农户从陵区搬迁，将有利于文物保护和保持乾陵的完整性；有利于乾陵旅游业的发展；有利于陵区农民生活和生产条件的改善。

梁子介绍说，乾陵不仅是全国第一批重点文物保护单位，而且于去年 11 月在乌兹别克斯坦的“丝绸之路跨国联合申报世界文化遗产第二次国际协调会议”上，乾陵和陕西其他 15 处古迹遗址、古建筑文物遗存全部获得通过，被列入“丝绸之路”申报世界遗产第一批名录。他建议，为了保护好乾陵，并有利于陵区的规划和改善农民的生活条件，陵区内的 4 个行政村和 12 个自然村，急需搬迁。

有利于文物保护和保持乾陵的完整性。乾陵历经 1300 多年，能保存到目前这样完整，实属不易。据唐代帝陵制度规定，陵域二里外不得有庶民坟茔，误闯陵区要受极刑。乾陵庞大的石刻群、高大的四门域阙，仿照长安城形制的奇伟构思，都表明武则天和唐中宗旨在将乾陵建设成当时的拜祖教化中心。公元 706 年，连同武则天同葬乾陵在内，一年三次国葬，足见乾陵在唐皇室心目中的重要地位。乾陵是结构复杂而严密体现唐代统治思想的伟大标志性建筑，它的完整性和重要性不容置疑。而现在，位于陵区的村庄农户都有碍陵区的完整性，不利于文物遗址的保护。比如位于司马道西侧的司马道村，10 多个窑洞就打在司马道下边，严重威胁到乾陵石刻和司马道本身。在专为保护乾陵而修建的环陵路上，陵区内的农户纷纷搬进环陵路以内修建庄基、盖高房子，严重破坏了陵区景观。而乾陵博物馆既没有土地管理权，又无行政执法权。为此，要有效地保护乾陵文物和文化遗址，将农户搬出陵区妥善安置，才是治本之策。

有利于乾陵旅游业的发展。由于乾陵的高知名度，吸引了海内外大批游客到此观光旅游。但是，由于陵内村庄多，农户杂，常常是鸡狗牛羊乱跑、粪土垃圾遍地，严重影响了景区的声誉和景观，给游客带来了诸多不便。特别是夏秋收获季节，农户碾粮晒草占据环陵路，常常造成道路堵塞。司马道村遇到雨季，常常发生窑洞倒塌，不得不关闭司马道。去年雨季一口窑坍塌，博物馆不得不花 30 万元去抢修。许多游客经司马道登陵时，不时遇到拉着粪土的农用拖拉机轰隆隆驶过，留下两行泥土和一团扬尘，大煞风景。把陵区内的农户搬迁出去，不仅有利于陵区景观的改善，而且有利于陵区的统一规划建设。有关专家建议，可以乾陵内城为中心划出 5000 亩土地，部分恢复夏宫宫殿群、献殿遗址、四门城阙并种植草木花卉，构建盛唐文化生态公园，这样就可使乾陵风貌得到提升并使其旅游业得到大的发展。

有利于陵区农民生活和生产条件的改善。乾陵地区属于半干旱地区，种地靠雨雪，人畜饮水靠地窖，小麦亩产一般在 500 斤左右，出售仅可收入 300 元，只够化肥农药等投入。乾陵陵区 4 个行政村和 12 个自然村，土地近万亩，人口约 3000 余人。如果按一亩地亩产 500 斤、收入 300 元计算，陵区近万亩土地年收入不过 300 万元，恰等于博物馆每年交给县财政 305 万元的款项。另外，乾陵近万亩土地，其中 5000 亩以上属于退耕还林土地，应享受退耕还林优惠政策，这就解决了一半土地的经济补偿，因而移民搬迁的成本并不大。

梁子认为，搬迁后空出来的土地，经过还原古代原貌后，仍按人口重新分配土地用于绿化美化，享受退耕还林政策。可种粮的较平缓的地带匀出一定的耕地，供搬出的农民种粮自用，在保证搬迁农民有饭吃的前提下，通过两个渠道消化其就业：一是融入新乾陵镇和城关镇，农村居民城镇化，进入城镇生活圈；二是在乾陵旅游经济圈内，优先给搬迁农民以选择权和就业权，通过发展旅游服务业使搬迁农户生活得到改善。

（原载 2007 年 7 月 9 日《人民日报·情况汇编》）

⊙乾陵司马道

大雁塔倾斜之谜

“你看，大雁塔歪了！”“就是的，向西歪着哩！”“歪得很厉害！”在笔直宽阔的西安市雁塔路上，行人们手指林荫尽头的巍巍塔影，常常这样议论着，惊奇，怀疑，担忧。

“数百年风雨剥蚀，多少次地震威胁，大雁塔都安然无恙，何以现在突然倾斜了？”

大雁塔保管所的贾文熙同志告诉我们：大雁塔村有位七十高龄的老人曾在孩童时代，就看到塔向西斜了，只是那时未被人们重视罢了。一九六四年，市测量队开始对大雁塔进行长期监测。连续六年八次的测量证明，太雁塔塔身连同基座整体向西倾斜了八十九点一厘米。

“大雁塔现在还在向西倾斜吗？”

市测量队工程师张志明说：“据最近两次测量，大雁塔向西的偏距近十五年几乎未变，而向北的偏距比过去连续六年测量的平均值增加了三十八毫米，如果减去误差二十毫米，实际偏离只增加十七至十八毫米，平均每年一毫米多一点，关系不大。

测量队张文轩工程师的看法则不同。他认为，由于六十年代后期大雁塔一带承压水大幅度下降，塔北约一公里出现东西走向沉降槽；大雁塔处在该沉降槽中段南部边缘，周围地层的南北差异沉降，造成地面倾斜，是塔体向北倾斜的主导因素。他还认为，大雁塔的北倾始于六十年代后期，七十年代以来逐步加剧，按近两年平均年地倾斜角十八点七秒推算，每年向北倾斜约五点四八毫米，是十分严重的。

我们走访了西安冶金建筑学院土建专家、大雁塔倾斜科研组负责人陈迎元副教授。他说：过去研究古塔倾斜，外表和上部注意得多，内部构造和下部（地基）注意得少，往往“治标不治本”。人常说“十塔九斜”，斜的原因是很复杂的。“长安自古西风雨”，会不会玄奘修塔时，也有意让它向西倾斜呢？这个奥秘有待进一步探索。现在的问题是，塔身继续向北倾斜，这应引起重视。他认为，由于用水量增加，大雁塔周围深层地下水大幅度下降，上层滞水明显上升，地面下沉、地裂出现，以及风向、地震、塔身结构和材料等等，都是大雁塔倾斜的因素，只有通过各方面的测试与研究。才能找出大雁塔倾斜的主要原因，提出治理的基本依据。

为了揭开大雁塔倾斜之谜，西安冶金建筑学院近十名教师和干部，自愿组织起来进行探索，提出各种建议。西北建筑学院、省综合勘察院、煤炭部西安航测大队、机械工业部勘察院等单位的专家，也都参与了倾斜问题的研究。有二十五个国家的研究古建筑等方面的学术团体，来西安参观时都关心地询问到大雁塔的倾斜问题，有的还提出了加固建议。许多国际友人说：“大雁塔不仅属于中国，而且属于世界。”

探索正在进行，奥秘终将揭开。愿瑰宝大雁塔在祖国的大地上虎踞千年万载，突兀神州！

（原载 1984 年 6 月 15 日《西安晚报》）

大雁塔正“改斜归正”

诗人艾青说过:“北方是悲哀的”,他指的是北方缺水。

提起地处大西北的古城西安,人们印象往往是:毗邻黄土高坡,水少风大沙多,“古道西风瘦马”,天旱地干人渴。

然而,如今有两件事却改变了人们对西安的这种看法。一是由于在西安浐灞河上拦河修坝,形成了1.5万亩的水面,招引了世界F1摩托艇锦标赛、欧亚经济论坛和世界园艺博览会在此召开;二是著名的世界四大古塔之一的大雁塔,长期以来因为地下水过度开发,致使塔身向西北倾斜。近年来由于修成了大唐芙蓉园和曲江南湖,地下水涵养改善、水位提高,2009年与1997年相比,塔身又向相反方向回位了10毫米。

为此,人民日报曾以《谁言南舟北马,西安亦可弄潮》为题报道了世界F1摩托艇赛事,中央电视台及人民网、新华网及各大媒体,也报道了大雁塔的“改斜归正”……

(摘自2011年7月22日《人民日报·海外版》刊登的《水润长安》一文)

⊙大雁塔夜景

燃起希望之光
——大雁塔大慈恩寺消灾祈福点灯法会速写

⊙本书作者在消灾祈福点灯法会上

6 月 28 日，当炙烤大地的太阳西沉、夜幕降临华灯初上的时候，著名的佛教圣地——西安大雁塔慈恩寺内，约 3000 多名高僧大德、佛门信徒和观光的市民，在和平钟声和祈愿声中，点燃起一盏盏美丽的莲花灯，为地震灾害中受难的亡灵超度，为劫后余生的同胞消灾及美好的明天祈福。

大雁塔是唐代玄奘法师译经存经之处，慈恩寺是唐高宗李治为追思其母文德皇后而建，已有 1300 多年历史。这次在巍峨的大雁塔下和大慈恩寺内举办的消灾祈福点灯法会，是由香港威哥餐饮集团董事长梁诚威先生和西安市佛协主席、大慈恩寺方丈增勤共同发起、由西安市佛教协会主办的。这次点灯法会所售出的莲花灯（小灯每盏 50 元，大灯 2000 元）以及书画拍卖的收入全部捐给灾区校园的重建。

“5•12”汶川大地震后，大慈恩寺增勤方丈天天率弟子诵经、祈愿亡灵得以安息，让生者和幼儿的心灵得以抚平，并举行了募捐活动。富有爱心的梁诚威先生曾收养了 12 名孤儿，汶川地震后，他为受灾群众的不幸而多次落泪，为全国人民和解放军桩桩救助灾区人民的英雄义举所感动，他除了拿出 50 万元捐助救灾外，又与增勤方丈一起策划了这次点灯法会。

这次消灾祈福点灯法会，实际上从这天清晨已经开始。在寺院内，300 多名高僧、大德及佛门弟子就聚集一起，面对大雁塔和玄奘法师的头盖骨舍利，恭诵仁王护国般若波罗蜜多心经，同时又恭诵药师经。中午，烈日当头，佛徒们怀着一颗虔诚的心，双手合十，席地盘坐诵经，令人感动。由增勤方丈讲经并领诵了《为地震祈愿文》，请求慈悲伟大的佛陀为罹难者证悟解脱，给劫后余生的人们以再生的信心和前进的勇气，使他们身心的创伤和险境快快转危为安，让他们悲痛的情绪快快转悲为乐，并振作精神重整家园。

此间，还举办了开光圣物义卖和书法墨宝义卖活动。整个义卖气氛热烈，争购踊跃，全国书法家协会顾问钟明善以及书法家高峡、李艳秋等书写的“相知无远近，爱心尚为邻”、“中国必胜”等捐赠的书法作品以及增勤书写的“吉祥”、“佛光普照”，梁诚威先生书写的“善化劫道消灾般若

⊙一位儿童点灯后为灾区小朋友祈福

明灯除厄困，心存仁行有德菩提正果泽苍生”等数十幅书法作品被争购一空，20 多万元的收入全部捐给灾区用于中小学的重建。

入夜，大雁塔被灯光辉映得通明壮观。大慈恩寺内人流如织，人们纷纷购灯、点灯奉献爱心。许多企业家也被感染地加入了消灾祈福点灯活动。陕西中实基础设施投资有限责任公司董事长刘峰、陕西裕华建设集团董事长魏建辉等企业家，汶川地震发生后，他们已为灾区捐出了 20 万元左右的善款，这次他们又慷慨解囊，各拿出 10 万元支持点灯这一活动。刘峰和魏建辉说，地陷天不塌，我们与灾区人民是一家，点亮一盏灯，就是点亮一颗爱心，就是给灾区人民和儿童送去一片光明。香港（西安）商会副会长叶大一说，四川地震发生后，商会已捐款 50 万元，用于西安市部分受灾中小学危房的修建，我们还要继续搞慈善捐助活动，帮助四川灾区儿童重建校园。西安市教育局局长张建国说，西安市有 10 万平方米 D 级校舍危房，这笔款全部要用在这批危房的修建上。

盏盏莲花灯熠熠闪亮。人们手捧着灯，小心翼翼地把灯放置在台阶上，地面上由灯光组成的“祈福”二字，闪亮在大慈恩寺，闪亮在人们的心头。增勤方丈和梁诚威先生激动地说，我们点燃的是盏盏心灯，这灯象征着光明，象征着辉煌，我们希望灾区人民早日度过黑暗，迎来明日的光明，也希望灾区的儿童能早日坐在明亮的教室里读书，将来成为祖国的栋梁之才。

据悉，当天消灾祈福点灯法会共募集善款 120 多万元，全部捐给陕南受灾严重的南郑县 201 所中小学的重建工作。南郑县副县长刘颖代表全县 48 万受灾群众对高僧大德普度众生及各界朋友扶贫济困的义举表示由衷的敬意和感谢。她说：“地震无情，人间有爱，我们将永远铭记今天佛门生光的夜晚。”她承诺：这笔款一定做到阳光管理、专款专用，高标准、高质量地建好援建学校。

盏盏灯光，在夜色笼罩的寺院中闪闪发光；深邃的夜空，颗颗星斗在不停地眨着眼，似乎在领略着人间的真情……

（原载 2008 年 6 月 30 日人民网）

不尽温柔汤泉水

——骊山温泉水源应切加保护

⊙喜泡临潼露天温泉

驰名中外的千古名泉——陕西骊山温泉面临断流水枯之危，西安市临潼县日前采取护源节流措施，决定对温泉使用实行统一管理，计划用水。西安市副市长张富春说：“骊山温泉是华清池美景之源，若不严加管理，就会重蹈济南泉城无泉可看，敦煌月牙泉水近干枯的覆辙，我们将愧对于祖先，有罪于今人及子孙！”

“不尽温柔汤泉水，千古风流华清池”。骊山温泉发现于周秦，因水建宫于盛唐，为帝王后妃专用。新中国成立后，骊山温泉得到开发和利用，广大人民群众和内外宾客纷纷来此沐浴疗养，领略昔日杨贵妃“温泉水滑洗凝脂”的情趣。但是，近些年来，由于管理不善，政出多门，统一管理难以实施，景区内使用温泉水的单位成倍增长，特别是一些单位无视中央和省、市政府关于保护骊山风景名胜区及温泉水管理的一系列规定，竞相攫取，过量开采，私下出售，随意浪费，使几千年来涌流不衰的温泉面临枯竭。华清池原有四眼出水旺盛的温泉，现在自流量为零，原自流量最大的华清池一号泉已于一九八八年九月流断水枯，骊山前的地面也开始下沉。

骊山温泉的危机引起各界的关注，纷纷发出拯救千古名泉的呼吁。华清池没有水不行，水枯景败，何言名胜？

临潼县政府会同西安市经济研究中心和市科技咨询服务中心，就骊山风景区温泉的开采、使用及管理进行了调查研究，邀请数十名专家教授对调查报告进行了论证，并就加强骊山风景名胜区温水资源管理做出了决定：成立临潼县水资源管理委员会和整顿温水资源管理领导小组；在景区内开凿的所有温水井（泉），一律实行产权不变，统一管理，由县水管机构派驻井管人员实施操作；对景区各用水单位的配水量重新核定，实行计划用水，计量收费；景区内任何单位，不论其性质和隶属关系，都要服从统一管理，上级部门和个人不准说情，乱表态、乱插手；各用水单位要像珍惜煤、电、油那样珍惜温泉水，杜绝浪费；任何单位不得利用温水资源开展与自身业务不相符的活动，同时要加快城区自来水工程建设，为逐步封闭自备冷水井创造条件，以达到古泉新生，美景常驻，使之更好地为旅游、医疗和疗养服务。

（原载《黄土地的文明》一书）

三个秦俑头被盗其一为将军俑头精品

记者从正在召开的陕西省文物安全保卫工作会议上获悉，秦始皇兵马俑博物馆考古工地因防范不严，管理混乱，去年夏季至今年3月，已发现有3个秦俑头被盗，其中一个是珍贵的将军俑头，另两个是武士俑头。

秦俑博物馆与秦俑考古发掘工地、修复室同在一院。长期以来，由于多头领导，各自为政，没有完整的出土文物登记账和严格的文物移交手续，致使发掘现场出土的秦俑及其残片乱堆乱放。加之游人云集，前来联系工作的人员繁杂，又没有严密的防范措施，给盗窃文物的不法分子造成可乘之机。今年2月17日晚，考古队修复室杂品库房门被撬，室内不该在此存放的一个将军俑头被盗。这是目前已出土的仅有的6个将军俑头中的一个，其造型完整独特，还带有色彩，为将军俑头中的精品。案件发生后，所丢失的将军俑头却查不到底册。同时还发现，在绘图室和第二修复室的武士俑头3件、箭头15件也无任何登记。4月初，公安部门在侦破另一起文物走私案时，又发现两个武士俑头被盗。其中一个系1986年7月被盗走的。另一个是今年3月22日被盗走的，经过公安部门的紧张侦破，已将案犯抓获，俑头追缴回来。发人深省的是，公安人员前往现场调查时，考古队和博物馆竟不知这两个俑头是否丢失。经专家认定被追回的武士俑头确系俑坑出土的原物后，考古队和秦俑馆竟相互推卸责任，破案一个半月来，未向公安部门提供旁证材料。在审讯时犯人供认，他利用工作之便，数次到秦俑馆考古工地行窃，如入无人之境。他还说："如果让我再去，我还能偷一个！"

公安部门正抓紧侦破尚未追回的两个俑头，据传，有可能已运往港澳或国外。

陕西省文物局局长王文清对记者说，陕西文物数量居全国之首，是盗窃分子猎取的主要目标。被喻为世界第八奇迹的秦俑是我们的国宝。国内外文物盗窃、走私分子已经暗中勾结，对此垂涎觊觎已久。国外已有人扬言，愿出巨资窃购秦俑（日本有人愿掏100万美元、美国有人愿掏200万美元购一完整秦俑）。据悉，秦俑馆已自筹资金23万元，安装了闭路电视防盗监控设备和无线电话，充实加强了经济民警队；考古队成立了保卫科，推行安全保卫工作岗位责任承包制；公安部门也向秦俑馆派驻了武警部队，加强了秦俑馆和考古工地要害部门的安全保卫工作。

（原载1987年6月5日《人民日报·情况汇编》，与贺俊文合写）

偷盗秦俑头，盗窃者掉了脑袋

今天上午，西安市中级人民法院对国宝秦将军俑头被盗一案进行了公开宣判。当审判长庄严宣布判处主犯王更地死刑、剥夺政治权利终身时，王双腿颤抖，懊丧地垂下了头：他万没料到，为了窃取秦俑头而会丢了自己的脑袋。

今年元月，临潼县康桥乡农民王更地与临潼火车站客运员权学力一起密谋盗窃秦俑头。2 月 17 日晚，王更地翻墙进入秦陵博物馆，撬门入室，盗走杂品仓库存放的一级甲等文物秦高级军吏俑头（俗称将军俑头）一个。次日夜，王更地领权学力一同观看了盗得的俑头，权答应为其找买主。几天后又将俑头转移到临潼县第二运输公司工人张传秀宿舍匿藏。4 月 29 日，王、张又将俑头送到美丽华大酒店筹建处临时工唐轲家中，议定：销售后除给王更地 5 万元之外，多卖的钱由唐、张等人分用。5、6 月份，西安市北新旅社经理孙振平和樊春梅也参与谋商贩卖秦俑头活动。6 月 17 日，唐轲、孙振平、樊春梅在北新旅社以 30 万元价格出售俑头时，被我公安人员当场抓获。

被盗的这个将军俑头，是目前已出土的仅有的 6 个将军俑头中的一个，其造型完整独特，还略带色彩，为将军俑头中的精品。

在今天的法庭上，同时还宣布了以下判决：权学力以盗窃罪判处无期徒刑，剥夺政治权利终身；唐轲、张传秀、孙振平、樊春梅以投机倒把罪分别判处 15 年至 8 年的有期徒刑。

（原载 1987 年 10 月 8 日《人民日报》）

偷盗西周编钟，盗窃者敲响丧钟

陕西省宝鸡市中级人民法院日前就盗窃国家一级文物西周铜编钟一案进行了公开宣判：判处主犯张善贵死刑，剥夺政治权利终身；同案犯盛学保因窝赃罪被判处有期徒刑3年。

去年11月，停薪留职在家的陕西省建筑三公司一处一队职工张善贵，窜到眉县参观县文物展览，遂产生了盗窃文物的恶念。1987年3月3日，张携带作案工具，从西安来到眉县文化馆盗窃文物，因门锁未能剪断，当日又返回西安，换购新的作案工具，于次日又窜到眉县文化馆作案。在光天化日之下，张剪断文物陈列室上的4把铁锁，将国家一级文物西周畯臣铜编钟一件、国家一级文物西周饕餮纹铜编钟两件和复制的饕餮纹方尊一件盗走，遂逃回西安，将国宝交给个体企业者盛学保匿藏，并伙同盛几次到咸阳等地寻找买主。3月11日，张善贵被我公安机关抓获。在公安机关追查文物时，盛学保转移赃物，将文物投入污水池中藏匿。后在公安人员的追问下，才交代指认了藏匿处所。经打捞，被盗的文物全部归回。

编钟，是我国古代宫廷和贵族专用的乐器。被盗的这几件西周早期铜编钟，距今已3000多年，是目前国内出土编钟中年代最早的稀世珍品，上面镌刻着铭文和纹饰，有着极高的历史、艺术价值。张善贵胆大妄为，敲响了自己的丧钟。

（原载1987年10月15日《人民日报》）

宗教部门应加强对青龙寺的建设和管理

该寺是日本佛教真言宗、韩国佛教真觉宗在华的祖庭

西安青龙寺是日本佛教真言宗的祖庭，是中日佛教文化交流的重要场所；同时，它也是韩国佛教真觉宗的发源地和祖庭。中国佛教协会原会长赵朴初早在1986年就写信呼吁建设恢复西安青龙寺并要求将青龙寺整体交佛教界管理，但时隔20年，这一问题仍未得到彻底解决。近日，宗教界人士再次表示，希望尽快启动恢复西安青龙寺的建设并整体交宗教部门统一管理，以利于落实党的宗教政策和佛事活动的开展，改善我国对外形象并做好文物遗址的保护。

西安青龙寺是中日友好先驱空海和尚（公元744～835年），入唐师从惠果求佛学法之地，他遵师命回日本后，著诗文，精书道，兴水利，办教育，并创立了佛教真言宗（东密），被醍醐天皇敕赐"弘法大师"谥号。如今，真言宗已成为日本最大的佛教派别，拥有信徒数千万人。1982年日本真言宗信徒捐资在青龙寺遗址上建成"空海纪念碑"，1984年又捐资修起了惠果、空海纪念堂。此后每年都有众多的日本真言宗佛教徒和韩国真觉宗佛教徒及游客慕名前来上香拜谒并举办佛事活动，对中日、中韩宗教交流及民间交流影响越来越大。

由于青龙寺"空海纪念碑"及纪念堂等，均是在青龙寺考古发掘证实的遗址旁修建的，西安市政府开始将其交给市文物园林部门管理。按照我国宗教政策及法规规定：宗教活动场所在政府宗教事务部门的行政领导下由僧人管理，宗教活动应当在经批准登记的宗教活动场所内进行，多年来，日本真言宗对其祖庭青龙寺无僧人管理、无宗教活动的状况意见很大。为此，中国佛教协会原会长赵朴初早在1986年10月就给陕西省委书记写信，提出青龙寺应作为宗教性纪念场所交僧人管理的建议，他提出："日方出资修复青龙寺的目的在于供奉空海、参拜祖庭，名为纪念堂，实际上是进行宗教活动的场所，如果仅仅视为一般纪念堂，当作文物保护和旅游点来对待由文物部门管理，既有悖于日方愿望，也不符合目前的实际情况。这样不仅挫伤了日本人民的感情，也影响了我国的信誉，对我国开展对日工作和体现我宗教政策不利。"之后，西安市政府研究决定，"将空海纪念碑和惠果空海纪念堂全部移交宗教部门管理"。但是，由于宗教、文物等部门意见不能统一，这一问题至今未能落实。

1994年5月，日本真言宗对青龙寺归属问题反应强烈，又组织大规模的签名活动，包括日本前首相海部俊树、中曾根康弘等万余人参加了签名，并派人专程来华向我国政府递交"请愿书"，陕西省佛教协会也多次呈文要求解决青龙寺管理归属问题。经过多方努力，西安市政府同意将青龙寺（含东院、中院、西院）的一部分（西院）交佛教界管理使用，后又批准为合法宗教活动场所。但由于没有做到整体移交，出现了青龙寺大院被隔断并多头管理、收费、无法开展宗教活动等问题。为此，日本真言宗又多次恳请中国政府重视解决青龙寺归属问题。

国家宗教局对此问题也很关注，曾多次向陕西省有关部门交涉，要求整体将青龙寺移交佛教部门管理，但一直没有结果。

日前，记者走访了青龙寺，看到青龙寺东、西院交由文物园林部门管理，游客买门票方可进

入，原先与纪念堂连成一体的大院中间被砖墙隔断，要去纪念堂必须绕道走另门方可进入。在交给佛教部门管理的西院，一半是保存完好的大殿遗址，一半被纪念堂所占，庭院狭小。

陕西省佛教协会名誉会长、西安市佛教协会会长、90 岁高龄的兴教寺方丈常明和青龙寺主持宽旭告诉记者，青龙寺至今没有进行完整的恢复建设，现除了日本捐款建造的纪念堂之外，还缺少大雄宝殿、配殿、禅堂、僧寮（住房）、客堂和藏经楼等，无法进行较大的佛事活动。他们建议，政府批准将院外西边和北边的 80 多亩的空闲地进行统一规划建设，恢复重建青龙寺；将青龙寺整体交给宗教部门统一管理，改变青龙寺被分割，多头混乱管理的状况；文物园林原管理人员的工资待遇可改由宗教部门发放解决，其本人愿意并可留用的人员仍可从事青龙寺寺院园林的护理等工作，文物遗址的管理仍依法接受文物部门的指导与管理。

（原载 2006 年 6 月 8 日《人民日报 · 情况汇编》）

⊙新修的青龙寺大门

塑造汉唐盛景　推进现代化建设

西安城市规划坚持保护与建设并重

西安市规划局局长和红星日前向记者介绍，西安市在实施“唐皇城复兴计划”中，始终坚持“保护古城风貌与推进现代化建设”相结合的原则，合理规划，有序发展。城市建设中继承了汉、唐长安城和明、清西安城的建筑和城市风貌，沿袭了唐长安城棋盘式路网和轴线对称的城市格局。在城市总体规划的指导下进行了大量保护性建设，主要包括：

一、以大雁塔为中心，建设唐文化旅游区。大雁塔是中国佛教名塔，西安的标志性建筑。为了凸显大雁塔的历史地标作用，西安市政府组织相关部门对大雁塔周边环境进行了改造，东侧兴建了一组唐风浓郁的现代化旅游建筑，谓之三唐工程，随之又相继建设了南广场、北广场，以及大唐芙蓉园等具有大唐恢弘气势的重点项目，并将兴建大唐不夜城、贞观广场等项目，使大雁塔周边地区充满了大唐的盛世气韵。

二、西安环城建设取得新进展。西安城城墙是目前中国大城市中唯一完整保留下来的城墙遗址。经过最近20多年的建设，现已全部贯通。目前已初步建设完成了环城西苑工程，这一项目的建成，将保持带状环城公园的完整性和连贯性，使其生态环境更加趋于合理丰富，与城墙、护城河共同形成协调统一的空间艺术氛围。

三、实施了西安钟鼓楼广场及西大街改造工程。钟鼓楼位于西安古城中心，是明代建筑，也是西安的标志性建筑。西安市1995年开始改造其周边环境，建设钟鼓楼广场。该广场的建设为西安提供了一个接待国内外来宾的城市客厅，其西面仍在扩建中，今年底将全部完工。与此同时西大街改造工程已近尾声，这些项目的建设是“唐皇城复兴计划”的一个重要内容，也将带动周边地区传统风貌的形成。

四、城市新区建设突飞猛进。在古城保护的基础上，西安市十分重视新区建设，西安市高新技术产业开发区，已成为全球最具活力的城市新区之一。曲江旅游度假区和中央商务区已成为西安新的旅游亮点和城市品牌，每年吸引大量旅客旅游观光。西安市经济技术开发区，作为西安市重型工业和出口加工产业基地，每年吸引大量外商在这里投资。随着城市新区的开发建设，西安市城市建设得到了快速发展，有力地促进了经济、社会的发展。

按照西安市新一轮总体规划的要求，未来几年西安将实施以下几项重大项目：

——大遗址保护。西安周边分布着众多的古遗址、古陵墓，根据“保护为主，抢救第一，合理利用”的原则，西安在重点保护遗址的基础上，结合旅游开发，建设遗址公园。其中大明宫遗址占地2.8平方公里，是西安大遗址之一，目前已进行了大明宫含元殿遗址保护修复工程，同时正在实施含元殿殿前600米御道工程。为了改变大明宫周边地区环境，市里编制了此地区12平方公里整体改造规划。通过规划实施，将大大改善北郊面积约8.3平方公里落后地区居民的生活质量，提升该地区的城市环境品质。

——历史街区保护。作为一个有着悠久历史的文化古城，分散在旧城中的许多传统街区更能表达历史文化的浓厚韵味。西安对旧城内极富特色的街区进行了保护和有机更新，使历史街区以其独特的方式及其自身的历史文化优势在城市发展及经济社会生活中扮演着重要角色；目前正在规划建设的顺城巷改造工程是对历史街区保护的工作延伸，将也是旧城保护工作的升华与提高，有利于旧城外轮廓线传统风貌建设。

——建设人文、生态城市，打造西部第一水城。西安自古有“八水绕长安”之称，四面有泾、渭、浐、灞、沣、滈、潏、涝等河流，市区内也有保存较完整的太液池遗址、唐曲江池遗址、兴庆湖、护城河等水系。综合治理河流污染，并在渭、浐、灞等河道两岸栽植特色林木，营造水面，恢复历史景观，提高城市生态环境质量。按照“打造西部第一水城，创立新区建设模式”的规划思路，去年9月，西安市成立了浐灞经济开发区，完成了浐灞生态区的发展战略的总体规划。随着开发建设，浐灞地区将会成为西安一座新的城市景观和生态绿色城区，也将是西安“八水大绿”工程的主实施区。

⊙改建后的西安西大街

——规划四区一基地，建设特色城镇。“四区一基地”，即西安市高新技术产业开发区、西安市经济技术开发区、曲江旅游开发区、浐灞经济开发区和阎良航空基地。这一核心区域的规划建设，将提高西安市整体竞争力。在中心城市外围，还要重点规划户县农民画城，临潼国际旅游城，周至老子文化城等特色城镇，突出外围区县的文化特征及地域经济模式，打造富于文化特色的总体城市形象。

——以“西咸经济一体化”为引导，加强空港区城建设。从空间区位及经济的发展态势来看，西安与咸阳的城市化区域已经联为一体。在优势互补，资源共享等方面提出“西咸经济一体化”的规划概念，目的是提高“西安经济圈”的总体竞争力及运营效率，避免重复建设，发挥周边地区潜能。为此，在西安市城市总体规划修编中，规划了空港区，物流中心等以航空港为中心的城市功能区域，并以机场专用线建设其与中心城市及咸阳的空间联系，充分利用国际空港的优势，发展外向型的经济流通进入口。

（原载2005年10月10《人民日报·情况汇编》）

国际化、市场化、人文化、生态化

西安实施唐皇城复兴规划

日前，西安市规划局局长和红星对记者说，西安市委、市政府决定实施“唐皇城复兴规划”，用 30 ～ 50 年时间，将古城西安建成一座古今文明交相辉映、新老城区各展风采、人文生态相互依托的国际性现代化大城市。同时，他表示，将认真做好科学规划，并通过西安市人大立法，确保这一规划逐步得以实施。

西安古称长安，是我国黄河流域古代文明的重要发源地之一，是世界闻名的国家历史文化名城和旅游中心城市。新中国成立以来，西安市政府先后编制了三轮城市总体规划。为了适应城市快速发展的需要，经国家建设部批准，西安市规划等部门利用两年时间完成了第四次总体规划修编，今年已上报国家建设部。在新一轮总体规划中，西安市把国际化、市场化、人文化和生态化理念，贯穿到了整个修编的全过程，形成九宫格局，棋盘路网，轴线突出，一城多心的城市空间布局模式。

在城市总体规划指导下，西安市出台了唐皇城复兴规划、文化体系规划、雕塑体系规划、城市生态体系规划、建筑小品规划设计、城市建筑主色调和建筑风格研究等多项重点规划设计项目。

一、通过“唐皇城复兴规划”提升西安人文魅力。西安市市委书记袁纯清认为，西安市城市规划要体现“走进历史，感受人文，体验生活”理念。西安的历史文化，更多的是在书本上或地底下。如何让西安地下的东西走上来，让书本上的东西走出来，让死的东西活起来？如何真正改变西安“有古城墙而没有古城”的局面？西安市在新一轮总体规划修编中提出，以“新旧分制”为总的规划结构构想，逐步保存并形成自唐以来，直至明清，甚至近现代的城市建设成就的完整链条。考虑到西安现在的明城墙是在唐皇城的基础上扩建而成，而唐时期的建设成就及对历史和未来的影响最为深远，因此，市委、市政府决定打造一个“唐文化”版块，称之为“唐皇城复兴计划”西安市希望通过“唐皇城复兴计划”，带动西安的文化建设事业。

二、通过建设文化体系规划永葆西安生机活力。在新一轮总体规划修编中，西安市将以市中心六区为重点，适当地向外围三区四县延伸。将西安中心市区的历史文化区域分为古遗址区域、古城墙以及内区域、历史文化风貌区域。以城市文化复兴为起点，以点、线、面结合的形式形成立体、丰满的城市建设文化体系，进而实现建设现代化国际旅游观光城市的目标。城市文化体系的建设涉及多阶层和机构，需要政府、历史文化学家、城市设计师和公众等各方面的积极参与和紧密合作，西安市政府的各个主要参与部门将各司其职，共同推动城市文化体系的发展，进而推动城市环境艺术品质的提升。

三、通过城市生态体系规划改善西安人居环境。西安市正在实施“八水大绿规划”：一是通过城市生态建设强化营造生态城市的空间体系，以秦岭北麓这个“后花园”来提高西安城市外围的生态环境质量，突出浐灞河流域的生态作用，积极推进该地区的城市规划工作。二是要结合古遗址保护及河流、交通干线的绿化建设，逐步形成“六片、八河、十条路”的生态格局。在高等级公路两边植 30 ～ 50 米的林带，规划建设唐城林带。在八条绕长安的河流岸边种植几十米宽的林带，改造八水，治理污染。积极保护和开发现有水源地，最大限度地保护水系、河流的自然岸线以及湿地等生态要素。恢复一些水面景观，改造护城河，使绕过城墙 13.7 公里的护城河提升一定的水位，保持河水常清。此外，建设城市外围生态绿地系统，在西安东西南北四个方向形成大片的绿色林带，形成一个良好的绿色生态体系，使西安真正成为人们喜欢旅游居住的城市。

四、通过确定建筑风格和主色调彰显西安城市特色。和红星介绍，为深入探讨现代城市建设中的“特色”问题，延续历史文脉，西安进行了城市建筑风格与主色调的研究，以历史遗存的建筑为研究基点，确定了西安市的城市建筑风格分区以及建筑主色调建议。在建筑风格上不求“形似”，但一定要“神似”，形成与古城相融合的文化气息，同时要有活力和现代感；建筑色彩必须与自然环境的色彩相协调，突出地域特色，西安地处黄河流域的关中平原，四季分明，故在色彩设计时应考虑地域色彩和季节、气候变化，而带来的色彩变化。西安保存有大量优秀的传统建筑，要在继承传统的基础上，在新建筑的色彩设计中协调新与旧的关系，提炼创造西安城市建筑的主色调。

五、通过城市雕塑与建筑小品规划打造西安城市精神。以西安中心市区为重点，涵盖外围区县，规划布置相应的纪念类雕塑。以西安要建成世界一级的历史名城和旅游胜地，进而建设国际化的现代化大城市作为远大目标，确定了建立以城市门户、城市广场、重点地段为核心，以城市轴线和环线为纽带，以重点雕塑布置区为基础的总体布局框架，营造高质量的市民艺术氛围。

（原载 2005 年 10 月 10 日《人民日报·情况汇编》）

⊙西安南门广场一瞥

⊙西安世园会鸟瞰

西安拍卖文物目击记

“咚！”随着木槌敲击台桌的一声炸响，文物拍卖者用洪亮的嗓音喊道：“好！这件珍贵精美的清代蓝釉描金盘以1万美元成交！祝贺这位女士成为本届文物拍卖会上的第一位买主！”

“哗——”掌声骤起。这是记者20日下午在西安古文化艺术节1992年国际文物拍卖会场看到的一个场景。

这是新中国成立后，第一次在古城西安公开拍卖文物。拍卖会场古朴庄严，台上摆满了各式各样耀眼夺目的文物和画轴，台下坐满了中外宾客和新闻记者。

“各位先生、女士，现在拍卖的是清代翡翠鼻烟壶。它选材精良，碧绿透亮，表面图案精美光滑，同时内腔大，重量轻，是一件不可多得的收藏珍品。哪位先生、女士愿出7万美元购买？”

台下不少人为这件状如鹅卵的烟壶竟以这样高昂的价格拍卖而感到惊讶。

“看看可以吗？”一位中年女士问。

“完全可以！”只见一位小姐手捧这枚鼻烟壶款款走到这位女士跟前。女士仔细端详，双目生辉：“我要了！”

掌声四起。拍卖主持人又朗声问道：“还有哪位出更高的价？”

台下，人们面面相觑。拍卖者连呼三遍，见无人应声，就断然一槌敲定：“好，7万美元卖给这位女士！”……

拍卖台前又挂起了康有为书写的一副楹联：“文章千古事，花柳一园春”。

拍卖主持人介绍说，这是我国近代著名政治家、改良派领袖和戊戌变法的发起人康有为在西安书写的为数不多的一副对联。字迹清秀苍劲，拍卖底价为9000美元。

一位先生举手愿出此价购买。不料从旁边又“杀”出一个“穆桂英”，她愿出一万美元购买。男士不甘示弱，又报出1.1万美元价格。而来自台湾的这位女士却步步紧逼：“我愿出1.2万美元！”顿时会场躁动起来。最后女士以1.2万美元价格购得。

窗外秋雨霏霏。室内拍卖仍在举行。陕西省文物局副局长张廷皓对记者说：公开拍卖文物，仅仅是尝试。它的意义在于中国文物开始走向国际市场，并加强中国文化与世界文化的联系，以弘扬中华文明，同时为保护文物筹措一些资金。古城西安文物荟萃，应成为全国文物交易中心，今后经国家文物部门批准，将扩大文物拍卖范围。

据了解，这次文物拍卖的全部收入将用于文物保护事业。

（原载1992年9月27日《人民日报》）

揽宝写珍　鉴古知今（跋）

——采写文物考古报道的体会

刚过新年，我采写的几篇文物考古报道相继在《人民日报》国内及海外版见报。月底一天傍晚，我从咸阳采访回家，一跨进家门，妻子就连忙告诉我，北京记者部来了电话。

“啥事？”我心中怦怦跳，急切地问。

“值班的老颜（世贵）说，报社评报表扬了你，说你最近采写的文物考古报道抓得快，有特色，希望再接再厉，好好干！”

听到这话，我精神一振，心头一热……

自我调到《人民日报》工作几年来，不知怎的，我与文物考古结下了不解之缘，就像我的名字一样，似乎与古城西安有了不可分离的关系。作为《人民日报》驻陕西地方记者，工农商科文，党政军民学，样样都要采写，而且应当把改革和经济报道放在采访工作的首位。而我却在采写经济、科技、社会新闻的同时，把不少时间花费在与古墓、尸骨、文物打交道上，我常扪心自问：这是不是“捡了芝麻，丢了西瓜？”。

我为什么要写文物考古报道？

我采写的法门寺地宫发现大量稀世珍宝的系列报道在《人民日报》发表后，报社和省文物部门接到大量索要资料、照片的来信，香港、台湾多家报纸曾做了转载。一位考古专家对我说，你写的考古新闻，台湾报纸也登了。香港、台湾我没去过，可我的名字却捷足先登，真想不到！

元旦前夕的一天下午，我去访问省委书记张勃兴，了解加强思想政治工作方面的情况。一进门，只见书记正在阅读《人民日报》。他高兴地指着去年12月20日我写的《秦陵研究昭示五百余年秦国史》一文说：“你的这篇报道写得不错，我仔细看完了，对我们今天在陕西工作的各级领导干部是个启发和教育。”当时我有些不解：书记在百忙之中，没有看其他经济、政治等方面的报道，怎么偏偏看了这篇考古报道？事后在交谈中得知，这篇报道引起了省委书记的深思：既然在两千多年前，秦国能在变革中崛起，今天的陕西为什么不能面向全国、面向世界，在改革、开放中，实现新的崛起呢？……

这两件事，在我的心里激起了波澜：今天是历史的延伸；茫茫青史应是现实的明镜。鉴古而知今啊！

文物考古报道起着一般新闻报道所起不到的特殊作用：它是对广大群众，特别是对青少年进行爱国主义、革命传统和历史唯物主义教育的好教材，它能激发民族自信心和自豪感，对海内外炎黄子孙有着强烈的吸引力和凝聚力。无疑，搞好文物考古报道，对推动祖国的和平统一大业和以文物古迹为特色的旅游事业的发展，有着不可忽视的作用。据统计，1987年到陕西寻根拜祖览胜探奇的海外同胞和外宾已达30多万人，比1978年增加了26倍！从这个意义上来说，搞好文物考古的报道，与陕西省的改革、开放和经济建设也是紧密相关的。以上，就是我写文物考古报道的第一个原因。

其次，是因为报纸版面需要这样具有知识性、可读性的新闻品种。前年春天，我为写农业育种专家李振声采访了 10 天，回来又写了一个礼拜，8000 多字的通讯总算写成了，寄到报社，得到的评语是：流水账、太长，“是不是想写长稿一鸣惊人”领导让我压缩至 4000 字以内。我正在琢磨如何修改的时候，报社打来电话，说《光明日报》已发秦公一号大墓发掘消息，让我火速赶赴考古现场，立即采写。

也难怪《光明日报》记者抢先发表。当时我想《光明日报》是以科教、文化为主的报纸，驻地记者是大学历史系考古专业毕业的研究生，记者站又住在省考古研究所对门，无论哪方面，人家都占着优势。再说，我写这方面的报道，报纸能发出去吗？

我抱着试试看的心情奔赴 140 里之外的凤翔秦公一号大墓考古工地。当天赶写的第一篇消息，当晚传到报社，第二天国内版和海外版同时见了报。“看来文物稿，适销对路！”我暗暗鼓了一把劲。随着发掘工作的步步展开，灰暗的墓穴张着大口，向世界发布着 2500 年前的桩桩新闻：180 多人的殉奴棺椁再现于世；主墓室椁木重八百多斤，坚硬黄亮；我国最早的木碑和黄肠题凑发现；2000 多件金、玉、铁，铜、漆、陶器等相继出土……在凤翔一个月时间里，我先后接连写了 10 篇消息和通讯，发回报社后篇篇中的，全部见了报。报社版面负责人给以热情的指导和鼓励，甚至说，你大胆写吧，版面留着！

事后我想，为什么文物考古的稿件容易见报，而其他稿件相对来说难些？就是因为这类稿件比较少，在版面上是“冷门”，而其他“热门”稿件各地记者都在抓，稿件容易重复和积压；如果稿子“身单力薄”、“平庸无力”，就很难闯过编辑“关”，挤进版面“门”。而文物考古稿件，虽属“冷门”稿件，但在读者和编辑的心目中却是“热”的：它反映的新闻既古老又新奇，具有知识性、趣味性和社会性，熔可亲（祖先留下的珍宝和足迹）、可信（消逝历史实实在在的再现）、可读（人人关心，爱看，并在阅读中受到文明知识的熏陶）于一炉。随着人民群众文化素质不断提高，喜欢文物、关心文物考古报道的人将越来越多。陕西省 1987 年各博物馆接待参观的人数已愈 1000 万人次，看文物比到电影院看电影的人数还多，这不能不是个值得重视的变化。

我写文物考古新闻的第三个原因，是我驻站工作的陕西省和西安市，地上地下文物古迹得天独厚，有着我写不完的素材。据统计，陕西省有古遗址、古墓葬、古建筑等 2430 多处，石刻纪念物 13800 个，拥有各类文物数十万件，仅馆藏文物就达十万多件。参观过陕西文物古迹的宾客把陕西称为“中国五千年文明的窗口”，把西安称为“东方的罗马”，甚至发出“不到长城非好汉，不到西安常遗憾”、“劝君莫到西安游，一去就会把魂勾”的赞叹！陕西省委、省政府分析了省情之后，决定把利用文物古迹的吸引力发展旅游事业，当做振兴陕西经济的重要突破口。我想，作为《人民日报》驻陕记者，为什么不能把写文物考古报道作为新闻采访工作的“突破口”呢？我想，每个驻地记者应当分析自己所在省的省情，扬长避短，多写“我有你无”、“你有我新”、“你新我特”的稿件，多拿出本地的“土特产”来。新闻最忌千人一面，我唱我的“秦腔”，你唱你的“京剧”，他唱他的“豫剧”、“黄梅戏”……就能在报纸这个舞台上，演出曲调丰富的合奏曲，我想，读者欢迎，编辑也肯定会欢迎的。

选准了报道的“突破口”，新闻稿件就会像火山内滚沸的岩浆，源源地喷发出来。自 1986 年 1 月至 1988 年 1 月的两年中，我采写文物、考古方面的消息、通讯在《人民日报》（国内版）共发

表 37 篇，《人民日报·海外版》刊登了 34 篇，约占我两年来发稿总数（150 篇）的 25%。

写文物考古报道要处理好三个关系

文物考古报道写好了，会给人以可亲、可信、可读之感，写不好，反会使人索然无味、失信和倒胃口。但是，由于时代睽隔，宣传的对象又是"死"的，在报道中容易出现掬沙遗珠、鱼目混珠、合理想象、古涩难懂等现象。我觉得写文物考古报道应处理好以下三个关系：

第一，处理好古与今的关系，采撷最有价值、对今天最有裨益和借鉴的东西加以报道。一般说来，时代越久远、越稀少、科学艺术性越高、并具有文字或图像的文物，就越有价值，特别是"首次"发现的，更具有采写报道的必要。比如，秦公一号大墓，由于历经 2500 多年，从中出土的任何文物都是珍贵的，但尤为珍贵的不是其中的金器、铜器，而是铁器和带有文字的石器。因为金、铜在此以前的年代已经出现，而铁器，则是我国出土时代最早的（春秋时楚墓中也有）；特别是带有八个篆字的石磬，更有考古价值，通过文字分析，不仅知道了大墓的主人可能是秦景公，而且说明早在先秦时代，秦公就承认自己受黄帝四代孙高阳的庇护，从而回答了史学界长期以来秦人是西戎还是华夏族的争论。揭椁清理中，专家最希望在其中能发现石鼓、竹简等带文字的文物，遗憾的是没有得到。法门寺地宫文物，品种繁多，光华焕丽，可贵的是发现了志文和物帐两通石碑，石碑详细记载了法门寺地宫的沿革及珍宝的名称、数量和供奉者的姓名等。这无疑是找到了认识地宫和地宫文物的钥匙以及可以按图索骥的清单。有时候，考古现象不一定是"首次"发现，但深入采访和挖掘，也能找到最新的报道价值。在采访秦公一号大墓过程中，我听说当地县博物馆又发掘出一批比秦公大墓还晚的殉葬墓。我找县博物馆的同志打听，回答是唐代的殉葬墓，这就引起我的兴趣：殉人制度是奴隶制的重要标志，怎么到了封建社会鼎盛的唐代，还会出现这种现象？不是殉人制从秦始皇就开始废止了吗（用陶俑代替活人）？我立即到考古现场进行了采访：已发掘清理的 49 座隋唐殉人墓葬，共发现了 121 人的尸骨，其状惨不忍睹：或大劈，或砍头，或削足，或剁手，有的被肢解。我问其故，考古工作者认为，此地在唐时处于回、纥、突厥等少数民族与唐王朝拉锯争战之地，加之当时社会发展的不平衡，一、殉葬者可能多为战俘；二、殉葬者可能是尚处在奴隶制时代少数民族的奴隶；三、早已建立封建制的唐王朝，在一些地区还保留着奴隶制的旧制和习俗。于是，我立即写了一篇题为《我国首次发现隋唐殉人墓葬》的新闻，在新闻结尾处特意加了这一句："这说明在新旧制度交替过程中，新制度的建立并不意味着旧制度的彻底灭亡"。这一观点，正是当时全国人大六届五次会议报告中谈到改革的艰巨性时，所阐述的一个观点。此稿当晚发回报社，第二天国内、海外版同时见报。中央台清晨联播时转播，新华社转发了通稿，国内、香港多家报纸转载，事后，夜班编辑同志在电话中告诉我："这篇独家新闻写得好哇！"

第二，处理好死与活的关系，让文笔跳动起来，让死文物活起来。沉淀于历史积尘之下的文物，毕竟是消失年代留下的足迹。足迹是没有声音的，但是我们写新闻报道，则要把"足音"写出来。因此，我们落笔时，一定首先弄清并知晓文物所处的时代和当年发生的历史故事和事件，用口语形象化地写出来；同时尽量表现发掘工地的现场感和珍贵文物的特色，给人以看得见、摸得着的感觉，以满足读者的渴求。比如，在写秦公一号大墓通讯时，为了表现奴隶制的罪恶，我把秦穆公临死时用 177 人为他殉葬的事件联系起来，并引用了《诗经》中"临其穴，惴惴其傈。彼苍者天，歼我良人！”的诗句；把大墓地宫喻为“奴隶的地狱”，张着“吃人的血口”；看着粗大的墓碑和累累尸骨，“人们似乎听到秦公入葬时肃穆、庄重的鼓乐声和群臣负纤挪步的吭哟声；似乎看到一百多名被殉葬者饮鸩而亡或被活埋时的悲惨情景”……在写《法门寺探宝》这篇通讯时，为了表达地宫打开后考古工作者的惊奇、喜悦心情，我用拟人化手法，写“沉睡千年”的金光灿灿的地宫珍宝“似乎睁开了明亮的眼睛，告诉人们：黄土地上丰收的麦田是金色的，法门寺地宫里也是金色的！”为了使读者有身临其境之感，我在写发现地宫的一瞬间是这样描述的：

……轻轻地刨开了塔基土层，突然“嘭”的一声，铁锹碰到了石块。“有情况！”大伙的心陡然一震，小心翼翼地刨开了虚土。啊，地宫后室棚井石盖袒露了！

石盖已被砸裂一条缝隙。

曹玮轻轻地撬开石缝，俯下身子，用手电往黑洞洞的地宫里一照，只听他“啊”了一声惊呆了。“快说，里头究竟有啥？”韩金科焦急地问。

只见曹玮翻身跃起，脸上闪现出亢奋惊喜的神色，半晌，从嘴里吐出了四个字：

“金碧辉煌！”

我想，读者看到这里，一定会有身临其境的感觉。

此外，为了写佛指舍利发现的意义和神秘曲折的发现经过，我特意引叙了唐代帝王7次迎佛骨的盛况以及明代、近代和“文革”时红卫兵开启发掘地宫的故事；为了写这批文物的特色，我尽可能地将文物的形色、工艺水平和考古价值作了描述。

第三，处理好快与准的关系，在准的前提下求快求新。考古发掘是一项科学性很强的工作，而新闻报道，则又是时效性很强的工作。如何实现快与准的统一，既迅速又准确地搞好考古报道，这是写文物考古报道十分重要的问题。我认为，真实、准确，是文物考古新闻的生命，而迅速和求新，则是新闻的价值。准是第一，快是第二；不能图快而失准，也不能因求准和最终的结论而坐失报道的良机。我的办法是，打主动仗，主动听专家介绍，看发掘报告，查专家鉴定；凡是经专家（特别是在课题方面有深入研究的专家）鉴定认可的，就可以报道：凡是专家有争论的，可以客观地报道各种看法，不强求意见统一，有了最终研究结果时再报。千万不能主观臆断，以“合理”想象代替科学评价，甚至肆意、轻率地冠以“首次”、“第一”、“举世无双”、“无与伦比”等字眼。特别是注意大家头脑都在“热”的时候，要冷静地考虑新闻报道是否能经得起历史检验。比如，记得前两年，有的报刊在报道秦始皇陵时，根据封土含汞量高，以印证《史记》中始皇陵地宫内“以水银为百州江河大海、机相灌入”是有道理的，但却断言秦始皇陵至今未被盗过（这可谓是条大新闻呀！），就令人费解了：史书上曾记载：“自古至今，未有不亡之国，亦无不掘之墓也”，何况赫赫有名、恢宏如山丘的始皇陵呢！《史记》中也记载着项羽曾掘盗过始皇陵，连兵马俑坑中的排排棚木都被焚烧成灰，怎么能这样武断呢？始皇陵并未发掘，最终的结论只能等发掘后才能断定。所以那篇报道在考古界引起大哗也就不奇怪了。在报道秦公一号大墓中，所有新闻单位蜂拥而上，把读者的胃口吊得很高：这么大的古墓，最终一定会揭出大宝！真是众目睽睽，万人企盼！我在采访中获知，大墓在以往清理过程中，已发现了247个盗洞，这是国内迄今发现一个墓葬中盗洞最多的。“看来，发现大件稀世珍宝的可能性不大了。”我暗自思忖。“这条新闻太重要了。”群众最关心的是大墓最后有没有珍宝，我应该雪中送炭，实事求是地加以报道。于是，我写了条不足500字的小新闻：“专家认为，由于大墓历时已达2500多年，被掘盗达240多次，掘盗目标又大都对着主棺椁，所以墓主棺室肯定也被盗……在主棺中发现惊世文物的可能性不大，但由于墓体宏大，棺椁中的文物也不可能洗劫一空。”第二天见报后，几位考古专家说，人民日报对大墓的报道比较客观准确，实事求是。大墓最后的清理结果，也证实了那篇稿子的预见。有一年，阿房宫遗址举办新闻发布会，说没有发现被焚烧的证据，各新闻媒体依次做了报道；而我在写这则消息时，经过思考，在文中加上“迄今”二字，因为目前没有发现阿房宫被焚烧的证据，并不能说明以后不会发现。果真第二年就发现了阿房宫被焚的红烧土。在秦东陵的报道中，根据考古勘探（而不是发掘）的实际，我避免用“工程雄伟”、“结构复杂”、“文物丰富”、“已经查清”等字眼，而用了“秦东陵恢宏奥秘初被揭示”的字眼，避免了说过头话。

我在大学里学的是中文，不是历史和考古。在地方报纸16年的记者生涯中，虽然我也搞过文化报道，但涉足文物考古，毕竟是偶尔为之。我深知自己历史知识的匮乏，要搞好文物考古报道，最根本的办法是拜专家为师，向书本求教。两年中，我曾先后采访过30多位考古专家和学者，并与文物部门的一些专家和领导交了朋友。通常一些专家和考古工作者，看见自己的名字或成果上了《人民日报》，心情自然高兴，见我也热情了，有话也愿意说了，有时还会主动提供新的报道线索。反之，把专家的见解当成记者自己的见解，好像文物是记者自己发现的，“贪天之功为已有”，就失去了人心，就会挫伤考古专家的积极性。

文物考古报道要写得有根有据、有文采，还要向书本学习，向史书求教。书籍是我们认识世界的窗口，也是步入历史殿堂的台阶。在采写秦公一号大墓时，我阅读了《秦史稿》、《史记》有关部分和十多本考古文献资料；在写法门寺地宫文物系列报道时，我又阅读了《资治通鉴·新（旧）唐书》、《古代陶瓷史》、《中国丝绸史》，翻阅了《全唐诗》和有关古代金银器和佛教方面的有关资料。

搞文物考古报道，有时还要受很多限制。比如，有些珍贵、易损坏的文物，有的保密、不让看到实物、不让拍照（如法门寺的一些珍贵文物），而各家新闻单位又都想抢发新闻，这就免不了竞争。如秦公一号大墓和法门寺地宫文物，考古现场采访记者多达数十名，而我孑然一人，确实身单力薄（在采访以上新闻时，新华社、光明日报均派2～4名记者）。为此，我在考古界广交一批朋友，密切注意信息，获得有价值的线索，立即采访，重大的还要跟踪采访。在采访法门寺文物时，省文物部门吸取秦公一号大墓宣传失控的教训，规定5月30日下午4时统一向国内外发布新闻。对此，我们严守规定。但是，为了及时、准确地把新闻发回报社，并为连续报道做好准备，我一方面提前向报社反映了信息，一方面提前找专家采访，并参加了法门寺文物专家鉴定会，腹稿逐渐形成。29日晚，我提前将初稿写出，第二天清晨又作了修改，上午10时就将稿子发回了报社。下午参加新闻发布会后，内容并未有大的出入，傍晚给报社打电话，就个别地方做了修改。后来知道，新华社在新闻发布会前也提前发了通稿，比我们的稿子晚到了4小时。今年1月17日，我到阎良西安飞机制造公司采访，在饭桌上获知长安县发现唐中宗韦皇后家族墓群，出土3000多件文物的信息。会开完回到西安已下午5时多，我断然决定放弃吃晚饭，驱车直奔长安考古工地。中途碰见中央电台记者贺俊文，就协同一起采访。我们踏积雪、迎寒风，摸黑找人采访，直干到夜里11点才把稿子写好传到报社。

（原载1989年第4期《新闻战线》杂志）

后 记

经过20多年的采访和积累，又经过1年多的补充和编纂，《敲开奇迹的大门》一书，终于付梓出版了。

这本书早在10多年前就在酝酿和策划，因此当时就请著名书法家、史学家启功先生为本书题写了《敲开世界第八奇迹的大门》书名，又请著名书法家沈鹏先生为此书写了他的诗作。为了使本书书名与内容更贴切、更精确，我遵照国家文物局副局长宋海潮的建议，从启功先生题写的书名中选了“敲开奇迹的大门”7个字作为书名。但是，由于平时采访工作的忙碌，加之考古发现接连不断，所以编纂此书的工作一拖再拖，直到我从新闻采访岗位上退下之后，才下决心编纂这本书。

20年前，我曾编了一本小册子，取名《黄土地的文明》，收集的是前几年在人民日报上发表的一些考古文物方面的报道和文章。不料，此书颇受欢迎，听人民日报记者部老主任、著名记者林钢老师讲，此书还被放在首都新华书店的最佳图书书架上。一晃二十多年过去了，在我的贴报本上，又积累了近50万字文物发掘和保护方面的文章和新闻报道。同学和朋友又劝我再编一本新书，我的大学同学和挚友、著名诗人雷抒雁（生前是全国诗歌协会会长）建议我不要像《黄土地的文明》一书那样，把文章和报道简单地编凑在一起，而要设法精心编辑一下。我觉得他的建议很好，就试着从以下几方面进行编辑：一、从远古史前到今天，按时间顺序分十一辑编排；二、为了突出陕西20世纪两件震撼世界的发现，把“世界第八奇迹秦始皇陵兵马俑的发现和展示”从秦代文物考古中提出，设为本书的第一辑《兵马俑，你站起来》单独成章，以与书名相呼应；把“法门寺地宫揽宝”从唐代考古中提出，设为本书的第八辑《佛光辉映法门寺》单独成章；此外，把《四海归黄祭黄陵》从史前考古中提出单独成辑，以示对中华始祖的敬仰；三、本书中的文章和报道，90%以上曾在《人民日报》、《人民日报·海外版》和有关报刊上发表过，约有近10%的文章是编辑本书时补写的篇章，以弥补因早期考古发现和最新发现未能写入而造成的缺憾，力求做到陕西重大考古发现不遗漏。凡已刊登过的文章及报道文尾都注明出处，未注明出处的就是尚未发表新补写的文字；四、为了增加本书的信息量，每辑正文后附《来自考古工地的报告》专栏；为了突出文物保护，李瑞环同志在全国文物会议上的讲话《文物工作要把抢救保护放在首位》一文放在本书卷首，同时就文物保护单独设第十一辑：《珍爱国宝 传之久远》；五、为了增加本书的可信、可亲、可读性，每辑前增加了我平时写的文物短诗（大都在人民日报和有关报刊上发表过），每辑首页的标题书法由我试写，同时配发了尽可能找到的图片，力求做到诗文共骧、文图并茂。在此我对给予本书提供照片的文博单位和有关网站，特别是陪我多次到文物发掘现场采访拍摄的同事祁鸿斌、费世成等同志，表示感谢。特别应感谢的是我的母校西北大学原校长、全国政协副主席陈宗兴，历史学家、思想史家、西北大学老校长张启之，著名考古学家石兴邦，陕西省领导赵正永、景俊海、李晓东、邓理等以及国家文物局领导励小捷、宋海潮和陕西省文物局领导赵荣、郭宪曾、刘云辉等，在百忙中给予的关心和支持；我的挚友、著名作家周明先生、国家文物出版社社长张自成、总编辑葛承雍和人文图书编辑中心副主任孙霞女士以及陕西省文物局庞博先生，对本书的热情支持，使我为之感动，特致谢意；对于刘迅、孙忠宝等同志给予本书出版的支持也在此表示衷心谢忱。此外，对本书编排校对付出辛劳和帮助的卢连成、董鸿福、张波、杨晓莉、陈宇虹、张龙等同志也表示衷心感谢！

书籍，是人类进步的阶梯和认识世界的窗口，文物考古的书，采撷的是历史足迹，珍藏的是历史记忆。我在大学学习的中文，又长期从事新闻采访工作，对历史文物及考古发掘是外行。但好在文史不分家，文物考古方面的报道，对报纸版面来说是“冷门”，对读者和编辑来说，则是关注的“热点”，加之我所工作的地方——陕西，又是“文物甲天下”的地方，因而我有机会亲临文物考古第一线，写了比较多这方面的文章和报道。沈从文先生说过：“每个人都知道中国有所谓《二十五史》，就没有人注意现在从地下发掘的东西，比十部《二十五史》还要多。”现在我把考古发掘的报道文章200多篇冒昧编辑成册，旨在传播祖国悠久的历史和文化，进一步敲开陕西“世界第八奇迹”的大门。但由于学识浅薄，加之文物发现仍接踵而至，书中难免有不少错讹和缺憾，请专家读者不吝赐教，以便再版时予以更正和补充。

孟西安

2012年12月9日

⊙孟西安在“世界第八奇迹”——秦始皇陵兵马俑一号坑大厅

鼓励与期待

——王学孝[①]的一封来信

西安老弟，你好！

感谢你们这次陕西之行给予的十分热情的款待！特别是对我，让你们付出了比对他人更多的情感和物质的付出，就更难令人忘怀！再次谢谢！

在返回天津的列车上，我把你那本《黄土地的文明》的小册子，又翻阅一遍。不少篇章是我在记者部时经我手编发的，但印象却很淡薄了。当年在同仁中就有一种戏传，认为你是靠挖祖坟起家、成名的。今天看来这个评价并没有错，而且不是过头，而是不足。对发掘文物的报道，不是过多，而是还少了一些。这些报道对中外读者的震撼力，将随着时间、随着发掘文明的书在世界的影响而不断增强、扩大。如果说新闻是易碎品的话，你这些作品确可永载史册。这不是恭维说，确是事实。你那本大部头《走出关中》的生命力不会过十年，而这本小册子却会百年不衰！它绝不是那些旅游小册子可相比的……若再出"发掘文物"一类的著作，别忘寄我一本。

寄来的照片收到。谢谢！所幸，老梁（兆明）相机里有我单独在黄陵的留影，否则那将是很遗憾的！相机丢了不足惜，没有照片好心痛！

请转达我对记者站同志们特别是贵夫人的感谢和美好祝愿！

祝你全家中秋团圆、幸福！

王学孝

2004年9月26日

⊙ 2004年9月，人民日报记者部部分离退休老站长夜游新落成的大雁塔北广场，右二起为：四川站罗茂城、天津站王学孝、上海站章世鸿、宁夏站黄翊明、安徽站张振国、陕西站孟西安、广东站梁兆明、福建站潘帝都。

①王学孝曾任人民日报记者部副主任、天津记者站站长。

悼念父亲

——在“孟西安同志遗体告别仪式”上的发言

孟　华①

如果可以，我希望自己永远不要做这个发言。

2015 年 4 月 27 日 21 时，父亲因胆管癌离开了我们，离开了他挚爱的亲人和朋友，离开了他为之奋斗一生的新闻事业。在父亲最后的抢救和弥留之际，我一直紧紧地握着他的手。我告诉他亲人都陪伴在他的身边，朋友也都赶来了，鼓励他勇敢、坚强。我知道，父亲听到了我的呼喊，但是他太累、太累了，他需要好好地休息，他如同睡着了一般，安详地走了。当我注视着心电监护仪的指标全部归零，感到父亲那温暖的手掌在我的手中渐渐冷去时，我并不相信这是真的。我紧紧地抓住他的手，不忍松开。陡然间，我似乎感觉到父亲的脉搏在跳动，我激动极了……但当我清醒过来时，才意识到那是恍惚间我自己的脉搏在跳动。父亲，他走了，离开了我。

紧紧地，紧紧地，我要紧紧地握住您的手！不要松开，不要松开，请您不要松开！我要紧紧地抓住您，不许您离开！

⊙孟华（左）与父亲孟西安合影

在父亲病重住院期间，每次当他见到前来探望的报社领导、新闻界的同仁以及老友故交，父亲总是强打精神，眼眸中闪烁着矍铄的光芒。每当这个时候，我是那样的开心，真希望这是父亲真实的状态，真希望这一切只不过是父亲跟我开的玩笑。但是当众人散去，只有我和母亲陪在他身边时，他又轻轻地闭上了眼睛，脸上露出痛苦的神情，我锥心刺骨般地意识到这才是父亲最真实的状态，他非常非常的难受。

父亲躺在病榻上，对食物已经难以下咽时，仍不忘记叮嘱我，让我把新鲜的水果带回去给他的最疼爱的小外孙女媛媛吃。我开开心心地答应着，心却在流泪，爸爸、爸爸，我多希望你能张开嘴一点点地品尝这甜美的味道啊。

在病房陪伴父亲的时候，我总会不由自主地去亲吻他的额头来感知他的体温，因为只有这样，我才能真真切切地明白父亲就在我的身边，没有离开我……但是现在，但是现在，我到哪里去寻找这最让我不舍的温度啊！

父亲曾经说过：“生为新闻人，死为党报鬼。”父亲的事迹太多太多，取得的成绩太多太多，可

①作者系孟西安同志的女儿，西安广播电视台记者。

能我需要在今后很长的一段时间里去追忆、体会。但是父亲对我那份细腻的父爱，却浸淫在我的血液中，让我眷恋不舍、永远难忘。

感谢四医大的医疗团队，尽心竭力地救治父亲，尽最大可能地减轻父亲最后的痛苦。

感谢人民日报社、老干局和陕西分社的领导、同仁们，在父亲住院期间给予的温暖和关怀，帮助我们为父亲进行完满的送别。

感谢我的叔叔、阿姨等长辈们，动用一切资源和力量去挽救父亲的生命。

感谢父亲的朋友们，在他最痛苦的时候带给他莫大慰藉，让他的病房里永远鲜花盛开、春光洋溢。

感谢我挚爱的亲人们，在我的家庭遭受如此大的伤痛之时，不离不弃、陪伴在我和母亲身边，搀扶着我们，陪父亲走完他最后的路程。

感谢今天到场的每一位来宾，你们在百忙之中前来参加我父亲的告别仪式，大家的恩情我将永远铭记在心。谢谢大家！

2015 年 4 月 29 日于西安市殡仪馆咸宁厅

哭西安

李少波（口述） 张淑梅（代笔）

⊙本书作者（右）与李少波（中）及张淑梅（左）合影

人生有多少个三十年？长寿者不过三个而已。除去懵懂时节和垂垂老去，真正有意义和深刻记忆的三十年也就是一个多一点，而这个三十年，我就与孟西安先生在人生路上相识相知。三十多年的峥嵘岁月使我们的友谊愈加珍贵，已经不能用情同手足等词语形容。因为我们有着共同的爱好和追求，一起创作书画、创立开展各类文化活动，探寻发现古典文化及文物之美等。随着岁月的流逝，我们都有着这样的感受：人生匆匆，需要干的事情太多，时不我待啊。特别是我们的挚友——当代诗人、作家雷抒雁过世后，我们都心如刀绞，也明白我们这个年龄随时都有见马克思的可能，所以更要珍惜在一起的时光。

于是乎，近年来我们形影相随，一起采访构思并创作电视剧，策划组织画展，一起参加书画笔会，一起到长沙、珠海、深圳、海南等地旅行采风。在这个过程中对于西安的秉性和人格有了更加深刻的认识。孟西安是陕西乃至全国新闻界的著名记者，（我和他在一起叫他“名记”，他报以憨厚而满足的笑更正道：“我是名记者不是名妓。”豁达大度的性格可见一斑）。我们之间对于新闻业务的探讨争论，对于书画领域的创新与佳作叫好，对于精彩考古发现的猜想求索，这一切所产生的愉悦是别人无法理解并无法取代的。他长期担任人民日报驻陕西记者站站长、首席记者，为陕西的发展呕心沥血，笔耕不辍。在他的新闻视野里，热情讴歌了以郭秀明为代表的一大批陕西优秀的共产党员，激情颂扬了以刘文西为代表的一大批优秀艺术工作者，深入挖掘了以贾平凹为代表的陕西著名作家群体……在他的笔下，“三个陕西”更加立体生动，全国乃至世界对于陕西增加了了解，产生了无法遏止的渴求。他用如椽巨笔把陕西一次次一步步推到时代发展的前列，用实际行动为陕西各项建设增加推动力。

天降大任于斯人也，伟大的人物也多有苦难的过去。孟西安的一生是辉煌的一生，也是苦难的一生。西安生于 1945 年，正是全国的灾难之年，他经常给我们讲起母亲带着他和姐姐钻进防空洞躲避飞机轰炸，母亲给人家缝补衣服赚钱养家糊口的过去。人老多情，当年父母带领全家逃难到西安的悲惨往事，是他近年来回忆最多的，所以他写了《生命的根》来怀念母亲。当我们老哥俩提起过去经常老泪纵横，对于那个年代留给我们的悲伤烙印已成为一种激励，成为我们友谊的凝聚剂，也让我对于西安的悲天悯人、大爱无疆的人文情怀感受得更为准确深刻。毕竟我们都经历了在苦海中成长、奋进中磨砺、攀登中追求的人生，这个过程中有友同行，幸福如斯。

老骥伏枥，志在千里。退休后的西安，仍旧不忘对于陕西的歌颂与发掘。在他的积极奔走下，陕西省新闻书画家协会成立，并不断开展多种形式的工作，发扬关爱社会、扶掖后辈的精神，在三秦大地上留下了大家奔忙的身影，留下了一份份深情的爱，协会的各项工作受到了社会各界的一致赞扬。与此同时，西安在协会工作和社交工作之余仍旧笔耕不辍，晚年推出了《人生如歌》和《敲开奇迹的大门》两本大作，将自己对于人生的领悟和对于三秦大地人民的深切之爱诉诸笔端，让感情汩汩流出，浸润每一位读者的心田，真正做到了润物无声、教化无形。

在我们这个年龄，经常也探讨对于生命终点来临时的感想话题。我们的共识是在人生中最后一个敌人——死神战胜我们之前，一定要抓紧时间干更多有意义的事情。2014 年底，我和西安一起筹备辛亥革命元勋著名书法家于右任先生的纪念活动。在宝岛台湾，公祭及随后的画展和文化交流活动，西安都行动在最前面。从筹备执行到最后的总结，他都一丝不苟，努力完成了这项神圣的使命。谁知这竟是我们今生一起参加的最后的活动。

台湾之行后，西安染疾，在他住院期间我多次去看望，原本以为只是偶然的染恙，但每次探望回来我的心情一次比一次沉重，因为看到他的状态在变化、气色在变化、每一次的变化都在我的心头施以重创，我心里一直期待着奇迹出现，因为他本来就是一个发现奇迹、创造奇迹、歌颂奇迹的新闻人啊。

2015 年春节过后，渴盼的奇迹成为一种奢望。4 月 21 日，我亲自为他选了墓地。4 月 27 日晚，当我们赶到医院时，他看都没看我们一眼就匆匆地去了，永远和我们分别了，与他心爱的事业分别了，与未竟的工作分别了。我的好兄弟去了天堂，从此以后，每当我仰望星空的时候，我知道，有一双眼睛在注视我、鼓励我，于是在悲痛之中为他赋诗一首：

一缕青烟随风去，音容笑貌永不回。
夜来忽梦少年时，人间天上两相隔。
拦不住滚滚东去长江水，挡不住逝去峥嵘岁月情。
把灵魂交还上帝，把躯体还给大地。
曾经人世间沧海桑田，看透红尘风花雪月。
我亲爱的挚友兄弟，我亲眼看到你的灵魂离开肉体。
请你也为我在白云之上留下一席之地。
那是为兄的墓地。

父亲生前一直为本书不断地丰富、修改内容、认真校对，精益求精。然而未等到本书交付印刷，父亲就离开了我们和他心爱的新闻事业。本书的出版面世是对父亲最大的告慰。

爸爸，安息吧！

孟华

2015 年 6 月